Issues in Economics Today

Robert C. Guell

2nd Edition

经济学：
基本原理与热点问题

第二版

罗伯特·C.盖尔 著　邹薇 主译并校
张芬　周浩　刘兰　钱雪松　宋海荣　译

武汉大学出版社
WUHAN UNIVERSITY PRESS

图书在版编目(CIP)数据

经济学:基本原理与热点问题(第二版)/(美)罗伯特·C.盖尔著;邹薇主译并校;张芬等译.—武汉:武汉大学出版社,2007.1
经管译丛
ISBN 978-7-307-05301-4

Ⅰ.经… Ⅱ.①罗… ②邹… ③张…[等] Ⅲ.经济学 Ⅳ.P0

中国版本图书馆 CIP 数据核字(2006)第 133431 号

Robert C. Guell
Issues in Economics Today，2nd edition
ISBN：0-07-287187-3
Copyright ⓒ2005 by The McGraw-Hill Companies，Inc.
Original language published by The McGraw-Hill Companies，Inc. All Rights reserved. No part of this publication may be reproduced or distributed by any means，or stored in a database or retrieval system，without the prior written permission of the publisher.
Simplified Chinese translation edition jointly published by McGraw-Hill Education (Asia) Co. and Wuhan University Press.

本书中文简体字翻译版由武汉大学出版社和麦格劳-希尔教育(亚洲)出版公司合作出版。未经出版者预先书面许可,不得以任何方式复制或抄袭本书的任何部分。

本书封面贴有 McGraw-Hill 公司防标签,无标签不得销售。
湖北省版权局著作权合同登记号:17-2007-008

责任编辑:范绪泉　　　责任校对:刘　欣　　　版式设计:杜　枚

出版发行:武汉大学出版社　(430072　武昌　珞珈山)
　　　　(电子邮件:wdp4@whu.edu.cn　网址:www.wdp.com.cn)
印刷:湖北恒泰印务有限公司
开本:787×1092　1/16　印张:33.5　字数:742 千字
版次:2007 年 1 月第 1 版　　2007 年 1 月第 1 次印刷
ISBN 978-7-307-05301-4/F·1015　　　定价:50.00 元

版权所有,不得翻印;凡购买我社的图书,如有缺页、倒页、脱页等质量问题,请与当地图书销售部门联系调换。

作者简介

　　罗伯特·盖尔博士,印第安纳州立大学经济学教授。1986年获得统计学和经济学学士学位,一年后获得密苏里大学硕士学位。1991年,他在美国锡拉丘斯大学获得经济学博士学位,并发现自己对于经济学教学产生了浓厚的兴趣。他曾经为本科生、研究生开设了包括经济学原理、财政学、数理经济学和计量经济学等各种课程。

　　盖尔博士在当代经济学杂志上发表了大量研究论文。他曾经就医药经济学进行了广泛研究,指出私人市场的专利制度尽管对于药品的发明创新是必要的,但是对于药品生产既是不必要的,也是无效率的。

　　在1998年,盖尔博士成为印第安纳州立大学有史以来获得"Caleb Mills 杰出教学奖"荣誉的最年轻的教师。他的教学才干在2000年再次得到了认可,他被任命为"Lilly 新生教育项目"的负责人,该项目由 Lilly 基金资助,旨在提高印第安纳州立大学的新生保留率。

　　盖尔博士对经济学教学充满热情,并希望尽可能地扩大经济学的影响。一个学期的基础经济学课程正好为他提供了向学生传递这种热情的机会。由于找不到合适的教材,也出于一种使命感,他写作了本书——一本内容广泛、探讨诸多热点问题的教科书。

目 录

译者序 ··· 1
前言 ·· 1
不同课程主题可参考的问题章节 ·· 5
基本原理与热点问题章节对照表 ·· 7

第1章 经济学：机会成本的研究 ·· 1
学习目的 ·· 1
内容概要 ·· 1
经济学和机会成本 ·· 1
    经济学的定义 ·· 1
    选择就有结果 ·· 2
利用生产可能性边界把机会成本的分析模式化 ································ 2
    隐含在第一张图示背后的直觉 ··· 2
    生产可能性边界的出发点 ··· 3
    介于生产可能性边界两种极端之间的点 ································· 3
生产可能性边界的特性 ··· 5
    递增的和不变的机会成本 ··· 6
按经济学方式思考 ·· 7
    边际分析 ··· 7
    实证分析和规范分析 ··· 7
    经济激励 ··· 7
    合成谬误 ··· 8
    相关≠因果 ·· 8
理论进阶：在生产可能性边界上，说明不变的和递增的机会成本 ······ 9
    说明递增的机会成本 ··· 9
    说明不变的机会成本 ··· 9
小结 ·· 10
主要术语 ·· 10
你现在可以阅读的问题章节 ·· 10
自我测试 ·· 11
思考 ·· 12
讨论 ·· 12

附录1A 作图: 你也做得到 ·· 13
　笛卡儿坐标 ··· 13
　这些东西到底与经济学有何关系? ·· 16

第2章 供给和需求 ·· 17
　学习目的 ··· 17
　内容概要 ··· 17
　定义 ·· 18
　　市场 ·· 18
　　需求数量和供给数量 ·· 19
　　其他条件不变 ·· 19
　　需求和供给 ·· 19
　供给和需求模型 ··· 20
　　需求 ·· 20
　　供给 ·· 21
　　均衡 ·· 22
　　短缺和过剩 ·· 22
　关于需求 ··· 23
　　需求法则 ·· 23
　　为什么需求定律有意义? ·· 23
　关于供给 ··· 25
　　供给定律 ·· 25
　　为什么供给定律有意义? ·· 25
　需求的决定因素 ··· 25
　　品味 ·· 26
　　收入 ·· 26
　　其他商品的价格 ·· 26
　　潜在购买者的总人数 ·· 27
　　预期价格 ·· 27
　　需求决定因素的变化对供给和需求模型的影响 ···························· 27
　供给的决定因素 ··· 28
　　投入品的价格 ·· 28
　　技术 ·· 29
　　其他潜在产出的价格 ·· 29
　　卖方的数目 ·· 30
　　预期未来价格 ·· 30
　　供给决定因素的变化对供给和需求模型的影响 ···························· 30
　价格预期的变化对供给和需求模型的影响 ····································· 31

理论进阶：为什么会出现新的均衡？ ……………………………………………………… 31
　　小结 ……………………………………………………………………………………… 33
　　主要术语 ………………………………………………………………………………… 33
　　你现在可以阅读的问题章节 …………………………………………………………… 33
　　自我测试 ………………………………………………………………………………… 33
　　思考 ……………………………………………………………………………………… 35
　　讨论 ……………………………………………………………………………………… 35

第3章 弹性、消费者剩余和生产者剩余 ……………………………………………… 36
　　学习目的 ………………………………………………………………………………… 36
　　内容概要 ………………………………………………………………………………… 36
　　需求弹性 ………………………………………………………………………………… 36
　　　　直觉 ……………………………………………………………………………… 36
　　　　弹性的定义和公式 ……………………………………………………………… 37
　　　　弹性分类 ………………………………………………………………………… 38
　　理解弹性的不同方式 …………………………………………………………………… 38
　　　　图形解释 ………………………………………………………………………… 38
　　　　文字解释 ………………………………………………………………………… 39
　　　　从总支出的角度来看弹性 ……………………………………………………… 40
　　有关弹性的其他方面 …………………………………………………………………… 40
　　　　弹性的决定因素 ………………………………………………………………… 40
　　　　弹性和需求曲线 ………………………………………………………………… 40
　　消费者剩余和生产者剩余 ……………………………………………………………… 43
　　　　消费者剩余 ……………………………………………………………………… 43
　　　　生产者剩余 ……………………………………………………………………… 44
　　理论进阶：供给和需求模型中的消费者剩余与生产者剩余 ………………………… 44
　　　　净福利损失 ……………………………………………………………………… 45
　　小结 ……………………………………………………………………………………… 46
　　主要术语 ………………………………………………………………………………… 47
　　你现在可以阅读的问题章节 …………………………………………………………… 47
　　自我测试 ………………………………………………………………………………… 47
　　思考 ……………………………………………………………………………………… 49
　　讨论 ……………………………………………………………………………………… 49
　　参考数据 ………………………………………………………………………………… 49

第4章 企业的生产、成本和收益 …………………………………………………… 50
　　学习目的 ………………………………………………………………………………… 50
　　内容概要 ………………………………………………………………………………… 50
　　生产 ……………………………………………………………………………………… 51

仅用文字的解释 ·· 51
　　图形解释 ·· 52
　　数例解释 ·· 52
成本 ·· 53
　　仅用文字的解释 ·· 53
　　数例 ··· 54
收益 ·· 56
　　仅用文字的解释 ·· 56
　　数例 ··· 57
最大化利润 ·· 58
　　图形解释 ·· 58
生产法则 ·· 58
　　数例 ··· 58
小结 ·· 60
主要术语 ·· 60
自我测试 ·· 60
思考 ·· 61
讨论 ·· 61

第5章 完全竞争、完全垄断、经济利润和正常利润 ···················· 62
学习目的 ·· 62
内容概要 ·· 62
从完全竞争到完全垄断 ·· 62
　　完全竞争 ·· 63
　　完全垄断 ·· 63
　　垄断竞争 ·· 64
　　寡头垄断 ·· 64
　　哪一种模型最贴近现实 ··· 64
完全竞争条件下的供给 ·· 66
　　正常利润和经济利润 ·· 66
　　何时以及为什么经济利润会变为零 ····································· 67
　　为什么在完全竞争条件下供给曲线就是边际成本曲线 ············ 67
　　仅用文字解释 ·· 67
　　数例 ··· 68
　　图形解释 ·· 68
小结 ·· 70
主要术语 ·· 70
你现在可以阅读的问题章节 ··· 70
自我测试 ·· 70

思考	71
讨论	72
参考数据	72

第6章 你有所耳闻的每一个宏观经济学词语：国内生产总值、通货膨胀、失业、衰退和萧条 … 73

学习目的	73
内容概要	73
测度经济	74
测度名义产出	74
测度价格和通货膨胀	75
测度通货膨胀时存在的问题	76
实际国内生产总值以及为什么它与社会福利不是同义语	78
实际国内生产总值	78
关于实际 GDP 的问题	79
测度并描述失业	80
测度失业	80
测度失业时存在的问题	81
失业的类型	81
经济周期	82
小结	85
主要术语	85
你现在可以阅读的问题章节	85
自我测试	85
思考	87
讨论	87
参考数据	87

第7章 利率和现值 … 88

学习目的	88
内容概要	88
利率	88
货币市场	88
名义利率与实际利率	89
现值	90
简单计算	90
抵押、汽车支付和其他多期支付的例子	91
小结	92
主要术语	93

你现在可以阅读的问题章节 …… 93
自我测试 …… 93
思考 …… 94
讨论 …… 94

第8章 总需求和总供给 …… 95

学习目的 …… 95
内容概要 …… 95
总需求 …… 96
    定义 …… 96
    为什么总需求是下斜的 …… 96
总供给 …… 97
    定义 …… 97
    关于总供给曲线形状的针锋相对的观点 …… 97
总需求曲线和总供给曲线的移动 …… 99
    使得总需求曲线移动的变量 …… 99
    使得总供给曲线移动的变量 …… 101
通货膨胀的原因 …… 102
政府如何影响（只是可能而不是控制）经济 …… 103
    需求面宏观经济学 …… 103
    供给面宏观经济学 …… 103
小结 …… 104
主要术语 …… 104
你现在可以阅读的问题章节 …… 104
自我测试 …… 104
思考 …… 105
讨论 …… 105

第9章 联邦支出 …… 106

学习目的 …… 106
内容概要 …… 106
初步了解宪法和货币支出 …… 107
    宪法有何规定 …… 107
    诡计 …… 107
    解决分歧 …… 108
运用我们对机会成本的理解 …… 109
    强制支出与相机抉择支出 …… 109
    钱都到哪儿去了 …… 110
运用我们对边际分析的理解 …… 113

联邦政府的规模 ··· 113
　　联邦支出的分配 ··· 113
　未来的预算 ··· 113
　　基准预算和当前服务预算 ··· 113
　　2001年9·11前后的支出 ·· 114
　小结 ·· 115
　主要术语 ··· 115
　自我测试 ··· 115
　思考 ·· 117
　讨论 ·· 117
　进一步阅读 ··· 117
　参考数据 ··· 117

第10章　联邦赤字，盈余和国债 ·· 119
　学习目的 ··· 119
　内容概要 ··· 119
　盈余，赤字和债务：定义及历史 ··· 120
　　定义 ·· 120
　　历史 ·· 120
　经济学家如何看待赤字和负债 ·· 123
　　经常预算和资本预算 ·· 123
　　周期性赤字和结构性赤字 ··· 124
　　美国债务占GDP的百分比 ·· 124
　　国际比较 ·· 124
　　代际核算 ·· 125
　谁是国债的拥有者？ ·· 125
　平衡预算修正案 ··· 127
　预测 ·· 128
　小结 ·· 129
　主要术语 ··· 129
　自我测试 ··· 130
　思考 ·· 131
　讨论 ·· 131
　进一步阅读 ··· 131
　参考数据 ··· 131

第11章　财政政策 ··· 132
　学习目的 ··· 132
　内容概要 ··· 132

自动调节的财政政策与相机抉择的财政政策 ……………………………………… 133
    作用机制 ………………………………………………………………………… 133
    运用总供给和总需求模型来描述财政政策 …………………………………… 134
运用财政政策消除"冲击" ………………………………………………………… 134
    总需求冲击 ……………………………………………………………………… 134
    总供给冲击 ……………………………………………………………………… 136
评价财政政策 ……………………………………………………………………… 136
    自动调节的财政政策 …………………………………………………………… 136
    相机抉择的财政政策的时滞 …………………………………………………… 136
    财政政策的政治问题 …………………………………………………………… 137
    相机抉择的财政政策的兴起、顿号衰落和复兴 ……………………………… 139
理论进阶：总供给冲击 …………………………………………………………… 139
小结 ………………………………………………………………………………… 139
主要术语 …………………………………………………………………………… 140
自我测试 …………………………………………………………………………… 140
思考 ………………………………………………………………………………… 142
讨论 ………………………………………………………………………………… 142
进一步阅读 ………………………………………………………………………… 142
参考数据 …………………………………………………………………………… 142

第12章 货币政策 ……………………………………………………………… 143

学习目的 …………………………………………………………………………… 143
内容概要 …………………………………………………………………………… 143
目标，工具和货币政策模型 ……………………………………………………… 144
    货币政策目标 …………………………………………………………………… 144
    货币政策工具 …………………………………………………………………… 144
    货币政策的模型化 ……………………………………………………………… 146
中央银行的独立性 ………………………………………………………………… 147
现代货币政策 ……………………………………………………………………… 148
    最近25年 ………………………………………………………………………… 148
    头号公敌：是通货膨胀还是通货紧缩？ ……………………………………… 150
小结 ………………………………………………………………………………… 150
主要术语 …………………………………………………………………………… 150
自我测试 …………………………………………………………………………… 151
思考 ………………………………………………………………………………… 151
讨论 ………………………………………………………………………………… 152
进一步阅读 ………………………………………………………………………… 152
参考数据 …………………………………………………………………………… 152

第13章 消费者价格指数对生活成本的高估 ……153
学习目的 ……153
内容概要 ……153
CPI 被高估的事实 ……154
    CPI 及其存在的问题 ……154
    商品的替代 ……154
    地点的替代 ……155
    人们购物的时间 ……155
    质量改进 ……155
    净结果 ……157
（不）修正 CPI 的影响 ……157
    对贫困率的影响 ……157
    对社会保障的影响 ……158
    对所得税的影响 ……158
    时间的净影响 ……158
    CPI 调整的政治影响 ……159
小结 ……159
自我测试 ……160
思考 ……160
讨论 ……160
进一步阅读 ……161
参考数据 ……161

第14章 国际贸易：会危及美国的就业吗？ ……162
学习目的 ……162
内容概要 ……162
我们交易什么以及和谁交易 ……162
国际贸易的利益 ……164
    比较优势和绝对优势 ……164
    证明来自贸易的利益 ……166
    生产可能性边界分析 ……166
贸易壁垒 ……167
    贸易限制的原因 ……167
    限制贸易的方法 ……169
贸易作为外交武器 ……170
理论进阶：贸易保护主义的成本 ……171
小结 ……171
主要术语 ……172
自我测试 ……172

思考	173
讨论	173
进一步阅读	173
参考数据	173

第15章 国际货币基金组织：良医还是庸医 ... 174

学习目的	174
内容概要	174
IMF诞生之前及其诞生	174
外汇市场	175
今天的IMF	177
IMF如何运作	177
IMF如何决策	178
亚洲金融危机	179
原因	179
IMF发挥了救援作用吗？	180
小结	181
主要术语	181
自我测试	182
思考	182
讨论	182
进一步阅读	182
参考数据	183

第16章 NAFTA，GATT和WTO：贸易协定对我们是否有好处？ ... 184

学习目的	184
内容概要	184
自由贸易的利益	185
为什么我们需要贸易协定	186
战略性贸易	186
特殊利益	186
贸易协定阻止了什么？	186
贸易协定与机构	187
详细介绍	187
它们是否发挥了作用？	188
贸易的经济影响与政治影响	189
基本准则	191
小结	191
主要术语	192

自我测试	192
思考	193
讨论	193
进一步阅读	193

第17章 烟草、酒精、毒品和色情服务 194

学习目的	194
内容概要	194
烟草、酒精、毒品和色情服务的经济模型	195
为什么管制是必要的？	195
Whaaazzup，乔·卡梅尔与信息问题	196
外部成本	197
道德问题	199
对烟草和酒精征税	199
税收模型	199
烟草的解决方案以及为什么弹性非常重要	200
为什么毒品和色情服务是非法的？	201
合法化对商品市场的影响	201
合法化的外部成本	202
小结	203
自我测试	203
思考	204
讨论	204
进一步阅读	204
参考数据	205

第18章 环境 206

学习目的	206
内容概要	206
怎样的环境才算是足够干净的？	206
外部性分析法	207
当市场完全有效时	207
当市场无效时	208
产权分析法	209
为什么你不会糟蹋自己的财产	209
为什么你会糟蹋公共财产	210
自然资源和财产权的重要性	210
环境问题及其经济学上的解决方法	211
环境问题	211

经济学的解决方法：利用税收来解决环境问题 212
　　　经济学的解决方法：利用产权来解决环境问题 213
　小结 214
　主要术语 215
　自我测试 215
　思考 215
　讨论 216
　进一步阅读 216
　参考数据 216

第 19 章　医疗 217
　学习目的 217
　内容概要 217
　资金从何而来，流向何处 217
　美国的医疗保险 218
　　保险如何运作 218
　　各种个人医疗保险 219
　　公共医疗保险 220
　医疗保健的经济学模型 221
　　为什么医疗保健不同于其他商品 221
　　公共医疗保险的含义 222
　　个人医疗保险的效率问题 223
　　对保健组织（HMO）的争论 224
　　血浆和人体器官问题 224
　美国与其他国家医疗制度的比较 225
　小结 226
　主要术语 227
　自我测试 227
　思考 228
　讨论 228
　进一步阅读 228
　参考数据 228

第 20 章　政府提供的健康保险：公共医疗补助，老年医疗保险和儿童
　　　　　　健康保险计划 230
　学习目的 230
　内容概要 230
　公共医疗补助：是什么，为谁服务，支出多少 231
　为什么公共医疗补助制度的成本如此之高？ 232

为什么对老年人的支出更高 ……………………………… 233
　　　公共医疗补助中节约成本的措施 ……………………… 235
　老年医疗保险：公共保险和老年人 ……………………… 235
　　　为什么私人保险可能会无效 …………………………… 235
　　　为什么老年医疗保险的成本很高 ……………………… 236
　老年医疗保险的具体细节 ………………………………… 237
　　　提供者类型 ……………………………………………… 237
　　　A 部分 …………………………………………………… 238
　　　B 部分 …………………………………………………… 238
　　　处方药补贴 ……………………………………………… 239
　　　老年医疗保险的成本控制条款 ………………………… 239
　老年医疗保险信托基金 …………………………………… 240
　　　公共医疗补助和老年医疗保险的联系 ………………… 241
　儿童健康保险计划 ………………………………………… 242
　小结 ………………………………………………………… 242
　自我测试 …………………………………………………… 242
　思考 ………………………………………………………… 244
　讨论 ………………………………………………………… 244
　进一步阅读 ………………………………………………… 244
　参考数据 …………………………………………………… 245

第 21 章　处方药经济学 …………………………………… 246
　学习目的 …………………………………………………… 246
　内容概要 …………………………………………………… 246
　是牟利的商人还是仁慈的科学家？ ……………………… 247
　把垄断力量应用到药品行业 ……………………………… 248
　重要问题 …………………………………………………… 249
　　　是昂贵的必需品还是相对便宜的天赐之物？ ………… 249
　　　价格控制：它们是解决方案吗？ ……………………… 252
　　　食品药物管理局的批准：太严还是太松？ …………… 252
　小结 ………………………………………………………… 253
　主要术语 …………………………………………………… 253
　自我测试 …………………………………………………… 253
　思考 ………………………………………………………… 254
　讨论 ………………………………………………………… 254
　进一步阅读 ………………………………………………… 254
　参考数据 …………………………………………………… 255

第 22 章　犯罪经济学 ……………………………………… 256

学习目的 256
　　内容概要 256
　　谁会犯罪及其原因 256
　　理性罪犯模型 257
　　　　当合法收入上升时，犯罪行为减少 257
　　　　当被捕的可能上升和判罚加重时，犯罪行为减少 258
　　　　理性假设的问题 259
　　犯罪成本 259
　　　　平均犯罪成本是多少？ 259
　　　　一个普通罪犯所犯的罪行是多少？ 260
　　犯罪控制的最优费用 260
　　　　支出的最优数量是多少？ 260
　　　　监狱里关对了人吗？ 261
　　　　我们应该严格执行哪些法律？ 261
　　　　什么是最佳判决？ 262
　　小结 263
　　自我测试 263
　　思考 264
　　讨论 264
　　进一步阅读 264
　　参考数据 264

第23章　教育 266

　　学习目的 266
　　内容概要 266
　　人力资本投资 267
　　　　现值分析 267
　　　　外部收益 267
　　我们应该投入更多的钱吗？ 268
　　　　基本数据 268
　　　　三思之后再下结论 270
　　　　关于更多的钱是否会改善教育成果的文献 272
　　学校改革问题 273
　　　　公立学校垄断 273
　　　　绩效津贴和终身制 273
　　　　私立教育和公立教育 274
　　　　学券制 274
　　大学教育 275
　　　　高等教育如此昂贵的原因 275

一个大学学位值多少 …………………………………………………………… 277
　　小结 …………………………………………………………………………………… 277
　　主要术语 ……………………………………………………………………………… 277
　　自我测试 ……………………………………………………………………………… 278
　　思考 …………………………………………………………………………………… 278
　　讨论 …………………………………………………………………………………… 279
　　进一步阅读 …………………………………………………………………………… 279
　　参考数据 ……………………………………………………………………………… 279

第24章 贫困和福利 …………………………………………………………………… 280
　　学习目的 ……………………………………………………………………………… 280
　　内容概要 ……………………………………………………………………………… 280
　　测度贫困 ……………………………………………………………………………… 281
　　　贫困线 …………………………………………………………………………… 281
　　　谁是穷人？……………………………………………………………………… 281
　　　历史上的贫困 …………………………………………………………………… 283
　　　测度贫困方法的问题 …………………………………………………………… 283
　　为穷人服务的计划 …………………………………………………………………… 285
　　　实物补贴与现金补贴 …………………………………………………………… 285
　　为什么在520亿美元的问题上花费了2 970亿美元？…………………………… 286
　　激励，反激励，神话和事实 ………………………………………………………… 287
　　福利改革 ……………………………………………………………………………… 288
　　　这是一个解决方案吗？………………………………………………………… 288
　　　我们现在所理解的福利计划 …………………………………………………… 289
　　小结 …………………………………………………………………………………… 289
　　主要术语 ……………………………………………………………………………… 290
　　自我测试 ……………………………………………………………………………… 290
　　思考 …………………………………………………………………………………… 290
　　讨论 …………………………………………………………………………………… 291
　　进一步阅读 …………………………………………………………………………… 291
　　参考数据 ……………………………………………………………………………… 291

第25章 社会保障 ………………………………………………………………………… 293
　　学习目的 ……………………………………………………………………………… 293
　　内容概要 ……………………………………………………………………………… 293
　　基本情况 ……………………………………………………………………………… 293
　　　计划的启动 ……………………………………………………………………… 293
　　　税收 ……………………………………………………………………………… 294
　　　退休金 …………………………………………………………………………… 294

变化 ··· 295
为什么我们需要社会保障？··· 296
社会保障对经济的影响··· 297
 对工作的影响·· 297
 对储蓄的影响·· 297
社会保障计划对谁有好处？··· 298
该系统将来还会为我服务吗？··· 300
 社会保障计划为什么会陷入困境？··· 300
 社会保障信托基金··· 301
 稳固社会保障计划的措施··· 302
小结··· 303
主要术语··· 303
自我测试··· 303
思考··· 305
讨论··· 305
进一步阅读··· 305
参考数据··· 305

第26章 儿童先导计划 ··· 307

学习目的··· 307
内容概要··· 307
作为一项投资的儿童先导计划··· 307
 早期介入的前提··· 307
 现值分析·· 308
 外部性··· 308
 早期的证据··· 309
 尚存的置疑··· 309
儿童先导计划··· 309
 目前的证据··· 311
 儿童先导计划有效的证据··· 311
 儿童先导计划无效的证据··· 312
 即将得到的更多证据·· 312
全额资助儿童先导计划的机会成本··· 313
小结··· 313
主要术语··· 313
自我测试··· 313
思考··· 314
讨论··· 314
进一步阅读··· 315

参考数据···315

第27章　种族与机会均等行动计划·····················316
　　学习目的···316
　　内容概要···316
　　不平等的测度，歧视的定义与检测···317
　　　　经济和生活状况的测度··317
　　　　歧视、定义和法律··318
　　　　检测和测量歧视··319
　　劳动力、消费和借贷市场的歧视··320
　　　　劳动力市场歧视··320
　　　　消费市场和借贷市场歧视··322
　　机会均等行动计划··323
　　　　机会均等行动计划的经济学··323
　　　　机会均等行动计划的历史··324
　　　　什么是机会均等行动计划？··325
　　　　机会均等行动计划的层次··325
　　　　机会均等行动计划政治学··326
　　小结··327
　　主要术语···327
　　自我测试···327
　　思考··328
　　讨论··328
　　进一步阅读···328
　　参考数据···328

第28章　性别···330
　　学习目的···330
　　内容概要···330
　　女性的经济状况···330
　　什么是歧视？···332
　　　　定义和法律··332
　　　　检测和测量歧视··333
　　为什么女性比男性赚得少？··333
　　　　证据··333
　　　　怀孕··334
　　　　住家母亲··334
　　　　职业区别··335
　　　　灵活就业··335

社会学与经济学 ································· 336
　　性别歧视模型分析 ··································· 336
　　　　为什么竞争会减少收入差距 ····················· 337
　　　　为什么仅有竞争也许还会失败 ··················· 337
　　　　反馈环的困难 ································· 337
　　性别不平等的其他经济问题 ··························· 337
　　理论进阶 ··· 338
　　小结 ··· 338
　　主要术语 ··· 339
　　自我测试 ··· 339
　　思考 ··· 340
　　讨论 ··· 340
　　进一步阅读 ······································· 340
　　参考数据 ··· 341

第29章　农业政策 ······································· 342
　　学习目的 ··· 342
　　内容概要 ··· 342
　　自1950年以来的农产品价格 ··························· 342
　　作为政府干预理由的价格波动 ························· 343
　　　　价格支持的例子 ······························· 343
　　　　反对价格支持的例子 ··························· 344
　　最低限价的消费者剩余和生产者剩余分析 ··············· 344
　　　　单个市场的单一最低限价 ······················· 344
　　　　多个市场的多种最低限价 ······················· 345
　　　　没有价格支持会发生什么？ ····················· 346
　　价格支持机制及其历史 ······························· 346
　　　　价格支持机制 ································· 346
　　　　价格支持的历史 ······························· 348
　　理论进阶 ··· 348
　　小结 ··· 348
　　主要术语 ··· 349
　　自我测试 ··· 349
　　思考 ··· 350
　　讨论 ··· 350
　　进一步阅读 ······································· 350
　　参考数据 ··· 350

第30章　最低工资 ······································· 351

学习目的	351
内容概要	351
最低工资的传统经济分析	353
劳动力市场与消费者剩余和生产者剩余	353
相关的与无关的最低工资	354
最低工资错在哪？	354
最低工资的现实含义	355
最低工资的替代方法	355
对传统分析的反诘	356
宏观经济学观点	356
工作努力观点	356
弹性观点	357
经济学家现在的看法怎样？	358
理论进阶	358
小结	358
主要术语	358
自我测试	359
思考	360
讨论	360
进一步阅读	360
参考数据	360

第31章　租金控制 361

学习目的	361
内容概要	361
自由市场上的租金	361
控制租金的原因	363
租金控制的后果	363
为何租金控制会延续下来？	366
小结	367
主要术语	367
自我测试	367
思考	368
讨论	368
进一步阅读	368

第32章　票证经纪人和票证倒卖 369

学习目的	369
内容概要	369

定义经纪和倒卖 370
票证销售的经济模型 370
    边际成本 370
    作为垄断者的票证销售商 371
    完美的竞技场 371
为什么销售商索取的价格低于其能够索取的价格 373
倒卖的经济模型 374
合法的倒卖者 375
小结 375
主要术语 375
自我测试 376
思考 377
讨论 377
进一步阅读 377

第33章　个人所得税 378
学习目的 378
内容概要 378
所得税如何运作 378
所得税的有关问题 385
    横向公平和纵向公平 385
    公平与简便 386
激励与税法 386
    税收会改变工作决定吗？ 387
    税收会改变储蓄决定吗？ 387
    社会工程意义上的税收 387
谁支付所得税？ 387
过去十年关于税收的争论 388
小结 390
主要术语 390
自我测试 391
思考 392
讨论 392
进一步阅读 392
参考数据 392

第34章　对资本收益征税 394
学习目的 394
内容概要 394

资本收益和劳动收入：谁拥有它们？ ... 395
    资本收益的类型 ... 395
    收入比例思路 ... 395
    洛伦兹曲线思路 ... 396
现行制度 ... 397
    通货膨胀问题 ... 397
    原始簿记问题 ... 398
    修正现行制度及其机会成本 ... 399
资本税收对增长的影响 ... 399
理论进阶：应该如何对资本收益征税 ... 399
    没有税收的资本市场 ... 399
    只有资本收益税收的资本市场 ... 400
    只对劳动收入征税的资本市场 ... 400
小结 ... 401
主要术语 ... 401
自我测试 ... 401
思考 ... 402
讨论 ... 402
进一步阅读 ... 402
参考数据 ... 403

第35章 反托拉斯 ... 404

学习目的 ... 404
内容概要 ... 404
垄断存在哪些问题？ ... 405
    高价格，低产量和无谓损失 ... 405
    创新的减少 ... 406
自然垄断和必要垄断 ... 406
    自然垄断 ... 406
    专利，版权和其他必要垄断 ... 407
垄断与法律 ... 408
    谢尔曼反托拉斯法 ... 408
    什么构成垄断？ ... 409
反托拉斯行动的例子 ... 410
    标准石油公司 ... 410
    IBM ... 410
    微软 ... 411
小结 ... 412
主要术语 ... 413

自我测试 ··· 413
　　思考 ··· 414
　　讨论 ··· 414
　　进一步阅读 ··· 414

第36章　能源价格 ·· 415
　　学习目的 ··· 415
　　内容概要 ··· 415
　　历史考察 ··· 416
　　　石油价格和汽油价格的历史 ·· 416
　　　地缘政治历史 ··· 416
　　欧佩克 ··· 418
　　　欧佩克做些什么 ·· 418
　　　卡特尔如何运作 ·· 418
　　　为什么卡特尔不稳定 ··· 419
　　　从沉寂中苏醒 ·· 419
　　为何价格变化如此之快？ ·· 420
　　　整个就是个共谋吗？ ··· 421
　　电力公用事业 ·· 422
　　　电力生产 ·· 422
　　　为什么电力公用事业是一个受规制的垄断行业？ ························· 422
　　　加利福尼亚州的经历 ··· 423
　　将来会怎样？ ·· 424
　　理论进阶 ··· 425
　　小结 ··· 425
　　主要术语 ··· 426
　　自我测试 ··· 426
　　思考 ··· 427
　　讨论 ··· 427
　　进一步阅读 ··· 427
　　参考数据 ··· 427

第37章　如果我们建造体育设施，会有观众吗？兼论其他体育问题 ··············· 428
　　学习目的 ··· 428
　　内容概要 ··· 428
　　城市面临的问题 ··· 429
　　　是扩张还是吸引一支球队 ·· 429
　　　球队能够使当地经济增色吗？ ·· 430
　　　为何体育馆采取向公共融资的方式？ ······································· 431

球队老板面临的问题···431
　　是离开还是留下···431
　　赢得比赛还是争取利润···432
　　不要因为不能盈利就为他们感到难过·····························433
体育劳动力市场···434
　　球队老板应该支付的工资·······································434
　　球员应该接受的工资水平·······································434
体育经济学词汇···435
　　垄断将给你带来什么···438
小结···439
主要术语···439
自我测试···439
思考···440
讨论···440
进一步阅读···440

第38章 股票市场及其崩溃·······································441

学习目的···441
内容概要···441
股票价格···442
　　如何决定股票价格···442
　　股票市场的功能是什么···443
有效市场···444
股票市场崩溃···444
　　泡沫···445
　　崩溃的例子：亚洲金融危机·····································446
　　崩溃的例子：纳斯达克2000年崩盘·······························447
　　2001年和2002年的会计丑闻·····································448
　　破产···449
　　为什么资本主义需要破产法·····································449
　　凯玛特公司和环球电讯公司的案例·······························449
　　安然事件中发生了什么···450
　　为何安然事件比其他案例更加重要·······························452
小结···452
主要术语···452
自我测试···453
思考···454
讨论···454
进一步阅读···454

参考数据 ·· 454

第39章 工会 ·· 455
学习目的 ·· 455
内容概要 ·· 455
为什么存在工会 ·· 455
 完全竞争的劳动力市场 ·· 455
 对卖方垄断的反应 ·· 456
 限制竞争、提高数量的一种方法 ·· 458
 对信息问题的反应 ·· 459
作为垄断者的工会 ·· 460
工会的历史 ·· 461
工会将向何处去 ·· 464
理论进阶 ·· 465
小结 ·· 465
主要术语 ·· 465
自我测试 ·· 465
思考 ·· 466
讨论 ·· 467
进一步阅读 ·· 467
参考数据 ·· 467

第40章 战争的成本 ·· 468
学习目的 ·· 468
内容概要 ·· 468
机会成本 ·· 469
生命的现值和价值 ·· 470
经济成本和会计成本 ·· 470
 人员、食物和供给 ·· 470
 军需品的成本 ·· 471
 人员调遣和设备安置成本 ·· 472
 燃料 ·· 472
GDP是如何受影响的 ·· 472
环境和文化成本 ·· 473
小结 ·· 474
自我测试 ·· 474
思考 ·· 475
讨论 ·· 475
进一步阅读 ·· 475

第41章　恐怖主义经济学 ··· 477
学习目的 ··· 477
内容概要 ··· 477
9·11事件以及一般恐怖主义的经济影响 ··· 477
对9·11袭击的经济影响进行模型分析 ·· 479
　　恐怖主义对保险方面的影响 ·· 479
　　购买保险、自我保护或者双管齐下 ·· 481
从恐怖分子角度看恐怖主义 ··· 481
小结 ·· 482
主要术语 ··· 482
自我测试 ··· 482
思考 ·· 484
讨论 ·· 484
进一步阅读 ··· 484

词汇表 ·· 485

译者序

邹 薇

经济学既是一门探讨经济运行机制和内在逻辑的科学,又是对于林林总总的经济现象或问题极具社会关怀的入世之学、致用之学。在我们讲授和探讨经济学时,往往面临着多方位的要求或者期待,因此,经济学的教与学都凸现出多重目的性。一方面,经济学教学需要分析市场经济是怎样运行的、各种经济组织的结构和效率源泉。在细微乃至繁复的推导和证明中,折射出的是经济学理性的光芒和作为一门科学的魅力;另一方面,经济学不断面临着大量社会经济问题的冲击和诘问。经济学家们被要求阐释各种看似司空见惯、实则耐人寻味的经济现象,剖析当代经济生活中日日出现的新问题,诸如从石油价格、人民币汇率、住房价格、股市行情,到医疗体制改革、教育收费、低保标准等,对不断涌现的经济和超经济现象的极大关注使得经济学保持了强劲的活力。

当面对经济学的初学者和爱好者的时候,我们既要使用规范的经济学术语、范畴和研究方法,清晰准确地阐述经济学基本原理,概括经济学的学科理论和整体思路,又要尽可能充分地应用经济学来考察和跟踪现实经济问题,以及一些在传统意义上非经济或超经济的问题。我们希望以有限的时间来展现经济学的科学内涵和现实空间。然而,要在经济学原理的教育中,体现对经济学现实问题的关注,往往比我们想象的更困难些,尤其是在时间非常有限的情况下。至于在一本篇幅并不太长的、适用的教材中兼顾这两个目标,困难更是可想而知的。

我们手中的这本书《经济学:基本原理与热点问题》,可以说是这样一本"问题导向"的经济学教材。

本书使用规范的经济学术语、经济学思路,阐释了宏观经济学、微观经济学的基本原理。为了适应经济学初学者的需要,作者避开了复杂的数学推理,转而采用洗练的语言、通俗的比喻、精确的图形、贴切的事例,完好地揭示了经济学家对现实经济生活的理性思考和理论提升。对于经济学、管理学相关专业的学生而言,他们可以期望在学完本书后,对需求、供给、机会成本、弹性、GDP、消费者价格指数、汇率等众多经济学术语和相关原理有清晰的把握,而且他们在后续对中级、高级经济学的学习中,会不断强化和深化对这些术语和原理的理解。他们会发现,当数理模型把经济学原理概括得更加抽象的时候,经济学对现实经济生活的探究和阐释更加具有一般性和普适性,经济学也更加具有作为科学的精练畅达之美。对于非经济学专业的学生和其他经济学爱好者而言,本书可以成为他们的第一本通俗易懂的经济学教科书,教会他们了解经济学的基本理念,引导他们尝试着以更加严谨的思路、更加规范的语言来认识身边的经济现象。

本书最突出的特点就是,在通过前8章的内容简明扼要地阐述了宏观、微观经济学的基本原理之后,作者以余下33章的篇幅,探讨了各种各样的经济和社会问题。简单地浏览一下目录,你会发现,本书对于经济和社会问题的关注有多么广泛。首先,本书以大量详实的数据,讨论了国家财政政策、货币政策、政府公债和财政赤字等各国关注的重大问题。其次,本书探讨了各种国际机构在全球经济生活中所扮演的角色,许多读者会从中了解到中美贸易摩擦的根源究竟是什么,国际货币基金组织在世界经济中究竟发挥了怎样的作用,像NAFTA、GATT、WTO这样的国际机构有什么职能。第三,本书对外部性和市场失败问题的研究有独到之处。尽管有些读者对于市场失败可能有所耳闻,但是本书通过对烟草、酒精、毒品、色情服务等活动的分析,通过对环境保护的经济学分析,深刻地揭示了为什么在有些领域中,政府的管制是不可缺少的。第四,目前,医疗保健和医疗保险问题是各国都十分关注的重要问题,本书则详细分析了以美国为代表的政府提供医疗保险的体制及其机制,研究了处方药的定价、流通和相关知识产权保护问题,非常具有针对性。第五,世界各国在经济发展进程中都应该适时适当地解决各种社会问题,本书不是简单地说明政府的职责或义务,而是具体研究了犯罪的经济学、教育的经济学、贫困和社会福利问题、社会保障问题以及儿童先导计划等旨在减少贫困和缩小收入差距的政府计划等一系列问题,揭示了政府在经济生活中发挥作用的理论基础和可行方案。第六,本书具体分析了种族、性别歧视的历史演变及其经济影响,说明了从经济效率的角度看,如何解决歧视问题。第七,尽管市场经济的运行一般地反对市场力量或政府的价格控制,但是各种类型的价格控制依然屡见不鲜。本书研究了农产品价格支持、最低工资、最高租金等各种价格控制现象,考察了倒卖票据现象存在的经济学基础。最后,作者讨论了其他各种经济和社会问题,包括从个人所得税、资本收益税、反垄断法规、能源价格,到体育运动的经济学、战争(尤其是美国对伊拉克的战争)的成本、恐怖主义的经济学分析和反击恐怖主义的经济成本等。

值得指出的是,本书如此大范围地探讨各种类型的经济和社会问题,不仅可以使读者从这些分析中深化对经济学理念的认识,感受到经济学的理论分析力量,而且能够不断培养读者用经济学方法来思考问题、分析问题的能力。

本书适合作为经济学、管理学专业,以及其他专业的学生一学期初级经济学课程的教材或教学参考书,也适合其他各类经济学爱好者阅读和自学钻研。

本书由邹薇主译,并负责了全书的统校。参加翻译的有:张芬:第1~9章;邹薇、刘兰:第10~19章;邹薇、周浩:第20~30章;钱雪松:第31~38章;邹薇、宋海荣:第39~41章。由于译者水平和时间关系,译作中一定还有不足之处,希望读者批评指正。

2006年10月

于武汉大学珞珈山

前　言

　　本书可用于一个学期的、以探讨问题为主的基础经济学教学,目的是使那些非管理学、非经济学专业的学生有兴趣了解经济学能够做些什么。这种"问题导向"的学习能够使学生掌握基础经济学理论,进而探讨各种现实世界的问题。假如这是他们所学的唯一的一门经济学课程,那么他们也要掌握足够多的理论见解,使之能够就如何应用经济学来分析当今世界的重要问题展开富有见地的讨论。

　　在本书的第一版问世之前,那些采用"问题导向"的思路讲授一学期经济学基础课程的教师们不得不在以下方法之间进行选择:(1)选择的教材提出了许多问题,但是没有展开经济理论分析;(2)选择的教材把问题与理论交织起来;(3)要求学生买两本书;(4)要求学生阅读大量的馆藏图书。

　　以上选择各自有不同的问题。如果该教材完全是以现实问题为基础,学生们会产生一个错误的印象,即经济学是非常不严格的原理,它只是提出观点,却没有理论基础。如果一本书把问题与理论交织起来,则隐含地意味着所有问题都与学生们密切相关。实际上,有些问题与学生没有多大关系,有的则只有在形成新闻效应时才与学生有关。例如,在锡拉丘斯大学,我的学生从来就不理解为什么农场的支持价格是个有趣的问题;而在印第安纳州立大学,我所见到的学生从未有人住过租金受管制的公寓房。还有些问题只在特定时期才使人们感兴趣,例如在20世纪90年代的经济高涨期,石油价格对于学生们几乎没有任何影响,但是现在的学生却非常关注。类似地,当人们围绕提高工资而展开争论时,学生们对最低工资就没什么兴趣。

　　如果要使用多本教材,当然会有开支问题。如果要求学生阅读大量馆藏图书,尽管合理合法,但是会占用学生、教师和图书馆员的大量时间,而且通常对学生们来说很不方便。本书同时满足学生和教师的需要。

如何使用本书

　　《经济学:基本原理与热点问题》中有8章深入讨论核心的理论问题,有33章探讨各种问题。本书也使得教师在教学方法上有灵活性。有些老师喜欢把理论与问题交织在一起,而有些老师则喜欢先奠定理论基础,再进入对实际问题的研究。有些老师会选择他们的课程的主题,然后选择与主题相应的问题;有的老师则让学生来决定哪些是他们感兴趣的问题。本书的使用没有一定之规,只有一点是确定的,即不论在哪种情形下,很难想象把整本书都讲完。

　　我相信,一本"问题导向"的教材应该具有既及时又灵活的优点。因此,本书提供了大量的问题,教师或学生可以从中选择取舍。本书还提供了一些实时的、可在网络上获取的章节,这样学生就能够在事件发生之时研究相关的问题。在第一版出版到本版付梓之间,发生了2002年的会计丑闻。在写本书的第一年发生了美国对伊拉克的战争。研究这些事件的经济影响的章节都在事件发生几个月之内就完成了。我承诺要在网络上提供均衡和及时的章节,以便教师和学生能够得到最新的信息。

本书有33章研究具体问题,我把它们分成以下类型:宏观经济问题,国际事务,外部性与市场失败,健康问题,政府解决社会问题的方案,歧视问题,价格控制问题以及其他市场问题。这些分组有助于你们在浏览本书目录时搜寻到特定的论题。

为了帮助你决定讲授哪些章的内容,请阅读后面的"基本原理与热点问题章节对照表"。该表显示了,在进入对每个问题的讨论之前,必须学习哪些章节。我还提供了"不同课程主题涉及的问题",对于分别关注社会政策、国际事务、选举年问题或管理问题等不同的课程主题,我提出了不同的建议。

本书的范式以及我所提及的学习工具,都是为了使你有最大的灵活性来选择所要学习的问题讨论章节。

本书特征

● 谈话式的写作风格使得非经济学专业的学生也能够理解这些内容。本书让学生不感到紧张,能够更加自信和开放地去学习。

● "学习目的与内容概要"在每章开头时确立了学习步骤,让学生明白本章是怎样组织的,以及预期可以在本章学到哪些内容。

● 主要术语在页边给出了定义,在每章末尾再次强调,同时还录入了书末的词汇表。

● "小结"在每章末巩固了所学的知识。

● "你现在可以阅读的问题章节"出现在每个理论章节后,这样,学生在掌握了必要的理论原理之后,可以直接去阅读他们感兴趣的问题讨论章节。

● "自我测试"在每章后都提供了自我测试的问题。

● "思考"提出了一些有争议的问题,通过让学生身临其境,鼓励学生们思考如何把经济理论应用到现实世界中去。例如,有一个思考题是:"假设你买了一辆新车。这样做的机会成本是什么呢?"这种特征使得学生们能够积极地学习,而且更深入地理解概念。

● "讨论"中提出的问题是为了激发讨论。

● "进一步阅读"给学生提供了许多网站和出版物,以期在某个论题上找到更多的资料。由于经济问题非常有时效性,因此本书这个特征不仅有助于学生们掌握如何在网络上做研究,而且使得本书能够像当天的报纸一样新鲜和切实。

辅助材料

《经济学:基本原理与热点问题》一书的辅助材料为教师提供了非常好的教学资源,为学生提供了学习资源。

教师用辅助材料

教学手册/试题库

除了传统的每章内容概要,以及不断更新的每章的网络数据来源参考之外,"教学手册"提供了关键图标,以强调特定问题的重要性。另一个突出特征是,每个图示都被分解成了一些配有解释的子图示,可以分步学习。

试题库包括40~100个关于核心理论章节的多项选择题,以及30~50个关于问题讨论章节的多项选择题。这些问题检测学生对主要术语、核心概念、理论和图形理解、理论和图形的应用和计算等的掌握,同时针对经济学家们关于特定经济现象提出的各种解释,提出了问题。

计算机化的试题库

计算机化的试题库使读者能够获得电子版的、WORD文档格式的试题库。

PPT演示

每章大约有20张演示幻灯片。

网站(www.mhhe.com/economics/guell2)

该网站受口令保护,其中有一些可下载的教师辅助材料,包括教学手册,可下载的PPT课件,以及基于网络的、提供给学生的问题的评分指南等。

学生用辅助材料

学习指南

学习指南与教材一样,也分成理论章节与问题讨论章节,只是二者的形式略有不同。理论章节中包括本章的要点、概述、主要术语和其解释以及问题。接着是用于自我检测的多项选择题和判断正误题。问题讨论章节包括本章的要点、概述、主要术语及其解释、供讨论的问题以及基于网络的问题。现在还有与新增的"理论进阶"相对应的新材料。所有问题都有参考答案。

网站(www.mhhe.com/economics/guell2)

在该网站供学生使用的内容中,你会看到本章小结、可读的PPT课件、测验、网络上的问题、关键术语,以及与新材料的链接。

致谢

如果没有许多人的努力的话,本书是不可能完成的。我要感谢印第安纳州立大学和经济系对本项目的不断支持。特别地,我要感谢系主任John Conant在道义上和物质上提供的从未松懈的支持。我还要感谢麦格劳-希尔/欧文出版公司的员工们收集和整理了大量的同行评论意见。本书的编辑Katie Crouch和Lucille Sutton在任何阶段都一以贯之地鼓励和帮助我。

我还要感谢印第安纳州立大学前任教务长和主管学术活动的副校长Steve Pontius,他使得我有时间、有机会让学生们参与工作,这些学生们的努力工作使我在协调管理"新生项目"的同时,得以完成本书。Trina Babb和Kevin Price两位同学批改了各类作业,使得我能够专注地授课。我可以毫不夸张地说,如果没有另外一名同学Kylie Douglas的帮助,根本就不会有这个第二版问世。她仔细检查了每个表格、图形和每段文字,并且把每个参考文献进行了更新。她的"下一步要做什么"的态度,她为了本书而放下其他事情的热情,以及她总是走在时间前面的能力,使得我始终不曾懈怠。为此她得到了学校付给学生的微薄报酬,以及还有另外的回报……那就是:Kylie,你真棒!

我还要感谢以下的同行评议人,他们的真知灼见极大地丰富了本书:Alexis Aichinger(西北州立大学);Debra lsrael(印第安纳州立大学);Gibert Becker(圣安塞姆大学);Chris Manner(兰布斯大学);Raymonda Berman(德堡大学);Denise M. Rogers(拉瑞梅社区大学);James Cicarelli(罗斯福大学);Sue Lynn Sasser(中奥克拉荷玛大学);Justino De La Cruz(德州大学);Joseph Whitt(西密西根大学);Randall Holcombe(佛罗里达州立大学)。

在个人方面,我还要感谢我的岳父 Peter Hasselriis 博士,他花了上百个小时阅读,使我的文字更加流畅;感谢我的母亲 Ann Guell,她在寒假中通读了整本书。

在写作第一版的过程中,那时假如花费太多时间在写书上,而没有足够时间陪伴夫人和孩子们,就是"逆流而行"。当然,这种事情并没有发生。在第一版完成并"束之高阁"之后,学校安排我去负责一个基于网络的资产管理项目,此后不久,就得开始准备第二版了。苏珊一如既往地承担了孩子的游泳课、小提琴和吉他课、孩子看病和预约医生以及各种学校事务。没有人像她那样地无私奉献,我再也不会做出我无法实现的承诺,但是我要承诺,我会永远爱她和我们的孩子们。

罗伯特·盖尔
印第安纳州立大学

不同课程主题可参考的问题章节

主题一：社会政策
   17. 烟草、酒精、毒品和色情服务
   19. 医疗
   20. 政府提供的健康保险：公共医疗补助，医疗保险和儿童健康保险计划
   21. 处方药经济学
   22. 犯罪经济学
   23. 教育
   24. 贫困和福利
   26. 儿童先导计划
   27. 种族与机会均等行动计划
   28. 性别
   31. 租金控制

主题二：国际事务
   10. 联邦赤字，盈余和国债
   14. 国际贸易：会危及美国的就业吗？
   15. 国际货币基金组织：良医还是庸医？
   16. NAFTA，GATT 和 WTO：贸易协定对我们是否有好处？
   17. 烟草、酒精、毒品和色情服务
   18. 环境
   19. 医疗
   29. 农业政策
   36. 能源价格
   40. 战争的成本
   41. 恐怖主义经济学

主题三：选举年问题
   9. 联邦支出
   11. 财政政策
   13. 消费者价格指数对生活成本的高估
   14. 国际贸易：会危及美国的就业吗？
   18. 环境

19. 医疗
22. 犯罪经济学
23. 教育
25. 社会保障
27. 种族与机会均等行动计划
28. 性别
30. 最低工资

主题四：管理问题
9. 联邦支出
12. 货币政策
14. 国际贸易：会危及美国的就业吗？
19. 医疗
21. 处方药经济学
32. 票证经纪人和票证倒卖
33. 个人所得税
34. 对资本收益征税
35. 反托拉斯
36. 能源价格
38. 股票市场及其崩溃
39. 工会

基本原理与热点问题章节对照表

编目	必须学习的理论								章节
	1	2	3	4	5	6	7	8	
第一部分 宏观经济问题	×								9. 联邦支出
						×		×	10. 联邦赤字,盈余和国债
						×		×	11. 财政政策
						×		×	12. 货币政策
						×			13. 消费者价格指数对生活成本的高估
第二部分 国际事务	×	×	×						14. 国际贸易:会危及美国的就业吗?
	×					×			15. 国际货币基金组织:良医还是庸医?
	×	×							16. NAFTA,GATT 和 WTO:贸易协定对我们是否有好处?
第三部分 外部性与市场失败	×	×	×						17. 烟草、酒精、毒品和色情服务
	×	×		×	×	×			18. 环境
第四部分 健康问题	×	×	×						19. 医疗
	×	×	×						20. 政府提供的健康保险:公共医疗补助,医疗保险和儿童健康保险计划
	×	×	×	×	×				21. 处方药经济学
第五部分 政府解决社会问题的方案	×	×	×				×		22. 犯罪经济学
	×					×			23. 教育
	×								24. 贫困和福利
							×		25. 社会保障
	×						×		26. 儿童先导计划
第六部分 歧视问题		×							27. 种族与机会均等行动计划
		×							28. 性别
第七部分 价格控制问题	×	×	×						29. 农业政策
	×	×	×						30. 最低工资
	×	×	×						31. 租金控制
		×		×	×				32. 票证经纪人和票证倒卖

续表

编 目	必须学习的理论								章　节
	1	2	3	4	5	6	7	8	
第八部分 其他市场问题							×		33. 个人所得税
	×	×	×				×		34. 对资本收益征税
		×	×	×	×				35. 反托拉斯
		×	×	×	×				36. 能源价格
	×								37. 如果我们建造体育设施，会有观众吗？兼论其他体育问题
							×		38. 股票市场及其崩溃
		×	×	×	×				39. 工会
	×			×			×		40. 战争的成本
	×						×	×	41. 恐怖主义经济学

第1章 经济学：机会成本的研究

学习目的
- 界定经济学和机会成本这两个关键术语，理解生产可能性边界是如何揭示现实生活中的替代关系的
- 区分递增的和不变的机会成本，理解真实世界中为什么会存在这两种成本
- 重视以经济学方式思考的意义，并认识其内在的误区

内容概要
- 经济学和机会成本
- 利用生产可能性边界，把机会成本的分析模式化
- 生产可能性边界的特性
- 按经济学方式思考
- 理论进阶：在生产可能性边界上，说明不变的和递增的机会成本
- 小结

本章为理解如何像一个经济学家那样思考问题奠定了基础。首先，它定义了经济学这门学科及其最基本的概念：机会成本。本章运用生产可能性边界图示，把机会成本的分析模式化，并作了进一步的解释。随后讨论了"以经济学方式思考"的含义。为理解这一概念，我们考察了为什么经济学家采用边际分析方法，探讨了实证分析和规范分析之间的区别，此外还讨论了经济激励。最后我们考察了一些妨碍我们的经济学思维的逻辑误区。

经济学和机会成本

经济学的定义

经济学
考察配置和使用稀缺资源来满足人们无限欲望的学问

有人将**经济学**视为通识教育的一个难点；有的人则视其为"忧郁的科学"；还有一些人认为它是考察配置和使用稀缺资源来满足人们无限欲望的学问。实际上，经济学包含所有这三种解释。经济学的确是一门非常难的课程；它的实践者们坚持认为做任何事情都有成本，因而总是使公众失望；作为社会科学，它所研究的问题是，人们的愿望总是超出了资源所能够满足的程度。

在另一个层次上，经济学运用复杂的术语和图表来阐释一些常识。你们其实已经知道

了大量的经济学知识。例如，你们知道选择会导致相应的结果；钱越多快感也越多；尽管你比那些正在挨饿的难民们要富得多，但却仍未如愿。当然，从简单的日常生活中你也能学到很多经济学知识。你所缺乏的是对这些经济学概念形成一个系统的思维方式，而这正是经济学课程和本书所要提供的东西。

这个定义揭示了很多东西。首先请注意，本书所有具有特定的经济学意义的术语都用黑体标明，并在紧随其后的正文和旁边的空白处给出定义。假如该定义是用经济学语言而不是通俗语言表达的，你会在附近找到相应的通俗解释。这个"经济学"定义中有两个术语需要理解清楚，因为在经济学里它们具有特定含义。第一个是"**稀缺**"。当一种物品不能免费得到而且数量有限时，它就是稀缺的。第二个是"**资源**"，资源是可直接消费或者用来制造其他供人们消费的物品的物质。

稀缺
不能免费得到且数量有限

资源
可直接消费或者用来制造其他供人们消费的物品的物质

社会能分配的基础资源有四种：土地、劳动力、资本及人们的企业家精神。其他一些资源，例如石油、钢铁或谷物，可以通过配置四种基础资源中的一种或多种，经过开采、创造或收割而获取。

选择就有结果

机会成本
因所做的选择而放弃的替代物的价值。

在选修经济学课程和阅读本书时，你就面临如下选择：是阅读和研究，还是睡觉或参加聚会？这一选择揭示了经济学中最为重要的一个基本概念：机会成本。**机会成本**是因所做的选择而放弃的替代物的价值。

通俗地说，机会成本是"如果你没有做你已经做的某件事，你可能会去做的事"。必须记住"被放弃的选择"是次优的。机会成本并不是所有那些"如果你不做你已经做的事情，你将会去做的事"的总和，而是这些选择中最好的一个，因为假设是"你会去做的事情"。

例如，如果你在完成布置给你的阅读任务之前的某个时点决定放下书本，你的言下之意是你宁愿去干别的事情而不是读这本书。这样一个糟糕的决策的"机会成本"很可能是，对书本理解不深而导致考试成绩不佳。

不幸的是，不管你做什么，你都不可能避开机会成本。如果你负责任地继续往下阅读，机会成本是你原本可以把时间节省下来去做的其他事情。你放弃了看《美国偶像》或《黑道家族》、睡觉或学习其他事物的机会。对你来说，你最偏爱的那个选择就是你继续阅读的机会成本。

利用生产可能性边界把机会成本的分析模式化

隐含在第一张图示背后的直觉

生产可能性边界
表示在一个资源充分利用的社会中，所能够生产出来的各种商品的数量间关系的图示。

通过考察生产可能性边界，可以进一步阐述机会成本这一概念。本书用大量的图示来辅助说明许多经济学概念和问题。图1.1表示的是一个模型。**模型**是对真实世界的简化描

模型
对真实世界的一种简化，人们能够驾驭它并用它来解释真实世界。

简化假设
可以使问题得到简洁清晰解释的假设。

述，我们能用它来解释真实世界。图1.1的模型表示在一个资源得以充分利用的社会中所能够生产出来的各种商品的数量间的关系。

由于黑板和书页都只有二维，我们的解释总是有限的。于是，这里要先引出一个**简化假设**的概念。

一个简化假设从表面上看很肤浅，但它能对现实提供一个更清晰的解释。一个好的简化假设需要具备如下特征：由这一假设得出的结论，即使在更为复杂的情景下仍然正确。对生产可能性边界，我们会作几个简化假设。我们假定世界上只有两种商品，分别是比萨和汽水，这些商品都以固定数量的资源和固定的技术进行生产。

另一个简化假设是，假定世界上有五种类型的人：（1）那些特别擅长生产比萨但拙于生产汽水的人；（2）那些擅长生产比萨但不那么擅长生产汽水的人；（3）两种生产技能都尚可的人；（4）那些擅长生产汽水但不怎么擅长生产比萨的人；（5）那些特别擅长生产汽水但拙于生产比萨的人。

生产可能性边界的出发点

如果我们设想一下我们的资源是工人的时间，这一资源可以休闲的形式直接消费，也可以和其他资源相结合来生产商品和劳务。这一资源也是稀缺的，因为只有有限的工人从事工作，这些人所能提供的工作是有限的，并且他们不可能无报酬地工作，所以能生产出来的汽水也只能是有限的——即使这个星球上所有的人都毕生致力于生产汽水，也是如此。当然，如果我们用这种稀缺资源来生产比萨，以上论述也同样成立。即使地球上所有人都生产比萨，也只能生产出一定数量的比萨。稀缺的概念在图1.1中给我们提供了一个出发点和一个终结点。

图1.1中的S点代表所有资源都用于生产汽水的情形；P点代表所有资源都用于生产比萨的情形。在这两种情况下，世界上所有的资源都用于生产某种特定商品，其产量是有限的。它受到了工人的生产能力、工人的数量以及帮助人们从事生产的机械的限制。很显然，生产可能性边界提供给我们一系列的选择，我们只能从中选取一个。我们不可能同时拥有S数量的汽水和P数量的比萨；因此，这是一个"二者只选其一"的问题。

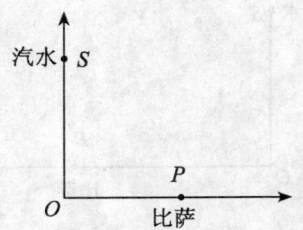

图1.1 生产可能性边界：出发点

介于生产可能性边界两种极端之间的点

我们还可以同时拥有一些汽水和比萨，任何介于S和P之间的点都是可能的，我们需要具体地确定它们在图中的位置。为了分析的方便,假定你在喝汽水的同时想要吃点东西,扪心自问,你会将什么类型的工人从汽水的生产中转移出来去生产比萨。很显然,你会将那些对汽水生产贡献不大、但对比萨生产贡献大的工人转移出来。也就是说,将具有第一类特征的那些工人转移出来,即那些特别擅长生产比萨而拙于生产汽水的工人。

图 1.2 向我们显示了如果我们转移上述那些工人会出现什么情况。正如你所看到的那样,这使得社会的汽水产量有微量减少,而比萨的产量却大量增加。图 1.2 中的点 X 表示新的汽水-比萨的产量组合。在此点上,除了我们称之为"比萨厨师"的人之外,别的人都仍在生产汽水,而比萨厨师们有效地、尽可能多地做出了比萨。事实上,尽管我们得到了大量的比萨,我们却损失了一些汽水的产量。这就是为什么点 X 虽然在点 S 的右边,但是却比点 S 要低一些的原因。

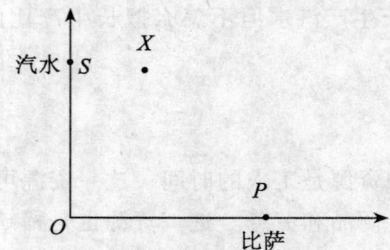

图 1.2　生产可能性边界:将比萨厨师转移到合适的位置

假如我们进一步继续这个过程,我们并不能得到同样好的效应。原因在于,如果我们转向更多比萨的生产,我们没有那么多的比萨厨师;我们还有第二类工人,他们擅长生产比萨而不那么擅长生产汽水。这就意味着,尽管比萨的产量会增加,但增加的幅度不如前一组。另外,汽水的产量会下降得更快,因为当我们开始转移比萨厨师之时,他们生产汽水的能力确实"很差"。然而现在,我们转移的则是那些不那么擅长生产汽水的工人。因此,汽水产量的减少将越来越快。这样,在图 1.3 中,我们得到了 Y 点。

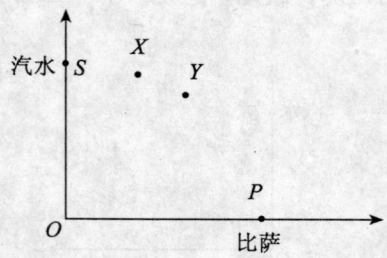

图 1.3　生产可能性边界:转向更多比萨的生产

如果再继续下去,将第三类工人从汽水的生产转向比萨的生产中去,可以得到图 1.4 中的点 M,将第四类工人转向比萨的生产得到点 Z,将第五类工人转向比萨的生产得到点 P。

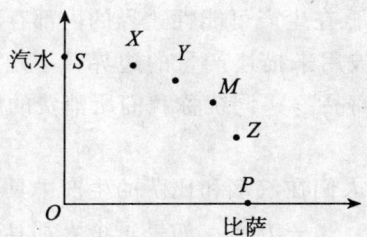

图 1.4 生产可能性边界上的所有点

将所有这些点连接起来就得到了图 1.5：一条生产可能性边界。这条曲线代表了在汽水产量既定的情况下所能得到的最大的比萨产量，换句话来解释，是在比萨产量既定情况下所能生产的最大的汽水产量。

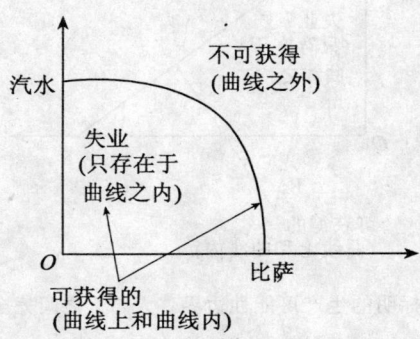

图 1.5 完整标示的生产可能性边界：人与人之间完全不同的情况

生产可能性边界的特性

失业
资源没有被充分利用的情形

可达到的
在给定的资源条件下，可能实现的生产水平

不可达到的
在给定的资源条件下，不能实现的生产水平

当然，如果你能生产出位于曲线上的产量水平，你当然也能生产出低于那个水平的产量。如果你确实是在生产可能性边界之内的某个点上进行生产，就存在未被利用的资源，或者简单地说存在着**失业**。因此，生产可能性边界上和内部的点都是**可达到的**。

相反，由于生产可能性边界代表了在其他商品的产量既定的情况下，你所能生产的某种商品的最大产量，所以在生产可能性边界之外的点都是**不可达到的**。这意味着当前可利用的资源和技术水平，不足以生产出比边界上的点所代表的更高的产量。在图形中，任何超出边界的点都是不可达到的。

上述讨论揭示了一些你在本书中必须要注意的问题。你所理解的一些词语可能在经济学家看来意义完全不同。迄今为止，我们至少有三个这样的词语：失业、边界和产品。你认为"失业"是某人想要一份工作而不可得的情况。经济学家们并不反对，但他们会将这一定义扩展到所有资源的利用上，而不仅仅指劳动力的利用情况。例如，在生产可能性边界的内部存在失业，但那种失业可能是资本的利用不足。"边界"一词被用来描述产量的边界，不是一片"林区有熊，避免进入"的森林。对经济学家而言，"商品"一词统称我们所消费的所有物品。例如在上例中，汽水和比萨就是商品。

在汽水和比萨的例子中，人们在汽水和比萨的生产中具有不同的才能。比萨厨师具有与饮料调配师大为不同的技能。另一方面，如果每个人都具有相同的生产汽水和比萨的能力，那么生产可能性边界上的所有点都会落在一条直线上，见图1.6。

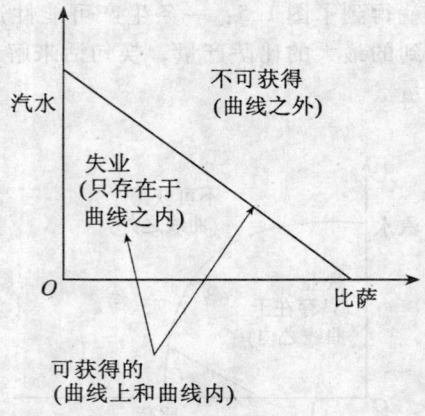

图1.6 完整标明的生产可能性边界：人与人之间完全相同的情况

递增的和不变的机会成本

图1.5和图1.6具有重要的相似性和差异性。在两图中，生产可能性边界上的点都是在其他商品产量既定的情况下，所能生产出的某种商品的最大产量。在两图中，曲线上的点和内部的点都是可达到的，外部的点都是不可达到的。在两图中，从一个点转移到另一个点的机会成本是你为了得到其他商品而放弃的某种商品的数量。但是，它们有一个重要的不同之处：即机会成本是递增的，还是不变的。

如果生产可能性边界不是一条直线，而是向原点外凸出，则机会成本是递增的。原因是，当我们增加更多的资源从事比萨的生产时，我们用于生产汽水的资源就越来越少。结合这一事实，在每一阶段，当我们将资源从汽水的生产中转移出来，投入到比萨的生产中时，我们转移的工人会比前一阶段更善于生产汽水而拙于生产比萨。这意味着比萨产量的增加量是递减的，而汽水产量的减少量是增加的。经济学家将这一情况称为递增的机会成本。

如果生产可能性边界是一条并不凸离原点的直线，则机会成本是固定不变的。假如每个工人都拥有相同的技能，尽管你为了得到比萨还是要放弃汽水的生产，但此时的情况就简单得多。你投入到比萨生产中的资源正好是该产量水平所必需的资源，从汽水的生产中转移出来的资源也正好是得到该产量所必须耗费的资源。经济学家将这种情况称为不变的机会成本。

按经济学方式思考

边际分析

经济学的一个主要分析方式是边际分析。经济学家们习惯通过分析不同解决途径的成本和收益来看问题。当人们购物时,要比较他们所购买的物品的价值和所放弃的价值孰大孰小。当公司廉价处理产品时,他们要比较廉价销售所产生的收益和生产成本的大小。当你打扫宿舍的清洁时,你要在你所达到的清洁程度和你打扫所需要的时间之间进行权衡。

最优化假设
假设我们考虑的个体努力实现某个目标的最大化

经济学家一般都会做出**最优化假设**。这一假设表明,每个人都努力实现某个目标的最大化。例如,消费者在作决定时要在收入既定的情况下得到最大的快乐;公司要追求利润的最大化。除非人们从打扫清洁中获得的好处超过所耗费的时间价值,否则人们不会去做清洁。

边际收益
某项行为带来的收益的增加额

边际成本
某项行为带来的成本的增加额

经济学家认为所有的问题都能通过这一框架加以分析。他们比较某一行为的**边际收益**和**边际成本**。只有当边际收益的增加等于或超过边际成本的增加时,这件事情才值得去做。如果一个行为的边际收益逐渐减少,其边际成本逐渐增加,那么只有当边际收益等于边际成本时,采取该行为的**净收益**才能达到最大。这是边际分析的本质,我们会看到这种分析方法将贯穿全书。

净收益
所有收益和所有成本之间的差

实证分析和规范分析

实证分析
力图理解事物是怎样以及为何是这样等问题的分析方法

当人们审视世界时,他们习惯以自己的方式看待问题,并将周围事物与他们理想中的样子进行对比。他们往往会看到,一名棒球投手能签订一份年薪为2.5亿美元、长达十多年的合同,而他们的高中老师每年的薪水不足4万美元。经济学家和社会科学家一般会区分"事物现有的状态"和"它们应有的状态",他们将前者称为"**实证分析**",将后者称为"**规范分析**"。尽管有些经济学家会同时采用两种形式的分析,大多数经济学家更喜欢解释事情为什么是这样的,而不喜欢表明事物应该是怎样的。一些批评家针对某些经济学家更倾向于立足规范判断,选择那些更有利的信息的做法,认为从这个意义上看,经济学家有点儿自欺欺人。

规范分析
意在理解事物应该怎样的分析方法

经济激励

不论是个体还是社会,我们做出何种选择取决于我们的偏好。回到汽水和比萨的例子中,我们是喜欢汽水还是喜欢比萨,或者我们最喜欢的组合方式是怎样的,对于我们选择生产和消费的量具有重要影响。但是,对于决定我们的生产和消费组合具有**同样**重要作

激励
影响我们决策的因素

用的因素是**激励**。如果一个因素影响了我们的抉择，那它就是一种激励。有些激励是市场的一部分（例如价格），其他激励则来自施加的外部力量（例如政府）。这些激励因素能正面强化所期望的行为并阻止不期望的行为。这意味着你当然能够生产和消费你想要的物品，但有些其他因素（比如税收或政府管制）会鼓励人们做出特定的选择。例如，通过征收啤酒税，免征汽水税，政府鼓励你更多地选择汽水而不是啤酒。

在更深层次上，激励会促使你做一些你原本不打算去做的事情。例如，税收体制提供了很多激励。对大学学费进行税收补贴和课税扣除就是劝说人们接受更多教育的一种激励因素。对于那些无论如何也要上大学的人来说，这些或许不是激励。但对一些正在考虑上大学但没有做决定的人来说，这些税收优惠对他们的决策所产生的任何影响都会构成一种激励。

激励还有一个很重要、但有时不那么好的作用，即它们能产生一些并不期望的结果。税收就是一个例子。在这个领域，有人认为从税收方案所产生的激励中，可以预测到一些并不期望的结果。如果人们在找到兼职工作的同时，就会损失所得到的社会福利，那么可以预测到，这些福利接受者将不会去寻找兼职工作。

合成谬误

合成谬误
一种逻辑错误，指的是总的经济影响总是简单地等于各个部分经济影响的加总

妨碍按经济学方式思考的一个重要误区是**合成谬误**，即认为一件事物的总体经济影响总是等于其局部影响的简单汇总。合成谬误是一个要避免的重要逻辑错误，因为它总是不可避免地造成不合理的经济结论。

不谈经济学，蛋糕就是一个著名的例证，可以说明为什么合成谬误恰恰是一个"谬误"。试想象一个蛋糕，再想象一下做蛋糕所用的各种成分和吃蛋糕时你从中得到的满足。现在，比较一下你分别将面粉、糖和发酵粉吞下喉咙，并用几个生鸡蛋和烹调油吞服，然后把你的头塞进烤箱时，你所能得到的满足程度。显然，整体烘烤好的蛋糕比各个成分单独吞服要美味得多。

再举一个经济学的例子。我们在第5章将会看到如果很多农场主能赚取高额利润，其他人也会想经营农场。假如他们果真开办农场了，所有的新旧农场主还能赚取高额利润吗？我们会看到越来越多的新农场主带来的额外产量会驱使价格下降，以致最终新旧农场主都赚不到钱。

这意味着，当我们做经济学判断时，我们必须非常谨慎。一定不要混淆个体的总和与整体。这两者有可能、或者往往是完全不同的概念。

相关≠因果

直接相关
当一个变量的取值变大时，另一个变量的取值也变大

当人们试图采用经济学方式思考时，他们还可能犯另一个错误，即在两个变量同时变动的情况下，认为其中一个变化导致了另一个的发生。

第1章 经济学：机会成本的研究

因果
一个变量的变化引起另一个变量的变化

例如，如果你考察年龄在30岁以下的人群，问问在他们一生中总共有过多少次约会，你会发现**直接相关**关系，即是说，如果你考察的人数越多，他们共有的约会次数就越多。但这并不暗示着**因果**关系。人数越多并不必然得到更多的约会次数，约会次数多不一定是因为人数多。在这个案例中，两个变量恰好都与年龄相关。20多岁的人群数量更庞大一些，他们约会的机会比十几岁的青少年、不满10岁的小孩和儿童更多一些。

当政客们宣称他们的政策导致了良好的经济形势时，我们一定要对此持怀疑态度。当然，如果经济形势不利，政客们因而对当时的执政党进行非难时，也同样值得我们怀疑。虽然他们的说法可能是正确的，但是政策与经济状况之间并不相关也是完全合理的，或者说无论采用何种政策，经济运行都可能良好，也可能都不佳。

反相关
当一个变量取值较高时，另一个变量取值变低

有时候两个变量会朝相反的方向变化。这种**反相关**关系也可能被误解释为因果关系。如果你想搞到大学足球比赛的季票，观察球迷裸露在外的皮肤量（赤裸的胳膊、腿和腹部），并将之与球赛期间所卖出的热巧克力的数量相对比，你会发现当人们暴露的皮肤越多时，他们消费热巧克力的数量会越少。如果你就此得出结论，前一个因素导致了后一个因素的产生，当然就会犯错误。显然，是天气状况导致了这两种情况的发生。

理论进阶：在生产可能性边界上，说明不变的和递增的机会成本

经济学家用生产可能性边界来说明递增的机会成本和不变的机会成本的概念。如果我们开始时不生产比萨只生产汽水，随后慢慢增加比萨的生产来改变产品组合，这时就存在机会成本。具体成本的大小取决于机会成本是递增的，还是不变的。

说明递增的机会成本

例如，在图1.7中，如果我们从图中不生产比萨的点移到只生产1单位比萨的那个点，这个单位的数量可能以10亿计，我们的机会成本就是减少的汽水的产量。在图1.7中，从0单位的比萨转向生产1单位的比萨的机会成本是1单位的汽水。从1个单位的比萨生产转向2单位的比萨生产的机会成本是3单位的汽水。同样，从2单位的比萨生产转向3单位的比萨生产具有6单位汽水的机会成本。可以清楚地看到，从0到1的机会成本小于从2到3的机会成本。这说明了机会成本递增的情形。

说明不变的机会成本

同样，我们用图1.8来说明不变的机会成本。从0单位的比萨生产转向1单位的比萨生产的机会成本是3单位的汽水。从1单位到2单位以及从2单位到3单位也同样具有3单位汽水的机会成本。在这种情况下，从0单位到1单位的机会成本和从2单位到3单位的机会成本是一样的。这说明了机会成本不变的情形。

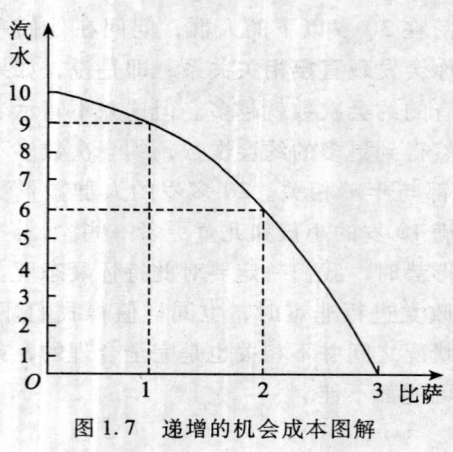
图 1.7 递增的机会成本图解

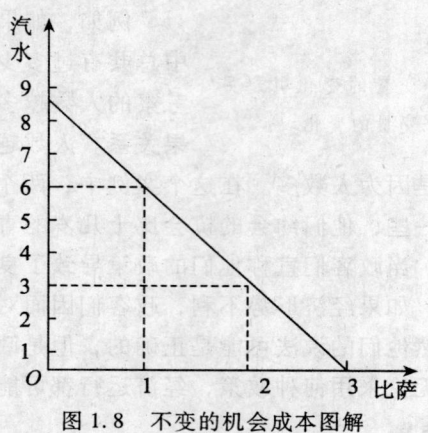
图 1.8 不变的机会成本图解

上述分析表明：选择就有结果。有时这些结果至关重要，有时微不足道。如果学习 5 个小时能使你的考试成绩从 F 级提高到 B 级，那么按你损失的看电视时间来计算，这一成绩提高的机会成本就较低。反过来，多看 5 个小时电视（而不是用来学习以取得更好的成绩）的机会成本可能相当大。机会成本时时处处都存在，而且是你每一个决策的结果。

小结

在本章中，我们学习了经济学的定义，认识到选择就有结果以及这些结果就叫做机会成本。我们学习了如何利用生产可能性边界来对选择进行模式化分析。我们还学习了，根据不同的假设，机会成本可能是递增的或不变的。最后，通过考察边际分析、实证和规范分析、激励，以及一些妨碍我们准确地按经济学方式思维的逻辑误区，我们探讨了以经济学方式思维的意义。

主要术语

可达到的	边际成本	生产可能性边界
因果	模型	资源
直接相关	净收益	稀缺
经济学	规范分析	简化假设
合成谬误	机会成本	不可达到的
激励	最优化假设	失业
反相关关系	边际收益	实证分析

你现在可以阅读的问题章节

联邦支出（第 9 章）

第 1 章 经济学：机会成本的研究　　11

NAFTA，GATT 和 WTO：贸易协议对我们是否有好处？（第 16 章）
贫困和福利（第 24 章）
如果我们建造体育建设，会有观众吗？兼论其他体育问题（第 37 章）

自我测试

1. 经济学研究
    a. 人们应该购买多少以及他们愿意支付的价格
    b. 人们应该卖出多少以及他们愿意接受的价格
    c. 这个世界可自由获得的资源的配置以及谁会得到资源
    d. 稀缺资源的配置和使用以满足人们的无限欲望
2. 简化假设是用来
    a. 通过滤去额外的细节使要点更清楚
    b. 通过增加足够多的细节使事情更清楚以阐明要点
    c. 使注意力偏离现实问题
    d. 使事情看上去比实际状况更好
3. 我们在一条凸离原点的生产可能性边界内的某一点从事生产，这一事实说明存在。
    a. 稀缺
    b. 不变的机会成本
    c. 失业
    d. 递增的机会成本
4. 如果生产可能性边界不是凸的而是一条直线，说明存在
    a. 稀缺
    b. 不变的机会成本
    c. 失业
    d. 递增的机会成本
5. 当我们在一条凸离原点的生产可能性边界上的某一点从事生产时，存在
    a. 稀缺
    b. 不变的机会成本
    c. 失业
    d. 递增的机会成本
6. 我们不能在生产可能性边界之外的某点从事生产，这是因为
    a. 稀缺
    b. 不变的机会成本
    c. 失业
    d. 递增的机会成本
7. "既然在丰收时农民会赚更多的钱，如果大家都丰收，所有农民都会赚更多的钱。"这一陈述是
    a. 将相关与因果等同的错误

b. 合成谬误

　　c. 明显的真理

　　d. （a）和（b）

8. "国会通过了一项税收法案，两个月后大萧条开始了，因此这项法案肯定是错误的政策。"这一陈述是

　　a. 将相关与因果等同的错误

　　b. 合成谬误

　　c. 明显的真理

　　d. （a）和（b）

9. 完整地画出一条具有递增的机会成本的生产可能性边界。标出坐标轴、生产可能性边界、可获得的点、不可获得的点以及存在失业的点。说明你所画的生产可能性边界具有递增的机会成本。同样也画出一个具有不变的机会成本的图形。

思考

　　假定你买了一辆新车。这么做的机会成本是什么？

　　假定你决定安定下来结婚。这么做的机会成本是什么？

　　假定你在同一天有两场考试。你如何将边际分析运用到这两场考试之间分配复习时间的问题上？

　　如果你想要鼓励大学生好好学习，你会运用什么激励？

讨论

　　假定你决定把一周剩下的时间全都用来学习备考，不作任何消遣娱乐。你这么做的机会成本是什么？按照你所失去的娱乐来表示，你的机会成本可能是什么，它是递增的吗？你如何用图表来说明这种娱乐和GPA（平均成绩点数）之间的权衡取舍？

附录1A 作图：你也做得到

不管你喜欢与否，作图都是你"掌握"经济学需要学习的一个重要部分。如果你已经大胆地学习了这个附录的内容，你的老师可能会对你表示赞赏，并希望你为以后的学习打下更坚实的基础。本附录适合那些以前不理解图表含义的学生以及那些一面对复杂图表，就只看到纷繁杂乱的一团线条而一筹莫展的可怜虫。在电影《甜心先生》中，汤姆·克鲁斯突然出现在家里，向妻子致以感人肺腑的歉意，她最后打断他说："你只说'嗨'就行了。"很多传授经济学的老师往往还在说"嗨"的时候就把学生弄迷糊了，至少当我们走到黑板前画图的时候是如此。让我们开个好头，了解图表是什么以及它能告诉我们什么吧。

笛卡儿坐标

原点
图形中两个变量都为零的点：(0, 0)

X 轴
横轴

Y 轴
纵轴

斜率
X 轴变量的值增加一个单位时，Y 轴变量的值增加的量

X 截距
当 Y 轴变量取 0 时，X 轴变量的取值

Y 截距
当 X 轴变量取 0 时，Y 轴变量的取值

笛卡儿坐标和副标题一样都多少有点令人不快，它是以其发明者——法国人勒奈·笛卡儿的名字来命名的。据说，当时他正盯着天花板，跟踪苍蝇的飞行路径。他发现他可以用两个数字来精确地找到苍蝇每次在天花板上停歇的地点。因此，你不妨在椅子上倚靠一会儿，并盯着天花板。选择房间的两面墙壁相交的一个角点，那就是你的参照点（在数学上我们称之为**原点**）。假定墙壁与墙壁之间成直角，将你左侧的那面墙壁称为 **Y 轴**，右侧的墙壁称为 **X 轴**。在天花板上找到一个突出的点：一只蜘蛛、一小块污点、一个通风孔等。从该点到你右侧的墙壁画一条尽可能短的想象中的直线。将那点称之为 A。同样在左边找到这么一个点，称之为 B。用这两个数字你就可以确定天花板上的点。第一个数字是沿 X 轴从角点（原点）到 A 点的距离，第二个数字是沿 Y 轴从角点到 B 点的距离。在图 1A.1 中，该点在 X 轴上的标志是 9 单位，在 Y 轴上的标志是 11 单位，因此显示为 (9, 11)。

请注意：不要写作 $Y = MX + B$

不管你是否想要回忆那段经历，在你的第一次代数课堂上，你首先都要接触直线的**斜率**、**X 截距**和 **Y 截距**这些概念，以及直线的表达形式 $y = mx + b$。不管那是在 7 年级、8 年级、9 年级或 10 年级的课堂上，都需要足够的时间来让学生了解这些内容。等式 $y = mx + b$ 是一条直线，是因为如果你对 x 和 y 的随机取值得到 x 和 y 的组合，将它们画出来，它们最后成一条直线。这条直线会在 Y

轴上穿过点 b，因为如果在等式中 x 取 0，mx 就是 0（因为任何数乘以 0 都是 0），因此最后只剩下 b。所以 b 是 Y 截距。这条直线会在 $-b/m$ 穿过 X 轴。因此，X 截距是 $-b/m$。斜率是 y 增加的量除以 x 增加的量后的值。假定 x 从 3 开始增加到 4。如果是这样，那么 y 会从 $m3+b$ 变成 $m4+b$，y 因此增加了一个 m 个单位。x 变动一个单位，y 增加 m 个单位，因此斜率是 m。3 只是任意挑选的一个数字，我们可以选择任何一个数字来得到同样的结果。斜率都是 m。

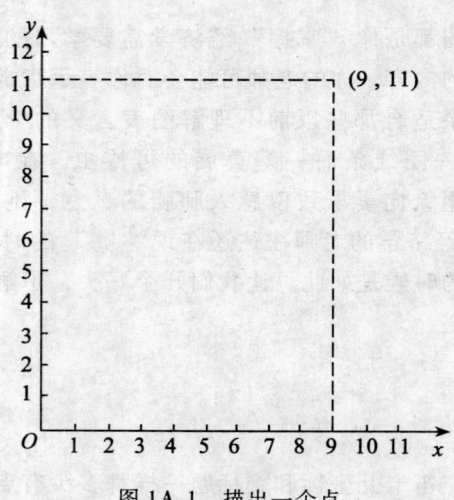

图 1A.1 描出一个点

如果 m 和 b 是正值，你会得到像图 1A.2 这样的一个图。如果 m 是正值，而 b 是负值，你会得到像图 1A.3 这样的一个图。如果 m 是负值，b 是正值，你会得到像图 1A.4 这样的图，最后，如果它们都是负值，你会得到像图 1A.5 这样的图。如果 m 的取值很大而且为正，那意味着直线是上斜而且陡峭的；取值小而且为正，意味着是上斜但相对平坦。如果 m 为较大的负值，那么直线是下斜而陡峭的，如果负值不大，直线是下斜而平坦的。

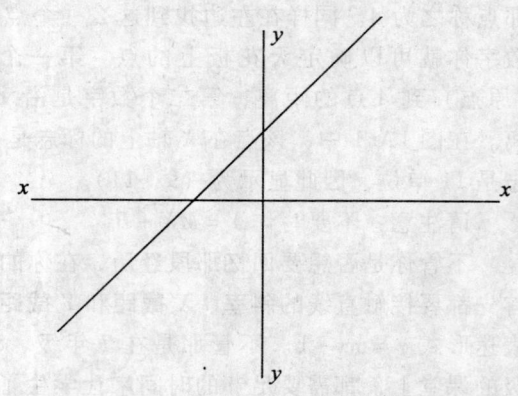

图 1A.2 描出一条直线 $Y = MX + B$　$M > 0$，$B > 0$

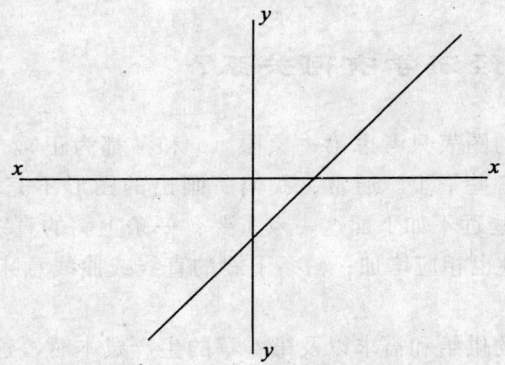

图 1A.3　描出一条直线 $Y = MX + B$　$M > 0, B < 0$

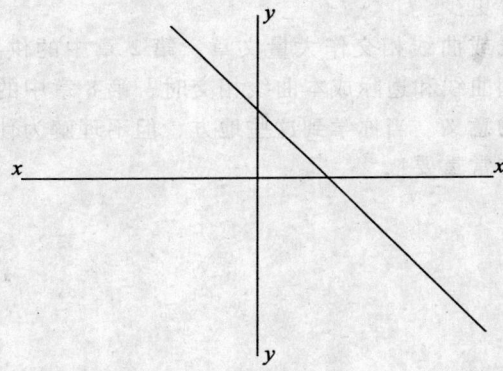

图 1A.4　描出一条直线 $Y = MX + B$　$M < 0, B > 0$

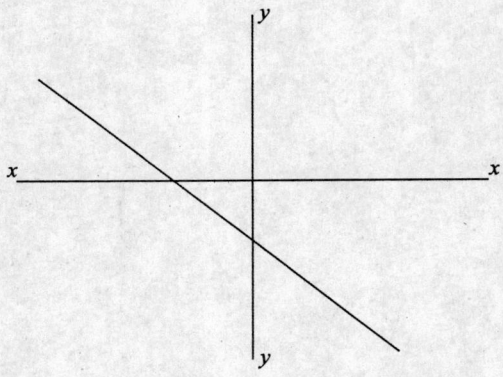

图 1A.5　描出一条直线 $Y = MX + B$　$M < 0, B < 0$

这些东西到底与经济学有何关系?

为简化起见,我们的图表只考虑第一象限(x 和 y 都为正)。我们会有下斜和上斜的直线。有些直线陡峭,有些平坦。通常,我们所画出的图形不完全是直线而是曲线(如图 1.5 和图 1.7)。但这些远不如下面这一点重要:一条上斜的直线或曲线意味着,随着 X 轴变量的增加,Y 轴变量也相应增加;一条下斜的直线或曲线意味着,随着 X 轴变量的增加,Y 轴变量会减少。

在我们讨论第 2 章的供给和需求以及第 4 章的生产成本时,这一点会非常明显。正如你会在第 2 章看到的那样,经济学家们把价格视为纵轴(Y 轴),而人们想要购买或企业想要卖出的数量放在横轴(X 轴)。上斜的直线是供给曲线,表示如果你为每一单位的产品支付更多的价格,企业会生产得更多;下斜的直线是需求曲线,表示如果每单位产品的价格上升,消费者会买得更少。

我们还能对两条直线或曲线相交作大量文章。第 2 章中的供给曲线和需求曲线相交时,第 5 章中的边际利润曲线和边际成本曲线相交时,第 8 章中的总需求曲线和总供给曲线相交时,都有很重要的意义。当你学到这些地方,但不理解为什么两条线相交这么重要时,一定要多问问,这非常重要!

第 2 章　供给和需求

学习目的
- 理解供给和需求的经济模型
- 定义供给、需求、供给量和需求量等名词
- 通过利用供求关系背后的经济直觉以及那些能改变供求关系的变量，灵活应用供给与需求模型

内容概要
- 定义
- 供给和需求模型
- 关于需求
- 关于供给
- 需求的决定因素
- 供给的决定因素
- 价格预期变化对供给和需求模型的影响
- 理论进阶：为什么会出现新的均衡？
- 小结

　　这是本书中关键的一章：如果你不懂得供给和需求，就不可能理解经济学。你只有在弄懂供给和需求这个复杂的主题之后，才能较好地理解本书后面对现实热点问题的分析。

　　通过在电视、报纸和交谈中对"供给和需求"这个短语的接触，你可能对它很熟悉。然而，人们平常使用这个短语的方式与经济学家并不相同。本章试图让你走出大众对它的理解，它将帮助你深入理解供给和需求模型，使你能够在我们讨论其他许多经济学问题时应用这一模型。

　　达到这样的理解水平是需要一些时间的。我们先定义一些将要用到的词汇。你可能忍不住一目十行，或者跳过很多内容，认为自己早就听说过这些词汇了。千万别这样。正如我们在第 1 章所说，这些语汇对于经济学家而言有着精确的涵义，很可能与你以前的理解不同。

　　下一步是介绍供给和需求模型。我们先简要地解释"需求"和"供给"这两个名词，然后在同一张图中画出需求和供给图示，形成对模型以及经济学家所说的"均衡"的第一印象。之后，我们花一点功夫来仔细考察需求和供给。

　　对供给和需求模型有了初步理解之后，我们探索当需求和供给变化时将会发生什么。最后来说明为什么供给和需求发生变化必然也引起均衡变化。

定义

市场

供给和需求
经济学中最重要的模型的名称

价格
为获得1单位产出所支付的货币数量

产出
生产出来供出售的商品或服务

市场
买者和卖者协商交易的任何机制

消费者
市场中那些想用货币交换商品或者服务的人

生产者
市场中那些想要将商品或者服务交换成货币的人

均衡价格
一种价格水平,在此价格下,消费者不可能期望自己购买到更多商品,同时生产者不可能期望自己销售更多的商品

均衡数量
均衡价格下交易的产品数量

供给和需求是经济学中最重要的模型的名称。经济学家们利用它来对**价格**和**产出**的变动作出解释。第1章说过,模型是对复杂的现实生活现象的一种简化。此处的模型,假设存在一个**市场**,它是买者和卖者进行交易的场所。假设**消费者**把货币带到市场,而**生产者**则把商品或服务带到市场来。消费者想要用他们的货币换取商品或服务,而生产者则想要用他们的商品或服务来换取货币。

"市场"这个词对经济学家有着精确的涵义,它不同于商业名词"营销",这一点很重要。任何买卖双方讨价还价和进行交易的地方都存在市场。因此,为了进行沟通和交易,就必须有市场。比如在二手车市场上,有希望买车的人,也有希望卖车的人。在因特网普及之前,大多数信息的传递受地域的局限。买主直接去二手车市场或者阅读报纸上的广告。想卖车的人通过口口相传做广告,或在报纸上刊登广告,或者卖给经销商。有了因特网之后,市场的范围扩大了,因为沟通(二手车交易家、易趣等网站)更方便了。但是,如果你住在迈阿密,你仍然不大可能去买一辆西雅图的轿车,这样做的成本太大。最后,所谓"营销"是二手车销售人员为了说服你买他们的车所做的事。不要混淆这两个概念。

供给和需求模型假设存在许多消费者和生产者,因此谁也不能操纵价格。在市场上存在一个消费者和生产者都不能偏离的价格;没有任何一个消费者会指望以这个价格买到更多产品;也没有生产者会希望以这一价格出售更多的产品——简言之,每个参与者的经济状况都得到改善。经济学家将这个价格称为**均衡价格**,将消费者从生产者那里购买到的数量称为**均衡数量**。这个模型用图形表示就是供给和需求曲线。需求曲线表明了消费者必须支付的价格和他们"愿意购买"的数量之间的关系,而供给曲线表明了厂商得到的价格和他们"愿意出售"的数量之间的关系。经济学家将消费者在任意特定价格想要购买的数量称为需求数量,并将厂商在任意特定价格想要出售的数量称为供给数量。

人们参与各种各样的市场,因为市场可以改善参与者的经济状况。市场不断演变着,因为我们的祖先认识到,尽管自给自足是可以做到的,但却不能让人们发挥特定技能的优势。人类的一项社会创造(即市场)已经成形了,市场让人们聚集起来交换商品和服务,而且因为这些交换往往是自愿的,参与者总是对从市场获得的东西感到满意。由此,市场作为一种社会制度延续了下来,因为它不断地在提升个人和社

需求数量和供给数量

需求数量
在一定时期内，给定价格水平下消费者想要并且有能力购买的数量

供给数量
在一定时期内，给定价格水平下供给者想要并且有能力出售的数量

在这里，你所读到、听到，或从报纸、广播、电视等传媒了解到的每一件事都会让你糊涂，因为经济学家使用这些词汇的方式与它们在经济学范围之外的使用方式大不相同。经济学家坚持突出需求和需求数量之间的差异。如果你仔细阅读了上述两段，你就知道**需求数量**是指特定时期内消费者在一个特定价格愿意而且能够购买的数量。

另一方面，需求说明的是消费者在各种价格下想要购买的数量。对于供给这个概念，也存在类似的区分。**供给数量**是指特定时期内厂商在一个特定价格愿意而且能够出售的数量，而供给表明的是厂商在各种价格下想要出售的数量。

其他条件不变

一般来说，社会科学家，尤其是经济学家都相信存在一种"科学方法"，这种方法要求，为了单独考虑一个变量对其他变量的影响，必须排除其他可能影响结果的因素。经济学家不能像化学家或者生物学家那样，把他们的研究对象（即人们）放在实验室做实验。例如，经济学家不可能在一个城区创建一套资本主义体系，而在另一个城区创建一套社会主义体系，又在第三个城区创建共产主义体系，以此来检验哪种经济体系对社会最有效率。

Ceteris Paribus
"其他条件不变"的拉丁文表示方法

经济学家必须在他们的模型所处的背景中进行观察。因此，即使在某时刻，现实生活并没有发生某种变化，我们的模型也允许我们考虑某时刻的这种变化。这就是大多数经济学家都知道的拉丁语：**Ceteris Paribus**，意味着"其他条件不变"。

需求和供给

需求
在其他条件不变的情况下，价格和需求数量之间的关系

供给
在其他条件不变的情况下，价格和供给数量之间的关系

关于需求曲线，我们想知道的是价格和需求数量之间存在什么关系。要判断这种关系是很困难的，因为这取决于诸如人们是富裕还是贫困、产品是否过时或者竞争产品的成本高低等因素。为了寻求答案，假设我们是在其他条件不变时看待价格和需求数量之间的关系的。因此，所谓**需求**是指，在其他条件不变时，价格和需求数量之间的关系。

对于供给，也有同样的逻辑。有很多因素决定着价格和供给数量之间的关系，例如工人工资的高低、原材料的成本，或者技术的可用性。我们再次假设这些条件都不变，则**供给**就是表示在其他条件不变时，价格和供给数量之间的关系。

供给和需求模型

需求

前面已经说得够多了——下面让我们来看看模型。要绘制出需求曲线,我们先虚构一个合理的例子,并在一张表格中列出相关信息。假设我们考虑的是在橄榄球赛场出售的无酒精饮料。很明显,有很多因素会影响橄榄球赛时饮料的供给和需求,但我们此时假设那些因素都不变。

我们先假设饮料的价格为零,看其需求量会是多少。需求量也许很大,但可能没有你想象的那么大。你去看球赛是为了看比赛,而不是为了喝饮料(至少不是无酒精饮料),因此你可能在比赛开始时喝1瓶,在四分之一赛结束时又喝1瓶,在中场和四分之三赛结束时分别喝1瓶,最后回家时再喝1瓶,总共5瓶。假设你跟其他观众都一样(共10 000人),那意味着价格为零时,需求数量是50 000瓶饮料。

假设价格上升到50美分1瓶。你可能会放弃比赛结束时的那一瓶,从而你(以及别的观众)想买的饮料数量是4瓶,需求数量将是40 000瓶。若价格再上升50美分,你可能会放弃四分之一赛结束时的那一瓶,从而你想买3瓶,需求数量将是30 000瓶。若价格为1.5美元,你可能会放弃四分之三赛结束时的那一瓶,从而你的需求量降为2瓶,需求数量将是20 000瓶。若价格为2美元,你可能只会在中场喝1瓶,从而你的需求量降为1瓶,需求数量将是10 000瓶。最后,若价格为2.5美元,你可能1瓶都不喝。表2.1以**需求表**的形式描述了我们刚才所说的选择。需求表以表格形式表示商品价格和需求数量。

需求表
用表格形式表示商品价格和其需求量之间的关系

表2.1 足球赛中对饮料的需求表

价格($)	你的需求数量	人群的总需求量 (10 000个和你一样的球迷)*
0	5	50 000
0.50	4	40 000
1.00	3	30 000
1.50	2	20 000
2.00	1	10 000
2.50	0	0

*表示其他条件不变,球迷的数目和类型固定。

这一信息也能在图形中显示出来。事实上,从现在开始,你会经常看到这样的图。图2.1是一个需求曲线图。注意,纵轴上以 P 表示价格,横轴上以 Q/t 表示每单位时间的数量。你可能已经预料到了第一个标识符号,但对第二个标识符号,可能需要作一些简短的解释。每单位时间的数量是在那一特定的比赛期间，10 000个人中想要喝饮料的人数。考察需求数量和供给数量需要有个时间基准。黑圆点代表来自需求表中的点，我们把这些点连接起来就得到了需求曲线。

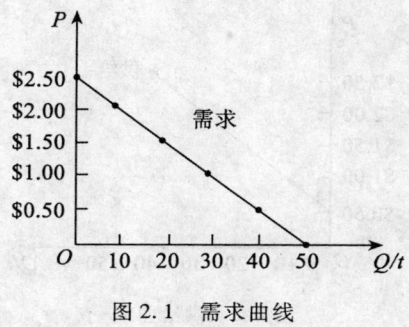

图 2.1 需求曲线

供给

现在，同样利用这场运动会的例子，让我们来考虑一下饮料的卖方。假定在本案例中，并不要求不同的饮料出售点对饮料卖相同的价格；也就是说，他们是独立的生意人。同时还假定运动场周围有 10 家这样的点。现在问问你自己，在不同的价格水平下，每一家销售点能卖出多少饮料。显然，他们可不愿意白送，因此在零价格水平上，供给量会为零。在相当低的价位上，例如 50 美分一杯，他们可能也不想卖出饮料，因为雇用一个卖饮料的工人的成本和饮料自身的成本可能都不止 50 美分一杯。随着价格的上升，他们会愿意付出越来越多的努力来赚越来越多的钱。在本案例中，我们假定在每杯 1 美元情况下，每个销售点都想要卖出 1 000 杯。在每杯 1.5 美元的情况下，他们每家想卖出 2 000 杯。在价格为每杯 2 美元的情况下，假定这一数字为 3 000 杯，在 2.5 美元价格的情况下，为 4 000 杯。表 2.2 给出了这一信息，我们把它称为**供给表**，它以列表的形式给出了一种商品的价格和供给数量。

供给表
用表格的形式表示某种商品的价格和供给数量之间的关系

表 2.2 橄榄球赛中饮料的供给表

价格（$）	一个销售点供给的数量	运动馆供给的总数量（所有 10 个销售点）
0	0	0
0.50	0	0
1.00	1 000	10 000
1.50	2 000	20 000
2.00	3 000	30 000
2.50	4 000	40 000

这一信息也能在图形中表示出来。图2.2展示了一条供给曲线,坐标轴标识和图2.1相同:即表示随时间而变的价格和数量。此处的黑圆点代表来自供给表中的点。将这些点连接起来就得到供给曲线。

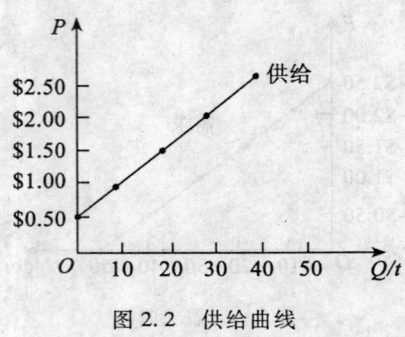

图2.2 供给曲线

均衡

均衡
消费者想要购买的数量和企业想要出售的数量恰好相等的那一点。当供给曲线和需求曲线相交时出现

表2.3将供给表和需求表融入一张表格,图2.3将供给曲线和需求曲线画在一个图中。它们一起向我们展示了,在低于1.5美元价格的情况下,消费者想要购买的饮料数量多于销售点愿意提供的数量,在价格高于1.5美元的时候,他们想要购买的数量少于销售点愿意提供的数量。在供给曲线和需求曲线相交的地方,消费者想要购买的数量和企业愿意提供的数量正好相同。这就是所说的**均衡**。

短缺和过剩

短缺
企业想出售的商品数量少于消费者想购买的商品数量的情形

过剩
企业想要出售的商品数量多于消费者想要购买的数量的情形

超额需求
短缺的另一种表示方法

超额供给
过剩的另一种表示方法

当价格太低时,我们就会遇到**短缺**,即即企业不愿意卖出消费者想要购买的那么多数量的商品。当价格太高时,我们会遇到**过剩**,即企业想要卖出的商品数量多过消费者想要购买的数量。

假如在橄榄球比赛中,销售点的饮料卖完了,那么很显然存在着短缺。根据供给和需求模型,当价格太低的时候会出现这种情况。很多人排长队想要购买饮料,卖主会发现存在短缺或**超额需求**,他们能提高价格销售其产品。如果存在过剩或**超额供给**,情况则正好相反。如果价格太高,卖方想要卖出的饮料数多于消费者想要购买的数量。这时候会出现大量存货,企业发现面临过剩,就会降低价格消除过剩。

出于对自身利益的关注,卖方不会让短缺和过剩现象长期存在。企业会通过改变索取价格以改变存货量。它们通过提高价格来应对短缺,削减价格以应对过剩,结果每一种情况都会是短暂的。

表 2.3　　　　　　　　出现短缺和过剩情况的供给和需求表

价格（$）	个体需求数量	总需求数量	一个销售点的供给数量	运动场的总供给量	短缺（超额需求）	过剩（超额供给）
0	5	50 000	0	0	50 000	
0.50	4	40 000	0	0	40 000	
1.00	3	30 000	1 000	10 000	20 000	
1.50	2	20 000	2 000	20 000		
2.00	1	10 000	3 000	30 000		20 000
2.50	0	0	4 000	40 000		40 000

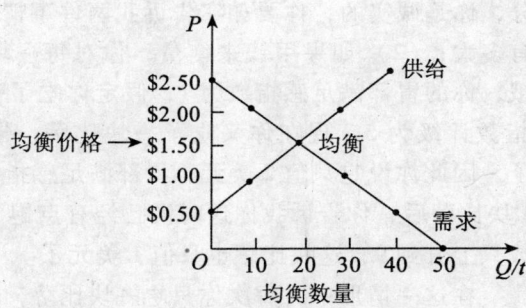

图 2.3　供给和需求模型以及均衡价格和数量

关于需求

需求法则

需求定律
商品的价格和需求数量之间呈现的负相关或反相关关系的一种表述

从本节的定义中我们知道，需求描述的是，在其他条件不变的情况下，价格和需求数量之间的关系，我们已经看了球赛中有关饮料的例子。这一事例暗示我们，在价格和需求数量之间存在负相关关系。由于这种关系，我们所画出的需求曲线是下斜的。价格和需求数量之间的负相关关系被称为**需求定律**。这一"定律"并不真的是定律，而是从日常观察中得到的常识：当价格越高时，我们买得越少。

为什么需求定律有意义？

为什么我们总能看见这种负相关关系？有三个显见的原因。首先，当你来到商店，发现你想要的商品价格太高时，你会寻找一个花费更少、可接受的替代品。如果你买了其他

替代效应

当一种商品的价格上升时，这种商品的购买量较之以往会有所下降，因为购买者可以转向购买另一种价格较低的商品。

实际货币余额效应

一种商品价格的上升会降低你的购买力，从而导致你能购买的商品数量减少

边际效用

消费者增加额外一单位消费带来的愉悦增加量

边际效用递减定律

增加某种商品的消费会使得消费者获得的愉快程度上升，但随着消费量的增加，每单位额外消费量带来的愉快程度的增加量会减少

商品，你用另一种商品替代了你原先想要购买的东西，因为它的价格太高。经济学家们说这是一种**替代效应**。当你原来想买的东西价格更高时，你会买得更少，因为这时你会用其他商品来替代。

其次，假定你找不到可接受的替代品。在此种情况下，你仍会购买得更少，因为你不能承担那么多。实际上由于价格的上升，你的实际购买力下降了（尽管你钱包里的钱还是那么多）。这一解释并不是对所有商品都成立（尤其是一些基本必需品，如水），但总的来说，经济学家称之为**实际货币余额效应**，因为一种商品的价格上升会降低你的购买力，导致你能购买的商品数量减少。

我们发现需求价格和数量之间的负相关关系的最后一个原因，要么可以详细解释，要么是一个有用的谎言。你之所以出现在本课堂上，你的教授之所以选择这本教材，是因为你不必要了解经济学的细节，你得到的是有用的谎言。① 记住这一点，然后来看看下面这个很无聊但能说明问题的例子。假如我给你10美元，我想知道你会拿多少来支付午餐时的比萨费用。进一步假定，作为实验的一部分，你是诚实的，你要如实告诉我两件事情：（1）在1到10的范围上，你的胃部满足感有多大；（2）如果用钱来衡量，你对每一块比萨价值的评判为多少。如果开始时你很饥饿，你的胃部满足感指数为1，假定你吃了一块比萨，并告诉我它值3美元，胃部满足感指数评级为5。现在你又吃了一块比萨，告诉我它并不值那么多了，因为你没有那么饿了，因此你说它只值2美元，胃部满足感指数上升到8。在吃了第3块比萨后，你告诉我你这时候已经有点饱了，因此胃部满足感指数只上升到9，这块比萨也只值1美元了。

在这一情形中，每次你只吃一块比萨，你对下一块比萨的价值评断下降了。这意味着你对一件商品估价多少取决于你已经拥有的数量。经济学家们把你从多消费一单位商品中得到的额外的愉悦度②称为**边际效用**，并且指出，随着你消费的增多，边际效用会减少。这一**边际效用递减定律**表明随着消费的增加，你从每一单位商品的额外消费中得到的额外的愉悦感会下降。简单地说，由于每多吃一块比萨，你所增加的愉悦比前一块增加的都有所下降，你愿意为每块比萨支付的最高价格也会低于先前。因而，需求曲线为什么下斜的最后一个原因就在于，对大多数商品而言，存在着递减的边

---

① 在你对有用的谎言这一概念感到困惑之前，想想我们对儿童所讲的一些话。对3岁的儿童，我们会说："如果你不上床睡觉，圣诞老人就不会来"；对8岁的小孩，我们会说："你总是要用大数来减小数"；对15岁的小孩，我们会说："你不能对负数取平方根。"

② 这里也存在着有用的谎言。大多数经济学家并不认为你能像测度距离或温度那样来测度愉快感。这意味着尽管你能说，你在一种情况下比另一种情况下更快乐，但你不能说你有多大的快乐。我们也能用无差异这一概念表达同等意思。之所以没有哪一本一学期课程的教科书用无差异这一概念来解释需求曲线下斜的性质，是因为它太花时间了，而且也并不能加深你对上文中最后两段话的理解。这一边际效用的谎言能以较少的时间得到相同的结果，大多数一学期经济学课程的老师都认为很有用。

际效用。

有一点很重要:需求曲线不仅仅只是找到一个人在特定价格水平上想要购买的商品量。此外,你还能用它来发现一个人"愿意支付"的特定数量的商品的价格。无论何时你遇到这个词语,想想"他们愿意支付的最高价格"。当然,你总是希望能花费得更少一些,但如果以这种方式来看的话,需求曲线也能表示在其他条件不变的情况下,你为商品的不同数量所愿意支付的最高价格。

关于供给

供给定律

供给定律
商品价格和供给数量之间呈现正相关关系的一种表述

从本节的定义中,我们还知道供给反映了在其他条件不变的情况下,价格和供给数量之间的关系。我们从同一个例子出发来看这一问题,这个例子告诉我们球赛中卖方愿意卖出多少饮料,暗示我们价格和供给数量之间存在正相关关系。因此我们所画出的供给曲线是上斜的。价格和供给数量之间的正相关关系被称为**供给定律**。和经济学中所有其他定律一样,这个定律并不是一个规律,它更像是一种几乎为所有迹象所证实的一种假设。简单地表述就是:当价格更高时,企业愿意卖出更多的商品。

为什么供给定律有意义?

尽管从直觉上看是可信的,但从技术角度上对为什么供给曲线是上斜的这一点的解释,占据了第 4 章和第 5 章的大量篇幅。下面只是一些简洁(尽管可能并不简单)的解释,它会在第 4 章和第 5 章中得到重复并加以扩展。

假定我们卖饮料的运动场有三层。设我们的售卖点在球迷很多的第一层,我们要经过比较长的台阶到第二层,那里的观众比较分散,最后,要经过相当长的台阶到第三层,那里几乎没什么人。在价格相对低的时候,可能将售卖点设在第一层比较划算,除非价格上升,没必要费力到较高层去售卖。想象一下如果我们能索取较高的价格,可能移到第二层售卖比较值;如果价格更高,我们可能会冒险到距离中央位置最远的区域售卖。

它所要表明的,以及第 4 章和第 5 章中所要详细论证的是,供给曲线上斜的原因是,要想卖方的供给增加,你为每单位所支付的成本也要增加。在本例中,饮料已经不能再贵了,但当我们移到较远地带售卖时,转移成本却更高。

需求的决定因素

在前面的章节中,我们在讨论问题时保持其他条件不变。现在我们可以考虑一下,如果其他条件发生了变化将会如何。在本章节的定义中我们间接提到过,有很多因素都能影响商品的需求关系。包括商品看上去如何、人们的收入水平、其他商品的价格、潜在购买者的人数以及对将来价格的预期。这些变量会改变人们对商品的需求数量以及人们愿意支付的价格。同样,"愿意支付的价格"是对人们愿意支付的最高价格的缩写。如果人们想要更多的商品，也可以说，他们现在愿意支付以前所不愿支付的价格。

品味

品味一词被经济学家用来描述商品是否时尚，或人们想要该商品的条件是否成熟。高品味意味着该商品很时尚，或被高度需要；低品味意味着很少有人需要。它以一种明显的方式对需求产生影响：人们越喜欢某件商品（该商品的品味越高），他们为特定数量的该商品愿意支付的价格也越高，他们想要的数量也会越多。

需求的决定因素

品味
决定一件商品是否时尚或人们想要该商品的条件是否成熟。
收入
劣质品：收入越多你会购买得越少的商品。
正常品：收入越多你会购买得越多的商品。
其他商品的价格
替代品：取代另一件商品使用的商品。
互补品：一起使用的商品。
潜在购买者的总人数
潜在的对一件商品感兴趣的人的数量。
预期价格
你期望在将来存在的价格。

收入

人们有多大的收入来购买商品对于需求也很重要，但它并不总是产生正面的影响。考虑大学食谱中的那几样食物：快餐面和通心粉以及奶酪。不管你吃哪一种，花费不足50美分你就能填饱肚子了。如果你的祖母去世，并留给你25 000美元的遗产，现在问问你自己，你还会买多少袋、多少盒或多少包这样的食物。答案是不会很多，尤其是假如你由于买不起其他食品而一直在吃这些东西的话。这一例子告诉你，并不总是你赚得越多就买得越多。当你收入越高时，你购买某件商品会越少，经济学家们把此种情况下的商品称为**劣质品**。如果商品是劣质品，而且你的收入增加了，虽然你有能力购买得更多，但你只想少买一些此类商品。假如要诱使你购买某个数量的此类商品，就得要更低的价格。

另一方面，对大多数商品来说，收入的增加会导致消费者想要购买的数量的增加。当你收入越多时，你愿意购买某件商品更多，在这种情况下，经济学家们将此种商品称为**正常品**。如果商品是正常品，而且你的收入上升了，你有能力购买得更多，而且你也想购买更多的此种商品，你会愿意花更多的钱来购买它。

其他商品的价格

同样地，如果另一件商品的价格上升，你是否会改变购买某件商品的意愿？对这一问题也没有直接的答案。如果百事可乐的价格上升了，你会更愿意购买可口可乐而且购买得更多。同样，如果热狗的价格增加，你会决定少买一些。由于除了包在热狗外层，热狗面包几乎没有任何其他用处，你会发现对热狗面包的需求也减少了。经济学家们将替代其他商品使用的商品（如可口可乐和百事可乐）称为**替代品**，一起使用的商品（如热狗和热狗面包）称为**互补品**。

替代品和互补品的例子有很多。花生酱和果子冻是互补品，因为它们总是被一起使用来制造三明治。意大利辣香肠和腊肠被视为替代品，因为在做比萨时可以选其一来作肉料。尽管会使事情更加复杂，但一些商品对某些人来说是替代品，而对另一些人来说是互补品。我的岳父认为，花生酱和果子冻是同样好的面包酱，因而对他来说它们是替代品。必胜客餐厅推出的一种适合肉食爱好者的比萨，同时包含辣香肠和腊肠，因此对喜欢这种比萨的人来说，两者为互补品。

潜在购买者的总人数

对某种商品潜在感兴趣的人的数目显然会对这种商品的需求产生影响。例如，在20世纪70年代的黑色时代，当时只有少数人懂计算机，也只有少数人对购买计算机感兴趣。后来，学生们，尤其是大学生，开始依赖计算机来完成学校作业，他们毕业后变成了一群对计算机有潜在兴趣的购买者。经济学家们将对某种商品潜在感兴趣的人的人数简称为**总人数**。

预期价格

最后，当一种商品的**预期价格**上升时，会导致"囤积"效应。当预期烟草税增加时，烟民会囤积备货。当周末汽油价格几乎统一上调时，节俭的司机会在周三购买汽油。如果预期价格很快会上升，消费者会购买得更多，他们希望现在购买而不是以后购买。

需求决定因素的变化对供给和需求模型的影响

表2.4和表2.5总结了需求决定因素会如何影响供给和需求图。表2.4指出了上述变量增加的影响，而表2.5则指出了上述变量减少的影响。每张表格中的最后一栏表示相对应的图形。图2.4显示了需求增加的影响，而图2.5显示了需求减少的影响。在每张图中，原来的供给和需求曲线为细线，新的需求曲线以粗线标识。原来的均衡用小黑点标记，新的均衡用大黑点标记。

表2.4　　　　　　　　　　需求曲线的移动：决定因素值的增加

增加	导致需求	导致需求曲线移向	反映在图中
品味	增加	右	2.4
收入，正常品	增加	右	2.4
收入，劣质品	减少	左	2.5
其他商品的价格，互补	减少	左	2.5
其他商品的价格，替代	增加	右	2.4
人数	增加	右	2.4
预期未来价格	增加	右	2.4

表 2.5　　　　　需求曲线的移动：决定因素值的减少

减少	导致需求	导致需求曲线移向	反映在图中
品味	减少	右	2.4
收入，正常品	减少	右	2.4
收入，劣质品	增加	左	2.5
其他商品的价格，互补	增加	左	2.5
其他商品的价格，替代	减少	右	2.4
人数	减少	右	2.4
预期未来价格	减少	右	2.4

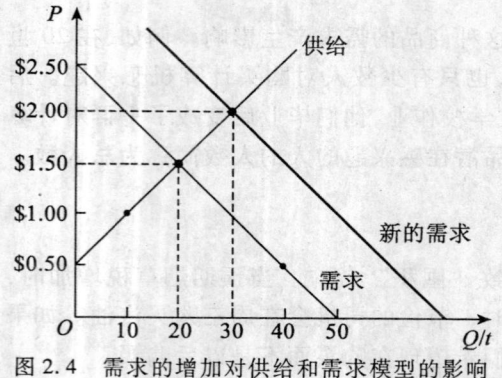

图 2.4　需求的增加对供给和需求模型的影响

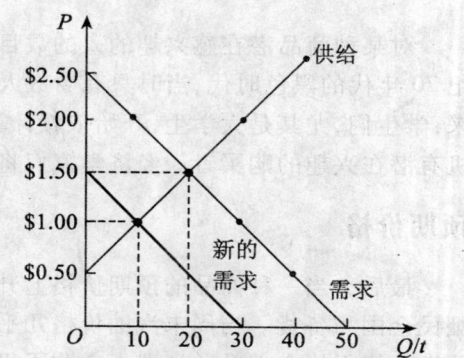

图 2.5　需求的减少对供给和需求模型的影响

供给的决定因素

同样，在定义供给的章节中，我们间接提到过很多可以改变供给关系的因素。包括投入品价格的变动、技术、其他潜在产出的价格、卖方的数目以及预期未来价格。同样，我们假定其他条件保持不变。

投入品的价格

投入品的价格是指企业生产产品所必需的所有物品的成本。如果一件投入品被用来生产一件产品，这种投入是要花钱的，是有价格的，即使具体的叫法可能不同。典型的投入品包括原材料、劳动力和设备。原材料的价格就是其价格（尽管这听起来像循环定义，但是不妨想想我们饮料的例子。杯子、汽水和容器都有各自的价格）。劳动力的价格是雇主雇用一个员工所付的工资加福利（雇主没有直接支付的东西包括医疗保险、失业保险、职业伤害险等，这些被定义为福利）。设备的价格能影响供给，但通常起作用的是租借设备的租金成本，以及用借来的钱购买设备所必须支付的利息和折旧率（利息是借入货币的价格，折旧率是机器由于磨损而损失价值的速度）。

供给的决定因素

投入品的价格：企业生产产品所必需的所有物品的成本。
技术：将投入转化成产出的能力。
其他潜在产出的价格：当企业决定生产一种产品时，它们想要生产能令自己赚钱最多的那一种。
卖方的数目：在同一市场上竞争的企业的数目。
预期未来价格：企业力图抑制销售以等待高价，并且会在价格下降前清空存货。

技术

在经济学界，**技术**一词指将投入转化成产出的能力。在我们先前球赛中卖饮料的例子中，假如一种技术进步使得工人能装满一杯减肥可乐，而无须等上几秒钟让泡沫消退，这就会减少员工时间的浪费。这一技术会增加产出并降低成本。我们所说的技术之所以会变化，是由于雇员能力提高了，他们更加努力更加灵巧地工作，或是新的设备使雇员变得更有效率。

再举一个技术的提高如何改变市场的例子，即那种非法的学期论文。在20世纪60年代，假如你想购买到学期论文，你就得付费请专人进入图书馆，并按字母分类的索引卡和期刊编号来寻找原始材料。由于复印受到限制，那些人还必须得在图书馆内阅读这些资料。最后，要在打字机上把论文敲出来，还只能用涂改液修正错误。花钱请人做这种事情可是很贵的。

到了20世纪70年代，由于有复印机，你雇用的人可以在家里阅读那些原始材料了，所有其他步骤仍是一样的。到20世纪80年代，你雇用的人能在早期电脑上搜集到有限的资料，并通过一个使用不便且十分笨拙的文字处理器来撰写论文。到20世纪90年代，学期论文的"枪手"们可以在互联网上浏览、打印和阅读资料，还能写论文，而且这一切都可以舒服地在自己的卧室完成。在每一个阶段，这些违禁品的制作者都必须找到卖出其论文的方式。通常要建立起非正式的网络，还必须以现金支付。今天，你能在互联网上进入所有学期论文的网址，只要简单地输入信用卡卡号就可以下载。当然，你可不会这么做，因为学校很容易就能抓到你，把你开除。但是，由于论文"枪手"们能以更少的时间制作出论文，因此他们可以索取更低的价格并卖出更多的论文。

其他潜在产出的价格

其他潜在产出的价格指的是当企业决定生产一种产品时，它们想要生产能令自己赚钱最多的那一种。如果一种产出的价格下降，它们会生产更少的廉价商品，并把资源用于生产更多的其他商品。当农夫在生产季节选择种植什么作物时，他们想要尽可能多赚钱。如果他们是谷物种植者，他们必须决定在哪一块地上种植玉米，哪一块地上种植大豆。① 如果玉米的价格下降，他们会改变种植决定，种更多的大豆和更少的玉米。

---

① 通常这一决策会根据前一年的种植状况而定。谷物的轮作很重要，因为从一块前一年产大豆的地里收获的玉米会比从前一年也是种玉米的地里收获的玉米产量更高。

卖方的数目

卖方的数目,也即在同一市场上竞争的企业的数目,它是很重要的,因为企业越多,总的市场产量就越大。以饮料市场为例,假定在一场比赛中有 10 个售卖点。如果这些售卖点都赚钱,很可能其他企业也想建立它们自己的售卖点。这就提高了总的市场供给量。同样,如果存在损失,一些售卖点会关闭,这会减少总的市场供给量。

预期未来价格

预期未来价格应该听起来很熟悉了,因为它也改变需求。在对供给的分析中,它指企业抑制销售以等待高价格的决策,以及销售产品从而在价格下降之前降低存货的决策。无论何时,企业卖出产品的目的都是为了尽可能地赚钱。飓风将至的预警会抬高汽油发电机的当前价格,因为企业想要保留库存以便在飓风袭击之后以高价卖出。相反,如果企业认为它们所持有的商品很快就要过时了,就会现在削价处理。

供给决定因素的变化对供给和需求模型的影响

表 2.6 和表 2.7 总结了供给的决定因素对供给和需求模型所产生的影响。表 2.6 指出了上述变量增加的影响,而表 2.7 指出了这些变量减少的影响。从供给角度看,供给的增加表现为供给曲线向右移动,供给的减少表现为供给曲线向左移动,理解这一点很重要。和表 2.4 以及表 2.5 一样,表 2.6 和表 2.7 中的最后一栏反映的是与这一移动相对应的图形。图 2.6 显示了供给增加的影响,而图 2.7 显示了供给减少的影响。正如表 2.4 和表 2.5 以及图 2.4 和图 2.5 那样,原来的供给和需求曲线以细线表示,原来的均衡点为小黑点。新的供给曲线表示为粗线,新的均衡点为大黑点。

表 2.6   供给曲线的移动:决定因素值的增加

增加	导致供给	导致供给曲线	反映在图中
投入品的价格	减少	左移	2.7
技术	增加	右移	2.6
其他潜在商品的价格	减少	左移	2.7
卖方的数目	增加	右移	2.6
预期未来价格	减少	左移	2.7

表 2.7   供给曲线的移动:决定因素值的减少

减少	导致供给	导致供给曲线	反映在图中
投入品的价格	增加	右移	2.6
技术	减少	左移	2.7
其他潜在商品的价格	增加	右移	2.6
卖方的数目	减少	左移	2.7
预期未来价格	增加	右移	2.6

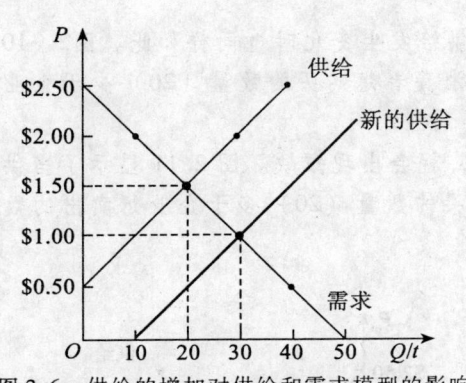
图 2.6 供给的增加对供给和需求模型的影响

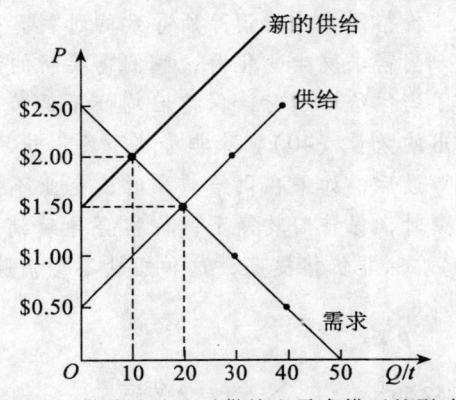
图 2.7 供给的减少对供给和需求模型的影响

价格预期的变化对供给和需求模型的影响

要注意，预期未来价格同时出现在需求和供给的决定因素之中。这意味着如果预期未来价格发生变化，供给曲线和需求曲线会同时变化。如果预期未来价格上升，消费者会想囤积，因此增加需求。另一方面，企业想持有存货等待价格上升，因此减少供给。在这种情况下，我们不知道均衡的数量会发生什么样的变化，因为需求自身的移动会增加需求量，而供给的移动会减少供给量。均衡的数量是净增加还是净减少，这取决于哪一方面的移动更大一些。另一方面，价格效应是已知的，它会令这种预期自我实施，因为未来价格上升这一可信的预期会导致当前价格的实际上升。

当预期价格上升时，我们知道当前价格会上升，但我们不知道数量会发生什么样的变化。这是因为我们不知道企业等待价格上升的意愿是否比消费者囤积的意愿更强烈。当预期价格要下降时，企业想处理掉存货，消费者想等待新的更低价格。

当预期价格下降时，我们知道当前价格会下降，但同样我们不知道数量会发生什么样的变化。这是因为我们不知道企业处理存货的决心是否比消费者等待较低价格的决心更坚决。

理论进阶：为什么会出现新的均衡？

当供给曲线或需求曲线移动时，均衡就会发生变化。如果均衡不变，一定是出于两种情况：存在消费者想要购买的数量多于企业愿意供给的数量这一短缺情况，或者企业想要卖出的数量多于消费者想要购买的数量这一过剩情况。

为了证明情况确实如此，假设某件商品的需求增加了，而企业并没有提升价格。正如图 2.8 所示，保持旧均衡状态下的价格不变，会使得消费者想要购买的数量（40）多于企业愿意出售的数量（20）。除非价格上升，短缺现象不会消除。

如果在需求减少时，企业不降低价格，会出现不同的问题。图 2.9 显示了在需求减少时保持旧均衡下的价格，会导致消费者想购买的数量（0）少于企业想出售的数量（20）。

除非价格下降才能消除所导致的过剩。

当需求发生变化时，我们需要新的均衡，当供给发生变化时也同样如此。图2.10显示了当供给增加时，保持旧均衡下的价格会导致消费者想购买的数量（20）少于企业想卖出的数量（40）。除非价格下降，这种过剩不会消除。

最后，如果在供给减少时，企业不提高价格，就会出现短缺。图2.11显示了当供给减少时，保持旧均衡下的价格会导致消费者想购买的数量（20）多于企业想卖出的数量（0）。除非价格提高，这种短缺不会消除。

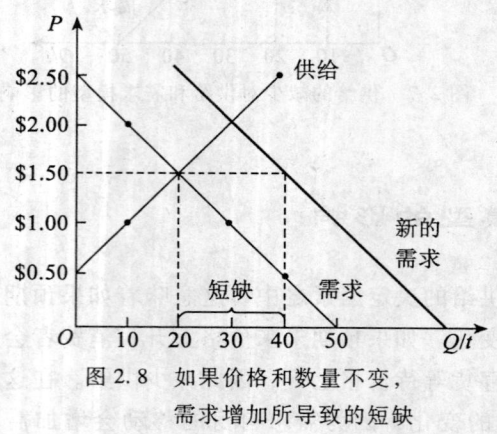

图2.8　如果价格和数量不变，
需求增加所导致的短缺

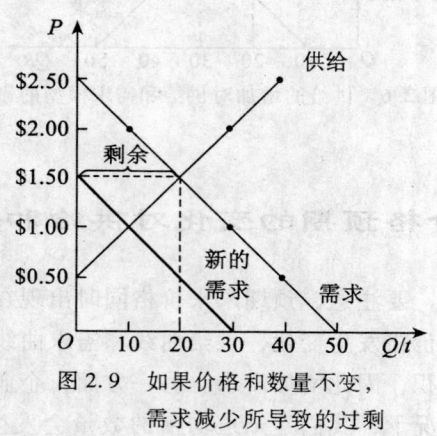

图2.9　如果价格和数量不变，
需求减少所导致的过剩

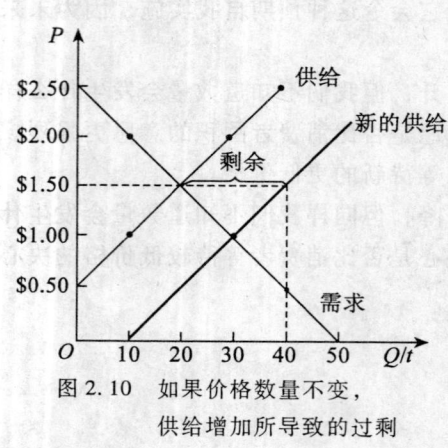

图2.10　如果价格数量不变，
供给增加所导致的过剩

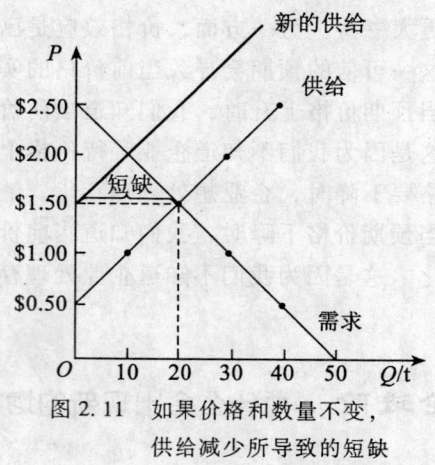

图2.11　如果价格和数量不变，
供给减少所导致的短缺

价格欺骗

该贬义词适用于以下情形：当遇到意料之外的需求增加时，企业显著地提高商品售价时，企业其实没必要通过提高价格来收回成本；它们之所以提高价格是因为它们能够这么做。用法律来阻止价格欺骗相对来说比较普遍。如果你卖冰和许多种冰冻品，在很多州，

那么从上述分析中你能学到什么呢？不论是供给曲线还是需求曲线的变动，都会改变消费者购买数量与企业出售数量正好相等时的价格水平。如果价格不发生变化，则要么出现过剩，要么出现短缺。

在有些情况下，可能并不能达成新的均衡。例如，**价格欺骗**就是指需求的快速增加伴随着价格的快速增加这一情况。当需求增加

最高限价
某种商品的最高价格

最低限价
商品出售的最低价格

如果你所在的社区停电了,你的提价不能超出规定的百分比。经济学家将这种法律规定的最高价格称为**最高限价**。一旦价格达到那个水平,它就不能再进一步提升了,对那种商品就会存在短缺。另一种最高限价的例子是租金控制和阻止倒票的法规。

类似地,如果存在**最低限价**,也不能达到均衡。这种情况出现在当价格不得低于某一法律规定的特定水平的时候。在那种情况下,存在商品的过剩。此类例子包括农作物定购价支持和最低工资。

小结

供给和需求模型是经济学中最重要的模型。本书后面的章节中几乎一半以上的问题都有赖于你将经济学问题转换为这种模型进行分析的能力。在本章中,通过介绍最前沿的经济学词汇,我们解释了供给和需求模型。我们先分别解释供给和需求,然后将它们放在一个统一的模型中。接下来,我们讨论了哪些变量会改变需求,哪些会改变供给。我们还证实了价格和卖出的数量必须发生变化才能维持均衡不变。

主要术语

需求	均衡数量	其他条件不变
需求表	超额需求	均衡
超额供给	消费者	均衡价格
需求定律	边际效用递减定律	最高限价
短缺	供给定律	最低限价
边际效用	价格欺骗	替代效应
市场	生产者	供给
产出	需求数量	供给和需求
价格	供给数量	供给表
实际货币余额效应	过剩	

你现在可以阅读的问题章节

性别(第28章)　种族与机会均等行动计划(第27章)

自我测试

1. 买卖双方协商交易的机制称为
    a. 均衡
    b. 模型
    c. 市场

d. 会议
2. 下面哪一组商品可能被视为互补品？
   a. 左右鞋
   b. 花生酱和果子冻
   c. 可口可乐和百事可乐
   d. （a）和（b）
3. 下面哪一组商品很显然是替代品？
   a. 左右鞋
   b. 花生酱和果子冻
   c. 汽油和柴油
   d. 可口可乐和百事可乐
4. 如果技术增强，那么
   a. 需求曲线会向右移
   b. 需求曲线会向左移
   c. 供给曲线会向右移
   d. 供给曲线会向左移
5. 如果一件商品是正常品，收入减少，则会
   a. 需求曲线会向右移
   b. 需求曲线会向左移
   c. 供给曲线会向右移
   d. 供给曲线会向左移
6. 如果企业有两种生产选择，其中一种的价格下降，会导致另一种商品
   a. 需求曲线会向右移
   b. 需求曲线会向左移
   c. 供给曲线会向右移
   d. 供给曲线会向左移
7. 如果某件商品的价格预期在将来会下降，其
   a. 需求曲线会向左移
   b. 供给曲线会向右移
   c. 供给曲线会向左移
   d. （a）和（b）
8. 如果预期某件商品的将来价格会上升，则其
   a. 需求曲线会向右移
   b. 需求曲线会向左移
   c. 供给曲线会向左移
   d. （a）和（c）
9. 在生育控制器械市场上，如果育龄期妇女人数增加
   a. 需求曲线会向右移
   b. 需求曲线会向左移

c. 供给曲线会向右移

d. 供给曲线会向左移

10. 过剩存在的条件是

   a. $Q_D > Q_S$

   b. $Q_D < Q_S$

   c. $Q_D = Q_S$

   d. 在价格非常高的情况下，没有人会生产商品

11. 短缺存在的条件是

   a. $Q_D > Q_S$

   b. $Q_D < Q_S$

   c. $Q_D = D_S$

   d. 在价格非常高的情况下，没有人会生产商品

12. 替代效应表明

   a. 当价格较高，而你的购买能力较低之时，你会购买得更少

   b. 当价格较高，你会购买得比你原来想要的更少，并使用其他物品来替代

   c. 当价格较高时你会购买得更少，因为商品的边际效用递减

   d. 所有上述观点

13. 画一幅供给曲线和需求曲线图。标明均衡点、均衡价格和均衡数量。在图中标明，并用语言陈述为什么当价格高于均衡价格时，它会在市场力量的作用下下降。说明价格低于均衡价格的情形。

14. 列出需求和供给的决定因素。假定我们讨论的商品是葡萄果冻。写一则小故事（两到三句话），说明如果每一种决定因素都增加的话，会出现什么情况。如果都减少又会如何。画图说明各种情况下均衡的变动。

思考

汽油价格的变动似乎比油轮的运力能够更快地影响石油精炼厂的产出水平和汽油的实际存量。这是石油公司贪婪的百试不爽的事实呢，还是价格预期的结果？

讨论

在任何市场上，是否均衡价格必然是一个公平价格？举几个例子说明均衡价格可能不是公平价格，它们有时太高，有时又太低了。

第 3 章 弹性、消费者剩余和生产者剩余

学习目的
- 理解"弹性",它是数量对价格变化的反应,是经济学的一个重要概念
- 认识弹性概念和需求曲线形状之间的关系
- 理解并说明市场均衡为买卖双方同时带来好处。消费者支付的价格比他们愿意支付的少,而生产者也获利。经济学家称前者为"消费者剩余",后者为"生产者剩余"
- 理解"净福利损失",这是指当价格太高或太低而产生低效率的情形

内容概要
- 需求弹性
- 理解弹性的不同方式
- 有关弹性的其他方面
- 消费者剩余和生产者剩余
- 理论进阶
- 小结

我们现在转过头来看看个体的供给和需求曲线。我们关注的重点是消费者和生产者对价格变化的反应能力,他们会改变愿意购买或销售的数量。这种反应能力被称为"弹性",它对我们使用供给和需求模型来分析问题非常重要。我们会看到对不同形状的需求曲线来说,价格的变化对数量的影响程度不一样。

本章的最后三分之一内容对我们分析几个问题至关重要。我们会看到如何用供给和需求模型来解释为什么市场能有效地同时满足消费者和生产者。尽管我们知道消费者希望低价格,而生产者希望高价格,但是我们会看到当消费者从生产者那里购买商品时,双方可能都对结果感到满意。我们还会说明,当价格非均衡时社会的净福利比在价格均衡状态下要低一些。

需求弹性

直觉

在前一章我们看到供给或需求的变动会改变均衡的价格—数量组合,但我们并没有讨论哪一个变动得更多。例如,如果企业的成本上升,我们很自然地会问企业究竟是通过价

格上涨将这种成本转移到消费者身上呢,还是宁愿接受利润的下降。对这一问题的探讨引出了弹性概念。

如果一件商品是你为了生存而必需的,而且没有好的替代品,或者如果你只花很少的钱就能买到这种商品,企业可能就会以更高的价格的形式,将增加的成本转嫁给你。另一方面,如果是一件奢侈品,也就是说,是一件你可有可无的商品,如果还有很多其他物品能起到同样的作用,或你对该商品的支出已经占收入的相当大的比例了,而且不能再承担价格的增加了,你就可能会减少购买量。在这种情况下,企业的利润就会被上升的成本侵蚀。

弹性的定义和公式

弹性
一个变量变化相对于另一变量变化的敏感程度

需求价格弹性
需求数量对价格变化的反应敏感程度

供给价格弹性
供给数量对价格变化的反应敏感程度

需求收入弹性
需求数量对收入变化的反应敏感程度

需求交叉价格弹性
一种商品的需求数量对另一种商品价格变化的反应敏感程度

弹性有很多种。总的来说,**弹性**是数量对另一种变量变化的反应。我们通常所指的弹性有两种:**需求价格弹性**和**供给价格弹性**。它们分别是需求数量对价格变动的反应和供给数量对价格变动的反应。其他弹性包括**需求收入弹性**和**需求交叉价格弹性**。前者测度数量对收入变动的反应,后者测度数量对其他商品价格变动的反应。

需求价格弹性通过考察价格变动的百分比如何影响需求数量变动的百分比来测度。其弹性公式是

$$弹性 = \frac{\%\Delta Q}{\%\Delta P} = \frac{\%\Delta Q/Q^*}{\%\Delta P/P^*}$$

其中:% = 百分比

Δ = 变化率

P^* = 价格(读作"P星")

Q^* = 数量(读作"Q星")

其他弹性的测度是类似的,或者需求数量或者供给数量的百分比变动作为分子,价格、收入或其他价格变动的百分比作为分母。因为与弹性相关的大量问题涉及需求价格弹性,所以我们在此重点考察需求价格弹性。

我们有两种考察方式:可以用大量的数学来详细解释所有的细节。估计大家会异口同声地嚷嚷"不",我们还是跳过数学的解释吧。我们现在需要用"语言"的解释来认识并接受有关弹性的种种结论。

当你使用需求价格弹性公式时,你总会得到负值。为简化起见,我们忽略掉负号。之所以出现负号,因为需求曲线是下斜的,价格的增加会相应导致数量的减少。举个例子说明,如果价格上5%的增加导致数量上10%的减少,则弹性分数为 $-0.10/0.05$。因为有关弹性最重要的事情是分数的值本身,所以忽略掉负号是我们可以接受的,而且也不会那么复杂。

弹性分类

富有弹性
数量变化百分比大于价格变化百分比的情形

缺乏弹性
数量变化的百分比小于价格变化百分比的情形

单位弹性
价格变化百分比正好和数量变化百分比相等的情形

当我们考虑需求是否有弹性或无弹性（例如，增加烟草税是否会导致年轻人吸烟量的减少等问题）时，弹性的分类具有重要意义。当数量的百分比变化大于价格的百分比变化时，经济学家说需求是**富有弹性**的，当数量变动的百分比小于价格变动的百分比时，需求是**缺乏弹性**的。看看公式，如果计算出来的弹性大于1，那么需求是富有弹性的；如果小于1，则是缺乏弹性的。当数量的百分比变化正好等于价格的百分比变化时（计算出来的弹性正好等于1），需求是**单位弹性**的。

理解弹性的不同方式

为了理解得更清楚，让我们用三种不同的思维过程来看待这一问题。首先，我们通过需求曲线图来看弹性，然后用文字来叙述，最后我们用在商品上花费了多少钱来理解弹性。

图形解释

我们首先使用图形来看弹性现象。图 3.1 展示了一条较为平坦的需求曲线，弹性也较大。这并不是说，斜率和弹性是一回事；它只是表明弹性与斜率有关系。为清楚斜率是如何与弹性相关的，看图 3.1 和图 3.2。尽管它们在不同的图中，两者都穿过点 $P=8$ 和 $Q=4$。假定你要问为了使需求数量减少 3 个单位，价格应该上升多少。在图 3.1 中，你会看到价格会增加到 9，而在图 3.2 中，价格要上升到 12。这意味着更为陡峭（图 3.2）的需求曲线更缺乏弹性一些，而平坦的（图 3.1）需求曲线更富有弹性。在图 3.1 中，价格 12.5% 的增加导致数量 25% 的减少。① 在图 3.2 中，价格 50% 的增加才导致数量 25% 的减少。

图 3.3 表明价格越高，弹性越大。价格从 2 增加到 3，导致数量从 11 减少到 10。价格从 8 到 9 同样幅度的增加，导致需求从 4 到 3 同样幅度的减少。这是因为这条需求曲线的斜率在所有点都是一样的。回头再看看弹性公式，我们会看到是百分比的变化在起作用，而不是那些变动的幅度。即便价格的增加和数量的减少都是一样的，百分比的变化却不同。价格从 2 到 3 增加的百分比变化是 50%，而数量从 11 到 10 的百分比变化是微不足道的，只有 9.1%。由于价格变动的百分比大于数量变动的百分比，此处的需求是缺乏弹性的（弹性值较小）。另一方面，价格从 8 到 9 增加的百分比变化只有 12.5%，而数量从 4 到 3 的百分比变动很大（25%，视觉上大概为 33%）。结果，此处的需求是富有弹性的（弹性值较大）。

---

① 价格从 8 增加到 9 上升了 12.5%，因为分数为 1/8。数量减少了 25%，因为它从 4 减少到了 3（1/4）。

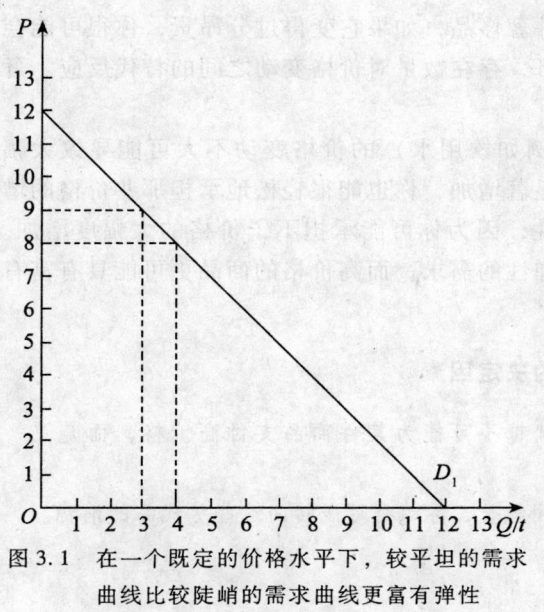

图 3.1 在一个既定的价格水平下,较平坦的需求曲线比较陡峭的需求曲线更富有弹性

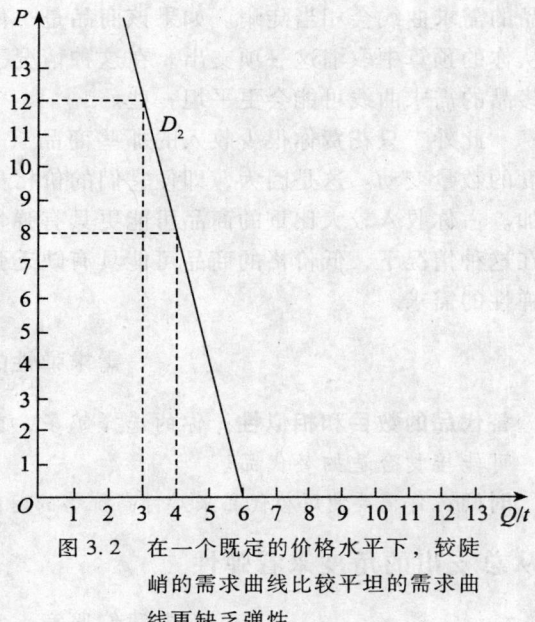

图 3.2 在一个既定的价格水平下,较陡峭的需求曲线比较平坦的需求曲线更缺乏弹性

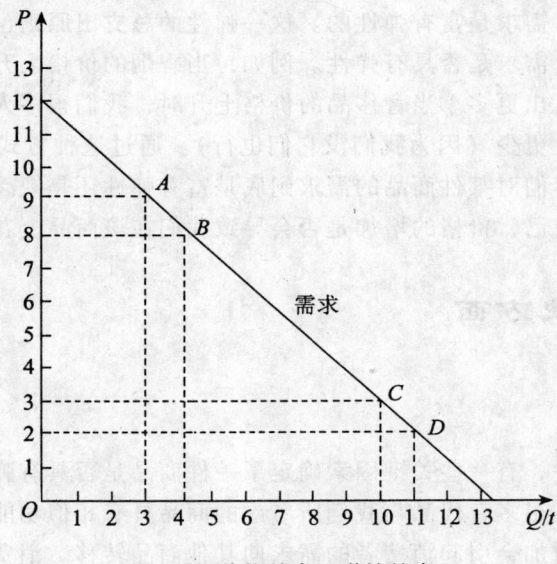

图 3.3 价格越高,弹性越大

文字解释

尽管对弹性的图形解释很精确,但如果你不能理解,也是徒劳无功。回想一下我们对弹性的原始定义(数量对价格变动的反应)。在没有好的替代品的情况下(如胰岛素对糖尿病患者而言),如果你真的需要一件产品,即便价格发生变动,你也不会改变购买的数

量。这样，即便存在数量对价格变动的反应，这种反应也很小。你所"需要"的这件商品的需求曲线会相当陡峭。如果该商品是一件奢侈品，如果它变得过分昂贵，你很可能会从你的预算中取消这一项支出。在这种情况下，存在数量对价格变动之间的替代反应。奢侈品的需求曲线可能会更平坦一些。

此外，只花费你很少收入的那些商品（例如饮用水）的价格变动不大可能导致大幅度的数量变动。这是因为，即便它们的价格显著增加，你也能很轻松地承担那些价格的增加。占你收入较大比重的商品可能更具有弹性，因为你可能承担不了价格的大幅度增加。在这种情况下，低价格的商品可能具有缺乏弹性的需求，而高价格的商品更可能具有富有弹性的需求。

需求弹性的决定因素

替代品的数目和相似性：你的选择越多，就越不可能为某件商品支付高价格，而是更可能接受合适的替代品。

时间：你需要使用替代品来对付高价格的时间越长，你越有可能转向这些替代品的消费。

从总支出的角度来看弹性

总支出原则
如果价格和支出量同方向变动，那么需求是缺乏弹性的；如果价格和支出量反方向变动，那么需求是富有弹性的

只要我们愿意，我们可以用数学方法来证明：如果价格和支出量同方向变动，那么需求是缺乏弹性的。如果它们反方向变动，则需求是富有弹性的。这一弹性的**总支出原则**也能使我们很快判断出需求是否具有弹性。例如，当香烟的价格上升时，吸烟者通常要支出更多。当奢侈品的价格上升时，我们很多人会在这些商品上支出更少（因为我们没它们也行）。通过这种方式，我们可以发现，我们对某件商品的需求到底是富有弹性还是缺乏弹性的。我们所需要做的事情就是，问问自己，价格的增加是否会导致我们在该商品上花费更多。

有关弹性的其他方面

弹性的决定因素

这三种弹性解释中，有一些关键因素确定了一件商品是否具有弹性。首先是**替代品的数目和相似性**。当存在很多替代品与我们所考虑的商品具有相似功能时，需求可能会更具有弹性，因为价格的增加会引起消费者的需求向其他商品转移。消费者能否很轻松地把价格的增加吸收到消费预算中也很重要。如果价格的增加不能被吸收，很可能此时会出现数量大幅度减少的情况。尽管上文并没有提及时间问题，但是在既定时间内，我们可能找到或发明相近的替代品，或者找到能避免价格增加的方法。

弹性和需求曲线

弹性概念很重要，因为随着需求弹性的不同，供给的变化具有非常不同的结果。正如你从图3.4所见的，同样的供给变化只能影响价格，或只影响数量（图3.5），或者价格

的变动大于数量的变动（图3.6），或者数量的变动大于价格的变动（图3.7）。

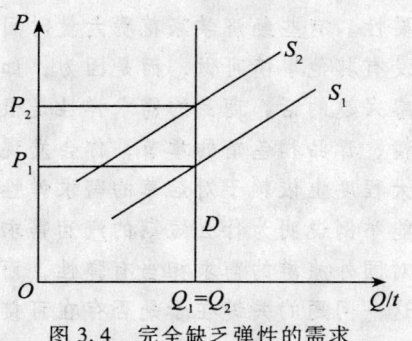

图3.4　完全缺乏弹性的需求

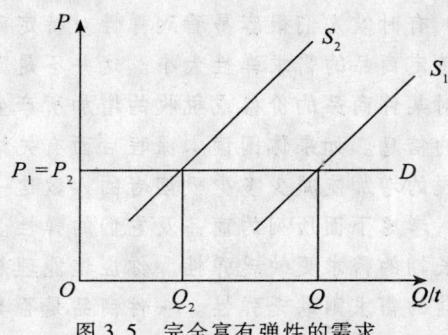

图3.5　完全富有弹性的需求

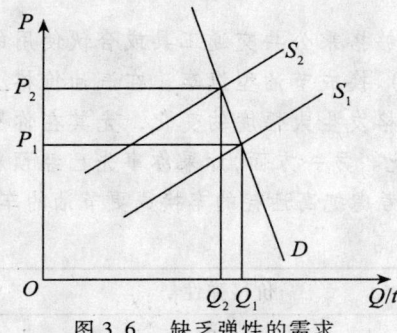

图3.6　缺乏弹性的需求

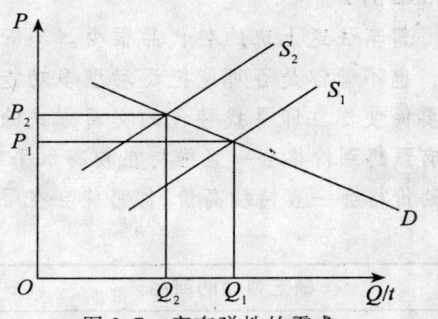

图3.7　富有弹性的需求

完全缺乏弹性
价格变化对需求数量没有影响的需求情形

完全富有弹性
价格不能够变化的需求情形

在图3.4中，需求曲线是**完全缺乏弹性**的，因为价格的变动对数量不造成任何影响。在图3.5中，需求曲线是**完全富有弹性**的，因为价格不能变动。正如我们在图3.2和图3.3中所看到的那样，一条线性需求曲线在较高价格点富有弹性，而在较低价格点缺乏弹性。在图3.6中，需求在整个区间都缺乏弹性，因为每一点的价格变动百分比都大于数量变动的百分比。这是正确无疑的，因为需求曲线几乎是垂直的。在图3.7中，需求在整个区间都富有弹性，因为每一点的价格变动百分比都小于数量变动的百分比，因为需求曲线几乎是水平的。

如果我们回过头来看弹性公式，就能为每一种弹性类型计算出适当的弹性值大小。对完全富有弹性的需求来说，计算出来的弹性值趋近于无穷，而对完全缺乏弹性的需求来说，计算出来的弹性值是零。请记住单位弹性计算出来等于1，因而富有弹性的需求计算出来的结果会大于1，而缺乏弹性的需求计算出来的结果会小于1但大于0。

弹性：一些例证

有时候人们很容易看到弹性对特定商品的重要性。有些经济学家花费大量时间估算特定商品的需求弹性大小。这并不是因为他们没有其他事情可做，而是因为，如果你对某件商品的价格或税收的增加所产生的影响感兴趣的话，商品的需求弹性是很重要的信息。如果你阅读本课程后面有关烟草、酒精、毒品和色情的章节，你会发现烟草税的增加能减少多少吸烟者的人数这一问题很大程度上依赖于对烟草的需求弹性。

考虑下面所列的商品及它们的弹性。你应该能举例说明为什么短期的汽油需求会比长期的需求更缺乏弹性。你应该能理解为什么对国外旅游的需求相当有弹性，而对食盐的需求则缺乏弹性。一件商品是否具有弹性这一问题的关键在于是否存在可接受的替代品。

事例1

驾车往返上班的替代品很少。不管你是否能够搭乘公共交通工具或合伙使用的汽车，也不管你是否可能把运动型多功能车（SUV）换成节油型汽车，在汽油价格上升后要促使你立即寻找替代的交通方式除非汽油价格发生大幅度的变化，尤其在你原先没有预想到价格会一直维持在较高水平时更会如此。另一方面，如果你事先已经预料到汽油价格会一直持续高价，你可能会在下一年里就考虑把高油耗的车换成更节油的车。

缺乏弹性的商品	价格弹性
鸡蛋	-0.06
汽油（短期）	-0.08
汽油（长期）	-0.24
高速公路和大桥的通行费	-0.10
单位弹性商品（或近似于）	
贝类	-0.89
富有弹性的商品	
豪华车	-3.70
国外飞行旅游	-1.77

资料来源："Bridge and Tunnel Toll Elasticities in New York; Some Recent Evidence." *Transportation*; May 1995, vol. 22; Ira Hirschman, Claire McKnight, and John Pucher. Economic Research Service/USDA, *Food Demand and Nutrient Elasticities*/TB-1887 www.globefish.org/publication/special-series/vol09/SSE0803.htm; Bruce Schaller. *Transportation* 26: 283-297, 1999; Rolando F. Pelaez *The Price Elasticity for Gasoline Revisited*, Dept. of Economics, University of St. Thomas, Houston, Texas; Robert F. Bordley, "Estimating Automotive Elasticities from Segment Elasticities and First Choice/Second Choice Data," *The Review of Economics and Statistics*, 75, no. 3 (August, 1993), pp. 445-462; Hendrick S. Houthakker and Lester D. Taylor, *Consumer Demand in the United States*, 1929-1970 (Cambridge: Harvard University Press, 1966, 1970).

第 3 章 弹性、消费者剩余和生产者剩余

事例 2

假定你想你的家庭度过一个有意义的假期。进一步假设你们的选择限于在大峡谷旅行和巴黎观光之间。考虑到替代品的可接受性,航班价格和法国旅途膳食的相对小的价格变动都会对你的选择产生重大影响。

消费者剩余和生产者剩余

消费者剩余

大多数人认为在消费者购买商品时,只有企业从交易中得到了好处,他们并不总是认可消费者同时也得到了好处。结果表明,消费者总是能得到比他们所放弃的更高的价值。回顾第 2 章中"关于需求"的内容和需求曲线代表商品的边际效用,从需求曲线上,我们可以计算出消费者消费的每一增加单位的价值。

如图 3.8 所示,用需求曲线代表你对水的个体需求。如果你没有水,对第一杯水你的评价会达到 2 美元(你愿意支付)。如果你手头已经有一杯水了(或已经喝了一杯了),你对第二杯的评价只有 1.5 美元,依此类推。如果你只需要支付 50 美分,你会买 4 杯,但更重要的是,你会得到一些你并不需要支付的价值。你能用 50 美分得到 2 美元的价值,然后只用 50 美分你得到 1.5 美元的价值。只有当你为第四杯水支付 50 美分时,你得到的价值才不会超过你为此支付的价值。经济学家将你得到的价值中,超过为了获得该价值所进行的支付的部分称为**消费者剩余**。

消费者剩余
消费得获得的价值超过为获得该价值所支付的部分

当商品无限可分时(在这种情况下,你能购买任何数量的水,例如 2.63478956 杯水),消费者剩余是需求曲线和价格直线之间的区域。在图 3.8 中,消费者剩余的大小就是需求曲线和 50 美分的价格线之间的三角形面积,为 $4 [($2.50 - $0.50) × 4 × 1/2]$。

比较获利者的所得和亏损者的损失

当存在双赢的局面时,如上文所列出的案例,经济学家总是喜欢不受限制的交易。当存在亏损方时,经济学家会转向利用消费者剩余—生产者剩余分析来权衡获利者的所得与亏损者的损失。对你来说,自由贸易是不是一件好事,取决于你是一位每年能在汽车上节省几千美元的起亚(韩国车 Kia)车主,还是一名美国汽车工会的失业工人。一家新开的沃尔玛购物中心对你所在的市镇是否有好处,取决于你是一位想要买低价牛排的消费者,还是因食物连锁店克罗格倒闭而失业的工人。总的来说,经济学家喜欢市场,是因为他们计算出来的获利者的所得总是超出亏损者的损失,但是这决不是放之四海而皆准的真理。不管是美国和韩国之间的交易,还是沃尔玛战胜了克罗格,坚持自由贸易的经济学家坚持认为低价格所产生的消费者剩余总会大于生产者剩余的净损失。

生产者剩余

企业也从交易中获利。在第 2 章 "关于供给"中,供给曲线是上斜的,因为它是边际成本曲线,而边际成本是递增的。在图 3.9 中,企业生产第一个单位产出的成本是 $1。给定已经生产了一个单位的情况下,生产第二个单位产出的成本是 $1.5。给定已经生产了两个单位的情况下,生产第三个单位产出的成本是 $2,依此类推。因为企业每卖出一个单位产品得到 $1.5,从第一个和第二个产品中它能赚钱。同样,只要产品是无限可分的,企业所赚到的超过成本的部分是价格线和供给曲线之间的区域。经济学家将企业获得的超过其边际成本的部分称为**生产者剩余**。在图 3.9 中,生产者剩余是 $1 [($1.50 − $0.50) × 2 × 1/2]。

生产者剩余
企业得到的超过其边际成本的货币量

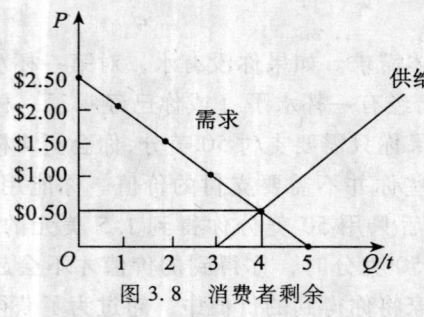

图 3.8 消费者剩余

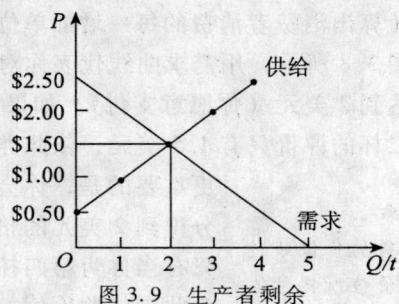

图 3.9 生产者剩余

因为在这个例子中,生产者剩余是 $1,消费者剩余是 $1 [($2.50 − $1.50) × 2 × 1/2],两者显然都从交易中得到好处。消费者支付给企业的钱大于企业生产该商品所耗费的成本,同时也低于消费者对该商品的价值评价。这就是自由企业运行的基本原因——所有参与人在离开市场时至少与他们来到市场时同样快乐。

理论进阶:供给和需求模型中的消费者剩余与生产者剩余

随着我们进入分析问题的章节,你会反复看到此类分析。由于在我们的例子中总是习惯使用字母而不是数字,现在作一些练习会很有用。如果你觉得字母费力,就使用从图 3.11 到图 3.15 中的阴影区域来分析。图 3.10 向我们显示了消费者从购买 Q^* 单位的商品中得到的价值是需求曲线之下的区域:$OACQ^*$ 或图 3.11 中的阴影部分。消费者支付给企业的钱是矩形 OP^*CQ^*(图 3.12)。企业生产 Q^* 的可变成本是供给曲线 $OBCQ^*$ 之下的区域(图 3.13)。消费者剩余是三角形 P^*AC(图 3.14),而生产者剩余是三角形 BP^*C(图 3.15)。如果在价格为 P^* 时没有 Q^* 的销售额,消费者剩余和生产者剩余都不会存在。这意味着我们能将社会从市场中得到的好处测度为由生产者剩余和消费者剩余共同组成的三角形 BAC。

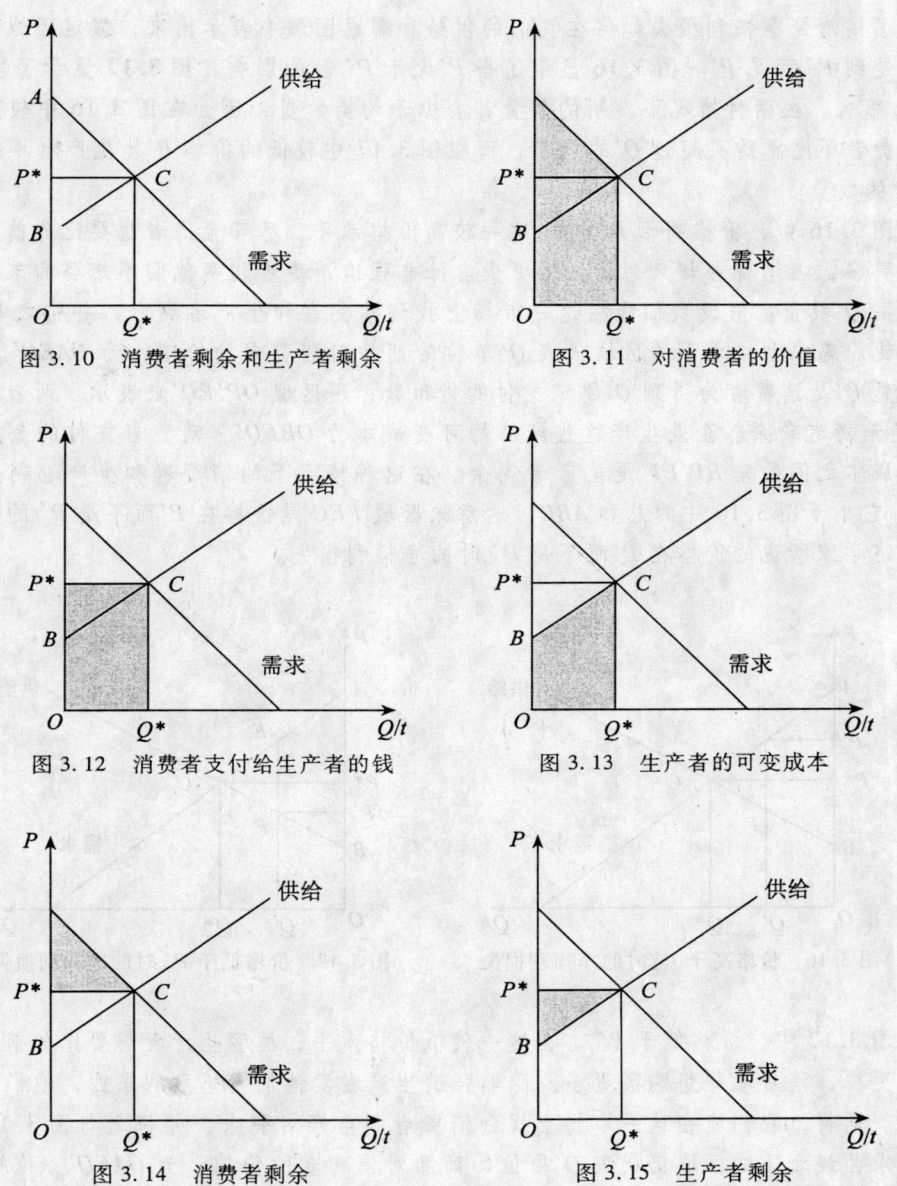

图 3.10 消费者剩余和生产者剩余

图 3.11 对消费者的价值

图 3.12 消费者支付给生产者的钱

图 3.13 生产者的可变成本

图 3.14 消费者剩余

图 3.15 生产者剩余

净福利损失

当市场不处于均衡状态时，消费者剩余加生产者剩余之和不会达到最大化。ABC 这个三角形是最大的可能值。如果消费超过 Q^*，则消费者要为产品支付超过他们认为值得的货币量，或者生产者所得无法弥补边际成本，或者两者都有可能。如果消费少于 Q^*，消费者希望他们能购买得更多（他们能得到更多的消费者剩余），或者企业希望他们能卖出更多（它们能得到更多的生产者剩余），或两者都有可能。如果所得三角形小于 ABC，则存在**净福利损失**。当存在诸如空气污染等问题，或政府制定了最低工资等妨碍价格自由浮动的障碍时，经济学家们用净福利损失这一概念来测度市场的无效率。

为了搞清楚净福利损失如何在我们的供给和需求图形中表示出来,假定因为某种原因价格不是到 P^* 而是 P'。图 3.16 显示了当 P' 大于 P^* 时的影响,图 3.17 显示了当 P' 小于 P^* 时的影响。在两种情况下,新的数量都会少于均衡数量,因为在图 3.16 中较高的价格 P' 处消费者不愿意购买超过 Q' 的数量,而在图 3.17 中较低的价格 P' 处生产者不愿意出售超过 Q' 的数量。

在图 3.16 中,价格高于 P^*。在这一较高价格水平,尽管生产者想要比先前均衡数量卖出得更多,但消费者却只想购买得更少。除非强迫消费者购买他们不想要的东西,他们只会购买 Q' 数量。假设我们能在这一市场上找到消费者和生产者剩余,并将之与图 3.10 进行对比。需求曲线之下的区域代表 Q' 单位的商品对消费者的价值,为 $OAEQ'$。价格 P' 乘以数量 Q' 是消费者为得到 Q' 愿意支付的货币数,用区域 $OP'EQ'$ 来表示。两者之间的差 $P'AE$ 是消费者剩余。企业生产这些产品的可变成本为 $OBFQ'$。消费者支付的金额和企业花费的成本之间的差 $BP'EF$ 是生产者剩余。在这种情况下的消费者和生产者剩余之和为 $BAEF$,它小于图 3.10 中的总和 ABC。这意味区域 FEC 是价格在 P' 而不是 P^* 的损失,这就是经济学家所说的价格在 P' 而不是 P^* 时的净福利损失。

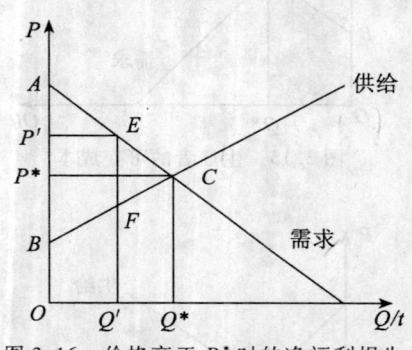

图 3.16 价格高于 P^* 时的净福利损失

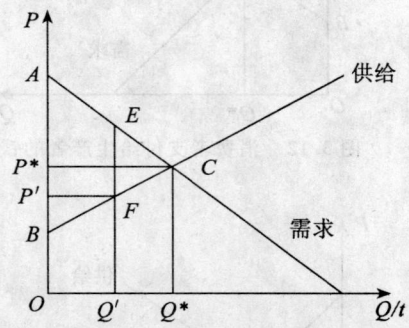

图 3.17 价格低于 P^* 时的净福利损失

在图 3.17 中,价格低于 P^*。在这一较低价格水平,尽管生产者想要比先前均衡数量卖出得更少,消费者却想购买更多。除非强迫生产者卖他们不想卖的东西,他们只会生产 Q' 数量。同样,我们能在这一市场上找到消费者和生产者剩余,并将之与图 3.10 进行对比。需求曲线之下的区域仍代表 Q' 单位的商品对消费者的价值,为 $OAEQ'$。价格 P' 乘以数量 Q' 是消费者为得到 Q' 愿意支付的货币数,此时用区域 $OP'FQ'$ 来表示。两者之间的差,即消费者剩余现在是 $P'AEF$。生产者的成本还是 $OBFQ'$,收入下降了,因而生产者剩余下降到 $BP'F$。在这种情况下的消费者和生产者剩余之和还是 $BAEF$,它也小于图 3.10 中的总和 ABC。净福利损失同样用区域 FEC 来表示。

小结

本章对供给和需求模型进行了扩展,说明了数量对价格变动的反应程度的重要性,并解释了如何用模型来说明市场交易导致消费者和生产者共同得到好处。

在讨论弹性时,我们最开始引入了弹性公式,定义了富有弹性和缺乏弹性,并探讨了为什么有些商品的需求富有弹性而其他商品则可能缺乏弹性。然后，我们考察了需求弹性是如何由相近替代品的数目和得到这些替代品的时间来决定的。

在本章结论部分，我们讨论了如何使用供给和需求模型来说明消费者和生产者都能从市场交易中获利，通过定义消费者剩余和生产者剩余，我们说明了如何测度他们各自所得到的好处。最后，通过定义和说明净福利损失的概念，我们说明了如何对偏离均衡的无效率进行测度。

主要术语

消费者剩余　　　　　　需求收入弹性　　　　　　需求价格弹性
需求交叉价格弹性　　　缺乏弹性　　　　　　　　供给价格弹性
净福利损失　　　　　　完全富有弹性　　　　　　生产者剩余
富有弹性　　　　　　　完全缺乏弹性　　　　　　总支出原则
弹性　　　　　　　　　单位弹性

你现在可以阅读的问题章节

烟草、酒精、毒品和色情服务　医疗（第17章）　最低工资（第19章）
环境（第18章）国际贸易：会危及美国的就业吗？（第14章）
租金控制（第31章）　农业政策（第29章）

自我测试

1. 如果需求是完全富有弹性的，则相应的图为
   a. 图1
   b. 图2
   c. 图3
   d. 图4
2. 如果需求是完全缺乏弹性的，则相应的图为
   a. 图1
   b. 图2
   c. 图3
   d. 图4
3. 在图3的点 A 处，需求是
   a. 富有弹性的
   b. 缺乏弹性的
   c. 完全缺乏弹性
   d. 完全富有弹性
4. 在图4的点 B 处，需求是

a. 富有弹性的
b. 缺乏弹性的
c. 完全缺乏弹性的
d. 完全富有弹性的

5. 如果一件商品的价格上升了10%，其需求数量下降了5%，则在该价格水平下，商品是
   a. 富有弹性的
   b. 缺乏弹性的
   c. 完全缺乏弹性
   d. 完全富有弹性

6. 下面哪一项是正确的？
   a. 在线性需求曲线上，价格越高弹性越大
   b. 在线性需求曲线上，弹性是固定的
   c. 在同一价格水平下，更陡峭的需求曲线更富有弹性
   d. 都不正确

7. 消费者剩余被定义为
   a. 消费者对商品价值的评价中超过其为获得商品所支付金额的部分
   b. 生产者从商品中获得的超出其愿意出售价格的那一部分
   c. 当供给数量大于需求数量时
   d. 当需求数量大于供给数量时

8. 生产者剩余被定义为
   a. 消费者对商品价值的评价中超过其为获得商品所支付金额的部分
   b. 生产者从商品中获得的超出其愿意出售价格的那一部分
   c. 当供给数量大于需求数量时
   d. 当需求数量大于供给数量时

9. 如果不相信市场会失灵，下面哪一项会导致净福利损失：
   a. 价格低于均衡价格
   b. 价格高于均衡价格
   c. 均衡价格
   d. （a）或（b）

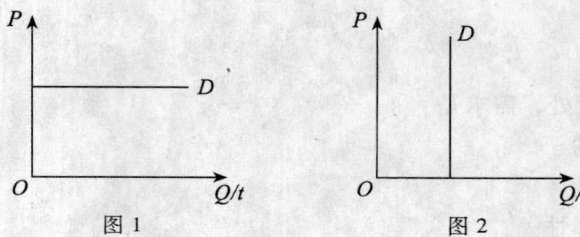

图1　　　　图2

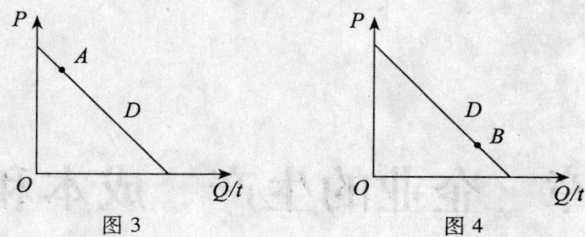

图 3   图 4

10. 作为自由市场的结果，当出现获利者和亏损者时，经济学家在讨论其对经济的影响时，总是权衡
    a. 参与人的政治权力以确定是否存在净收益
    b. 消费者和生产者剩余的所得与所失
    c. 更看重亏损者的反对声而不是获利者的赞美声
    d. 更看重获利者的赞美声而不是亏损者的反对声
11. 市场结果是
    a. 总是双赢局面
    b. 总是有输有赢局面
    c. 总是双输局面
    d. 有时候双赢，有时候有输有赢

思考

消费者剩余和生产者剩余的概念是怎样有助于解释经济学家总是倾向于自由市场的？

讨论

使用弹性的概念来分析，高额学费可能会怎样导致你辍学或转学。如果你在一个只有一所大学的农村地区读书，它是否产生影响？如果是在有很多学校的城市地区呢？

参考数据

Highway and bridge toll elasticities-Transportation; May 1995; Vol. 22; Hirschman, Ira; McKnight, Claire; Pucher, John

Food and nutrient elasticities-www.globefish.org/publication/specialseries/vol.109/SSE0803.htm

Transportation elasticities-Schaller, Bruce, *Transportation* 26:283-297, 1999

Gasoline elasticitice-The Price Elasticity for Gasoline Elasticity Revisited by Rolando F. Pelaiz (Dept. of Economics, University of St. Thomas, Houston, Texas)

第4章 企业的生产、成本和收益

学习目的
- 理解生产与成本之间的关系和销售与收益之间的关系
- 认识到生产模型是建立在企业寻求最大化利润这一假设基础之上的
- 理解利润最大化如何使得企业将产量确定在边际成本等于边际收益这一点上

内容概要
- 生产
- 成本
- 收益
- 最大化利润
- 小结

利润
企业所赚到的钱：收入—成本

成本
生产商品和提供服务的过程中必须发生的费用

收入
企业出售商品和服务获得的货币

经济成本
经营某项活动的所有成本：不仅包括那些必须用货币支付的成本，而且包括因放弃其他机会产生的成本

会计成本
从事某项商业活动的人所作的显性支付的成本总和

企业所要做的事情是赚钱，所赚到的钱被称为**利润**。企业通过出售商品的价格高出其制造成本赚取利润。本章（以及本书的大部分）我们作了一个简化假设，即除了利润最大化之外，没有什么其他事情能影响到企业的运作和决策。尽管这有点夸大其词，但也能揭示一些真理，接受这一假设能大大简化我们的任务。虽然本章的内容一点儿也不简单，但一想到它原本可能更复杂一些，你恐怕会感到舒服一点（当然你可能并不会这么想）。

在利润最大化这一简化假设下，我们能把所有事情归结为对成本和收益的分析。**成本**是企业为了生产出用来销售的产品所必要的花费。**收益**是企业从产品的销售中所得到的钱。

为什么经济学家关注已发生的成本，而不仅仅是那些必须付的成本？理解这一点很重要。会计师仅仅关注一项业务所必须花费的支出，但经济学家还考虑各种选择的机会成本。为了充分理解**经济成本**和**会计成本**这两个不同的概念，考虑一项刚启动的业务，其所有者放弃了一份每年 5 万美元薪水的工作以及 10 万美元的现金存款（6% 的利息）。会计师不会考虑与此项工作相关的被放弃的 5 万美元收入，以及作为业务成本所放弃的每年 6 千美元的利息，而经济学家却要考虑所有这些。在本章和本书的剩余部分，所有的成本概念都是指经济成本。

既然利润是收益和成本之间的差额，我们就能用我们在这一领

域所学到的东西,来找出追求利润最大化的企业会选择多大的产量。然后我们会探讨生产过程及其所产生的成本,接下来转向对收益的分析,最后将两者结合起来,说明在不同的情况下企业如何选择它们的产量水平。为清楚起见,我们自始至终采用同一个例子。假定我们所谈论的行业是计算机内存行业,该行业制造的芯片使得计算机能使用并快速存取信息。假设计算机内存的生产要求三个必备条件:高昂的机械设施、接受过高度培训的人员以及用以制造芯片的很便宜的塑料和金属。为使事情简化,假定制造芯片的塑料和金属是免费的。

迄今为止,在有些章节中我们设有一个叫做"进一步深入"的部分。本章的问题是所提供的素材早已被大量"深入"。使情况更糟糕的是,一些学生需要口头解释,一些学生需要以图表的形式"看",而还有一些则只能理解一些具体的数例。为解决这种问题,我们在展开分析时,将依次使用文字解释、图形解释以及数例解释。

生产

仅用文字的解释

生产函数
表示生产各种产业所必需资源数量的图形

成本函数
描述生产成本的多少的图形

固定投入
不改变的资源

可变投入
容易改变的资源

关于成本,我们需要知道生产商品花费了多少钱。首先我们必须知道什么资源是生产所必需的,然后我们构建一个投入—产出关系,称之为**生产函数**,我们会以图表的形式描述出来。我们的图表会显示出生产不同数量的产出各自需要多少资源。从生产函数中,我们能找到不同的产量需要多少成本。从得到的**成本函数**中,我们能计算出平均每单位产出的成本和每一额外单位产出的成本。

当然,这有点本末倒置了。在企业决定生产多少产出之前,它必须先决定生产什么。在我们的例子中,生产存储芯片的企业不会为了好玩而决定生产。早期的电脑设计师认为,假如他们有一个可用来储存并快速提取信息的地方,计算机会运行得更好。于是,出现芯片制造公司来向计算机行业提供这一部件,这使得资料的短期存储成为了可能。在本章和本节的剩余部分,我们假定企业已经成立并运转,它所要做的事情就是在既定时间确定生产多少芯片。

要生产产品,你需要有**固定投入**和**可变投入**。也就是说,你要有一些你不能改变的资源以及一些可以改变的资源。在我们的例子中,工厂和厂里的设施就是固定投入,因为它们不能轻易改变、增加或删减。你能很容易、很迅捷地雇用或解雇工人,但不能随便更换机械。员工和其他一些能很容易改变的资源叫做可变投入。

要找出到底需要生产多少存储芯片,第一步是要知道需要多少资源才能生产出不同数量的芯片。当然,如果没有人从事生产就不会有产量。如果只有少数几个工人,正如图4.1中的 B 点所示,产量就不会很大,因为各个工人不能专业生产生产过程的各个特定部分。他们在从一个部分转向另一个部分的过程中浪费了时间;他们要花时间才能渐入佳境,在每个生产阶段都去工作,他们会发现,一旦他们对该阶段熟悉了,也就到了进入下一个阶段的时候。

劳动分工
工人们分解任务,这样能够激发动力,并且不需要转换工作

规模报酬递减
在生产过程中存在这样一点,如果继续增加资源投入,产出会增加,但增加幅度会下降

多增加一些工人可以解决这一问题,产量水平能得以大大增加。工人们分解任务,这样能够达到一定熟练程度,并且不需要转换工作。这种专业化叫做**劳动分工**,它的作用在于劳动力人数的少量增加就会引起产出的急剧增加。

尽管如此,某些点的工人人数多得足以完成任务(如 D 点),多增加工人并不能提高产量。还有一些工作不能够简单划分。尽管多增加工人通常情况下都会增加产出,但工人发现现有的工厂和设备不足以让新员工充分发挥生产能力。结果,产出虽然增加了,但增加幅度并没有以前那么大。这一现象,被经济学家称为**规模报酬递减**,它是本章乃至本书其余部分的一个重要假定。

图形解释

用刚才提到过的概念,我们看看图 4.1。A 点从原点开始,因为正如我们在前一部分指出的那样,如果你没有工人,你就不会有产出。当工人人数很少时,他们不得不在从一个生产阶段转向下一阶段时花费时间,因而与第一组人相联系的产量增加相对较少。这给出了 B 点。由于劳动分工,曲线在 A 点和 C 点之间弯向右边。也就是说,当你增加相同数量的工人时,你得到了来自这些工人专业化生产的好处,产量以递增的速度增加。但一旦你到达 C 点,就没有足够的工厂和设备来有效地容纳更多的工人。由于现有工厂和设备的规模报酬递减,曲线此时弯向左边。

数例解释

现在,让我们用构成表 4.1 的数字来考虑相同的概念。还是存储芯片的例子,假定第一栏代表工人组数,第二栏代表生产的总产出,第三栏代表随着整体人数的增加所增加的额外产出。因为存储芯片不可能自己生产出来,零劳动力对应零产出。假定第一组受雇用的工人总共生产了 100 个单位,但增加第二组工人后,总共生产了 317 个单位。亦即第二组工人使得产量增加了 217 个单位。假定第三组工人使得产量的增加少一些,为 183 个单位,因此总产量为 500 个单位。如果共需要 5 组工人来生产 700 个单位,需要 9 组工人来生产 900 个单位,需要 13 组工人来生产 1 000 个单位的产量,那么我们可以看到与图形类似的解释。也就是说,随着工人的增加我们能得到更多的产出。第一组工人不是很有效率,因为他们不能够专业化生产,而第二组由于能进行专业化生产开始变得有效率。在两种情况下,随着工人组数增加得越来越多,效率开始下降,因为工人受到现有工厂和设备的限制。

第 4 章　企业的生产、成本和收益　　53

表 4.1　　数例：生产函数

工人组数	总产出	整体的额外产出
0	0	
1	100	100
2	317	217
3	500	183
4	610	110
5	700	90
6	770	70
7	830	60
8	870	40
9	900	30
13	1 000	

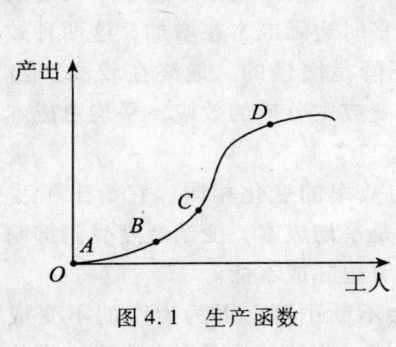

图 4.1　生产函数

我们现在已经解释了如何用变动的工人人数和固定的工厂和设备相结合来制造计算机存储芯片，以及此种情况下的产量。下一步，我们要看看雇用这些工人以及购买机械设施要花费多少。

成本

仅用文字的解释

不变成本
不随产量的变化而变化的生产成本

可变成本
生产成本中能够变化的部分

边际成本
增加一单位产出所带来的成本的增加

一旦我们知道了需要多少工人来生产存储芯片，我们就能知道制造这些芯片需要花费多少。首先要考虑的是，生产中存在一些我们不能改变的成本。在我们的例子中，这些**不变成本**是我们所拥有的工厂和设备的成本。我们能改变的成本，例如工厂所雇用的工人人数，被称为**可变成本**。现在，我们的任务是要比较所生产出的芯片数量与制造成本。

为此，我们需要 4 个成本概念：边际成本、平均总成本、平均可变成本和平均不变成本。

边际成本(MC) 是增加一单位产出所带来的成本的增加。因为总成本总是上升的，边际成本总是为正。在较低的产出水平，总成本上升得很快，因而较低产出水平时的边际成本高；但总成本在适度的产出水平时上升得慢一些，因而那里的边际成本也更低一些。最后，在较高产出水平，总成本继续开始快速上升，在这一产出范围内的边际成本也很高。这样边际成本开始很高，然后下降，然后又上升。

平均总成本
总成本除以产量，即每单位产出的成本

平均可变成本
等于总可变成本除以产量，即每单位产出的平均可变成本

平均不变成本
等于总不变成本除以产量，即每单位产出的平均不变成本

平均总成本（ATC）是单位产出的成本。由于它包含了可能比较高的不变成本，平均总成本在低产量水平可能很高。随着生产变得有效率，不变成本分摊到较高的产量水平上，平均总成本会下降。由于产量上升到较高水平时边际成本在增加，这两种效应会相互交织，而平均总成本的下降是缓慢的。最终在较高产出水平上，边际成本的增加会超过不变成本分摊的效应，平均总成本又会上升。

平均可变成本（AVC）与效率的变化相同，它给出了我们边际成本曲线的形状。但由于它是平均成本，变动幅度受到抑制；平均可变成本高的地方没有边际成本高，低的地方也没有边际成本低。

平均不变成本（AFC）会不断下降，因为生产的不变成本在越来越大的产量水平上进行分摊。此外，从图形上来看，平均不变成本是平均总成本和平均可变成本之间的垂直距离。

这些成本概念是我们学习本章、下一章以及相关问题研究的基础。

回头看图4.1，在A点我们不需要对工人进行支付（因为我们没有工人），但我们还是要支付不变成本。结果，图4.1中的A点对应图4.2中的A点。在B点我们需要对工人进行支付，他们并不是都那么具有生产力。记住这并不是他们的错，因为他们人数太少了，不能进行专业化生产。图4.2中的B点因此高于A点（因为我们对工人进行支付），但不会在右边很远的地方（因为他们并没有生产很多芯片）。

图4.1中的C点表明工人已具有相当高的生产力；因此对同等量的成本的增加，我们看到明显的产量增加。这样图4.2中的C点也比B点要高，但明显在右边更远一点的位置。图4.1中的D点向我们展示了，在什么地方额外增加工人并不会带来产出的增加。他们同样花费了货币，因而图4.2中的D点要高于C点，但只在右边不太远的地方。将这些点连接起来，我们就得到一条总成本函数。我们的图表说明了成本函数有助于我们理解生产成本和生产数量并作出决策。

迄今为止，我们一直在寻找与不同产出相对应的总成本。当我们得到总收益后，就能计算出利润。但是在此之前，我们还需要其他4个成本函数：边际成本、平均可变成本、平均不变成本和平均总成本。高级经济学课程还要求学生从总成本函数中得到这些其他的成本函数。当你从一个函数中得到另一个函数时，从图形上看，你是根据母函数（在这里是总成本）画出其衍生函数（边际成本、平均可变成本和平均总成本）。

数例

当一些概念附带有数字说明时，我们可能更容易理解一些。在表4.1中所使用的数例基础上，我们来考虑表4.2。第一栏表示产出。第二栏总可变成本，是根据表4.1中生产该产出所必要的单位劳动力2 500美元成本计算出来的。第三栏总不变成本，是工厂和设备的成本，而且不发生变化。第四栏总成本，是总可变成本与总不变成本之和。第五栏边际成本，是不同层次产量水平所带来的总成本的增加。第六栏平均总成本，是单位产出的成本。第七栏平均可变成本是单位产出的可变成本。第八栏平均不变成本，是单位产出的不变成本。

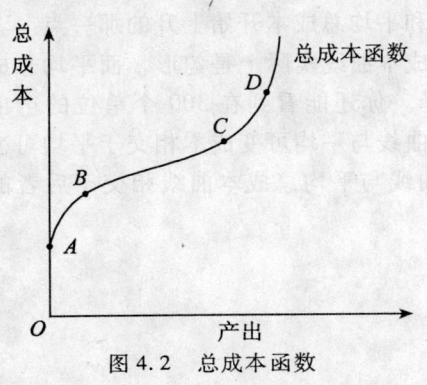

图 4.2 总成本函数

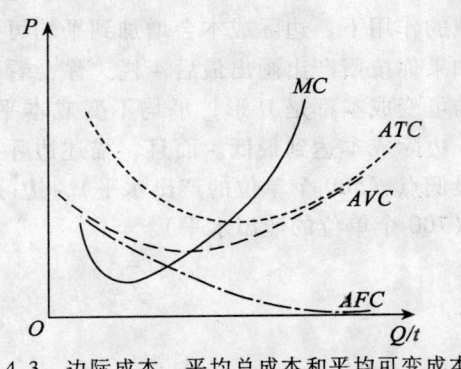

图 4.3 边际成本、平均总成本和平均可变成本

对这些衍生的成本概念,主修经济学的人往往都要花几节课的时间才能搞清楚。我们在此略过不加以细说,而只是简单地说明为什么图 4.3 会是那样的形状。我们从最简单的平均不变成本开始,它之所以总是下降的,是因为同样的成本在越来越大的产出基础上进行分摊。边际成本、平均总成本和平均可变成本都是开始时比较大,然后下降,然后再增加。但它们这样变化的方式却有些复杂。

边际成本是与一单位产量的增加相联系的成本的增加。这意味着,它是总成本曲线的斜率。在图 4.2 中可以看到,总成本在开始时上升很快,然后平坦一些,然后又开始快速上升。

表 4.2   数例:成本函数

产出	总可变成本	总不变成本	总成本	边际成本*	平均总成本	平均可变成本	平均不变成本
0	0	8 500	8 500				
100	2 500	8 500	11 000	25	110	25	85
200	3 800	8 500	12 300	13	62	19	43
300	4 800	8 500	13 300	10	44	16	28
400	6 000	8 500	14 500	12	36	15	21
500	7 500	8 500	16 000	15	32	15	17
600	9 500	8 500	18 000	20	30	16	14
700	12 500	8 500	21 000	30	30	18	12
800	17 000	8 500	25 500	45	32	21	10.6
900	22 500	8 500	31 000	55	34	25	9.4
1 000	32 500	8 500	41 000	100	41	32.5	8.5

*总成本的变化/产出的变化

平均总成本和平均可变成本都是 U 形,因为它们开始高而后下降。两条曲线之间的距离是平均不变成本。因为平均不变成本随着产量的增加而下降,因而这两条曲线之间的距离也在缩小。它们都在各自的最低点被边际成本曲线从下方穿过。这是因为，在规模报酬递减的作用下，边际成本会增加到平均可变成本和平均总成本开始上升的那一点。

如果你按照产出画出最后4栏，你会看到边际成本曲线实际上是勾形，而平均总成本和平均可变成本都是U形，平均不变成本平稳下降。你还能看到在300个单位的产出水平下，边际成本达到最低。而且，描述边际成本的曲线与平均可变成本相交于平均可变成本的最低点（500个单位的产出水平），边际成本曲线与平均总成本曲线相交于后者的最低点（700个单位的产出水平）。

收益

仅用文字的解释

决定产量的另一方面来自销售商品所收入的货币量。为了搞清楚这一问题，我们需要知道企业是否存在着竞争对手；如果存在，有多少个。例如，如果一家企业面临很多其他竞争对手，它们生产出来的产品都与该企业的产品类似，如果放任市场自由运作，该企业的行为就会有所不同。

在一些行业中，例如农业，不管产品卖价多少，企业收购的价格始终不变。在其他一些行业，例如供应电力的行业，销售量影响价格。为了探讨其中的区别，我们先假定存储芯片制造商是很多芯片制造商中的一个。然后我们再来看，如果假定只有这一家，会出现什么样的情况。

如果芯片制造商有很多竞争者，此时它并不能控制市场上芯片的价格。芯片的供给和需求一起决定了企业能够索取多少价格。为了弄清楚企业试图自行决定价格是无用的，让我们假定它制定了一个高于市场价格的价格水平。如果它这么做，计算机制造者可能会从企业的竞争对手那里购买芯片。当然，企业也能制定一个低于市场价格的价格。如果它这么做，它会卖出所有生产的产品。另一方面，它也能以市场价格出售所有产品。因为企业是想要最大化利润，既然在市场价格或低于市场价格水平它都能卖出所有产品，企业总是会索取市场价格。

边际收益
多销售1单位产品所带来的收益的增加

图4.4显示了市场是如何为企业制定价格的。这一价格正好也是企业从每单位产出的销售中能得到的额外收益。为清楚这一**边际收益（MR）**为何正好与价格是一样的，考虑一个试验。如果市场价格是5，企业卖一单位产品会得到多少收益？答案是5。如果企业卖两个单位呢？答案是10。与任何销售量相联系的收益的增加都是5。这就是说，不管你的价格是5、10，还是600，价格就是边际收益。

从另一方面看，如果我们是销售电脑芯片的唯一卖方，电脑制造者必须得从我们的企业购买芯片。这一情形和有很多竞争者的情况完全不同。企业这时不是被动接受市场决定的价格，而是自己制定价格。企业不是市场的一个无关紧要的小部分，它就是整个市场。不幸的是，为了能卖出更多的产品，企业别无他法只能降低它索取的价格。例如，假设它当前一周只能卖出100万美元的芯片，如果它想将销售额增加到一周200万美元，就必须对所有人降低价格，甚至那些愿意以高价购买100万美元价值的芯片的人。这意味着在图

4.5 中,边际收益不是一条水平的直线,它随着销售的增加而下降。

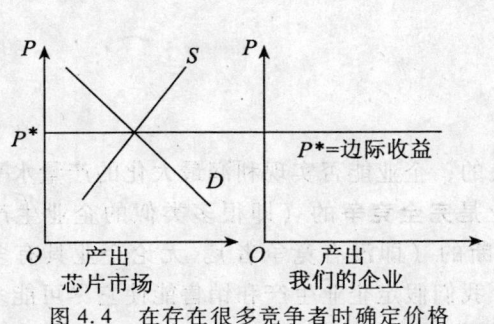

图 4.4 在存在很多竞争者时确定价格

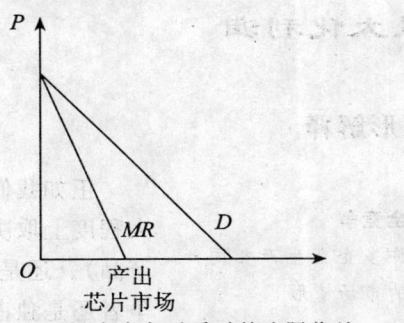

图 4.5 没有竞争对手时的边际收益

为了搞清楚每一栏是如何计算出来的,让我们看看产量从 400 个单位增加到 500 个单位会如何。生产 400 个单位产出的可变成本为 6 000 美元。当产出增加到 500 个单位时,可变成本上升到 7 500 美元。两种情况下的不变成本都是 8 500 美元。也就是说 400 个单位产出的生产总成本为 14 500 美元($6 000 + $8 500),而 500 个单位产出的生产总成本为 16 000 美元($7 500 + $8 500)。产出增加 100 个单位导致成本增加了 1 500 美元,因此每单位产出使得成本增加了 15 美元,因此边际成本为 15 美元。400 个单位的平均总成本为 $36($14 500/400),而 500 个单位的平均总成本为 $32($16 000/500)。400 个单位产出的平均不变成本为 $21($8 500/400),500 个单位为 $17($8 500/500)。

数例

仍使用我们先前用过的例子,假定企业是很多同类生产企业中的一家,它对价格没有控制力。进一步假定芯片的市场价格为每单位 $45。这意味着每卖出一个单位,总收益会增加 $45,因而每多卖出一个单位产品的边际收益为 $45。这显示在表 4.3 中。

如果没有竞争对手,则市场对芯片的需求就只是对我们企业的芯片的需求。也就是说,我们的企业必须降低价格才能吸引消费者来购买更多的芯片。看待这一问题的另一个方式是,要注意没有竞争对手的企业能通过限制产出从而强制提高价格。和前面一样,总收益还是价格乘以数量,但由于价格不再维持不变,边际收益会下降。这显示在表 4.4 中。

表 4.3 数例:存在很多竞争者时的收益

Q	价格	TR	MR*
0	45	0	
100	45	4 500	45
200	45	9 000	45
300	45	13 500	45
400	45	18 000	45
500	45	22 500	45
600	45	27 000	45
700	45	31 500	45
800	45	36 000	45
900	45	40 500	45
1 000	45	45 000	45

* 总收益的变动/产出的变动

表 4.4 数例:没有竞争者时的收益

Q	价格	TR	MR*
0	75	0	
100	70	7 000	70
200	65	13 000	60
300	60	18 500	50
400	55	22 000	40
500	50	25 500	30
600	45	27 000	20
700	40	28 500	10
800	35	28 000	0
900	30	27 500	−10
1 000	25	25 000	−20

* 总收益的变动/产出的变动

最大化利润

图形解释

完全竞争
有许多企业生产相同产品的市场情形

完全垄断
市场上只有一个企业生产某种商品的情形

正如我们所提及的,企业能否实现利润最大化的产量水平,很大程度上取决于企业是**完全竞争**的(即很多类似的企业生产同类产品),还是**完全垄断**的(即没有竞争者)。无论企业具有多个竞争者还是独占市场,我们假定企业生产和销售能使它尽可能多赚钱的数量。用经济学术语来说,就是每个企业都要生产边际收益等于边际成本($MR = MC$)时的数量。回忆一下我们在第一章中边际分析的概念,这是我们初次看到它的实际运用。

这其实并没有看上去那么难。记住边际收益是企业从多销售一单位产品中得到的货币量,而边际成本是它多生产一单位产出的成本。为说明这一点,假定你开始时出售固定的数量,例如 10 个单位。如果你卖第 11 个单位,并从中获利($MR > MC$),你就应该这么做,至少要多卖一个。如果你卖出第 11 个单位,但从中亏损($MR < MC$),你至少应该减少一个单位的销售。既然第 11 块芯片的边际收益小于边际成本,你就不应该生产它。为了最大化利润,你要不断重复这种逐一比较的过程,直到你发现能让你赚到最多钱的那个产量为止。另一方面,你现在知道了,只有当边际成本等于边际收益时,你才能从你所销售的商品中挖掘出所有的潜在利润。

当然也可能我们的企业是个亏损者。在文字处理器和廉价个人电脑的时代,手动打印机注定是亏损者,即便我们是该行业唯一的厂商。只有当企业的最好选择是什么都不生产的时候,企业应该在边际成本等于边际收益处从事生产的规则才会打破;也就是说,有时候企业的最佳抉择是停产。这发生在你卖出一个单位的产品还不足以弥补生产该产品的可变成本时。如果价格少于平均可变成本($P < AVC$),企业应该关闭。

生产法则

- 企业应该生产边际成本等于边际收益时的产量($MR = MC$)。
- 当产量位于边际收益等于边际成本之处时,价格小于平均可变成本($P < AVC$),企业应该停止生产。

数例

为了说明存在很多竞争者时的利润最大化问题,我们需要将表 4.1 和表 4.3 中的信息结合起来分析;当不存在竞争者时,我们要将表 4.3 和表 4.4 结合起来分析。在两种情况下,我们都需要选择一个数量来使利润最大化。我们可以在边际成本等于边际收益的时候实现这一目标。表 4.5 说明了存在很多竞争者的情况,而表 4.6 说明了没有竞争者时的情况。在表 4.5 中,我们看到拥有很多竞争对手的企业在 $10 500 时实现了利润的最大化,这发生在产量为 800 个单位时①。在表 4.6 中,我们看到没有竞争对手的企业在 \$ 9 000 时实现最大利润,这发生在产量为 600 个单位时。

表 4.5　　　　　　　　　数例:存在很多竞争者时的利润最大化

Q	价格	TR	TC	MR	MC	利润
0	45	0	8 500	0	0	-8 500
100	45	4 500	11 000	45	25	-6 500
200	45	9 000	12 300	45	13	-3 300
300	45	13 500	13 300	45	10	200
400	45	18 000	14 500	45	12	3 500
500	45	22 500	16 000	45	15	6 500
600	45	27 000	18 000	45	20	9 000
700	45	31 500	21 000	45	30	10 500
800	45	36 000	25 500	45	45	10 500
900	45	40 500	31 000	45	55	9 500
1 000	45	45 000	41 000	45	100	4 000

表 4.6　　　　　　　　　数例:无竞争者时的利润最大化

Q	价格	TR	TC	MR	MC	利润
0	75	0	8 500	0	0	-8 500
100	70	7 000	11 000	70	25	-4 000
200	65	13 000	12 300	60	13	700
300	60	18 000	13 300	50	10	4 700
400	55	22 000	14 500	40	12	7 500
500	50	25 000	16 000	30	15	9 000
600	45	27 000	18 000	20	20	9 000
700	40	28 000	21 000	10	30	7 000
800	35	28 000	25 500	0	45	2 500
900	30	27 000	31 000	-10	55	-4 000
1 000	25	25 000	41 000	-20	100	-16 000

① 在下一章,我们会看到,当企业存在许多竞争对手时,随着越来越多的新企业的进入,市场供给量会逐步上升,价格会逐步下降,他们的利润最终会消失。

小结

本章阐释了生产、成本、收益和利润最大化。对每一个概念和每一种关系，我们都同时用图形和数例进行了分析。我们假定企业会选择使利润最大化的产量，结果它们会将该产量确定在边际成本等于边际收益之处。

主要术语

会计成本　　　　　　　成本函数　　　　　　　完全垄断
平均不变成本（AFC）　　规模报酬递减　　　　　完全竞争
平均总成本（ATC）　　　劳动分工　　　　　　　生产函数
平均可变成本（AVC）　　经济成本　　　　　　　利润
成本不变成本　　　　　　收益　　　　　　　　　不变投入
边际成本（MC）　　　　 边际收益（MR）　　　　可变成本
可变投入

自我测试

1. 有关企业行为方式的一个关键假设是
    a. 成本最小化
    b. 市场份额最大化
    c. 利润最大化
    d. 收益最大化
2. 当工人以某种能增加他们工作效率的方式分配工作任务时，经济学家称之为
    a. 劳动分工
    b. 任务分工
    c. 权力分离
    d. 都不是
3. 利润最大化的企业总是以这样一种方式生产：
    a. 边际成本等于边际收益
    b. 平均总成本最小化
    c. 总收益最大化
    d. 边际成本等于边际收益，价格低于平均可变成本除外
4. 企业要关闭的停产条件是
    a. 如果造成了损失
    b. 如果价格低于平均总成本
    c. 如果价格低于边际收益
    d. 如果价格低于平均可变成本

5. 边际收益是
   a. 多增加一单位的销售所带来的额外收益
   b. 多增加一单位产出的生产所带来的额外成本
   c. 与第一个单位产品销售相关的收益
   d. 平均每单位产品销售的收益
6. 平均总成本是
   a. 多生产一单位产出所带来的成本的增加
   b. 生产的每单位成本
   c. 生产的每单位可变成本
   d. 生产的每单位不变成本
7. 给定本书中的总成本函数，边际成本曲线总是
   a. 勾形
   b. 穿过平均可变成本曲线的最低点
   c. 穿过平均总成本曲线的最低点
   d. 以上都是

思考

如果所雇用的工人——1个、10个或者100个——对产出增加的贡献都相同，生产函数会是什么样子的？总成本函数会是什么样子？边际成本和平均总成本呢？

讨论

如果劳动分工使得工人更有效率，谁会从效率增加中得到好处？是工人，还是将工人聚集起来并组织起有效率的生产的企业所有者？在什么时候与工人共享利润才符合企业的最佳利益？

第 5 章 完全竞争、完全垄断、经济利润和正常利润

学习目的
- 区别完全竞争与完全垄断、正常利润与经济利润
- 理解为什么在完全竞争而不是完全垄断条件下经济利润会消失
- 知道为什么在完全竞争条件下第 2 章的供给曲线就是边际成本曲线

内容概要
- 从完全竞争到完全垄断
- 完全竞争条件下的供给
- 小结

本章建立在第 4 章的基础之上,旨在描述不同竞争条件下的企业;说明为什么存在很多企业相互竞争时,企业不会出现可观的利润;最后解释为什么第 2 章画出的供给曲线是上斜的。

有一些企业,例如家庭农场,只是一个行业中成百上千家企业之一,而有些企业则完全控制其所在行业。界于两者之间的情形是,有很多个企业,这些企业具有一些可以明确界定的竞争对手。有一些行业会自发产生很多竞争对手,而其他一些行业则只有少数几个。我们会分别探讨不同情况下的例子。

在第 4 章,我们假设企业的目的是追求利润最大化。我们现在要做的事情是,确定不同规模的企业会如何进行管理。例如,我们可能想要知道,为什么家庭农场主似乎并不能总是获得高利润,而微软公司则能。通过将利润分为两大类,我们来进行这方面的分析:企业维持其运作所必需的利润和高于这一层次的利润。

最后,我们来看第 2 章中所展示的供给曲线上斜的真正原因。我们会看到在完全竞争条件下,一条上斜的供给曲线源自第 4 章中的"勾形"的边际成本曲线。

从完全竞争到完全垄断

我们已经在第 4 章中讨论了,边际收益曲线的形状取决于是存在很多竞争对手还是没有竞争者。图 5.1 展示了这两种极端情形。在左图中,将图 4.3 中的成本曲线应用到了存在很多竞争对手时的边际收益曲线情形中。在右图中,我们会看到不存在竞争对手的情形。各种情况下所选择的数量用 Q^* 表示,价格用 P^* 表示。

完全竞争

我们刚描述的两种情形的主要区别在于竞争对手的数目。当竞争者的数目很大时,企业(例如一家牛奶场)只需要简单地接受市场价格,就能在该价格水平下卖出自己想要卖出的数量。当不存在竞争对手时,企业(例如微软)会制定自己的价格,但只能卖出消费者在该价格水平下愿意购买的数量。当然并不是所有的企业都面临这两种局面。一些企业(例如埃克森)在市场上只有少数几个具有相似或相同产品的竞争对手,其他一些企业(例如麦当劳)在市场中有很多竞争对手,每个都有其独特品牌。

当一家企业面临大量竞争对手,以至于没有哪一家企业能够影响价格时,当企业所销售的产品与其竞争对手没有差别时,当企业具有良好的产品销路和成本预期时,当不存在进入或退出市场的法律或经济壁垒时,那么我们就找到了经济学家所说的完全竞争市场。

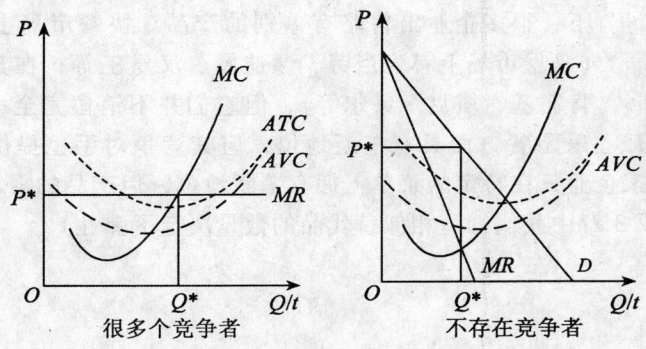

图 5.1 选择最大化利润的产量

完全垄断

另一种极端是完全垄断,这时市场中只存在唯一一家企业。有关完全垄断概念的一个重要认识是,很多企业的并存并不必然意味着企业处于竞争状态。例如,爱迪生联合电器公司(Consolidated Edison)是唯一一家向纽约城提供民用电力的公司,联邦爱迪生公司(Commonwealth Edison)仍是唯一一家向芝加哥提供民用电力的公司。在美国有很多家电力公司,但它们很少能相互竞争。它们不是竞争对手,是因为它们不能在其他地区销售。另一种看待这一问题的方式是,虽然存在很多电力公司,它们并不在同一市场上竞争。原因在于,向远距离市场上的消费者输送电力会耗费公司太多的成本。正如阿肯色州小石城的水泥承包商不会与佛罗里达州南部迈阿密的道路水泥承包商展开竞争一样,由于运输成本的存在,电力公司之所以不会与另一家相竞争,是因为它们不能接近同一组购买者。对完全垄断而言,最为必要的一点是,在一个既定市场上有一家、并且也只有一家企业对消费者销售产品。

一些企业之所以得到完全垄断权力,是因为法律阻止了其他企业进入该市场。这种法律限制进入的一个例子是专利权。例如,非处方药氯雷他定的制造商是能够生产并销售这种药品的唯一一家企业。另一方面,一些企业通过庞大的规模使得其他企业不可能与它展开竞争,从而获得了完全垄断权力。这种类型垄断的一个例子是在基于个人电脑的操作系统的销售中,微软取得了几乎排他的市场力量。

完全竞争的特征

- 存在大量竞争对手,因而没有哪一家企业能够影响价格
- 企业所销售的产品与其竞争对手的产品没有差别
- 企业具有良好的销路和成本预期
- 不存在进入或退出市场的法律或经济壁垒

垄断竞争

垄断竞争
一种市场状况,其中有很多企业生产类似但不相同的产品

处于两种极端之间的一个领域是**垄断竞争**,在垄断竞争情况下,很多企业出售略有差别的产品。快餐市场上存在很多家企业(汉堡市场上有麦当劳、温迪屋、汉堡王等;在其他利基市场上有肯德基、塔克·贝尔等),但它们并不销售完全一样的产品。麦当劳在巨无霸汉堡和开心乐园餐方面具有垄断地位,但其竞争对手也提供很多相近的替代品。这就是说每一家企业只在特定的菜单上拥有垄断地位,但产品的需求曲线是具有相当弹性的。(记住从第3章中我们知道相似替代品的数量决定了弹性)

寡头垄断

寡头垄断市场
只有为数不多几个竞争者的市场情形

在完全竞争和垄断之间还存在一个**寡头垄断市场**,在这种市场上,只存在极少数可辨别的竞争对手。例如,在卫星电视业务中,存在像直接电视(Direct TV)和 Dish Network 这样的公司。在软饮料业存在百事可乐和可口可乐这样的公司。在一些市场上,企业销售同样的产品,而在其他市场上企业销售相似的替代品。无论哪一种情况,企业都以寡头垄断的方式行事,因而被视为寡头垄断。

哪一种模型最贴近现实

通过提供事例并区别各种类型的特征,表5.1和表5.2总结了这些市场形式。这并不表示我们会在后面讨论问题的章节中,花费大量时间探讨市场形式。回忆一下在第2章中,我们简单地假定所有市场都是完全竞争的。结果表明,只有少数市场符合完全竞争市场所必需的各种极端标准。符合完全竞争市场标准的大多数产品都是农产品;很少有农业领域之外的产品符合这一标准。我们在后面分析问题时,往往假定大多数市场都是完全竞争的,这可能令你感到惊奇,或者有些好奇。之所以这样,是因为简单的供给和需求模型易于解释和描述大多数市场,这些市场往往存在几个竞争者而且产品也具有相似性。你应该理解你的老师和我(作者)在做这一简化的假设时,尽管有些勉强,但是是有意的。

最后,在将一些特定市场对应到各种市场形式中时,你要做好可能会模棱两可的心理准备。例如,远程电话服务过去是完全垄断的,但在20世纪80年代开始变为寡头垄断,

在 20 世纪 90 年代提供这一服务的公司数目开始扩张，可能现在它更适合归为垄断竞争这一类。从本质上看它们都卖同一种产品，但对其品牌拥有完全垄断权力。同样地，如果你想从纽约飞往洛杉矶，你会有很多选择。虽然不会有完全竞争市场条件下那么多数量的选择，但足以多到将这一服务归为垄断竞争。另一方面，如果你想直接从印第安纳波利斯飞往菲尼克斯，你有两个选择（美西航空公司和环美航空公司）。如果你想从锡拉库扎（意大利西西里岛东部一港市）直接飞往底特律，你只有一个选择（西北航空公司）。航线怎么分类主要看你从哪里来到哪儿去。尤其是，它取决于在各个机场里谁拥有运输枢纽。

表 5.1　　　　　　　　　　不同市场形式的例子

完全竞争	垄断竞争	寡头垄断	完全垄断
农产品	快餐	汽车和卡车	操作系统
木材	远程服务	软饮料	本地民用电力

表 5.2　　　　　　　　　不同市场形式之间相区别的特征

特征	完全竞争	垄断竞争	寡头垄断	完全垄断
企业数目	很多（成千上万个，甚至百万个）	几个*	很少*（总是 2~5 个）	一个
进入壁垒	没有	很少	大量	不能克服，至少短期内如此
产品相似性	相同	相似但不同	相似或相同	NA

*对于垄断竞争和寡头垄断之间的划分存在争议

集中度
某个行业中排名靠前的公司所拥有市场力量的测度。给定企业的数目，排名前 n 名企业销售收入之和占行业销售收入总额的比率就是集中度。

此外，也不存在一条"魔力线"能将寡头垄断和完全垄断区分开来。研究这一问题的经济学家总是喜欢用"**集中度**"来测度几家主要公司（从 4 家到 100 家不等）的销售额占总市场销售额的比例。因此即便有几家烟草公司都在卖香烟，菲利普·莫里斯（Phillip Morris）这一家公司几乎占了市场份额的一半，4 家最大的公司占了全部市场的 99%。从这几家企业所具有的竞争力差不多这一点看，可认为它们是垄断竞争；但从集中度来看，可能寡头垄断更合适一些。表 5.3 分别给出了特定行业中前 4 家、8 家和 50 家企业的集中度。

表 5.3　　　　　　　　　　不同制造业的集中度

行业组	集中度		
	4 家最大的公司	8 家最大的公司	50 家最大的公司
早餐谷类食品	92.9%	93.5%	100.0%
冰激凌	32.3	48.7	88.3

续表

	集中度		
行业组	4家最大的公司	8家最大的公司	50家最大的公司
啤酒	89.7	93.4	96.7
衣服	17.6	23.2	38.8
电脑和外围设备	37.0	52.1	86.3
家具	11.2	17.6	37.2
长途	47.0	74.9	95.4
移动服务	51.4	74.6	88.0

资料来源：http://www.census.gov/epcd/www/concentration.html；http://www.census.gov/epcd/www/pdf/97conc/c97s51-sz.pdf。

完全竞争条件下的供给

正常利润和经济利润

让我们回过头来看看在第4章中使用过的例子：销售存储芯片的业务。假如我们是在这一行业中相互竞争的很多企业中的一个，我们有理由相信赚钱是很困难的。由于我们假定企业能自由进出这一市场，任何时候只要出现非正常的大量利润，其他企业也会开始制造芯片。记住第2章中，我们已经证明了：卖方数量的增加会导致供给曲线右移，从而降低市场价格。如果发生这样的情况，我们的边际收益曲线会下降。事实上，它会一直下降直到利润恢复正常。**正常利润**是企业所有者能从次优投资机会中获得的利润水平。这种次优的投资机会可能是：当企业所有者决定不再从事该项经营时，他（她）可能会选择的任何其他类型的投资。任何超过正常水平的利润都叫做**经济利润**。

正常利润
企业所有者能够从其次优投资机会中获得的利润水平

经济利润
超过正常利润的任何利润

表5.4总结了不同行业类型的利润水平。值得注意的是，这些利润水平都是指会计利润而不是经济利润，尽管所显示的回报率也只是1997年这一年的，它们确实反映了一个事实，即在完全竞争占优的农业市场上的会计利润，比其他市场上的偏低些。

表5.4 1997年不同行业公司的股票回报

行业	回报率*
农业	8.2%
制造业	14.5
运输和公共设施	9.3
批发和零售业	13.3

*回报率＝净收入／（资产－负债）

资料来源：《美国统计摘要》http://www.census.gov/prod/2001pubs/statab/sec17.pdf

如果企业所有者不能获得正常利润，他们会退出经营转向其他领域。这就是说，我们可以将正常利润视为企业主自己支付给自己的薪水，因此也是"经营业务的成本"的一部分。如果他们赚不到正常利润，就是说他们支付给自己的报酬太低了，以至于不能让他们继续留在这个行业。另一方面，如果利润总是高于正常水平，其他人会想进入这一行业。这意味着从长期来看利润会降低到正常水平。

何时以及为什么经济利润会变为零

幸运的是，对我们的芯片制造商来说，尽管企业不能获得长期经济利润，它也不会亏损。当企业的损失金额超过其不变成本时，它们会关闭停产。在短期，当损失额低于不变成本时，企业会继续生产，但随着时间的流逝，这些企业也会想停产。因此，尽管芯片制造商能够在短期获得经济利润或亏损，自由进出市场的效应会导致边际收益曲线停在U形平均总成本曲线的最低处。简单的说，这表示任何短期利润或亏损在长期都会消失，因为新的竞争者会进入，旧的竞争者会退出。这就驱使价格接近平均总成本的最低值，这时取得正常利润。

尽管在垄断竞争下利润也会收缩到正常水平，但是在寡头垄断或完全垄断情况下，不存在一个使得利润回复到正常水平的机制。这是因为收缩利润的机制是厂商进入。由于在完全垄断情况下进入几乎是不可能的，在寡头垄断下也相当困难，新的企业不能进入，就不能形成促使价格下降的压力。

短期
企业不能够改变工厂和设备的期间

长期
企业能够改变工厂和设备的期间

这里我们需要暂停讨论，先来更清楚地界定一下经济学家所说的短期和长期的含义。对经济学家来说，这两者之间的区别就在于企业改变其不变投入的能力。我们一直假定，我们不能改变诸如工厂和设备之类的投入，从我们所说的**短期**来看，这是正确的。从**长期**来看，我们有足够的时间来改变工厂和设备设施。我们能修建更多的工厂，购买更多的设备，也能卖出这些工厂和设备。这不是一个时间问题，而是一个灵活性问题；在长期我们更加灵活，而短期则不那么灵活。

为什么在完全竞争条件下供给曲线就是边际成本曲线

在完全竞争条件下，供给曲线和边际成本曲线是可以互换的概念，这一认识对我们随后几个问题的分析很重要，但是也的确难以理解。因此我们要回头采用第4章中用过的三种方式。首先我们会用文字和数例来进行解释，然后用图形。

仅用文字解释

为了明确在完全竞争条件下，供给曲线和边际成本曲线是可以互换的概念，你需要回想一下第4章的两个关键事实：(1) 所有利润最大化的企业都会选择边际成本等于边际收益时的产量（只要价格高于平均可变成本）；(2) 在完全竞争条件下，竞争价格和边际收益是一样的。记住这两点后，想象一家企业正要做出生产多少的决定。它会接受市场给定的价格（这也是企业的边际收益），并确定价格等于边际成本时的产量。如果价格上升或下降，它会重新做出产量选择。不管在哪种情况下，边际收益等于边际成本时的产量与价格等于边际成本时的产量是相同的。这意味着生产的产量和生产的边际成本（边际成本曲线）之间的关系，与生产的产量和售卖价格（供给曲线）之间的关系是相同的。因此，在完全竞争条件下，供给曲线和边际成本曲线是可互换的。

数例

仍然采用存储芯片的例子。从表4.2中你可以看到平均可变成本在数量为500个单位、每单位价格为$15时达到最低。这一点很重要，因为在任何低于$15的价格水平下，企业会选择不生产。为更清楚起见，假定价格为每单位$12。在产量为400个单位时，边际成本等于边际收益（$12），但在这一产量下，企业的总收益为$4 800（$12×400），而总成本为$14 500，相对于停产的损失（$8 500）而言，企业会亏损（$9 700 = $14 500 − $4 800）。

在高于$15的任何价格下，企业要么赚钱，要么亏损额至少低于$8 500，因此对企业来说，生产边际成本等于边际收益时的产量是明智的选择。如果价格正好是$15，企业会生产500个单位，总收益达到$7 500（$15×500），总成本为$16 000，亏损额正好为不变成本。如果价格为$20，企业会生产600个单位，带来$12 000的总收益和$18 000的总成本，损失为$6 000。企业宁愿选择$6 000而不是$8 500，因此它会生产600个单位。

随着价格上升到$30，它会生产700个单位，收益和成本都达到$21 000，实现盈亏平衡。在$45的价格下，企业生产800个单位，具有$36 000的收益和$25 500的成本，因此企业此时赚钱了。在价格为$55时，它生产900个单位，收益为$49 500，成本为$31 000，其利润增加了。最后，在价格为$100时，它生产1 000个单位，拥有$100 000的收益和$41 000的成本，利润进一步增加。归总起来，企业的供给曲线就是其边际成本曲线（超过平均可变成本的最低点），因为企业根据价格和边际成本来制定产量。因此，边际成本和产量之间的关系（边际成本曲线）就是企业接受的价格和其产量之间的关系（供给曲线）。

图形解释

图5.2显示了ATC-AVC-MC成本曲线，以及4条潜在的边际收益曲线。对每一条边际收益曲线，如果存在短期对价格变动的压力，这种压力的方向就在图形中用短箭头指示出来。在第一条价格—边际收益曲线MR_1上，亏损如此之大，以至于无论长期还是短期，企业都想离开。这会减少卖方的数量，从而推动短期和长期价格的上升。在MR_2上，芯片制造商虽然在亏损，但不至于到关闭的程度。因此，尽管在短期企业想停产，它也只是想停产，不会在旧设备老化的情况下继续投资购买新设备。因此，长期压力是价格会上升。在MR_4上芯片制造商赚取了经济利润。如果发生这种情况，其他人也会加入芯片制造行业，从而形成对价格短期和长期下降的压力。只有当价格在MR_3时，才不存在对价格的压力。

现在我们来看看，为什么在完全竞争条件下，企业的供给曲线是边际成本曲线超过平均可变成本最低点的部分。图5.3中去掉了图5.2中的箭头，重点突出了企业会从事生产的那些点。这些点出现在边际成本与边际收益相交的地方，只有在企业不停产的情况下，这种情形才会出现。

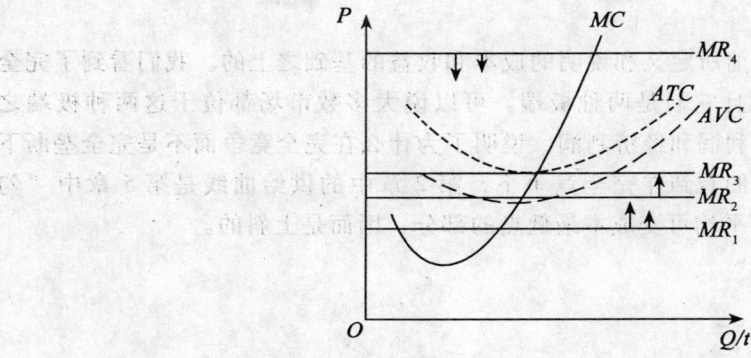

图 5.2 在完全竞争条件下，市场价格会在压力趋势下移向使经济利润为零之处

在我们最后对图形的处理中，我们得到了完全竞争的一个最重要的含义。把图 5.3 中的点连接起来会清楚揭示企业愿意出售的价格和企业愿意生产的数量之间的关系。如果这听起来很耳熟，是因为它正好是供给的定义。结果，我们现在知道了在完全竞争条件下，供给曲线就是边际成本超过平均可变成本最低点的部分。当然，这也证实了为什么供给曲线是上斜的：边际成本是递增的。

尽管不值得那么大费周章地说明，但还是有必要指出，在垄断竞争、寡头垄断或完全垄断情况下都不存在供给曲线。要弄清楚缘由，请注意图 5.4 中是通过确定不同价格水平下的产量来产生供给曲线的。从图 4.4 中我们知道，对特定企业的产品而言，这些价格线也代表具有完全弹性的需求曲线。这种推导不适合其他市场形式，因为在其他市场上，企业产出的需求弹性并不是完全富有弹性的，而不同弹性的需求曲线会导致追求利润最大化的企业的不同产出水平。

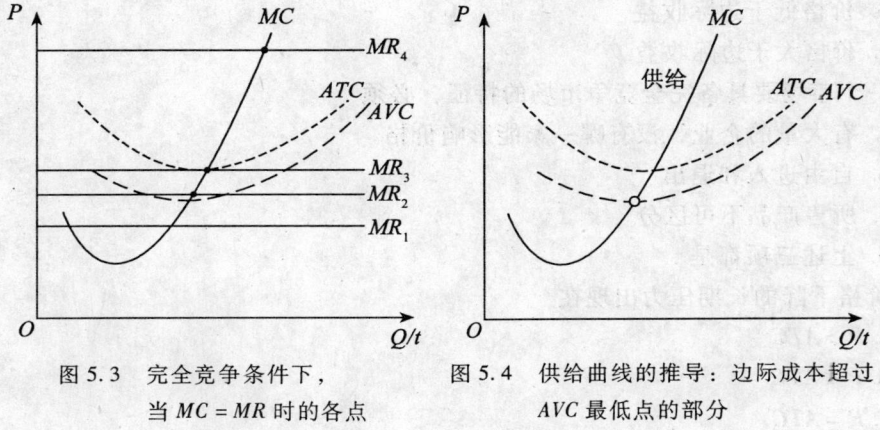

图 5.3 完全竞争条件下，当 $MC = MR$ 时的各点

图 5.4 供给曲线的推导：边际成本超过 AVC 最低点的部分

小结

本章的分析是建立在先前所定义和说明的成本和收益的基础之上的。我们看到了完全竞争和完全垄断的区别，而且它们是两种极端。可以说大多数市场都位于这两种极端之间。此外，我们区别了正常利润和经济利润，说明了为什么在完全竞争而不是完全垄断下经济利润会消失。最后，我们看到在完全竞争下，第2章中的供给曲线是第5章中"勾形"的边际成本曲线中超过平均可变成本最低点的部分，因而是上斜的。

主要术语

集中度　　　　　　　垄断竞争　　　　　　　寡头垄断市场
经济利润　　　　　　正常利润　　　　　　　短期
长期

你现在可以阅读的问题章节

托拉斯（第35章）　　　　　　　能源价格（第36章）
工会（第39章）　　　　　　　　处方药经济学（第21章）
票证经纪人和票证倒卖（第32章）

自我测试

1. 对完全垄断者来说
    a. 价格等于边际收益
    b. 价格低于边际收益
    c. 价格大于边际收益
2. 一个市场要具备完全竞争市场的特征，必须
    a. 有大量的企业，没有哪一家能影响价格
    b. 自由进入和退出
    c. 所售产品不可区分
    d. 上述三项都是
3. 价格下降的长期压力出现在
    a. $P > ATC$
    b. $P < ATC$
    c. $P = ATC$
    d. $P < AVC$
4. 企业的正常利润是
    a. 总是能赚到的钱

b. 必须赚到才能有动力维持运作
c. 在长期是零
d. (a) 和 (b)

5. 对一个完全竞争者来说
   a. 价格等于边际收益
   b. 价格低于边际收益
   c. 价格高于边际收益

6. 完全竞争条件下同质产品的假定意味着
   a. 一家企业生产的商品和另一家企业生产的完全相同
   b. 一家企业生产的商品不同于另一家企业生产的商品
   c. 没有企业能够索取比别的企业更高的价格
   d. 没有买方愿意为一家企业的产品支付比别的企业更高的价格

7. 完全竞争条件下企业没有市场权力的假定意味着
   a. 企业能在任何时候自由离开市场,没有其他权力要求它们留下
   b. 一家企业生产的商品不同于另一家企业生产的商品
   c. 一家企业生产的商品和另一家企业生产的完全相同
   d. 没有买方愿意为一家企业的产品支付比别的企业更高的价格

8. 快餐行业能用下面哪一种模型最好地模拟出来
   a. 垄断竞争
   b. 寡头垄断
   c. 完全竞争
   d. 完全垄断

9. 本地的民用电力行业最好能用下面哪一种模型模拟出来:
   a. 垄断竞争
   b. 寡头垄断
   c. 完全竞争
   d. 完全垄断

10. 列出完全竞争的假定条件。

11. 画两张 MC-ATC-AVC 图。第一张图假定存在完全竞争;在图中画出与这一假定相符合的需求曲线和边际收益曲线。第二张图假定是完全垄断;在图中画出与这一假定相符合的需求曲线和边际收益曲线。

12. 在单个农民的成本—收益图旁边,画一幅谷物的供给和需求曲线图。假定所有农民都和这个农民一样,画出长期关系的曲线。

思考

完全垄断和完全竞争的主要区别是什么?列出你所知道的完全垄断的企业名称。在什么条件下,你会说一家加油站是完全竞争的?在什么条件下是完全垄断的?

讨论

什么时候垄断是坏事情？什么时候它是不可避免的？

在纽约允许的士在街头载客的许可证数量是有限的。这会使得这一原本可能由完全竞争主导的行业转变为寡头垄断市场（只有少数几家出租车公司）。这是好事吗？为什么这样做可能有道理？这一政策会伤害哪一方？

参考数据

Concentration ratios for largest 4 and 8 firms in various industries—http://www.census.gov/epcd/www/concentration.html.

Concentration ratios for 50 largest firms in various industries—http://www.census.gov/epcd/www/pdf/97conc/c97conc/c97s51-sz.pdf

第 6 章　你有所耳闻的每一个宏观经济学词语：国内生产总值、通货膨胀、失业、衰退和萧条

学习目的
- 使用最基本的宏观经济学词汇
- 理解如何测度经济体
- 理解国内生产总值是对国民产出的测度，通货膨胀用价格指数来计算
- 明确实际国内生产总值会随通货膨胀而调整，而后才能作为经济健康与否的衡量指标
- 理解如何测度失业，熟悉经济学家认可的几种失业类型
- 会运用经济周期词汇

内容概要
- 测度经济
- 实际国内生产总值以及为什么它与社会福利不是同义语
- 测度并描述失业
- 经济周期
- 小结

微观经济学
经济学领域中研究单位市场和企业的部分

宏观经济学
经济学领域中将经济作为一个整体进行研究的部分

　　我们现在转而讨论作为一个整体的经济体，而不是特定商品的消费或生产。我们从第 2 章到第 5 章所涉及的内容都被称为**微观经济学**，因为它分析单个市场或企业的问题。"micro"这一前缀，意味着小，用在此处是指微观经济学的狭窄范围。其对立前缀"macro"，意味着大，因此**宏观经济学**指整个经济体。当你阅读或听到"经济新闻"时，指的是宏观经济方面的新闻。在那种背景下你会反复听到一些用语，本章试图定义并解释这样一些宏观经济学的词汇。

　　在本章的开始，我们考察了用以测度宏观经济的方法。在这一过程中，我们定义并解释了国内生产总值、通货膨胀，以及国内生产总值为什么和怎么样随着通货膨胀进行调整。然后我们开始解释如何测度失业，最后我们讨论经济周期。你会看到经济学家认可和研究的所有经济测度指标都有缺陷，尽管实际国内生产总值是对经济

体健康程度进行测度的一个可接受的指标,但它也不是一个完美指标。

本章是迄今为止所有理论章节中最容易理解的一部分,但你一定要全面理解其中的术语和概念。第 8 章和更多有关宏观经济问题的章节都以此为基础。

测度经济

测度名义产出

国内生产总值
一年时间内全美国生产的最终产品和服务的美元价值

为了记录经济运行状况的好坏,我们对一年时间内全美国生产的最终产品和服务的美元价值总和进行汇总,并以此测度经济活动。这一**国内生产总值(GDP)**是经济健康状况的最主要的测度指标,对这一定义还需要重视几点:

1. 这一测度是美元测度,它受价格变化的支配。
2. 只有"最终"产品才计算在内。
3. 所研究的产品必须是在美国境内生产出来的。

一定要认真对待 GDP 受价格变化的影响这一事实,但我们会在详细讨论了通货膨胀之后再来讨论这一问题。而且,除了通货膨胀之外,还要强调其他两个简单问题。第一个是中间品的重复计算问题;第二个问题是如何计算跨国公司的产品。

为了避免对特定经济活动的重复计算,只有最终产品计算在 GDP 之内。设定你所讨论的是两片面包的生产和销售。假定第一片面包是由一位妇女生产的,她种植和碾磨小麦,将它与生面团混合,烘烤并自己销售。假定另一片面包最先由一位农夫种出小麦,将小麦卖给磨坊主,磨坊主将之磨成面粉,然后卖给面包师,再由面包师将面粉与生面团混合,烘烤并卖给零售商,零售商再卖给消费者。如果两片面包具有同等质量,那么它们应该卖相同的价格,比如说 1 美元。很显然,这两片面包对社会的贡献是一样的,因此在我们测度经济活动时,它们应该具有相同的价值。如果你将所有的销售环节都计算在内,第二片面包的价格就会高于第一片的。

这一测度的另一个问题是它只计算发生在美国境内的生产活动。这意味着福特汽车公司在墨西哥生产的汽车不会记录在美国的 GDP 中,而本田汽车在俄亥俄州的生产则会计算在内。

GDP 的实际计算有两种方式。一种是按人们为物品所进行的支付来计算。这叫做支出法。支出法汇总下列各项:消费、投资、政府对商品和劳务的购买以及出口,然后还要减去进口。另一种方法是按照人们所能挣得的钱来计算,被称为收入法。这种方法将雇员收入、利息、租金、利润和折旧汇总,然后扣除其他国家的收入和间接商业税(例如销售税)。两种方法会得到相同的结果,因为按照定义,买方所"支付"的钱就是卖方的"收入"。因此,将每个人的收入和每个人的支出汇总得到相同的结果。

政府用于计算 GDP 的信息来源宽泛而多样。众所周知的有国民收入和产品账户,编撰这一账户是一项复杂而耗时的工作。例如,虽然政府能及时可靠地知道它在商品和服务上支出了多少,包含在 GDP 内的几乎每一条信息都是通过人们上交给政府的各种表格获取的，例如税收表、失业保险表、销售和销售税的报表以及其他文件。因此，很显然但也值得注意的一点是，要很快统计出最终 GDP 是很困难的。实际情况是，政府的经济学家采用样本法进行初步估算，随着更多信息的提交，再不断地更新数据。有时候，将所有信息包含进来是在第一次初步估算一年多之后，这时最终 GDP 的价值才能发布①。

测度价格和通货膨胀

正如我们在前面一节中所说，测度价格的变化是很重要的。究竟是价格的变化解释了 GDP 的变化，还是真实产出的变化导致了 GDP 的变化，这对于我们衡量一个时期的生活状况是否比前一个时期更好是很重要的。由价格的上升所导致的 GDP 数值的增加，不如由于人们能购买更多数量的产品所导致的 GDP 增加那么好。例如，让我们作一个简单的假定，社会上只存在一种商品——干酪，我们每年能生产千万亿吨干酪，每吨的售价是 1 美元。这比我们只生产 1 吨干酪，但售价为千万亿美元要好得多。很显然，如果要讨论产品的价值，我们必须先讨论对价格的测度。

市场篮子
一般人购买的商品种类以及他们购买的数量

政府经济学家测度价格的方法很复杂。按照他们的方法，美国劳动统计局的员工要尽力购买一个**市场篮子**的商品和劳务，以对比当前年份购买该市场篮子内物品的总成本比起前一年是否发生了变化。为此，他们必须先经过一个程序，挑选一般老百姓会购买什么以及购买多少，然后决定哪些商品该进入到这个市场篮子中。因而，这一市场篮子由一系列"杂货单"构成，政府人员出去寻找和了解这些商品的价格。由于普通人的购买模式随时间在不断变化，尽管市场篮子里的内容在一定年份是不变的，当人们购买的基本物品发生了明显的变化时，市场篮子内的物品内容也会发生相应的变化。

在采用某个既定的杂货单的年份里，政府员工每个月都要外出，找到单子上物品的价格。这个清单非常具体，不仅说明了要寻找的型号或条形码，还确定了这些商品所在的特定店铺。通常，尤其是在电子设备方面，政府人员所要找的产品已经不存在或在特定店铺里找不到了。在这种情况下，政府人员一定要运用他们最好的判断力找到一个合适的替代品。

基年
构建市场篮子的年份，所有其他价格都和该年价格水平相比较

基年市场篮子的价格
基年市场篮子的全国平均总成本，简写作 P_{MB}^{BY}

对于采用某个清单的每一个月份，包括被称为**基年**的第一年的第一个月，劳动统计局的工作人员要找到清单里每一件物品的价格。在他们的工作完成后，可以计算出一份全国的平均数据。最后的结果构成了将来计算通货膨胀所必需的一项关键信息：市场篮子的全国平均总成本，也称作**基年市场篮子的价格**，简写作 P_{MB}^{BY}。在随后的月份里，根据新的价格信息，会对全国平均值进行修正。

为了使用这一信息来测度在任何既定年份可能出现的通货膨胀，我们必须要经过三个步骤：

1. 要找到相关年份的市场篮子价格。
2. 计算相关年份的价格指数。

---

① 即便到那时，有些部分仍是估计值。

3. 计算相关价格指数的百分比变动。

在得到了基年的市场篮子价格后,我们还要找到相关的任何年份的市场篮子价格。例如,如果你最后想知道2004年的通货膨胀率,你需要基年1998年的市场篮子价格和2004年初的市场篮子价格,最后还需要2005年初的市场篮子价格。

价格指数
表征市场篮子价格的指标,以100为基数

下一步,将市场篮子价格的基准定为100,以便计算2004年初和2005年初的**价格指数**。例如,2004年的**消费者价格指数(CPI)** 为

$$2004 年的 CPI = \frac{2004 年的市场篮子价格}{1998 年基年的市场篮子价格}$$

消费者价格指数(CPI)
以一般消费者购买的商品为基础计算的价格指数

这一公式可以这么解释:基年的CPI为100,随着时间的推移,价格会上升,CPI会超过100。如果价格最终超过了基年的两倍,CPI就变成200。

最后一步是计算价格指数的百分比变动。你首先要知道当年年初的CPI和下一年年初的CPI,然后套用公式

$$2004 年的通货膨胀 = \frac{2005 年 1 月的 CPI - 2004 年 1 月的 CPI}{2004 年 1 月的 CPI}$$

通货膨胀率
消费者价格指数的增长比率

CPI之所以重要还有另外一个原因。对经济学家而言,它的重要性在于,它不仅能用来计算**通货膨胀率**,CPI的百分比变动还能被用来进行**生活费用调整**(cost-of-living adjustment,COLA)。由于通货膨胀的变动同时改变了人们的收入购买能力这一事实,这一调整能对人们有所补偿。对社会保障金领取者和其他靠养老金(支付COLA)生活的人,以及签订了与COLA挂钩的合同的工会成员来说,这意味着他们每年能得到额外收入来补偿通货膨胀带来的损失。表6.1给出了CPI的历史数据。

生活费用调整
基于通货膨胀的变化会对人们收入的购买力产生影响的事实,补偿人们的一种手段

测度通货膨胀时存在的问题

我们现在对通货膨胀的测度,给了我们有关既定市场篮子的总价格如何变化的有用信息。但出于几个其他方面的原因,它并不能较好地测度出通货膨胀的真正影响。

首先,CPI不能准确估算通货膨胀,因为市场篮子很少发生变化。它往往是10年才变动一次,有些产品在引入篮子之后的一些年份里所发生的大的价格变动都被忽略了。例如,录像机和个人电脑直到1987年才出现在市场篮子中;而直到1997年,市场篮子里才包括移动电话或DVD播放机。它还不包括个人数码助理(PDAs)和MP3播放器。在所有这些例子中,价格的大幅度下降和质量的重大改进都早在产品包含进市场篮子之前就发生了。例如,DVD播放机在加入市场篮子之时,其价格已从1 000多美元下降到不到200美元。尽管CPI方法看到了价格从\$200到低于\$50的最后下降,但它并没有反映价格的初始下降。即使暂且不考虑1987年的个人电脑在速度上比1982年的要快10倍,但在价格上它也只有1982年的一半。在这两个例子中,都是在产品得到广泛应用且价格出现明显下降之后,在CPI的计算中才考虑了这些产品。因此,由于CPI没能刻画出我们刚才

所描述的这些价格的下降,在一些重要领域 CPI 会高估通货膨胀。

表 6.1　选择年份(1920～2002 年)的 CPI 和通货膨胀,基年为 1982～1984 年

年份	CPI	通货膨胀率(%)	年份	CPI	通货膨胀率(%)	年份	CPI	通货膨胀率(%)
1920	19.4		1983	101.3	3.8	1994	149.7	2.7
1930	16.1		1984	105.3	3.9	1995	153.5	2.5
1940	14.1		1985	109.3	3.8	1996	158.6	3.3
1950	25.0		1986	110.5	1.1	1997	161.3	1.7
1960	29.8		1987	115.4	4.4	1998	163.9	1.6
1970	39.8		1988	120.5	4.4	1999	168.3	2.7
1978	67.7		1989	126.1	4.6	2000	174.0	3.4
1979	76.7	13.3	1990	133.8	6.1	2001	176.7	1.6
1980	86.3	12.5	1991	137.9	3.1	2002	180.9	2.4
1981	94.0	8.9	1992	141.9	2.9			
1982	97.6	3.8	1993	145.8	2.7			

注:CPI 是年终数据。
资料来源:ftp://ftp.bls.gov/pub/special.requests/cpi/cpiai.txt

其次,CPI 不能准确估算通货膨胀与电子产品的质量改进有关,这些产品的质量改进如此之快,以至于在市场篮子确定之后的第三年或者第四年,原先包含在市场篮子里的物品已经不复存在了。一个最好的例子是个人电脑。自 1982 年以来,个人电脑的速度每两年就翻 1 倍。在最近两次的市场篮子里,在市场篮子内容改变之际,市场篮子中所描述的电脑类型都已不再存在。尽管政府做了大量努力来解决这一问题,也只能解决特定的电子产品。对其他一些在市场篮子有效期间发生类似质量改进的产品也做了相似努力。①

再次,人们总是在改变他们购买物品的地点。例如,在 20 世纪 50 年代,绝大多数电视机都在百货商店或小型家电商店购买。那时客户得到的个人服务水平无疑超过了我们现在普遍从折扣商店或量贩批发店所得到的服务水平,当然,后者支付的价格也更低一些。现在,我们从一些服务水平低、但价格也很低的商店购买。如果你有印象的话,那些政府工作人员在市场篮子确定之初,就要在确定的商店打探价格。由于只有在改变市场篮子的时候,他们才会改变店铺的选择以适应消费者的行为,因而他们总是不能及时捕捉到价格的下降。

最后,当价格急剧变化时,人们总是寻找替代品。由于市场篮子在一段时期内是固定不变的,它总是内在假定无论价格为多少,在各个时期,人们都盲目地购买同样数量的各种商品。考虑到第 2 章中我们就人们对价格变化所作反应的讨论,这对经济学家而言是一

---

① 值得注意的是,一些人认为存在质量下滑的现象,尤其是在快餐领域,至少有些逸闻趣事表明服务速度严重减缓。

个愚蠢的假定。例如能源价格,如果不考虑替代品的选择,就会夸大能源价格上升的效应。在20世纪70年代,当能源价格增加4倍之时,市场篮子中的能源比例仍保持不变,尽管当时已经有了替代品。人们改用更有效率的汽车和炉子,驾车时间更少,降低发热功率并安装绝缘设置。这些行为改变了人们购买物品的选择,但除非市场篮子的内容发生变动,它并不会反映出这些变化。

通货膨胀的赢家和输家

通货膨胀的一个有趣的方面就是,它创造了自己的赢家和输家。依靠固定收入生活的人们可能对通货膨胀更加敏感,因为那些借钱的人此时返还的美元价值比当初借的时候更少了,这些人和他们借款的信贷机构会从通货膨胀中得到好处。

通过投资或者由于拥有一笔延续很长时间的固定数量的现金而得到固定的月收入或年收入的人,毫无疑问地会受到通货膨胀的伤害。他们会看到,随时间的流逝购买力在下降。为说明这一点如何重要,假定一位65岁刚退休的人设立了一份年金,以便在她死之前每年能拿到2万美元。如果她再多活20年,每年的通货膨胀率为5%,这笔钱的购买力会下降62%。即便每年的通货膨胀率保持在适度的2%的水平,她的购买力也会下降33%。好的理财专家在为客户制订这样的年金计划时会考虑到这一点,那些不理会投资建议的退休者就会陷入困境。

在信贷领域也存在输家和赢家。这里问题的关键不在于是否存在通货膨胀,而在于通货膨胀是否大于各方的预期。如果通货膨胀水平高于确定贷款利率时的预期值,那么借方就是赢家,因为他们在返还贷款时支付的钱比预期的价值要少。如果借方是赢家,那么贷方显然就是输家了,因为他们得到的价值变少了。当然,每1"美元"仍然是1美元,但在通货膨胀率高于预期值的情况下,每1美元能购买的物品少于发生贷款之时的预期。

另一方面,如果通货膨胀低于预期水平,贷方是赢家,而借方是输家。借方要返还的贷款比他们预想的更具有购买力,贷方得到了更有价值的美元。

总的来说,如果在变化发生之时,你没有考虑到这些变化,而是在几年后才认识到,你就会遗漏这些变化发生时的影响。出于这些原因,博斯金委员会指出,我们目前所采用的测度通货膨胀的方法可能比真实通货膨胀率高估了1.1个百分点。虽然对高估了多少存在争议,但在一个通胀率在2~4个百分点幅度内变化的年代,这一高估值是很显著的。

这时你可能想要寻求某种"平衡",就是说,你可能会问为什么CPI会低估通货膨胀。尽管对一些特定人口而言,通货膨胀可能高于整体水平,大多数经济学家认为CPI是对生活成本的最上限的估计。他们坚持认为如果CPI有问题的话,那也是因为它太高了,而不是太低了。

实际国内生产总值以及为什么它与社会福利不是同义语

实际国内生产总值

在考察了通货膨胀以及如何测度它之后,我们现在回头来看国内生产总值。正如我们所说，GDP 测度存在的一个问题是，价格的变化和产出的变化都能很容易地影响 GDP。为了单纯考虑价格变化时的 GDP 测度，我们使用 **GDP 平减指数**（GDP deflator，GDP-DEF）这一价格指数。针对通货膨胀调整后的 GDP 测度被称为**实际国内生产总值**（RGDP）。

GDP 平减指数

用来调整通货膨胀对国内生产总值影响的价格指数，该指数包括所有的商品，而不局限于一个市场篮子的商品

实际国内生产总值

针对通货膨胀进行调整后的国内生产总值测度

实际 GDP 的计算取用当前生产的商品和劳务并乘以它们前一年的价格，然后将不同的商品和劳务价值汇总，再把当前生产的新物品和劳务增加进去。这一过程不同于 CPI 的计算过程，因为市场篮子可能在各年之间不同，因而对基年的选择多少有些武断。而且，它还能在消除通货膨胀影响的情况下，对前一年和下一年的总产出作一个比较。此外，很多经济学家认为使用 GDP 平减指数法（GDP 平减指数的年度百分比增长）来计算通货膨胀比用 CPI 法（CPI 的年度百分比增长）更好一些。图 6.1 向我们展示了以 1996 年为基年、自第二次世界大战以来实际 GDP 的轨迹。

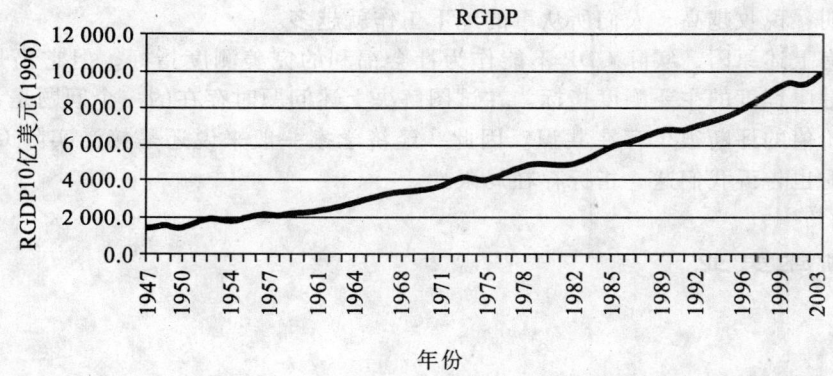

图 6.1 第二次世界大战后每季度的实际 GDP：单位为 10 亿美元（按 1996 年美元计）

关于实际 GDP 的问题

即便经过了调整，实际 GDP 也并不总是合适的。除了 GDP 平减指数具有很多与 CPI 类似的问题之外，实际 GDP 还存在其他几个方面的问题。

首先，它并没有包含你父母的一些贡献。当你的父母做家务时——洗衣服、做饭、庭院工作等，这些过程中所创造的价值并没有统计在 GDP 之列。之所以不统计，是因为这些活动并没有出售。很多工作完成了，创造出来的价值并未进入销售领域。例如，我在庭院周围设置了大的木篱笆。如果我雇人来做这件事情则要花费 $8 000。由于是我自己修建的，它只花费了 $3 000 的材料费，在所创造的价值中，GDP 遗漏了 $5 000 之多。

其次，实际 GDP 并不认为休闲是有价值的。如果我们非常努力工作，从不休假，我们会使得 GDP 增加，但我们的身体健康会因此而受损。很显然，在一个充分就业的社会中，那些自愿退休的人会使得 GDP 减少，减少的数量正好是他们的工作量。人们之所以自愿退休则是因为，他们更喜欢钓鱼、打高尔夫球、消遣而不愿工作。

第三，在 GDP 的计算中，人们究竟购买了什么东西并不受重视。自 2001 年后，恐怖袭击所导致的政府对国家安全支出的大量增加在面临威胁的情况下或许是很必要的，但作为一个社会来说，这些支出并没有使我们的生活得到改善。我们作这些支出是为了恢复我们原有的安全感。在过去不需要花钱的东西上作更多的支出并不能使我们的状况更好。

第四，美国的人口总是在增长。如果实际 GDP 并不能以人口的增长速度增长，那么人均实际 GDP（消除通货膨胀影响后平均每个人能得到的商品和劳务）会下降。

第五，为了经济上的收益，我们可能会牺牲环境方面的生活质量，但我们的生活不一定因此得到改善。在佛罗里达州海岸的珊瑚礁下和阿拉斯加州北部广袤的冻土地带之下存在未开发的原油。如果我们开采这些原油会增加实际 GDP，但这么做会带来环境方面的代价。

最后，正如你父母所干的洗衣服或庭院工作由于没有在市场上出售因而不包含在 GDP 之内一样，那些地下交易的商品或劳务也没有统计在 GDP 之中。人们所购买的非法毒品在任何地方都不会有记录。同样，如果你是一个十几岁的青少年，你割草坪或看护小孩所得的收入也不会向政府上报。如果你和你的雇主都隐瞒收入不缴纳税收，这部分经济活动就不会算作 GDP 的一部分。当涉及到高税率的影响时，这一遗漏环节就相当重要。研究结果表明：税收越高，人们所从事的地下工作就越多。

出于所有上述原因，实际 GDP 不能作为社会福利的完美测度指标，但它仍是对一个国家的经济健康程度的主要测度指标。在试图解决上述问题时存在的一个问题是，对特定商品的真实价值的评断很少存在共识。因此，经济学家一般来说还是接受实际 GDP 测度指标，但同时也告诉我们这一指标存在局限性。

测度并描述失业

测度失业

一个人失去自己所挚爱的工作是一件最为残忍的事情，因此经济学家认为失业率是整个经济体和社会福利最为重要的指示器之一。当那些想要工作而且需要工作的人不能找到合适的岗位的时候，他们失去的不仅是收入，还有自尊。经济学家的问题就是，要以一种有意义的方式区分那些如果给他们每年 5 万美元就会外出工作的全职家庭父母，以及那些拒绝从 20 美元一小时组装汽车的工作岗位转到每小时 6 美元的翻烤汉堡包的岗位上的失业汽车工人。失去工作的责任到底应归结于政府不能创造良好的工作岗位，还是个人不能做出现实的预期？这是一个重要的问题，但是很难给予回答。

政府通过电话调查的方式估量失业。首先要确定接受调查的人年龄超过了 16 岁（这是因为不管他们是否在工作，未满 16 岁的人都不予以统计）。其次，要确信接受调查的人不在军队服役（这些人也不参与统计）。最后，要询问这些人在前一周里是否从事了有偿工作、在家族企业中一周的工作时间是否超过了 20 个小时。如果对这一问题的回答是肯定的，那么这个人就被认为处于就业状态。如果回答是否定的，接下来会问他或她本周是否在找工作，也就是，他或她是否在填写求职申请或岗位咨询。如果答案是肯定的，那么这个人就被认为是失业的。

从这些调查中，政府创造了两个数字：劳动人口数字和失业率数字。**劳动人口**是就业

第6章 你有所耳闻的每一个宏观经济学词语：国内生产总值、通货膨胀、失业、衰退和萧条

劳动人口
所有年满16岁的非军事人员，既包括被雇用的人员，也包括那些正在积极找寻工作的人

失业率
劳动大军中那些没有工作并且在积极找寻工作的人所占的比例

就业不足
指那些实际工作的时间少于他们能够并且愿意工作的时间的劳动者

工人丧志效应
坏消息导致人们停止寻找工作，进而使失业率下降

工人励志效应
好消息引导人们开始寻找新工作，从而使得失业率上升（直到他们找到工作为止）

周期性失业
经济暂时下滑导致一些人失去工作的情形

季节性失业
人们在每年的同一时期失去工作的状况

结构性失业
经济变化导致某些人的特殊技能过时，进而使其失业的情形

摩擦性失业
更换工作过程中的短期失业

人口和失业人口的总和。**失业率**是失业人口除以劳动人口的商，它应该被解释为那些没有工作，并且想要积极找寻工作的人占全部劳动人口的比例。这两个数字都在每个月的第一个星期五公布出来。

测度失业时存在的问题

对失业率的测度存在一些缺陷。首先，它并没有包括一些因为受到打击而停止找寻工作的人。其次，它将在真正出现新的工作机会之前，由于受到正面经济新闻的鼓励（不管正确或非正确的）而寻找工作的人，也统计到了失业人口之中。最后，它并没有认识到有些人尽管有工作但是未尽其才，有些人想要全职工作、却只能做兼职工作等问题。存在最后两个问题的劳动者都称作**就业不足**。

以上前两个缺陷都很重要，因为它们会引导对失业率作出错误解释。例如，如果有10个人，其中8个人工作，2个人正在寻找工作，那么失业率是20%。如果情况恶化，其中一个人决定停止寻找工作，失业率下降到11%（1/9）。这样一来，坏消息反而使得失业率下降。这被称作**工人丧志效应**。这一过程也可以反过来说，也就是，好消息会促使一些人变得更积极地找寻工作，失业率会上升到20%。这被称作**工人励志效应**。图6.2提供了失业率的历史数据。

失业的类型

经济学家进一步根据失业原因对失业进行分类。如果是由于经济的短期低迷导致人们失去工作，经济学家称之为**周期性失业**。**季节性失业**是指那些每年在同一时期都会预期失去工作的人，例如密歇根州的救生员。

第三种类型的失业问题更大更持久。如果人们失去工作是由于经济转型使得他们的特定技能过时（要么行业不复存在，要么是转向了其他国家），他们就被称为**结构性失业**。这一类型的人很难再就业，因为他们的工资预期高于现有经济中适合他们的工作岗位的工资。

相反，第四种类型的失业是由于经济中出现了好的迹象。如果经济运行良好，人们能得到更好的工作，至少能受到鼓励外出寻找更好的工作，这些人有时就提高了失业率。例如，如果人们在一个地方听说另一个地方能找到更好的工作，他们会放弃现有工作并花时间去找寻新工作，他们有可能在失业状态时接受政府的失业状况调查。还有一些人可能是双收入家庭的一部分，当其中一个人得到晋升需要全家迁移到另一个城市，没有得到晋升的配偶也只好放弃原来的工作，去到另一个城市寻找工作。在这期间，这些找寻工作的人可归类为**摩擦性失业**。这些人会短期失业，但他们拥有雇主所

需要的技能。只需要花一点时间，他们就能找到合适的工作。因而，这种类型的失业存在于任何一个平滑运行的经济中，他们只需要一点时间就能找到相似或更好的工作。

Source：http：//stats.bls.gov/webapps/legacy/cpsatab8.htm.http：//data.bls.gov/cgibin/surveymost? ln Series：LNS12000000；LNS 14000000；LNS 12032194；LNU 05026645

图6.2　第二次世界大战后的失业率：城市失业率（UR）以及如果我们包含丧志工人（DW）和就业不足的工人时可能的失业率

经济周期
经济有规律地高涨、衰退的变动模式

谷底
经济周期中的最低点

复苏
经济周期中从低谷走向前一个经济顶峰的增长阶段

扩张
经济周期过程中从前一个顶峰向下一个顶峰演变所经历的增长阶段

顶峰
经济周期中经济繁荣的最高点

衰退
经济周期中至少连续两个季度经济持续下滑的阶段

通常地，有四分之一到三分之一的失业人口是被企业裁员的，有可能被企业招回（周期性失业），差不多同等数量的人是自愿离开工作岗位的（摩擦性失业），剩下的都是非自愿失业，不一定有可能被招回（最后这一类中并非所有人都被认为是结构性失业）。

经济周期

很多年来经济体中一直存在着一种规律性的上下波动的模式，经济学家称之为"**经济周期**"。图6.3显示了经济随时间变化的总体模式。尽管总的趋势是上升的，但你可以发现这条路径很少是线形的。如果纵轴表示实际国内生产总值，横轴表示时间，你会发现经济周期有5个组成部分。**谷底**是经济周期的最低点。**复苏**是实际GDP从低谷走向前一个经济高峰的增长阶段，也就是说，实际GDP回到复苏开始之前的状况的阶段。**扩张**是经济周期中从前一个顶峰向下一个顶峰演变所经历的增长时期。**顶峰**是实际GDP增长缓慢并最终停滞的那个阶段。**衰退**是经济周期中至少连续两个季度实际GDP下降并最终回到另一个谷底的阶段。

在1950年到2001年间，美国共出现了8次经济衰退，平均持续时间为9个半月。一些经济学家认为除非是一些重大突发事件，例如9·11恐怖袭击，经济衰退的影响力已经由于美国经济全球化而减缓。通常地，衰退会伴随着失业率的大幅度攀升、适度的通货膨胀和实际GDP2%~3%范围的减少。20世纪后半期，很多经济学家多次怀疑经济周期是否已经消失了，结果发现它并没有消失。第二次世界大战后最严重的一次衰退发生在20世纪80年代初期。那时失业率从7%左右上升到11%左右，通货膨胀率从13%下降到不到4%。发生在1990年的衰退是伊拉克入侵科威特的后遗症，它只持续了8个月。它对失业、通货膨胀和产出的影响不如1981~1982年那一次严重。2001年的衰退开始于2000年总统选举的不确定，终止于2001年的11月。图6.4显示了从1982年到2002年的这两次经济周期。

在一些经济学家眼中，经济衰退的影响由于美国经济全球化而被减缓了。那些持此种观点的人认为，随着国际贸易的扩大，进入衰退期的国家的经济会受到国际市场上对其产品需求的拉动。相反，那些经济处于强劲复苏期的国家会受到一部分负面抵消影响，因为以前在本国的购买现在往往转向从国外购买。

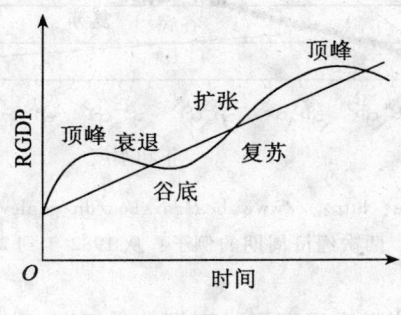

图6.3 经济周期

如果通货膨胀是坏事，那么何以通货紧缩会更糟糕？

从1970年开始到整个20世纪90年代末，人们对价格问题的主要关注是它上升得太快了。在20世纪70年代末和20世纪80年代初期，当价格以年年10%或接近10%的速度攀升之时，对通货膨胀的忧虑达到了最顶峰。考虑到这一背景，那么为什么价格下降也会是一个问题呢？答案实际上很简单。如果人们有耐心的话，当他们确信大件商品的价格会更便宜一些时，他们会推迟购买时间。

当通货膨胀的速度为每年1%~2%时，没有人在购物时会指望价格会下降，因为它不会下降。另一方面，如果价格正在下降，就会出现这种动机。如果消费者在预期价格下降的情况下不购买商品，那么制造商品的人会发现需求下降了。他们会削减工资和福利，或更糟糕地——通过解雇工人来减少成本。当利润下降时，股票的价值也会减少。随着财富的减少，股东对消费品的支出也会减少。最后的结果是房产的价格也开始下跌。当出现这种情况时，人们很容易在房屋上欠的债务比房产价值更高。这会导致人们对于拥有房屋的意愿下降以及抵押净资产来借贷的能力的消失（因为他们此时已没有资产）。

通货紧缩
一般物价水平的下降

自20世纪80年代末以来，日本在资产价格方面经历了严重的**通货紧缩**。日本的股票市场，按其主要指数来衡量，Nikkei 225 股票平均指数（东京证券交易所指数）从近40 000点下降到不到10 000点，此后一直胶着在那一水平。那一时期日本的房地产价值也直线下降。因此，尽管日本的经济曾一度为西方世界所艳羡，现在一些经济学家则开始担心，美国可能也会步日本后尘，走入由通货紧缩引导的20年的经济衰退期。这就是通货紧缩比通货膨胀更糟糕的原因。

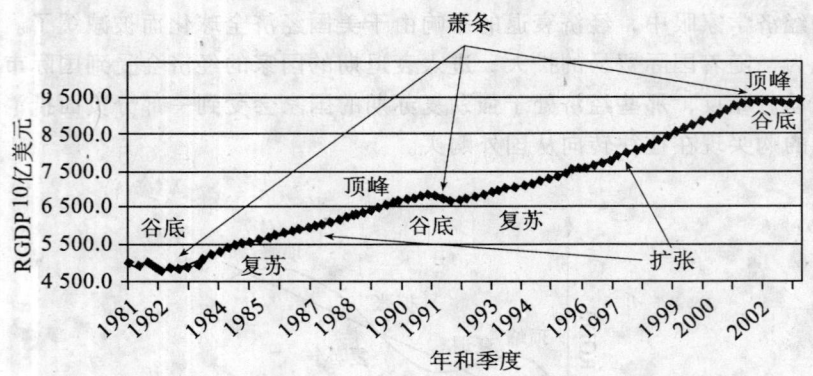

Source：http://www.bea.gov/bea/dn/gdplev.htm
图6.4 两次经济周期的例子：从1982年到2002年

另一方面，其他一些经济学家提醒说，亚洲—俄罗斯—拉丁美洲20世纪90年代末的金融危机表明，一个地区的经济如何产生多米诺骨牌式的失衡效应。正如当骨牌之间存在策略性障碍物时，排成一列的多米诺骨牌会更稳定一样，如果一个国家的麻烦能够与另一个国家的麻烦相互隔离，则经济可能会更稳定。在20世纪90年代，美国经济的健康最终稳定了世界经济。

萧条
严重的衰退，通常会产生以下结果：金融恐慌，银行倒闭，失业率超过20%，实际国内生产总值下降10%或者更多，显著的通货紧缩等

有一个在将近60年时间内都没有侵袭美国经济的现象是**萧条**。尽管在衰退和萧条之间不存在正式的经济区分，但确信无疑的是，我们自20世纪30年代以来就没有经历过萧条。萧条是一种严重的衰退，下列问题都是其特征的表现：金融恐慌和银行倒闭，失业率超过20%，实际国内生产总值下降10%或者更多，显著的通货紧缩。

可以通过大多数现代经济都具备的经济和社会的安全网络（例如失业保险和福利）来减轻萧条发生的可能性。由于人们缺乏消费信心所发生的衰退，可以通过政府改变利息率以及政府购买政策来阻止其演变为萧条。此外，如果情况继续恶化和失业率上升，现有的失业保险和其他政策也能减轻负面效应。因此，21世纪初失业的人比20世纪初失业的人具有更强的支出能力。这也会降低衰退演变为萧条的可能性。

小结

本章向我们介绍了宏观经济学的一些基本词汇，并探讨了一些测度指标，尽管这些测度方法并不是完美无缺的。我们看到对产出的测度是国内生产总值，价格和通货膨胀用价格指数来测度，最常用的价格指数是 CPI。而且，我们讨论了为什么 GDP 要经过通货膨胀调整成实际 GDP，而且，尽管存在缺陷，实际 GDP 是对经济健康状况的一个主要测度指标。此外，本章解释了如何测度失业以及这一测度如何受相关问题的影响，经济学家如何根据失业原因来划分失业类型。最后我们讨论了经济周期概念。

主要术语

基年	摩擦性失业	实际国内生产总值（RGDP）
经济周期	GDP 平减指数（GDPDEF）	衰退
消费者价格指数（CPI）	国内生产总值（GDP）	复苏
生活费用调整（COLA）	通货膨胀率	季节性失业
周期性失业	宏观经济学	结构性失业
通货紧缩	市场篮子	谷底
工人丧志效应	顶峰	就业不足
工人励志效应	价格指数	失业率
扩张	基年市场篮子价格	萧条
劳动人口		

你现在可以阅读的问题章节

消费者价格指数对生活成本的高估（第 13 章）

自我测试

1. 宏观经济学研究的一个主题是
   a. 通货膨胀
   b. 完全垄断
   c. 完全竞争
   d. 个体需求曲线的形状
2. 测度通货膨胀时存在的一个问题是
   a. 市场篮子的变化不够快，不能跟上趋势的变化
   b. 它不能解释对便宜商品的替代
   c. 有时很难控制产品质量
   d. 所有上述问题

3. 如果一个人被解雇了，他的雇主告诉他只要经济状况好转，对产品的需求上升，他很快就能重新得到雇用，那么经济学家会将这个人归为
   a. 就业不足
   b. 结构性失业
   c. 摩擦性失业
   d. 周期性失业

4. 如果由于行业向另一个国家的转移从而导致人们失业，经济学家将这些人归为
   a. 就业不足
   b. 结构性失业
   c. 摩擦性失业
   d. 周期性失业

5. 一个 15 岁想要找工作但并未找到工作的青少年是
   a. 就业不足
   b. 失业
   c. 不予以统计
   d. 周期性失业

6. 如果部队招募了 10 万名新兵，使得他们摆脱了失业状况，那么失业率会
   a. 上升
   b. 下降
   c. 保持不变

7. 如果部队招募了 10 万名新兵，使得他们从私人部门的工作中转移出来，那么失业率会
   a. 上升
   b. 下降
   c. 保持不变

8. 如果市场篮子是在 1998 年确定的，当时购买市场篮子里的物品花费了 1 万美元，到 1999 年购买同样的那些物品花费了 1.1 万美元，那么基年的价格指数为
   a. 100
   b. （11 000/10 000）×100 = 110
   c. （10 000/11 000）×100 = 90.9
   d. 都不是

9. 经济学家通常认为相对实际生活成本而言，CPI
   a. 是完美测度
   b. 高估了两倍（意味着通货膨胀程度实际上只有政府估计的一半）
   c. 高估了 1.1 个百分点（意味着官方公布的 2.1% 的通货膨胀率实际上只有 1%）
   d. 低估了一半（意味着通货膨胀程度实际上是政府估计的两倍）

10. 实际国内生产总值与社会福利不是同义语的原因之一是
    a. 人们会在商品之间进行替代
    b. 18 岁以下的人生产的产品不计算在内

c. 它忽略了休闲的价值
d. 所有上述理由

思考

解释实际 GDP 和名义 GDP 之间的差异。

列举失业率为什么不能准确反映失业问题的原因。

如果有 10 个人，8 人有工作，其他 2 人失业，举例说明工人励志效应和工人丧志效应。

讨论

想想如果一名 50 岁、具有 30 年工龄的钢铁工厂工人被解雇了，如果他拒绝接受一份薪水只有先前一半的工作，他是否该受指责？为什么？

参考数据

U. S. Gross Domestic Product 1947—2003
http：//www. bea. doc. gov/bea/dn/gdplev. xls
CPI and inflation for selected years
ftp：//ftp. bls. gov/pub/special. requests/cpi/cpiai. txt
Unemployment rate 1947—2002
http：//stats. bls. gov/webapps/legacy/cpstatab8. htm
Recessions 1980—2003
http：//www. bea. gov/bea/dn/gdplev. xls

第 7 章 利率和现值

学习目的
- 理解利率是什么
- 了解经济学家为什么要区分名义利率和实际利率以及这些概念对现值概念的重要性
- 理解为什么在不同时间进行有关成本和收益的经济决策时,现值是一个有用的工具

内容概要
- 利率
- 现值
- 小结

在不同的时间总是要作很多经济决策。也就是说,一个既定决策得到收益的时间不同于该决策的成本发生的时间。例如,当你存钱的时候,你放弃了现在购买商品的能力,以便将来有更多的钱可以支配。当你借钱的时候,你在有足够的手段支付商品之前,就可以消费了。因而,我们现在同意放弃一笔钱是为了以后得到的更多,或者我们愿意在几个月时间里每个月支付特定金额,而不愿意现在一次性付清。在任何市场上,都存在价格和数量,存在买方和卖方。本章我们要探讨借入、贷出、投资和储蓄决策。

我们首先讨论利率、货币的价格以及如何确定它们。我们要看到决策过程中预期通货膨胀的重要性,以便在名义利率和实际利率之间作一个划分,这一划分对经济学家很重要。

最后我们讨论了金融决策。我们会看到任何借钱、储蓄、贷放或投资等特定决策取决于经济学家所说的现值。我们会考察一些情景,在这些情景中,我们现在储蓄或借钱是为了以后得到更多的钱。我们还会提供更为复杂的在较长时期进行收支的案例。

利率

货币市场

利率
借款人除了向债权人归还本金外,还需按照一定比率向债权人支付利息,该比率即为利率,一般以年为时间单位

当人们借出或借入钱时,我们把借钱的价格称为**利率**。考虑货币市场的一个常用方法是,假定你自己租了一辆搬运车,在你租车的时候,车主让你在事先确定的时间期限内,以事先确定的价格来使用它。现在不考虑租车的情形,考虑租借的是钱。钱的主人以事先确定的价格、让你在一段时间内使用这笔钱。这段时间期限一般

以年来表示，因而价格也是年利率。这意味着在你借钱买车、买房或寻求投资者的支持时，你必须支付利息。

当然你也可以处在对方的位置，你就是钱的主人，你要么把钱存入银行，要么购买债券。你其实是将钱"租给"其他人使用。无论是哪一种情况，利率都是你的交易的重要构成部分。在我们所讨论的这一市场上，卖方是有钱的一方，买方是需要钱的一方。

图7.1描述了一个类似于我们在第2章和第3章所看到的市场。尽管此处价格是利率，数量是贷方/储蓄方提供给借方的数量。供给曲线是上斜的，因为如果贷方/储蓄方能得到更高的回报，他或她借贷的动机更强；需求曲线是下斜的，因为在更高的利率水平下，借方会认为借钱不那么有利了。正如在任何其他市场一样，会产生一个借贷的均衡利率和均衡数量。

均衡利率依赖于几个因素。例如，有良好信誉历史的人的利率一般低于那些信誉不佳的人。银行对汽车贷款的利率通常比对房屋贷款的利率要低。信用卡的利率很高，原因在于风险的程度不同。贷方不能保证借方会全额返还每一笔贷款。贷方要冒风险，而决策过程中要考虑的部分风险是，借方返还贷款的可能性以及如果他们不返还，会有什么样的后果。信用卡通常得不到任何保障，结果信用卡的利率要比房屋贷款的利率高。如果买方拖欠房屋贷款，贷方能取得房屋所有权，最后还能出售房屋。

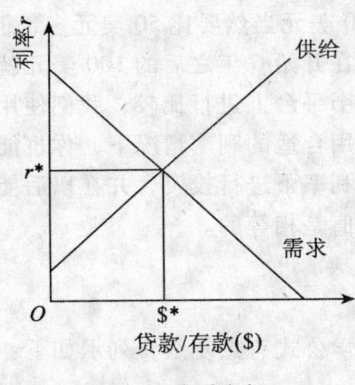

图7.1 货币市场

名义利率与实际利率

名义利率
公开宣布的利率

实际利率
考虑通货膨胀预期之后的利率，它是消费者延迟消费获得的补偿

公开宣布的大额存单（CD）或汽车贷款的利率，就是经济学家所指的**名义利率**。尽管它就是图7.1中所指的利率，但是对经济学家来说，它并不比**实际利率**更有意义。实际利率是考虑了通货膨胀的预期之后的利率。我们在第6章解释过通货膨胀，它是价格增加的百分比。在我们对利率的讨论中，通货膨胀很关键，因为借贷双方都要考虑决策的成本和收益，它们按得到和失去的消费来衡量。由于假定借方是为了现在能购买物品而借钱，以后再返还给贷方，贷方届时再用那笔钱进行购买，因而价格的变化很重要。让我

们来考虑一个具体的例子。

假定你的朋友愿意在下一年以 10% 的利率还钱给你，你同意借给他 100 美元。这意味着下一年你会得到 110 美元。假定你们两个人都会用这笔钱来购买便携式 mp3，现在的价格为 100 美元。如果等你拿到返还的钱的时候，价格已经涨到 115 美元，那么你很不划算。你的朋友得到了 mp3，但你在等了一年之后还不足以购买一个 mp3。另一方面，如果 mp3 的价格只涨到 105 美元，那么你在等了一年之后得到钱的时候可以购买一个 mp3，并且还有 5 美元的剩余。这一例子的言下之意是，通货膨胀在借/贷决策中发挥着作用。如果我们能知道具体的通货膨胀率，情况更是如此。

尽管没有人能准确知道下一年的通货膨胀率有多大，人们可以用当前的经验作为参考。结果，借贷双方都形成了对通货膨胀的预期。如果你要求等待一年再购买 mp3 应得到 10 美元的补偿，你预期价格会增加 10 美元，那么你会要求得到 120 美元的返还金额。第一个 10 美元是为了补偿你在购买时的更高价格，第二个 10 美元是为了补偿你一年的等待。

这就是说，对经济学家而言，名义利率等于通货膨胀预期加上实际利率①。

现值

现值
未来支付流的利率调整价值

100 美元当然要比 50 美元多，但是如果要比较今天的 50 美元和从现在开始 6 年之后的 100 美元就很难说了。为了将美元价值放在同一个平台上进行比较，我们使用**现值**这一概念来比较货币。尽管在使用合适的利率情况下，你也能比较不同时点支付的货币。如果现在支付的一笔钱在合适的利率下进行投资，并在以后能产生一笔更高数额的回报，我们说这两笔不同时点货币的现值是相等的。

简单计算

充分理解现值所需要的数学公式有点复杂，列示如下：

$$现值 = \frac{支付}{(1+r)^n}$$

其中：支付 = 将来得到的支付

r = 利率

n = 得到支付之前的年限

幸运的是，概念和结论并没有数学公式这么复杂。将来得到的支付需要用一个因子来调整，该因子等于 1 加上支付作出之前每年的利率。如果利率是 10%，支付之前经过了 10 年，那么支付额需要用 1.10 的 10 次方进行调整。

考虑一个特定的例子，如果利率为 10%，想想从现在开始算起，10 年后一笔 200 美元的支付的现值是多少。为了计算这个现值，我们需要将 1.1 乘以 10 次。结果是 2.593 7，因此现值为 $ 200/2.593 7，近似为 $ 77.11。这意味着如果你今天拥有

---

① 当通货膨胀和实际利率都很低时，存在着一个非常小的交叉乘积项。

$77.11，你以10%的利息投资10年，你会得到$200。换一种说法，如果从现在开始，10年后你想得到$200，而且你想通过借钱来得到它，在现有10%的利率水平下，你只需要借$77.11。

正如我们所提及的，2.593 7这个因子是通过将1.1乘以10次方计算出来的。表7.1提供了不同利率和贷款期限下的因子。最上面一行是利率，左边一栏显示的是从借方借钱开始到归还之日的时间年限。该表显示了借方为每1美元借款所必须偿还的金额。例如，你的信用卡透支，在20%利息水平下，所借的每1美元在5年内都要花费你$2.49，也即原来的1美元加上1.49美元的利息。

表7.1　　　　　　几种不同利率和贷款期限下每1美元借款的支付额

	利率（%）				
年份	20	10	5	2	1
30	237.38	17.45	4.32	1.81	1.35
10	6.19	2.59	1.63	1.22	1.10
5	2.49	1.61	1.28	1.10	1.05
1	1.20	1.10	1.05	1.02	1.01

抵押、汽车支付和其他多期支付的例子

我们能使用这一概念来计算我们能承担多少房屋或汽车费用。在这里，我们不考虑单笔总额的借或还，我们一次性地借入一笔钱，然后分批还。当然，我们也能想象每次存一点，然后积累一大笔钱的情况，例如为休假所做的储蓄；或者我们每次存一点，然后得到其他增量的情况，例如为退休进行储蓄，然后每个月从退休金中得到一张支票。这些都是同一原理的简单扩展。

每一个例子都有一个优美公式，这些公式使得我们能代入不同的数字并得到结果。研究财务管理问题的人可能会对这些公式感兴趣，但是对于我们理解如何在其他情形下应用现值的思想而言，这些公式并不是非要不可的。

对此，我们来看看图7.2，通过这个图，我们想评估一项特定的商业交易是否为一项好的交易。假定一项持续5年、每年$100的投资，会在第6年开始产生持续7年、每年$100的回报。假定适当的利率水平为10%。在图中，向下的箭头表示所做的支付，向上的箭头表示所得到的支付。每一笔支付的价值都既显示在公式中，也给出了结果。如果你将结果代进去，你会得到现值，在本案例中是负值。一个正的现值表明这项交易是划算的，负的现值则表明是亏损的。在这个例子中，现值为负，说明这不会是一项划算的交易。

所有的抵押和汽车支付的计算都是类似的，尽管这些计算都更简单，因为只有一个向上的箭头——房屋或汽车贷款的价值，有很多向下的箭头——所要求的支付。为了让你对每月不同类型的贷款要做多少支付有更直观的印象，让我们看看表7.2，它提供了一套非常简洁的现值因子。同样，最上面一行是各种年利率，左边一栏是不同的贷款期限。这

样，一台用信用卡以 20% 利率透支购买的价值 $1 000 的电脑，在未来 5 年，每个月会花费购买者 $26.49。这一五年期贷款的总支付额达到 $1 589.63。

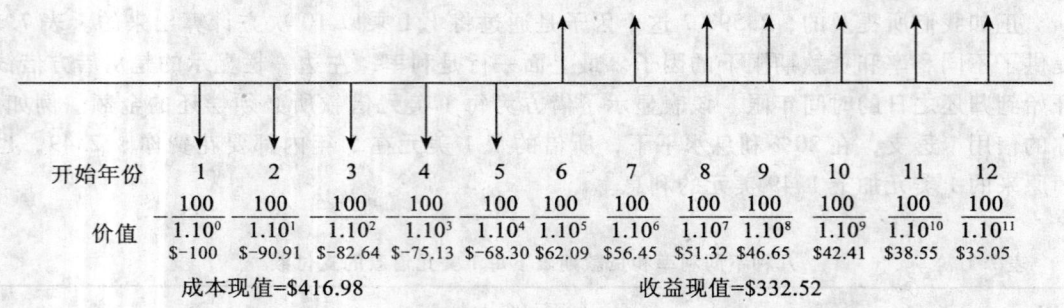

图 7.2　支付的现值

表 7.2　几种不同利率和贷款期限下 1 000 美元借款每月所必需的支付额

年份	利率（%）				
	20	10	5	2	1
30	16.71	8.78	5.37	3.70	3.22
10	19.33	13.22	10.61	9.20	8.76
5	26.49	21.25	18.87	17.53	17.09
1	92.63	87.92	85.61	84.24	83.79

利用表 7.2 中的数字，我们能计算出你所购买的物品在来年需要每月偿还的金额。我们刚才看到了，如果你使用信用卡来购买价值 $1 000 的电脑，在未来 5 年你需要每月偿还 $26.49 的贷款。如果你在 5 年的偿还期限内购买价值 $30 000 的汽车，并得到 10% 的银行贷款，你每个月需要偿还 $637.50（30 × $21.25）。如果在一个融资方案中，你要购买同样一辆汽车，汽车公司给你的贷款利率为 2%，你每月的支付只有 $525.90（30 × $17.53）。最后，如果你以 5% 的利率购买价值 $100 000、为期 30 年的抵押贷款房子，它会花费你每月 $537（100 × $5.37）。

小结

本章引入了利率的概念，并且表明从概念上看，货币市场与任何其他的商品市场没有区别。利率被解释为借钱的价格。我们解释了实际利率和名义利率之间的区别，强调指出实际利率考虑了预期的通货膨胀。通过扩展这些概念解释了现值，以及当收支需要跨越一段时间进行时，如何应用现值概念来作出经济决策。

主要术语

利率　　　　　　名义利率
现值　　　　　　实际利率

你现在可以阅读的问题章节

对资本收益征税（第34章）　　儿童先导计划（第26章）　　个人所得税（第33章）
犯罪经济学（第22章）　　　　国际货币基金组织：良医还是庸医（第15章）
教育（第23章）　　　　　　　社会保障（第25章）
股票市场及其崩溃（第38章）

自我测试

1. 在货币市场上，通常我们在供给和需求模型中使用
   a. 通货膨胀作为价格
   b. 利率作为价格
   c. 工资率作为价格
   d. 都不是

2. 名义利率和实际利率之间的差别在于
   a. 你支付实际利率而贷方得到名义利率
   b. 实际利率是税后的，而名义利率是税前的
   c. 名义利率是你等待后得到的
   d. 实际利率是你考虑通货膨胀之后所得到的

3. 如果通货膨胀率是5%，实际利率是4%，那么名义利率是
   a. −1%
   b. 1%
   c. 9%
   d. 20%

4. 在5%的利率下，两年后支付的 $100 的现值为
   a. $100
   b. $110
   c. $0
   d. $90.70

5. 如果你要以助学贷款的形式在大学教育期间借 $100 000，你准备在20年内归还这笔贷款，你应该期待你的终生潜在收入（与你的次优选择相比较）为
   a. 增加，但远少于 $100 000
   b. 增加，远多于 $100 000

  c. 增加，只比 $100 000 略多一些
  d. 和没接受教育前保持一致
6. 如果你的经纪人告诉你，以你为受益人的一笔信托发生了变化，从明年开始你每年会得到 $6 000 而不是 $5 000，对你来说现值
  a. 下降了
  b. 上升了
  c. 保持不变
  d. 答案不确定；它取决于利率

思考

  为什么未来支付金额的现值总是比现在同等金额的支付更少一些？

  从现值角度来考虑，为什么在你得到一笔汽车贷款的时候，你偿还的总金额会比协议价格更多？

讨论

  在有些州，你可以用汽车牌照抵押得到贷款。通常这些贷款的年利率超过100%。由于大多数信用卡公司会以更低的利率借钱给你，此类贷款的客户总是一些信誉历史不佳的人，这些人除此之外再也借不到钱了。你认为这种高利率贷款是否应该合法化？

第 8 章 总需求和总供给

学习目的
- 理解并熟练运用宏观经济学的总供给和总需求模型
- 理解为什么总需求曲线是下斜的，为什么对总供给曲线的形状存在争议
- 列举能导致这些曲线移动的因素，理解这些移动如何转化成对价格和产出的影响
- 认识需求拉动型和成本推动型通货膨胀的差异
- 理解供给学派经济学的含义

内容概要
- 总需求
- 总供给
- 总需求曲线和总供给曲线的移动
- 通货膨胀的原因
- 政府如何影响（只是可能而不是控制）经济
- 小结

既然我们已经接触了宏观经济学的语言和一些测度方面的问题，现在该是时候将注意力转向对宏观经济的模型分析了。正如我们在第 2 章中使用的供给和需求模型有助于我们理解当特定变量发生变化时，会对某个特定行业产生怎样的影响一样，我们使用总供给和总需求模型来帮助理解其他变量如何影响作为一个整体的经济。

记住，模型不是十全十美的。所有模型都依赖于一些简单的假设，这些假设使得我们能以一种更清楚的方式看待问题的实质。在微观经济学中，供给和需求很好理解，而且是一个能对特定行业进行考察的相对容易接受的分析框架。遗憾的是，在宏观经济学中不存在这么一个具有可比性的模型。

我们找到的一个最为接近且可行的、使用起来相对简单、也足够灵活、能包容不同观点的模型是总供给和总需求模型。它也具备我们在第 2 章研究过的供给和需求模型的优点，因此很多概念不会像在一个全新的模型中那样陌生。

对宏观模型要谨慎处理的原因在于，不像只有一个市场的微观模型，很多种相关的商品和服务都结合在一个宏观模型中。尽管我们很容易就能列出 5 种影响苹果价格的重要因素，我们却至少需要 5 页纸才能说清楚影响整个经济的重要因素。宏观经济相对于某一特定市场来说更大也更为复杂。在记住这些之后，我们在本章接触总供给—总需求模型时就要知道，尽管这一模型不是完美的，但是它已尽可能地满足了我们要达到的目的。

按照第 2 章中对模型的介绍方法,我们先分别介绍总需求和总供给。然后将它们作为模型的组成部分合在一起。正如第 2 章我们考察为什么供给和需求会发生改变一样,我们随后考察为什么总供给和总需求会发生改变,以及如果它们改变的话会带来什么影响。最后,我们使用总供给—总需求模型来简洁地解释供给学派经济学。

总需求

定义

总需求(AD)
在每一个可能的价格下,国内消费者、企业、政府和外国购买者愿意购买的实际国内产出的总和

总需求(AD) 是对不同价格水平下,消费者购买的商品和劳务量的测度。它说明了国内消费者、企业、政府和外国购买者在每一可能的价格水平下所想要购买的实际国内产出的总量。在实践中,我们用图 8.1 把它描绘出来,在横轴上用实际国内生产总值(RGDP)来测度所销售的实际商品和劳务,在纵轴上用价格指数(PI)来测度所有价格。

正如第 2 章一样,我们说需求曲线是下斜的,然后再讨论道理何在,我们现在也这么做。正如图 8.1 所显示的那样,总需求曲线确实反映了所有价格和真实产出之间的负相关关系。这是三个方面的原因使然:实际货币余额效应、国外购买效应和利率效应。

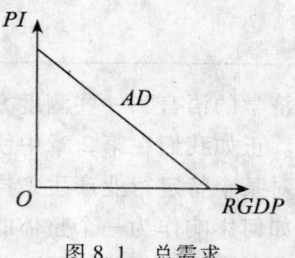

图 8.1 总需求

为什么总需求是下斜的

实际货币余额效应
因为高价格水平降低了实际支出的购买力,所以价格和产出是负相关的

实际货币余额效应的意思是随着价格的上升,任何你以现金或证券形式拥有的财富会变得越来越没有价值。同样,在价格更高时,如果你购买真实商品和劳务的能力下降,那么两者之间负相关。

第 8 章 总需求和总供给

国外购买效应
当商品的国内价格相对于同类进口商品的价格较高时，我们的出口将减少，进口将增加。这样一来，国内价格越高，国内产出水平越低

总需求曲线下斜的第二个原因是**国外购买效应**。论据是，随着美国价格的上升，美国人更愿意购买进口商品而不愿意购买美国制造的商品。外国人同样也不愿意购买美国商品，这样就减少了对他们的出口。如果你还记得第 6 章的支出法，就会知道进口的增加会导致美国 GDP 的下降。

利率效应是说更高的价格会导致通货膨胀，这反过来导致更少的借贷和 RGDP 的下降。总需求的定义有助于解释利率的重要性，因为它们与总需求曲线下斜的性质相关。回忆第 6 章的内容，使用支出法，总需求可以通过汇总总消费、企业投资、政府对商品和劳务的购买支出、出口，然后再减去进口计算出来。其中的两项，消费和企业投资都对利率敏感。当人们购买房屋、汽车、家具或任何使用时间超过 3 年之久的商品（经济学家称之为耐用商品）时，他们总是借钱来完成这些消费。在利率高的时候，人们对这些商品的消费所预期的支付要比利率低的时候高一些。如果企业要借钱来

利率效应
高价格引发通货膨胀，这将导致贷款额减少，并使得实际国内生产总值下降

修建新工厂或者购买新设施，它们对贷方所作的支付也由利率来确定。任何时候只要利率增加，大宗消费和企业投资都会下降，因为利率导致成本变大。回忆第 7 章中所学，通货膨胀导致利率增加，因此如果价格上升，通货膨胀也会上升；如果通货膨胀上升，利率也上升；如果利率上升，消费和投资会下降；如果消费和投资下降，那么 RGDP 就会下降。

总供给

定义

总供给（AS）
在每个可能的价格水平下，一国经济体能够提供的实际国内产出水平

总供给（AS）是每一可能的价格水平下一国经济所能提供的实际国内产出水平。对总供给曲线存在不同的看法。分歧之处在于对我们所说的充分就业的理解。大多数经济学家认为，当周期性失业为零时就存在充分就业，因此在"充分就业"状况下仍存在失业人口。尤其是，所谓的结构性失业的人口，即那些所在行业不复

存在或发生迁移的人是没有工作的。此外，摩擦性失业的人口，指那些因为配偶在新地方找到了更好工作的人，以及那些为了寻找更好的工作岗位而在所谓的"充分就业"时期失去工作的人。这些不同的观点都显示在图 8.2 中不同的总供给曲线上。

关于总供给曲线形状的针锋相对的观点

在宏观经济学家中，对几个重要的定义存在极为分歧的观点。对下列问题的回答将经济学家区分为两大阵营：什么是充分就业以及如何定义自愿失业与非自愿失业？下面的讨论可能有点"家丑外扬"，但它同时也是你们通识教育课程中绝佳的"教育机会"。其实不同观点的分歧存在于所有学科领域，而宏观经济学领域中影响最深远的分歧就在于这些问题。首先要认识到，对每一个问题都不存在一个唯一确定的答案，这样你才迈出了成为

一个可造之才的重要一步。因此，要十分谨慎……

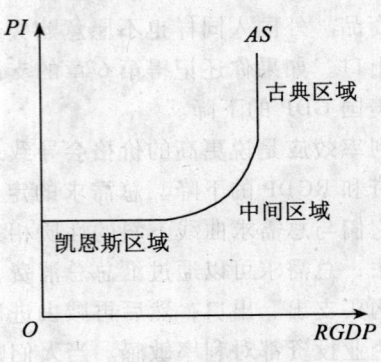

图 8.2　总供给曲线

古典经济学家相信，即便没有政府的干预，所有的市场也都能够产生好的结果。他们认为，如果只能找到最低工资的工作，失业的钢铁工厂工人不会愿意接受，他们不是非自愿失业，只是感到前景黯淡。结果，他们认为周期性失业为零，因此，根据定义，我们会处于充分就业，因为劳动力市场的变化会确保每个想要一份工作的人都会找到工作。如果人们不愿意在市场均衡工资水平下工作，那么无论如何他们都不能算入失业人口——至少在古典经济学家定义的"充分就业"中是这样的。

凯恩斯主义经济学家持相反观点。这些经济学家追随 20 世纪初期的经济学家约翰·梅纳德·凯恩斯（John Maynard Keynes）的经济学说，认为总是存在比现有工作岗位更多的愿意工作的人，至少在现实中，我们从未真正达到过充分就业状况。对凯恩斯主义者来说，充分就业概念完全不切实际。这样，无论有多少人就业，凯恩斯主义者都认为，总是需要更多的就业者才能满足总需求的增加。

为了在图形中描绘出这些完全不同的观点，古典经济学家认为总供给曲线总是垂直的。他们相信价格和工资在所有市场上总是均衡的，因此总需求的增加只会导致价格的上扬，潜在的实际国内总产出会保持不变。举个例子，回忆我们在第 4 章和第 5 章研究过的存储芯片制造商。假定这家企业存在很多生产相同产品的竞争对手。如果总需求的增加导致对电脑进而存储芯片需求的增加，我们的企业将会扩大产出。古典经济学家认为，既然所有市场在开始时都处于充分就业状况，企业会提高工资水平来吸引更多的工人生产更多的芯片。不管企业是否能成功地从竞争对手处吸引来工人，总的行业产出会保持不变，因为工人的总数目不会改变。如果古典经济学家的看法是正确的，唯一的变动就是价格会上升。

另一方面，凯恩斯主义经济学家认为价格和工资是刚性的，失业的存在正是来自这一事实。因而凯恩斯主义者认为，雇用这些工人的唯一方法是增加总需求。此外，由于价格不发生变化，总供给曲线被认为应该是水平的。同样，使用芯片制造商作为例子，如果能雇用到很多失业工人来从事芯片生产业务，那么用增加的产出来满足增加的需求并不要求工资上升。

位于这两个模型之间的一个合理的中间位置是，一些行业存在充分就业，而另一些行业不存在。如果情况确实如此，一些行业总需求的增加可能只会引起价格上扬，而另一些行业只会引起产出增加。因而，总体上看，实际 GDP 会上升一点点，价格也会上升一点点。如果有一些行业，例如电脑芯片制造业处于充分就业状态，而另一些行业，例如钢铁业却不是，那么对这两种产品需求的增加所导致的总需求的增加，会使得芯片制造业产生通货膨胀，而钢铁业出现产出增加。

总供给曲线以及经济学家观点之间的差异显示在图 8.2 中。正如你所看见的那样，垂直的一部分对应古典经济学家的观点，之所以这样表示，是因为总需求的增加只会导致价格的增加而产出不变。同样地，水平部分对应凯恩斯主义经济学家的观点，之所以这样表示，是因为总需求的增加只会导致产出的增加而价格不变。中间部分将两个极端连接起来，假设前提是：古典经济学家的看法对一些行业适用，而凯恩斯主义者的看法对另一些行业适用。

你应该理解图 8.2 中所表示的总供给曲线在大多数经济学家看来并不是完美的。但就我们的目标而言，它使得我们能以一种不那么复杂的方式处理宏观经济学领域中的不同意见分歧（这并不是说你一定会发现它不那么复杂）。

总需求曲线和总供给曲线的移动

使得总需求曲线移动的变量

正如我们在第 2 章所看到的那样，总是存在一些使得需求曲线发生移动的因素，也存在一些使得总需求曲线发生移动的因素。如果你去看看总需求的构成要素，你会找到一些这方面的线索。任何影响人们消费意愿、政府对商品和劳务的支出意愿、企业对新工厂和设施的投资意愿以及净出口（出口减进口）的因素都会影响总需求。

例如，对个人所得和企业所得征税分别会影响到消费和投资。税率越高，消费者能拿回家用于支出的收入越少。随着企业或公司税率的提高，一些有投资前景的企业也不那么具有吸引力了。这样，任何个人或企业税收的增加都会降低总需求，使得它向图形左边移动，而任何增加总需求的因素会使得曲线右移。

利率的增加也具有类似的影响。正如我们在图 7.1 中所看到并在前面有关利率效应的讨论中所描述的那样，利息成本的增加减少了个体和企业的借钱意愿，结果导致总需求减少，在图形上表现为曲线的左移。

企业和消费者信心的增加会伴随以总需求的增加以及曲线的右移。之所以出现这一结果，是因为消费者对自身的财务状况更有信心，他们更愿意举债购买耐用消费品。随着企业对销售产品能力的增强，它们会对生产能力投资得更多。当然，假如这种信心下降就具有相反的效应。它会减少总需求并使得曲线左移。

外汇汇率对总需求的影响有点复杂，因为尽管汇率广为公布，但它们得以公布的方式却总是令人困惑。日元的汇率总是按照购买 1 美元需要花费多少日元来表示，而英镑的汇率总是以购买 1 英镑需要花费多少美元来表示。就好比你走进一家面包店想要购买一打油炸圈饼，他们按照 1 美元能购买的圈饼数来计价，而另一家面包店则以你购买一个圈饼所花费的钱来计价。在略作计算之后，你就能对两者作个比较；这只需 1 分钟。此外，我们说如果美元变得更为强劲，出口会下降，进口会上升。这样，强劲的美元减少了总需求，使得它向左边移动。当然，疲软的美元具有相反的效应。总需求会增加并在图形上向右边移动。

为什么美元的强劲并不必然是好事情

说"强劲美元"存在问题听起来似乎不那么具有爱国心。但是，事实确实如此。以欧元和美元的关系作为例子，用它来分析一个德国人和一个美国人购买汽车的假想案例。假定两个人都想购买一辆大小适中的私家轿车，两个人都在德国制造的车型和美国制造的车型之间进行比较。在进行广泛的调查之后，每个人都认为两种车的质量和总体性能差不多，购买决定只在于哪一种更便宜一些。

记住欧元是20世纪90年代才创建的、用以取代欧洲各种不同的货币的货币，1欧元价值最初固定等于1美元，如果两者具有相同价值，汇率是1∶1（1欧元兑换1美元）。也就是说，每一种车在美国和德国都具有相同标价，两种车在美国要花费3万美元，在德国要花费3万欧元。

假定德国车的美国代理商以2万5千欧元的价格从德国购买这些车，而美国汽车的德国代理商以2万5千美元的价格从美国购买这些车。这意味着美国代理商要支付给银行2万5千美元以换取2万5千欧元，而德国代理商要支付给银行2万5千欧元以换取2万5千美元。

如果美元变得更为强劲，以至汇率变为1∶0.75（1欧元等于75美分），那么美国汽车的德国代理商需要支付33 333欧元给银行以换取2万5千美元，从而从美国购买车辆。为了维持旧汇率下5千欧元的利润，他们必须将美国车的价格提升到38 333欧元。德国汽车的美国代理商现在只需要18 750美元就能得到2万5千欧元，因而只需要索取23 750美元的价格就能维持5千美元的利润，这样，美国人现在更喜欢购买进口（德国）车，德国人更喜欢购买本国（德国）车。因而，强劲的美元增加了美国的进口，减少了美国的出口。

唯一一个直接影响总需求并需要稍加解释的变量是政府支出。由于政府对商品和劳务的支出是构成总需求的一个直接部分，其影响也是直接的。政府支出的增加会导致总需求的增加，政府支出的减少会导致总需求的减少。因此，任何政府支出的增加都会使得总需求曲线向右移动，而减少会使得曲线向左移动。

表8.1中总结了这些影响。总需求增加的效应显示在图8.3中，总需求减少的效应显示在图8.4中。

表8.1　　　　　　　　　　　　总需求的决定因素

变量	总需求受影响的部分	变量的增加对总需求移动的影响	变量的减少对总需求移动的影响
税收	消费 投资	AD减少 因此曲线左移	AD增加 因此曲线右移
利率	消费 投资	AD减少 因此曲线左移	AD增加 因此曲线右移

续表

变量	总需求受影响的部分	变量的增加对总需求移动的影响	变量的减少对总需求移动的影响
信心	消费 投资	AD 增加 因此曲线右移	AD 减少 因此曲线左移
美元力量	出口和进口	AD 减少 因此曲线左移	AD 增加 因此曲线右移
政府支出	政府支出	AD 增加 因此曲线右移	AD 减少 因此曲线左移

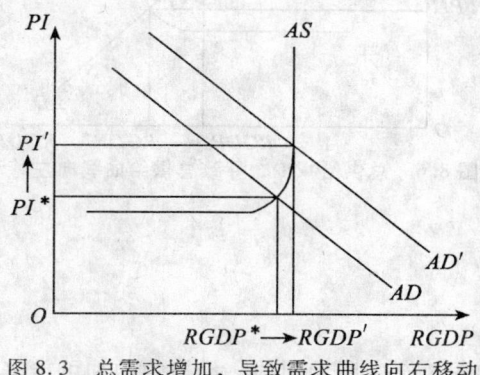

图 8.3 总需求增加，导致需求曲线向右移动

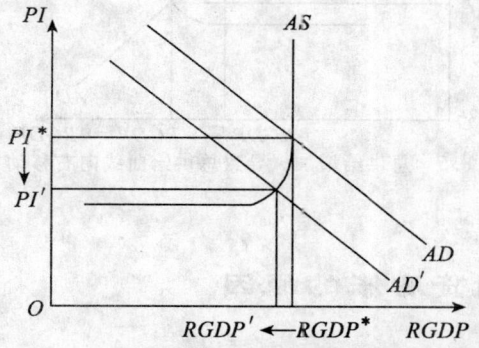

图 8.4 总需求减少，导致需求曲线向左移动

使得总供给曲线移动的变量

正如存在一些改变总需求的因素一样，也有一些重要因素会改变总供给。这些因素对企业而言非常重要。任何增加企业成本的变化对总供给而言都是至关重要的。其他一些因素有，政府的相关管制，以及一些影响生产率的因素。

任何导致生产成本增加的因素都会损害总供给。亦即，劳动力成本或其他投入成本的增加会减少总供给，并使得总供给曲线向左移动，而这些成本的减少会增加总供给并使得总供给曲线向右移动。利率也和企业运作的其他成本一样影响着总供给曲线，它主要影响企业的信贷成本，这些信贷是为了确保企业拥有最低限度的现金流。

同样地，如果政府管制以某种方式增加了生产成本，那么总供给也会减少，曲线会向左移动。解除管制会有相反的影响，因为企业能消除管制所带来的成本。最后，如果企业通过采用更好的技术变得更富有生产率了，那么总供给会增加，曲线会向右移动。

表 8.2 总结了这些影响；图 8.5 和图 8.6 总结了这些移动对总供给—总需求的影响。图 8.5 显示了总供给增加的影响，图 8.6 显示了总供给减少的影响。

表 8.2　　　　　　　　　　　总供给的决定因素

变量	变量增加对总供给移动的影响	变量减少对总供给移动的影响
投入品价格	AS 减少，因此曲线左移	AS 增加，因此曲线右移
生产率	AS 增加，因此曲线右移	AS 减少，因此曲线左移
政府管制	AS 减少，因此曲线左移	AS 增加，因此曲线右移

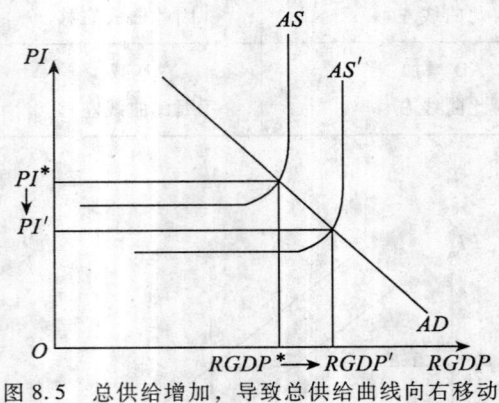

图 8.5　总供给增加，导致总供给曲线向右移动

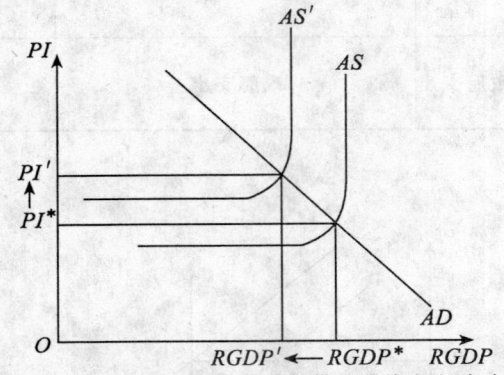

图 8.6　总供给减少，导致总供给曲线向左移动

通货膨胀的原因

需求拉动型通货膨胀
总需求上升所导致的通货膨胀

成本推动型通货膨胀
总供给下降所引发的通货膨胀

正如我们在图 8.3 和图 8.6 中所看到的，价格的增加可能来自需求方面的影响或供给方面的影响。任何导致总需求曲线右移的因素都会使得价格增加，经济学家将此种原因引起的通货膨胀称为**需求拉动型通货膨胀**。任何使得总供给曲线左移的因素也会使得价格增加。经济学家将此种原因造成的通货膨胀称为**成本推动型通货膨胀**。

很多使得总需求曲线向右移动的因素都来自政府方面。如果政府支出增加了或者税收减少了，总需求会增加，会出现需求拉动型通货膨胀。此外，货币政策——政府有关货币供给的决策——总是有意影响着利率。如果该政策的影响是降低利率，作为对利息敏感的消费和投资增加的结果，总需求也会增加。

在整个 20 世纪 60 年代，当林登·约翰逊（Lyndon Johnson）决定同时发动越南战争和国内的反贫困战争之时，很多人都担心会出现需求拉动型通货膨胀。政府支出急剧增加，尽管这一时期的税收也增加了，但通货膨胀还是从 1965 年的 1% 上升到了 1970 年的 6%。

投入品成本对总供给曲线有着重大影响。例如，由于市场行为或立法所导致的工资的增加，会使得总供给曲线向左移动，因而价格会增加。石油类商品价格的增加对总供给曲线具有类似影响。

20 世纪 70 年代末的通货膨胀很大程度上归因于石油价格的增加。石油这种贯穿整个经济生产的重要投入品的价格,从 1973 年的每桶 $ 5.21 增加到 1981 年的每桶 $ 35.15。这使得通货膨胀从 1972 年的 3% 增加到 1980 年第一季度的 18%。

政府如何影响(只是可能而不是控制)经济

在考察总需求和总供给的决定因素时,很显然,政府能以多种方式影响经济。在表 8.1 所列举的总需求 5 个决定因素中,税收、利率、美元的力量以及政府支出就占了其中 4 项,这几项显然都是政府能发挥影响力的领域。在表 8.2 中,投入品价格和政府管制被列为总供给的决定因素。后者显然处于政府的控制之下,政府也可能对前者的某些方面施加影响。

需求面宏观经济学

由于在第 11 章和第 12 章中,我们会提供有关政府的政策制订者如何通过影响需求来影响经济的更多细节,此处只是简单言及。通过提高或降低税收,增加或减少支出,国会和总统能影响总需求,因而能影响价格和产出。同样地,通过提高或降低目标利率,联邦储备委员会也能影响总需求。对小政府而言,它们买卖世界货币的能力也能影响到自身货币的价值。这也是政府领导经济走出萧条的手段之一。发生在 2001 年 1 月和 2003 年夏季之间的利率 13 个点的下降,以及 2001 年和 2003 年照顾子女抵税金额的增加,还有由此产生的税收回扣账目都旨在从需求方面启动经济。

供给面宏观经济学

在 20 世纪 70 年代末期,一种思考政府影响经济能力的新思路开始出现。这一思路的主要思想是,政府的一些政策行为会影响总供给曲线。我们已经看到,政府支出和利率政策影响总需求曲线。图 8.3 和图 8.4 显示了总需求曲线的任何移动要么增加 RGDP 并提高通货膨胀,要么就降低 RGDP 并减少通货膨胀。总供给曲线向右的移动只会产生好的结果:通货膨胀得以降低,RGDP 得以增加。

供给学派经济学
试图通过降低投入成本、放松管理等手段影响总供给,进而对经济施加影响的政府政策

供给学派经济学通过降低投入成本和减少管制来影响总供给。尽管供给学派经济学的倡导者总是提倡改变税收法则,但这些变动并不是必要的。只有里根政府(1981~1989 年)所采取的一些行动才被认为是供给学派经济学的主张:针对企业的减税(投资课税扣除和累积折旧计划)、企图取消管制并放松现有的强制规章,以及对最低工资的否决,这些显然都是供给面的政策。另一方面,对个人的大量减税和更大幅度的国防开支被认为是典型的总需求面的政策。

20 世纪 80 年代最大的供给面影响来自石油价格从每桶 $ 40 下降到不足 $ 10。最近,布什(Bush)总统在 2003 年提出减税以消除公司分红税的方案被认为属于供给经济学。他的出发点是要消除对公司红利的双重征税,同时也刺激企业对能增加生产率的资产进行投资。不论他的逻辑是正确的还是有错误的,2003 年的减税政策并没有消除这一双重税收,尽管它确实降低了资本所得的高额税率,这也是供给经济学的一个目标。

小结

在讨论宏观经济和宏观经济问题时，本章引入了总需求和总供给模型。我们首先单独考察了总需求和总供给，解释了为什么总需求是下斜的。我们还在古典经济学和凯恩斯主义经济学两种不同的观点背景下考察了总供给曲线的形状以及充分就业问题。再将总供给和总需求相结合后，我们就能知道特定的宏观经济变量发生变化会产生什么样的影响。用这种方式我们解释了成本推动型和需求拉动型通货膨胀以及供给经济学的概念。

主要术语

总需求（AD） 需求拉动型通货膨胀
实际货币余额效应 总供给（AS）
国外购买效应 供给经济学
成本推动型通货膨胀 利率效应

你现在可以阅读的问题章节

联邦赤字，盈余和国债（第10章） 财政政策（第11章） 货币政策（第12章）

自我测试

1. 利率决定 AD 的基本原理是
   a. 随着利率的降低，企业会借更多的钱进行投资
   b. 随着利率的降低，消费者会借更多的钱购买耐用品
   c. 对公司来说，当前资本的成本更低了
   d. （a）和（b）
2. 汇率决定 AD 的基本原理是
   a. 随着美元的强劲，出口会下降，AD 会上升
   b. 随着美元的强劲，进口会下降，AD 会上升
   c. 随着美元的疲软，出口会下降，AD 会上升
   d. 随着美元的疲软，进口会下降，AD 会上升
3. 名义利率和实际利率之间的差别在于
   a. 你支付实际利率，贷方得到名义利率
   b. 实际利率是税后的，名义利率是税前的
   c. 名义利率是你等待获得的利率
   d. 实际利率是你考虑通货膨胀之后所得到的
4. 税收的下降会导致
   a. AD 增加（右移）

b. AD 减少（左移）

c. AS 增加（向右下方移动）

d. AS 减少（向左上方移动）

5. 信心的增强会导致

   a. AD 增加（右移）

   b. AD 减少（左移）

   c. AS 增加（向右下方移动）

   d. AS 减少（向左上方移动）

6. 管制的增强会导致

   a. AD 增加（右移）

   b. AD 减少（左移）

   c. AS 增加（向右下方移动）

   d. AS 减少（向左上方移动）

7. 利率效应是下面哪一条曲线向下倾斜的基本原因之一？

   a. 供给曲线

   b. 总需求曲线

   c. 现值曲线

   d. 总供给曲线

8. 定义总需求，然后列出总需求曲线下斜的直观原因并加以解释。

9. 讨论总供给曲线的形状，列出不同形状的原因并加以解释。

10. 画出并表明一个总需求—总供给图形，说明：如果总需求的各个决定因素增加会产生什么影响？如果下降又会有什么影响？对总供给作类似分析。

思考

为什么否决提高最低工资是一项供给面政策？它对需求面有何影响？

讨论

假定政府存在财政盈余（而不是赤字），总需求很高，以至于它的任何进一步的增加都会导致通货膨胀。政府该如何处置多余的钱？

第9章 联邦支出

学习目的

- 理解美国联邦预算的过程
- 了解强制支出——对个体不愿参与的事项进行支出的预算部分——由于不同授权程序和对国债的关注而稳步增长
- 清楚30%的联邦预算是如何几乎等量分配到国内支出和国防上的,只有相对少量用于进行国外援助以及履行对联合国等国际组织的义务
- 清楚如何用边际分析来考察联邦支出
- 区分当前服务和基准预算
- 了解机会成本概念是联邦支出的核心

内容概要

- 初步了解宪法和货币支出
- 运用我们对机会成本的理解
- 运用我们对边际分析的理解
- 未来的预算
- 小结

美国的联邦政府每年要对从福利到国防的各个方面支出2万多亿美元。本章旨在考察政府的货币支出,以及我们如何运用在第1章中引入的机会成本概念来分析政府在公共政策方面的支出。

在分析货币支出之前,我们先要对宪法的相关要求有个初步了解。然后我们讨论强制支出和相机抉择支出之间的差异,以及这两者之间的差额如何随时间而变化。接下来,我们展示了2002年度的预算支出,该预算反映了我们优先考虑的事项,这些年来分配方向的变动也反映了优先项的变动。我们的注意力尤其集中在健康、社会保障和国防支出方面,这3项占据了联邦预算的大部分。我们使用第1章中边际分析的概念来讨论联邦支出的规模,及其在不同项目之间的分配。最后,我们描述了基准预算和当前服务预算,并且利用医疗和国防支出来讨论它们的差别。

正如在图9.1中所看到的,28年来联邦支出占GDP的比重停留在18%和22%之间。由于朝鲜战争,该指标在1952年曾达到最高值,此后由于对社会计划支出的增加,又从1955年的16%上升到1982年的最新峰值22.5%。虽然在里根政府执政期间,它有所下降,但在乔治·赫伯特·沃克·布什(George Herbert Walker Bush)执政期间又开始反弹,因为数十亿美元的钱被政府用来弥补储蓄和贷款方案的失误。当时联邦政府的规模,

按占 GDP 的比重来衡量，已经降低到了 25 年来的最低点，只是在恐怖袭击之后才重新增长。

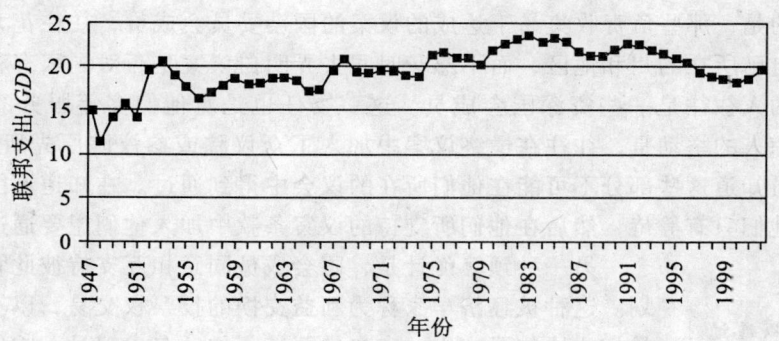

资料来源：http://w3.access.gpo.gov/usbudget/fy2004/maindown.html.

图 9.1 联邦支出占 GDP 的比重

初步了解宪法和货币支出

宪法有何规定

根据美国的宪法，"除根据法律规定的拨款外，不得从国库提取款项"。这意味着，除非国会通过了拨款议案，再经总统批准后，才会有钱花。因而，总统和国会必须就优先支出项达成一致或折中意见，这样国会才会通过总统期望签署的议案。

按照正常程序，总统要在冬末或春初的时候向国会提交预算建议。国会总是以这一建议为蓝本，在此基础上来构建自己的预算方案，以它为基础，来与政府的分支主管机构谈判和协商。只有在双方都对最终预算达成一致意见之后，国会才会批准拨款议案，此时才真的有钱可供预算。

所有这些工作一定要在 10 月 1 日之前完成，因为政府的财政年度从那时开始，并在次年的 9 月 30 日结束（因此 2004 年财政年度始于 2003 年的 10 月 1 日，结束于 2004 年 9 月 30 日）。当议案获得国会通过和总统签署后，它们开始成为法律，此时才有钱可花。否则，就没有钱可供支出。

诡计

这一过程中存在无数的诡计。其中主要是各种小组委员会、委员会主席以及国会议员等人耍的一些花招。拨款小组委员会的主席和全权委员会主席确实能影响所拨款项的支出金额，以及从何处得到这些金额。尽管对医疗保险、公共医疗补助和社会保障等社会保险计划方面的支出不会轻易改变，高速公路和国防支出却是各地方政府而不是联邦政府支出的主要事项。相对于其他人来说，小组委员会，例如负责高速公路支出的小组委员会主席，可以相对容易地为其辖区的桥梁和高速公路的修建等筹措资金。同样地，在国防预算小组委员会和全权委员会主席能够发挥影响力的领域,他们能确保联邦资金在其辖区内使用。近期的历史充斥着武器系统方面的事例,这些武器并不为军队所需要,但由于其生产设施位于国会有权力的成员所属的地区,因而仍然建立了起来。

更糟糕的是,那些负责收集易于达成的议案的国会委员会成员,往往花大量的时间确保钱被划归自己所在的州和地区,而不愿花时间去弄明白议案是否对国家有利。被任命到这些委员会的人往往是一些资深国会成员。这一委任也是对他们多年服务的一种回报方式。国会最惊人的举动是,往往在最终议案中加入了众议院或参议院原先所没有的部分。这些国会成员知道这些部分不可能在他们所在的议会中得到通过。在知道不能通过组委会的情况下,他们只有等待,然后在他们所支持的议案条款中加入他们想要通过的事项。

另一种预算诡计是,国会成员同意相互支持彼此管区的支出计划。这种被经济学家称为**利益交换**的投票权交易,以一种令人瞠目的方式增加了支出。来自佛蒙特州的一名参议员,唆使其同僚宣布尚普兰湖(Lake Champlain)是一个大湖以便使其有资格获得环保计划资助。自 2001 年 9 月 11 日之后,紧急支出方面的立法得到批准,同时还有数十亿美元完全与此无关的事项也得到预算通过。桥梁、公路、大学研究机构以及举行当地庆典的纪念碑这些支出议案也得到增长,这些都与国会成员需要迅速通过立法,以及批准一些无需大量关注的支出有直接关系。

利益交换
互相投赞成票以通过对彼此有利的提案,这些提案并非合乎整个国家的利益

解决分歧

拨款程序很少是顺利的,当控制白宫的政党并不能控制国会时,这一过程更是曲折。当情形如此时,分歧广泛存在,很少能有一方政党在预算方案上大行其道。克林顿政府(Clinton Administration)1994 年财政年度的第一次预算在各院仅以 1 票优势得以通过,尽管两院中的民主党都占多数。在克林顿总统执政的 8 年期间,他只享受过两年这种民主党国会的乐趣。在就职典礼举行后的几个月时间内,乔治·布什(George W. Bush)就失去了参议院的多数,在众议院中也只占有微弱优势。在 2002 年国会选举之后,民主党重新建立了微弱优势地位,2003 年的减税规模不到原来的一半,侧重点也与总统原先设想的大相径庭。究其原因,是因为温和的共和党参议员加入到民主党议员一起,坚持裁减一些条款。在美国近代历史上,总统在国会拥有足够的政党支持和国会的大多数拥护以推行其政策是很罕见的。因此在 20 世纪末的多数时候,通常的情形总是历时漫长的预算辩论。

在国会不通过总统可接受的拨款议案或者通过了总统不想要的议案之时,只存在 4 种选择:
- 国会屈服
- 总统屈服
- 政府功能坍塌
- 国会可提出临时拨款联合决议案并由总统签署

临时拨款联合决议案
国会通过并且经总统签署的法案,允许政府临时按照前一年的方案进行支出

如果有一方妥协,议案会得到通过。除非双方能达成妥协,否则政府的坍塌只会引发一场口舌之争。临时拨款联合决议案中有一条共识就是要让政府继续发挥作用。

特别地,一个**临时拨款联合决议案**也是由国会通过并由总统签署的法案,这一议案使得政府能暂时以前一年的预算模式进行支

出。只要国会没有按时在10月1日期限之前得出最后结果，通常都会发生这种情况。但往往在13项拨款议案中只有一部分需要如此，而且时间上也只持续几周。但是在1983年，共和党的里根总统和民主党的国会之间的分歧如此之大，以至于1984年整个财政年的预算都以临时拨款联合决议案的形式通过。

运用我们对机会成本的理解

美国的联邦预算是机会成本的一个反面教材。无论何时，只要钱用在了一个地方，它就不能在另一个地方得到使用。尽管各个地方都可能花更多的钱，但机会成本还是存在。当钱从纳税人那里拿走之时，他们享受私人消费的能力就下降了。赤字支出也不是没有机会成本的。利息会累加起来在将来支付，用于私人投资的钱会减少。

挤出
政府赤字支出的机会成本是私人投资将会减少

一些经济学家认为政府赤字支出的机会成本是：对联邦政府借入和支出的每1美元来说，这1美元减少了私人投资。如果这些经济学家是正确的，这一叫做**挤出**的现象，是机会成本的一个典型例证：政府不可能通过花钱来让每一个人的状况都改善。在这一过程中，一些人的状况会恶化。另一些经济学家认为挤出并不是全部的，就是说，政府支出的每1美元都会使得私人支出损失不止1美元。不管是哪一种情况，花钱都存在机会成本。

本节的剩余部分描述了在制定支出计划时，国会和总统必须要作的一些选择。

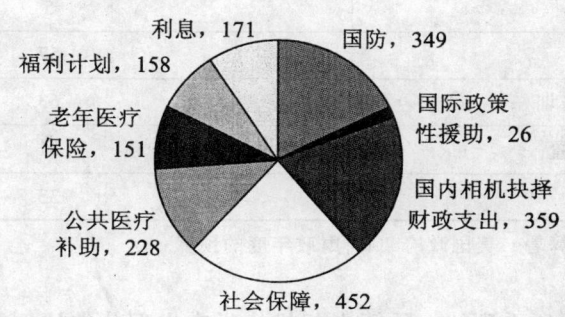

资料来源：美国管理与预算署2004年财政年度的政府预算，参见 http://w3.access.gpo.gov/usbudget/fy2004/maindown.html.

图9.2 2002年财政年度的支出

强制支出与相机抉择支出

强制支出
以前通过的法律中要求支出的预算项目

相机抉择支出
年度拨款议案必须得到通过才能得到经费的预算项目

尽管总统的实际预算提议长达1 000多页，细节不胜其烦，图9.2还是向我们展示了其主要分配。你可以看到，差别最大的地方在于强制支出和相机抉择支出。**强制支出**是以前通过的法律中所要求支出的预算项目，而**相机抉择支出**受限于年度预算决策。例如，当前的法律规定，水管预算的细节如何，人们有权享有某些救助金，这些救助金必须支付。将来的法律可能会推翻现有的一些条款，但当前通过社会保障、医疗保险和医疗补助以及福利等提供的

权利支出

只要人们满足特定的收入和人口标准，他们就有权自动地得到救助的方案

一些救助金已经根深蒂固地植于社会之中，在现实生活中这部分的预算支出是牢不可破的。预算的这四大领域通常被称为**权利支出**，因为人们往往根据贫困程度和年龄有权得到这些钱。权利支出是强制支出的一个部分，它还包括国债的利息支付。

每年还要对国防、助学贷款和法庭等进行拨款。虽然这些预算很少比前一年有大的变动，但拨款议案如果不能获得通过，会对各个领域的操作实施带来重大影响。

有关相机抉择方面的预算主要有三个组成部分：国防、国际政策和国外援助以及其他事项（表9.1中进行了分解）。最容易产生误解也容易引发争议的领域是国际政策。在这一领域 260 亿美元的支出中，有 70 亿美元用于维持政府部门以及其他国家大使馆的运作，还要对联合国和其他国际组织履行会员职责。剩余的 190 亿美元用于其他国家的援助。这笔钱的大约三分之一份额流向埃及和以色列，这是在两者之间达成和平的戴维营协议之后所作的。还有剩余相对小的一部分流入一些欠发达国家。

表 9.1　　　　　　　　非国防性的国内相机抉择支出，2002 年财政年度

国内相机抉择支出的种类	2002 年的支出（亿美元单位）
科学和宇宙	$ 21
自然资源/环境	29
农业	5
运输	57
教育和培训	63
老兵安置	51
司法	33

资料来源：美国管理与预算署，美国政府 2004 财政年度的预算

正如你在图 9.3 中所看到的，预算中相机抉择支出部分的比例已经从 65% 以上下降到了 30% 多一点，而强制支出的比例飞速增加。这使得克林顿总统在 1993 年谴责下面这一事实，即按照当时合法的预算，到 2010 年每年都有必要召集国会，就是否将年度预算削减 10% 进行辩论。现在，随着这些比例的平稳化，这一忧虑已得到缓解。

这样我们又回到了不可回避的"机会成本"概念。每当一项新的救助计划付诸实施，例如针对医疗保险者的处方药覆盖范围，它不仅花费了当前的金钱，而且随着用于其他项目的预算金额变得越来越少，它也会减少国会和总统将来权宜处理的能力。

钱都到哪儿去了

正如你从图 9.1 中所看到的，每年的国防、社会安全、医疗保险和医疗补助以及净利息占 2 万亿美元支出中的 1.35 万亿美元。剩下的部分，要么以贫困家庭临时援助计划（TANF）或食品券等福利形式进行支出，要么是表 9.1 所列的各项小额支出。这些领域的支出中最大的一块是教育部门的教育和培训计划。在用于教育和培训的 630 亿美元支出

第9章 联邦支出　111

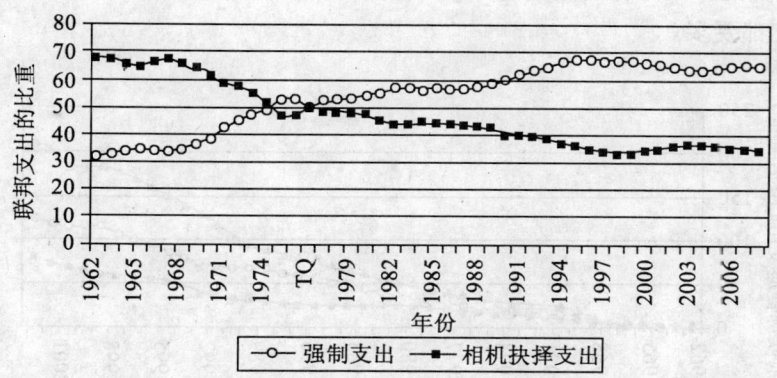

资料来源：美国管理与预算署2004年财政年度政府预算

图9.3　强制支出和相机抉择支出占联邦总支出的比重，1962~2008年

中，430亿美元用于教育贷款、奖学金和联邦政府的半工半读计划，剩余部分用于州和地方政府对小学和初等教育的补充投资。用于退伍老兵的安置（500亿美元）、修建新的高速公路（570亿美元）、联邦司法体系（330亿美元）以及其他项目上的支出金额更少。

图9.4指出，总的支出这些年来发生了很大的改变。联邦预算的一半以上曾经一度用于国防；现在这一比例只占约18%。一度只占预算15%的社会保障支出，现在则达到了23%。净利息支付从不到10%增加到超过15%，只是在20世纪90年代末和21世纪初，由于财政盈余和2001年到2003年的低利率，才下降到不足10%。

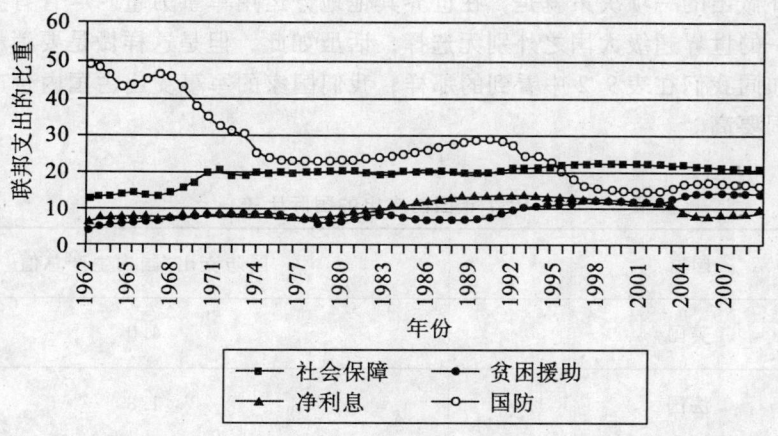

资料来源：美国管理与预算署2004年财政年度政府预算

图9.4　联邦支出的构成

自1970年以来一个显著增加的支出领域是支持保健的联邦支出。正如图9.5中所显示的，在对通货膨胀进行调整后，联邦保健支出在那段时间增长了7倍，这是因为医疗保险和医疗补助急剧增加了。当这些计划在20世纪60年代后期引入时，对它的支出是微不足道的。但在2004年的联邦预算中，用在医疗补助和政府的儿童健康保险计划上的支出

达1 510多亿美元，医疗保险支出达2 280亿美元。两者的总和比社会保障之外的任何其他项目的开支都要多。

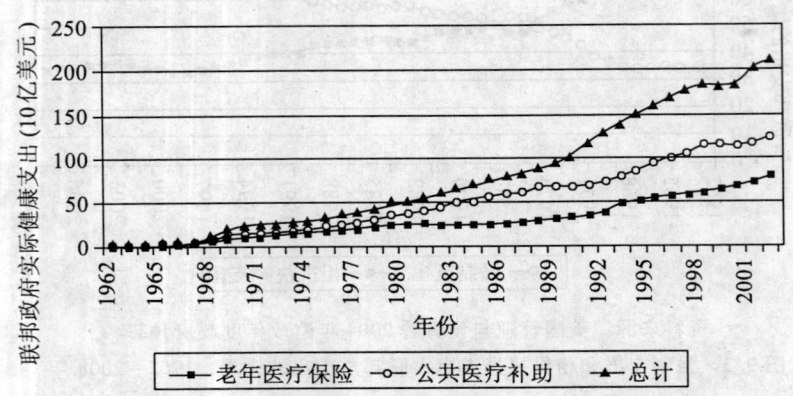

资料来源：美国管理与预算署2004年财政年度政府预算

图9.5　1962~2002年联邦政府的实际健康支出，以1982~1984年的10亿美元价值计

同样，我们要再次面对任何事物都存在权衡取舍这一事实。迄今为止我们所作的权衡明显倾向于救助支出。社会保障、医疗保险、公共医疗补助以及各种福利计划多年来一直推动政府预算不断上涨。包括学生贷款和联邦司法在内，所有的非防卫的国内支出的预算总和都不及一个社会保障计划的预算。我们所做出的确保老年人和残障人士能有一个稳定、可靠收入的决策是有成本的。

我们另外做出的一项决策就是，在世界其他地方运用军事力量。尽管有些人认为我们除了成为唯一的世界超级大国之外别无选择，话虽如此，但是这样做是要消耗资源并有机会成本的。如同我们在表9.2中看到的那样，我们国家的军事支出占国内生产总值的比例比我们的盟国要高。

表9.2　　　　　　　　　　1997年国防支出的国际比较

国家	国防支出/国内生产总值
美国	4.0
法国	1.8
英国	2.4
德国	1.0
日本	1.3

资料来源：世界银行，世界发展指数数据库，2003年4月；国家比较统计数据；美国人口普查，2002年美国统计摘要。

运用我们对边际分析的理解

联邦支出是我们运用边际分析的一个主要领域。我们能够运用这种思考方式讨论联邦政府的支出是太少还是太多，这些支出在各种优先级的支出上面的分配是否合适。回忆一下第 1 章，边际分析就是把一项行动的边际收益与边际成本进行比较。实际上，边际成本就是其自身的机会成本。

联邦政府的规模

在判断联邦政府的适度规模问题上，一个运用边际分析的经济学家会试图决定，额外税款的收益是否会超过私人公民在不被征收此部分税款情况下所能获得的其他收益。一个旨在"民有、民治、民享"的政府应该寻求只征收其边际收益大于或等于边际成本的计划所需要的钱。因此，虽然还不能说我们从 2 万亿美元的税收中得到 2 万亿美元的价值，但我们要能做到从第 2 万亿美元的税收中得到那 1 美元的价值。

联邦支出的分配

如同政府应该通过选择最优规模寻求社会净收益最大化一样，政府也应该确保在不同优先级支出上的分配是最优的。一旦政府的最优规模确定下来，那么花在一个计划上的钱的机会成本就是：该笔钱不能用于其他计划。比如说，建造一艘航空母舰的代价可能是：几名大学生不再能获得扩大学生贷款的权利和贷款额的减少。因此，花在一项成功的可能性不大的计划上的钱可能会被看作是浪费，即使花这样一笔钱是出于好心，并且也不会带来害处，因为这笔钱原本可以花在其他地方而获得更大的效果。

未来的预算

基准预算和当前服务预算

在华盛顿，年度预算辩论充斥着各种争议，主要是由谁来决定、哪些计划该被裁减。比如说，在对 1996 年预算的辩论中，共和党建议医疗保险的支出应该以每年 9% 的速度提高，而不是总统克林顿要求的 14%。由于共和党人的这项计划的另外一面就是广基减税，所以他们被指责是"削减医疗保险支出用以补偿对富人的税收减免"。这种争论是令人苦恼的，因为政治家经常重新定义一些诸如"减免"这样的简单词汇，或者诸如"广基的"这样的简单的短语以符合他们的观点。民主党人要为医疗保险争取更多的钱，而共和党人则要削减这方面的支出，对此进行争论是毫无意义的。而且，共和党人希望在税收上进行与原来该笔税款大致同比例的减税活动，而民主党人则不同意这样做。

如果双方都采用一些直观的、约定俗成的定义，那么这样的争论就会更容易理解。比如说，民主党人经常把"广基减税"定义为一项每人得到相同减税额的计划，但是共和党人则把它定义为每人得到的减税额与其应税收入成比例。共和党人认为大部分的减税额应该流到那些赚了大部分钱的人手中，因为他们缴纳了大部分的税款（参见第 33 章关于个人收入税的内容。）另一方面，民主党人把"广基减税"定义为每个人都得到相似数量的减税额。

基准预算
利用去年的预算数据来制定今年的预算的方法

关于支出削减的语言问题同样是让人烦恼不已的。问题就是，当你陈述一项预算并与其他年度的预算进行比较的时候，应该如何进行比较还是一个有待解决的问题。如果你只是简单地看看上一年度的预算数据，并且把它与今年的预算数据进行比较，那么你就是在使用被称为**基准预算**的方法。如果你的预算支出超过去年的数量，那么预算就是上升的；如果你的预算支出少于去年的数量，那么预算就是下降的。这是一种常识性的方法，也是共和党人通常使用的方法。

但是，该方法遗漏了一个要点，该要点对于民主党维护其利益是非常关键的。他们希望确保对于每个有资格获得政府服务的人，这些服务都是可以得到的，而基准预算将无法保证提供足够的钱。在预算中会被问及的一个合理问题就是，民主党人通常会问："要按去年一样的方式提供这些服务，今年要花多少钱？"这被称为**当前服务预算**。

当前服务预算
利用提供相同服务水平所花费成本的估计进行预算

当前服务预算考虑了诸如总通货膨胀、各特定行业的通货膨胀以及被服务人数上升之类的因素。如果你想保证足够多的钱，在未来提供同样的服务，那么只是根据前几年的基础入手也许是不行的。这在保健领域更甚，因为许多新的、更有效的治疗方法层出不穷。因此问题在于，满足保健旧标准的新支出预算是否足以满足新标准。

运用当前服务预算，克林顿总统借共和党人的"削减医疗保险"计划之机在 1995 年对他们进行了批评，而共和党人则利用基准预算进行反驳说，根本没有削减医疗保险方面的支出。利用技术性定义的专业术语进一步支持自己的立场，两个党派都在说实话。在这种情况下，真理依赖于所设定的标准。如果公认的标准是基准预算，那么共和党人是正确的；如果公认的标准是当前服务预算，那么民主党人是对的。由于标准未能设定，所以他们都是对的，他们也都是错的。

2001 年 9·11 前后的支出

2001 年的 9·11 袭击改变了许多事情，不单单是联邦支出的模式。1999 年，国防支出处于适度增长规模，到 2010 年，该项支出占国内生产总值比例将处于第一次世界大战之后最低点的轨迹上。从 1999 年到 2001 年国防支出每年增长 5.5%。在袭击之前，联邦执法机构得到的支出每年以 4.4% 适度增长。2002 年和 2003 年财政年度，国防支出的年增速是 10.5%。总的来说，除国防、执法的在案预算从恐怖袭击前 4.6% 的增幅增加到之后 7.4% 的增幅。正如我们在图 9.6 中清楚看到的那样，相对于 1999 年的预算而言，对国防、联邦执法以及所有属于这两类的在案预算上的全部支出从 1999 年到 2001 年在稳步增长，但在 2002 年和 2003 年增长步伐加快。

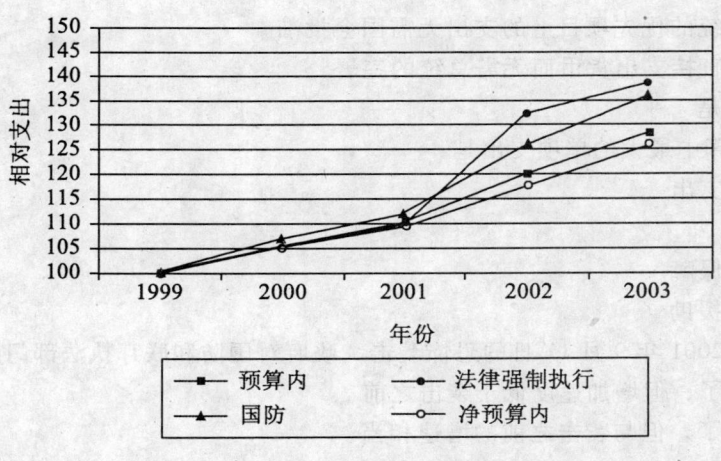

图 9.6 2001 年 9·11 事件对预算的影响

小结

你现在清楚了美国联邦预算的产生程序。你知道按百分比来看,大量且日渐增加的预算部分都用于没有进行年度表决的项目上。你会看到强制支出大多用于社会保障、医疗保险、医疗补助、各种福利计划和债券的利息成本方面。剩余部分几乎等量分配到国内各主要事项和国防开支上。还有相对小的一部分用于进行国外援助或履行对联合国等国际组织的成员义务上。你清楚了当前服务预算和基准预算之间的差别,以及这种差别为什么会成为很多政治争论的核心。更重要的是,你现在理解了机会成本这一概念——选择是有结果的,在一个地方所花的钱不能在另一地方得到使用——这是预算的核心。

主要术语

基准预算	当前服务预算	利益交换
临时拨款联合决议案		相机抉择支出
强制支出	挤出	权利

自我测试

1. 美国宪法规定
   a. 国会和总统必须对支出达成一致意见
   b. 政府活动支出必须通过法律批准
   c. 总统可以根据他或她的优先权支出货币
   d. (a) 和 (b)
2. 临时拨款联合决议案允许

a. 临时拨款只持续特定时期
b. 对总统的优先项目上的支出无需国会批准
c. 国会直接支出货币而无需总统的签署
d. 都不是

3. 联邦预算中最大的单项支出是
   a. 福利支出
   b. 国防
   c. 社会保障
   d. 国际援助

4. 为应对2001年9月11日的恐怖袭击，政府对国防和联邦执法部门的支出
   a. 增加了，但增加速度低于袭击之前
   b. 增加了，但与袭击之前的增速相当
   c. 增加了，而且增速远远快于袭击之前

5. 在使用边际分析来评价政府规模时，经济学家会
   a. 比较2万亿美元的价值是否由2万亿美元的联邦预算所创造
   b. 比较1美元的价值是否由联邦支出的最后1美元所创造
   c. 比较国防支出上的1美元是否比福利支出上的1美元产生更多价值
   d. 比较一般纳税人是否都能从政府那里得到其货币价值

6. 在使用边际分析来评价政府对不同项目的支出分配金额时，经济学家会
   a. 比较两项计划是否值得在其上支出的总金额
   b. 比较两项计划是否值得每位纳税人在上面花费的平均金额
   c. 比较看没有哪个项目我们的生活会改善
   d. 比较看花在1个项目上的1美元是否比另一项目上的1美元更有效率

7. 如果在一个项目上的支出要增加14%才能向该项目的客户代表提供相同水平的政府服务，在支出只增加9%的情况下，这是一种
   a. 削减，如果你使用当前服务预算
   b. 增加，如果你使用基准预算
   c. 增加，如果你使用当前服务预算
   d. （a）和（b）

8. 强制支出包括
   a. 对国债的利息支付
   b. 国防支出
   c. 医疗保险支出
   d. （a）和（c）

9. 国外援助占
   a. 支出的不足10亿美元
   b. 介于200亿美元和250亿美元之间
   c. 比我们在教育贷款、奖学金和工作研究上的支出更多

10. 国防开支的机会成本是

a. 国内方面不再承担某些项目
b. 零，因为我们需要一个强有力的军队
c. 可用来减税的那笔钱
d. （a）和（c）

11. 对联邦支出运用递增机会的概念，当前用于国外援助的钱如果被用于国内能带来的好处：
a. 可能会很大
b. 从国外援助转移到国内支出的第1美元可能比转移的最后1美元具有更大的价值
c. 从国外援助转移到国内支出的第1美元的价值可能更小
d. 可能会很小

思考

电视新闻中经常混淆基准预算和当前服务预算的区别。你认为这一混淆是否重要？例如，1995年共和党的预算将医疗保险从14%减少到9%以应对减税。如果新闻媒体对此的解释是正确的，你认为那些在1996年投票给民主党的人是否会改投共和党？

讨论

对军队的拨款议案提前两年作出是违反宪法规定的，但大多数强制支出都这么做。如果我们通过向军用武器生产商提供长期合同能节省钱的话，这一规定是否应该改变？

进一步阅读

Lee, Ronald, and Jonathan Skinner, "Will Aging Baby Boomers Bust the Federal Budget?" *Journal of Economic Perspectives* 13, no. 1 (Winter 1999).

Lynch, Thomas. *Public Budgeting in the United States.* Englewood Cliffs, NJ: Prentice Hall, 1979.

参考数据

Historical data
  Federal spending 1947-2002
  Mandatory and discretionary spending 1962-2008 est
  Composition of federal spending 1962-2002
  Federal government health spending 1962-2002
    Budget of the United States Government, 2004; Historical Tables
    http://w3.access.gpo.gov/usbudget.fy2004/pdf/hist/pdf
  Fiscal Year 2002

Fiscal year 2002 spending
Nondefense domestic discretionary spending
　　Budget of the United States Government,2004;
　　　　Detailed Functional Tables http://w3. access. gpo. gov/usbudget/fy2004/sheets/fct_2. xls

International Comparisons of Defense Spending,2002
　　Statistical Abstract of the United States;
　　Comparative International Statistics
　　　　http://www. census. gov/prod/2003pubs/02statab/intlstat. pdf
　　World Bank;Data and Statistics
　　　　http://www. worldbank. org/data/databytopic/GDP_PPP. pdf

第 10 章 联邦赤字，盈余和国债

学习目的
- 理解经济学家是如何看待联邦预算赤字、盈余以及国债的。
- 了解联邦赤字常常是由于战争引起的。
- 了解经济学家更加感兴趣的是对赤字和债务给公众所造成负担的精确测度，而非原始数据本身。
- 了解与美国历史或与其他各国相比，美国国债占国内生产总值的比率是相对适度的。
- 了解联邦政府拥有大量的债务。
- 理解经济学家为什么会在美国宪法的平衡预算修正案问题上产生意见分歧。
- 了解债务图表是如何发生重大变化的，以及赤字项目为什么总是存在误差。

内容概要
- 盈余，赤字和债务：定义及历史
- 经济学家如何看待赤字和负债
- 谁是国债的拥有者？
- 平衡预算修正案
- 预测
- 小结

在 20 世纪 80 年代以及 90 年代早期，本章的标题本来应该更简单一些："赤字和国债。"因为在 1998 年以前，赤字是家常便饭，必须向前追溯到 1969 年才能找到一个预算盈余，而且到 1960 年才能看到第二个预算盈余。在 1998 年到 2001 年间，看起来盈余似乎可以持续 10 年以上。但随即发生的 4 件事情却再一次改变了这一预期：2000 年和 2001 年股市戏剧化的下跌，2001 年的衰退和 2002 年过于缓慢的复苏，2001 年以及 2003 年布什的两项大规模减税计划的出台，以及"9·11"事件对军队和国家安全开支的影响。

本章的目的是讨论美国联邦政府的赤字、盈余和国债的历史。在简单地回顾历史之后，我们将讨论导致产生赤字和债务的主要原因。我们将分析经济学家如何看待联邦债务，以及他们如何将目前的债务状况与其他国家和美国过去的债务状况进行比较。当我们研究谁是联邦债务的真正拥有者时，你会惊讶地发现：近四分之一的债务由联邦政府自己拥有。我们讨论了作为一项经济政策，美国宪法的平衡预算修正案是否具有意义。最后，我们考察了管理与预算署以及国会预算办公室对盈余和国债的乐观预测，并将其与其他人作出的消极预测进行了比较。

盈余，赤字和债务：定义及历史

定义

预算赤字
支出大于收入的差额

预算盈余
收入大于支出的差额

国债
联邦政府的负债总额

预算外项目
由国会确定的有别于正常预算的部分。该项目有各自的收入来源，并且有信托基金；例如社会保障、医疗和邮政服务

预算内项目
全部或大部分取决于总收入的预算项目

定义**预算赤字**，**预算盈余**，或者国债应该很简单，但是按照联邦政府记账的方式，它们的定义就不那么简单了。举个例子，假设你在做算术题，得到的税收收入总额大于支出总额就会产生盈余。如果支出超过收入，结果就会是赤字，而债务就是赤字总和减去盈余总和。

问题是，通常的定义并不确切，因为一年的赤字或者盈余是由预算外和预算内的赤字和盈余合并而成。社会保障、医疗以及其他拥有信托基金的预算被视为**预算外项目**，这就使问题更加复杂了。联邦预算中每年运作的，而且没有信托基金的那部分则是**预算内项目**。因此，在1998年，当税收大于支出时，总共有600亿美元的预算盈余。由于赤字在等式中属于预算内的部分，我们还要加上国债。只要存在预算内赤字，就意味着我们有了更多的负债。由于预算外盈余大于预算内赤字，尽管我们的债务在增加，但总预算还是净盈余。

历史

实际上，美国每年并没有实现预算平衡，而最接近严格意义上预算平衡的是1835年的3 800美元赤字。为什么预算不能实现平衡呢？那是因为国会在通过预算时，并不清楚将会有多少钱流入进来。在宪法批准生效之前，美国实行的是联邦条款，独立战争使美国背负了巨额债务（超过7.5亿美元），且无力偿还。事实上，由于在战争期间殖民地议会没有能力征税，支持和赢得这场战争所需要的大部分经费都是通过对外举债获得。在美利坚合众国政府执政的第一个58年里，即从1791年到1849年，出现盈余的年数（36）大于赤字的年数（23），并且在那段时期，政府拥有6 000万美元的净剩余。事实上，美国在1836年就已经还清债务了，而且安德鲁·杰克逊（Andrew Jackson）总统还要求国会向各州拨款。国会盲目地提供拨款达3.7万美元。除了向各州拨款之外的唯一方式是向私人部门投资，而这被认为是不适合的。

美国内战改变了国家不应该发行国债的观念。为了这场战争，美国政府借款20亿美元，即使在战后35年里，出现盈余的年数（21）也超过了出现赤字的年数（14），到1900年，国债仍然维持在20亿美元。事实上，在20世纪前30年里，出现盈余的年数（13）和出现赤字的年数（17）几乎不相上下。但在美国参加第一次世界大战的两年里的赤字是其他年份总盈余的两倍，使得那一时期美国的债务逐渐增长。从第一次世界大战后一直到1930年，也就是大萧条的第一个完整年份，美国出现了最长时间的连续的债务缩减，盈余持续了11年未间断。总的来说，在大萧条之前美国的经济史可以总结为战争支

出产生了负债，战后努力减少债务。

然而，从 1930 年开始，赤字则经常出现，而非偶尔的例外。在 1930 年到 2002 年的 73 年中，美国仅仅有 11 年出现了盈余（20 世纪 40 年代中有 2 年，50 年代有 3 年，60 年代有 2 年，90 年代有 2 年以及 21 世纪初有 2 年），有 62 年出现赤字。同时，这一时期的国债也从 500 亿美元增长到了 62 000 亿美元。经过通货膨胀的调整之后，我们可以比较赤字或盈余在不同年限的相对规模，详见图 10.1。

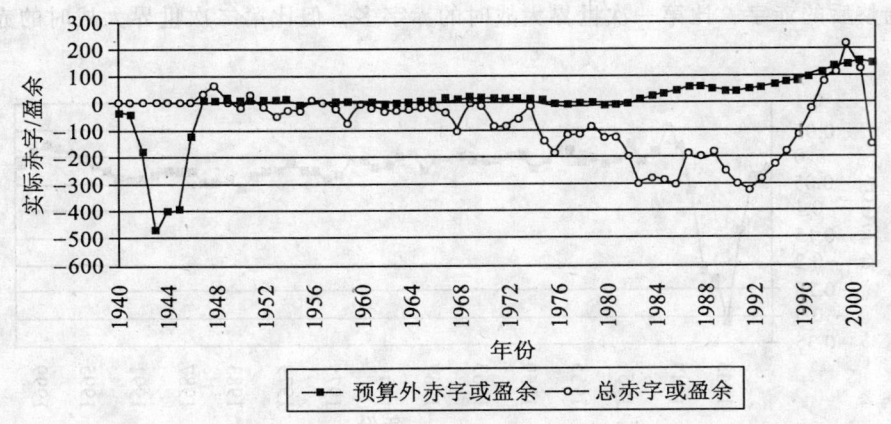

资料来源：美国管理与预算署 2004 财政年度的政府预算，
参见 http://w3.access.gpo.gov/usbudget/fy2004/maindown.html

图 10.1 按 1996 年美元购买力计算的 1940 年以来的总赤字或盈余以及预算外的赤字
或盈余，单位为 10 亿美元。

图 10.1 表示了总预算盈余和赤字以及预算外盈余和赤字之间的区别。回顾一下前面的知识：总预算是预算内与预算外数额的总和。近年来，尤其 1982 年调整了社会保障制度之后，出现了大量的预算外盈余。因为美国政府预期到大多数生育高峰时期出生的人会在 1982 年退休，税收会大量增加，从而对社会保障制度进行了调整。图 10.1 描述的 73 年（疑为 60 年，原文如此）里，除了有 12 年例外，其余年份均出现了预算外盈余，而且其中有 9 年是在 20 世纪 70 年代末到 80 年代初，也就是说是在提高社会保险税之前。社会保障系统的盈余一直是这种状况。预算外盈余掩盖了 20 世纪 80 年代末的预算赤字的严重性，并制造了 90 年代末盈余的假象。仅仅在 1999 年和 2000 年的财政年度里出现了预算内盈余。从那之后，预算内赤字激增，并超过了 4 000 亿美元。

图 10.2 描绘了预算赤字占 GDP 百分比的变化趋势。在图的左边，由于战争支出引起每年出现大量赤字，这一点与 19 世纪的赤字相同。除此之外，所有其他变化都是由大萧条和第二次世界大战引起的，在图 10.1 中用美元度量的 1992 年的预算赤字以及图 10.2 中计算的赤字占 GDP 的百分比，最高一年超过 4 000 亿美元，接近 GDP 的三分之一。

20 世纪 80 年代和 90 年代的赤字是由一系列事件造成的。1981 年罗纳德·里根（Ronald Reagan）总统的执政纲领就是致力于减少联邦政府的支出规模，这意味着他要努力削减联邦所得税。削减税率并且将减税和免税与通货膨胀挂钩①,以此来防止以后增税造成税级攀爬。② 冷战使得政府的国防开支从 1980 年的 1 570 亿美元迅速增长到 1988 年的 3 030 亿美元。所有这些都意味着:从历史上看,赤字预算使得里根总统成功地说服国会削减甚至大幅度减缓国内支出的增长速度。虽然这些预算内项目开支的增长速度的确放慢了,但还是不够慢。此外,与以前相比,社会保障支出和医疗支出的增幅大大加快。虽然收入水平迅速增长,但由于削减了所得税,因此税收的增长速度跟不上支出的增长速度。由于几乎所有预算部门的支出都在增加,但税收增长跟不上来,因此这一阶段经过通货膨胀调整后的赤字,比第一次世界大战时的赤字多,但比第二次世界大战时的赤字少。

资料来源:美国管理与预算署 2004 财政年度的政府预算,
可参见 http://w3.access.gpo.gov/usbudget/fy2004/maindown.html
图 10.2 赤字占 GDP 的百分比:1940~2000 年

和平红利

冷战结束后,节余出来支付给其他优先项目的资金

很多人认为在冷战时期里根总统的防御体系,以及随后的**和平红利**尽管造成了巨额赤字,但依然还是值得投资的。为了支持这一立场,他们宣称:2002 年经过通货膨胀调整后的军费预算比第二次世界大战后的任何一个时期都要少,大约只是 20 世纪 80 年代最高值的一半。如果你承认里根防御体系导致了冷战后美国经济的快速发展,或者承认它至少为此做出了一定贡献,那么虽然它应该为 20 世纪 80 年代的赤字负责,但也不应该比两次世界大战承受更多的批评和指责。

1996 年到 2001 年,严重的赤字有所缓和,因为应税收入增长了将近 50%。其中三分之一的增加源于股票市场的狂飙上涨。从 1991 年到 2000 年,应税资本利得从 1 000 亿多美元增长到 6 300 多亿美元。结果,1992 年近 3 000 亿美元的赤字转变为 2000 年 2 360 亿

---

① 回顾第 6 章的内容,指数化是指根据通货膨胀的水平来调整 1 单位美元的数额。之所以称为指数化是因为它是个指数。在这里是用消费者价格指数进行调整。

② 在发生通货膨胀,而且收入随着通货膨胀增长的情形下,除非税级根据通货膨胀率进行调整,否则即使收入的实际支出水平不变,人们也会将占收入更大百分比的数额拿出来支付所得税,这就叫税级攀爬。

美元的盈余。

2000年初，情况发生了转变。3月股市达到最高点（道琼斯指数达到12 000点，纳斯达克指数达到5 000点），然后就开始了长达两年半之久的下跌（道琼斯指数下跌至7 500点，而纳斯达克指数跌至1 200点）。应税资本利得收入减少了一半以上。在2000年11月的大选中，总统职位之争持续了1个月。到布什（George. W. Bush）上任时，经济正处于衰退期，失业率不断上升。他承诺在2001年春减税，进一步降低税收。最后，9·11袭击导致了政府重建开支以及军队和国防的开支大量增加。到2003年，总预算赤字接近3 000亿美元。

经济学家如何看待赤字和负债

正如你所知道的，经济学家看待事情的方式与大多数人并不一样。从经济学家对赤字和国债的不同看法中，就可见一斑。当非经济学家发现国家支出超过税收收入时，他们认为这是个问题。然而，仅仅只有少数经济学家认为，当前美国的国债会对美国现在以至将来经济的健康发展带来不利影响。这个观点与20世纪90年代初大多数经济学家所持观点有着显著区别，当时赤字很严重并且在不断增加，债务以及利息负担沉重。下面我们将研究为什么在这个问题上经济学家会持有不同的观点。

经常预算和资本预算

经常预算
联邦预算中用于当年使用的商品和服务的支出

资本预算
联邦预算中用于耐用商品的支出

要从经济学家的观点来看问题，首先要考虑债务是由一系列预算赤字随时间累积形成的。接下来你就会发现对预算的估计是完全错误的。它应该被分为**经常预算**和**资本预算**。体积大，价格高，且使用期限长的物品是不应该与联邦政府购买如卫生纸这样的物品以同样的方式记账的。高速公路，水坝和建筑物无疑会存在一段时间，如果我们认为它们在年末就会消失的话，计算它们就没有什么经济意义。

与政府不同，对于如此大额的投资企业通常做资本预算。对耐用品的投资必须确保以后几年的收益要足以弥补对该资产的投资。在易耗品如劳务、纸张以及电话上的支出，则记入经常性预算。只要企业的收入足以弥补经常项目的开支，并且能适当地偿还以前购买资产的费用，那么即使存在较大的负债，我们也可以认为其运营状况良好。如果大公司采用和联邦政府相同的预算方法，那么它们很少会有利润。即使有利润，也比正常情况下要小得多。

将资本预算和经常预算分开计算还存在一个问题：无法明确哪些支出是投资，应该记录到资本预算中，哪些则不是。自由主义的政治家往往将所有的公共开支全部记录到资本预算中。另一方面，保守的政治家则通常会认为应该把所有的军费开支记录到资本预算中。人们可以将某些支出作为未来的投资，将另外一些支出作为现在的支出。这种区分很重要，因为如果把支出过多地记录到经常性预算中，预算就很难平衡。而且，经常预算的平衡更多地是一个带有政治外壳的游戏，而不是立足于基本经济学理论的实践。

周期性赤字和结构性赤字

周期性赤字
经济没有充分就业导致的赤字

结构性赤字
充分就业的状态下的赤字部分

功能财政
预算中用于引导经济走出衰退的部分

经济学家看待赤字不同于其他人的另一个表现是：我们将赤字分为结构性赤字和周期性赤字。在第6章中，我们将失业分为三种——摩擦性失业、周期性失业和结构性失业。这里我们可以如法炮制。我们把由于经济处于非充分就业而导致的赤字称为**周期性赤字**，把即使在充分就业时也存在的赤字称为**结构性赤字**。如果因为经济不景气导致赤字规模很大，那么就是整个经济出现了问题，而非单纯的赤字问题。如果大规模的赤字出现在经济状况相对较好的时候，那么这意味着赤字本身就是个问题。有些经济学家认为在衰退时期，赤字通常能够刺激经济，他们把这种赤字归纳为"一揽子刺激因素"，他们认为这种赤字对经济非常有帮助，并将其称为**功能财政**。

美国债务占 GDP 的百分比

多数经济学家都不把国债看成一个很麻烦的问题，还有其他方面的原因。其中一个原因就是国债占国民收入的百分比并不像过去那么高。从图10.3中，你可以看出国债占GDP的百分比一度超过1，到20世纪90年代初接近0.70，它逐渐趋于稳定，并且在20世纪90年代中期回落到0.60。

国内生产总值表示一国能够提供的所有产品的价值。图10.3表明我们目前处在美国当代历史中的平均值水平。

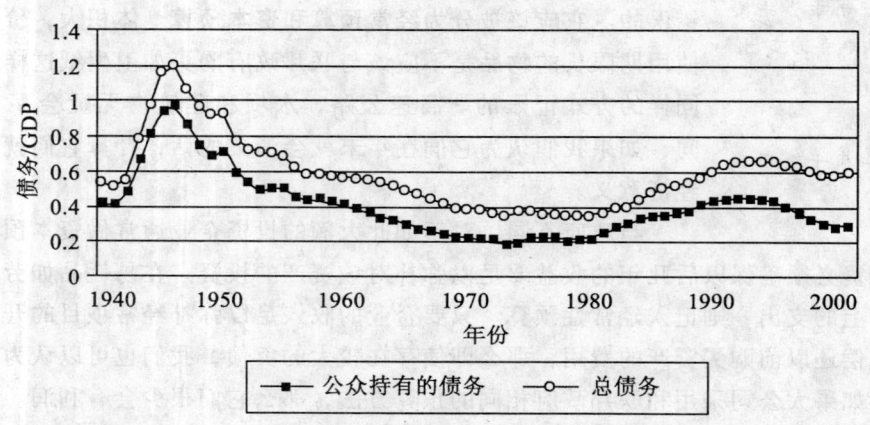

资料来源：美国管理与预算署2004财政年度的政府预算，
参见 http://w3.access.gpo.gov/usbudget/fy2004/maindown.html
图10.3 债务占GDP的百分比：1940~2002年

国际比较

关于当今美国的国债规模是否出轨的问题，存在的争议更加令人关注。如表10.1所示，目前美国债务占 GDP 的百分比也基本符合其他国家的标准。虽然这一比例在 20 世纪 80 年代和 90 年代初增长较快，但目前它低于意大利和加拿大，与德国基本保持一致，仅仅略高于英国。曾作为财政公正性榜样的国家——日本，其国债占 GDP 的比重却从 10.6% 激增至超过了 100%。

表 10.1　　　　　　　　　　总债务占 GDP 比例的国际比较

年份	加拿大	美国	英国	德国	意大利	日本
1970	54.1	44.4	78.0	17.5	38.0	10.6
1975	44.9	42.8	62.1	23.1	57.4	20.2
1980	45.6	39.8	54.5	30.2	58.0	47.9
1985	66.3	53.5	59.4	41.6	82.1	64.2
1990	73.5	60.9	39.1	42.0	103.7	61.4
1995	99.2	68.3	58.9	59.1	123.1	76.0
2000	82.5	57.1	51.2	61.7	115.2	114.1
2001	81.4	54.6	50.7	57.8	108.3	118.6

资料来源：http://www.census.gov/prod/2001pubs/statab/sec30.pdf

代际核算

有些经济学家用完全不同的方式看待赤字或盈余。以阿兰·奥巴哈（Alan Auerbach）和劳伦斯·科特列克沃夫（Laurence Kotlikoff）为代表的经济学家认为：我们应该关注当前政策对于未来世代人的影响即"净税率"，而不是仅仅将赤字看成一个有意义的数字。要理解他们的观点，我们需要回顾第 7 章对资金现值的讨论。这些经济学家认为，如果你将不同代人纳税的现值和他们从政府那里获得的转移支付进行比较，你就能够计算出一个净税率。他们认为这个数字会给未来的年轻人带来不利影响，并使未来几代人面临因 20 世纪 80 年代和 90 年代赤字造成的巨大税负，以及社会保障和医疗保险的救助危机。

谁是国债的拥有者？

谁拥有国家为偿还债务而发行的债券，这是一个很重要的问题。虽然它看起来无关紧要，但你会惊讶地发现美国政府拥有其超过四分之一的债务。可以参见图 10.3 和图 10.4 中分别表示的总债务和公众持有的债务。联邦政府可以通过以下两种方式借款：

1. 联邦储备系统运用联邦债务进行公开市场操作。

2. 联邦信托基金向其他政府部门贷款，从而投入资金。

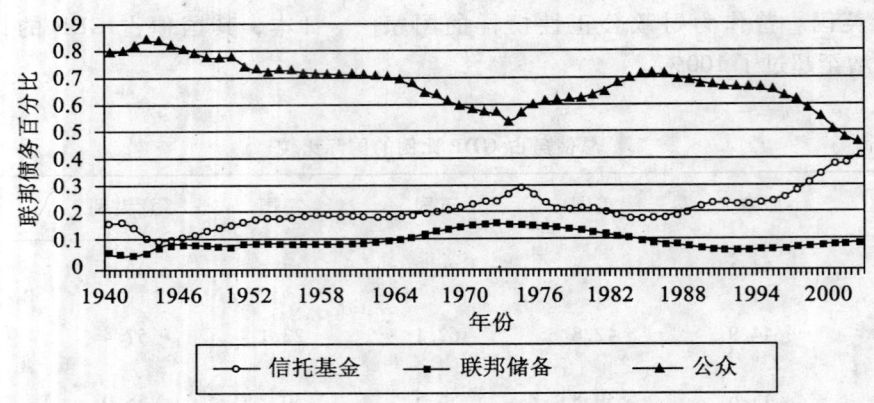

资料来源：美国管理与预算署 2004 财政年度的政府预算，
参见 http://w3.access.gpo.gov/usbudget/fy2004/maindown.html

图 10.4　谁拥有我们的债务？公众、信托基金以及联邦储备系统各自所持债务的百分比。

在第 12 章关于货币政策的论述中，我们会学习到美国联邦储备系统（简称"美联储"或"联储"）有 3 种调节经济的措施：公开市场业务，改变关键利率，以及改变银行准备金率。公开市场业务是美联储在市场上买卖债券的行为。通过买入债券向市场投放资金，或者通过卖出债券收回市场中的资金。由于美联储的任务是保持一般价格水平的稳定，所以它必须稳定地增加货币供给，使其与经济增长同步。这就需要美联储经常买入债券。这样，联邦政府拥有的资金数额就会不断增长。联邦政府向自己借钱，并向自己支付利息，或许你会认为这很可笑，但事实上，20 世纪 90 年代初期，联邦政府正是这样做的。

政府也通过各种信托基金来获得资金，这些信托基金为社会保障、医疗、高速公路、机场和其他较小的政府实体提供资金。法律规定它们只能投资于政府债券。政府债券是最安全的投资，但它们的回报率也相应最低。无论何时，只要某些项目吸引的资金大于其支出，那么多余的部分就会被贷给其他政府部门，政府不必用公开市场操作的方式来获得这笔钱。

从图 10.4 可以看出，如果赤字或债务不能快速增长的话，公众持有的政府债券的数量就会下降。如果赤字或债务增长太快，美联储不会在短期内购买大量债券，因为向市场注入大量资金会导致通货膨胀。只有在出现巨额赤字时，美联储才会将债券出售给公众，这样公众手中的债券数量就会增加。如果赤字数额不大或者出现了盈余，公众手中的债券数量就会下降。可想而知，如果一国多年都保持盈余，那么政府就会自己持有大量的债券。

我们应当记住，大约从 2010 年初开始，社会保障系统所持的债券将不得不卖给公众。因为到那时，社会保障机构支付给社会保障受益人的金额将会超过为其提供资金的税收额。这样形成的债务会转移到财政部，然后再出售给公众。在这段时间内，我们可以预期公众所持债券比重会上升。因为按照我们现在的核算方式，国债不会上升，但是非常重要的一个国债数量,即公众所持债券数量,将会上升。

平衡预算修正案

20世纪后25年中最具争议的问题之一是:我们是否需要修正美国宪法,要求实现平衡预算。经济学家们对此存在两种不同意见,但大多数经济学家并不赞成。他们的理由是缺乏灵活性的修正将会使得原本就低迷的经济更加萧条,因为进行修正会使税收增加,同时支出削减,但此时我们却恰巧需要与此相反的结果。那些持赞同观点的经济学家则认为:20世纪后半叶,政治家的表现说明国会不能实施必要的举措来平衡预算。平衡政府预算是导致较低利率的必要条件,而低利率会促进长期的、以投资为驱动的经济增长。

总供给和总需求模型为反对平衡预算和宪法修正案的人提供了有力的武器。我们曾在第8章详细讲述过该模型,而图10.5左边的图形描述的就是经济衰退时的状况。如果总需求从 AD_1 下降到 AD_2,并且不存在平衡预算的修正,那么将会有两种结果:(1)人们的收入会减少,因此支付的税金也会相应减少。(2)人们会要求更多的政府援助,这样政府支出就会增加。这一切都是在没有通过任何新的法律条款的情况下发生的。这种自动调节的财政政策是由经济系统内在产生的,我们把它称为内在稳定器。内在稳定器将使得总需求有所回升,可能上升到 AD_3。但如果实行平衡预算补偿,内部稳定器就不会再起作用了,总需求曲线也不会上移至 AD_3。如果让这种情况持续的话,衰退就会更加严重。

当然,如图10.5右边的图形所示,也会发生相反的情况。由于公共福利支出和失业补偿金的下降以及税收收入的增加,总需求增加会带来盈余。如果没有平衡预算补偿(它会强迫增加支出或者减少税收),那么总需求会回落到 AD_3。在有平衡预算补偿时,总需求就不会回落,那么经济会更加繁荣。这意味着平衡预算补偿行为是顺周期的,因为平衡预算补偿会使得经济在景气时期更景气,在萧条时期更萧条。这种"繁荣与萧条相互交替"的现象在19世纪经常发生,而避免再次发生此种现象则是第二次世界大战以后经济学界的成就之一。

顺周期
使得经济好的时候更好、坏的时候更坏的情形

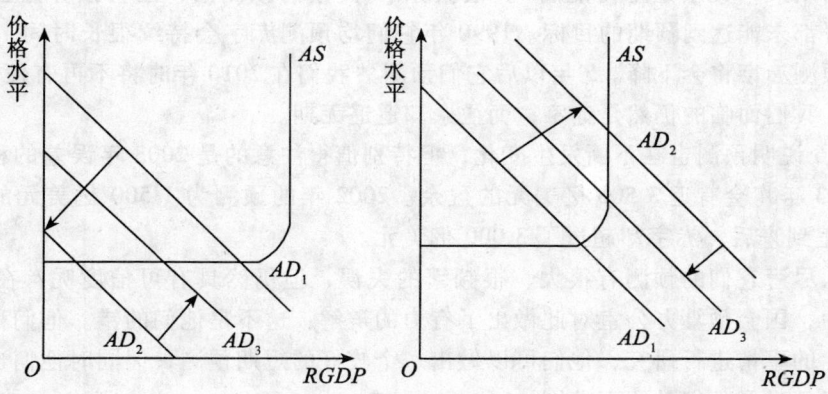

图10.5 内在稳定器的运作

然而，消除联邦借款却对减少利率大有好处，这在某种程度上是对平衡预算最有力的支持。20世纪90年代的经济实践佐证了这样一个观点，即减少赤字将会产生"赤字越低则利率越低"的良性循环。较低的利率能带来诸如促进经济发展、税收增加以及赤字下降等多种好处。然而，在20世纪90年代没有平衡预算修正案却实现上述结果之前，从60年代到90年代初，无论哪个政党执政，巨额的政府借款都很少受到财政约束。

20世纪90年代，共和党和民主党都宣称减少赤字十分重要。不论是在老布什（George Herbert Walker）总统及其民主党议会领导下，还是在克林顿（Clinton）总统及多数共和党议会领导下，两个政党都试图减少赤字。不同的是他们运用的是各自党派的执政哲学。由于联邦政府可贷资金需求下降，使得政府支付的利息减少，所以两党都取得了成功。特别地，在那段时期，抵押贷款的利率是30年以来最低的。低利率也意味着更多的商业投资。最终，美国迎来了自第二次世界大战结束以来最大幅度的赤字下降以及最长时间的稳定发展。

20世纪90年代到21世纪初，不论是平衡预算修正案的支持者还是反对者，都分析了美国州政府的行为。反对者指出：导致美国2002年和2003年财政危机的直接原因就是在制度上要求平衡预算。虽然在这点上美国各州的宪法有所不同，但通常要求支出不超过当年收入与内在储备之和。这实际上要求它们采用周期平衡预算方案，即建立在经济周期基础上的平衡。若采用年度平衡预算则会使国家无法建立储备，也就更谈不上利用储备。平衡预算修正案的支持者则指出：美国大多数州的实行效果很好，到1999年和2000年它们已经建立了充裕的国家储备。如果经济衰退早两年发生，那么绝大多数州将能够抵御这一冲击。不幸的是，2001年发生经济衰退时，那时它们已经浪费了太多储备用在削减税收和增加新的支出上。

预测

鲍勃·游艾克（Bob Uecker）是1989年的一部棒球喜剧电影"大联盟"的扮演者之一，同时也是现实生活中米尔沃基酿酒人队（Milwaukee Brewers）的解说员。他强调棒球比赛以平局结束"几乎是不可能的"。根据赤字/盈余的预测图，国会预算办公室以及管理与预算署都未能达到预期的目标。1990年它们均预测赤字会持续很长时间，1995年它们又分别预测赤字将会下降。5年以后它们预测"我们在2010年时将不再有债务"。两年后的今天，我们面临的仍然是赤字，而盈余却遥遥无期。

图10.6说明预测也在不断发生变化，但特别值得注意的是2003年误差的程度。2000年预测2003年将会有近3 500亿美元的盈余。2002年的预测为1 500亿美元的赤字。当2003年真正到来后，赤字却超过了3 000亿美元。

为什么尽管它们的预测有很大、很频繁的失误，但仍然具有可信度呢？在2003年4月的报告中，国会预算办公室对此做出了有力的辩解：这不是他们的错。他们称通过对一段时期发生的事情进行研究，他们可以做出一个较好的短期预测，但同时他们也指出长期的预测已经超过了他们的职责范围。

我们不妨可以考虑以下这些因素：没人能预见到经济能以20世纪90年代末所预测的两倍的速度发展。没人能预测到这一时期股票市场飞速发展，使得应纳税资本利得收入增

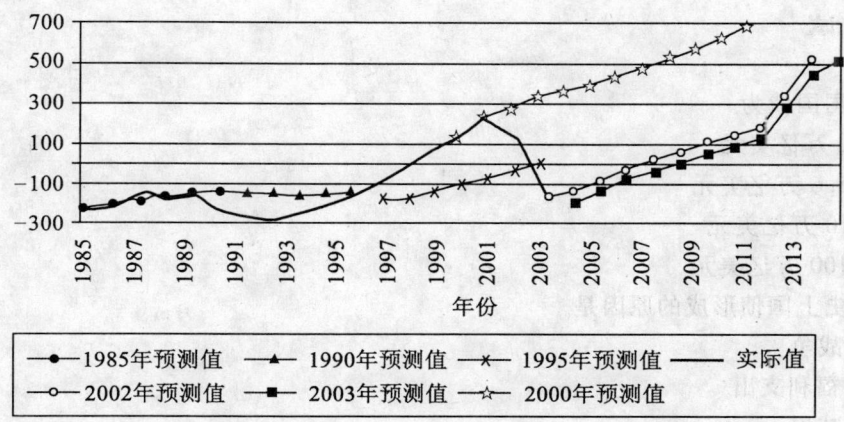

资料来源:"预算与经济展望:更新信息" 1985-2003,见 http://www.cbo.gov

图 10.6 过去对赤字和盈余的预测

加了700%。没人会预料到2000年的大选会给经济带来这么多不确定性因素,从而造成2001年的衰退。1995年也不会有人知道布什会当选总统,并且在2001年和2003年颁布减税条款。他们也一定不会预测到2001年本·拉登会袭击美国,以及美国会在2002年和2003年通过分别发动对阿富汗及伊拉克的战争进行回击。

小结

你现在理解了经济学家是如何看待政府赤字、盈余以及国债的。知道了财政赤字通常由战争引起,经济学家更感兴趣的是对于赤字和债务给公众所造成负担的精确测度,而非原始数据本身。你了解了与美国以往或其他各国相比,美国国债占GDP的比率是相对适度的。你知道了事实上联邦政府自身拥有大量的债务,你也应该理解为什么经济学家对美国国会通过宪法修正案从而实行平衡预算这一问题存在意见分歧。最后,你知道了在1996年到2001年之间,赤字和盈余图表的大幅度变动,原因在于2001年的经济衰退,2001年的9月11日的恐怖袭击,以及美国发动对阿富汗和伊拉克的战争。

主要术语

预算赤字	功能财政	经常预算
预算盈余	国债	和平红利
资本预算	预算外项目	顺周期
周期性赤字	预算内项目	结构性赤字

自我测试

1. 美国国债为
   a. 1 万亿美元
   b. 5.6 万亿美元
   c. 10 万亿美元
   d. 100 万亿美元
2. 历史上国债形成的原因是
   a. 战争
   b. 福利支出
   c. 减税
   d. 外国援助的支出
3. 如果我们使用经常预算,它包括
   a. 食物券计划的成本
   b. 军事用途的燃料成本
   c. 新的政府大楼的成本
   d. (a) 和 (b)
4. 盈余或者较低的赤字一个显著的好处在于
   a. 很少的政府服务
   b. 低利率
   c. 低税收
5. 美国国债相对于它的 GDP
   a. 对经济学家而言惊人的高
   b. 比我们所有的贸易伙伴国都要高
   c. 比我们所有的贸易伙伴国都要低
   d. 比一些贸易伙伴国要高,比另一些贸易伙伴国要低
6. 采用代际核算法的人会认为
   a. 赤字是有好处的,因为它意味着前人给我们留下了更多的货币资金
   b. 赤字是有害的,因为它意味着我们未来的几代人将负担更高的税率
   c. 盈余是有好处的,因为它意味着前人给我们留下了更多的货币资金
   d. 盈余是有害的,因为它意味着我们未来的几代人将负担更高的税率
7. 平衡预算补偿将和经济发展同周期变动,除非
   a. 在经济不景气时用它来减小开支
   b. 在经济不景气时用它来增加税收
   c. 在经济景气时它可以未雨绸缪,筹集资金;经济不景气时再把资金分流出去
   d. (a) 和 (b)

思考

在理解了经济学家的观点之后,你对国债的看法是否有变化?如果有,是怎样的变化?如果没有,为什么?

讨论

哪些支出应记录到经常预算中?哪些支出应记录到资本预算中?
美国应该修改宪法,要求平衡预算吗?

进一步阅读

Journal of Economic Perspectives 10, no. 1 (Winter 1996). See articles by Alan J. Auerbach, Ronald Lee and Jonathan Skinner, and Douglas Bernheim.
Lee, Ronald, and Jonathan Skinner "Will Aging Baby Boomers Bust the Federal Budget?" *Journal of Economic Perspectives* 13, no. 1 (Winter 1999).

参考数据

Total U.S. Off-budget, On-Budget and Total deficit, surplus, debt, debt sources 1940-2002
  Budget of the United States Government, 2004; Historical Tables
    http://w3.access.gpo.gov/usbudget/fy2004/pdf/hist.pdf
U.S. GDP 1940-2002
  Bureau of Economic Analysis
    http://www.bea.gov
International comparisons of gross debt-to-GDP ratios
  Statistical Abstract of the United States; Comparative International Statistics
    http://www.census.gov/prod/2001pubs/statab/sec30.pdf
CBO projections
  Congressional Budget Office; The Budget and Economic Outlook: An Update, Multiple Years
    http://www.cbo.gov

第11章 财政政策

学习目的
- 理解相机抉择和自动调节的财政政策,以及如何运用总供给和总需求模型来描述其作用机制
- 区别总供给冲击和总需求冲击
- 了解相机抉择的财政政策存在很多问题,而自动调节的财政政策则是当今宏观经济系统的中流砥柱

内容概要
- 自动调节的财政政策与相机抉择的财政政策
- 运用财政政策消除"冲击"
- 评价财政政策
- 理论进阶:总供给冲击
- 小结

财政政策
政府有意识地改变支出或税收政策,以调节经济的行为

相机抉择的财政政策
根据经济的不同问题改变政府支出和税收来调节经济运行

自动调节的财政政策
一系列政策的集合,是经济制度的组成部分,用以稳定经济

当你希望政府为经济"做点什么"时,一般指的是**财政政策**,它一度被认为是宏观经济的重要工具。财政政策是政府有意识地改变支出或税收政策,以调节经济的行为。美国的财政政策由国会和总统实施。

财政政策并不仅仅只有一种,实际上有两种。**相机抉择的财政政策**是指根据当时问题的具体情况相应地采取行动。**自动调节的财政政策**是指在经济增长过快或过慢时,市场经济的内部调节机制能够自发地稳定经济。

我们首先介绍相机抉择和自动调节的财政政策,接下来我们会分析自动调节的财政政策的好处,并解释为什么相机抉择的财政政策无法达到相同的效果。在此基础上,我们进一步分析为什么政策制定者多年以来都摒弃相机抉择的财政政策。最后,我们将在相机抉择的财政政策再度兴起的背景下,讨论布什的两次减税政策,尤其是儿童抵减退税问题。

自动调节的财政政策与相机抉择的财政政策

作用机制

自动调节的财政政策和相机抉择的财政政策之间的区别在于：一个是自动的，而另一个不是。例如自动调节的财政政策是政府政策本身能够在经济需要刺激的时候给予刺激，需要抑制的时候进行抑制；而相机抉择的财政政策是指国会和总统采取一些行动，在某一特殊时期刺激或抑制经济。

自动调节的财政政策很早就存在，且一直在发挥作用。每当你升职，或找到一份更好的工作，又或者在股市上大赚了一笔时，政府就会以税收的形式拿走一部分你增加的收入。当你进入了更高的税收等级时，税收对你财产的影响就更加明显。因为你赚的钱越多，你所支付的税金占收入的百分比就会越高。如果你是社会福利的接受者，同时你已经找到了一份工作，那么这种影响就会更大。政府不但不会再给你钱，还会在你的收入中扣除税款。从这两个例子可以看出：自动调节的财政政策的影响会抑制收入的增加。

当然，自动调节的财政政策也会有相反的作用。如果你失业了，或者是降职了，又或者在股市上亏损了一大笔钱，你的税收负担就会下降。如果你失去了工作，开始接受福利救济，那么自动调节的财政政策的影响就会更大。政府不仅不会拿走你的钱，反而会给你钱。这在某种程度上会刺激经济，还能帮助你抵消一部分损失。

由于累进所得税制度，收入增加时，纳税的百分比也相应增加。又因为联邦政府和各州政府会在你需要时提供经济援助，所以自动调节的财政政策总是能发挥稳定经济的作用。不需要人们进行判断——即做出决策——它可以自行发挥作用。因此，它被称为自动调节的财政政策；又因为此调节行为是经济系统内在产生的，所以自动调节的财政政策通常又被称为内在稳定器。

另一方面，相机抉择的财政政策由国会和总统实施。当他们认为需要采取某些举措来刺激或抑制经济时，通常他们会考虑改变税收政策或政府支出政策。从历史来看，通常在经济萧条时运用财政政策刺激经济，但很少用财政政策抑制过热的经济。[1]

过去常常使用的政策措施有减税和投资公共事业，从而为失业者提供工作。如 20 世纪 70 年代中期，杰拉尔德·福特（Gerald Ford）总统试图为每个纳税人减免 50 美元的税收。在大萧条期间，许多失业者都重新就业于公共建设项目，如修建公路、水坝以及桥梁。

在 2000 年竞选活动中，布什总统承诺大范围减税。当选后不久，他指出经济增长将继续减速，并将此作为其减税计划的直接依据。2001 年夏末，减税支票就邮寄了出去。减税额分别为：单身者 300 美元，单身父母 500 美元，已婚夫妇 600 美元，这项减税措施试图刺激 2001 年衰退的经济。2003 年经济未有起色，政府又再次颁布了一个类似的减税计划。为每个儿童减免 400 美元教育支出，支票邮寄给在 2002 年交纳了联邦所得税的

---

[1] 在林登·约翰逊（Lyndon Johnson）总统的任期内，每年增加 10% 的附加所得税。一些人认为这是为了抵御通货膨胀而采取的举措。

父母。

运用总供给和总需求模型来描述财政政策

在研究这两种财政政策的效果时，总供给和总需求模型是很有用的工具。不论是相机抉择的财政政策还是自动调节的财政政策，都会使总需求曲线发生移动。图 11.1 显示了扩张性财政政策的影响，而图 11.2 则显示了紧缩性财政政策的影响。扩张性财政政策的措施，如增加政府支出或者减少税收，都会使得总需求曲线向右移动。紧缩性财政政策的措施，如减少政府支出或增加税收，都会使得总需求曲线向左移动。

关于"财政政策是否会对经济产生实际影响"这一问题存在着广泛的争论。分析这一问题有一个较为简单但却有用的方法，那就是根据经济在总供给曲线中的位置来进行分析。那些认为经济处于曲线垂直部分的人认为：任何扩张性的财政政策都是完全无效的。它只会造成通货膨胀而不会增加产出。

值得注意的是：用于实施扩张性财政政策的资金不会凭空产生。增加政府支出或减少税收收入所产生的缺口，必须通过借债或发行更多的货币来弥补。经济学家不赞成后一种办法，因为它通常会引起通货膨胀。于是，通过借债来弥补财政赤字就成了实行扩张性财政政策的必然结果。

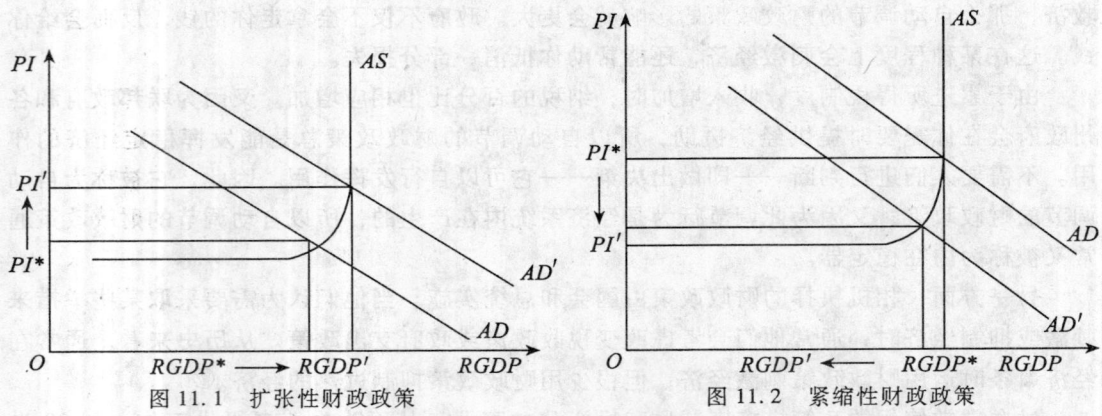

图 11.1　扩张性财政政策　　　　　图 11.2　紧缩性财政政策

运用财政政策消除"冲击"

总需求冲击

冲击
任何未预期到的经济事件

不论是扩张性的还是紧缩性的措施都不是凭空产生的。因为经济中意外的变动常常会使得实际国内生产总值（RGDP）比政策制定者所认为的正常水平更高或更低。图 11.3 和图 11.4 反映的就是这种冲击（也称意外的变动）的影响。我们假设总需求的变动是无法预期的，且以 AD_1 为起点。由于意外的冲击，它移动到了 AD_2。如果总需求的下降导致经济不景气,如图 11.3 所示,总需求曲线会从 AD_1 移动到 AD_2。一部分人会失业,社会福利支出将不得不上升,而税收收入则会下降。如图 11.5 所示,自动调节的财政政策会使总需求曲线适当地回升到 AD_3。扩张性财政政策(要么增加社会福利支出,要么减少税收)则会使总需求曲线完全回升到 AD_1。

如图 11.4 所示,如果过热的经济使总需求曲线产生了一个跳跃,总需求曲线从 AD_1 上升到了 AD_2。人们会找到更好的工作或升职,社会福利支出就会减少,税收收入就会增加。如图 11.6 所示,自动调节的财政政策会使总需求曲线移至 AD_3;紧缩性财政政策(要么减少社会福利支出,要么增加税收)却能够使总需求曲线移至 AD_1。

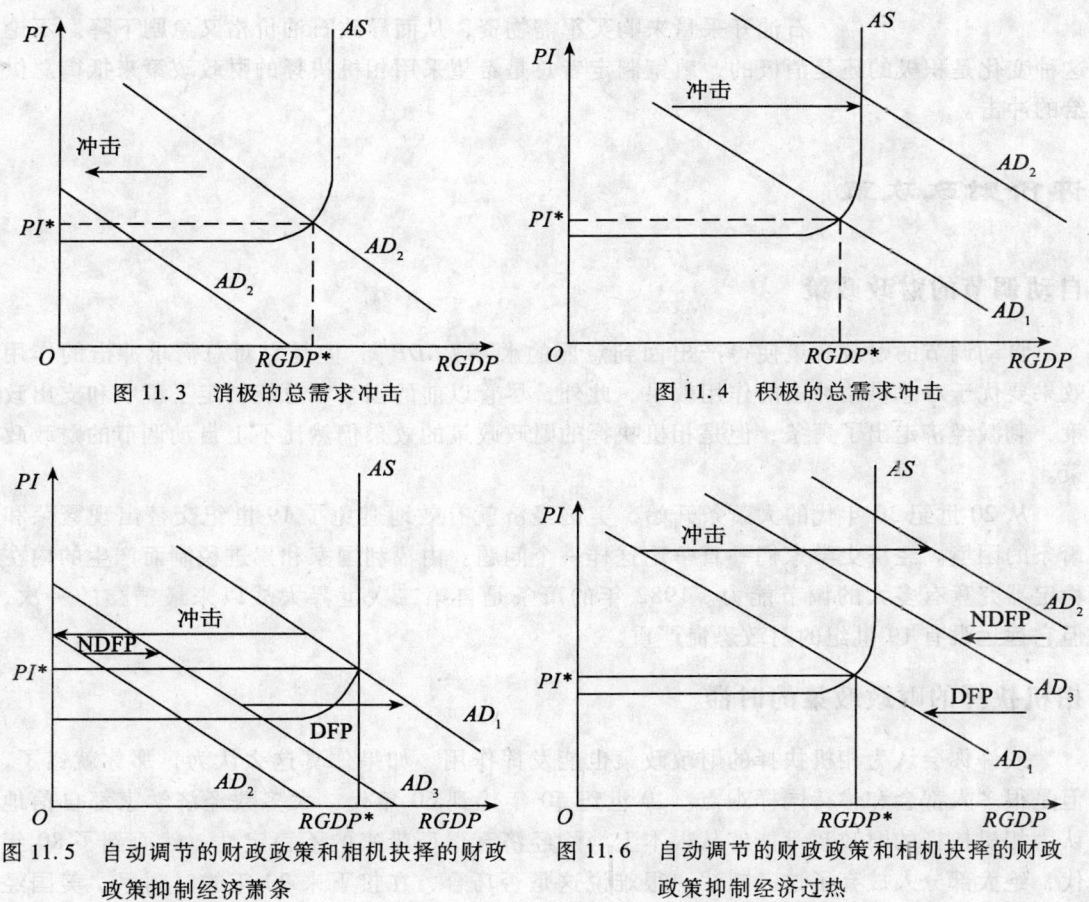

图 11.3 消极的总需求冲击　　　　　图 11.4 积极的总需求冲击

图 11.5 自动调节的财政政策和相机抉择的财政　　图 11.6 自动调节的财政政策和相机抉择的财政
　　　 政策抑制经济萧条　　　　　　　　　　　　　　　政策抑制经济过热

自动调节的财政政策(NDFP)使总需求曲线从朝着 AD_1 的方向回移到 AD_3,而相机抉择的财政政策则使总需求曲线完全移到 AD_1。理论上看,无论经济受到消极的还是积极的需求冲击,政府都能够采用相机抉择的财政政策和自动调节的财政政策使其恢复正常。

我们需要弄清楚的是总需求为什么会发生意外的波动。其原因有很多,都与人们对未来预期的反应有关。如果人们对未来经济的预期很乐观,他们会买车,买家具,总需求曲线就会向右移动。情况若是相反,即人们对未来经济预期不乐观,他们就会延迟对奢侈品

总需求冲击
导致总需求增加或减少的意外事件

的消费,总需求曲线就会左移。想要掌握人们对未来经济的预期并不是件容易的事情,因此大量的、不确定的波动会对经济产生影响。经济学家把这种波动称为**总需求冲击**。

总供给冲击

总供给冲击
导致总供给增加或减少的意外事件

除了总需求冲击外,我们还要解决总供给冲击问题。通常,**总供给冲击与重要的自然资源有关**。众所周知,最近的供给冲击与石油价格有密切关系。如在1973年阿拉伯—以色列战争期间,石油价格急剧上涨;而在伊朗—伊拉克战争期间,由于双方都通过扩大石油开采量来购买军需物资,从而导致石油价格又急剧下降。不论这种变化是积极的还是消极的,政策制定者总是希望采用相机抉择的财政政策来抵御总供给的冲击。

评价财政政策

自动调节的财政政策

自动调节的财政政策使得产出回到意愿的水平 $RGDP^*$,但是它对总需求冲击的作用效果要优于对总供给冲击的作用效果。此外,尽管以前的国会和总统制定了税收和支出政策,刺激经济走出了萧条,但是相机抉择的财政政策的效果仍然比不上自动调节的财政政策。

从20世纪30年代的大萧条开始,美国经济就有效地避免了19世纪交替出现繁荣和萧条的困境。经济史学家们一直争论这样一个问题:由福利国家和累进税制而产生的内在稳定器究竟有多大的调节能力。1982年的萧条是自第二次世界大战以来最糟糕的一次,但它远远没有19世纪的财政恐慌严重。

相机抉择的财政政策的时滞

或许你会认为相机抉择的财政政策也能发挥作用。如果你真这么认为,那你就错了,但是很多人都会和你持同样观点。20世纪50年代到60年代,大多数经济学家都自信地认为相机抉择的财政政策能够从根本上消除经济衰退所带来的不稳定性。然而到了80年代,绝大部分人放弃了这一想法。很难说这是否巧合,在接下来20年的时间里,美国经济发生的萧条次数只是以往的一半。

由于相机抉择的财政政策在20世纪70年代的表现不尽如人意,使得在60年代其过于自信的拥护者在80年代转而彻底地否定它。但根据前面总需求和总供给分析,我们可以清楚地看到:自动调节的财政政策效果正如人们所料,而相机抉择的财政政策却更像是经济学家的幻想。20世纪50年代到60年代,经济学家认为国会能准确掌握刺激经济或抑制经济的尺度,从而使经济回到理想的 RGDP 水平。国会提交议案,由总统签字同意后,就可以实施这项政策。但在实践过程中,它就不能以经济学家们预期的方式发挥作用了。

认识时滞
测度经济状况所花费的时间

行政时滞
国会和总统同意一项行动所花费的时间

操作时滞
政府方案或者税收变动对经济的影响全部发挥出来所花费的时间

相机抉择的财政政策之所以会失效，其原因是财政政策存在认识、行政和操作的时滞。首先，**认识时滞**是指总体的经济特别是RGDP的测度需要经过很长时间。其次，**行政时滞**是指国会和总统通过一项政策措施需要一定时间。最后，**操作时滞**是指政府的福利计划或税收变动需要一段时间才能对经济产生影响。

产生认识时滞的原因在于国内生产总值不能轻易地迅速计算出来。每一季度的GDP是在每个季度结束后不久，先运用预测程序估算出来。接下来，在得到更多数据后，再重新对GDP进行估算。几个月以后，才公布最终的GDP值。所以直到衰退发生的几个月后，我们才能确定经济已经处在衰退中。类似地，在衰退结束的几个月后，我们才知道经济已经走出萧条。在2001年经济萧条期间，认识时滞所造成的问题显得尤为突出。经济衰退在2001年的第一个季度开始，在第三个季度结束，而我们直到2001年秋末才知道经济不景气。由于经济刚刚走出低谷，增长速度很慢，所以直到2003年夏天我们才确认萧条实际上于2001年秋天就结束了。这就意味着当人们清楚地认识到经济萧条时，实际上它早已经过去了，而当人们确认萧条已经过去时，实际上它已经早在一年半以前就结束了。

行政时滞源于美国政府内在的非效率。我们拥有两个立法机构，一项财政政策的议案必须分别得到它们的同意，然后还必须得到总统的批准。总统、白宫、参议院可能会推迟处理或是搁置一项政策。即使是他们马上着手处理这个问题，国会在解决问题时也常常会存在分歧。例如，他们可能都认同了经济不景气，但又会对到底是采用减税还是政府支出的财政政策而争论不休。即使他们取得了一致意见，他们也会争论削减何种税收，谁应该受益，采取何种政府支出才合适，哪个选区应该受益等问题。当然，等他们最终达成共识，时间已经过去大半了。

2003年关于减税所发生的政治争论就是一个很好的例子。布什总统认为需要减税，帮助失业者重新回到工作岗位。他最初提出的减税额是后来通过的减税额的两倍以上，而且两者的侧重点也完全不同。他试图免征公司红利税，削减个人所得税率，以及增加儿童抵税额。

操作时滞是影响财政政策效力的最后一个障碍。即使国会和总统在政策实施的时间和类型上都达成了共识，相机抉择的财政政策也需要几年，至少需要几个月才能对经济产生影响。

如果财政政策采取增加修建高速公路的形式，该项目能增加就业岗位，联邦政府通常不会预先支付全部款项。政府按照工程进度支付款项给工程承包人，而在这样大型的建设项目中，从工程开始到结束要经过很长一段时间。由于税收制度在不断变动，那么合同中大量的资金并不能及时满足经济的需求。然而，2001年和2003年夏的减税支票却表明减税政策能更快地对经济产生影响。在这两次减税中，春末通过减税法律，夏末寄出减税支票。我们并不知道这些钱花费得有多快，但这一定是进一步的经济研究的对象。

财政政策的政治问题

对相机抉择的财政政策的另一个争论是，即使它有效，热衷于竞选的政治家们也并不能恰当地运用它。政治家除了在竞选宣言中会提到采取扩张性财政政策之外，还有一个问题是谁将会是这次政策的受益者。另外，政治家希望再次连任也使问题变得更加复杂。他们往往会在总统选举年扩张经济，以此来证明他们在当选后履行了当初的承诺。

这首先导致了政治动机问题。这些大规模的，政府出资的建设项目是否真正必要是一个问题，资金被用到哪里又是另外一个问题了。例如，波士顿主运输干道的修补（也被称为"大挖掘"）到底是由于纯粹的工程学原因，还是由于议会中某些有影响力的成员住在那里，就存在很大争议。类似地，批评者也指出是政治原因导致了20世纪90年代初绝大部分高速公路都建设在西弗吉尼亚州。民主党致力于使用税收收入，而共和党则倾向于实际建设。1995年至2001年，共和党的大多数领导人以及美国参议院拨款委员会的主席在他们家乡投入了大量的资金。著名的经济学家詹姆士·布坎南（James Buchanan）和其他经济学家们指出：政府支出，特别是以财政政策的名义进行的支出，很容易受到政治动机的影响。

政治商业周期
在选举前为了获得短期利益而采取的、具有政治动机的财政政策

还有一个问题就是**政治商业周期**。它指政治家尤其是总统，在选举前一年的预算中增加支出或者减少税收来繁荣经济，从而使他或是他的党派在选举中再次获胜。表11.1就说明了这种情况，在总统任期内第四年平均增长率均要略高于其上任的第一年。

表 11.1　　　　　　　　　　　　　总统任期内的实际增长率

总统	第一年	第二年	第三年	第四年
杜鲁门	-1.6%	13.4%	5.1%	5.3%
艾森豪维尔 I	0.4	2.7	6.5	1.9
艾森豪维尔 II	0.3	2.3	5.1	0.6
肯尼迪/约翰逊	6.3	4.1	5.2	5.1
约翰逊	8.5	4.4	2.3	5.0
尼克松 I	1.9	-0.1	4.4	7.2
尼克松 II	4.0	-2.1	2.6	4.6
卡特	5.0	6.6	1.4	-0.1
里根 I	1.2	-1.6	7.6	5.6
里根 II	4.0	2.8	4.4	3.7
老布什	2.6	0.5	0.9	4.0
克林顿 I	2.5	4.1	2.2	4.1
克林顿 II	4.3	4.6	5.0	4.1
小布什	0.3	2.4		
平均值	2.8%	3.2%	4.0%	3.9%

数据来源：http://www.bea.doc.gov/bea/dn/gdplev.xls

相机抉择的财政政策的兴起、顿号衰落和复兴

显而易见,在 20 世纪 70 年代,政策制定者已经发现相机抉择的财政政策不能达到稳定经济的目标。时滞问题非常重要,不能忽略,而且 20 世纪 70 年代的经济萧条持续的时间非常短暂,以至于政府无法及时发现,及时制定政策,扩大支出来有效地控制它。

尽管对相机抉择的财政政策的有效性存在诸多顾虑,但它还是被用来支持一些特别项目。1993 年,克林顿总统就曾利用它来支持一个 160 亿美元的投资项目。批评者则极力反对其议案,他们认为美国经济已经走出了萧条,并且萧条的规模很小,不会对经济产生影响。

另外一个意外的巧合却使得相机抉择的财政政策再度兴起。当 2001 年 5 月通过布什总统的减税议案时,我们并不知道美国经济已经处于萧条之中。此外,该措施并非对未来减税,而是从年初开始减税。同时,随即寄出了退税支票,而不是等到纳税人在 2002 年提交了纳税表格后才寄出退税支票。2001 年的 8 月和 9 月,这些支票已经陆续到达纳税人手中,9 月 11 号恐怖袭击发生的时候,这些退税支票已经全部发放下云了。幸运的是,伴随着一系列利率的下降,这些减税政策碰巧在需要刺激的时候促进了经济的发展。

因为 2003 年初,美国经济恢复比较缓慢,布什总统又提出了另一个减税计划。该计划并没有全部获得通过,不过其被通过的部分与 2001 年的减税内容大致相同。2003 年夏末,减税支票又一次被送到纳税人的邮箱中。

经济学家是否能证明这种复兴的财政政策有效,还需拭目以待。我们无法得知的另一个问题就是:税收减免到底应该被看作政策制定者的失误,还是他们手中的一个新工具。

理论进阶:总供给冲击

在图 11.7 和 11.8 中,我们把 AS_1 和 AD_1 的交点作为起点,这样价格水平为 PI^*,产出水平为 $RGDP^*$。假设冲击使得总供给移到了 AS_2。如图 11.7 所示,如果该供给冲击是消极的,使得投入品价格急剧上涨,随着 $RGDP^*$ 的下降,人们也会失业。自动调节的财政政策此时就会发生作用,因为失业意味着社会福利支出的增加和税收的减少。这样就会导致总需求向右移动至 AD_2。如果总统和国会想进一步采用相机抉择的财政政策,让产出水平回到 $RGDP^*$,他们就只有减税或是增加福利支出。问题是冲击本身和自动调节的财政政策已经导致了很严重的通货膨胀,而相机抉择的财政政策只会使问题变得更严重。

另一方面,如图 11.8 所示,如果供给冲击使得投入品价格下降,产出会增加。自动调节的财政政策就表现为税收收入增加和社会福利支出减少。这时总需求就会下降到 AD_2。在这种情况下不需要采取相机抉择的财政政策,因为即使存在冲击,也是有利的冲击。不论是冲击还是自动调节的财政政策都会缩小通货膨胀。

小结

现在你掌握了相机抉择的财政政策和自动调节的财政政策之间的区别,以及如何运用总供给和总需求模型来描述其作用机制。你还理解了可以运用不同的政策来消除总需求和

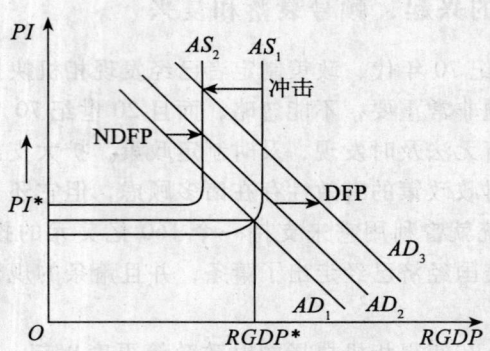

图 11.7 伴随消极的总供给冲击所产生的自动调节的财政政策与相机抉择的财政政策

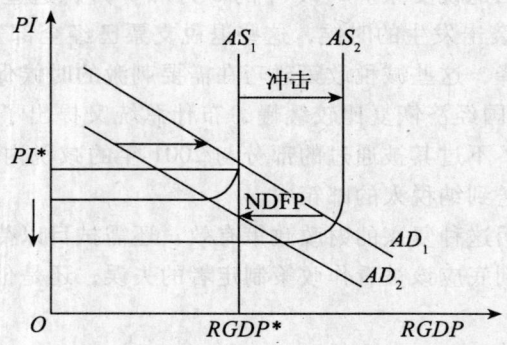

图 11.8 伴随积极的总供给冲击所产生的自动调节的财政政策与相机抉择的财政政策

总供给的冲击。虽然相机抉择的财政政策存在很多问题，但最近又再度盛行起来。不管怎样，自动调节的财政政策仍然是当今宏观经济系统的中流砥柱。

主要术语

行政时滞　　　　　　　财政政策　　　　　　　政治商业周期
总需求冲击　　　　　　自动调节的财政政策　　认识时滞
总供给冲击　　　　　　操作时滞　　　　　　　冲击
相机抉择的财政政策

自我测试

1. 自动调节的财政政策
   a. 是国会和总统有意识地调节经济的行为
   b. 利用税收和福利政策以不断增加 RGDP

c. 利用税收和福利政策来加强 RGDP 的变动
   d. 利用税收和福利政策来消除 RGDP 的变动
2. 相机抉择的财政政策
   a. 它是国会和总统有意识地调节经济的行为
   b. 利用税收和福利政策以不断增加 RGDP
   c. 利用税收和福利政策来加强 RGDP 的变动
   d. 利用税收和福利政策来消除 RGDP 的变动
3. 因为我们拥有_____和_____，所以我们有自动调节的财政政策
   a. 国防，财产税
   b. 国会，总统
   c. 累进税，福利制度
   d. 民主党，共和党
4. 下面哪个（些）是扩张性财政政策的例子？
   a. 增加国防支出
   b. 增加税收
   c. 增加道路建设
   d. （a）和（c）
5. 下面哪个（些）是紧缩性财政政策的例子？
   a. 增加国防支出
   b. 增加税收
   c. 增加道路建设
   d. （a）和（c）
6. 相机抉择的财政政策的操作时滞是指
   a. 当我们正处在经济不景气时，我们并不知道
   b. 国会和总统通过一项政府支出或税收计划需要花费一定时间
   c. 一个项目从实施到对经济产生影响需要一定时间
   d. 我们还没有定义什么是不景气
7. 油价上涨
   a. 是供给冲击
   b. 是需求冲击
   c. 利用相机抉择的财政政策能够有效地控制其影响
   d. 对宏观经济没有影响
8. 对经济萧条的担忧可能会自我实现，因为
   a. 它是总供给冲击
   b. 它是总需求冲击
   c. 不能依靠自动调节的财政政策来消除其影响
   d. （a）和（b）
9. 政治家希望再次连任从而导致 GDP 的变动，这一现象称为
   a. 商业周期

b. 政治商业周期
c. 营运商业周期
d. 腐败的商业周期
10. 画一个总供给—总需求的图形来说明用财政政策很难控制油价上涨。

思考

在你所在的城市里，相机抉择的财政政策应该进行哪些项目（公路或者桥梁工程，学校或者公园建设等）？

讨论

如果相机抉择的财政政策存在三个时滞（认识、行政和操作时滞），那么联邦政府是应该袖手旁观，什么都不做，还是继续使用它？

如果经济不景气是由供给冲击造成的，那么国会和总统是否应该使用相机抉择的财政政策？这样做的代价是什么？

进一步阅读

Journal of Economic Perspectives 14, no. 3 (Summer 2000). See articles written by Alberto Alesina, John B. Taylor, Alan Auerbach and Daniel Feenberg, and Douglas Elmendorf and Louise Sheiner.

Any textbook entitled *Intermediate Macroeconomics* will have a chapter on fiscal policy.

参考数据

Gross Domestic Product
    US Bureau of Economic Analysis; Gross Domestic Product; Historical Data
        http://www.bea.doc.gov/bea/dn/gdplev.xls
Early Estimates of GDP
    US Bureau of Economic Analysis; News Release
        http://www.bea.gov/bea/rels.htm

第12章 货币政策

学习目的
- 理解美联储的作用
- 认识到联邦储备系统的首要任务是维持宏观经济的稳定,但控制通货膨胀已经成为衡量其成效的一种方法
- 理解货币政策的工具及其运作过程,并且能将这些知识运用到总供给—总需求模型中去
- 了解货币政策的近期历史是怎样塑造了美联储当前对于通货膨胀的关注
- 理解重视通货膨胀的思想已经成为经济学家争论的主题

内容概要
- 目标,工具和货币政策模型
- 中央银行的独立性
- 现代货币政策
- 小结

　　美国联邦储备系统(通常被称为美联储或联储)在美国和世界其他国家的经济中的作用很重要,也很神秘。我们日常生活中最重要的部分由美联储的高级官员所掌控。美联储成立于1913年,当初是为了应付19世纪末20世纪初金融界的波动。现在它已经成为一个政府机构,与政府的三大分支机构一样,在人们生活起着非常重要的作用。美联储主席在几个小时里,就能够使股价波动5%,从而引起抵押借款利率上涨或下跌足足一个百分点,而且美联储主席可以采取一系列措施,使失业率上升或下降一个百分点甚至更多。美联储主席进行这些决策时无需得到总统的许可,甚至无需与总统商量。幸运的是,由总统任命、参议院批准的美联储主席们都具有无可挑剔的个性。即使他们的个人智慧在某些方面有所欠缺,但是在这个政府领域中细微迹象的腐败行为,都将对世界金融市场,进而对整个世界经济带来极大的破坏性。

　　我们首先讨论货币政策的目标和工具。我们分析了它存在的原因以及为什么在政治风波中,货币政策保持独立非常重要。接下来,我们要回顾运用货币政策的历史。最后,我们重点讨论通货膨胀,这个问题非常重要,而且仍存在争议。美联储在20世纪90年代保持缓慢增长以抵御潜在通货膨胀的政策是审慎的政策,还是没有必要这么做呢?

目标、工具和货币政策模型

货币政策目标

联邦储备系统最重要的历史使命是调控银行和其他金融机构，来防止经济交替过程中出现过度繁荣和萧条。虽然调节经济的繁荣和萧条仍然是美联储的重要任务，但其运行机制已经发生了巨大变化。起先，美联储仅仅只需保证金融机构的合理健全，现在美联储还直接控制利率，改变着银行、企业和消费者的借款习惯。

货币政策工具

美联储的政策工具分别为：直接买卖政府债券，改变银行从联储的借款利率，改变所有银行在其所在地联储的存款准备金比例。①

货币总量
经济中货币数量的测度

M1
现金 + 铸币 + 支票账户

M2
M1 + 储蓄账户 + 小额存单

M3
M2 + 大额存单

联邦基金利率
为满足准备金要求，银行间拆借的利率

公开市场业务
中央银行买卖债券，进而增加或减少货币供给，从而对利率施加影响的行为

美联储运用这些工具将其"目标变量"保持在设定的范围之内。美联储的目标变量可以是关键利率（通常是联邦基金利率），也可以是**货币总量**——经济中的货币数量。货币总量由以下 3 种资产构成：M1——现金和支票账户；M2——M1，储蓄账户，加上小额存款存单；M3——M2，加上大额存款存单。

以下是过去美联储的运作过程：20 世纪 70 年代的目标变量是**联邦基金利率**——为满足准备金要求，银行间同业拆借的利率。20 世纪 70 年代末，通货膨胀不断升温，事实证明调节联邦基金利率对此无能为力。要保持利率处于较低水平，就需要不断增加货币供给量。但随着更多的货币追逐有限的商品，通货膨胀会更加严重。这会导致利率上升而不是下降。1979 年 10 月，由于通货膨胀率持续上升，美联储放弃了联邦基金利率，而代之以货币总量 M2 作为其目标变量。M2 是所有流通中的纸币和铸币，加上可取得的支票账户的总额，再加上小额短期存单的总和。由于 M2 不稳定且很难调控，直到 1982 年夏，通货膨胀才有所缓解。因此，美联储又重新以联邦基金利率作为目标变量。

无论以哪个变量作为目标变量，美联储日常使用的工具是**公开市场业务**。公开市场业务是指美联储买卖政府债券。美联储拥有约 5 000 亿美元的政府债券。当它想减少流通中的货币时，它就出售一部分债券，当它想增加流通中的货币时，它就会买进债券。

公开市场业务通过影响可贷资金的供给，来影响利率。图 12.1 的左边表示如果联储买进债券，银行和其他金融机构的可贷资金数量就会增加。可贷资金供给量的增加又会降低利率。联储也

---

① 美国有 12 家地区联邦储备银行，分别位于波斯顿、纽约、费城、列治文、亚特兰大、克里夫兰、圣路易、堪萨斯、芝加哥、达拉斯、明尼亚波利斯和旧金山。

可以进行反方向操作，从而提高利率。图 12.2 的左边表示当联储出售债券以提高利率时会发生的情形。当联储降低可贷资金的供给时，就能提高利率水平。

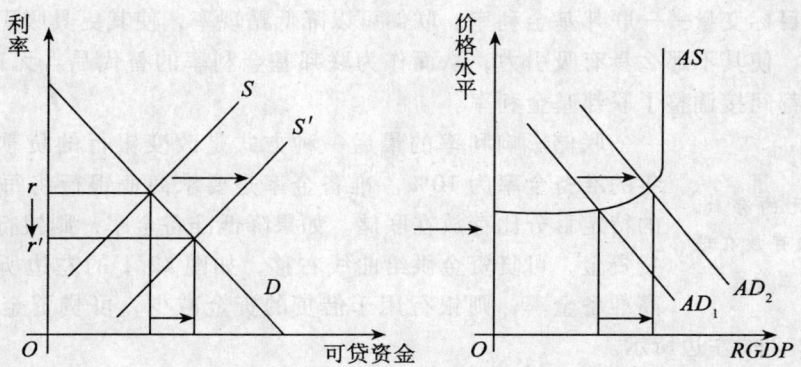

图 12.1　扩张性的货币政策：购买债券，降低贴现率，或者降低准备金率

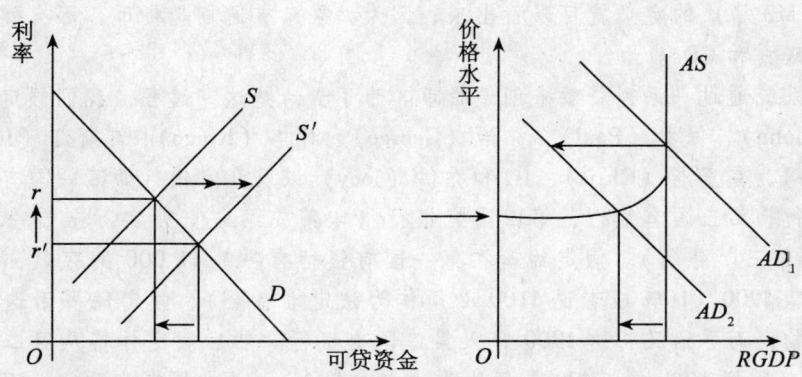

图 12.2　紧缩性的货币政策：出售债券，提高贴现率或者提高准备金率

因为联邦基金利率由银行间的市场力量决定，而不是由美联储直接决定，联储能够影响利率的方法就是增加或减少可贷基金的供给量。其原理是这一行为可以间接影响联邦基金利率。可贷资金数量与银行间同业拆借利率则有密切的联系，因此，这个方法能够起到良好的效果。

如果只需进行小幅度调整，公开市场业务不失为一个相当好的政策工具。但从另一方面看，如果需要调整 0.5 个百分点或者更多的话，就必须还要使用其他货币政策工具。**贴现率**（商业银行向联储借款的利率）就是这样一个工具。商业银行可以直接向联储借款，通常是向联储出售它们的贷款。联储利用贴现率来计算它需要支付多少金额来购买贷款。

贴现率
联储贷款给银行的利率

如果联储不能使得贴现率接近联邦基金利率，那么银行要么会完全避免从联储借款，要么会向联储过多地借贷资金。这取决于贴现率相对于联邦基金利率是过高还是过低。由于向联储借款有一个额外的心理成本,因此贴现率通常比联邦基金利率低 0.5 个百分点。如果商业银行在短期内借入大量资金,联储主管银行的官员就会认为这是由于银行管理不善造成的。然后,银行将会承受旷日持久的麻烦的审计风险。另一方面,联储可以运用贴现率来影响目标变量——联邦基金利率。联储可以降低贴现率,使其更具吸引力,也可以提高贴现率,使其不那么具有吸引力,从而作为联邦基金利率的替代品。无论哪种选择,调整贴现率都间接调整了联邦基金利率。

准备金率
对于每 1 美元的存款,商业银行必须存放在联邦储备银行的百分比

联储影响利率的最后一种方式是改变银行的贷款比例。2000 年的**准备金率**为 10%。准备金率是要求商业银行将每 1 美元存款的特定百分比存放在联储。如果降低准备金率,则银行有更多的可贷资金,可贷资金供给曲线右移,如图 12.1 的左边所示;如果提高准备金率,则银行用于借贷的资金减少,可贷资金供给曲线左移,如图 12.2 的左边所示。

货币创造

按照惯例,经济学家会为经济学专业和商学专业的学生讲授"货币创造"的概念。除了铸币和现金之外,银行系统能够创造出更多其他形式的货币,这点从货币总量(M1,M2 等)的定义就可以看出来,因为如果只有通货是货币,那么就没有必要增加支票账户和 CDs。

银行系统通过一系列贷款来创造货币。为了弄清楚这一过程,我们假定有几个人如约翰(John)、保罗(Paul)、乔治(George)、林格(Ringo)、贾斯汀(Justin)、兰斯(Lance)、克里斯(Chris)、JC 和乔伊(Joey)以及几家银行如第一国有银行、第二国有银行、第三国有银行、第四国有银行(印第安纳波里斯实际上有一个银行叫做"第五-第三"银行)。假定约翰在第一国有银行有一笔 $1 000 的存款,而该银行向保罗贷款 $900(10% 或者说 $100 必须作为法定准备金)。假定保罗用这笔钱从乔治那儿购物,而乔治又将这 $900 存入第二国有银行。然后假定林格从第二国有银行借入 $810(同样 10% 或者 $90 必须作为法定准备金),并向贾斯汀购物,而贾斯汀将这笔钱存放在第三国有银行。接下来,兰斯从第三国有银行借入 $729(10% 或者 $81 必须作为法定准备金)向克里斯购物,并且克里斯将这笔钱存入第四国有银行……于是你发现问题的核心——此过程可以一直继续下去。最后,存款总数由初始的 $1 000 达到总计 $10 000($1 000 + $900 + $810 + $729 + …)。

货币政策的模型化

货币政策对整体经济的影响可见图 12.1 和图 12.2 右半部分。正如你在第 8 章中所看到的那样,利率是总需求的一个决定因素。利率之所以能对总需求产生影响,原因在于当利率较低时,投资者希望能借更多的钱购买机器设备。另外,消费者更愿意在利率较低时购买贵重的耐用商品,比如轿车和家具。对于支付现金的人来说,利率降低对需求的影响是间接的,因为他们将钱从银行取出来购买商品,只牺牲了较少的利息收入。由于利率较低,那些得到新的款项的购车者更可能买车,而且更可能购买一辆较高档、较昂贵的车。

放松货币供给,降低联邦基金利率或贴现率使得商业银行能够发放更多的贷款。只有

降低普通借款人的贷款利率,银行才能发放出更多的贷款。如图12.1右半部分所示,利率的降低会增加投资以及对利率敏感的消费,从而引起总需求曲线的上升。如果紧缩货币供给的话,就会出现完全相反的情形。如图12.2右半部分所示,银行可贷资金减少了,它们可以向普通借款人提高利率。提高利率又导致投资和对利率敏感的消费的减少。这反过来又将引起总需求下降。

需要注意的是,经济学家们对货币政策的有效性,尤其是货币政策的长期有效性并没有形成一致意见。有些经济学家对联储是否有能力改变短期经济心存怀疑。对于在长期中,联储通过持续增加货币供给来增加产量,就更加没有信心了。产生怀疑的根本原因在于投资者会将货币供给的连续增加作为一个考虑因素,他们会预期这种货币政策将导致严重的通货膨胀。因此,尽管看上去联邦储备好像能够按照图12.1不断促进经济的长期快速增长,但是仅有为数不多的经济学家相信联储具备这种能力。所以,图12.1和图12.2仅在短期有效。

中央银行的独立性

联储对经济的操纵力是巨大的,因为它能做它自认为最合适的决策,而不用担心有人提出反对意见。它独立于政府,这赋予它令人敬畏的力量和正确使用这种权力的责任心。联储如此独立,以至于治理通货膨胀时能够减缓经济增长速度,甚至使经济衰退。然而,经济学家们大多认为联储应该独立于政府,以便采取必要的行动治理通货膨胀。20世纪后半叶的国际经验为此提供了有力的证据。

货币的作用

想像一下没有货币的世界。你可能认为那是个乌托邦,同时也会给人们带来很多不便之处。货币使我们能够将自己的商品或服务拿到市场上交换,换回我们想要的商品或服务。如果没有货币的话,我们就必须进行物物交换。作为一种交易媒介,货币可使我们避免这些麻烦。

货币也可以保值。假定你提供的商品遭到了损坏,如果你在短期内找不到拥有你想要商品的人和想要你商品的人,你的商品就无价值了。有货币的话,你就可以出售你的商品而持有现金,直到你找到想购买的商品为止。

长期经济增长要求金融市场给投资者投资该国货币有信心,相信该国货币不会因为过度的通货膨胀而贬值。当人们担心发生通货膨胀时,利率就会上升。利率升高会使得投资成本上升。因为只有存在未来投资,经济才会增长,而长期增长则取决于是否存在可信赖的货币当局。顺便说一下,货币当局是类似联储的机构的总称。如果它从未因潜在的不受欢迎的政策而犹豫不决,那么由政府控制的货币当局也值得信赖。然而经验告诉我们,这是不可能的。因为与那些没有独立货币当局的国家相比较,那些有独立货币当局的国家的通货膨胀率较低,利率较低,实际增长率较高。美国、德国、瑞士、日本、加拿大和荷兰拥有独立货币当局,而西班牙、意大利没有独立的货币当局。为了经济的稳定性,我们愿意承受独立货币当局带来的风险。

我们不妨来回顾一个历史插曲,议会仅仅通过一项法律,就重新获得了对联储的控制权。美国宪法第 8 节第 1 个条款，赋予了议会铸造货币的权利。然而，它从来没有真正履行货币政策的职责。在美国内战之前，纸币只是一个银行票据，以私人银行的黄金作为支撑。在内战期间和内战之后，美国政府授权议会印刷货币，在此期间价格波动非常快，以至于在 60 年的时间里，发生了 3 次严重的金融恐慌，最后不得不建立联邦储备系统。如果议会愿意的话，它可以重新控制货币供给，从而间接控制利率水平。

现代货币政策

最近 25 年

从 20 世纪下半叶货币政策的历史可以看出：货币政策的重要性和美联储货币政策决策的自信心在不断增强，它对利率的影响如图 12.3 所示。20 世纪 70 年代末，联储试图通过增加货币供给来应付石油价格的冲击以及经济停滞。不幸的是，这些措施仅仅加剧了通货膨胀。1981 年，美联储改变了策略，着重控制通货膨胀，这使得利率水平急剧上升。美联储对 M2 进行控制，联邦基金率达到将近 20%，而贴现率达到 13%。这些措施使得 1981~1982 年的经济萧条成为第二次世界大战以来最严重的一次。失业率达到顶峰，实际 GDP 大幅度下降，通货膨胀的下降幅度也比 1946 年以后其他任何一次的萧条时期要大。这次萧条与其他萧条还有一个区别：它是唯一一次由联储人为造成的经济衰退。

从那以后，美联储从失败中吸取了一些教训，情况开始逐渐好转起来。一方面，自 1982 年的经济萧条以来，再也不用同通货膨胀作斗争了。这在某种程度上是因为美联储变得更加谨慎，不会再引发通货膨胀。1984 年后，最高的通货膨胀率是 5%。美联储不用再为两位数的通货膨胀率而烦恼，只需维持较低的通货膨胀率就行了，这使得美联储的工作更加轻松了。1995 年、1998 年和 1999 年、2000 年，美联储迅速提高利率，先发制人地控制了通货膨胀。1994 年，美联储迅速降低利率，有效防止了经济衰退。

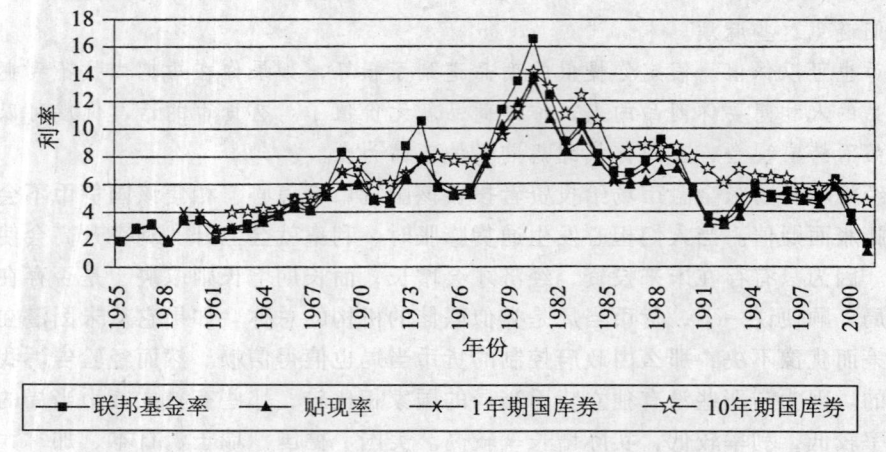

资料来源：http://www.federalreserve.gov/releases/h15/data.htm

图 12.3　1950 年到 2000 年的主要利率

美联储对1990年经济衰退的反应比较迟缓,但这是可以理解的。在伊拉克入侵科威特之前的几个月里,美国实际GDP增长很慢,通货膨胀加速,消费者负债达到最高点。更重要的是,美联储决定先解决预算赤字的问题。当时,联邦赤字超过2 500亿美元,而且有达到4 000亿美元的趋势,美联储希望能够强迫老布什总统和议会中民主党的领导人采取措施,以弥补财政赤字。

不幸的是,萨达姆·侯赛因(Saddam Hussein)领导下的伊拉克没能等到美联储解决预算问题。在伊拉克入侵科威特后,油价迅猛上升,这使得消费者信心骤然下降。如果美联储立刻采取行动,它可能会使美国不受1990年至1991年经济衰退的影响,但是美联储把工作重心放在了解决财政赤字上。美联储也非常谨慎,不断增加货币供给量以抑制成本推进的通货膨胀(由于总供给曲线向左移动所引起的通货膨胀),以免重蹈20世纪70年代的覆辙。

无论是必然的还是偶然的,美联储都没能阻止衰退的发生。看起来它不能也不应该为防止经济衰退做点什么。然而幸运的是,1990~1991年的经济衰退是在历史上历时最短、破坏性最小的一次。由于消费者的信用卡负债非常高,通货膨胀在某种程度上也不是一个严重的问题。因此,在这段时间,除了油价短暂坚挺之外,通货膨胀是微不足道的。失业率上升但并未达到1982年的11%的记录。然而,从1992年6月到1993年底,在经济复苏的前18个月里,经济非常脆弱,人们甚至无法辨别经济是真的复苏,还只是衰退的延伸。1992年和1993年,美联储插手干预,大幅度降低利率,到1994年最后一个季度,经济运行开始走上正轨。

从1994年开始,美联储一直非常警惕通货膨胀。只要有必要,例如在1995年,美联储就会降低通货膨胀的警戒线,以防止经济减速。直到1998年,美联储官员都感到非常自豪。失业率30年来一直都很低,通货膨胀也消失了,而且美联储主席阿兰·格林斯潘(Alan Greenspan)提出了反对"非理性繁荣"的建议,成功地控制了股票市场。1998年经济运行良好,不需要提高或降低利率。之后,亚洲金融危机发生了。

在第15章关于国际货币基金组织的论述中,对亚洲金融危机进行了深入阐述,指出亚洲金融危机是源于泰国、马来西亚、韩国、印度尼西亚等太平洋地区的国家和地区的不良贷款,以及这些国家保持外汇汇率不变的错误决策。

美联储对这次危机的第一反应就是要警惕。它试图阻止危机进一步蔓延,并且希望此次危机不会对美国产生影响。美国的股票价格在3个月内下跌了20%,许多经济学家预言,1年内美国将会发生经济衰退。联储将利率降低了整整1个百分点,足以增加美国对进口品需求。这一措施有利于稳定亚洲市场。反过来,相对于亚洲货币而言,美元非常坚挺,以致美国人购买的进口品的相对价格下跌,足以补偿国内价格水平的上涨所带来的损失。

2001年的经济衰退是美国运用货币政策的另一个例子,也能很好地说明货币政策的局限性。由于2000年总统选举局势的不明朗,2001年美国开始出现经济衰退,而且又恰逢联储第12次降低利率。到2003年,联邦基金率达到40多年来的最低水平。2003年春,30年期固定抵押贷款利率首次低于5%。

经济学家可能会争论降低利率是否能产生预期的影响,但是不妨考虑一下美联储"弹尽粮绝"的时候。如果经济状况没有好转的话,联邦基金利率就会达到美联储能够控制的最低水平，即1%。联储不能使企业贷款投资于新项目，也不能使消费者贷款购买昂贵的耐用消费品。一旦利率趋近于0，借款决策将取决于借款者对其还款能力的信心。

图12.3中还有一件事情值得我们关注，即美联储的目标利率与其他利率之间存在密切联系。贴现率通常是最低的，而30年国库券的利率是最高的。通常这些利率都是密切相关的。

头号公敌：是通货膨胀还是通货紧缩？

20世纪80年代末以及90年代的整个10年中，人们开始对美联储颇有微词，认为联储过度担心会再次发生通货膨胀，而较少考虑到大众利益。无论是否已经公开承认，自从20世纪70年代末80年代初以来，美联储一直认为通货膨胀是头号公敌。无论是在1979年和1980年真正出现了通货膨胀，还是在1988年、1995年以及1999~2000年存在通货膨胀的可能性，还是仅仅只存在从长远看来理论上的威胁，美联储都是将通货膨胀作为工作中的重中之重。

只有当国家经济或国际经济处于困境并且通货膨胀低于3%时，例如美国在1993年和2001年以及1994年的国际经济状况，美联储才会放松对通货膨胀的警惕。美联储会尽量缩短经济的复苏期，或者不投放足够的现金以防止通货膨胀的发生。

2002年末至2003年初，一个新的头号公敌进入了人们的视野：通货紧缩。回忆第6章的内容，通货紧缩是通货膨胀的对立面，但是同样不可忽视。通货紧缩会导致人们减少当前的购买量。这是因为人们知道如果继续等待的话，他们将可以省钱。因为消费者持币待购，商家会被迫降价。这会导致商家利润下降，并且解雇员工，从而购买量进一步下降。就这点而言，即使是适度的通货紧缩也比通货膨胀更加糟糕。日本在20世纪80年代末90年代初就经历了通货紧缩，导致经济增长缓慢，就业下降。美联储清醒地认识到了这点，当2003年再次发生通货紧缩时，美联储进一步削减了利率。

小结

有了这些新知识之后，你现在可以理解联邦储备系统的作用，以及它的主要任务是维持宏观经济的稳定。你知道美联储达成这一目标的方法就是控制通货膨胀。你了解了货币政策工具以及它们的运作过程，而且能够应用这些知识来分析总供给—总需求模型。你了解了货币政策最近的历史，以及货币政策导致了美联储过分钉住通货膨胀。最后，你理解了经济学家们关于通货膨胀和通货紧缩哪个更值得关注的争论。

主要术语

贴现率	M2	公开市场业务
联邦基金利率	M3	准备金率
M1	货币总量	

自我测试

1. 下面哪个方法能增加货币供给,从而增加实际国内生产总值(RDP):
   a. 提高储蓄率
   b. 提高贴现率
   c. 购买债券
   d. 缩减政府开支
2. 如果联储想运用最强硬的手段来减缓经济增长,它会使用
   a. 准备金率上升 5%
   b. 贴现率上升 0.25%
   c. 公开市场业务,销售 1 000 万美元债券
3. 如果联储想运用最柔和的手段减缓经济的增长,它会使用
   a. 准备金率上升 5%
   b. 贴现率上升 0.25%
   c. 公开市场业务,卖出 1 000 万美元债券
4. 扩张性的货币政策是如何运作的?
   a. 总需求曲线向左移动
   b. 总需求曲线向右移动
   c. 总供给曲线向左移动
   d. 总供给曲线向右移动
5. 联储的独立性意味着
   a. 总统对政策行动有否决权,但他不能提出新的议案
   b. 国会和总统不能够干预其行动
   c. 国会只有在绝对一致的情况下才能废除提议
   d. 国会和总统都没有联储成员的任免权
6. 联储可以用怎样的货币政策来抑制通货膨胀?
   a. 紧缩的
   b. 扩张的
   c. 强制性的
   d. 指令性的
7. 运用总供给—总需求图形,说明由于消费者信心崩溃所导致的经济衰退,以及利用何种货币政策逆转经济衰退。
8. 运用总供给—总需求图形,说明由于石油价格大幅度上升导致的经济衰退以及如何利用货币政策逆转经济衰退。分析图中价格的含义以及为什么美联储不对此进行干预。

思考

在货币政策的工具中,哪一种工具能更有效地解决利率小幅度地偏离目标水平?哪一

种对解决适度经济衰退更有效呢？哪一种对解决严重经济衰退更有效呢？为什么？

讨论

美联储是认为没有通货膨胀的稳定增长更重要呢，还是认为应该以经济的动荡为代价，追求经济增长率的上升？

进一步阅读

Colander, David. "The Stories We Tell: A Reconsideration of AS/AD Analysis." *Journal of Economic Perspectives* 9, no.3 (Summer 1995), pp. 169-188.
Ramo, Joshua Cooper. "The Three Marketeers." *Time*, February 15, 1999. pp. 34-42.
Steiger, Douglas, James H. Stock, and Mark W. Watson. "The NAIRU, Unemployment and Monetary Policy." *Journal of Economic Perspectives* 11, no.1 (Winter 1997), pp. 33–50.

参考数据

Consumer Price Index and Historical U.S. Inflation Rates
  Bureau of Labor Statistics
    ft://ftp.bls.gov/pub/special.requests/cpi/cpiai.txt
U.S. Interest rates 1955-2002
  Federal Reserve Board; Statistics: Releases and Historical Data
    http://www.federalreserve.gov/releases/h15/data.htm

第 13 章　消费者价格指数对生活成本的高估

学习目的
- 消费者价格指数是如何高估生活成本的
- 了解导致这种高估的原因
- 理解为什么忽视和修正这种高估的后果是非常重要的
- 理解 CPI 如何影响贫困线、社会保障福利和所得税

内容概要
- CPI 被高估的事实
- （不）修正 CPI 的影响
- 小结

回顾第 6 章，你就会发现消费者价格指数（CPI）是计算美国通货膨胀率的最常用的指标。美国劳工统计局（BLS）公布 CPI，以及通货膨胀水平。不幸的是，美国劳动统计局在测度通胀率时，采用的是有严重错误的程序，因为它仅仅考察了某些特殊商品的价格，以及这些价格每年如何变化。本章在第 6 章阐述价格指数的基础上，进行了一些拓展。

近来，对 CPI 是否高估了通货膨胀水平这一问题存在着严重的分歧。这对理论经济学家而言可能无关紧要，但是 CPI 决定了我们向政府支付的税收以及从政府得到的福利的数量。因此，对 CPI 的错误测度，即使每次只有一点点的偏离，都会对我们产生很大的影响。

40 多年以来，大多数经济学家都知道，CPI 都高估了生活成本。从 20 世纪 70 年代和 80 年代开始，越来越多的福利计划和税收开始与通货膨胀挂钩。也就是说，大多数重要的税收和福利计划都依赖于每年更新的 CPI。如果 CPI 高估了通货膨胀水平，后果是非常严重的：一些福利计划将提供过多的福利，某些税收会太高，而某些税收又会过低。

CPI 高估了生活成本约 1.1%，这一点报道得最多，但决不是简单的估测。这一数字每年增加，最终将会造成很大的差异。第一年 1.1% 的误差将会在 20 年后导致 25% 的差异，在 40 年后造成 55% 的差异。

本章概述了为什么经济学家相信 CPI 被高估了，并分析了被高估的范围。我们也讨论了这一高估对财政预算、穷人、富人和老年人的影响。在本章中我们比较了当用不同的方法来测度通货膨胀时，某些变量可能会发生的变化，以及为什么在一段时间内，这是个非常重要的问题。最后，我们评论了校正 CPI 可能带来的政治影响。

CPI 被高估的事实

CPI 及其存在的问题

现在离你学习第 6 章已经有一段时间了，你可能已经忘记了该章的内容。在第 6 章中，我们学习到通过价格指数变动的百分比来测度通货膨胀，以及通过观察固定的市场篮子的价格来确定价格指数。如果你已经记不起这些内容，快速地回顾一下这些知识对你是有帮助的，因为我们所面临的问题的根源在于市场篮子的固定性质。

更详细地看，CPI 实际上是一些其他指数，如食品指数和市场指数的综合，它们反过来又构成了更专业的指标。食品指数是指水果和蔬菜指数，甚至还包括更加细致的指数，如苹果指数和桔子指数。这些指标由实际商品组成，例如格莱尼－史密斯苹果和黄元帅苹果。你可以从美国劳工统计局的网站上获得这些指数：http://www.bls.gov/cpihome.htm。

关于通货膨胀率的度量有几个相互联系的问题，问题的核心是计算 CPI 时，假定几年内商品和劳务的市场篮子固定不变。尤其荒唐的是假定当价格变化时，人们不会做出反应。如果人们对诸如价格变化之类的经济刺激没有反应，那我们就不需要经济学家。因为经济学家所做的一切几乎都是解释当刺激发生变化时，人们如何做出反应。人们每年都会改变购买的物品。例如当通货膨胀率不平衡时，比如一半商品的价格上升 4%，一半商品的价格上升 2%，人们就会改变购买的商品组合。

虽然 CPI 假定市场篮子固定不变，但是人们并不总是一成不变的。人们总是会更多地购买价格相对便宜的商品。而且，虽然人们过去常常在百货商店和传统的杂货店购物，但是折扣店和仓储俱乐部也逐渐成为人们购物的重要场所。CPI 不仅固定其计价的物品，而且固定其计价物品的场所。另一方面，人们总是会随着经济状况的不同而改变购物地点。同样地，美国劳动统计局的工作人员 99% 的工作——对商品计价——都是在工作日完成的，而人们在周末购物数量却远远超过 1%。因为周末比工作日的促销活动更多，因此，很有可能忽略了重要的价格变动。最后，随着时间的推移，商品的质量毫无疑问地在不断改进，而 CPI 并没有进行相应的调整。例如，如果某商品的价格上升 4%，而质量也有显著改进，但是 CPI 指数仅仅只能说明其价格上涨了。经济学家们对此存在疑义。

因为上述问题已经受到广泛关注，1995 年，美国参议院财政委员会成立了一个由知名经济学家组成的委员会（米切尔·波斯金（Michael Boskin），埃伦·多尔伯格（Ellen R. Dulberger），罗伯特·乔登（Robert J. Gordon），埃维·格瑞奇里奇斯（Avi Grichliches），戴尔·乔根森（Dale W. Jorgenson）），来解决这些问题。

商品的替代

当美国劳工统计局每个月公布通货膨胀报告时，有些人会误认为所有的价格都以相同的比例提高了。当通货膨胀不平衡时，或者更确切地说，当有些商品价格上升，有些商品价格下降时，人们自然会对市场价格变动做出反应。当然，这些反应仅限于常识。如果食品价格上升，而住房价格下降，你不可能会因此而节食，也不可能因此而搬迁至更舒适的地方。另一方面，如果水果更便宜，而蔬菜价格更贵，你就更可能购买水果而不是蔬菜。如果桔子比苹果更贵，你甚至有可能改变购买的水果类型。最后，如果格莱尼－史密斯苹果的价格下降，而黄元帅苹果的价格上升，你更有可能用前者来代替后者。

地点的替代

如果询问人们通常在哪里购买日常用品，你将得到各种各样的答案。有些人在小便利店或街头小店购物，有些人则去传统的超市，如克罗格（Kroger）和赛福维（Safeway）购物，有些人则去超级购物中心，如沃尔玛（Super Wal-Marts）和凯玛特（Super Kmarts），他们在那里能买到汽车电池、服装、松饼等各种物品。还有些人仍然愿意去仓储俱乐部购物，如山姆俱乐部（Sam's）和 BJ 批发会员店。美国劳工统计局调查员在记录商品价格时会选择特殊的商店。

人们改变购买习惯比美国劳工统计局改变登记商品价格的场所更快。因为很多人会迅速改变其购物习惯，这一差距就进一步拉大了。尽管在一些传统的店铺里，如街头小店和传统的杂货店，食品价格上升得并不是很快，但是由于人们在新的超级购物中心和仓储俱乐部购物，因此实际上很多人在食品上的支出比若干年前要少。虽然在过去几年里，CPI 登记的食品价格有些许增长，但是很多人实际上在购买食品时所支付的价格比 CPI 登记的价格要低。

人们购物的时间

现代生活的另一个特征就是双职工家庭，夫妻二人在一周内都没有时间购物。因此，为了获得最大化利润，商家近年来总是在周末集中进行促销活动。因为美国劳工统计局的员工是政府职员，从周一到周五的上午 8 点到下午 5 点工作，因此错过了周末促销活动。这对于某些商品而言可能影响不大，但是很多家用电器商店在总统日和独立日进行促销活动，而这时通常是政府工作人员的休息日，负责记录价格的人员可能在家里休息，也可能会外出购物。

将这些因素综合到一起，我们发现美国劳工统计局忽视了人们行为方式的变化。有时美国劳工统计局会犯错误，因为他们购买了错误的物品，或在错误的地点购物，或者在错误的时间购物。将这些因素都考虑在内，1995 年成立的知名经济学家委员会认为 CPI 高估了生活成本 0.6 个百分点。

质量改进

除了以上所提到的错误之外，美国劳工统计局还忽视了产品的质量改进和新产品问题。因为市场篮子不仅 1 年内而且在 10 年内都是固定不变的。同样麻烦的是，美国劳工统计局通过调查形成市场篮子，但是调查是个非常复杂的过程，需要两年的时间，调查结果才能反映到市场篮子中。因此，市场篮子至少要滞后两年。例如，最近更新的市场篮子（1998）是以 1993 年到 1995 年的市场调查为基础的。这意味着一直到 21 世纪的前 10 年，这一市场篮子都会发挥作用。

为什么这一点很重要呢？很简单。当美国劳工统计局开始考虑那些能改变我们生活的商品时，其价格已经大幅度下降，而且可能已经没有上升的空间了。例如，1974 年，我父亲花费 400 美元买了一个可以进行加减乘除以及开平方和对数运算的计算器。在这之前几个月，他的同事花了 600 美元买了个同款的计算器。这款计算器直到 1982 年才进入美国劳工统计局的市场篮子，而在 1982 年，只需花不到 50 元就可以买到这款计算器了。虽然我们现在可以低于 25 美元的价格购买到此款计算器，但是其 90% 的降价都被忽视了。最近 25 年进入市场篮子中的每个重要技术几乎都存在相同的问题。

彩色电视机过去往往超过 1 000 美元，现在则不到 200 美元。电脑以前的价格为 5 000 美元，现在则不到 1 000 美元。移动电话以前超过 500 美元，每个月的服务费超过 100 美元，现在如果你每个月消费 30 美元，就可以免费得到一部电话机。人们已经广泛接受了技术以重要的方式改善了我们生活的观点，而且意识到了在这项技术进入 CPI 市场篮子之前，价格已经大幅度下降了。

虽然当这些商品的价格过高时，将其纳入市场篮子没什么意义，但是如同美国劳工统计局一样，等待如此长的时间才将其纳入市场篮子也意义不大。由于市场篮子 10 年才修订一次，美国劳工统计局必须在两者之间进行选择，要么过早地，要么过晚地将这些商品纳入市场篮子。

CPI 的一个相关的问题就是人们将质量的改进表示为价格的上升，或者干脆忽视了质量改进。例如，彩色电视机一年比一年清晰，音响设备的音质越来越好，汽车的使用年限比以前更长。我们可以从两个方面来说明 CPI 忽视了质量改进。第一，老产品被淘汰，而由新产品取而代之，人们通常忽视了产品更新换代中的质量改进。第二，当这些产品本身更完善时，人们并没有考虑到质量的改进。

当某种产品类型被具有相似特征的产品替代时，就会出现第一种问题。假定家庭影院的制造商有三种类型的产品：低质量、中等质量和高质量。假定第一类产品价格为 200 美元，第二类为 300 美元，第三类为 400 美元。进一步地假定制造商放弃现在的生产线，而代之以中等质量的、高质量的、极高质量的三种新的产品类型，价格分别为 250 美元，350 美元和 450 美元。正确的分析方法是：目前中等质量的产品和高质量的产品的价格均下降了 50 美元，而低质量的商品则被剔出了市场篮子，因为它已经不复存在了。

看待此问题有两种错误的情形。第一种情况就是用新生产线中的中等产品（即高质量的）来代替老生产线的中等产品（即中等质量的），发现价格上涨了 50 美元。这种方法之所以错误，是因为你仅仅多花了 50 美元，就得到了价值 100 美元的质量改进。第二种情况是用新生产线中最差的产品（即中等质量的）来代替老生产线中的中等产品（即中等质量的），但并不考虑价格的下降。你应该以新的产品类型在价格方面如何变化作为分析的出发点，此方法是美国劳工统计局面临产品类型发生变化时，通常采用的方法。美国劳工统计局会寻找与老的生产模式具有相同质量的产品类型，然后重新进行计算。但是此方法存在的问题是：当生产模式发生变化时，企业通常会对其新生产线上的所有产品都实行新的定价结构。这就意味着忽略了 50 美元的价格下降，不过这种方法至少没有引起 50 美元的价格上升。

为了应付博斯金（Boskin）委员会对此问题的批评，美国劳工统计局开始更科学地处理家用电器的质量问题。美国劳工统计局开始采用成熟的统计模型将这些商品的价格变化与质量变化区分开来。不幸的是，虽然目前已经合理地考虑了家用电器的质量改进问题，但是水果、蔬菜、乳制品和肉类产品的质量改进问题依然没有得到解决。

与前些年相比，食品更新鲜、更安全了。杂货店的水果和蔬菜也比以前更新鲜了。肉更瘦、更健康了。尽管这些看似微不足道，美国劳工统计局却并没有说明这些质量改进。假定在1998年，市场上销售的一磅汉堡中，有1%的概率是有害食品，到2000年，此概率就下降为0.01%，美国劳工统计局并不会对此做任何调整。美国劳工统计局更关心肉的价格上升了4美分，而不是安全了100倍。

净结果

据估计，由于美国劳工统计局没有考虑质量改进问题，CPI作为生活成本指数至少又被高估了0.5个百分点。这使得美国劳工统计局所公布的CPI被高估了1.1%左右。虽然这是前文所提到的由知名经济学家所组成的委员会的"最合适的猜测"，但有些经济学家估计只高估了0.5%，还有些经济学家则估计高估了2%或3%。

如果学术界对CPI作为生活成本指数被高估了这一问题已经达成共识，你可能会认为美国劳工统计司应该进行一些调整。但是，美国劳工统计局只针对电脑和其他家用电器的质量改进问题进行相应调整，对其他问题则未进行调整。美国劳工统计局阐明了两大原因：

1. CPI是通货膨胀的度量指标，并不是生活成本指数（如果政府将两者混淆使用，则不真实）。

3. 为了处理替代问题和质量问题，CPI不得不如同GDP一样，经常被修改。

另外，简单地将CPI的上升减去1.1个百分点，将会对某些人产生直接而有害的影响。其政治影响将在本章稍后进行阐述。

（不）修正CPI的影响

修正CPI并不仅仅意味着改变通货膨胀率，让每个人感觉更好一些。如果CPI每年调低1.1个百分点，那么，贫困线、社会保障税的应税收入的上限、社会保障给付水平、标准扣减、个人豁免和税级将会同等幅度的上涨。所有这些的净结果将会是政府能收取更多的税收，而支付更少的福利。

对贫困率的影响

贫困线——维持最低生活标准的收入水平——最初由联邦政府于20世纪60年代设立。贫困线随着CPI的变动而变动。如果每年对CPI进行调整，使其以较慢的速率上升，贫困线也会同样以较慢的速率上升。这就意味着更少的人被认为是穷人。为了说明这一点非常重要，不妨考虑一下，如果在近30年进行这种调整的话，那么一个四口之家的贫困线将不再是18 244美元（2002年），而是比此数字低34%，即12 080美元。这就意味着能获得政府贫困补助，如贫困家庭临时援助（TANF）、食品券或政府医疗补贴的人会大大减少。最终我们并不能改善这些人的生活水平，我们只能说他们不再是穷人了。除非调整这些福利计划的资格标准，否则那些需要帮助的人就不能得到相应的帮助。在第24章我们将会更全面地讨论贫困线。

对社会保障的影响

社会保障税的应税收入的上限是根据 CPI 所表示的通货膨胀水平调整的。2000 年，此上限为 87 000 美元。由于从 1985 年开始对此上限标定指数，如果 CPI 每年调低 1.1 个百分点，此上限水平将会为 72 432 美元。因为 CPI 也被用来调整社会保障福利，所以，如果从 1985 年开始修正 CPI，那么 2000 年的社会保障给付水平将会降低 16%。同时，这对社会保障信托基金也会有所帮助，因为福利的减少额超过了税收的减少额。

对所得税的影响

上述分析还不够充分，每个人的所得税也要受到 CPI 增幅下调的影响。对个人所得税的（第 33 章）税级、标准扣减、个人豁免都与通货膨胀水平挂钩。如果调整 CPI，税收也会上升，这主要有三方面的原因。先看看后两个方面的原因，标准扣减和个人豁免都将减少你的应税收入数量。如果减免数量下降的话，你的应税收入会增加，就必须支付更多的税收。CPI 调整会增加税收的另一个原因就是：收入越高，税率也会越高。如果税级上升得更慢而不是更快，你的应税收入中会有更大一部分以更高的税率缴税。

时间的净影响

将 CPI 调低 1.1 个百分点的影响要么是增加税收或减少支出，要么是减少赤字或增加剩余。虽然这对于政府而言是件好事，但是对于穷人和老年人则不同程度地存在负面影响。穷人得到补助的可能性更小，老年人按月领取的社保金的增幅也不会像以前那样多了。

这里的关键因素是时间。虽然报告生活成本的增加与实际生活成本的增加之间存在 1.1% 的误差看起来无关紧要，但是在若干年后，这一差距就不可忽视了。图 13.1 就说明了这种差距。假如 1940 年与 CPI 挂钩的补助或税收为 14 美元，1941 年，税收的误差仅为 1.1%，或者说约 14 美分。10 年后，未经调整的 CPI 所显示的税收和补助为 23.50 美元，然而经过调整的数据为 21.16 美元。这一差距仍然不大。

但是随着时间的流逝，两者间差距会逐渐增大。到 1960 年，未经调整的数据为 29.30 美元，而调整后的数据为 23.67 美元。1970 年，这一差距就越发引人注目了，未经调整的数字为 37.80 美元，调整后的数据为 27.42 美元。到 1980 年，这两个数字分别为 87.00 美元和 57.00 美元，1990 年分别为 134.60 美元和 79.32 美元。到 2000 年，分别为 180.90 美元和 93.66 美元。在 60 年的时间里，这种复合效应的力量非常强，足以使每年很小的差距产生重大的影响。

如果考虑到时间因素，即使对 CPI 进行微调也会产生巨大的差距。在预算中，有哪些数据会受到 CPI 的影响呢？最重要的就是社会保障。在这 30 年中，哪个问题最重要呢？是社会保障的预计差额。如同我们所看到的那样，如果我们从现在开始，在计算社会保障的税收和福利时，简单地将 CPI 增幅下调 1.1 个百分点，那么预计差额就会减少三分之一。

生活中很多时候以及本书很多地方对于美元通货膨胀水平的调整都是非常重要的。在一段较长的时间里，1.1 个百分点确实非常重要。例如，假定一个公司与其职员达成共识：只要能实现某特定目标，工人们就可以进行意愿的生活成本的调整，其调整幅度等于 CPI 上升的百分比。如果实际上通货膨胀率每年是 2%，但是官方错误度量的通货膨胀水平是每年 3.1%，那么 20 年后，官方统计的薪水将会比实际水平高出 24.5%。

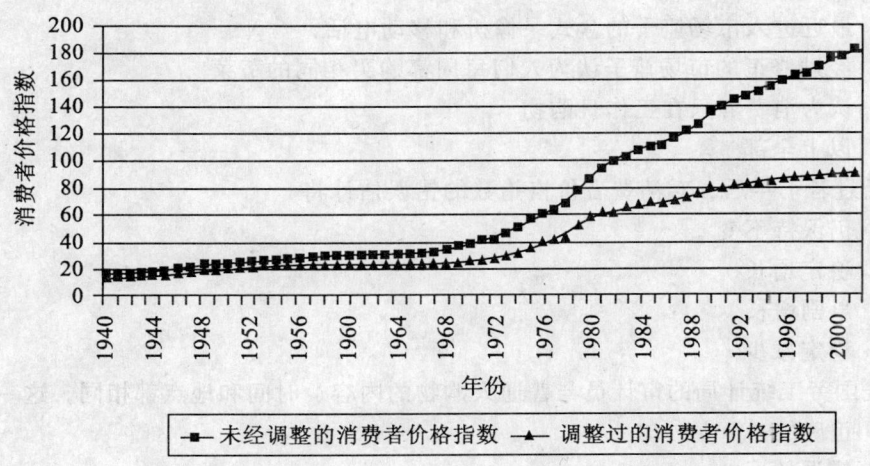

资料来源：ftp：//ftp.bls.gov/special.requests/cpi/cpisi.txt
图 13.1　调整过的 CPI 和未经调整的 CPI（按 1982 年的美元购买力计）

CPI 调整的政治影响

虽然多年以前经济学家们就已经认识到 CPI 高估了生活成本，但是政界并没有要"修正"CPI 的想法。要理解 CPI 究竟会如何变化，你必须分析那些在议会里真正理解错误计算 CPI 的后果的人的想法。每个政治团体都反对调整 CPI，因为他们的政治利益永远超过其经济素养。很多共和党人的担忧是调整 CPI 就意味着更高的税收，很多民主党人则担心调整 CPI 会降低对老年人和穷人的福利水平。

将 CPI 的增幅降低 1.1 个百分点将会减少穷人和老年人的福利，同时几乎会增加每个人的税收。只有那些收入位于现行法律下社会保障的应税收入下限与此次调整的应税收入下限之间的狭小范围的人，所缴纳的税收才会减少。这种调整一开始就意味着几十万纳税人可以减税，而其余 1 亿 1 千万纳税人的税收都会增加。然而，对于收入较高的人而言，由于税级上升更慢，增加的税收可能会超过减少的税收。

简而言之，调整 CPI 对于那些没有政治前途的人来说，可能是一个很棒的主意。

小结

在本章中，你了解了消费者价格指数高估了生活成本，原因在于它错误地假定：人们不会改变他们购买的商品，不会改变购物地点，仅仅只在美国劳工统计局的统计员进行调查的时间购物，今天的商品质量并不比以前的好。你知道了经济学家们最准确的估计是高估了 1.1%，调整 CPI 的影响会波及到贫困率、社会保障福利和所得税。

自我测试

1. 下列哪个例子是由于相似商品的替代导致了 CPI 的错误估计：
   a. 最近进入市场篮子的盒式录像机和移动电话
   b. 经过修正的市场篮子认为人们每周都购买相同的蔬菜
   c. 认为消费者只在工作日购物
   d. 以上全部

2. 经过若干年后，对消费者价格指数的错误估计将
   a. 仍保持不变
   b. 稳定增长
   c. 急剧增长
   d. 稳定减少

3. 美国劳工统计局的审计员与普通人购物的内容、时间和地点都相同，这一说法是
   a. 正确的
   b. 错误的

4. 如果消费者价格指数高估了生活成本，那么就
   a. 高估了贫困问题
   b. 缩小了贫困问题
   c. 既非 a，也非 b

5. 如果消费者价格指数高估了生活成本，那么
   a. 几乎没有增加社会保障支付
   b. 过多地增加了社会保障支付
   c. 既非 a，也非 b

6. 如果消费者价格指数高估了生活成本，那么会
   a. 导致个人所得税更高
   b. 导致个人所得税更低
   c. 既非 a，也非 b
   d. 列举并阐释通货膨胀被高估的原因

思考

如何解释为什么只有经济学家认为调整 CPI 是正确决策？

如果折扣店的电视机售价为 100 美元，比全方位服务的电器商场的价格低，那么折扣店电视机真的便宜些么？如果不是，为什么？

讨论

如果正确的估量消费者价格指数会损害老年人和穷人的利益，你能想出一个两全之

策吗?

进一步阅读

Boskin, Michael J., Ellen R. Dulberger, Robert J. Gordon, Avi Grichliches, and Dale W. Jorgenson. "Consumer Prices, the Consumer Price Index, and the Cost of Living." *Journal of Economic Perspectives* 12, no. 1(Winter 1998), pp. 3-26.

Bureau of Labor Statistics website on the CPI: http://www.bls.gov/cpihome.htm

Journal of Economic Perspectives 12, no. 1(Winter 1998). See articles by Brent R. Moulton; Katharine G. Abraham, John S. Greenlees, and Brent R. Moulton; Robert A. Pollak; William D. Nordhaus; and Angus Deaton and Erwin Diewert, pp. 27-78.

参考数据

Historical CPI data
    Bureau of Labor Statistics; Consumer Price Index
        ftp://ftp.bls.gov/pub/special.requests/cpi/cpiai.txt

CPI Component data
    Bureau of Labor Statistics; Consumer Price Index
        http://www.bls.gov/news.release/cpi.t01.html

Social Security taxes
    Social Security Administration
        http://www.socialsecurity.gov

Poverty Line
    Statistical Abstract of the United States; Population
        http://www.census.gov/prod/2003pubs/02statab/pop.pdf
        http://www.census.gov/hhes/www/poverty02.html

第14章 国际贸易：会危及美国的就业吗？

学习目的
- 明白我们与谁交易，交易哪些商品以及为什么国际贸易会使交易双方都受益
- 理解绝对优势和比较优势理论，说明为什么在证明国际贸易的利益时，这两个理论非常重要
- 了解贸易限制的原因及方式
- 理解贸易限制保护了一些行业和职业，但成本高昂
- 了解将贸易作为外交武器是失败之举

内容概要
- 我们交易什么以及和谁交易
- 国际贸易的利益
- 贸易壁垒
- 贸易作为外交武器
- 理论进阶：贸易保护主义的成本
- 小结

近20年来，一个重要的经济现象就是经济日益全球化。尽管整个世界由150多个经济相互独立的国家组成，但是几乎所有国家的经济现在都彼此相互依赖。

正如图14.1所示，2002年，出口占美国经济的9.4%。你也会发现近25年来，美国的进口远远超过了出口。国际部门的重要性不断上升，有些人担心这是不是件好事。美国的工作被外国工人不公平地占有了吗？如果是的话，是否可以避免全球化趋势呢？

针对这些问题，我们首先解释为什么经济学家普遍认为国际贸易有利于贸易双方。然后我们讨论了限制国际贸易的原因，分别考察了经济学家赞成和反对国际贸易的原因。接下来，我们讨论了贸易限制的方式。在本章结束之时，我们考察了是否可以将贸易作为解决政治或外交分歧的工具。

我们交易什么以及和谁交易

如表14.1所示，美国的贸易额不仅在增长，而且还包含了各种商品和服务。我们既

交易有形商品,也交易无形商品。我们进口电视机、盒式录像机以及其他电子器件和石油。我们出口农产品和飞机。你可能已经发现我们同时出口和进口大量的化学制品、汽车、计算机和服务。虽然听起来可能有点儿古怪,但是实际上并不那么奇怪。例如化学制品的种类不计其数,我们进口某些品种,出口另一些品种。类似地,我们既出口也进口计算机,这也说明了这些产品在全球的制造规模。

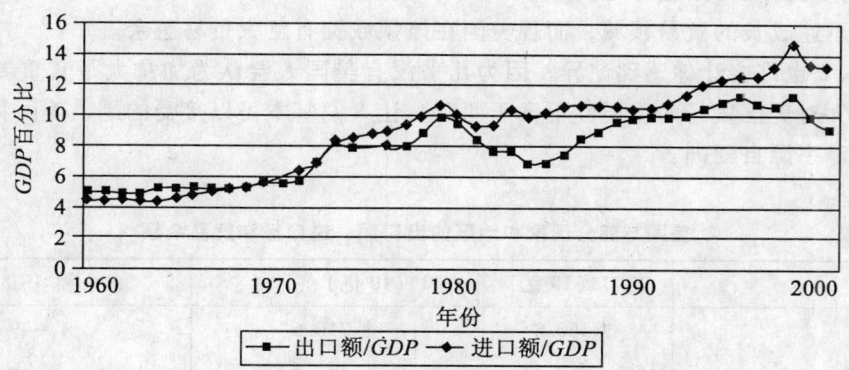

资料来源:http://www.ita.doc.gov/td/industry/otea/usfth.tabcon.html

图 14.1 国际贸易的重要性日益增加

表 14.1 美国 2002 年出口和进口的商品与服务

出口		进口	
商品	出口(10亿)	商品	进口(10亿)
化学制品	$ 80.5	计算机和半导体	$ 120.9
食品和农产品	55.6	石油	21.9
计算机	145.9	化学制品	83.8
飞机及零件	56.4	影音录像设备	31.1
摩托车	70.6	摩托车	186.8
服务	292.2	服务	227.4
总计	974.1	总计	1 392.1

资料来源:http://www.ita.doc.gov/td/industry/otea/usfth/aggregate/H02t01.html
http://www.ita.doc.gov/td/industry/otea/usfth/aggregate/H02t35.pdf
http://www.ita.doc.gov/td/industry/otea/usfth/aggregate/H02t36.pdf
http://www.ita.doc.gov/td/industry/otea/usfth/aggregate/H02t38.html
http://www.ita.doc.gov/td/industry/otea/usfth/aggregate/H02T39.html

如果你拆开一台计算机,你会发现其零部件是由不同的地方制造的。存储器来自一个国家，硬盘驱动器来自另一个国家，中央处理器又来自另外一个不同的国家。你的计算机可能在美国装配，但是它的零部件可能分别由10个国家制造，因此很难判断这台计算机的实际产地。

图14.1中最后一项可能看上去不太恰当，服务贸易是怎样进行的呢？很难想象我们能进口托儿服务和割草服务，但是，在金融服务领域特别是保险领域，进口似乎是可行的。美国保险公司可以轻易地向加拿大人出售人身保险，反过来也一样。服务构成了一个巨大而且迅速成长的贸易领域，而且美国在该领域拥有巨大贸易盈余。

表14.2也许会让你感到诧异，因为几乎没有美国人会认为加拿大是其重要的贸易伙伴，加拿大对美国贸易的重要性不啻于西欧。让人们基本可以接受的是，美国将近三分之二的贸易赤字源自亚洲。

表14.2　　美国与部分国家和地区的出口额、进口额和贸易余额

国家	出口（10亿）	进口（10亿）	余额（10亿）
加拿大	$ 160.8	$ 210.6	$ -49.8
墨西哥	97.5	134.7	-37.2
日本	-51.4	121.5	-70.1
中国	22.1	125.2	-103.1
中东	18.9	34.4	15.5
亚洲其他国家和地区	101.1	175.2	-74.1
西欧	157.1	246.3	-89.2
非洲	10.7	22.2	-11.5
世界	693.5	1 163.6	-470.1

资料来源：http：//www.ita.doc.gov/td/industry/otea/usfth/aggregate/H02T06.html
　　　　　http：//www.ita.doc.gov/td/industry/otea/usfth/aggregate/H02T07.html

国际贸易的利益

比较优势和绝对优势

为了说明贸易的好处，区分人们可能具有的两种"优势"是非常有帮助的。不妨考虑一个脑外科医生和她的秘书。假定这个脑外科医生在学校时，靠打字赚钱，她打字的速度比现在的秘书快。如果与其秘书相比，她在打字和脑外科手术方面都更优秀，是否应该让她做这两份工作而解雇其秘书呢？答案是否定的。如果让打字速度比她慢的秘书负责打字，她的境况会得到改善。如何决策取决于我们在第一章中所谈到的机会成本。

不妨回顾一下，机会成本就是进行选择时所放弃的收益。在秘书和脑外科医生的例子中，如果脑外科医生自己打字，她就必须放弃一部分可带来盈利的脑外科手术。另一方

第 14 章　国际贸易：会危及美国的就业吗？

面，如果她委托秘书打字，她只需将其额外的脑外科手术所赚取的收入的一小部分支付给秘书就行了。此例中，她在脑外科手术和打字两方面都具有**绝对优势**，因为她在这两方面都优于其秘书。但是她的秘书在打字方面具有**比较优势**，因为与脑外科医生相比，秘书做打字工作的机会成本更低。

绝对优势

与竞争者相比，能更多、更快或更高质量地生产某种商品的能力

比较优势

能够用所用资源更低的机会成本生产某种商品的能力

表 14.3 和表 14.4 就是说明比较优势、绝对优势如何运用于国际贸易的一个简单的例子。我们可以说明当两国分别生产两种商品时，比较优势和绝对优势以及贸易给双方带来的利益。我们假定两个国家是意大利和德国，两种商品是啤酒和香肠。

表 14.3 中，我们假定意大利更擅长于生产香肠，不太擅长生产啤酒，而德国更擅长生产啤酒，不太擅长生产香肠。我们假定在意大利，1 个单位的劳动力能够生产两个单位的香肠，但只能生产 1 个单位的啤酒。在德国情形相反，1 个单位的劳动力能够生产两个单位的啤酒，但只能生产 1 个单位的香肠。很明显，因为德国 1 个单位的劳动力能够比意大利 1 个单位的劳动力生产出更多的啤酒，德国在生产啤酒方面具有绝对优势。类似地，很明显，意大利在生产香肠方面具有绝对优势。

表 14.3　　　　　　　　　　生产：绝对优势和比较优势相同

	香肠	啤酒
德国	1	2
意大利	2	1

表 14.4　　　　　　　　　　生产：绝对优势和比较优势不同

	香肠	啤酒
德国	3	2
意大利	2	1

为了分析比较优势，我们需要考察当两个国家各配置 1 个单位劳动力时，需要放弃什么。例如，若德国多生产 1 个单位香肠，他们就要放弃两个单位的啤酒。若意大利多生产 1 个单位香肠，他们只需放弃 1/2 个单位的啤酒。因此，意大利生产香肠的机会成本较低。类似地，若德国多生产 1 个单位的啤酒，他们只需放弃 1/2 个单位的香肠，而若意大利这么做，他们就需放弃两个单位的香肠，因此德国生产啤酒的机会成本较低。这就意味着意大利除了拥有生产香肠的绝对优势外，还拥有生产香肠的比较优势。同样，德国也具有生产啤酒的比较优势和绝对优势。

这两种优势并不一定同时由一个国家拥有。表 14.4 假定德国在两种商品生产上都具有绝对优势。德国 1 个单位劳动力比意大利 1 个单位劳动力能够生产出更多的啤酒和香肠。仅此，德国在两种商品的生产上都具有绝对优势。比较优势则是另外一回事。对德国

而言，多生产 1 个单位的香肠的机会成本是 2/3 个单位啤酒。对意大利而言，多生产 1 个单位香肠的机会成本是 1/2 个单位啤酒。因此意大利生产香肠的机会成本较低，在香肠生产上具有比较优势。德国多生产 1 个单位啤酒的机会成本是 1.5 个单位香肠，而意大利多生产 1 个单位啤酒的机会成本是两个单位香肠。因此德国生产啤酒的机会成本较低，所以在啤酒生产上具有比较优势。

证明来自贸易的利益

无论是以上哪种情形，都能说明来自贸易的利益。回顾表 14.3，我们首先考察贸易利益非常明显的情形。如果德国专门生产啤酒，意大利专门生产香肠，德国转向啤酒生产和意大利转向香肠生产的每单位劳动力，都使得世界的总产量增加了 1 个单位啤酒和 1 个单位香肠。

为了说明贸易能使贸易双方的境况均得到改善，假定每个国家的劳动力总数为 30 个单位，每个国家都同样爱好啤酒和香肠。在贸易之前，有 10 个德国人生产 20 个单位的啤酒，20 个德国人生产 20 个单位的香肠。类似地，有 10 个意大利人生产 20 个单位的香肠，20 个意大利人生产 20 个单位的啤酒。

贸易条件

一国为了从别国获得另一种商品所必须支付的某种商品的数量，通常用比率表示。

为了说明贸易使得双方均受益，我们必须了解两国之间的贸易条件是如何形成的，所谓**贸易条件**是指为获得 1 个单位其他商品须放弃某种商品的数量。如果我们假定贸易条件是 1 个单位啤酒交换 1 个单位香肠，则我们就有一个答案。意大利人将仅仅生产香肠，总产量为 60 个单位，而德国人仅仅生产啤酒，总产量也为 60 个单位。意大利人将 30 个单位的香肠运输到德国，换回 30 个单位的啤酒，最后，每个国家都能够消费 30 个单位的香肠和 30 个单位的啤酒，与贸易前相比较，双方境况都得到了改善。

当一个国家在两种商品生产上都具有绝对优势时，贸易同样是有益的。回顾表 14.4，我们可以发现同样存在贸易利益。假定贸易前意大利的情形与前例相同，但是德国的情形有所变化，12 个单位的劳动力生产 24 个单位的香肠，8 个单位的劳动力生产 24 个单位的啤酒。如果双方只生产他们具有比较优势的商品，意大利人生产香肠，德国人生产啤酒，贸易条件仍为 1:1，然后德国人将 30 个单位的啤酒运输到意大利，换回 30 个单位香肠，贸易双方的境况都得到了改善。

生产可能性边界分析

我们可以运用第一章中的生产可能性边界的概念来分析贸易利益。回忆一下，生产可能性边界表示一个国家能够实现的产量组合。如果我们按照上述假定，那么如图 14.2 所示，两个国家的生产可能性边界会具有不同的斜率。意大利的生产可能性边界曲线将比较平坦，而德国的将比较陡峭。

如果我们仍然假定贸易条件是 1 比 1，专业化将会同时改善德国和意大利的境况，因为德国现在只需放弃 1 个单位的香肠就可以换取 1 个单位的啤酒，而在以前需要放弃两个单位的香肠。意大利也能从中受益，它只需放弃 1 个单位啤酒而不是以前的两个单位啤酒，就可以换取 1 个单位的香肠。

第 14 章 国际贸易：会危及美国的就业吗？

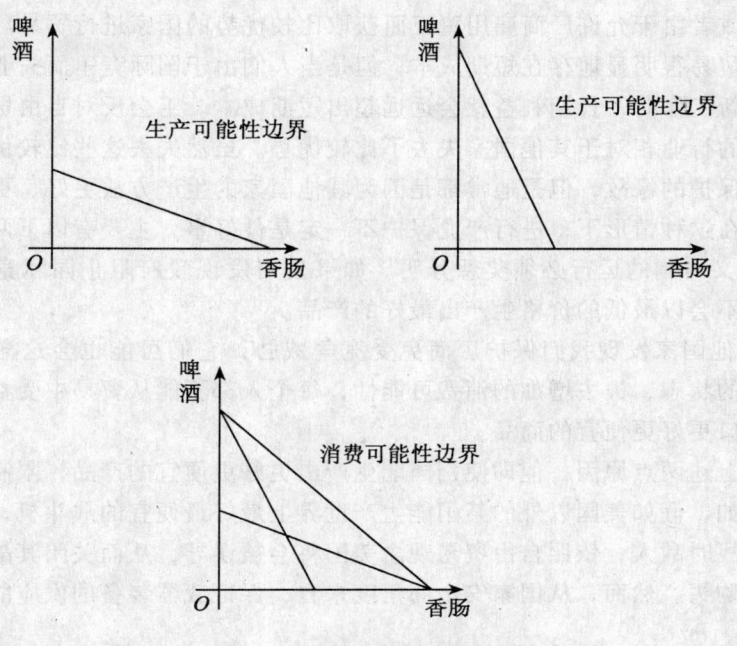

图 14.2 贸易中增加的消费可能性

这一点可以由图 14.2 中底部的图得以说明。该图运用两国的生产可能性边界曲线创造了一条新的曲线，来表示存在贸易时的消费可能性。我们从第一章可以看出，生产可能性边界从原点不断延伸，意味着可以生产出更多的产量。你会发现对于意大利和德国而言，存在贸易时的消费可能性，都要比不存在贸易时的各国的生产可能性更大。若意大利专门生产香肠，德国专门生产啤酒，然后进行贸易，每一个国家的境况都会得到改善。每个国家都生产其最擅长生产的商品，然后去交换他们不太擅长的商品。

虽然我们发现两国境况都比以前得到了明显的改善，但是仍然有人不赞成进行国际贸易。具体而言，德国香肠生产者和意大利啤酒生产者就认为贸易并没有什么好处。国际贸易会使得这些行业的工人失去工作，因为竞争会将其雇主驱逐出该行业。这一简单的模型假定失业者能够在该国成长中的行业中找到新工作。然而，虽然这一假定从长期来看并不坏，但它忽视了人们失业以及需要获得新的技能所带来的痛苦。

贸易壁垒

贸易限制的原因

由于自由贸易可能会导致某些行业衰退，某些工人失去工作，因此不妨总结一下关于限制贸易的一些值得怀疑的观点和有道理的观点。关于限制贸易值得怀疑的理由首先是要在那些遭到更好、更便宜的进口商品冲击的产业中，保护就业机会。赞成限制贸易的理由有很多，但也很狭隘。我们可以选择不与他国交易某些对国家安全或者民族认同感很重要的商品，因为在国内自行生产这些商品意义重大。我们还可以不与那些忽视安全生产条例和环境保护，或者由于允许厂商雇用童工而获取比较优势的国家进行贸易。

尽管自由贸易很明显地存在短期成本，但是当人们由于国际竞争而失业，而且需要再培训才能获得新工作时，长期利益就会远远超出短期成本。工会反对自由贸易，通常是因为他们所代表的行业相对于其他国家失去了比较优势。虽然失去这些比较优势有时是因为劳动力和环境保护的缘故，但是通常都是因为其他国家的生产方法更好、更节约成本，从而赶超上来。在这种情形下，进行产业保护不一定是件好事，主要有以下两方面的原因：

1. 资本主义体制的运行必须奖惩分明。如果公司发现政府阻止国际竞争，它们将变得松懈，而且不会以最低的价格生产出最好的产品。

2. 如果其他国家发现我们保护厂商免受竞争威胁，它们可能也会这样做。那我们将退回到贸易前的状态，失去增加的消费可能性，每个人都不能从贸易中受益。我们将没有能力向他国出口更好更便宜的商品。

尽管存在上述两点原因，但即使我国能生产出更好更便宜的产品，限制贸易仍然也有合理之处。例如，假如美国以外的某国能生产世界上最好最便宜的战斗机，而正巧该国又是美国潜在的战时敌人，依照自由贸易观念美国将会被误导，从而关闭其战斗机行业，转而向其他国家购买。然而，从国家安全的角度来看，保证武器装备的供应能力是非常重要的。

很多国家也会由于类似的国防原因而限制贸易。如果一国的民族性与某种特殊商品有密切联系，例如日本的大米，那么政府限制那些商品的进口以保护国内厂商是有道理的。尽管美国南部中心的大米产量足以供给整个日本的消费需求，尽管日本为了维持国内产业，一直为购买大米而支付超过国际市场5倍以上的价格，但这种经济上非效率的贸易限制从以下两个方面来看都是合理的。第一，没有大米产业的日本是不完整的。第二，一旦太平洋地区发生海战，很难想象美国或其他国家会动用大量海军来保护运送到日本的大米。因此随着冷战的结束，日本才开始允许少量的大米进口，这并非巧合。

限制贸易的最后一个原因是，有些国家可能通过使用间接危害他国或对他国具有攻击性的技术来获得比较优势。例如，如果一国通过某种程度的污染（该污染在美国是不允许的）来降低其生产成本，美国可能会不允许其向本国出口商品。如果这种污染最终导致了该国的健康问题，美国越发不会进口该国商品。因此，如果墨西哥制造业的副产品污染了美国格兰德河（Rio Grand），美国将不会从墨西哥进口化学品和其他会污染环境的产品，除了环境方面的考虑之外，有些国家认为某些劳动力雇用是不道德的，因此他们不允许从那些不道德地雇用劳动力的国家进口商品。例如，美国法律反对进口任何由奴隶劳工和监狱劳工制造的商品。另外，美国将不会有意进口那些被强迫的或受契约束缚的童工所制造的商品，而且美国政府要求其承包商证明在生产商品的过程中不使用童工。① 少数国家允许8岁的孩童在工厂每天工作几小时。例如，如果你拥有一个足球，该足球很可能是在美国以外的其他国家生产的，且该产品的生产过程中至少包含1个美国法律不允许雇用的童工。生产服装产业和体育用品的厂商通常会使用童工以及其他美国法律不允许的劳动

---

① 见行政命令 99 – 06 – 12，对童工的行政命令：http://www.fedworld.gov/pub/w-house/0616-3.txt.

力。然而童工几乎在每个国家都不同程度地存在，而且都是因为贫困的缘故。另外，有些经济学家认为法律宣布童工非法对这些童工而言并不一定是件好事，特别是当他们只能选择贫穷时。尽管如此，大多数人看待此问题时，更多地是从道德方面加以考虑，而较少从经济方面考虑。

少数经济学家认为限制贸易还存在其他理由。第一个是关于幼稚产业的，认为应该进行贸易保护，给该国的幼稚产业一定时间来站稳脚跟。从理论上讲，贸易保护应该只是幼稚产业的临时保护伞，但实际上，这种贸易限制往往是持久的。

倾销
以低于成本的价格出口商品，以将竞争者驱除出市场

限制贸易的第二个理由是反倾销。如果国际竞争者为了排除竞争，定价低于成本，就是**倾销**。该理由认为竞争者这样做是为了在长期中获得垄断地位。此争论的关键在于要确定国际竞争者真实的边际成本。效率低下的国内制造者通常对倾销持有以下观点：它们不可能以如此低的成本生产，绝对不可能。倾销问题的症结在于倾销会造成垄断，而事实上，把倾销当战略大行其道的产业还是很少（即使有的话）。

限制贸易的方法

一旦一国决定实行贸易限制，就必须选择一种方法。限制贸易主要有3种方法：对进口商品征税，限制进口商品的数量，制定进口商品的标准使得进口更加困难。

关税
对进口商品所征税收

最常用的限制贸易的方法是对进口商品征税，也称作**关税**。图14.3 表明如果一国希望将进口数量限制为 Q_{limit}：可以对进口商品征税，移动供给曲线，使其与需求曲线在该产量水平上相交。征收关税之后，进口商品的价格上涨至 P_{limit}，国内生产者则有更好的竞争机会。另外，政府得到面积为 $CP_{limit}AB$ 的税收收入，这笔收入可用于对工人进行再培训，也可用于提供其他形式的补偿。

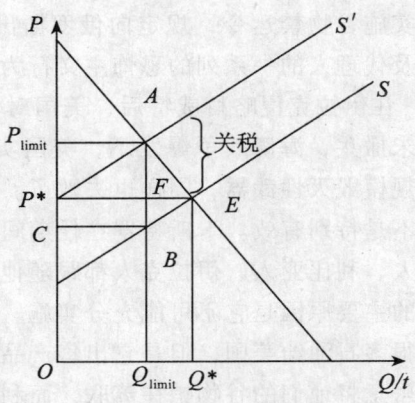

图 14.3 关税和配额的影响

配额
对进口商品数量的法律限制

限制贸易的第二种方法是**配额**，即在法律上限制进口商品的数量。如图14.3，这种方法很流行，因为它能将国内生产者制定的价格提高到 P_{limit}。配额和关税之间的主要区别在于进口国政府无法

通过配额得到关税收入。进口商提高商品的价格，并且将这部分额外收入作为其利润。即使对进口国而言，这种方法也看起来比关税更加不利，但是配额有时能够提供一些政治上的优势。如果一国对另一国商品强制规定进口配额，通常较少引起外交问题。但是，如同以前汽车产业曾发生过的那样，有时出口国可能会自愿限制出口数量。虽然这与配额类似，但是出口国保留终止这种行为的权利，并没有把这种权利转让给进口国。20世纪80年代初，当国会威胁采取行动时，日本曾自愿限制出口美国的汽车。

一国限制另一国商品进口的最后一个方法是：利用一国公认的权利检查入境商品。如果你不想某种商品进入国内，你可以为进口制定规则，提高进口成本。这种方法很有效，所有商品都不可能逃避限制。只有当规则非常愚蠢时，它才会很明显。这种方法大多用于农产品的进口。尽管一国对运输中的商品进行某种疾病、病菌或寄生物的检查是完全合法的，但是一些国家有时会将这种检查作为限制贸易的借口。因为这些商品本身易腐烂，从而极大地提高了其成本，有效地阻止了其进入新市场。

非关税壁垒
管制行为导致的贸易障碍

还有很多类似的**非关税壁垒**的例子。有些是完全合法的，有些则会引起质疑。1999年疯牛病的爆发就对英国的牛肉出口产生了影响，导致欧洲禁止出售英国牛肉。由于担心转基因玉米可能会引起过敏性反应，欧洲也同样禁止进口 Starlink 转基因玉米。欧洲禁止进口含有牛生长激素（BJH）的牛奶，和日本20世纪80年代对美国苹果的禁令都是非关税壁垒的例子。

贸易作为外交武器

近45年以来，有很多运用国际贸易解决外交问题的例子。自20世纪50年代末起，美国为了颠覆菲德尔·卡斯特罗（Fidel Castro）政权，对古巴进行贸易制裁。1979年，针对伊朗拒绝释放作为人质的美国大使馆外交官，美国宣布同伊朗贸易为非法。1980年，针对苏联入侵阿富汗，美国实施谷物禁运令，规定向俄罗斯出售小麦为非法。20世纪80年代中叶，针对利比亚政府及代理人的一系列的恐怖主义行为，美国宣布购买利比亚石油为非法。20世纪90年代初，在伊拉克侵略科威特后，美国对伊拉克予以经济制裁，希望伊拉克撤兵。然而伊拉克并未撤兵，海湾战争爆发了，美国实行了更进一步的经济制裁，企图迫使伊拉克放弃使用大规模毁灭性武器，同样也失败了。

利用贸易来影响外交并不是特别有效。卡斯特罗在任期间美国换了9个总统；伊朗人不屈服于这样的压力；苏联人、利比亚人、伊拉克人都跟随他们的领袖。贸易限制作为一种外交工具并不是特别有效的主要原因是它不可能充分实施。这些国家总是能通过其他途径进行贸易。伊朗从未出售很多石油给美国，但是它出售产品到其他国家则毫无问题。阿根廷和澳大利亚的农民非常乐意将他们的谷物销往苏联，而利比亚人和伊拉克人认为要打破强加给他们的禁运制裁是轻而易举的，因为有许多其他国家都能够打破禁运。从理论上讲，贸易限制似乎是一个强有力的外交工具。然而实际上，它并不是非常有效。

理论进阶：贸易保护主义的成本

我们已经了解了限制贸易的原因和方法，但是限制贸易将承受巨大的成本，可以运用图 14.3 和第 3 章中的消费者剩余和生产者剩余的概念来考察这些成本。无论采取何种限制贸易的方法，只要进口商品价格上涨至 P_{limit}，数量减少至 Q_{limit}，就会有人从贸易保护措施中受益，有人从中受损。受损者是消费者，因为他们的消费者剩余减少了 $P^*P_{limit}AE$。国内生产者是受益者，因为他们产品的价格更高。外国生产商是受损者，因为他们的销售量受到了限制。生产者从配额中所获的净收益，或者生产者的净收益加上政府的关税收入为 $CP_{limit}AB - BFE$。不管是哪种方式，贸易保护措施都会给社会造成净损失，为 ABE。

实际上，这部分损失可能非常巨大。表 14.5 说明了美国某行业的贸易保护的净损失。它也说明了贸易保护措施每减少 1 个就业岗位所带来的净损失，以及美国消费者由于关税和配额所承担的效率成本。我们为许多商品都只多支付了一点钱，但是这些数据加起来超过了 320 亿美元，减少了 191 664 个工作岗位。每减少 1 个就业岗位就导致了 169 000 美元的损失，可见贸易保护主义是最糟糕的就业计划之一。

表 14.5　贸易保护主义的总成本

产业	消费者总成本（百万美元）	减少的就业岗位	每减少一份工作所导致的成本
食品和饮料	$ 2 947	6 035	$ 488 000
纺织品和轻工业	26 443	179 102	148 000
化学制品	484	514	942 000
机器	542	1 556	348 000
其他杂项	1 895	4 457	425 000
总计	32 311	191 664	169 000

资料来源：Gary Hufbauer and Kimbely Elliot, Measuring the Costs of proteetion in the United States, Washington, D. C.: Institute for International Economics, 1994

小结

你现在理解了美国就很多商品进行国际贸易，有很多贸易伙伴以及巨大的贸易赤字，但是我们和我们的贸易伙伴都能从国际贸易中获利。你现在能够运用绝对优势和相对优势理论，以及生产可能性边界的概念来论证这种情况。你知道限制贸易的原因和限制贸易可选择的方法，你同样清楚限制贸易具有相当高的成本。最后，你明白了国际贸易作为一种外交武器很大程度上是失败的。

主要术语

绝对优势　　　非关税壁垒　　　关税
相对优势　　　配额　　　　　　贸易条件
倾销

自我测试

1. 对经济学家而言,在下面限制贸易的原因中,哪一个最没有说服力:
   a. 一个小岛国限制进口某种食品,因为在战时不能依赖进口
   b. 一国限制进口汽车,因为其他国家以很低的价格在该国出售汽车,使其国内汽车也没有竞争力
   c. 一国限制从那些没有实施污染法律的国家进口化学制品
   d. 一国限制从那些使用童工的国家进口服装

2. 对经济学家来说,以下哪项是最好的限制贸易的方法:
   a. 关税
   b. 配额
   c. 习惯约束
   d. 出口国和进口国所达成的自愿配额

3. 如果美国每个工人每天能生产 100 双鞋、1 000 条计算机代码,而马来西亚每个工人每天能生产 50 双鞋,10 条计算机代码,则
   a. 美国生产两种商品都具有绝对优势和比较优势
   b. 美国仅生产鞋具有绝对优势,生产计算机代码仅具有比较优势
   c. 美国生产鞋和计算机代码都具有绝对优势,但仅生产鞋具有比较优势
   d. 美国生产鞋和计算机代码都具有绝对优势,但仅生产计算机代码具有比较优势

4. 通过关税,配额或其他形式的贸易限制,每减少 1 个工作所导致的消费者成本
   a. 与个人所获得的支付大致相等
   b. 远远少于个人所获得的支付
   c. 远远高于个人所获得的支付

5. 由于运用生产可能性边界可以显示贸易利益,因此
   a. 每个国家的每个人都将在贸易中受到损失
   b. 每个国家的每个人都将从贸易中得到好处
   c. 总的来说,每个国家都将从贸易中得到好处
   d. 总的来说,每个国家都将从贸易中受到损失

6. 若一个老板每分钟可以打 60 个单词,而秘书每分钟只能打 25 个单词,解释绝对优势和比较优势理论。

7. 假设 A 国与 B 国都有自己的具有不变机会的生产可能性边界(提示:是一条直线),证明没有人能从贸易中受惠的唯一可能就是当这两条曲线平行。

8. 用文字与图形的形式比较和对照贸易限制的不同方法。

思考

将一般国际贸易增长，尤其是高科技产品与服务出口的增长与下列事实联系起来：在美国，一个没有大学文凭的人要想过上体面的生活比以前要困难得多，但是拥有高文凭的人的境况比以前改善了很多。

举例说明当某国在两种商品生产上都具有绝对优势时所得到的贸易利益。如果愿意的话，你可以举德国和意大利的例子。

讨论

你认为什么是最好的贸易政策，是完全的自由贸易吗？是只和某些国家进行贸易吗？还是不进行贸易？请详细说明理由。

进一步阅读

Journal of Economic Perspectives 12, no. 4 (Fall 1998). See articles by Dani Rodrik; Mauice Obstfeld; and Robert C. Feenstra and Jeffrey G. Williamson, pp. 3-72.
Journal of Economic Perspectives 9, no. 3 (Summer 1995). See articles by J. David Richardson and Adrian Wood, pp. 57-80.
Krugman, paul R. "Is Free Trade Passé?" *Journal of Economic Perspectives* 1, no. 2 (Fall 1987), pp. 131-144.
Any text with a title like *International Economics*.

参考数据

Historical Data
    Gross Domestic Product 1940-2002
    Budget of the United States Government, 2004;
    Historical Tables
        http://w3.access.gpo.gov/usbudget/fy2004/pdf/hist.pdf
U.S. Trade; Overall and by Industry, 2002
    U.S. Foreign Trade Highlights
        http://www.ita.doc.gov/td/industry/otea/usfth/tabcon.html
International Comparisons of Exports and Imports, 2002
    U.S. Foreign Trade Highlights
        http://www.ita.doc.gov/td/industry/otea/usfth/tabcon.html

第 15 章　国际货币基金组织：良医还是庸医

学习目的
- 理解什么是国际货币基金组织（IMF），它是如何诞生的，为什么会诞生
- 了解外汇市场如何使贸易变得简便
- 理解 IMF 的任务和决策程序
- 运用你所掌握的有关 IMF 的知识，解释 20 世纪 90 年代末的亚洲金融危机

内容概要
- IMF 诞生之前及其诞生
- 外汇市场
- 今天的 IMF
- 亚洲金融危机
- 小结

1998 年，一则经济新闻占据了报刊的头条位置：在过去一年中，亚洲金融危机严重威胁了世界经济的健康发展。亚洲金融危机推动了许多美洲国家与 IMF 的合作，IMF 也一直试图治愈席卷亚洲、俄罗斯与拉丁美洲的金融危机。很少有一个组织，一方面因有效阻止世界性萧条而受到赞扬，另一方面却又因为亚洲金融危机的爆发而饱受批评。因为人们难以达成共识，我们拿不出一个统一的意见，但我们可以将 1997 年到 1998 年的亚洲金融危机作为我们研究的基础案例。

我们从 IMF 诞生以前开始谈起，将详细考察为什么世界需要它的存在。我们描述了该组织的创建过程。我们将研究亚洲金融危机是如何发生的，IMF 又是如何应对的。最后，我们会考察人们对 IMF 的功过是非的争论。我们试图分析它究竟是一个能对症下药的良医，还是一个会给患者带来更多痛苦的庸医。

IMF 诞生之前及其诞生

在 1929 年的大危机中，世界金融市场经历了 3 年的萧条，导致全世界的通货紧缩率达到 48%，国际贸易总额下降了 63%。至今经济学家们仍然对萧条发生的原因各执一词。然而，在 1945 年第二次世界大战结束之时，世界许多政府都认为，如果能够运用对宏观经济学的新认识来阻止下一次危机的话，那么它就值得一试。因此，随着一套新的外汇交易系统的建立，一个新的组织诞生了，它就是国际货币基金组织（简称 IMF）。

IMF 是约翰·梅纳德·凯恩斯（John Maynard Keynes）的构想，凯恩斯区域的总供给

曲线也是以他的名字命名的。该组织能够在一国发生金融危机时为其提供贷款。它还能够为成员国提供宏观经济政策咨询，可以在危机发生之前帮助其成员国阻止经济危机的发生，或是在危机发生后帮助其成员国处理危机。IMF 作为贷款者的角色近年来得到了加强，但作为经济顾问的角色却一直是其重要使命。

大萧条最开始表现为金融危机，但由于一个接一个国家不停地犯错误，它最终演变为实物与资产的危机。例如，许多国家发现税收收入下降，因此为了保持预算平衡而提高税率。许多国家看到本国出口额下降，而竞争者对本国的出口额却在不断攀升。作为报复，许多国家提高了关税并设置贸易壁垒，这样，很多国家对外国商品关闭了国门。这些行为给该国人民带来了短期的经济利益和政治利益，但却大大加深并延长了危机。直至 1940 年，由于当时政府在第二次世界大战中军事开支的大量增加创造了较高的需求，世界经济才恢复到危机前的增长速度。进入 20 世纪 50 年代之后，经济才得以恢复到和平环境下的增长水平。

无论是城市与城市之间的贸易、州与州之间的贸易，还是国与国之间的贸易，对经济增长都是至关重要的。如果没有贸易，人们只能生产自己消费的商品。这样人们就不能享受到**规模经济**的好处，即随着产量的增加，所导致的单位成本的下降。要使得贸易能发挥作用，贸易的每一方都必须相信自己的所得至少会等于自己的付出。**易货贸易**是指直接用货物与货物交换，而不需要货币参加的交易。易货贸易能达到这一目的，但是效率低下且不可预知。如果你持有货币，你就不需要找一个持有你所想要的货物的人，你只需要寻找一个同样持有货币的人就可以。在城市与城市之间的贸易、州与州之间的贸易中，其逻辑也十分简单。随着外汇交易的引入，国际贸易变得更复杂了。

规模经济
随着产量的增加，单位成本下降的情形

易货贸易
不用货币而直接用货物与货物交换

外汇市场

为了弄清楚外汇交易的重要性和复杂性。我们不妨举一个购买索尼 MP3 播放器的例子。当你花费大约 100 美元在当地百货公司购买了一个 MP3 时，这 100 美元有几个流向。一部分流向了百货公司所有者，用以支付工人工资或支付其他商业开支，一部分支付给索尼经销商，剩下的就是公司利润。经销商从日本索尼公司购买 MP3，这就出现了**外汇**问题。日本人希望购买者支付日元而不是用美元，所以经销商就必须将日元交换成美元。现在索尼公司的大量产品并不是在日本本土制造，而是由泰国等一些国家生产。如果你购买的 MP3 由泰国制造，但泰国工人既不想要日元，也不想要美元，而希望得到泰国本币泰铢。

外汇
一国货币与另一国货币的兑换

让我们先考察这些外汇交换的第一个步骤：美元对日元的兑换。除了其标注比较复杂之外，图 15.1 看起来是一幅普通的供求曲线图。此图复杂之处在于，在一个典型的市场中，你需要改变货币的形式，以购买商品和服务。在此情形下，日元的需求就是美元的供给，美元的需求实际上也就是日元的供给。价格容易让人产生混淆。一般情况下是根据每单位商品的美元价格给出报价。在图中是用每单位日元表示的美元价格，同时它也很容易转换成用每单位美元表示的日元价格。因此，我们运用迂回的语言来给这些曲线重新命名。

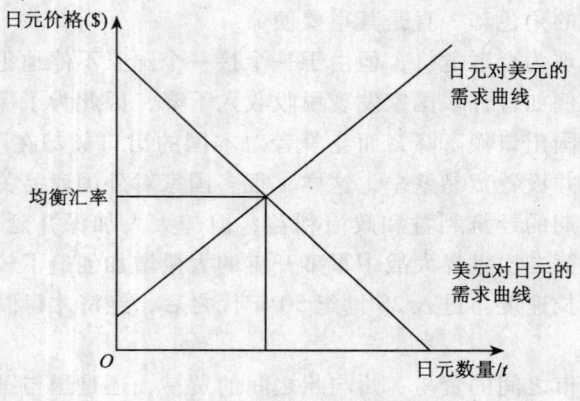

图 15.1　日元对美元的汇率

图 15.1 中纵轴表示的是用美元表示的日元价格，即得到 1 个单位日元而付出的美元数量。横轴表示的是兑换的日元数量。通常所说的需求曲线是指"代表人们将美元兑换成日元的意愿的曲线"。该曲线向下倾斜，是因为如果人们要放弃更多的美元才能换回 1 单位日元，那么人们就会不太愿意用美元交换日元。通常所说的供给曲线是指"代表人们将日元兑换成美元的意愿的曲线"。该曲线向上倾斜，是因为如果 1 单位日元可以换回更多美元，人们就会更愿意将日元兑换成美元。

如果日元持有者想得到美元的意愿发生变化，或者美元持有者想得到日元的意愿发生变化，美元相对于日元就会变得更强或更弱。如果人们拥有美元的意愿增强，会使美元更强势，从而导致日元价格——即美元对日元的汇率——下降。如果人们拥有日元的意愿增强，会使美元更弱势，从而导致日元价格——即美元对日元的汇率——上升。

回到前面购买 MP3 播放器的例子，你会发现即使是这样一个简单的对外贸易，也需要兑换好几种不同的货币。如果货币兑换可以像到银行将一张 20 美元的钞票换成 20 张 1 美元的钞票那么简单，那么外汇就不会成为国际贸易的障碍。在大多数西方国家，企业想要得到它们需要的货币是一件很简单的事。所有拥有股票交易市场的大城市都有外汇交易市场。然而，如果你必须得到特别许可才能进行外币兑换，那么交易就会麻烦很多。而且，如果这种特别许可只给予那些处于统治地位的集团，那么交易就会变得非常困难，甚至不可能。

谁是这些贸易障碍的受害者？是大多数人。太多的障碍会使你的 MP3 要么根本不能生产出来，要么成本会更高。你将被迫花更多的钱购买 MP3，或者只好不买 MP3。因此，百货公司会损失利润，售货员将损失佣金。分销商、索尼公司、泰国工人都将受到伤害。一方面有人无法进行销售；另一方面，有人会失业。

IMF 试图确保世界尽可能自由和开放地进行国际贸易。IMF 没有强制机制，但是它拥有说服和限制贷款的能力。IMF 的首要职能是监测出现问题的信号，当问题出现时解决问题，并建议各国实行容易遵守的外汇制度。

今天的 IMF

IMF 如何运作

IMF 拥有 184 个成员国，每个成员国会根据自己的能力缴纳一定数量的资金。作为回报，每个成员国都可以免费获得其他成员国成功的经验，并在发生危机时获得 IMF 的贷款。IMF 与世界银行不同，因为世界银行提供长期贷款，而且只为发展中国家的重大项目融资，以帮助其摆脱贫困，而 IMF 的短期贷款主要是为了实现经济的平衡和稳定。

每个成员国都要向 IMF 缴纳一定份额的资金，以便 IMF 在某些成员国暂时出现经济问题时能向它们提供贷款。尽管成员国必须缴纳其份额之后才能获得贷款，但实际上这些份额并非都用"真正"的货币支付。许多国家实行外汇管制，防止居民将本币兑换成外币。当然，许多货币在世界市场上的价值不高，因为这些国家发行货币仅仅只是为了鼓励出口。官方汇率代表本国货币与**硬通货**之间的比率，而硬通货是指能够较容易兑换成美元或黄金的货币，这样就夸大了这些货币自身的价值。因此，一国份额的 25% 必须用黄金或硬通货缴纳，而其余的 75% 可以用本国货币缴纳。

硬通货
容易兑换成美元或黄金的货币

世界银行

世界银行的工作主要是为穷国的投资项目进行融资，以促进其经济更快增长。世界银行为发展中国家的桥梁、油井、道路、灌溉系统、通讯系统和医疗系统的建设提供资金，以消除世界的贫困现象。

如果你阅读了第 24 章"贫困和福利"，你会明白在贫困的定义上还存在许多争议。凭直觉，你可能会选择美国的贫困线，但严谨的经济学家很少使用这一标准来判断世界贫困比率。因为如果那样的话，世界上绝大多数的人口都将处于贫困线以下了。世界银行用每天生活费不足 1 美元和不足 2 美元的人口占总人口的比例来衡量一国的贫困水平。基于一些技术上的原因，你可以访问世界银行的网站 http://www.worldbank.org，即使是这一标准也存在争议。如果用每天 2 美元作为标准，那么世界 60 多亿总人口中，有将近一半都处于贫困之中。

世界银行虽然很迫切地希望解决这一问题，但也无能为力。因为从其使命来看，它不是传统意义上的银行。它并不吸收存款。发达国家拿出一部分税收提供给世界银行，世界银行用这些资金为发展中国家的基础设施建设提供条件宽松的长期免息贷款，贷款期限通常大于或等于 35 年，并有 10 年的还款宽限期。由于一些独裁者和政治家窃取大量的这类援助用于个人目的，世界银行也受到了一些批评。但是仍然不能忽视世界银行的作用。不管是在乌干达与艾滋病的斗争，孟加拉国妇女的教育，还是波斯尼亚的战后重建，贷款资金都被用来帮助发展中国家的人民建立更美好的生活。

很多实行货币控制的国家用价值不稳定的货币来缴纳其 75% 的份额，这意味着虽然从理论上看，IMF 有 1 930 亿美元的资金可以用于借贷，但却只有一半有实际价值。一般而言，每年通常只有 20 种货币被借出，绝大部分都是美元、德国马克、日元和法郎。

举一个例子，虽然阿尔巴尼亚是 IMF 的成员国，并要缴纳略超过 5 000 万美元的资金配额，但其中有 4 000 万美元是用阿尔巴尼亚货币支付的，除了阿尔巴尼亚人之外，很少有人使用这种货币。实际上，其价值并没有阿尔巴尼亚政府所声称的那么多。如果可以在世界市场上将其兑换成美元，IMF 就会先将其换作美元再将其借贷出去。事实上，它是无法进行兑换的，所以 IMF 不能够将其兑换成美元或其他硬通货。

理论上，所有货币都可以兑换成硬通货，但是不能按货币发行国规定的汇率进行兑换。如果 IMF 选择以较低的真实价值进行兑换，那么 IMF 的资产负债表就会不平衡。在阿尔巴尼亚的例子中，名义价值为 4 000 万美元的阿尔巴尼亚货币只能换得 1 000 万美元。这就意味着 IMF 必须公开承认某些成员国并未真正缴纳其资金配额。因为 IMF 将自己定位成一个解决问题的机构，运用真实汇率来决定资金配额会引发一些政治问题，这是得不偿失的。

IMF 如何决策

特别提款权（SDRs）
国际货币基金组织根据世界上 4 种主要货币加权平均而合成的货币

IMF 的决策程序类似于民主政治投票。它的规则不是 1 国 1 票，而是每 100 000 个**特别提款权（SDRs）**拥有 1 个投票权。特别提款权是 IMF 创造的由世界上 4 种主要货币加权平均而成的货币单位。其中美元占 41%，欧元占 35%，日元占 13%，英镑占 11%。虽然这几种货币都可以按市场汇率兑换成美元，但通常 1 个特别提款权可以兑换 1.4 美元。

表 15.1 反映了主要工业化国家不只是承担了 IMF 大部分的资金来源，同时也拥有 IMF 的大部分决策权。与世界银行的融资相对应，世界银行通常按照美国的意愿行事。IMF 的总裁通常来自表 15.1 所列的 4 个主要国家之一。为了便于操作，IMF 的日常事务由 24 名执行董事负责，这 24 名执行董事分别来自俄国、中国、印度和沙特阿拉伯 4 个主要国家。有时一些正式的投票还会要求各国的财政部长参与，也包括美国的财政部长。另外的 16 名代表由世界上的其他国家轮流担任。

表 15.1　　　　IMF 的资金份额与投票权在各国的分布

国家或地区	资金份额（百万 SDRs）	投票权的百分比
美国	37 149	17.2
日本	13 312	6.2
德国	13 008	6.0
英国	10 739	5.0
法国	10 739	5.0
其他主要西方国家（比利时，荷兰，加拿大，意大利，俄罗斯）	29 137	13.3

续表

国家或地区	资金份额（百万 SDRs）	投票权的百分比
其他主要非西方国家（中国，印度，沙特阿拉伯等）	17 513	8.1
世界其他地区	81 175	39.1

亚洲金融危机

原因

虽然造成亚洲金融危机的原因至今仍存在争议，但以下所列举的原因似乎是不容质疑的。一段时间里，日本与欧洲的经济增长相对比较缓慢，这导致这两个地区的利率水平比较低，投资机会比较少。投资者都在寻找合适的投资机会，他们发现韩国、马来西亚、泰国、印度尼西亚和新加坡等亚洲国家的投资回报率较高。这些国家的银行与经纪公司从日本、欧洲以及其他地区借入硬通货。当贷款偿还期限临近时，它们仍然不能确定能否将本币兑换成硬通货。它们用这些借来的资金发放高风险贷款，其中有些贷款成为呆账，同时，泰国政府宣布不能再维持本币汇率坚挺，从而致使泰铢大幅度贬值。

泰国及其他亚洲金融机构都不能如期偿还贷款，因为它们发放出去的很多贷款都成为了呆账，再加上本币贬值，使其以硬通货的形式偿还债务变得更加困难。银行不仅无法偿还外国银行的借款，也无法为本国需要资金的运转良好的企业提供新的贷款。对以前信誉良好的公司贷款也无法收回，问题就变得更加严重了。尽管亚洲金融危机的每一步都非常复杂，但我们仍希望通过详细地分析，以寻求对我们有价值的东西。

首先，从 20 世纪 70 年代和 80 年代初开始，日本经济增长率大幅度下降，进入了长达 10 年的衰退期，或者称为低增长的复苏期。一些欧洲国家虽然没有出现衰退现象，但也正经历着低增长。全世界的投资者都在寻找高回报率的投资机会，而亚洲是非常有吸引力的地区。除日本之外，亚洲主要国家的增长率都大大高于世界平均水平，而且显示出更加强劲的增长势头。这些现象造成了发生危机的第一因素：大量的可利用的硬通货供给。

套期保值

采取某种投资头寸使得价格或汇率的波动不会改变商业决策的合理性

第二，这些国家的金融机构做了一项看起来有些冒险的行动。它们将借入的硬通货向政府兑换成本国货币，而并未进行**套期保值**。套期保值是指当贷款到期时，它们可以按照事先约定的汇率用本币向政府换回硬通货。通常当金融机构担心汇率波动时，会进行套期保值，但这些银行认为政府能够维持现行汇率水平。又因为套期保值需要花费资金，所以银行决定冒险节约这笔开支。没有进行套期保值就造成了发生危机的第二个因素：银行对偿还硬通货贷款未作充分准备。

第三，金融机构向企业发放贷款时，对收回贷款非常有信心。但不幸的是，由于多种原因，银行的信心被误导了。例如，有些公司制作了欺诈性的财务报表。人们认为有些企业"规模很大，不可能倒闭"，人们希望政府能够出面支持。还有许多人都受到了政府的影响。至少，企业运用借入的本币支付工资，用从政府那儿得到的硬通货购买设备。当然还会有一部分资金因政治腐败而流失。不管企业如何花费这些资金，都构成了发生危机的第三个因素，即一旦事情朝着坏的方向发展的话，就将毫无补救措施：大部分的硬通货都已经流失了。

第四，同时发生的两件事情引发了金融系统的崩溃：一是大量企业倒闭了，二是泰国政府放弃了一直坚守的泰铢汇率。企业的倒闭和本币汇率的下跌导致了保护经济的第一道防线倒塌。出现问题的国家的政府，如泰国，试图将本币钉住其他国家货币，以维持本国经济的增长。当本币还十分坚挺的时候，这样做十分简单：只需政府多发行货币，并将其兑换成硬通货就行了。这听起来很吸引人，但却根本不能解决问题。当本币太脆弱而无法维持其汇率水平时，政府不得不介入，用黄金或硬通货购买本币以提高其价格，减少本币数量。但当政府拥有的黄金和硬通货数量下降时，就无法维持本币的汇率水平了。更糟糕的是，投资者通常会把这当成是汇率还会继续下降的信号。事实上，如果一国的黄金和外汇完全流失，它是无法维持现行汇率的，本币汇率还会进一步下跌。因此泰国政府在用光硬通货后，宣布放弃现行汇率，其他国家纷纷效仿，在出现相似问题之前就降低了本币价值。因为金融机构都未进行套期保值，在新的不利的汇率水平下，它们又没有足够的本币来兑换外币，以偿还贷款，所以银行都纷纷寻求政府支持。但是，政府已经没有硬通货来借给它们偿还债务，因为在前面维持固定汇率的过程中，政府已经用光了硬通货。

这些银行都受到巨大的打击，他们没有能力贷款给那些只需要少量贷款就可以生存的企业，很多优秀企业也破产了。这进一步削弱了这些银行和亚洲货币的实力。这种情况一直持续下去，最终大多数拥有亚洲货币的投资者损失其投资额的75%，甚至超过75%。这一切都发生在1997年夏末和1998年冬到1999年。

IMF发挥了救援作用吗？

IMF提出了一揽子常规和非常规的方案进行援助，但这些援助方案都带有附加条件。不管援助计划是否有效，这些条件都必须予以执行。若经济问题不是很严重，每个国家可以提取其在IMF的资金份额中用硬通货缴纳的25%。这是支持亚洲货币的最后一道纺线，但几天之内，这些资金也流失了。为了得到IMF规则下的最高援助资金——3倍于其份额的援助，许多国家不得不接受IMF的条件。当问题全部暴露时，IMF拿出了巨额资金。因为IMF害怕危机会蔓延到俄罗斯、拉丁美洲（特别是巴西）和世界其他地区。

通常地，IMF的职责是提供3至5年的短期贷款，以防止一国临时性的经济衰退演变成为持续的经济衰退，或者防止其不断蔓延。IMF提供了价值350亿美元的特别提款权，并附加了一些必须接受的条件。不管这些条件是否有帮助，是否合理，是否受欢迎，借款国都必须接受。

这些附加条件要求政府放弃一些偏爱的行业和工程项目。确认了腐败对资源的蚕食现象，并把对腐败的惩治作为援助的先决条件。

另外一些条件要求这些国家完全取消外汇管制，外汇管制使得只有少数精英才能携带硬通货外逃。还有些条件提出了一套会计准则，以披露将来资产负债表中的任何造假行为。

虽然有些条件（如惩治腐败）受到了人们的欢迎，但有些条件造成了短期阵痛，而且可能使问题更加严重。例如，IMF始终坚持紧缩的货币政策，关闭那些"难以为继的金融机构"，加强对那些较弱的金融机构的控制。这些措施使得那些处于风雨飘摇中的企业得不到贷款,而且贷款的成本高昂,最终企业在金融风暴的打击下走向破产。

挤兑
担心银行出现信用危机的存款人争相提款的行为

一些难以为继的金融机构倒闭,引发了一些较弱的银行遭遇了**挤兑**风潮,从而这些银行也无法经营下去。许多不太稳定的企业也相继倒闭,引发了更严重的危机,而这些都是 IMF 的强加条件所造成的。

IMF 应该做哪些事情呢?如果它什么都不做,让问题自由发展,毫无疑问问题将变得更加严重。IMF 所做的事情是否正确仍然存在很多争论。如果 IMF 的介入挽救了所有的金融机构,那就意味着 IMF 会对任何愚蠢的高风险投资行为提供担保。这会给其他国家一个错误的信号:即它们不必改革,IMF 总是会帮助它们摆脱困境的。

我们不妨考虑一下本节标题"IMF 发挥了救援作用吗?"以及本章的副标题"良医还是庸医?"IMF 所面对的问题是处理短期危机和长期危机,这通常要求采取不同的措施。因为在经济运行良好的时候,IMF 几乎不发挥作用,但在经济出现问题时,却能发挥很大作用,它往往会提供长期的解决方案。这类似于病人只在住院时听从医嘱。长期的问题是:由于营养不良或缺少锻炼已经引起了短期健康危机,比如说是心脏病。

很显然,此时医生要求病人立即出去跑 5 英里是不太恰当的,但 IMF 的确是这么做的。如果它只是简单地支持这些金融机构,只会使短期危机变得更加严重。另一方面,IMF 为长期经济健康所开的处方,如要求财务报表更容易获得等,可能是必须的。

当然,必须把这些结果与 IMF 什么都不做所可能产生的结果作一番比较。如果 IMF 可以选择什么都不做的话,那么人们不禁会产生这样的疑问"如果在整个危机期间,IMF 可以什么都不干,那么为什么还需要 IMF 存在?"如果 IMF 什么都不干,在短期内情况可能会更好一些。然而,我们没有理由相信,有一个办法可以同时解决政治腐败和金融管理混乱问题,而这才是危机爆发的根本原因。

IMF 的成功干预引起了经济学家多年的争论,我们也将从中学到很多经验教训。世界上许多国家的公民也都会争论国际机构是否应该干预本国经济(参看下一章"西雅图冲突")。争论的结果将会决定,以后当一国处于困境之中时,是否会充分信任 IMF 的政策处方。

小结

现在你理解了什么是 IMF,它是如何诞生的以及为什么会诞生。你懂得了什么是外汇市场,以及它如何促进贸易。你理解了 IMF 的任务和决策程序。你现在也应该能够运用这些知识来分析 20 世纪 90 年代末的亚洲金融危机。

主要术语

易货贸易	硬通货	挤兑
规模经济	套期保值	特别提款权外汇交易(SDRs)
外汇		

自我测试

1. IMF 的工作主要是为发展中国家提供长期贷款，以使其经济得到更快发展。这一描述
   a. 正确
   b. 不正确
2. IMF 要求其成员国在不申请贷款的情况下也必须遵守 IMF 的政策主张。这一描述
   a. 正确
   b. 不正确
3. IMF 用来发放贷款的资金来自每个成员国的资金配额，而配额的大小取决于
   a. 一国从 IMF 借款可能性的大小
   b. 一国的人口
   c. 一国国内生产总值
   d. 一国过去的借款总额
4. 套期保值有助于防止亚洲金融危机发生的原因是
   a. 企业将不会倒闭
   b. 银行将可以偿还其所有贷款
   c. 汇率将不会下降
   d. 银行将至少可以按照约定的汇率偿还其国外贷款
5. IMF 成功应对亚洲金融危机，而受到一致赞扬。这一描述
   a. 正确
   b. 不正确
6. 说明为什么 IMF 所持有的大部分货币实际上并没有什么价值。
7. 说明套期保值在国际贷款中的作用，以及为什么不进行套期保值的话，会更容易发生金融危机。

思考

在亚洲金融危机中，IMF 究竟是应该插手干预，以消除错误的投资决策所带来的影响呢，还是应该不干预，让每个人从错误中吸取教训呢？这一点一直存在争议。你认为呢？

讨论

让美国成为 IMF 资金的主要提供者是否一件好事？为什么？

进一步阅读

Driscoll, David. "What Is the International Monetary Fund?" http://www.imf.org/external/

pubs/ft/exrp/what. htm.
IMF. "The IMF's Response to the Asian Crisis."
http://www. imf. org/external/np/exr/facts/asia. htm.
Krugman, Paul. *What Happened to Asia*. Cambridge, MA: MIT. (Mimeo). http:/web. mit. edu/krugman/www/DISINTER. html.
Ramo, Joshua Cooper. "The Three Marketeers." *Time*, February 15, 1999, pp. 34-42.
Stiglitz, Joseph. "Bad Private-Sector Decisions." *The Wall Street Journal*, February 4, 1998, p. A22.
World Bank
 Roles and Country Activities (See About Us and Countries and Regions)
  http://www. worldbank. org

参考数据

Distribution of Quotas and Votes in the IMF
 International Monetary Fund; About the IMF
  http://www. imf. org/external/np/exr/facts/sdr. htm
World Poverty Rates
 World bank; Data and Statistics; Data by Topic;
 Poverty
  http://www. worldbank. org/data/databytopic/poverty. html

第 16 章 NAFTA，GATT 和 WTO：贸易协定对我们是否有好处？

学习目的
- 理解为什么经济学家一般都认为自由贸易优于限制性贸易
- 了解贸易协定是如何为贸易活动提供便利的，为什么有时必须签订自由贸易协定
- 熟悉 NAFTA，GATT 和 WTO 等贸易协定与机构
- 了解贸易协定是否像宣传的那样发挥着作用
- 理解自由贸易协定产生的经济影响和政治影响
- 了解为什么对于大多数经济学家而言，基本准则是贸易协定是一个好的政策措施

内容概要
- 自由贸易的利益
- 为什么我们需要贸易协定
- 贸易协定与机构
- 贸易的经济影响与政治影响
- 基本准则
- 小结

NAFTA
北美自由贸易协定，包括美国、墨西哥和加拿大

GATT
关贸总协定，一个世界贸易协定

WTO
世界贸易组织，一个贸易争端仲裁机构

在克林顿执政时期，经济政策所遵循的一个基本信条是自由贸易有利于美国。原因在于在国际贸易中，美国的竞争力比其贸易伙伴更强。由贸易所带来的工作机会的增加和生活标准的提高大大超过了国际贸易所带来的损失。这一观点的理论基础是我们在第 14 章 "国际贸易：会危及美国的就业吗？" 中所介绍的国际贸易理论。

北美自由贸易区（以下简称 NAFTA）、关贸总协定（GATT）、世界贸易组织（WTO）都是自由贸易政策的先锋。本章我们将介绍每个组织的主要宗旨，并对支持和反对的观点进行评论。首先我们将总结自由贸易的理论观点。然后将详细解释上面所提到的三个贸易协定。最后我们会详细考察这些协定对贸易、收入不平等、工人工资和环境健康等问题的影响。

自由贸易的利益

人们通常认为贸易的经济利益是显而易见的，经济学家们根本没有必要进行解释。然而，大多数非经济学家认为贸易是一个零和博弈："一方所得即另一方所失"。没有什么比这种观点更彻底地曲解了贸易的作用。在经济学的领域中，还没有哪一个问题像贸易一样，能让经济学家的理论与非经济学家认为的传统智慧之间产生如此大的分歧。如果下面的解释还不能够充分详细地说明经济学家关于国际贸易的利益的观点，你可从第 14 章获得更多的信息。

假设世界上只有美国和墨西哥两个国家，并且它们都只生产两种产品：低技术产品（LT）与高技术产品（HT）。进一步假设与墨西哥工人相比，美国工人无论生产低技术产品，还是生产高技术产品，都速度更快，产量更高。既然美国能够同时生产两种产品，那为什么美国还希望和墨西哥进行贸易呢？我们不妨来看看其可能性。假设美国与墨西哥的工人都被划分为高技能和低技能两种类型，而且两国都实现了充分就业。为了说明他们的工作效率，假定表 16.1 表示了每个国家生产特定数量的某种产品时所需的工人数量。

表 16.1　　　　　工人的产量：生产一定数量产品所需要的工人数量

	高技术		低技术	
	高技能工人	低技能工人	高技能工人	低技能工人
美国	1 人生产 1 个单位	2 人生产 1 个单位	1 人生产 4 个单位	1 人生产 3 个单位
墨西哥	3 人生产 1 个单位	4 人生产 1 个单位	1 人生产 3 个单位	1 人生产 1 个单位

表 16.1 反映了一个美国的高技能工人可以生产 1 个单位的高技术产品，而一名墨西哥的高技能工人可以生产 3 个单位的低技术产品，依此类推。从表中可以看出美国高技能工人生产两种产品的效率都较高，而墨西哥低技能工人生产两种产品的效率都较低；而且也假定美国低技能工人生产高技术产品的效率也比墨西哥高技能工人的要高（可能因为美国工人使用更加先进的机器设备），但两者生产低技术产品的效率是相同的。

如果 100 个美国低技能工人从低技术产品部门转移到高技术产品部门，而 120 个墨西哥工人从高技术产品部门转移到低技术产品部门，那么美国的高技术产品将会增加 50 个单位，低技术产品将会减少 300 个单位；而墨西哥的高技术产品将会减少 40 个单位，低技术产品将会增加 360 个单位，那么世界（限制在美国和墨西哥两国范围内）将会净增加 10 个单位高技术产品和 60 个单位低技术产品。假定平均分配贸易利益，那么两国都能从中受益。

由于墨西哥低技术产品部门的竞争力日益提高，许多美国低技术生产部门的工人会失业。然而，他们很快能在高技术产品部门找到新工作，因为对美国高技术产品的需求不断增加，同时也会增加对劳动力的需求。虽然某些认为贸易能使双方都受益的观点遭到了批评，但经济学家们仍坚持这一基本看法。大部分经济学家都确信贸易提高了我们的生活水平，而且无论有多少工人失业，他们总是能在正在成长的行业中找到工作。

为什么我们需要贸易协定

也许你会本能地对经济学家的观点持怀疑态度。你或许会问,既然自由贸易这么好,那么为什么还需要贸易协定呢?有两个方面的原因:一个是经济因素,另一个是政治因素。

战略性贸易

战略性贸易政策
为了获得比自由贸易更多的利益而设计的政策

战略性贸易政策是为了使一国能够获得比自由贸易时更多的贸易利益,而实施的一些政策措施。从经济学的角度来看,一国要想获得更多的贸易利益,必须具备一些条件。也就是说,一国可以通过提高关税、设置配额等措施来增加其贸易利益,但是这样做会损害贸易双方的总收益。

尽管对一国而言,在什么条件下战略贸易优于自由贸易,是比较复杂的,但是下面这个例子可以清楚地说明。假设一个大国在某种特殊商品的生产上占有支配地位,而另一个大国相对较弱。大公司具有垄断力量,可以轻易击败其他国家的小公司。至少经济学家已经从理论上证明:小公司的所在国会对其出口予以补贴,通过大量的补贴来增加其利润。一个典型的例子是波音公司与空中客车公司在大型民用飞机制造上的竞争。实际上,空中客车公司从法国和英国政府得到的补贴已经超过了其利润。

特殊利益

无论何时发生贸易,都会有人认为自己遭受了损失。一般人们遭受的损失是显而易见的。当美国一个城镇的一家工厂关闭,转而到其他国家生产,贸易造成的工作机会的减少是有目共睹的,而普通工人则很难发现贸易所带来的就业机会的增加。结果,许多失业的工人喊出了抵制自由贸易的口号,而那些从贸易中受益的人却并不知道自己得到了好处。

如果贸易的受损方有足够的政治实力游说执政者,使他们相信限制贸易可以为自己带来政治上的利益,就会出现更大的政治问题。再次强调,由于自由贸易的受益方——支付更低的价格的消费者,得到更好的工作机会的工人——并不认为这些利益都是自由贸易带来的,所以赞成自由贸易的声音很少。但有两个集团却极力推崇自由贸易政策:企业与农民。结果在政治上看,好像围绕自由贸易的战争,一方是普通工人,另一方是农民和大型企业。因此,虽然经济学家认为自由贸易的利益非常明显,但政府官员们就不一定这样认为了。

贸易协定阻止了什么?

关税
对进口商品所征税收

配额
对进口的一种限制措施

为了说明错误的自利行为会损害贸易利益,我们再回到前面的美国和墨西哥两国之间进行贸易的例子。如果美国低技能工人担心贸易会导致其失业,他们可以要求政府设置**关税**或**配额**。两种措施都可以提高进口商品的价格,前者还可以增加政府税收收入。如果墨西哥不采取报复性关税与配额,美国的高科技产品的出口量将会保持不变。这样会对美国有利,但其所得将低于墨西哥所受损失,致使世界总体收益减少。如果墨西哥采取报复性措施,墨西哥的境况将会得到改善。墨西哥将会提高关税或设置配额。而且,此措施给墨西哥带来的收益会超过其给美国带来的损失,反过来又会引起美国新的报复措施。很快双方都不能从贸易中受益,贸易活动就会停止。

贸易协定阻止国家之间的贸易报复进一步升级。因为对一国而言,实行自由贸易比闭关自守更加有利,所以自由贸易赢得了人们的支持。问题是许多国家往往试图设置壁垒,同时又希望不会因此而引起报复。若国家之间开展关税战争,报复性措施会引起对方更进一步的报复,这样不仅会损失一些小的利益,也会失去许多其他所有的贸易利益。因此,许多国家需要贸易协定,以保护自身免受贸易壁垒的诱惑。

历史上有些贸易政策比较令人费解。共和党的第一位总统亚伯拉罕·林肯(Abraham Lincoln),在第一次竞选参议员时的演讲中便呼吁提高关税。保护性贸易政策也成为共和党的重要政治主张,20世纪30年代的"斯穆特-霍利关税法"(Smoot-Hawley tariff law)就是一个例证。直到20世纪50年代,共和党人才开始转而倡导自由贸易,这样做是因为选民们认为他们能从贸易中得到实惠。同时,主要由工会支持的民主党由自由贸易的倡导者转变成了贸易保护主义者,因为工会发现贸易损害了其成员的利益。1993年,民主党总统克林顿重新将民主党转变为自由贸易的支持者,而共和党却又恢复了其贸易保护主义的观点。尽管国会中大部分民主党人士仍倡导贸易保护,而大部分共和党人士赞成自由贸易,但值得注意的是,美国历史上大多数具有历史意义的贸易协定是在两党的政策主张发生转变的时期里谈判、签订和获得批准的。

贸易协定与机构

详细介绍

北美自由贸易协定(NAFTA),最初由里根(Ronald Reagan)总统提出,由老布什(George Herbert Walker)总统进行谈判,经过修改之后,经国会通过,最后由克林顿(Bill Clinton)总统签署。它创造了一个自由贸易的地理区域,包括美国、加拿大和墨西哥。这三个国家在以下两个方面达成了一致:(1)低关税;(2)设置合适关税的程序。该协定的一个重要组成部分是可以通过规范的申诉程序来解决国家之间的争端。

关税与贸易总协定(GATT)也是经过几任总统的谈判才达成的。GATT规定了成员国设置关税与配额的条件。GATT于第二次世界大战后成立,但是在乌拉圭回合的最新版本中,它向自由贸易做出了最大限度的妥协。即使按照最宽泛的定义,GATT也不是一个自由贸易协定,但它推动了各国向自由贸易的转变。实际上,它只是使关税与贸易报复的规则更加明晰而已。

GATT的规则要求实行报复对等原则。例如1999年,很多西欧国家对销售到其前殖民地的香蕉给予优惠政策,美国在一些大的水果公司(如Dole公司)的请求下,威胁对欧洲皮革制品征收高额的报复性关税。尽管香蕉与皮革关系不大,但是GATT认为此报复性措施是可以接受的。它在GATT规则下行得通,是因为所涉及的贸易大致相同。GATT的条款明确指出了"哪些地方可以使用报复性关税,哪些地方则不可以使用"。

乌拉圭回合提出了对知识产权的保护与约束。当时中国、韩国以及其他亚洲国家的法律还没有认识到个人有权利拥有自己的思想,而西方国家的版权法和专利法则允许人们拥有这一权利。他们在复制与出售拥有版权的商品,如音像制品、书籍、电脑软件时,会保证版权拥有者不受到损失。另外,令美国政府以及那些市场受到了影响的行业吃惊的是:很多国家的影视产业无法与美国好莱坞竞争,但它们限制进口美国的电视节目和电影。

在侵犯著作权的问题上,亚洲政府承诺将严厉打击制造和销售盗版音像软件的企业。某些国家市场上 Win95(Win98、NT、ME、2000、XP 的前身)的盗版软件数量一度超过了正版软件的数量。美国认为这种行为侵犯了美国艺术家、生产商、唱片公司、软件开发商等机构的利益,必须受到制裁。在这一问题上,GATT 认为侵犯著作权也应该受到关税报复。

美国在销售美国制作的电影与电视作品时也拥有优先权。美国娱乐业在全世界销售其产品,比如 20 世纪 90 年代,电影 Baywatch 在欧洲取得了非常高的回报。然而,许多国家都有自己的"本土化"条例,要求在影院播放的电影和电视中所播放的节目中,由本国制作或是由本国演员完成的比例不得低于某一个百分比。美国政府反对这些条例,是因为这会限制美国影视产品的出口。虽然影视作品的出口在美国出口额中占有重要地位,但 1997 年 GATT 的乌拉圭回合达成的协定最终并未支持美国所提出的要求。

GATT 的另一个重要作用是促使了 WTO(世界贸易组织)的诞生。直到 1997 年,各国之间的贸易争端不过是一些涉及公平的问题,没有一个机构负责解决这些争端,而如今 WTO 的主要任务就是解决贸易争端。虽然 WTO 只能够就谁对谁错提出建议,但它能够将有价值的申诉和无价值的申诉区分开来,能更容易地解决贸易争端。

西雅图冲突

在 1999 年 11 月底至 12 月初的 4 天之中,示威者与警察的对峙演变成人所共知的"西雅图冲突"。示威者对 WTO 的会议提出了抗议,认为其实际上是一场政治集会。一些环境保护主义者提出抗议,认为贸易协定威胁了环境的健康,还有一些抗议者是劳工积极分子,他们认为全球化与日益激烈的国际竞争对其收入与工作安全带来了威胁。另一些抗议者是右翼的全球化的反对者,他们认为 WTO 是美国推行霸权主义的一个武器。估计示威者人数有 35 000 人左右,而在 4 天之中有超过 500 人被逮捕。或许是因为示威者的原因,这次会议没有签署任何文件,甚至没有决定下次会议召开的时间。虽然全球化的趋势并未因示威者的抗议而终止,但这次活动给全世界的领导人敲了一个警钟,让他们意识到了其活动潜在的政治影响。

它们是否发挥了作用?

从 NAFTA、GATT 与 WTO 的实施效果来看,很难分辨哪一方的预测与现实差距更大,到底是那些因为工作机会减少而认为能听到"巨大的吮吸声"的人呢,还是那些认为出口带来了大量就业的人呢?虽然签署 NAFTA 之后,美国、加拿大、墨西哥三国之间的贸易增长非常快,但是在签署 NAFTA 之前,三国之间贸易的增长速度也很快。虽然因为许多企业迁往墨西哥,美国失去了许多就业机会,但总的来说,这一时期美国所增加的就业岗位超过了历史上任何时期。这些协定到底产生了怎样的影响呢?

从 1995 年末 NAFTA 生效以来到 1998 年底,美国与加拿大之间贸易额增长了 30%,

美国与墨西哥之间贸易额增长了60%。但是这些增长数字容易让人产生误解,因为在NAFTA成立之前的5年里,美国与加拿大之间的贸易额和美国与墨西哥之间的贸易额分别增长了50%和75%。贸易的增加使得美国仍维持着对加拿大少量的赤字。另一方面,美国对墨西哥的少量剩余转变成了大规模赤字。

NAFTA对就业机会的影响也存在争议。美国劳工部证实:由于NAFTA减少了就业机会,超过10万工人有资格接受职业再培训,但这一数据也存在争议。有些人认为这些数字被夸大了,并指出有些工作机会的丧失是由于与NAFTA无关的竞争因素造成的。有些人认为这些数字低估了由于NAFTA所导致的工作机会减少的真实影响。

贸易的经济影响与政治影响

那些反对自由贸易协定的人担心自由贸易协定对贸易产生影响,但他们更担心的是它对工人工资、工资不平等、劳动者待遇及环境等问题产生的影响。在我们讨论这些担忧是否由贸易协定引起之前,逐个地解释这些担忧是非常必要的。

美国制造业工人的平均工资远远高于加拿大、墨西哥乃至所有其他国家。如果在全球范围内,工人的劳动生产率相同的话,那么公司就会将其生产部门转移到工资更低廉的地区。只要公司的工资成本的下降超过商品运输成本的增加,只要没有贸易壁垒,美国的就业机会就会减少。

如果美国工人的生产力较高,但又不足以弥补工资差额,那么美国公司仍然会在其他地区生产商品,然后再进口至美国。如果贸易保护主义发挥作用,阻止或者至少不鼓励进口,就不会出现这种情况。那些依赖这些行业生存的工人不可避免的会因自由贸易而受到损害。那些赞成自由贸易的人却认为:贸易所带来的收益足以为那些失业工人再培训提供资金。

我们只需要分析某些行业的工人数量和进口数量,就可以计算出失业的工人数量。从1960年开始,汽车制造、汽车零件、钢铁、电器、服装与纺织品等工业部门受到了进口的严重冲击。不幸的是,这些行业(特别是服装制造业)为非熟练劳动力和半熟练劳动力提供了较高的工资,他们的损失是20世纪下半叶所面临的最主要的问题之一,没有大专文凭的人就业无望。[①] 利用消费者价格指数进行计算可知,从1970[②] 年之后,美国制造业工人工资在下降,而高技术工人的工资却在上涨。贸易的受益者和受损者之间的收入差距不断扩大,使得关于贸易的争论更加激烈。

只有那些保住工作的人才因贸易而受益。大体上看,那些受过高等教育的人能保住工作,能得到比以往更高的收益。对这些人而言,他们所购买商品的价格比这些商品在美国制造时更便宜,而且其工资收入增加了,生活水平也大大提高。比较而言,那些失去工作的人找到了新的工作,但新工作的收入难以维持以前的生活水平。宾夕法尼亚州的钢铁工业、中西部地区的汽车制造业与整个美国的电器工业都遭受到了严重损失,失去了许多高

---

① 由于这一趋势不可避免,这里主要讨论贸易对就业的损害程度。
② 如果你不运用在第13章中谈到的调整过的CPI,这一估计是精确的。如果运用调整过的CPI,生产工人的实际工资会略微上升。

收入的就业岗位。因此，那些专业人员或受过高等教育的人赞成自由贸易，而那些没有受过高等教育、因贸易而受损的人反对自由贸易也就不足为奇了。

如果我们制定贸易政策的前提是每个人都能从贸易中受益的话，那么我们必须确保失业者能够接受再培训。为了达到这一目的，一部分贸易利益必须以暂时救济或职业再培训的方式，从贸易的受益者转移到失业者手中。

贸易协定的另一个重要问题是童工与一般劳工的工资待遇问题。如果美国公司必须与那些雇用 8 岁童工，而 1 小时只支付他们 1 美元或更少报酬的公司竞争的话，那么美国工人的工作效率必须提高 10 倍，或者干脆将他们的工厂搬到这些地区。许多美国人不仅认为雇用童工是不道德的，他们还认为任何导致童工存在的行为都是不道德的。如果他们意识到自由贸易对童工的存在负有责任的话，他们甚至有可能认为自由贸易本身也是不道德的。

贸易不止涉及童工的待遇问题。在广大的贫困国家，劳动力的成本一直处于比较低的水平，因为工人们害怕失去哪怕并不是很好的工作。财富都集中在那些控制着企业的少数人手中，雇主可以威胁将工人解雇，并使其无法在其他地方找到工作。雇主们相互勾结压低工资。工人们没有任何权利，即使他们有合法权利，他们也不愿意与雇主抗争，因为他们害怕失去自己的工作。对于很多工人而言，有些基本的权利如人身自由、正常的就餐和上厕所的休息时间、每周 40 个小时的工作时间，以及集体的讨价还价权利等都不过只是梦想而已。

自由贸易使一些国家的工人比欧美国家的工人更具有竞争优势，因为他们的待遇差、权利少，而欧美国家的工人工资高，权利多。为了与这些企业竞争，西方企业必须将工作效率提高到其竞争者使用未经专业训练的工人所无法达到的程度。这在软件开发等高科技领域不难做到，但在服装行业和纺织品行业是不可能实现的。如果一项工作不需要很高的工作技术或专业的理论知识，那么那些待遇低的未经专业训练的工人就可以胜任。只有当一项工作需要复杂的思维，那些受过专业培训、获取高工资的人确实比那些没有受过专业培训、待遇低的人有较高产出时，美国企业才会雇用他们。

自由贸易最后一个受到指责的地方是对环境的污染。墨西哥出口加工区（Maquiladoras）是在美国和墨西哥边境设立的出口加工区，产生了很多有毒物质。造成这些有毒物质的厂商对其处理方式却各不相同。例如，在美国工厂的废水必须进行处理，要达到接近可饮用的标准。在墨西哥，则只有不到 10% 的工业废水经过如此严格的处理。这个例子明确说明了，通过自由贸易来获得并利用比较优势并不一定是件好事，因为这些废水直接流入格兰德河（Rio Grande），污染了德克萨斯州的环境。如果在美国生产这些产品的话，即使成本会更高一些，但是环境污染问题会得到改善。

自由贸易协定可以解决这些问题。虽然将美国的劳工待遇与环境标准强加于其他国家是不可能的，但是可以建立统一的准则，要求不发达国家持续提高指定领域的标准。虽然 NAFTA 并没有完全实现这一目标，但它正朝着这个目标努力。GATT 虽然没有 NAFTA 严格规范，但它也要求其成员国遵守共同签署的关于劳工权利问题的国际协定。

基本准则

国际贸易协定的基本准则是：大多数经济学家赞成贸易协定，是出于以下两个基本原因：

1. 经济学家通常认为：只要不损害无辜的第三方的利益，任何人都可以从他想要的人那里购买想要的商品，也可以将商品销售给他想卖给的人。

2. 更重要的是，经济学家赞成自由贸易协定，是因为如果这些协定是经过仔细协商之后签订的，那么就可以提高全球的经济福利。

自由贸易使一些地区丧失了就业机会，又在其他的地区创造了更多的就业机会。一些较贫困、工资水平较低的国家将会得到更多的、不需要太多培训和教育的就业岗位。另外一些国家，包括美国在内，则会从销售高技术含量的商品中受益。

关于自由贸易，经济学家有一点是正确的，即通过收入支持与再培训，贸易利益足以抵消贸易受损方所遭受的损失。我们需要理解的是，如果一部分人得到自由贸易的全部好处，而忘记了那些失业者的话，那么自由贸易就会成为另一个使得富人更富、穷人更穷的工具了。

创造性破坏

人们为了抓住更好的机会，不情愿地放弃现有的工作

关于那些失去工作的人，有一个有趣的概念：**创造性破坏**。这一概念由约瑟夫·熊彼特（Joseph. Schumpeter）提出。熊彼特认为工人一般希望有一份稳定安全的工作，除非迫不得已，他们不会主动寻找更好的机会。如果这一逻辑成立的话，那么自由贸易让人们处于失业状态中，是帮了他们一个忙。由于大多数经济学家坚信人们所做的一切都是符合自己利益的，人们或许知道外面有更好的工作机会，但是他们就是认为现在的工作更舒服些。这说明了失业并不一定真正起到了帮助作用。当然，我们也不必过分紧张，因为美国大量新兴的服务部门吸纳了很多因贸易而失业的工人。

不论我们是否有NAFTA，GATT或者其他的贸易协定，工会、工人或年轻人都必须明白，只要拥有高中文凭就可以确保获得中等收入的时代已经一去不复返了。社会向机械化制造转变的趋势是不可阻挡的。现在有很多操作或设计新机器的工作，然而这些工作都要求工人接受过专业训练和高等教育。

除了经济方面的因素之外，NAFTA所起到的外交作用也是不能忽视的。巴拿马运河条约就是NAFTA斡旋的结果，拉丁美洲国家与美国受到同等的待遇。过去，拉美国家的主权不止一次受到美国的威胁。现在NAFTA已经默认了在西半球的经济发展中，墨西哥是美国与加拿大的贸易伙伴。

小结

阅读完本章之后，你现在理解了经济学家通常认为自由贸易优于限制性贸易，而且自由贸易协定可以使得开展贸易活动更加便利，被经济学家认为是件好事情。你明白了为什么经济学家们一直坚持自由贸易，为什么有时必须签订贸易协定来保证自由贸易的顺利实现。你已经熟悉了NAFTA，GATT，WTO这些国际贸易协定或机构，知道了关于它们是否

像宣传的那样发挥作用的一些观点。你理解了自由贸易协定产生的政治和经济影响，以及大多数经济学家认为贸易协定是有益政策的最基本理由。

主要术语

创造性破坏　　　　配额　　　　　　　关税
GATT　　　　　　战略性贸易政策　　WTO
NAFTA

自我测试

1. 贸易协定是必须的，其主要原因是
   a. 在特定情形下，各国可以通过降低关税来提高自身福利水平，但是世界总的福利水平会降低
   b. 在特定情形下，各国可以通过提高关税来提高自身福利水平，但是世界总的福利水平会降低
   c. 必须确保农民能进入其他市场
2. GATT 是
   a. 一个自由贸易组织
   b. 制定关税和配额的规则的条约
   c. 一个限制贸易的法律
3. 在任何情况下，限制贸易都不可能符合一国的经济利益。这一说法是
   a. 正确的
   b. 错误的
4. NAFTA 导致了
   a. 美国损失了大量的工作机会，而墨西哥增加了大量工作机会
   b. 贸易的增加量大大超过以前
   c. 墨西哥损失了大量的工作机会，而美国增加了大量工作机会
   d. 贸易的增加量与签订 NAFTA 之前基本一致
5. 通常地，在全世界实行关税和配额
   a. 是出于实施关税和配额的国家的政治原因
   b. 是出于经济原因，因为贸易限制使得有些国家的福利得到改善
   c. 是出于道德原因，以限制童工生产的商品的进口
   d. 是为了阻止战争的爆发
6. 经济学家支持自由贸易协定的主要原因是
   a. 每个受到自由贸易影响的人的福利会得到改善
   b. 自由贸易通常会使得穷国的境况得到改善，而富国的境况恶化
   c. 每个受到正面影响的国家的总收益能抵消那些受到负面影响的国家的损失
   d. 自由贸易会使富者更富

第 16 章 NAFTA, GATT 和 WTO: 贸易协定对我们是否有好处?

思考

决定贸易利益大小的关键因素是进行贸易的国家之间的差异。但是,大多数贸易协定都是在大体相似的国家之间缔结的。如何解释这一悖论?

讨论

如果你知道一件衣服是由童工制作,而另一件衣服是由美国工人制作,你会为那件美国制造的衣服支付更多的钱吗?多支付多少呢?

进一步阅读

"China and the WTO." *Economist*, April 3, 1999, pp. 14-15.

Husted, Steven, and Michael Melvin. *International Economics*. Reading, MA: Addison-Wesley, 1997, esp. Chapter 8.

Krugman, Paul R., and Maurice Obstfeld. *International Economics: Theory and Policy*. Reading, MA: Addison-Wesley, 1997, esp. Chapter 11.

The Seattle Times, December 4, 1999, and the *Seattle Times* WTO Web page, http://seattletimes.nwsource.com/wto/.

Whitelaw, Kevin. "Banana-Trade Split." *US News & World Report*, January 11, 1999, p. 49.

第17章 烟草、酒精、毒品和色情服务

学习目的

- 理解如何运用供给和需求模型以及消费者剩余和生产者剩余的概念来分析烟草、酒精、毒品和色情服务
- 了解由于信息和无辜的第三方承担的成本等原因,经济学家赞同对市场进行干预
- 理解烟草和酒精的需求弹性怎样决定,谁的利益会由于对这些商品征税而受到损害
- 了解毒品合法化的影响

内容概要

- 烟草、酒精、毒品和色情服务的经济模型
- 为什么管制是必要的?
- 对烟草和酒精征税
- 为什么毒品和色情服务是非法的?
- 小结

我们承认,没有一个母亲希望她的孩子抽烟、喝酒、吸毒或参与色情活动。这些都不是健康的活动。然而,经济学家们一般不会仅仅因为某些商品和服务对人有害而建议禁止该商品和服务。本章运用供给、需求、弹性、消费者剩余和生产者剩余等工具来分析这些特殊商品和服务,以及为什么有些商品需要管制,有些需要征税,而有些则是非法的。

23%的美国人吸烟,平均一个美国人每年消费近32加仑啤酒。因此,酒精和烟草是美国经济重要的组成部分。烟草行业每年雇用33 000人,年销售额达到370亿美元。酒精行业每年雇用32 000人,年销售额达到230亿美元。因为毒品和色情行业是违法的,所以不可能确切知道用于这些活动的费用和从事这些活动的人数。我们只知道在35岁以下的成年人中,将近一半曾使用过大麻,而且1/7使用过可卡因。我们所了解的从事色情服务的人数并不精确,但是每年都有20万人到超过100万人从事性服务,而且每年都有上亿美元用于性消费。

在对这些商品和服务进行经济学分析之前,我们先回顾一下供求原理,回顾市场上消费者和生产者的利益如何达到均衡。然后我们要考察为什么销售和使用这些商品要受到管制,需要征税,而有些商品被禁止,以及为什么经济学家支持这种管制。沿着这一思路,我们不仅要关注二手烟、酒后驾车、性疾病的传播和犯罪率的上升,还要关注年龄限制、警告标志和禁酒令等问题。在简单讨论弹性的重要性之后,我们要运用供求模型来分析:由于对烟草和酒精大量征税,谁遭受了损失。最后,我们将讨论为什么烟草和酒精是合法的,而某些毒品和色情服务则不是,以及如果将这些商品和服务合法化,将会带来什么

第 17 章 烟草、酒精、毒品和色情服务

影响。

烟草、酒精、毒品和色情服务的经济模型

我们将以第 2 章中的市场概念为基础,来分析烟草、酒精、毒品和色情服务。在第 2 章中,我们假设市场中有很多的买者和卖者,而且每个人的需求曲线都向下倾斜,供给曲线向上倾斜。在这里,我们暂时假设这些商品对第三方没有负面影响。同样我们假设从事这些活动的人都清楚他们所从事行业的性质。虽然这些假设有些不切实际,但这种方法为我们认识市场提供了一个出发点。为了证明消费者和生产者都能从市场中受益,我们必须运用在第 3 章中介绍的消费者剩余和生产者剩余的概念进行分析。

我们从图 17.1 开始进行分析。消费者购买 Q^* 个单位的商品,每个商品的价格为 P^*。这就意味着消费者支付给生产者的货币数量低于消费者愿意为该商品支付的价格,而同时又高于生产者的生产成本。换句话说,与所放弃的货币相比,消费者更乐于得到商品和服务,而生产者也可从中获利。消费者的收益为 P^*AB,也称为消费者剩余。生产者的利润为 CP^*B,也称为生产者剩余。

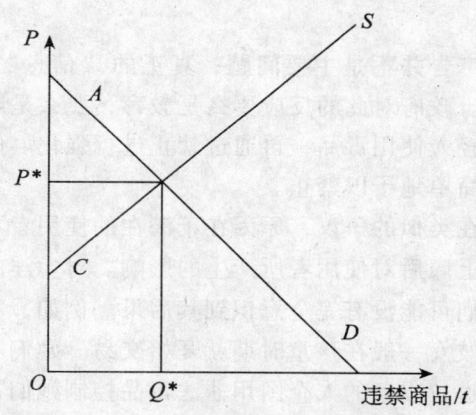

图 17.1 违禁商品的市场

根据上述分析,我们可以得出这样的结论,对于酗酒者、啤酒公司、烟民、烟草公司、吸毒者、贩毒者、妓女和嫖客来说,销售这些商品和服务所得到的收益要高于不从事这些活动所得收益。消费者剩余和生产者剩余的总和为 CAB。如果买卖这些商品和服务是非法的,并且每个人都遵守法律,那么上述团体的境况就会恶化。在你接受这个结论之前,必须记住:只有在严格的假设前提之下,才能得出上述结论。

为什么管制是必要的?

现在是认识并解决烟草、酒精、非法毒品、色情服务等现实问题的时候了。那些商品能使人上瘾。无辜的第三方会受到二手香烟、酒后驾驶和性疾病的传播等有害影响。因此,公共健康专家希望能说服立法者约束、管制、征税或公开禁止这些商品和服务。

当人们赞成政府干预市场时，他们会从多个角度来思考。那些谴责不必要的政府干预的经济学家，通常会将其原因分为以下三大类。首先，他们认为人们可能缺乏知识或者没有清晰思考的能力。如果确实如此，政府用信息或危险警告来进行干预可能比较适当，甚至政府代替人们进行决策也是可行的。其次，经济学家们认为那些商品或服务或许对人体有负面影响，而不是对消费者和生产者有负面影响。政府必须考虑那些被市场忽略的成本。最后，也是经济学家中赞同者最少的理由是，商品的消费和生产可能是不道德的。也就是说，即使买卖这些商品不会伤害人的身体，但是其生产和消费却伤害了大众社会。

Whaaazzup，乔·卡梅尔与信息问题

对于那些合法商品，广告往往能吸引人们购买，广告商也希望人们能记住其广告。"你现在能听到我吗？……好"，无线服务商 Verizon 公司的商业广告就引起了强烈的反响，甚至有很多人感到愤怒，但重要的是人们记住了这些广告。当看到烟酒产品的广告时，我们时常为广告的有效性而感叹。1999 年底，百威啤酒开始做 "Whaaazzup" 广告，一年之后又做了 "How you doin" 的广告。这些短语是非常有效的，以至于它们成为人们日常生活的语言。类似地，20 世纪 90 年代中后期，卡梅尔的广告战大大提高了骆驼牌香烟的市场份额。由于儿童消费这些商品是违法的，因此人们特别关注的是，这些广告能猎取年轻人的注意力。

对于非法物品而言，广告并不是主要问题；真正的"信息"问题是人们不能正确权衡上瘾的可能性及其影响。政府对此的反应要么是教育，要么是限制，要么是禁止。在美国，我们通过教育劝阻年轻人使用毒品，再通过禁止进行强化。但是，在内华达州的某些县，政府对色情行业就是简单地予以禁止。

对可卡因、病毒也存在类似的争议，原因在于潜在的使用者不知道或者不完全了解这些毒品会使人上瘾，以及上瘾后对使用者所产生的影响。对卖淫的观点则有点不同。当卖淫出现在色情行业时，人们可能没有完全意识到其后果。例如，有些倡仪团体试图维持和加强对卖淫的禁令，认为妓女一般在孩童时期就开始交易。她们不知道自己将受到正常的道德规范的谴责，也不知道拉皮条的人企图用非法毒品控制她们，使她们产生依赖而越陷越深。这些组织同时指出超过 80% 的妓女在孩童时是乱伦的牺牲品，色情行业则利用了这种堕落。

一般来说，经济学家建议可以通过教育、年龄限制、禁止消费等方法来解决信息问题。可以根据问题的程度来选择合适的工具。例如，政府要求香烟的包装和酒瓶上要印有说明吸烟和饮酒的后果的警示标签。由于这些促销服务仅仅只是混淆了消费者的判断，因此对经济学家而言，要求警示标签和禁止烟酒广告是可以接受的。如果能确保每一个年轻人都能够通过学校教育而认识到烟酒是上瘾商品，我们就把"提供知识"推进了一步。

当然，有些时候，即使青年人能获得所有信息，我们也不相信他们能做出正确的决定。在这种情况下，我们要么规定购买这些商品和服务非法，要么规定人们在达到某个年龄之前，不得购买这些商品和服务。经济学家赞同毫不手软地禁止儿童购买香烟，是出于以下两方面的原因。第一，绝大多数吸烟者在未成年时就对尼古丁上瘾了。第二，有证据表明：烟草公司的营销活动进一步使得他们成为瘾君子。因为只有极少数烟民在成年后才开始吸烟，所以阻止儿童接近香烟是符合社会利益的，也是符合儿童的长期利益的。

最后，经济学家支持禁止可卡因、迷幻剂和冰毒的原因在于，对于这些东西来说，上瘾问题将是永久性的。

外部成本

如果消费或生产某种商品使得消费者或生产者以外的其他人受到伤害，那么很少有经济学家会反对政府出面进行干涉。外部性是市场管制的重要考虑因素，因为市场效率的关键在于人们要么能从交易中受益，要么不受到该交易的影响。如果市场不能实现这一点，而政府只是袖手旁观，任由市场自由发展是让人难以接受的。

吸烟引起的外部性是指由于间接吸烟所引起的疾病和死亡，以及不吸烟者必须支付更多的医疗保险金以弥补吸烟者的费用，从而导致不吸烟者医疗费用的增加。经济学家并不担心（知情的）吸烟者会危害他们自己的健康，他们担心的是吸烟者往往会将成本传递给其他人。

销售毒品通常会对买卖双方以外的其他人带来影响。结果，至少有一部分市场成本没有被买卖双方计算进来。如果吸毒者比不吸毒的人更有可能犯罪，那么吸毒者和贩毒者在进行交易时，都没有考虑无辜受害者数目的增加。类似地，如果一个人在嫖娼时染上性病，并传染给了无辜的第三者，这就存在外部成本。有些人不是初始交易的参与者，但也受到该交易的影响。

然而，确定谁是无辜的受害者并不像听起来那么简单。很明显，儿童是无辜的受害者，但是夫妻双方中不抽烟的另一方呢？某些经济学家认为作为婚姻付出和回报的一部分，夫妻之间应商议在家吸烟的规则。如果他们认为一人吸烟，另一人因此而受到的负面影响是可以接受的，那么抽烟并不构成外部性，这仅仅只是婚姻的成本。另一些经济学家不同意这一看法。他们认为必须以管制来保护那些直接消费者以外的人们。①

外部性研究

我们应该考虑这些犯罪事实，尤其是在处理毒品问题时。首先，28%的暴力犯罪（44%的是强奸）的犯罪者都吸毒。其次，被监禁、拘留或坐牢的人中有55%的在吸毒。最后，我们每年花费19亿美元用于禁毒，490亿美元用于监禁毒品罪犯。这些被监禁的罪犯中，超过一半的是与毒品相关的犯罪。

将毒品合法化对这些统计数据会有什么影响呢？我们可以节约很多钱——一半的监禁费用，所有的禁毒费用。如果大家都使用毒品的话，暴力犯罪将会增加，因为那些以前并未染上毒瘾的人在毒品合法化之后，可能会染上毒瘾，而一旦染上毒瘾，就会有暴力倾向了。

解决负外部性时又产生了其他问题

解决与强制禁毒相关的外部性也会带来一个问题。有时候问题的解决方法可能比问题本身更糟。很多毒品暴力之所以存在，仅仅是因为使用毒品是违法的。如果可卡因、冰毒、大麻合法且便宜，那么吸毒者就不会为了筹钱购买毒品而去抢劫，也不会出现驱车枪战来保护卖淫，也不需要成千上万的监狱床位来关押毒品罪犯。正是由于这个原因，我们发现很多经济学家，甚至连保守的经济学家都赞成将毒品合法化。他们承认毒品带来了外部性，但也看到了问题的解决方法比问题本身更糟。

---

① 也有些经济学家运用相同的方法进行分析，认为政府不必管理工作场所的安全性。风险承担者必须得到足够的补偿，或者他们不承担风险。

无论你如何确定谁是无辜的受害者，被动吸烟者患肺部疾病的概率就是比普通人高。被动吸烟的儿童更可能死于婴儿猝死综合症、哮喘或其他肺部疾病。据报道，航空公司的机舱服务人员、餐馆的服务员、酒吧服务员以及大多数长期生活在吸烟环境中的人得肺病的概率更高。吸烟者和烟草公司都不考虑无辜受害者所承担的成本。经济学家很不愿意看到这些成本被忽视。当存在外部成本时，经济学家是否赞成采取矫正行动取决于这些成本到底有多大，以及消除这些成本是否会造成私人利益的损失。另外，在公共医疗补助制度下，吸烟者的比例比一般情况下更高。当然，他们也大大增加了公共医疗补助制度的成本。如果他们不抽烟的话，公共医疗补助制度就会少花纳税人的钱。此时，无辜的受害者就是纳税人。

其他方面也存在外部性。因为吸烟者通常比不吸烟的人早死5至10年，如果团体人寿保险的保险费率对于吸烟者和不吸烟者是相同的，那么吸烟者的受益人的预期净给付比不吸烟者的受益人高。因此，不吸烟者实际面对的人寿保险费率比其应该面对的更高，而吸烟者实际面对的人寿保险费率比其应该面对的更低。①

综上所述，当烟民购买香烟时，他们吸烟的所有成本不仅包括其支付的金额，而且还包括那些并没有由吸烟者完全承担的成本。据估计，由公众所支付的外部费用大约为每包香烟1美元。

这并不是说经济学家就这些问题已经达成共识。有些经济学家认为当其他人吸烟时，不吸烟的人也获得了收益。这些收益来自两个不同的，但却相互联系的方面。第一，如同前面所提到的那样，烟龄较长的吸烟者比不吸烟的人早死很多年。吸烟者和不吸烟者都支付了社会保障和其他的退休金计划，但吸烟者将其养老金大量补贴给了不吸烟者，因为吸烟者在死之前已经交纳了这些费用，但未享受到收益。

吸烟者补贴不吸烟者的第二个方面是与不吸烟者相比，吸烟者死得早，而且死得更突然。当60岁以上的吸烟者生病时，由于他们长期吸烟，免疫系统受到损害，因此，与不吸烟者相比，他们的存活率更小。他们会很快死于疾病，因此花费的治疗费用就比较少。即使其治疗费用可能会花得更快，但是总体花费的医疗费用更少。不无讽刺的是：由于比不吸烟者死得更快，吸烟者有时比不吸烟者花费的医疗费用更少。因为死得快和死得早，吸烟者避免了不吸烟者在生命的最后时期需要支付的费用，因为一多半的医疗保险费用都花费在维持老年人最后几年生命上，加速他们死亡可节省很多钱。如果考虑到这个可怕的事实，那么在有些经济学家眼中，吸烟的净外部成本就微不足道了。

虽然从经济的角度看，吸烟很可怕，但酒后驾车更没有好处。每年有超过100万人因酒后驾车而被捕。虽然最近10年里，此数字在大幅度下降，但此问题依然很严重。每年约有3.7万件交通事故，造成4.2万人的伤亡，其中30%的事故中，至少有一个人血液中的酒精含量超过了法律规定的水平。其中10%的事故中，虽然血液中的酒精含量没有超标，但血液中仍含有酒精。虽然有些人没死，酒精依然是导致每年近50万件机动车交通事故的原因。

尽管这些统计数字非常可怕，但我们应该冷静地看待这个问题。为了用模型表示与酒

---

① 当人寿保险公司对吸烟者和不吸烟者收取不同的保险费时，就可以避免外部性。雇主补贴的额度也取决于此。

后驾车相关的外部性问题,我们需要对供给曲线和需求曲线作些改变,将他们的行为所导致的额外成本考虑进来。为了理解图17.2,不妨回顾一下,完全竞争市场的供给曲线就是厂商的边际成本曲线。任何既不是由买方,也不是由卖方承担的成本就是该商品的社会成本。假定仅仅只有消费者才能从物品的消费中获益。需求曲线是社会收益曲线。因此市场的最优价格与产量的组合为 $P^* - Q^*$,而社会最优解为 $P' - Q'$。也就是说,如果商品市场的成本会向外溢出到其他人,那么市场将会过多地生产这种商品,而收取过低的价格。

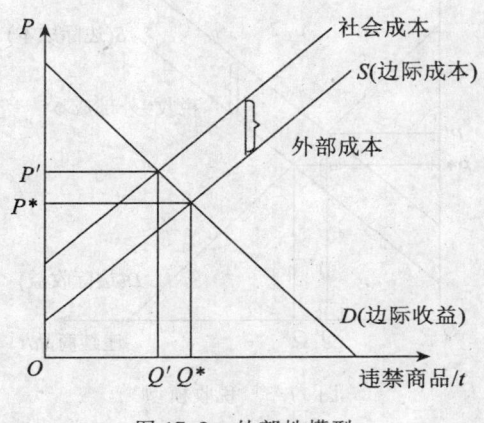

图17.2 外部性模型

道德问题

现在我们已经分析了经济学家认为政府可以干预市场的前两种情形。除了缺乏信息和可能伤害无辜人群的外部性之外,政府管制市场的最后一个原因在于人们认为这些商品和服务是不道德的。对世界上一些主要宗教的信徒而言,酒精、烟草、毒品、色情服务都是不道德的。尽管从学术的角度来看,伸张正义对经济学家而言并没有特殊意义,但对其他许多人却非常重要。许多宗教认为饮酒是一种罪孽,还有些宗教则认为吸烟也是罪孽。

对烟草和酒精征税

税收模型

为了纠正外部性,我们可以对这些物品征税,也可以限制甚至禁止其使用。在众多选择中,对经济学家最具有吸引力的是征税,因为它允许那些愿意为其消费付出全部成本的人继续消费。征税的积极影响在于阻止那些不愿意支付全部成本的人消费不健康的商品。

美国对每包烟征收39%的税,对6瓶装的酒征收32%的税。联邦政府所征收的烟草税每年约增加80亿美元,酒的税收增加76亿美元。州政府也对这些商品征税,如同联邦政府一样,这也是州政府重要的收入来源。

图17.3说明了联邦政府对烟草和酒精征税的影响,价格从 P^* 上升到 P';消费量从

Q^* 下降到 Q_0'。但是，有一点值得我们注意，即吸烟和饮酒并没有因此而停止。这也就意味着被动吸烟、酒后驾车等有害影响并没有停止。它们仅仅只是减少了而已。如果税收等于外部性的价值，从理论上讲，增加的税收收入足以弥补外部性的成本。但是，征税也存在一个问题，即税收对关切的行为和粗鲁的行为一视同仁，吸烟者独自抽烟并不会引起被动吸烟，但若吸烟者将烟雾吹到你的脸上，就会导致被动吸烟了。对每包烟所征的税并不一定能起到相同的作用。

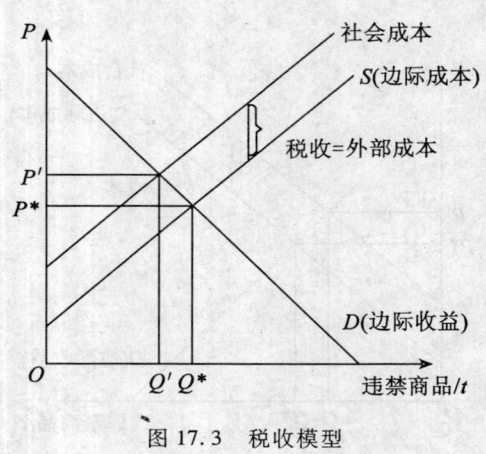

图 17.3　税收模型

无论如何，禁烟禁酒的政策缺陷意味着：存在着一个在经济学上可以接受的酒后驾车死亡率以及儿童被动吸烟引发疾病的预期数据。只要我们有足够的钱来补偿那些受到影响的人，那么吸烟者吸烟，饮酒者酗酒，以及其行为所产生的负面影响都是可以接受的。

非经济学家很难认同死亡与疾病的"可接受性"。其基本想法是人们之所以喝酒与吸烟，是因为他们喜欢这样。如果我们过多地征税和管制，那么使用者效用的降低将超过无辜受害者减少所带来的影响。

大多数人都难以接受死亡是"可以接受"的想法。据脑部创伤协会报道：每年大约有 15 个儿童在运动场上因坠地或其他伤害而死亡。但是，我们仍然送孩子去度假，因为我们权衡了所得与所失，并认为受伤甚至死亡的风险是可以忍受的。我们开车去工作是因为我们认为所得（收入）要大于所失（较小的受伤或死亡的风险）。

烟草的解决方案以及为什么弹性非常重要

在相当一段时间内，立法者都考虑要提高烟草税。1998 年，有些州与大烟草公司之间达成和解，要求烟草公司在 20 年里向州政府支付 2 500 亿美元，以弥补州政府所支付的因吸烟造成的医疗保险费用。烟草公司随即将这些税收转嫁给了购买其产品的烟民。为了分析其运作过程，我们需要研究烟草的供给曲线与需求曲线。

首先，我们应该理解当某人对某种产品上瘾的时候，例如烟民对烟上瘾时，该商品的需求曲线高度缺乏弹性。观察图 17.4，你会发现征税会使价格从 P^* 上升到 P'。如果你将税收数量（P'' 到 P'）与价格的增加量进行比较，你会发现烟民较多地承担增加的税收，而烟草公司只承担了较少的部分（从 P^* 到 P' 与从 P^* 到 P''）。由于平均而言，吸烟者比一般大众更为贫穷,因此这种税收是累退的。由于消费量仅从 Q^* 下降到 Q';因此,税收并不能对人们吸烟数量产生较大影响。

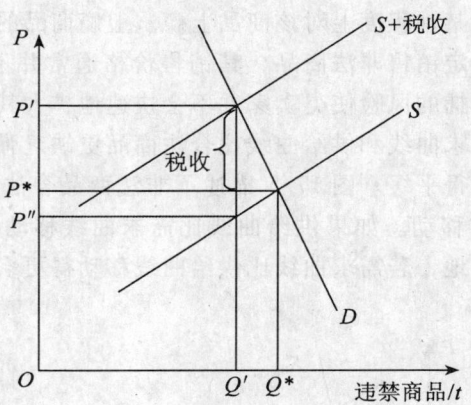

图 17.4　对需求缺乏弹性的烟草征税

当你看到 10 岁左右的孩子吸烟,你会觉得非常震惊。因为与成年人相比,吸烟会花费青少年更大比例的收入,因此,年轻人对烟草的需求弹性更大。也就是说,需求更富有弹性,而需求曲线更为平坦。如果你描绘出这样一条需求曲线,你就会发现税收负担主要由消费者承担,但你也会发现烟草公司会承担更大比例的补偿。进一步地,吸烟数量,至少青少年的吸烟数量会下降得更多。据经济学家估计,成年人对于香烟的需求弹性较低,为 0.2,而儿童对于香烟的需求弹性较高,为 0.5。这就意味着香烟价格每上升 1 美元,成年人吸烟数量会下降 10%,而儿童吸烟数量会下降 25%。一项关于啤酒需求弹性的研究表明啤酒的需求弹性为 2.53,一项税收如果使得 6 瓶装的酒的价格上升 10%,那么其消费量将会下降 5.3%。

为什么毒品和色情服务是非法的?

法律是否应该允许毒品和卖淫呢?这一争论通常会涉及目前的合法商品(如烟、酒)所带来的负面影响和目前的非法商品所带来的负面影响之间的比较。有一点是很清楚的,烟酒的总体影响要大于非法毒品和色情的总体影响。到目前为止,你会发现经济学家对"总体"的影响不那么关心,而更关心"边际"影响。一个人多购买 1 个单位非法商品而产生的负外部性要大于多购买 1 个单位合法商品而产生的负外部性。另外一个能证明目前的州法律是正确的事实是:与酒类商品相比,人们更不清楚或者更容易低估消费者使用毒品或从事色情服务的影响。当然,也可以同样分析相反的情形。

合法化对商品市场的影响

根据前面的讨论,假定一项商品或服务目前是非法的,其合法化将会带来怎样的后果呢?将其合法化之后,可能发生的第一件事是消费者和生产者再也不用担心被拘捕了。由于不再存在拘捕问题,供给曲线就不会因为私下交易而左移。类似地,以前有些人想消费这些商品，但可能因为其是违法商品而没有消费，现在这种情况不复存在，需求曲线也不会左移。将以前的非法活动合法化的净结果是需求曲线向右移动，供给曲线也向右移动。

合法化还会对弹性和供给产生影响，只不过对于供给的影响程度比较小。如果商品是非法的，消费者通常会在某种程度上对该商品上瘾。上瘾商品的需求曲线可能非常缺乏弹性。类似地，一旦人们决定销售非法商品，其销售价格通常并不能刺激他们增加销售量。因为当价格上升时，被抓捕的风险使得卖家并不会快速地扩大其买卖。因此，无论从哪一方面来看，非法商品的需求曲线和供给曲线比合法商品更缺乏弹性。非法商品合法化的净结果是这两条曲线都会变得平缓。图17.5描述了非法商品合法化的影响。需求曲线和供给曲线都变得平缓并向右移动。如果供给曲线比需求曲线移动得更多，如图17.5所示，净结果是价格下降。同样地，若需求曲线比供给曲线移动得更多，则价格上涨。

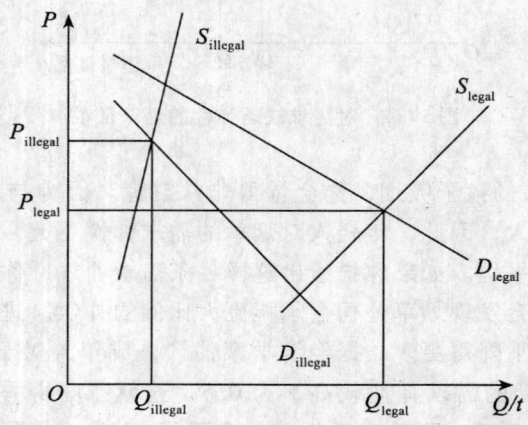

图 17.5 非法商品合法化或者合法商品非法化

因此，合法化所导致的价格变动的方向取决于交易者或者妓女的风险的下降幅度是否超过消费者利益的增加幅度。因为传统的观点认为供给曲线的移动要大于需求曲线的移动，因此合法化会降低价格。

合法化的外部成本

最后，合法化是否行得通，取决于你是否认为这些活动的外部成本足够大，以至于能够支付惩罚使用者和交易者所产生的巨大成本。很多支持合法化的人提出了一个可能的解决办法：即我们对毒品销售和卖淫活动征税并进行管制，目的是为了将这些外部性考虑在内，并为外部性付费。

回顾图17.3，你会发现我们仅仅增加了税收，增加的税收水平等于图17.2中的外部成本，从而得到了P'和Q'的结果。也就是说，一个恰当的税收计划能补偿外部性问题所带来的成本。可以用钱来教育人们反对使用违法商品，或者对那些使用问题商品的受害者进行补偿。

问题是如果外部成本很大，税收必定会很高。如果税收水平很高，人们会有动机在黑市上交易无税商品。加拿大采取极高的税率导致了烟草的黑市，就是这方面的一个例子。

人们到美国买香烟，再把它们带回加拿大销售。还有一个类似的例子，虽然卖淫在内华达州是合法的，但它受到严格的管制。这就导致了很多妓女为了逃避管制，而在受到管制的妓院外接客。不论税率过高还是管制过严，在合法市场之外，都会存在黑市。

小结

现在你理解了如何运用供给需求模型以及消费者剩余与生产者剩余的概念来分析烟草、酒精、毒品和色情服务。你了解了经济学家赞同政府对市场进行干预的原因，这些原因与信息和无辜第三方的成本相关。你还知道了谁会因烟酒税而蒙受损失取决于这些商品的需求弹性。最后，你还了解了目前各州政府对待这些商品的法律，以及关于将这些商品合法化的经济影响的争论。

自我测试

1. 经济学家们认为管制市场最恰当的原因是
    a. 商品没有道德价值
    b. 商品带来外部成本
    c. 人们不知道该商品对人类带来伤害
    d. b 和 c
2. 以下哪个是烟草的外部成本的例子？
    a. 香烟烧着了吸烟者的家具
    b. 火柴
    c. 吸烟者的人身保险费增加
    d. 被动吸烟所导致的死亡
3. 以下哪个是酒的外部成本的例子？
    a. 酒后驾驶
    b. 酗酒者去康复诊所的费用
    c. 生产威士忌酒的成本
    d. 在客人消费后，酒吧雇用人员进行清扫的成本
4. 因为弹性不同，烟草税对儿童吸烟方式的影响
    a. 与成年人相同
    b. 高于成年人
    c. 低于成年人
5. 青少年对于烟草的需求弹性
    a. 低于成年人
    b. 高于成年人
    c. 与成年人相同
6. 特殊的啤酒品牌的需求弹性可能
    a. 高于一般啤酒的需求弹性

b. 低于一般啤酒的需求弹性

c. 与一般啤酒的需求弹性相同

7. 如果存在无辜的受害者，市场又没有因此而受到管制，这时市场均衡会导致价格太____，而产量太____
   a. 低 低
   b. 低 高
   c. 高 低
   d. 高 高

8. 如果由于某商品对无辜的第三方带来损害，商品是非法的，或者被征收高额税收，那么
   a. 人们会停止消费此商品
   b. 人们会停止生产此商品
   c. 将会出现黑市，以及进行黑市交易的成本
   d. 没有人会改变其行为

9. 画两个供给与需求表，一个表示儿童对烟草的需求，另一个表示成年人对烟草的需求，说明以上两种人群的吸烟量减少对税收的影响。

10. 说明将以前非法的商品合法化，可能会提高或者降低价格，具体地取决于供给曲线移动是否大于需求曲线移动。

思考

比较大麻和酒类的合法性。就外部性而言，这种区分是合理的吗？就其他方面而言呢？

当我们考察与吸烟相关的成本对纳税人的影响时，我们通常会忽视本章中谈到的与吸烟相关的收益（吸烟者过早过快的死亡减少了医疗保险和社会保障的成本）。从经济学上看，忽略这部分收益是不妥当的。在决定烟草税率时，你会考虑这些收益吗？为什么？

讨论

列举出将大麻合法化的成本和收益，你认为哪个更大？根据这一分析，合法化的可能性有多大？对可卡因、冰毒、色情服务也做同样的分析。

你认为烟草税最重要的作用是什么，是提高了支付外部成本的收入呢，还是减少了人们的吸烟量？为什么？

进一步阅读

Grossman, Michael, Jody Sindelar, John Mullahy, and Richard Anderson. "Alcohol and Cigarette Taxes." *Journal of Economic Perspectives* 7, no. 7 (1993), pp. 211-222.

Thorton, Mark. *The Economics of Prohibition.* Salt Lake City: University of Utah Press, 1991.

参考数据

Drugs and Crime
    Violent crimes and drug use
        U. S. Dept. of Justice; Criminal Victimization in the U. S., 2001 Statistical Tables
        http://www.ojp.usdoj.gov/bjs/pub/pdf/cvus01.pdf

Federal Spending on Crime Control
    Federal drug control spending, 2002
        Office of National Drug Control Policy
        http://www.ncjrs.org/ondcppubs/publications/policy/budget02/partiv_nps.html
    Federal drug control budget, 2002
        Office of National Drug Control Policy; Drug Control Funding Tables
        http://www.whitehousedrugpolicy.gov/publications/policy/04budget/fund_tables.pdf

Traffic Fatality and Blood Alcohol Statistics, 2000
    Statistical Abstract of the United States;
    Transportation
    http://www.census.gov/prod/2003pubs/02statab/trans.pdf

Taxes on Beer and Cigarettes, 2002
    Statistical Abstract of the United States; Federal Receipts
    http://www.census.gov/prod/2003pubs/02statab/fedgov.pdf

第18章 环　　境

学习目的
- 理解如何运用边际分析来回答怎样的环境才算是足够干净的问题
- 运用外部性的概念解释为什么污染使政府有正当理由来干预市场
- 明白为什么公有财产比私有财产更有可能发生污染
- 理解世界上存在的各种环境问题，以及解决这些问题的经济学方法

内容概要
- 怎样的环境才算是足够干净的？
- 外部性分析法
- 产权分析法
- 环境问题及其经济学上的解决方法
- 小结

很少有政治问题能像环境治理问题这样引人注目。表面上看，解决这个问题的方法相当简单：停止污染。不过，对于经济学家来说，不仅这个问题非常复杂，而且其解决办法也非常复杂。现代社会的环境问题很多而且各不相同：水和大气的污染，1 100种动植物濒临灭绝，使森林和鱼类陷入生态灾难的酸雨，以及全球温度急剧升高的罪魁祸首——温室效应。

对绝大多数环境学家来说，解决这些问题涉及严肃的价值判断。另一方面，经济学家还会考虑成本和收益。经济学可能是解决环境问题的核心，因为在解决环境问题时，我们必须重新配置资源，从以积极的方式进行消费和增长，转向维持经济低速增长。经济学有助于提高效率。提出一个减少污染的方案并不难，难的是提出一个既能减少污染，又能最小化经济成本的方案，这正是经济学家所擅长的。

怎样的环境才算是足够干净的？

当你10岁时，你的卧室一定很乱，因为我也曾经10岁，而且还有个10岁的孩子。如果你问一个10岁的孩子房间是否干净，他会以纯经济学的口气回答你："够干净的。"此答案意味着：他认为不值得再花精力把房间弄得更干净。用经济学的语言来讲：孩子的意思是将房间整理得再干净一点的边际效用（他们为额外清洁度赋予的价值）低于整理房间的边际成本（他们为电脑游戏赋予的价值）。

经济学家运用相同的标准来分析环境问题——只不过比孩子卧室的规模要更大一些而已。获得一个更清洁的环境的机会成本是所失去的经济上的满足。我们可以运用边际成本—边际收益分析法来研究这个问题，但是必须进行一些简化的假设。

我们暂时假定有一个关于环境质量的公认标准。进一步假定真正的脏东西相对容易清除些，但要达到更好的清洁效果则越来越难。可以拿脏乱房间打比方，你知道使你的房间看起来更干净的最快方法是收拾脏衣服，几秒钟就可以干完了。一旦你认真地对装满小玩意的架子进行整理和除尘，效果就不太明显了，而且也很费时。这意味着达到更满意清洁度的边际成本在增加，而同时其边际收益在下降。如图18.1所示，清洁环境的最大净收益是点EQ^*，此时边际收益等于边际成本。

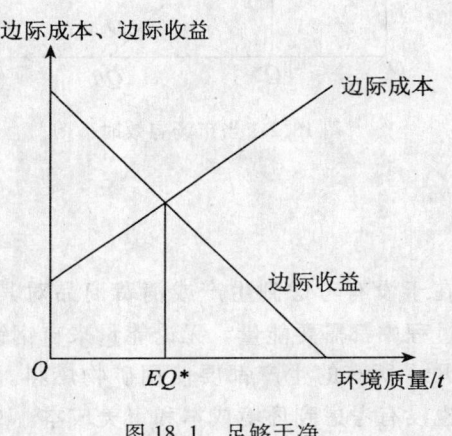

图 18.1 足够干净

外部性分析法

外部性
一项交易对交易以外的其他人所产生的正面或负面影响

首先，当我们生产和消费商品时，产生了很多环境问题，但我们只关心对我们产生直接影响的成本和收益。正如第2章和第3章所言，通常这样做是对的，但是如果我们的行为对其他人带来了成本和收益，往往就会出现问题。经济学家将这些生产者和消费者以外的其他人所承受的成本或收益称为**外部性**。本章首先回顾一个没有外部性的市场对每个人都是有效的，然后探讨为什么存在外部性时，市场会出现问题。接下来，我们会研究上述特殊的环境问题。最后，我们分析了经济学所提出的解决方案，并得出结论。

当市场完全有效时

如同我们在第3章中所学到的那样，当生产的所有成本和收益都由生产者和消费者承担时，市场是有效的。图18.2描绘了市场价格—数量组合P^*-Q^*，消费者的收益为$OABQ^*$，消费者的成本为OP^*BQ^*。两者之间的差额P^*AB被称为消费者剩余，即消费者的净收益。类似地，生产者的可变成本为$OCBQ^*$，低于销售收入OP^*BQ^*。两者之间

的差额 CP^*B 被称为生产者剩余。因此，当市场没有给除了消费者和生产者之外的其他人带来成本或利益时，生产者和消费者都能从中获益，没有人会遭受损失。

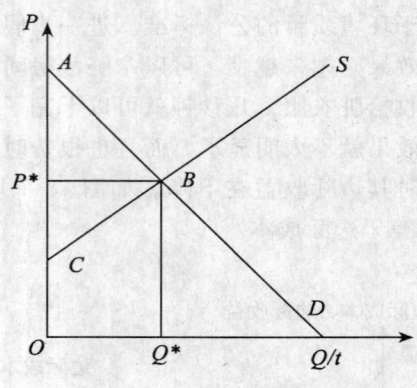

图 18.2　当市场有效时

当市场无效时

　　上述模型的主要问题在于没有考虑到生产或消费商品对其他人带来的间接成本。例如，几乎所有商品在生产过程中都需要能量。无论能量来自钢铁厂熔炉的直接燃烧，还是来自燃烧煤所产生的电，几乎所有的生产都要使用矿物燃料。即使能量来自于水能、核能、风能或太阳能，通常也没有考虑到环境成本和审美成本。

　　使用矿物燃料（如油或煤）自始至终都会带来大量的环境问题。在将能量传送给使用者的每一个阶段，人类或动物都会受到影响。在开采过程中，土地会发生暂时性的或永久性的变化。运输石油、天然气和煤都要消耗能源。运输前两种燃料还有可能会引起生态灾难，例如，埃克森-瓦尔迪兹号（Exxon Valdez）油轮搁浅破裂事件就导致了大量石油泄漏到阿拉斯加的威廉王子海峡。然而，最大的问题是燃烧矿物燃料所产生的污染。这些特殊的物质会使有些人呼吸道不适，有些人可能会有生命危险。煤的燃烧会释放硫，从而产生酸雨。如果联合国的"政府间气候变化问题小组"的科学家预言成真的话，温室效应会导致全球气候发生重大变化。

　　你可能会认为如原子能、水电、风能或太阳能之类的替代品不存在外部性。但它们与矿物燃料一样，也存在着问题。虽然核能非常清洁，但可能具有杀伤性，而且有关如何存储核燃料的争论一直都非常激烈。水电能会破坏河谷，从大坝中喷涌而出的河水会冲刷河谷流域，毁坏了动植物栖息地。风能和太阳能是清洁的，因为它们并不会污染空气或水，但是目前要利用风能和太阳能生产出与煤所能生产的同样多的能量，则需要大量的采集器。因此，风能和太阳能可能会摧毁成千上万公顷美丽的风景。

　　图 18.3 表示了经济学家所认为的问题。然而，公司关注的是其产品的生产成本，除非迫不得已，否则它们会忽略生产中的环境成本。类似地，消费者关注的是他们需要为某商品支付的价格，而通常会忽略周围事物所付出的成本。在市场中，生产者和消费者之外的人所付出的成本并不被计入成本。经济学家无法接受这种成本的存在。市场的主要缺陷

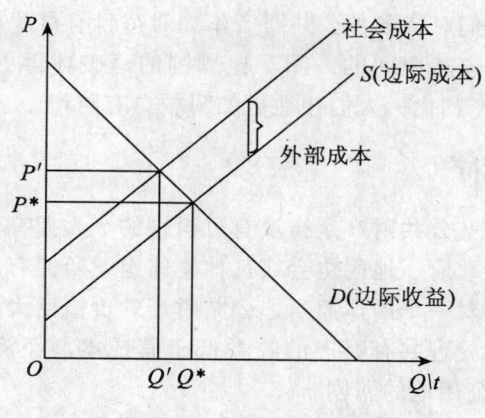

图 18.3 当市场无效时

在于如果不把所有成本都考虑在内，商品产量会过高，而价格会过低。为了计算出包括对无辜局外人的影响在内的商品生产和消费的真实成本，即**社会成本**，需要将外部成本加入到私人成本（通过供给曲线来测度）中。当把这些成本都考虑进来时，价格为 P' 而非 P^*，而产量为 Q' 而非 Q_*。

社会成本
包括对无辜的局外人的影响在内的生产和消费商品的真实成本

除非你认为原始环境涉及价值判断问题，不会做出任何妥协，否则即使你考虑了所有成本，你也必须承认环境问题的存在。例如，图 18.2 表示的并不是一个完全清洁的环境，但它说明了如何权衡比较污染的成本和消费的收益。例如，我们可能认为虽然杀虫剂威胁了某些物种，但它们大大增加了粮食产量，因此，付出的成本是值得的。那些物种仍然会受到威胁，但至少人们已经认识到了这一成本。类似地，我们可能会重新设计汽油的成分以减少 80% 的废气排放量，其成本为每加仑 20 美分。但若要再减少 10% 的排放量，就不值得为了达到这种减少而在每加仑汽油上花钱了。我们既可以衡量污染成本，也可以衡量消费的收益。在许多情况下最佳水平是零。当生产或使用一点点商品所带来的边际效用低于其社会成本时，就会出现这种情形。

产权分析法

诺贝尔经济学奖获得者罗纳德·科斯（Ronald, Coase）提出了一个完全不同的解决污染问题的方法。这一理论被广泛引用，认为存在外部性市场也是有效率的。只需要将财产权利赋予那些被污染的财产，就可以实现效率，不过这要求交易成本下降到零。要解释此问题，我们首先需要说明为什么财产权非常重要。

为什么你不会糟蹋自己的财产

不妨先思考一个相对简单的问题。为什么你在公园里乱扔垃圾的欲望比在你的宿舍、公寓或家里乱扔垃圾的欲望要强烈得多？原因在于，你拥有你的住所的财产权，而乱扔垃圾会使得你的财产贬值。公园并不属于你。虽然你乱扔垃圾同样也会使公园贬值，但并不会减少你自己的财富价值。

这就解释了为什么人们对待各种公共财产不如对待自有财产那样爱惜。如果你曾经住在一个胡同中，你会发现道路中间的一圈草比周围的草破坏得更严重（或者至少看上去不那么雅观）。与公有财产相比，人们往往更加呵护自有财产。

为什么你会糟蹋公共财产

公共财产

不为任何个人所有，而由政府或其他集体组织所有的财产

公共财产是指没有可识别的个人拥有者的财产，这些财产一般为政府、地区协会或其他集体组织所拥有。公共财产的问题在于即使对一个团体而言，公共财产的价值巨大，但是对个人而言，恰当地处理共有财产的收益低于其成本。经济学家们将这种现象称为"公用地的悲剧"。

再次以街区公园为例。假定城市政府同意为一个有100户居民的街区公园支付前期费用。政府购买了广场设施，种植了树和草，然后将公园交给了街区。当草坪需要修剪，树倒了需要拖走或是广场设施需要维修的时候，情况会怎么样呢？每个居民都会认为：个人利益只是日常维修费用的百分之一；通常没有人会认为值得花费时间和金钱来维护整个街区。最根本的问题是没有人拥有这些财产。结果，当维修的社会收益大于社会成本时，维修的个人收益大大低于个人所支付的成本。

自然资源和财产权的重要性

经济学家将解决污染问题的付费运用于解决自然资源问题。经济学家发现无论所讨论的资源是矿产、木材、能源，还是海洋资源，开采、砍伐、运输或收割，都会将成本强加给生产者或消费者以外的人。无论这是因为土地由政府所有或是无主地，还是因为贮藏资源的过程本身就会造成污染，都无关紧要，重要的是所有成本都必须得到确认。

经济学家也提出了另外一种分析方法：现值方法。一种未开采的资源对其所有者的价值是在一段时间内，开采这种资源所得利润的现值。按照这种方法，存在一个能使现值最大化的最佳开采率。假设你拥有一座木材林，你可以一次把它砍光卖完。然后再种一批新树，等这些树长大后，再将其砍光，如此循环。另一方面，你也可以只砍那些长到最佳高度的树，而将剩下的树留待下一年砍伐。按照这种方法，你每年只能砍伐一小部分树。经济学家研究了这种方案，指出能够最大化木材的利润现值的开采率就是最佳开采率。假设木材公司不能影响价格，那么除非有些树还没有成熟，否则等待砍伐没有任何价值。等待砍伐的动机在于让树木继续生长，以期增值。若利润率很高（超过了树的生长率），往往会倾向于现在砍伐，反之，若利润率很低，则倾向于让其继续生长。

当没有任何人拥有即将被开采的资源时，问题就出现了。举例来说，海洋的过度捕捞问题人人皆知，因为让鱼继续生长没有任何价值。类似地，当木材公司购得在联邦政府土地上伐木的权利时，必须签订详细的并要求严格遵守的合同，否则木材公司没有动力将小树留下，特别是当合约在小树长成之前就到期时，木材公司更不会将小树留下。如果是私有财产，就很少存在这种情况，因为所有者必须权衡砍伐一棵未成熟的小树的利润现值与几年后再砍伐的利润现值孰轻孰重。通常，拥有木材产权的公司会留下小树，因为这样做符合其利益。

环境问题及其经济学上的解决方法

环境问题

我们面临很多环境问题，有的很明显，有的不那么明显。具体问题包括水和大气污染、某些动植物物种濒临灭绝、酸雨的影响、过度的垃圾掩埋、有限自然资源的耗竭和全球变暖等。在本节中，我们将分别进行简单介绍。

当人们受到其他人的经济活动的影响时，问题相对比较容易解决。当人们受到伤害时，人们会抱怨。如果生产者污染了空气或水，那些想呼吸洁净空气或者想喝洁净的水或在洁净的水中游泳的人就受到了影响。他们会推选出代表来要求治理污染。事实上，1969年成立的环境保护署就是为了回应人们加强环境治理的要求。1970年通过的清洁空气法案和1972年通过的清洁水法案也是因为人们认识到了环境问题的存在，并希望解决环境问题，才应运而生的。

这些法律的大多数措施都行之有效。与25年前相比，美国的空气和水更洁净了。通过管制来解决空气污染问题包括很多措施，如要求烟囱排放之前必须进行"净化"，要求汽车加装催化转换器，要求使用无铅汽油等。自从空气清洁法案实施以来，空气中二氧化硫的含量下降了40%，二氧化碳含量下降了25%，颗粒物含量下降了25%，铅含量下降了97%。

在水污染区域，市政废水处理厂现在必须将未经处理的水净化到接近可以饮用的水平，才能将其重新排入河流和溪水中。企业也不能再将废料倒入河流或湖泊。虽然某些对水体的损害是永久性的，但大部分都得到了改善。俄亥俄州克利夫兰市的库亚霍加河就是一个经典案例，这条河本来污染非常严重，曾经还因汽油泄漏着过火，现在人们已经可以食用河里的鱼了。其他地区的情况则并不那么顺利。例如，纽约锡拉库扎的奥内达加湖的湖底仍残留着几英尺厚的化学毒物，而且在这座城市的官方地图上，有一段海岸线标有"联合废料区"，就是联合化学公司（Allied Chemical）倾倒化学废料的地方。

当空气和水脏到难以接受的程度时，问题就会非常明显。然而，要发现野生生物所遭受的侵害比较困难，要解决这些问题更是难上加难了。动植物在濒临灭绝时，自己并不能提出抗议。幸运的是，科学家一直在关注它们的健康。为了使人们确信野生生物问题的严重性，美国已经采取法律行动，保护受到威胁的秃鹰（美国的民族象征）。1973年的濒危物种法案列出了受到威胁和濒危的动植物名单。现在，美国有129种受到威胁的动物和388种濒危动物，还有147种受到威胁的植物和599种濒危植物。法案实施以来，有11个物种从该名单上消失了，包括秃鹰在内的一些物种从濒危状态降至受到威胁状态。

虽然从1500年起，北美有34种鸟类和哺乳类动物已经灭绝，但是1973年以后列入名单的物种并没有重蹈覆辙。有些物种由于没有人类的帮助而灭绝了，但是从人类出现以来，物种灭绝的速度至少增加了10倍。更令人沮丧的是，栖息于政府土地上的物种的衰退比例是1.5:1，而管理较松散的私人土地上，此比例高达9:1。

阻止动物灭绝的关键在于防止其栖息地的消失，这就是为什么"濒危物种法案"其实是一个经济增长问题的原因。在美国西北部，保护一对斑点猫头鹰会损失6.5亿美元的伐木收入。当严谨的环境学家推行物种保护时,并没有考虑经济成本,而这些成本在那些生存受到法律条款威胁的人的心目中是非常重要的。

1990年的清洁空气法案是一项综合了野生生物保护和栖息地保护的法规。此法案主要针对酸雨问题。当电厂燃烧高硫煤时会散发出二氧化硫,二氧化硫与大气中氮氧化合物(二氧化氮、三氧化氮等)结合,会生成硫酸的稀释物,从而造成酸雨。特别是中西部燃烧的煤产生一种向东北部移动的酸云,随之而来的酸雨导致树的死亡,而且湖水也不适合鱼类生存。

此法案还限制了工业向空气中释放的硫的数量。企业必须遵守法律规定,可以购买价格更昂贵的低硫煤;还可以购买设备来净化排放物,或者购买另一家企业的污染许可证。人们认为提供交易污染许可证的方法是非常具有创新意义的,它使得公司可以以最便宜的方式来清洁环境。在下文中,我们还将讨论这种处理污染的创新方法使得经济学家在讨论环境问题时也有了一席之地。

另一个环境问题是垃圾填埋场的使用速度比新的垃圾填满场的建造速度更快。与其说这个问题是环境问题,还不如说它是场所问题。现代垃圾填埋场要能够确保污染物不会渗入到地下水。没有居民希望与垃圾为邻,而且议会也坚决反对各州拒绝外州垃圾进入,结果导致纽约城在州外填埋的垃圾比在州内填埋的垃圾还要多。因为美国宪法的"州际贸易条款"禁止各州拒绝外州垃圾进入,而且由于美国人口分布的方式,新的垃圾填埋负担从东部转移到了中西部。

本章最后将会讨论地球气候变化的经济含义。地球变暖是一个确定的事实。有史以来最温暖的年份都集中在20世纪80年代和90年代。问题在于除非科学家告诉人们这是有害的,否则大部分人都不会在意温度的变化,或者不反对温度的变化。虽然夏天更热了,冬天——尤其是晚上——更温暖了,谁会反对比平时更温暖的冬季呢?

气象学家告诉我们:地球温度在整个20世纪上升了大约1.5华氏度。1999年的平均温度比1970年高2.5华氏度。地球温度的确存在变化,但这些变化太小,普通人很难察觉。随着时间的推移,地球变暖问题会变得愈发明显。到21世纪末,世界各地的温度都会升高5到10华氏度,这会给人类带来一些影响。消极影响如极地冰帽融化,科学家认为海滨城市和岛屿还将伴有洪灾。土壤可能会变干,从而难以种植作物。人们会更多地使用制冷剂以及空调。气候炎热会导致痢疾和黄热病等疾病更加严重,世界上某些地区将变成沙漠,这一过程被人们标上了一个骇人听闻的字眼"沙漠化"。

另一方面,地球温度升高也会带来一些好的影响。北方气候的作物生长季节缩短,企业和家庭所需的取暖能源减少,寒冷气候疾病如伤寒和流感会减少。虽然有些地方变得"太热",而有些曾经"太冷"的地方则"刚刚好"。

并不是说,不论怎样总是能达成平等交易。当温度带的变化相对较快时,森林的变化极慢。有些森林中的树木需要特定温度才能健康成长,温度急剧变化会导致新树种出现之前森林就消失了。一项新研究同样指出:二氧化碳的增加可能会对某些树木生长有利,但只有一半的二氧化碳会被树木吸收。

经济学的解决方法:利用税收来解决环境问题

要解决所面临的环境问题,我们必须鼓励或强制要求环保行为,或者阻止人们的不环保行为，甚至可以将这些不环保行为认定为非法。所有这些方法都在不同程度上起到了一些作用。美国环境保护的历史清楚地表明：我们已经成功地从着重惩罚行为人的管理模式，转变成为可盈利的环保行为提供激励的管理模式。

绝大部分环境法规仍然限制人们破坏大气、水或野生生物的行为。例如，洁净水法案禁止人们向河流中倾倒未经处理的工业废料。然而，强制性的环境保护措施并非解决所有环境问题的灵丹妙药。例如，生产一种治疗某可怕疾病的药物的过程本身可能就十分肮脏。在这种情况下，恐怕只好牺牲环境以满足社会的最大利益。与其一味禁止，还不如对污染行为罚以重税。某些行为如果在缴税之后仍能盈利的话，是可以继续的。

运用税收来抑制污染行为（包括制造垃圾的行为）是令人信服的。如图18.4所示，税收应该等于外部成本，即污染的美元价值。产量会降至社会最优水平 Q' 点，而价格会上升至 P' 点。这时，税收收入足以补偿诸如倾倒垃圾所导致的污染所带来的影响，或许还能为无污染技术的研究提供资金。

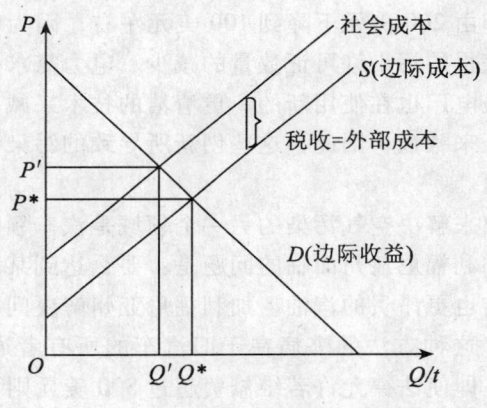

图 18.4 运用污染税解决问题

经济学的解决方法：利用产权来解决环境问题

科斯定理认为将财产权赋予污染者还是污染的受害者都无关紧要。如果你认为人们有权利享受清洁空气，那么科斯建议污染者应该向人们购买污染空气的权利。如果你认为污染者有权为所欲为，那么科斯则建议人们应向污染者付费，以获取更洁净的空气。无论采用哪种方法，都能得到最优的生产量和污染量。

1990年的清洁空气法案及排放①许可证的使用就是运用科斯定理的一个有趣例子。法律规定每个排放限制性污染的企业都享有一定数量的污染许可权。1990年的污染物排放量定额比以往略少。污染量低于其定额的企业可以将剩余定额卖给那些污染量超出定额的企业。到了2000年，即1990年清洁空气法案更新为第二版时，企业的排放权利进一步下降。若此法案再次重新修订，还可能进一步减少定额排放量。通过此方法，污染水平不断下降，但污染者面临权利减少时，可以灵活处理。

---

① 排放是一个常用术语，指从烟囱中排出的物体。

污染权利的分配确保我们能够最有效率地减少污染。特别地，我们能在减少污染的社会目标的约束下，实现最大的产量（通常是电力）。这是因为电厂减少污染的机会成本各不相同。机会成本高的公司可以向机会成本低的公司购买污染许可证。

下面举一个简单的例子。假设只有两家电厂，且都采用老式燃煤发电机，从而产生大量污染。每家电厂都必须稍微减少污染量，除非它向另一家购买污染许可证。假设一家电厂靠近天然气管道，但该电厂转而使用更洁净的天然气的成本较高，从经济学的角度看并不合算；而另一家的选择余地更小。最后，假定电力需求不断增加，社会希望两家电厂能生产出更多的电力，但同时也会因此而带来更多污染。由于它们都不能增加污染，所以转向成本较低的电厂就会转向，并将其污染许可证卖给另一家转向成本较高的电厂，以弥补其转向损失。通过这种方法，既能满足不断增长的电力需求，又能进一步减少污染，从而实现社会目标。

清洁空气法案允许每个污染许可证的持有者排放 1 吨二氧化硫。在实施 1990 年法案的 10 年中，二氧化硫的总排放量减少了将近一半，大约每年 530 万吨。令人吃惊的是，每个污染许可证的价格却由 200 美元下降到 100 美元左右，因为电厂认为想办法减少污染是有利可图的。虽然可获得的污染许可证数量的减少、电力需求的增加，都使得许可证的价格有上升的压力，但是电厂也在使用新的、更清洁的技术来减少其必须购买的许可证的数量，或者销售其许可证来赚钱。因此，这些创新所导致的污染许可证价格下降的压力大大超过了价格上涨的压力。

经济学家利用财产权来解决空气污染的另一个领域是汽车领域。汽车导致污染，而旧车污染比新车更严重。加利福尼亚州面临的问题是：要么达到某种空气质量标准，要么强制州内加油站提供更清洁也更昂贵的汽油。加利福尼亚州解决问题的方法是要求所有汽车达到最低空气质量标准。这种方法的弊病在于旧汽车的所有者通常负担不起必要的修理费，因此达不到该标准。即使法律允许若维修费超过 500 美元则可延迟 1 年进行维修，也不能解决此问题。为了既达到空气质量标准，同时又减轻该州穷人的负担，该州政府不时地提供综合补贴，以超过市场价的价格购买在某一特定年份之前生产的汽车。2000 年夏天，该州已经为每部车支付了 1 000 美元。这一新办法非常有效地减少了污染。该州政府有效地运用了科斯定理，赋予司机污染 1 年的权利，同时又对不造成污染的司机给予奖励。

经济学家对环境治理和立法带来了良好的影响，因为我们提出了诸如发放排放许可证和收购旧车等建议，从而将个人利益和环境保护有机地结合起来。

小结

现在你理解了如何用外部性的概念来解释，为什么污染使得政府有正当理由来干预市场。你明白了为什么公共财产比私有财产更有可能出现污染，你大致了解了世界上存在的各种环境问题。现在你也应该能理解从经济学的角度解决这些问题的方法。

主要术语

公共财产　　　　　　外部性　　　　　　社会成本

自我测试

1. 对经济学家而言
   a. 没有"足够干净"的事物
   b. 如果清洁的成本与清洁的价值相等，那么就"足够干净"
   c. 如果再清洁一点所增加的成本与增加的价值相等，那么就"足够干净"
2. 对经济学家而言
   a. 所有的污染都是错的
   b. 所有使经济增长的事物都是好的
   c. 可以适当比较污染的平均数量是否优于经济活动的平均数量
   d. 可以适当比较所遭受的边际污染是否值得增加经济活动
3. 对经济学家而言，如果忽视污染，产量将会____价格将会____
   a. 刚好，刚好
   b. 太高，太高
   c. 太高，太低
   d. 太低，太低
4. 在大学室友吸烟的问题上，科斯定理认为
   a. 大学应该禁止吸烟
   b. 大学应该让室友们自己协商，给不吸烟者享受无烟环境的权利
   c. 大学应该让室友们自己协商，给吸烟者一个吸烟的权利
   d. b 或 c 同样有效
5. 当你对污染行业所征税收等于每单位产品的污染成本时，经济学家认为社会的福利状况会
   a. 得到改善，因为消费者成本的增加会降低消费量
   b. 得到改善，因为企业利润的减少会降低产量
   c. 恶化，因为经济学家讨厌税收
   d. a 和 b
6. 画一个能反映 DDT（一种能杀死害虫的化学药品，但也造成了美国白头鹰和加利福尼亚州秃鹰濒临灭绝）的外部性的供需曲线图，表示征税和禁令基本上能产生相同的效果。

思考

如果我们运用税收而不通过管制来解决环境问题，那就意味着只要有钱缴税，任何人

都可以为所欲为地污染环境。你认为这是个问题吗？为什么？

讨论

经济学家通常宁愿对污染环境的行为征税，也不愿意去管制或禁止它，那是因为经济学家通常认为有害生产的收益很可能会超过其成本。你同意吗？为什么？

进一步阅读

Joskow, Paul L., A. Denny Ellerman, Richard Schmalensee, Juan Pablo Montero, and Elizabeth M. Bailey. Markets for Clean Air: *The U. S. Acid Rain Program.* Cambridge University Press. Cambridge, MA, 2000.

Journal of Economic Perspectives 12, no. 3 (Summer 1998). See articles by Gardner M. Brown Jr. and Jason F. Shogren; Andrew Metrick and Martin Weitzman; Robert Innes, Stephen Polasky, and John Tschirhart; and Richard Schmalensee, pp. 1-88.

Journal of Economic Perspectives 9, no. 4 (Fall 1995). See articles by Michael E. Porter and Claas van der Linde; karen Palmer, Wallace E. Oates, and Paul R. Portney, pp. 97-132.

Journal of Economic Perspectives 7, no. 4 (Fall 1993). See articles by Richard Schmalensee; William D. Nordhaus; John P. Weyant; James M. Poteba and Gacielka Chichilinsky and Geoffrey Heal, pp. 3-86.

参考数据

Air Quality and Emissions Data
    Outdoor air pollution
        Environmental Protection Agency; Environmental Indicators
        http://www.epa.gov/Envindicators/roe/pdf/td Air.pdf
    Emissions prices and trading
        Environmental Protection Agency; Clean Air Markets
        http://www.epa.gov/airmarkets/
Global Temperatures
    History and projections
        Environmental Protection Agency; Global Warming
        http://yosemite.epa.gov/oar/globalwarming.nsf/content/
    Average surface temperature
        World Meteorological Association
        http://wwww.wmo.ch/web/Press/Press670.html
Threatened, Endangered and Delisted Species
    U. S. Fish and Wildlife Service; Publications
        http://endangered.fws.gov/

第19章 医 疗

学习目的
- 理解医疗融资系统如何使医疗服务市场发生了重大变化
- 明白为什么美国45%的医疗费用是由纳税人支付,而其余的费用由病人直接承担或由保险公司支付
- 运用前面学习到的供求理论来分析医疗市场,尽管它与经济学家研究的大多数其他商品不同
- 理解公共医疗保健制度与私人保险计划总体上提高了医疗费用
- 说明单一付费者与纳税人融资的医疗制度的优缺点

内容概要
- 资金从何而来,流向何处
- 美国的医疗保险
- 医疗保健的经济学模型
- 美国与其他国家医疗制度的比较
- 小结

美国的医疗制度有两个看起来似乎是完全矛盾的特征。地球上没有哪个国家可以与美国的医疗水平相提并论,但没有哪个发达国家的婴儿死亡率高于美国。另外,没有哪个国家的医生的医术比美国的医生高明,也没有哪个国家医生的报酬高于美国。没有哪个国家的医疗水平比美国高,但是在发达国家中,没有哪个国家的病人像美国病人那样,经常得不到治疗,因为他们付不起医疗费用。可见,美国拥有高质量的医疗技术,但却不能为需要它的人服务,造成这一问题的根源在于美国医疗融资的方式。

本章我们将介绍美国的医疗保健制度,首先将详细说明资金如何使用并由谁使用。接着将讨论美国的私人保险和公共保险如何发挥作用,并分析与其相关的问题。然后我们会说明为什么医疗保健的经济学分析会与其他商品的经济学分析有如此大的区别。最后,我们将用经济模型对美国与其他发达国家的医疗资助制度进行比较。

资金从何而来,流向何处

为了抵制克林顿政府提出的医疗保健计划,共和党声称民主党试图花去国家总经济收入的七分之一。事实上,2001年国内生产总值(GDP)的七分之一(102 080亿美元中的

14 240 亿美元）都被用在和医疗相关的商品和服务上，政府支付的部分已经占了总医疗支出的将近一半（45%，约 5 870 亿美元）。克林顿及其拥护者也只是希望将私人支出的医疗费用置于联邦政府的管理之下而已。

老年医疗保险制度
美国为 65 岁以上老人建立的公共医疗保险制度

2001 年，美国政府用于医疗方面的支出为 5 870 亿美元，其中 2 240 亿美元用于**老年医疗保险制度**（为老人建立的政府医疗保险制度），2 080 亿美元用于**公共医疗补助制度**（为穷人建立的政府医疗保险制度）。剩余的资金被用于州、地方以及退伍军人医院以及新药品的开发与研制。

公共医疗补助制度
美国为穷人建立的公共医疗保险制度

2000 年，私人支出的医疗费用为 7 120 亿美元，其中 4 440 亿美元来自保险公司支付的保险费以及保险公司的投资所得利润，个人实际承担了 1 950 亿美元，剩余部分由私人制药公司支付。

总体上，2000 年美国总共支付医疗费用 13 100 亿美元，其中 4 160 亿美元为医院所得，2 890 亿美元进入了医生的口袋。药品支出为 1 220 亿美元，药品研制与开发费用为 290 亿美元。

美国的医疗保险

大多数美国人至少在一年的部分时间里，处于各种健康保险的承保范围之内。例如 2002 年，美国 2.82 亿人口中，85% 的人口全年都享有各种健康保险，另外的 10% 在一年中的部分时间内享有，只有 5% 的人口没有保险。这一年中，存在多种形式的保险计划。规模最大的是 1.77 亿人享有团体医疗保险，2 300 万人享有个人医疗保险，3 800 万人享有政府老年医疗保险，另外，3 200 万人享有政府公共医疗补助。

保险如何运作

不管是我们所讨论的是医疗保险、人寿保险、汽车保险还是其他形式的个人保险，其运作机制都是这样的：不幸的事情发生在你身上的概率很小，不幸的事情不会发生在你身上的概率很大。你花少量的钱购买保险，一旦发生不幸的事情，保险将能减轻不幸所造成的损失。换句话说，你支付了保险费，一旦发生了不幸的事情，承保人（不管是政府还是保险公司）会支付你一定数量的赔款以弥补你的损失。对医疗保险而言，人们支付保险费是为了当自己生病时，承保人可以支付大部分的医疗费用。

风险厌恶
人们宁愿支出额外费用，也要确保自己能得到预期收入的特性

购买保险是完全明智的行为，即使你所面临的平均费用低于保险费。原因在于大多数人是**风险厌恶**者：即使平均而言，每个人在一生中所支付的保险费要高于其保险物的价值，他们也宁愿得到某个有保证的收入。举个例子，假设你有 1% 的概率要支付一笔 10 万美元的医疗费用，你有 99% 的概率支付一笔 1 000 美元的医疗费用。一个**风险中性**者将会认为期望支出为 1 990 美元①，那么他将不会支付超过这一金额的额外保费；而风险厌恶者则愿意支付更多的费用，以确保自己在发生事故时无需额外支出费用。

风险中性
人们不愿意额外支出费用以确保预期收入的特性

---

① $0.99 \times 1\,000 + 0.01 \times 100\,000 = 1\,990$

几乎所有的个人医疗保险计划都存在很多共性。例如大多数美国人的医疗保险费一部分由自己承担，一部分由其雇主缴纳①。保险公司的保险费收入有以下三个用途：（1）为病人支付医院和医生的账单，（2）支付保险公司的管理费用，（3）支付保险公司所有者（通常是股东）的利润。

免赔额
在保险公司赔付之前，投保人在一年中必须先付的部分医疗费用

如果你生病了，需要支付一笔医疗费用，通常情况是你和保险公司各承担一部分。以下四个关键术语决定了各自应当承担费用的比例。**免赔额**是指在保险公司赔付之前，你在一年中必须支付的医疗费用。这取决于你购买的医疗保险的种类，你可能不用支付一分钱，也可能要支付高达几千美元的费用。但通常情况下，保险计划的免赔额平均每人在每年 200~300 美元之间，平均每个家庭每年在 600~1 000 美元之间。例如，如果你的保险计划中含有 200 美元的免赔额，一年中你的医疗费用支出总额为 500 美元，那么在保险公司赔付之前，你必须先缴纳 200 美元的医疗费用。

自我偿付额
在扣除免赔额之后，投保人必须支付的费用金额或百分比

自我偿付额是指在扣除免赔额之后，你必须支付的费用金额或者百分比。自我偿付额的范围也较宽。有些保险计划中没有自我偿付额，有些保险计划的自我偿付额高达 30%。"**最高自付额**"是指个人或家庭一年中为其医疗费用所需支付的最高数额。这意味着个人不会因为一笔 50 万美元的医疗费用而破产，因为最高自付额通常为每年 2 000 美元至 6 000 美元。

最高自付额
人个或家庭一年中为其医疗费用所需支付的最高金额

最后一个术语是**终身最高赔付额**，是指保险公司对你一生的医疗费用所需赔付的最高数额。这是为了保护保险公司，使保险公司不会因为某个人巨额的医疗费用而损害其他投保人的利益。通常保单的"终身最高赔付额"可以达上百万美元或者更多。

终身最高赔付额
保险公司对投保人一生的医疗费用所需赔付的最高金额

各种个人医疗保险

虽然有很多种个人保险方案，但可以归纳为以下三种主要类型：（1）按服务收费，（2）初级诊断医师保健，和（3）优先提供者。"按服务收费"的提供者允许病人到任何地方、任何医生那里去治疗任何疾病。医生将账单寄给保险公司，保险公司支付自己该承担的那一部分，医生再将账单寄给病人收取剩余费用。因为这种方式不太能控制费用支出，因此成本比较高。但是，医生和病人对这种方式的抱怨较少。

初级诊断医师
负责作初步诊断、医师转介的医师，也称为门诊医师

保健组织（HMO）要求人们一开始就必须到指定的医生那儿去就医。这些医生被称为**初级诊断医师**（PCP），类似于看门人的角色。病人只有经过初级诊断医师的推荐，才能接受专科医生的治疗，而初级诊断医师也要确保病人花最少的钱接受恰当的治疗。通常，保健组织的初级诊断医师能够从每个病人那儿得到一笔固定的

---

① 这实际上是第二次世界大战的产物。当时，因为人们害怕出现通货膨胀，法律反对提高工资以吸引工人。公司就以团体保险补贴的形式来提高福利，这一措施在战后得以延续下来。

服务费，而专科医生每治疗一个推荐的病人，也可以拿到薪水，或者是一笔固定的费用。病人和医生都抱怨保健组织对费用控制较严，但是这样做可以使得成本保持在较低水平。

优先提供者组织（PPO）是以上两者的综合体。患者可以根据一个名单自主选择医生。医生也愿意根据每一个治疗步骤或疾病来收取一定的服务费，他们收费比通常情况要低，因为医生希望能借此吸引更多的患者前来就医。

表19.1从患者的角度总结了各种不同的个人保险形式的优点和缺点。

表 19.1   对患者而言，各种不同的个人保险形式的优点和缺点

保险形式	优点	缺点
按服务收费	可以在最大范围内选择医生保险公司很少干预医生的决定	由于不能控制昂贵的医疗费和不必要的治疗程序，因此保险费、免赔额和自我偿付比例都较高
保健组织	对医疗费和不必要的治疗程序控制最为严格，保险费、免赔额和自我偿付比例都较低	选择医生的范围最小，较多的干预医生决策，尤其是当不同的医疗手段存在较大的成本差异时
优先提供者组织	有一定的选择医生的权利，保险费、免赔额和自我偿付比例较适中，对费用较高的治疗手段有一定的控制，对医生的决策进行一定控制	

公共医疗保险

公共医疗保险由政府提供，主要分为以下三大项目：老年医疗保险制度、公共医疗补助制度和儿童健康保险计划。老年医疗保险制度只有那些符合条件的65岁及65岁以上的老人才有资格享受。其运作方式类似于按服务付费的医疗保险计划，只是其高额的保险费由纳税人承担，而不是由患者本人或雇主承担。老年医疗保险税与社会保障税的缴纳方式相同，都是从纳税人的工资中扣除，两者都处于联邦保险缴税法案（FICA）的管理范围之内。老年医疗保险基金一部分来自个人各种工资收入总和的1.45%，雇主与本人支付同样的比例，另一部分来自政府的一般税收收入。

从以下几点我们可以看出：老年医疗保险制度是非常慷慨的。根据个人医疗标准，其保险费较低，自我偿付比例和免赔额也较低。实际上，老年医疗保险制度有两个主要项目：一个是强制性的A部分，支付与医院相关的费用，另一个是自愿性的B部分，支付医生的报酬。2002年，那些有资格享受强制性项目的人每月要支付175美元的保险费。受益人还需为自愿性项目支付54美元，作为医生的报酬。那些既能享受老年人和穷人的基本福利计划，又能享受生活补助金的老人则既可以从A部分受益，同时也可以从B部分得到补助。

与老年医疗保险制度相比，为穷人服务的公共医疗补助制度没有保险费，没有免赔

额，没有或者只有很低的自我偿付比例。① 公共医疗补助制度下医生的报酬比老年医疗保险制度下更低，与个人医疗保险相比，医生的报酬就更低了。如果医院或医生认为他们得到的报酬实在是太低了，他们可以拒绝接受那些享受公共医疗补助的病人。

2002年，有4 300万美国人一年都没有医疗保险，至少在一段时间里没有医疗保险。其中有很多人是因为更换了工作，在他们失业期间，用光了其医疗保险。② 另外，1994年凯瑟林·斯瓦茨（Katherine Swartz）的研究表明：2 100万美国人超过一年没有任何医疗保险。在这些人中，有1 800万人的年龄在18岁至34岁之间。这些人不投保可能是自愿的，他们付得起保险费，但他们身体很健康，因此选择不购买保险。最近又出现了一个没有医疗保险的人群，即那些退休较早的人，他们等待自己65岁以后可以享受老年医疗保险。最令人担忧的是：在这些没有医疗保险的人群中，有近850万是18岁以下的未成年人。

针对儿童没有医疗保险的现象，20世纪90年代美国建立了儿童医疗保险项目。其作用类似于公共医疗保险制度，顾名思义，它主要关注那些父母没有从雇主那儿得到保险，也没有能力自己购买保险的家庭的儿童。

医疗保健的经济学模型

我们可以运用供求模型来考察当商品不是有形的（如苹果），而是无形的（如保健）时，会出现怎样的情形。另外，根据所建立的模型，我们还可以研究医疗保健融资系统如何影响人们的行为。

为什么医疗保健不同于其他商品

医疗保健与其他商品不同。你可以观察1998年出产的苹果，并且可以将它与1995年或1985年出产的苹果进行比较。苹果在任何时候都是基本相同的。另一方面，医疗保健总是不断变化的。近几年来，医疗的消费价格指数不断上升，甚至高于总的通货膨胀率。然而我们不能确定这些增长多大程度是由于价格的上涨，多大程度是由于质量的提高，多大程度上是由于出现了新的有效的治疗手段和治疗方法。

为了说明这一点，我们不妨讨论一下艾滋病（AIDS）的治疗措施。1985年时还没任何方法治疗艾滋病。有时只能用吗啡来减轻痛苦——与现在的治疗方法相比，这种方法毫无作用，但是"便宜"。2001年，运用齐多呋定（AZT）的"鸡尾酒疗法"和一组蛋白分解酶抑制剂进行治疗。这些药物加起来一年需要1万美元，但这可以使病人维持几年高质量的生活。哪种治疗方法成本更高呢？你不必回答这个问题，因为你不是在为同一件事定价。医疗水平大大提高了，因此认为治疗费用也相应提高的观念是错误的。医疗水平提高了，因为没有有效的方法来比较过去的治疗方法与现在的治疗方法，所以"价格"从无限高的水平降了下来。

---

① 州政府可以强制规定一定的自我偿付额，以防止滥用资金。
② 即使工人在辞职或者被解雇之后，也有权继续要求其雇主为其缴纳医疗保险费。问题是大多数雇主都没有继续为其缴纳保险费，这就意味着人们不可能行使此权利。

很多人抱怨在过去几年中医疗费用提高了，这种想法实际上是被误导了。许多质量没有变化的物品（如注射器、绷带）的成本肯定上升了。但是，同样可以肯定的是，我们无法衡量那些质量不断改变的商品的价格。例如，1985 年的医院夜间护理工作与 2001 年的夜间护理工作就截然不同。尽管许多定义是相同的（例如，准专用病房过去被定义为有两张病床的病房，现在依然如此定义），但夜间护理工作的其他方面存在很大区别。现在病房里的电视，以及其他先进的医疗设备（如带有数字监控的病床）都是标准化的。在不久以前，这些设施只是备选的，或者根本没有。

我们运用供求模型来分析医疗服务的另一个关键问题是：我们假设知识是完备的。我们最开始去看医生是因为我们想知道自己出了什么问题。我们不仅要治好自己的疾病，而且还要找出引发疾病的原因。这与买苹果完全不同。我们知道苹果是什么，知道自己为什么要买它，而且知道一个苹果值多少钱。但是，在医疗服务中，我们必须信任卖方（医生），相信他们所说的，我们需要什么，以及需要多少费用。

公共医疗保险的含义

虽然这些考虑非常重要，但我们仍然可以运用医疗服务的供求模型来分析公共医疗融资体系的影响。如图 19.1 所示，如果我们没有为穷人提供医疗服务项目，那么那些并不贫困的人将得到很多的医疗服务，而穷人只能得到很少。如果 D_{poor} 代表穷人对医疗的需求曲线，而 $D_{nonpoor}$ 代表非贫困人口对医疗的需求曲线，那么 $D_{poor+nonpoor}$ 就是医疗服务的市场需求曲线。这条曲线是由上面两条曲线水平加总而成。明确地讲，是在每一个价格水平上，将贫困人口对医疗的需求量与非贫困人口对医疗的需求量相加。如果供给曲线如图所示，那么医疗服务的价格为 P^*，而穷人的消费量 Q_{poor} 就会远远小于非贫困人口的消费量 $Q_{nonpoor}$。

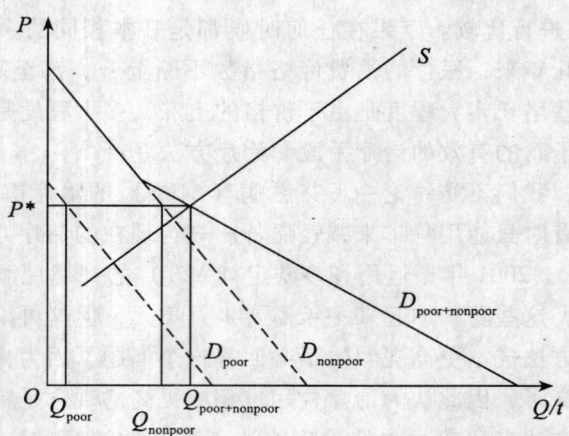

图 19.1 医疗市场：没有医疗补助时的供求状况

换句话说，如果穷人看病不要钱的话，这种情形将会发生很大的改变。图 19.2 就反映了这种情形。如果穷人能免费看病的话，市场的需求量就是穷人的消费量 Q_{poor}，再加上非贫困人口的消费量 $Q_{nonpoor}$。你会发现穷人的消费量大大增加，为 Q_{poor}，而非贫困人口的消费量将大大减少。医疗服务的价格也将有所提高。

个人医疗保险的效率问题

个人医疗保险和公共医疗保险一样,都会扰乱正常的健康医疗市场。回顾一下自我偿付的概念:在扣除免赔额之后,对每 1 美元的医疗费用,患者必须支付一个较低比例(通常为 20%)或一定金额,剩余的医疗费用由保险公司支付。这会对医疗服务的需求量产生怎样的影响呢?为了简便起见,我们假定已经扣除了免赔额或者免赔额为零。

图 19.3 表明需求曲线将会向右旋转,从而消费量和价格水平会更高。我们来看看需求曲线为什么会向右旋转。假定没有保险时的市场均衡点为 A 点。在没有保险时,人们愿意以 P_A 的价格消费 Q_A 的医疗服务。假设一个人现在享有一个自我偿付比率为 20% 的医疗保险,那么即使市场价格为 P_A 的 5 倍,他仍会消费 Q_A 数量的医疗服务。这是因为他享受了保险,实际支付的费用是 $5P_A$ 的 20%,也就是 P_A。需求曲线向右旋转的原因在于:如果医疗服务是免费的,自我偿付比率就毫无作用。因为零的 20% 是零,零的 5 倍也还是零。

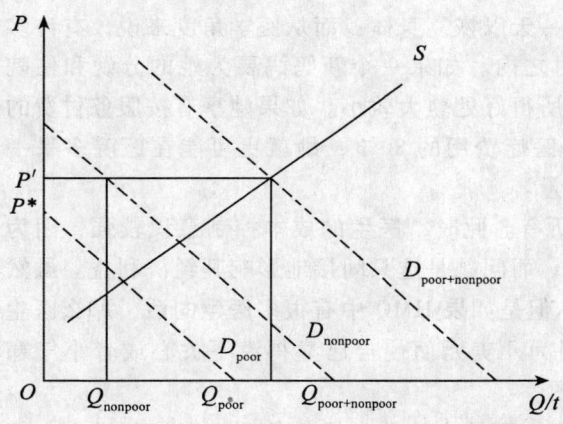

图 19.2 医疗市场:有医疗补助时的供求状况

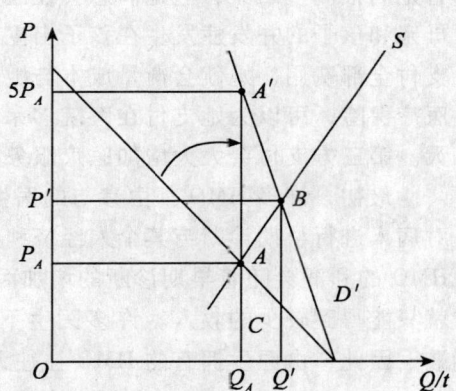

图 19.3 自我偿付对医疗市场的影响

第三方付款人

除消费者之外,为之支付部分费用的实体

无论何时,只要存在除消费者以外的其他人或实体为消费者付费的话,经济学家就将其称为"**第三方付款人**"。当存在第三方付款人时,消费者就没有能力将成本控制在较低水平了。

因为需求曲线向右转动了,我们会购买更多的医疗服务,并支付更多的费用。但是,如果需求曲线 D 本身缺乏弹性的话,这种影响将会减轻很多。从 20 世纪 70 年代末开始进行,并于 1987 年出版的一项研究结果表明医疗服务的需求是相对缺乏弹性的。因为即使医疗费用很低,我们也不会做不必要的手术,即使医疗费用很高,大多数人还是会做那些必要的手术。该项研究还证明患者对医生出诊的价格要比对住院治疗的价格敏感得多。根据这项研究对整体医疗弹性的估计,患者支付的医疗费用每上升 10%,接受治疗的病人数量会相应减少 1% 到 3%。

医疗服务的增长也涉及到效率问题。回顾第 3 章中所讨论的消费者剩余与生产者剩余的知识，纯损失是经济学家衡量无效率的标准。图 19.3 的三角形区域 ABC 就表示了无效率的规模。

道德风险
指持有保险提高被保险商品的需求

造成医疗保险无效率的另一个原因是**道德风险**。有医疗保险的人会消费更多的医疗服务。这是各种保险市场都存在的问题，最典型的是机动车辆保险。买了保险之后，你开车时会比买保险之前鲁莽，购买保险似乎会使你更加需要保险。在购买了医疗保险之后，你可能会接受更多的身体检查。更严重的是，你可能会放弃体育锻炼，不注意饮食健康，因此道德风险是一个难以解决的问题。

对保健组织（HMO）的争论

尽管我们在前面已经介绍过一些保健组织（HMOs），但是目前围绕这种私人保险组织的争论使我们有必要进一步展开讨论。HMO 可以防止处理效率问题导致的医疗费用的不断上升。为了控制人们过度消费医疗服务的冲动，需要运用一些新的保险形式来唤起消费者、医生或保险公司的成本控制意识。

举一个妇女分娩的例子。大多数妇女在生完孩子 24 小时之内，便可以离开医院。尽管她们很渴望回家，但她们总会在医院多呆一天以恢复身体；而从医学角度来说，有许多母亲和孩子的并发症发生在孩子出生 48 小时之内。如果一个新妈妈要为她的分娩和住院支付全部费用，她就会衡量成本与她和孩子所得好处孰大孰小。如果她享有按服务付费的医疗保险，可以为她支付在医院多呆一天的医疗费用的 80%，她就更可能在医院多呆一天。第三方支付会大大增加医疗服务的消费量。

最初，许多 HMO 都由参与的医生共同所有。此时，医生的成本控制意识较强，因为对病人进行早期诊断与其个人经济利益挂钩，而问题是这只间接地影响其经济利益。虽然 HMO 的利润会随着早期诊断的增加而增加，但是如果 HMO 中有很多医生的话，那么医生就只能得到较少的收入。许多医生不愿意因为几美元而使自己显得漠不关心或者小气寒酸，因此，由医生拥有的 HMO 往往无利可图。

此后，许多 HMO 都由保险公司接管，它们开始实施节约成本的制度以控制成本，例如只支付孕妇分娩的前 24 小时的医疗费用。在这种情形下，是由 HMO 进行有效的决策，而不是由医生和病人进行决策。如果 HMO 的政策制定者实施一些法规，使得医疗的消费量与患者自行承担全部医疗费时相同的话，那么 HMO 就大大提高了医疗系统的效率。如果 HMO 推行的法规使得医疗的消费量比由患者支付全部医疗费用时更少的话，那么我们只是将一种无效率的形式变成了另外一种形式而已。

结果，HMO 并不能完美地解决医疗保险问题，并不能使每个人都满意。"按服务付费"的保险计划因为过度消费而存在缺陷，HMO 也因为限制和约束过多而存在缺陷。哪一个更好呢？至今仍然没有确定的评价。

血浆和人体器官问题

与我们目前的医疗系统相关的另一个问题是血浆与人体器官的供应不足。经济学家认为：人们出卖血液和器官作为医疗用途的非法性，直接导致了血浆和器官的缺乏。禁止出卖血液和器官作为医用完全是根据道德标准来判断的。例如，将血液卖作美容用途就不是非法的。

如果强行规定价格为零,那么供给量就会下降,需求量就会增加。这就产生了另一个道德悖论。如果允许存在这样的市场,那些没有能力购买所需器官的人可能会因此而死去,而买得起所需器官的人就能生存下来。另一方面,如果存在一个合法的交易市场,那么就有更多的器官备用,有更多的人会因此挽回生命。

值得注意的是,虽然器官的供给和需求都缺乏弹性,但两者都不是完全没有弹性。① 如果器官的价格过高的话,有人可能会选择不购买器官,如果卖器官能得到可观报酬的话,有些人可能会出卖器官,以期为后人留下更多遗产。

这一市场的缺陷与烟草市场的缺陷相同。信息缺乏导致人们犯了许多致命的错误。例如你可以靠一个肾来维持生命,因此如果价格适当的话,你可以卖掉一个肾。但是,你可能低估了你最终将需要另一个肾的可能性。卖器官可能是一个很愚蠢的想法,但卖血却不是。没有任何经济原因可以禁止医学用途的卖血行为,因为血液与器官不同,它具有再生能力。

美国与其他国家医疗制度的比较

单一付费者制度
政府征税(通常非常高)以承担每个公民的医疗费用

世界上每个工业化国家都有自己独特的医疗制度。所有发达国家有一个共同点:即政府是医疗服务的提供者。各个国家的医疗制度都有各自的优缺点。**单一付费者制度能使那些无力承担医疗费用的人收益,但这也造成了非常严重的短缺现象。**

在加拿大、英格兰和大多数欧洲国家,几乎所有的医院和诊所都由政府经营。这些国家的公民可以无限地享受免费的医疗服务。这有助于解释为什么这些国家婴儿死亡率较低,预期寿命相对较长,可参见表19.2。在美国,在业者和失业者、退休者和还在继续工作的人、年轻人和老年人、穷人和富人都不能享受这样的权利。另外,因为医生的薪水由政府支付而并不是由病人支付,医生就没有动机为病人进行昂贵的检验和手术。更重要的是,作为政府职员,医生能免受诉讼的侵扰。这些国家就能以比美国更低的成本实现大众医疗服务。

表 19.2　　　医疗费用、婴儿死亡率和预期寿命的国际比较

国家	医疗费用 GDP,1999年	每1千个新生婴儿的死亡率,2001年	预期寿命(岁),2001年
美国	12.9	6.8	77.3
英国	6.9	3.3	77.8

---

① 如果两者在不同数量水平上都是完全无弹性的,将不存在市场出清的价格。

续表

国家	医疗费用GDP，1999年	每1千个新生婴儿的死亡率，2001年	预期寿命（岁），2001年
法国	9.3	4.3	78.9
德国	10.3	4.7	77.6
日本	7.9	3.9	80.6

资料来源：http://www.census.gov/prod/2003pubs/02statab/intlsat.pdf

然而，这一切是有成本的。这些国家的医生严重短缺，因为要想将成本控制在较低水平，就要降低医生收入，因此这些国家医生的收入比美国低很多。美国有许多外国医生的一个主要原因是：这些医生在美国的收入比在本国高很多。另外，如果医生的收入微薄，人们就不会有利益动机来从事医生职业。医生通常都愿意工作较长时间，从这一点也可以看出薪水对医生的影响。在美国，医生是工作最努力的人群之一。

还有一个问题是对某种医疗程序的长时间等候。在美国，一个50岁的心肌梗塞患者在确定要做手术之后的若干小时内就可以住进医院并接受手术，而在加拿大，病人可能要为一个心脏搭桥手术等待达6个月之久。虽然目前等待时间缩短了很多，但这部分归因于医生认为昂贵的医疗程序必须进行定量供给。在美国，只要病人的身体能够承受，患有肾病的老年人就可以接受透析治疗（通常可以延长生命1年，甚至更长时间）；而在英国，由政府经营的医疗系统中，类似的患者则不能进行常规的透析治疗。

如果美国实行单一付费者制度的话，美国可能失去的另一个非常重要的东西就是创新。美国经常在处方药、医疗设备和治疗方法上进行创新，这很大程度上是因为创新者能够赚到更多的钱，而在单一付费者制度下这是不可能的。另外，国外出现的创新也很可能是因为这些创新可以在美国赚得更多利润。因此，很少有经济学家认为将美国的医疗制度转变为单一付费者制度会有利于医疗创新。

最后，因为在实行单一付费者制度的国家里，医生通常都能免受法律诉讼的侵扰，医疗事故的责任由职业标准协会来承担。只要这一机制能发挥作用，医生就可以运用它很好的维护自身的利益。

小结

现在你应该明白了医疗融资系统怎样使医疗服务市场发生重大变化；以及美国43%的医疗费用是由纳税人支付的，剩余的部分由患者本人或是保险公司支付。你理解了为什么医疗服务与经济学家所研究的一般商品不同，但我们同样可以运用供给与需求模型来研究它。你理解了无论是纳税人融资的医疗制度还是私人保险融资的医疗制度，都会抬高医疗保健的总体价格。最后，你理解了为什么单一付费者，即由政府融资的医疗制度既有优点，也有缺点。

主要术语

自我偿付额　　　　公共医疗补助制度　　　风险厌恶
免赔额　　　　　　老年医疗保险制度　　　风险中性
终身最高赔付额　　道德风险　　　　　　　单一付费者制度
最高自付额　　　　初级诊断医师　　　　　第三方付款

自我测试

1. 美国的医疗费用支出占 GDP 的百分比是
   a. 1 （1/100）
   b. 14 （1/7）
   c. 25 （1/4）
   d. 33 （1/3）

2. 2001 年美国总医疗费用中，政府支出占
   a. 10%
   b. 25%
   c. 45%
   d. 100%

3. 2002 年，美国没有享有医疗保险的人数是
   a. 1 300 万
   b. 4 300 万
   c. 8 300 万
   d. 10 300 万

4. 有了医疗保险之后，对医疗服务的需求变得
   a. 更富有弹性
   b. 更缺乏弹性
   c. 两者都不是

5. 提供老年医疗保险与公共医疗补助可能会
   a. 提高医疗服务的整体价格水平
   b. 降低医疗服务的整体价格水平
   c. 对人们的影响甚微，医疗服务价格仍保持不变

6. 在没有医疗保险的情况下，下列哪个群体更注重节约成本？
   a. 病人
   b. 医生
   c. 政府
   d. 没有任何人

7. 在"按服务付费"的保险制度下，下列哪个群体更注重节约成本？

a. 病人
   b. 医生
   c. 保险公司
   d. 没有任何人
8. 在 HMO 的方式下，下列哪个群体更注重节约成本？
   a. 病人
   b. 医生
   c. 政府
   d. HMO
9. 说明当你只需承担 20% 的医疗费用时（如自我偿付 20%），医疗保健的需求曲线会如何变动？
10. 说明在公共医疗补助系统中，对穷人免费提供医疗服务，会使医疗费用的价格上升，并会降低非贫困者对医疗服务的消费量。

思考

我们是否应该将医疗保健作为公民的一项基本权利，即使这样做会增加公民的税收负担？

讨论

加拿大的国家医疗保险制度导致的一个后果就是：由于要控制成本，心脏搭桥手术往往被拖延几个月，而错过医生认为的最佳手术时间。有时候一个人会在等待手术的过程中死亡。要使居民都能够普遍享受基本的医疗服务，这是否为一种可以接受的代价呢？

进一步阅读

Health Care Finance Association Statistical Tables.
http://www.hcfa.gov/stats/
Phelps, Charles E. *Health Economics*. Reading, MA: Addison-Wesley, 1997.
Statistical Abstract of the United States. http://www.census.gov/prod/2001pubs/statab/sec03.pdf

参考数据

International Comparisons of Vital Statistics and Health Care Expenditures, 2002
   Statistical Abstract of the United States;
   Comparative International Statistics
      http://www.census.gov/prod/2003pubs/02statab/intlstat.pdf

Health Care Expenditures
    Centers for Medicare and Medicaid Services;
    Historical Tables
        http://cms.hhs.gov/statistics/nhe/historical/
Health Insurance Coverage, 2001
    U. S. Census Bureau; Health Insurance Coverage
        http://www.census/gov/prod/2002pubs/p60-220.pdf
    Bureau of Labor Statistics; Annual Demographic Survey
        http://ferret.bls.census.gov/macro/032002/health/h01_001.htm
Medicare Premiums, 2003
    Centers for Medicare and Medicaid Services
        http://cms.hhs.gov/publications/trusteesreport/2003/tabivcl.asp
Number of Americans With and Without Health Insurance, 2002
    U. S. Census Bureau; News Release, Sept. 30, 2003
    http://www.census.gov/Press-Release/www/date.html

第20章 政府提供的健康保险：公共医疗补助，老年医疗保险和儿童健康保险计划

学习目的

- 了解公共医疗补助是一项补助本国众多穷人的医疗费用的计划
- 知道老年医疗保险是针对老年人的一项公共保险计划
- 区分公共医疗补助和老年医疗保险，并了解它们之间的联系
- 了解儿童健康保险计划是为贫穷工薪阶层的孩子服务的

内容概要

- 公共医疗补助：是什么，为谁服务，支出多少
- 为什么公共医疗补助制度的成本如此之高？
- 老年医疗保险：公共保险和老年人
- 老年医疗保险的具体细节
- 老年医疗保险信托基金
- 儿童健康保险计划
- 小结

自20世纪90年代初以来，美国政府一直对那些收入极其低下的公民实施医疗保险补助。直到1967年公共医疗补助制度成熟之前，各种形式的联邦医疗保险覆盖的人数不断增加。从那时开始，数百万的美国人从免费医疗保险中获益。今天，2 000万儿童和另外2 100万成人的几乎所有医疗费用都是由医疗补助支付的。

我们在本章将全面描述公共医疗补助制度，并且提供关于有资格的受益人群及其所获补助的资料。我们也会对公共医疗补助制度的最大受益群体进行讨论。我们会阐述联邦政府和州政府在公共医疗补助的筹资和管理方面的关系。我们会简略描述，当医生和医院对那些由公共医疗补助支付费用的病人行医时，他们是如何得到补偿的。我们会继续运用供求模型解释为什么公共医疗补助制度的成本如此之高，并且我们重点关注两个特殊群体（高龄老人和低龄儿童）的公共医疗补助条款。然后，我们将对意在促使公共医疗补助制度成本下降的条款进行分析。

老年医疗保险和社会保障是美国老年人政策的重点。社会保障确保了退休人员的收入，老年医疗保险则主要补贴每个65周岁以上老人（无论其退休与否）的健康保险。社会保障始于30年代的罗斯福新政，老年医疗保险则始于60年代杰克逊政府"大社会"

期间的社会规划第二次浪潮。在老年医疗保险制度第一次全面实施的 1967 年，它的成本总共是 27 亿美元；到 1998 年，其成本则为 2 040 亿美元。

老年医疗保险由两个计划组成：A 部分，涉及住院费用的强制计划；B 部分，涉及医生行医的自愿计划。本章首先会阐述为老年人提供的政府健康保险计划具有经济意义的原因，并且我们会对该计划无法回避的问题进行评析。在讨论了老年医疗保险各部分如何工作之后，我们会关注各部分所采取的、试图控制成本的方法。接着，我们会了解一下老年医疗保险信托基金及其在保持偿付能力中所预计到的问题，并且我们对老年医疗保险避免破产所能采取的方法提出了建议。在这一部分，我们还讨论了公共医疗补助和老年医疗保险之间的关系，后者适用于 65 岁及以上年龄的美国人。

最后，我们还将介绍相对较新的儿童健康保险计划及其功能，该计划的作用是向那些无法得到雇主提供的健康保险的工薪家庭的孩子提供健康保险。

公共医疗补助：是什么，为谁服务，支出多少

公共医疗补助建立于 1964 年，意在巩固和推广已有的健康保险计划，这些计划提供给那些无法负担健康保险费用的人。2000 年，该计划花费了联邦政府和州政府 2 070 亿美元。我们会阐述什么人符合条件，获得的补助是多少，什么人注册，哪个群体花费最多，联邦政府和州政府之间的关系以及如何补偿医生和医院等问题，以此来开始我们对公共医疗补助制度的讨论。

有资格享受公共医疗补助的人必须满足下列众多条件之一。一般说来，有资格获得"困难家庭临时补助"（TANF）或者"生活补助金"（SSI）的现金资助的家庭，其任何成员都自动有资格享受公共医疗补助。其他一些有资格的人包括：父母收入低于与其家庭规模相对应的贫困线 133% 的 19 周岁以下的所有儿童。如同另外一些受其他各种规定影响的少数人群一样，家庭收入低于贫困线 185% 的孕妇和一周岁以下的儿童也是符合条件的。值得特别指出的是，那些收入非常低，但没有 19 周岁以下儿童的成年人不被公共医疗补助所资助，因为他们的财富状况使得他们不符合 TANF 或者 SSI 的条件。这意味着尽管医疗补助的注册人数超过 4 000 万，但在那些收入低于贫困线 150% 的人中，只有一半人能从中受益。

公共医疗补助支付几乎所有的从医疗角度看有必要的各种医疗费用，并且它也会支付一些值得商榷的费用。医生的门诊费、急诊费、外科手术费用、门诊手续费、药品、计生药品、长期和准长期的计生计划和仪器、长期护理——只要你能说得上名的，公共医疗补助就会为其支付。按字面理解，唯一没有被包括在内主要是堕胎费用、美容外科手术费用、减肥和生发药品。只有少数几个州允许由公共医疗补助支付堕胎费用，并且这些州的公共医疗补助是由州政府进行全额买单的。无论何时，由强奸或者乱伦导致的怀孕或者危及母亲生命的怀孕，公共医疗补助会按照其他处理程序一样为其买单。

得到公共医疗补助的女性和年轻人远远超过了他们在总人口中的比例。虽然 51% 的总人口是女性，但是接受公共医疗补助的人口中女性比例接近 56%。总人口中只有 28% 的年龄在 20 岁以下，但是享受公共医疗补助的人口中 20 岁以下的比例为 53%。如果你随意看看享受公共医疗补助的人，你就会发现 70% 是女性。此外，尽管接受公共医疗补

助的人口不成比例地年轻，但是我们却发现花费到照顾老年人上的美元也是不成比例的。

在接受公共医疗补助的人口的种族构成上，公共医疗补助接受者近乎完美地反映了那些生活在贫困之中的人群：46%的白人，25%的黑人，17%的西班牙裔美国人。另外的15%是种族或者民族混血的人群，以至于公共医疗补助制度把他们的种族归类于"不详"。

公共医疗补助是一项联邦政府和州政府的共同努力。联邦政府强制要求各州把所有合格者都登记在册，并且如果州政府希望对其他人进行登记的话，联邦政府也提供了指导方针。如果各州政府愿意的话，他们有权接受或者拒绝某些特殊费用的买单（如前面提及的堕胎）。

联邦政府的强制要求部分地是由联邦匹配货币来支付的，并且州政府根据它们的相对GDP获得补偿。越穷的州政府获得越高的补偿比例，越富的州则获得越低的补偿比例。有10个州政府从联邦政府那里得到最低的50%的匹配比率，而另外10个州和哥伦比亚地区获得至少70%的匹配比率。利用这个办法，公共医疗补助减轻了那些比较贫穷的州政府筹资的负担。

有些州比其他州更容易获得公共医疗补助。对于"困难家庭临时补助（TANF）"，各州有不同的收入和财富标准，并且，比如说，在纽约和威斯康星享受公共医疗补助的人可能没有资格在德克萨斯和阿拉斯加享受该项福利。这种差别只是对成年人有效，因为对于低于一周岁的儿童，根据联邦的标准，如果他们的家庭收入低于贫困线的185%，无论他们居住在哪个州，他们都是有资格的。其他所有的儿童，只要他们的家庭收入低于贫困线的133%，也都是类似的合格者。

当医生和医院对由公共医疗补助制度买单的病人进行治疗的时候，他们所得到的补偿在各州之间大相径庭。对于同样的医疗过程，各州的支付不尽相同。产生这种差别是因为公共医疗补助的支付是根据联邦政府与州政府所承担的比例而制定的。各州必须设定足够高的补偿率，使得各地区有足够多的医生和医院充分治疗享有公共医疗补助的病人。当众多医生彼此竞争时，这些比率就会变得更低；而当医生不多的时候，这些比例就会变得更高。

对于医生和医院来说，公共医疗补助是一个"要么全有、要么全无"的选择。当医生和医院同意治疗享受公共医疗补助的病人时，他们也就同意接受了州政府进行全额买单的补偿比例，他们也就同意对各种享受公共医疗补助的病人进行治疗。他们不能够把他们的治疗限定在某个百分比之内，并且他们不能够接受一个病人而不接受另外一个患同样病的病人。许多私人医院和有名望的医生认为这些限制是不合理的，并且所获得的补偿太低，因此他们不接受享受公共医疗补助的患者。

为什么公共医疗补助制度的成本如此之高？

公共医疗补助制度是一项昂贵的计划。为了考察它的成本为何如此之高，把该问题纳入到我们的供求环境中是有益的。2000年，联邦政府和州政府向4 000万有资格享受公共医疗补助的人提供了2 070亿美元的健康保险费用。这个数字说明每个公共医疗补助接受者的支出超过5 100美元。2.45亿没有公共医疗补助账户的美国人在保健方面的支出每人不足 4 500 美元，总费用约为 1.3 万亿美元。为什么自己支付保健费用的人的支出比由公共医疗补助支付费用的人的支出要少呢？

让我们借助供求模型给出一个解释。与其他商品一样，保健的需求曲线是向下倾斜的。这是因为当价格高的时候，人们放弃治疗那些根本不严重的病。尽管价格总是人们关注的核心，但有些病，人们会不计血本地进行治疗。保持向上倾斜的供给曲线是合理的，因为要让医生提供令我们满意的大量的、高质量的医疗服务，就得向医生和医院提供更多的钱。

图 20.1 之所以不同于你已经见过的其他供求图形的原因在于，我们将贫困人群的需求和收入超过贫困线的人群的需求分开了。非穷人的需求曲线 D_{nonpoor} 比穷人的需求曲线 D_{poor} 更靠近右边。为了得到市场的需求曲线 $D_{\text{poor + nonpoor}}$，我们必须把非穷人和穷人在每个价格下想要的保健数量相加。在某些价格下，穷人无法负担任何保健服务，因此他们对保健服务没有任何需求。随着价格下降，穷人开始对保健服务产生需求，并且非穷人也开始需要更多的保健服务。为了找到市场需求曲线与水平轴的交点，你要加上人们在免费情形下想要的保健服务数量。需求曲线的水平相加给出了市场需求曲线。

在市场需求曲线 $D_{\text{poor + nonpoor}}$ 穿过市场供给曲线 S 的地方，我们得到均衡的价格 P^* 和数量 $Q_{\text{poor + nonpoor}}$。当我们选取位于非穷人的个人需求曲线上的价格，我们就能够得到非穷人获得的保健服务数量 Q_{nonpoor}。而且，在穷人的需求曲线上我们也能得到穷人的需求量 Q_{poor}。如果保健体制恰好就是这样，使得穷人在支付得起的价格下无法得到保健服务，那么在非穷人和穷人得到的保健服务之间就会存在差别，有些人认为这种差别是难以接受的。

当免费的保健服务提供给穷人时，如同他们享有公共医疗补助那样，另外一个问题会随之而起。此时的市场需求曲线不再处于图 20.1 所示的位置，而是移至图 20.2 所示的位置。通过在免费保健服务情况下穷人所需要的数量 Q_{poor} 加上非穷人的需求曲线 D_{nonpoor} 就得到这条新的市场需求曲线。在市场供给和市场需求的相交处，价格上升至 P'，它显然高于原来价格 P^*。这也导致穷人获得更多的保健数量，非穷人获得更少的保健数量。图 20.2 放大了这种效应，但在现实世界中，公共医疗补助的接受者会比拥有私人保险的人消费更多的保健服务。无论如何，向接受公共医疗补助的病人提供医疗保健的花费比那些能够自掏腰包或者买得起保险的人的花费要高。

为什么对老年人的支出更高

在费用方面，在老年人身上的医疗开支与其比例是不相称的。之所以如此，是因为老年人需要的保健一般更加昂贵，而且他们比年轻人更频繁地需要保健。1998 年，公共医疗补助接受者平均每人在医疗护理方面花费了 4 307 美元。① 由公共医疗补助资助的 5 岁以下儿童平均每人仅花费政府 1 203 美元，而受资助的 65 岁以上的老年人平均每人花费 10 243 美元。因此，尽管儿童占公共医疗补助的人口一半略少，但他们在账单上仅仅占 24%，而尽管 65 岁以上的老年人占公共医疗补助的人口仅有 10%，但他们在账单上却占 29%。正是他们在老年医疗保险上额外支出了 2 000 多亿美元。

---

① 参见 http://www.hcfa.gov，可以获得去年按年龄分的详细数据。

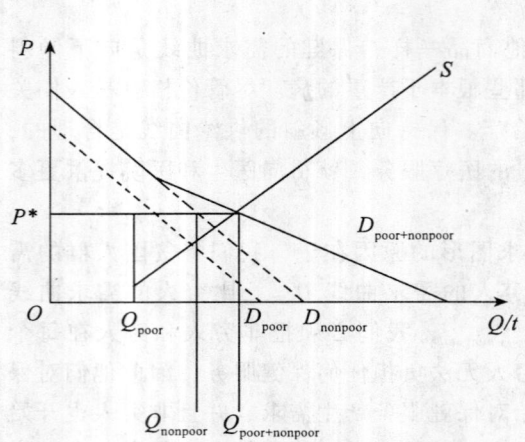

图 20.1　无公共医疗补助情形下
保健的供给与需求

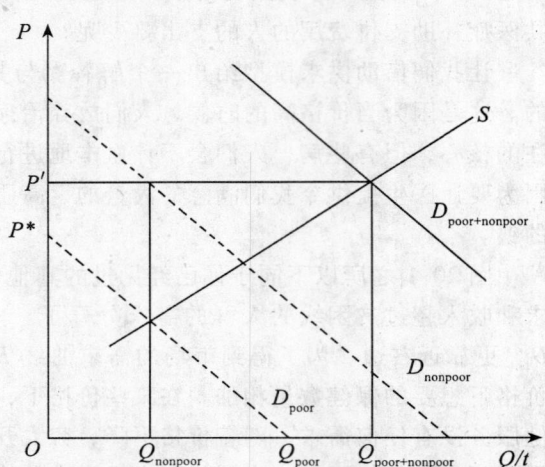

图 20.2　有公共医疗补助情形下
保健的供给与需求

如同前面提到的，公共医疗补助在老年人身上的花费比在年轻人身上的花费更多的主要原因在于，老年人通常得的病比年轻人得的病花费更昂贵。但是，细想一下，还有另外一个原因：家庭护理保健。它既不属于公共医疗补助的 A 部分也不属于 B 部分。因此，除非负担不起，老年人都得自己为之买单。当老年人的收入足够的低，使得他们有资格获取资助时，公共医疗补助则要支付家庭护理保健的账单。无论在哪儿，每年这项花费达 3 万到 7 万美元，它构成了公共医疗补助非常大的一部分支出。在最终报告中，公共医疗补助把总预算的 21% 花费在长期护理上，其中 78% 用于老年人的护理。

对美国老年人来说，这种情况给他们造成的问题是，在公共医疗补助开始支付费用之前，他们必须取得公共医疗补助的资格。对寡妇和鳏夫来说，这不难办：在自己的钱用完之前，他们自己支付所有的医疗和家居护理费用。然后，由公共医疗补助开始进行买单。通常地，持有法律继承权的成年子女会通过让父母赠送礼物给自己或者他们的孩子而获取父母的财富，以此提早让公共医疗补助为他们父母支付医疗费用。这是合法的，但仅限于此。在成为公共医疗补助对象之前的两年内，以长辈亲戚身份赠送给孩子和孙子的任何钱财，会被视为一种逃避支付家居护理费用的准欺诈行为。政府对此进行监督并收回在该时期内政府花费的任何钱。

无论如何，对老年人来说，赠送自己的资产不能完全解决居家护理问题，因为很多时候，一对已婚的老年夫妇一方需要护理，而另一方则不需要。当原本健康的人得了阿尔茨海默氏病之时，事实尤其如此。公共医疗补助制度过去常常要求，只有当整个家庭的财富已经耗尽时，它才支付家居护理费用。这使得许多健康的夫妻因为需要给其配偶筹措资金而变得贫困。这时候，对配偶来说，唯一的选择就是在夫妻一方被安排家居护理之时签署离婚。按此方法，财产一分为二，以至于只需用完一半财产，而另一半则归于夫妻中健康的一方。这种与长相厮守的老伴离婚的毫无必要的感情伤害现在可以避免了，因为如今的法律允许当已婚夫妇一方进行家居护理之时，夫妻的家庭财产在应该花费的部分和原封不动留下来的部分之间进行平分。

公共医疗补助中节约成本的措施

在 20 世纪 90 年代初，公共医疗补助费用每年的增长超过 10%。伴随着其他福利问题，这种趋势引发了 90 年代中期众多的福利改革措施。当时，各州开始把它们的公共医疗补助从对医生个人的补偿转移到支付保健组织（HMOs）的费用上。从 1990 年到 1998 年，HMOs 的医生治疗的接受公共医疗补助的病人从不足 5% 升至近乎一半。

当 HMOs 适用的时候，除非得到了指定的初级诊断医师的认可，人们无法得到公共医疗补助。在 HMOs 中，初级诊断医师负责提供基本护理，并且他们是把病人转给专业医生的唯一人选。HMOs 的施行滋长了接受公共医疗补助病人为了得到基本护理而利用急诊治疗的令人不快的行为。如今，非急诊的接受公共医疗补助的病人被告诫，如果他们不是重病，却出现在急诊室中，他们可能会被拒绝。他们还被告知，拥有一位能够满足他们个人健康要求的医生有许多好处。利用这种办法，HMOs 节约了州政府和联邦政府的钱，同时，也有助于改善政府所服务人群的健康。

老年医疗保险：公共保险和老年人

为什么私人保险可能会无效

由政府来为老年人提供健康保险，有两种主要的观点：平等和有效。以前比较合适的看法是，只有当老年人比年轻人更穷的时候，向老年人提供健康保险才是公平的，这样的观点如今不再合适了。由于在这些计划中采取了多项措施，现在老年人是公民中最不可能陷入贫困的人群。另一个一贯的观点是，如果人们不在一个团体中，市场就无法有效地为他们提供健康保险。

一般来说，健康保险的问题是，真正需要它的病人更愿意为它支付高价；而健康的人则只愿意为其支付低价。当人们考虑购买保险的时候，大部分人会考虑两种保健费用，一种是他们非常确定会发生的费用，一种是他们不能确定会发生的费用。如果他们预计的费用超过他们必须支付的保险费，那么他们就愿意购买保险。人们愿意购买保险，因为保险能够给他们无法确定的需要提供补偿。但是，如果保险费过高，只有重病患者才愿意购买保险。如果这群人成为唯一购买保险的人，那么保险公司的费用会超过他们收取的保险费，因此保险费也会随之提高。这将使得问题变得更糟，因为只有重病患者才会购买保险。这个问题被经济学家称为逆向选择。

这种恶性循环会继续，直至保险完全消失。幸运的是，这在美国不是很严重的问题，因为大部分私人健康保险是由雇主为雇员购买的团体保险。在每个团体中，毫无疑问有的人生病，有的人健康，多数人介于两者之间。健康的人向生病的人进行了补贴。作为一个团体的一分子不仅对于保险公司，而且对于团体成员都具有如此重要的好处，因此个体购买健康保险的人总是会陷入购买团体健康保险的人所不会遇到的麻烦。

如果老年人一直受雇于其雇主，就不存在这个问题。但是他们不是这样，他们会退休，并且许多雇主不会向退休人员提供公司团体健康险的会员资格。由于向团体中的人们提供健康保险非常有效率，并且有数百万的退休人员需要健康保险，这使得政府提供这样的保险是合理的，而且可以通过老年医疗保险做到这一点。

关于老年医疗保险一直争论不休的问题是谁来买单——是受益人（如同普通健康保险一样），还是所有的纳税人，或者是两者皆有。起初，人们打算把费用分成定为50—50，即双方等比例分担向老年人提供补贴的比例。如今，补贴中大约有四分之三的费用是由税收支付的，而仅有四分之一是由受益人承担的。

为什么老年医疗保险的成本很高

所有的政府健康保险计划都受困于成本控制问题，在这个医疗技术飞速发展的时代，该问题非常复杂。医疗技术极大地改善了健康保健，同时也增加了成本。任何时候，商品的消费通过保险得到补贴，就会造成几个基本问题。第一个问题是你会冒险把你的消费水平提高到一个没有效率的水平上。第二个问题是，由于向消费者提供了保险，因而他们不关心成本，这使得消费者和制造商都没有降低成本的激励，它被经济学家称为第三方支付人问题。这些问题和其他一些保险问题在第19章的保健部分已经详细解释过。

如同其他政府健康保险计划一样，老年医疗保险的成本急速上升。图20.3显示了老年医疗保险成本自其1967年实施以来的上升情况。

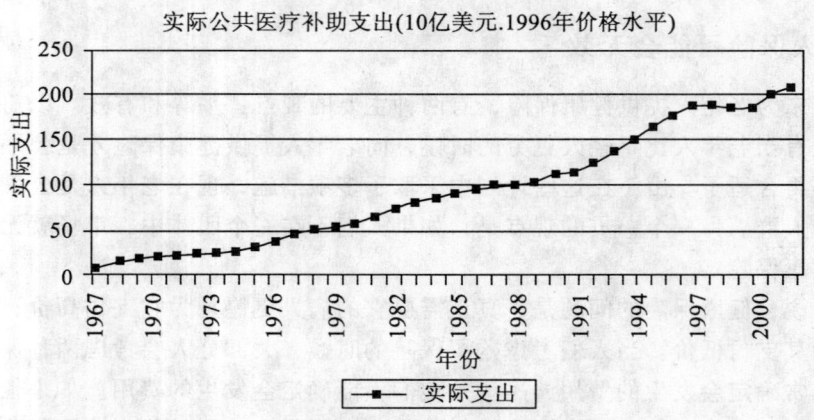

图20.3 以1996年价格水平计的实际老年医疗保险支出（单位：10亿美元）

对于大多数计划而言，开支的上升只是因为价格的上升或者受益人变得更多。老年医疗保险开支的上升有这些原因，但还有另外一个原因：能够获得的医疗服务数目增加了。老年医疗保险的受益人不再局限于1967年存在的那些医疗服务项目。他们能够让自己得到2000年以来可提供的最好的医疗科技服务。这意味着许多20年前可能死去、因而也就不再耗费老年医疗保险资源的病人，现在能够获得让他们活得更长的药物和治疗方法。

为了改善病人的生活或者延长生命，即使治疗费用昂贵，拒绝向享受老年医疗保险的病人提供治疗也是不合情理的。而且，假设为了节约成本，让他们自己拒绝进行费用昂贵的治疗也是不现实的。因此，当对健康问题的治疗日渐有效，人的预期寿命越来越长时，我们将会看到老年医疗保险的开支持续攀升。如同你将在老年医疗保险信托基金部分看到的那样，正是快速上涨的费用把老年医疗保险推到了可能走向破产的路上。

对付这种问题的一个办法是，把激励消费者节约资金变为激励制造商节约资金。虽然消费者想节制他们支付的货币量，但是保险使得这种激励要么大大弱化，要么消失殆尽。如同前面讨论的那样，如果没有人有动力去降低成本，那么就没有人会去降低成本。然而，通过利用前瞻性支付而不是回溯性支付，有可能使制造商成为主动节约的一方。

当人们购买服务的时候，人们所使用的就是回溯性支付。当某人有一辆需要修理的车时，修车厂的工人会找出车的毛病，并询问顾客是否想要修理它，同时告知费用，并进行修理。在这里，用的就是回溯性支付。在通常的情形中，由于顾客始终有激励降低成本，这并非问题，但在保险中使用回溯性支付就会产生问题。当你由于他人的失误遭遇事故时，那人的保险公司会为此赔偿买单。这时，你就希望所有的损伤都得到最好的修理，使用原产零件，并且修理厂会非常高兴地遵从你的要求，因为修理工可以漫天要价。如果你不得不自己买单，你就很可能满足于"差不多"并且接受替代零件。这就是为什么你要么被要求在修理开始之前提供两三个修理费用估价，要么你只有一个修理费用估价，但是必须得到保险理算员预先批准的原因。多个修理费用估计和保险理算员的监督服务能保证修理厂之间相互竞争，并以此阻止或减少天价账单。

在健康护理中，保险公司让你走访多位医生、获取多个估价是罕见的，尽管有些公司也许要求你给出第二选择。这就是为什么有些保险公司和老年医疗保险定位于前瞻性支付制度。前瞻性支付在服务进行之前就已确定。医院在治疗病人之前就已经获支付，因此医院有激励把费用降低到它被支付的水平之下。在私人领域，保健组织被指定采用这种支付制度。那些通常熟悉医疗业务的外科医生、儿科医生或者助产医生/妇产科医生的门诊医生会从他们护理的病人那里得到一笔固定的收入，而且无论病人是要求很多护理服务，还是根本不需要护理，他们都获得这笔收入。老年医疗保险中的保健组织按照这种方法运转得很好，而且如同我们将要看到的那样，这种方法也用在老年医疗保险 A 部分。

老年医疗保险的具体细节

如同我们前面的讨论，老年医疗保险分为两类。老年医疗保险 A 部分是强制性的，适用于 65 岁以上的老年人，它涉及医院护理。老年医疗保险 B 部分是自愿性的，它涉及医生的出诊。老年医疗保险没有涉及一般的离院后的处方药或者长期家居护理。

提供者类型

老年医疗保险接受者必须决定的第一个选择是选择传统老年医疗保险，还是一个提供老年医疗保险的保健组织（HMOs）。老年医疗保险的保健组织（HMOs）是由政府批准的，并且每个病人支付给参加该保险计划的医生的费用低于他们的要价。平均来看，政府支付给每个 HMO 病人的费用低于非 HMO 病人，这可能是因为健康的老年人更可能注册成为一位 HMO 会员。HMOs 提供的成本节约通常足以使得 HMO 的保费明显低于正常的老年医疗保险保费。选择传统老年医疗保险的人自动成为 A 部分会员，他们也可选择注册成为 B 部分会员。

A 部分

老年医疗保险 A 部分收取的保费不尽相同,这取决于已经成为会员的人登记注册的时间是多于还是少于 7 年半。在 2003 年,72.5 岁以下的人一个月的保费是 316 美元。对那些超过此年龄的人,此保费则为 174 美元。当时,会员入住医院第一天可以扣除的费用是相当高的 840 美元,接下来 60 天的费用由老年医疗保险买单。住院 60 天之后,病人每天支付 212 美元,老年医疗保险支付剩下的部分,并且 90 天后,病人每天支付 420 美元。从第 91 天起,病人有一个可以使用的 60 天保留期。当这个保留期过去之后,病人必须自己为剩下的费用买单。

从医院的立场上看,老年医疗保险支付的费用决定了医院提供的具体的诊断。这些支付,并且是前瞻性支付,是由罗列在超过 500 个疾病诊断相关因素分组(DRGs)清单上的疾病名称决定的。所有进入医院的老年医疗保险病人都会被安排在一个 DRG,而不是为发生的某些特殊费用进行支付,老年医疗保险支付给医院一笔事前决定的费用。这笔钱被认为是与该 DRG 相适应的,这样就激励医院降低成本。直到 20 世纪 80 年代中期,老年医疗保险为每一条绷带、每顿饭以及每项服务买单。当时有关部门发现医院仅仅为了提高利润,对那些值得质疑的医疗费用漫天要价。在为 DRGs 支付固定费用之后,老年医疗保险改进了对成本上升的控制。这项政策也导致了某些特定疾病的平均住院时间大幅度缩短。目前的制度还使医院有动力尽可能快地让病人出院。

B 部分

老年医疗保险 B 部分,是一项为病人支付就诊费用的自愿保险计划,它包括月度保费和年度可扣除费用。2003 年,它的保费为 58.7 美元,可扣除费用为 100 美元。由于保费和可扣除费用都不随通货膨胀率上升,因此现在该部分的老年医疗保险被补贴的比例接近 75%。这意味着对每一病人支付的每 1 美元,老年医疗保险 B 部分需要支付 3 倍多的税收收入。因此,事实上,对老年人来说,他们没有理由不参加 B 部分。对于那些无法担负保费的人,与之并行的另一项为穷人提供健康保险的项目,即公共医疗补助可以给予援助。对于其他每个人来说,58.7 美元的保费是一笔足够小的数目,因此几乎 100% 的符合资格的非公共医疗补助的老年人都登记入册。

从医生的观点看,老年医疗保险 B 部分为每项治疗给出了一个区域性标准。和 A 部分不同,B 部分是通过回溯性支付开出费用的。老年医疗保险为每项服务支付一固定数目费用,但每项服务是单独开出账单,而不是合在一个 DRG 中。

前瞻性支付对于非 HMO 老年医疗保险 B 部分无效的原因在于,每个病人可能想到多位潜在的医生那里就诊,病人可能的患病种类范围也很广泛。在一个老年医疗保险 HMO 中,门诊医生负责向专业医生推荐病人,但是非 HMO 病人可以在任何时间去找他们选择的医生。事先预计这样的选择是不可能的,因为在 B 部分没有一个单独的医生、HMO 或者医院能够完全负责他们的治疗,前瞻性支付无法进行工作。

在老年医疗保险 2003 年的再授权中,引入了一项新花样,即检验。老年医疗保险 B 部分的保费第一次依赖于收入。对收入低于 8 万美元的老年人,保费仍为费用的 25%。对于收入在 8 万到 20 万美元之间的老年人,保费最终上升至平均项目费用的 80%。

处方药补贴

作为老年医疗保险 2003 年再授权的一部分，处方药的费用如今可以得到补贴。在此变动之前，健康护理经济学家有两个看法。第一个，当外科手术可以补贴而药品不能补贴的时候，他们会发现市场扭曲。第二个，他们注意到老年医疗保险财务不稳定的状况，并担心附加的补贴会使之恶化。

以药物为主的治疗和大部分的药品一样昂贵，但是比外科手术略为便宜一点。由于老年医疗保险不补贴处方药而补贴外科手术，病人也许会选择动手术，尽管动手术可能会更贵。

争论的另一个方面涉及的是所有处方药计划的成本。在老年医疗保险 2003 年再授权中对该计划未来 10 年的成本估计是 4 000 亿美元。成本的估计对药品价格弹性的假设极度敏感。如果国会使用开出的处方单数目，并乘以由政府补贴的每个处方的费用（假设需求完全无弹性），就会严重低估成本。那些没有去就医的人可以从处方中得益，因为他们知道他们可以得到他们支付不起的处方药。此外，还有一些老年人习惯多开几张处方，但是只买其中一部分的处方药，因为他们无法担负全部的处方费用。考虑到这些，成本估计很可能高估，导致出现更高的赤字。

2003 年再授权也引入了对老年医疗保险的检测手段。共和党的方案规定保费和补贴依赖于收入，并一直要求大部分老年人从自己的口袋中拿出 3 600 美元厘来支付。每年的保费为 420 美元，还有 275 美元的可扣除费用，而且还有一个 25% 的联合支付金额，上限是 2 200 美元。该方案在 2 200 美元到 3 600 美元之间不进行补贴，大病补贴在 3 600 美元点上重新启动，其中要求 5% 的联合支付。民主党寻求一种与收入无关的方式来对所有的药品费用进行统一补贴，因为他们担心对穷人太慷慨将会弱化老年医疗保险的政治支持。

老年医疗保险的成本控制条款

老年医疗保险自其开始施行以来就致力于控制成本，但不幸的是，它很少获得成功。未能成功的最终原因可提炼为两点：

1. 医疗护理日渐精细，成功率也不断提高，因此它更加昂贵。
2. 无论是病人还是医生，都没有控制成本的激励。

虽然前面提及的 DRGs 有助于老年医疗保险 A 部分的成本控制，老年医疗保险 HMOs 也有助于老年医疗保险 B 部分的成本控制，但两者都并非万无一失。不过，DRGs 在解决与成本有关的两件重要事情方面取得了成功。第一，根据 DRGs 确定支付费用，激励医院采取多项措施，要求病人只能住院一个晚上并把他们转成门诊病人。第二，医院对医生和病人施压，缩短许多多日疗程的平均时间。

如果 DRGs 对某项治疗支付一个固定的数目，那么医院就有激励进行成本削减。由于医院最昂贵的成本之一就是让病人入院过夜，把牵涉到安排病人住院的正式程序转换成按照门诊病人处理的程序有助于提高利润。在任何时候，心脏搭桥手术都不可能通过门诊治疗完成，但是许多其他的疗程却可以成为候选目标。虽然许多人对把本应入院过夜的病人赶出医院的健康后果表示担心，但是很少有医学证据证明，把病人即刻送回家有副作用。

另外一个成本下降的地方是缩短了许多多日疗程的住院时间。手术过去通常要求住院 3~4 天进行恢复，如今只需要 2~3 天。这部分是由于外科医生更加擅长通过手术治疗身体损伤，部分是由于术后康复技术的改善。①

老年医疗保险信托基金

今天，人们最关心的事件之一就是为老年人的健康提供老年医疗保险的计划在财务上是否安全。老年医疗保险信托基金 2003 年拥有的资产达 2 850 亿美元。建立这个基金是为了应付婴儿潮那一代人的预计医疗费用。和社会保障信托基金一样，它有意征收比必要水平更高的税收，这样做是为了给 2015 年到 2035 年这段时期建立储备。人们预计大量婴儿潮那一代的人在这段时间很可能会给该制度造成负担。和社会保障信托基金一样，老年医疗保险信托基金只能投资于美国政府债券。但是，1997 年老年医疗保险信托基金的托管人发出了警示报告。他们估计远在严重危机到来之前，该信托基金就可能破产。虽然后来的托管人报告对该计划的财政安全表示更加乐观，但结论中仍然保留着破产可能。

托管人的年度报告基于未来三个不同的方案：一个是非常乐观的，第二个是非常悲观的，第三个是基于最现实假设的判断。这些假设设定了两个经济变量和两个人口统计变量。经济方面的考虑是通货膨胀调整后的工资增长和实际利率。人口统计变量则是生育率和预期寿命。预计的工资增长率越高，预计的税收收入也就越多；预计的实际利率越高，信托基金的回报也越高；而且由于假设儿童数目越大，导致的税收收入越高，因此预计的生育率越高，预计的税收收入也越高。最后，人们估计更长的预期寿命会造成更多的老年医疗保险费用。

图 20.4 显示了老年医疗保险信托基金从 1985 年到 2003 年的实际账户余额和在刚才描述的其他假设下到 2012 年预计的账户余额。低成本的估计值基于以下假设：实际工资以 1.6% 快速增长，实际利率也以较高的 3.6% 增长；生育率高达每个妇女生育 2.2 个孩子；预期寿命相对较短，到 2075 年为 78.8 岁。那些反映高成本估计值的数据正好相反：实际工资以 0.6% 增长，实际利率为 2.1%，生育率为每个妇女生育 1.7 个孩子，并且预期寿命为 85.6 岁。中间成本方案中实际工资以 1.1% 增长，实际利率为 2.9%，平均每个妇女生育 1.95 个孩子，并且预期寿命为 81.7 岁。

如果导致高成本估计值的假设是正确的，老年医疗保险信托基金实际上处于破产的边缘。如果这些成本被证实是低的，那么老年医疗保险信托基金破产的日子会超过中间方案报告的时间，但仍将在 21 世纪中叶发生。1997 年的报告使用的是中间假设，预计的破产时间是 2008 年。1999 年更新的报告预计老年医疗保险信托基金系统将在 2015 年破产。2002 年到 2003 年的报告版本采用了一个能够持续到 2020 年以后的相对稳定的方案。

---

① 虽然有关住院时间的数据没有显示下降，但因为前面提及的门诊病人的替代，因而具有误导性。由于住院时间是根据病人住的天数计算的，现在那些门诊病人所需要花费的疗程的时间就根本不计算在内了。如果其他疗程的住院时间保持在门诊病人替代之前的水平，那么总体平均住院时间就会显著上升，因为无论何时，你只要消除短期的住院疗程而保留长期的住院疗程，平均时间就会上升。由于总体平均住院时间保持不变，我们就会知道长期的住院疗程的住院时间下降了。

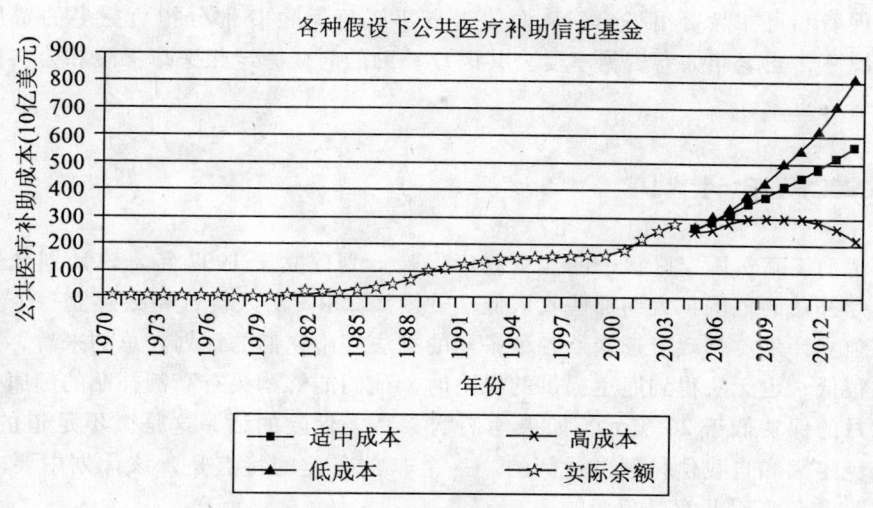

图 20.4 在各种假设下的老年医疗保险信托基金

为了防止预计的破产，考虑沿着图上这条路径，以现收现付制的方式简单地提高税收似乎是合理的。该图将会预示，要改变目前的计划无需做任何事。如果我们采用现收现付制，为了满足老年人的保健需要，税收必须逐年提高，而且税率也许会大幅度上涨。

在目前的法律下，资助该信托基金 A 部分的工资税的税率是 2.9%。换句话说，你和你的雇主分别贡献了你们在工作中所赚的 1.45%（独立经营者贡献全部的 2.9%）。在最可能的情形中，该比例将会超过两倍，达到每人 3.3%。

如果把税收提高到必需的水平是难以接受的，那么也许可以利用其他方法。可以提高享受老年医疗保险资格者的年龄，把保费和可扣除费用都提高到经过通货膨胀调整的 1970 年的水平或者更高，要求所有的受益人必须有门诊医生（如同 HMOs 一样），并且强制减少某个收入或者财富水平以上的老年人群得到的补贴。许多人不满意这些方法，并且没有一种方法得到了主要的老年人游说集团（美国退休人员协会）的赞成。

公共医疗补助和老年医疗保险的联系

公共医疗补助（Medicare）和老年医疗保险（Medicaid）起始于同一项国会法案，它们八个字母的标题中前 6 个字母都相同，除此之外，它们还有其他共同的特点。当人们既贫穷又年老的时候，最有意义的事情就是把这两项措施融合在一起。老年医疗保险的建立仅仅解决老年人的问题，而公共医疗补助的建立仅仅是解决穷人问题。当一个人既贫穷又年老，那么这两项措施都用得上。

当一个人处于有资格享受老年医疗保险的年龄，同时也很贫穷，有资格享受公共医疗补助，那首先买单的是老年医疗保险。公共医疗补助是最后求助的买单人。由于老年医疗保险有两部分，并且由于公共医疗补助的费用由联邦政府和州政府共同分担，事情会变得非常复杂。

所有的老年人都被要求参加补贴医院费用的老年医疗保险 A 部分，同时他们也可以选择参加补贴就诊费用的老年医疗保险 B 部分。对于 B 部分，州政府可以选择为老年医疗保险的保费和可扣除费用买单，从而使得老年医疗保险 B 部分担负更多的费用。不管在什么情况下，当老年人有资格享受公共医疗补助的时候，老年医疗保险和公共医疗补助就会有显著的重叠。

儿童健康保险计划

旨在帮助工薪贫困家庭孩子的儿童健康保险计划建立于 1997 年。该计划允许州政府要么把医疗补贴的范围扩大到那些收入低于贫困线 200% 的人群，要么建立一个为这些人群服务的独立计划。州政府选择了各种各样的方法实施它们的计划。总的来看，当孩子的父母收入很低，也无法得到雇主提供的保险时，他们能够购买有高额补贴的健康保险。每个家庭每月的保费低于 20 美元，如果他们购买私人保险的话，这是微不足道的一部分。相似地，免赔额和自我偿付额也是低的。一个非常有趣的特点是，该计划中要求"健康宝宝检查"和免疫对儿童是免费的。

该计划的结构和老年医疗保险非常相似，原因在于计划中对各州有一个匹配比率。它取决于各州人均收入和最低保险覆盖面，它确保该保险计划范围内的孩子，无论住在何处，都能够得到充分护理。该计划现在为超过 500 万儿童服务，每年的费用是 40 亿美元。

小结

现在，你了解到公共医疗补助是一项为本国部分穷人补贴医疗费用的计划。你知道享有公共医疗补助福利的资格与家庭收入和需要赡养的儿童的年龄有关，因此，该计划没有覆盖很多贫困的人。你了解到公共医疗补助的受益人与女性人口比例不相称，但是在其他人口统计方面，他们如实地反映了那些贫困的人群。你了解了该项计划所耗费的成本，而且你理解了这些成本相对于那些私人保险支付的成本更高的原由。你知道花费在老年人身上的费用与他们的人口比例不相称，并且你能够清楚地说出这种情况的原因。你知道了公共医疗补助与为老年人服务的相应计划（老年医疗保险）之间的关系。最后，你了解了公共医疗补助中使用的成本节约措施。

自我测试

1. 所有的公共医疗补助开支中，老年人的健康需求占
    a. 65%
    b. 59%
    c. 28%
    d. 13%
2. 所有的公共医疗补助开支中，儿童的健康需求占
    a. 50%
    b. 35%

c. 22%

d. 13%

3. 每个贫困线以下的人都有资格享受公共医疗补助。这句话是
   a. 对的
   b. 错的

4. 医院能够拒绝医治非急诊的公共医疗补助接受者。这句话是
   a. 对的
   b. 错的

5. 州政府经常使用公共医疗补助资金为老年人支付老年医疗保险的保费。这句话是
   a. 对的
   b. 错的

6. 公共医疗补助具有的副作用
   a. 减少了那些公共医疗补助没有包括的人可得到的健康护理服务
   b. 增加了那些公共医疗补助没有包括的人可得到的健康护理服务
   c. 既不是（a）也不是（b）
   d. （a）和（b）都是

7. 老年医疗保险 A 部分涉及
   a. 住院治疗
   b. 医院的药物管理
   c. 医生出诊
   d. （a）和（b）

8. 老年医疗保险 B 部分涉及
   a. 住院治疗
   b. 医院的药物管理
   c. 医生出诊
   d. （a）和（b）

9. 老年医疗保险两部分都不涉及
   a. 长期的家居护理
   b. 处方药
   c. 超过 60 天的住院
   d. 医生出诊

10. 使用 DRGs 的目的是用____去____
    a. 前瞻性支付，确保质量
    b. 前瞻性支付，减少总成本
    c. 回溯性支付，确保质量
    d. 回溯性支付，减少总成本

11. 在中间方案情况下，老年医疗保险 A 部分破产的时间是
    a. 2005 年前
    b. 在 2009 年到 2012 年之间

c. 2020年后
　　d. 不会
12. 对于花费在老年医疗保险 B 部分的每 1 美元来说，____美分是由接受人支付的，____美分是由纳税人支付的
　　a. 25.75
　　b. 50.50
　　c. 67.33
　　d. 75.25
13. 画出健康护理的供求图，区分出穷人和非穷人的需求。说明在公共医疗补助下，穷人比富人消费更多的健康护理服务的条件。

思考

有些州允许公共医疗补助对堕胎进行买单，而另一些则不允许。尽管在法律上，18 岁以上的妇女在怀孕的前 3 个月有权利堕胎，那么是否应该让费用问题影响这个决定呢？

纳税人支付近 75% 的老年人健康护理需求的费用，而对儿童健康护理需求费用的支付不足 40%。这是一个好的组合吗？

讨论

大约三分之一的公共医疗补助资金流向老年人，而其中的三分之一流向长期家居护理服务。这意味着大约 11% 的公共医疗补助资金流向此类护理服务。是否应该要求年轻人购买长期护理保险（如同你被要求购买汽车保险一样），以至于这些费用不会转嫁到纳税人头上？

在公共医疗补助中，合法和不合法的移民的健康护理要求能够得到满足，请评论。

与生命最后一年有关的费用超过了老年医疗保险开支的一半。这个问题会困扰你吗？如果不会，为什么？如果会，你如何改变政府健康开支的结构以改变这个数字？

进一步阅读

Carrett, Major. "Medicare: Healthier for Now." *U. S. News & World Report*, April 12, 1999, p. 29.

Lee, Ronald, and Jonathan Skinner. "Will Aging Baby Boomers Bust the Federal Budget?" *Journal of Economic Perspectives* 13 (Winter 1999), pp. 117-140.

Miller, Matthew. "Premium Idea," *The New Republic*, April 12, 1999, pp. 24-27.

Newhouse, Joseph. "Policy Watch: Medicare." *Journal of Economic Perspectives* 10 (Summer 1996) pp. 159-168.

Phelps, Charles. *Health Economics*. Reading, MA: Addison-Wesley, 1997, esp. chapter 13.

"Survey: Health Care." *The Economist*, July 6, 1991.

2000 Annual Report of the Board of Trustees of the Federal Hospital Insurance Trust Fund.

参考数据

Historical Data
   Federal Medicare Spending 1967-2002
      Budget of the United States Government, 2004;
      Historical Tables
      http://w3.access.gpo.gov/usbudget/fy2004/sheets/hist08z6.xls
   Historical and Projected Medicare Trust Fund Assets, 1970-2012
      Centers for Medicare and Medicaid Services;   2003 Trustees Report
      http://www.cms.hhs.gov/publications/
      trusteesreport/2003/tabiial.asp

Medicaid Spending and Population Characteristics, 2002
   Statistical Abstract of the United States; Health
   http://www.census.gov/prod/2003pubs/02statab/health.pdf

Medicaid and Medicare Recipients, Eligibility and Costs
   Centers for Medicare and Medicaid Services
   http://www.cms.hhs.gov/

Medicare Trust Fund, 2003
   Budget of the United States Government, 2004; Dept. of Health and Human Services
   http://w3.access.gpo.gov/usbudget/fy2004/pdf/budget.pdf

Number of Americans With and Without Health
Insurance, 2002
      U.S. Census Bureau; News Release, Sept. 30, 2003
      http://www.census.gov/Press-Release/www/date.html

第 21 章 处方药经济学

学习目的
- 把垄断以及消费者剩余、生产者剩余等概念运用到处方药经济学中
- 知道为什么大多数健康经济学家认为处方药是相对便宜的,而大多数的非经济学家却认为它们是非常昂贵的
- 理解为什么大多数健康经济学家不赞成对处方药的价格管制
- 理解批准过程太紧或者太松的后果

内容概要
- 是牟利的商人还是仁慈的科学家?
- 把垄断力量应用到药品行业
- 重要问题
- 小结

当人们由于生病或者受伤去就诊的时候,他们希望医生能够让他们康复。对某些伤病,他们也许期望得到积极的治疗,比如手术。人们希望知道,为了恢复病人健康,"一切努力都尽到了",这是人类心理天性的一部分。这同样适用于治病。当病人被告知他们染上了"病毒",没有什么比这更令人沮丧了,因为"病毒"实际上的意思就是"回家睡觉去,因为我们束手无策"。另一方面,如果病人带着填写了药品的处方回家,他们就会感到舒服,因为他们认为吃了药,病就会治愈。他们之所以这样想,部分是因为处方药行业对从传染病到阳痿的各种病的医治非常成功。当我们感染了病毒,又没有药方,我们就失去了快速摆脱病情的希望。在这种意义上,我们去看医生,希望得到药方,是因为通常是医生开出的药,而非医生实际所做的某些事情,让我们感觉到舒服多了。

对经济学家来说似乎奇怪的是,处方药招致的批评与人们为之花的钱一样多。相对于所有的健康支出而言,花费在处方药上面的钱实际上是微不足道的。比如说,2001 年,全美健康支出合计超过 1.4 万亿美元,而其中 10% 花费在处方药上。

本章有几个目的。我们要看看处方药制造商是奸商还是好心的撒马利亚人。我们利用垄断模型了解为什么药品如此之贵,而且我们对某些新药进行调查,讨论它们究竟是昂贵的必需品呢,还是相对便宜的天赐之物。通过这样的分析,我们将会知道处方药公司就算是一直生产重要的药品,仍有可能不受大家欢迎的基本原因。最后,我们会考察其他国家是如何控制处方药价格的,至于美国是否应该步其后尘,我们提供了一种看法。

是牟利的商人还是仁慈的科学家？

20世纪90年代最有趣的广告就是药品行业那些令人感觉甚好的广告，它们把人们的注意力引向许多努力工作、致力于攻克疾病的科学家。在一定程度上，这些广告不同于那些让我们去见医生，询问像脱发、季节性敏感症或者其他疾病之类问题的广告。就像麦当劳的广告想推销汉堡包一样，药品广告也试图向我们销售某种特殊药品。但是之所以出现这些感人的广告，不是要让我们购买哪种特定的产品，而是说服我们改善对整个行业的印象。

通常，早期的广告会谈论一些科学家攻克他所研究的疾病的情感小插曲。如果科学家的朋友、配偶、亲戚或者父母患了某种病，广告者假设我们相信，这激励着这位科学家耗费漫漫长夜，伏在显微镜前，寻求治疗方法。我们并不打算置疑科学家的真诚，但我们明白无误地知道，不管是不是利他主义激励着科学家，但是激励制药公司的肯定是利润。

专利
政府授予发明者的，使之在一定时期内成为该发明的唯一销售者的权利

对于任何发明来说，基本的经济问题是如何奖励发明人。一旦某项东西被发明出来，除非把他（或她）的想法的排他权赋予发明人，否则抄袭者就能偷取他们的想法。知道这一点后，发明者将很少有经济激励去创新。这就是我们需要有法律来管制版权和**专利**的原因。在现行的法律中，只要专利是存在的，那么持有某项专利的发明人是唯一能够出售该发明的人。

罕见病药品
一种治疗折磨少数人的疾病的药物

垄断力量在所谓的**罕见病药品**行业尤其重要。该行业治疗的是那些折磨少数人的疾病。在承认公司研究成果的正常专利期限内，我们不可能期望只能造福少数病人的治疗药物的销售产生足够的利润。由于这个原因，被标签为罕见病药品的药物被赋予非常长的专利期限，以至于我们期望利润尽管很少，但是能够延续到未来很长时期。如果没有这方面的专利法规，在私人部门工作的科学家永远也不会对此类疾病进行研究。

在经济术语中，这种垄断力量所做的一切就是让发明人全面控制。当你回忆第5章，你就会知道垄断意味着市场上只有一个销售者。这进而意味着，市场不存在生产这种特殊药物的其他厂商。当这种药只此一家，独一无二的时候，比如1990年早期的齐多夫定药（AZT），它是病人的唯一希望，那么它的垄断力量是巨大的。当这种病是致命的话，那么它的垄断力量更是无比巨大。由于大多数药物花费很少就能够生产出来，但是可能发明并对其进行测试的耗资巨大，比如艾滋病（AIDS）药物。我们知道公司需要为它们的投资获得回报。但我们也发现，一个人是买了药而活下去，还是买不起药而死去，要由钱说了算，这让人懊恼不已。

另一方面，当某种药是多种同类药物中的一种，而且是医治无生命威胁的疾病，如同抗烧心的药耐适恩锭（Nexium）和善胃得（Zantac），那我们就根本不用为之烦扰。问题不再是生和死，限制公司索取高价的力量的因素在于，竞争以及消费者在多大程度上宁愿忍受那些只是令人烦恼的疾病。

无论我们把制药公司看作奸商还是仁慈的科学家，最终都取决于他们是否干得漂亮和他们想要索取的是否一个公平的价格。制药公司赚大钱，但它们也承担巨大的风险。许多

经济调查探究了它们的利润是否超过了类似行业的商家。尽管研究一直没有得出一个确定的回答，但是的确显示出，制药行业股东的收益率与类似行业水平相比，要么持平，要么略高。毋庸置疑的是，处方药既改善了千千万万人的生活质量，又为公司赚取了数以亿计的利润。

把垄断力量应用到药品行业

如前所述，处方药行业的主要经济特点是垄断。当专利过期，竞争就会以一种常见药的形式出现，垄断至少能够统治数年。图 21.1 与我们在第 5 章所见的垄断者确定价格和产量的图示是一样的。如你所知，垄断者是一种商品的唯一卖家。这意味着一个垄断企业面对的自己商品的需求曲线就是整个市场的需求曲线。对这样的企业而言，这有好的一面，也有坏的一面。与完全竞争相比，该出售者无需担心其他厂商。不好的一面是，如果该厂商想卖出更多的商品，那么它不仅必须把价格降低到人们愿意购买多余产品所接受的水平上，还必须向所有人降价。这包括那些愿意高价购买他们产品的人。所以提高销售量获得的钱，部分地由于被迫的低价所带来的损失抵消了。对公司来说，好消息是，即使提高价格，也并不会像完全竞争那样赶走所有的顾客。

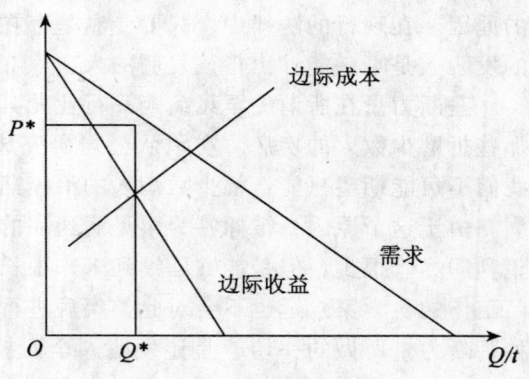

图 21.1　处方药的垄断制造商

图 21.1 刻画了一家唯一提供某种药物的制药公司。图中显示，代表与额外 1 个单位商品销售相关的公司额外收入的边际收入曲线是向下倾斜的，而不是像完全竞争情形中那样是水平的。

利用消费者剩余和生产者剩余工具，我们能够看到，由于价格等于 P^*，产量等于 Q^*，相对于社会最优值，该价格太高，产量太低。通过看图 21.2 也能明白这一点，其假设也与此一致。让我们暂时假设，把有关处方药的垄断生产看作完全竞争的恰当的对照。① 如同你在第 5 章看到的那样，完全竞争者的边际成本曲线——高于最低平均可变成

---

① 由于巨大的创新成本，对于该行业整个生产阶段来说，这个假设是不合适的。但是，在该药物被发明并批准后，这个假设是合理的。

本——就是供给曲线。如果你更改一下这里的概念,该垄断厂商在图 21.1 中的边际成本曲线,也就是完全竞争市场情形的供给曲线。

在图 21.2 中,我们对垄断和完全竞争进行了比较。完全竞争市场将在价格 P_{PC} 下生产 Q_{PC},因为供给和需求相交于此。垄断厂商要价更高,为 P_{monop},并生产更少,为 Q_{monop},因为边际成本与边际收入在此处相等。接下来,我们的消费者剩余和生产者剩余分析表明,公司的利润不仅是以损害消费者为代价,而且还是以整个社会利益为代价。

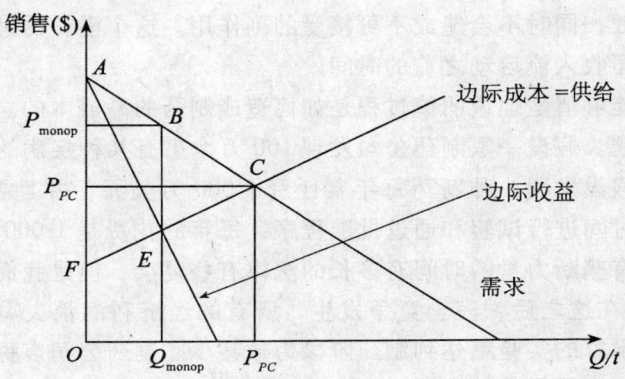

图 21.2 处方药的垄断与完全竞争的比较

图 21.2 显示,在完全竞争的价格—产量组合下的消费者剩余(需求曲线之下,价格线之上的区域)是 $P_{PC}AC$,生产者剩余(供给曲线之上,价格线之下的区域)是 $FP_{PC}C$。在垄断情形下,消费者剩余缩小到 $P_{monop}AB$,而生产者剩余上升至 $FP_{monop}BE$。这意味着生产者的状况改善没有消费者的状况恶化那么多。换种说法,这叫做**无谓损失**,或者是在错误的价格—产量组合下生产的社会损失。它显示了完全竞争和垄断之间消费者剩余和生产者剩余总和的差别。这个区域就是图 21.2 中描绘的 EBC。

无谓损失
由于生产过多或者过少带来的社会福利损失

重要问题

是昂贵的必需品还是相对便宜的天赐之物?

除了我们能够证明垄断价格在理论意义上是"高昂"的事实之外,数字表明,垄断价格在现实生活中也是高的。尤其是在美国,药品价格经常 10 倍于其边际生产成本。另外,药品价格的上升远高于总通货膨胀率。一个事实是,从 1985 年到 2001 年,药品价格上涨超过 150%,而同期总通货膨胀把总体价格只提高了 61%。虽然我们预计到某些价差,如果考虑到非处方药价格在同一时期仅仅上升 25%,处方药的价差是巨大的。

处方药价格的上涨原因是多方面的和多变的,但它们可以归纳为少数几个重要问题:开发成本、监管和诉讼。还有一个问题是,在药品价格中通货膨胀的误测。

新药的开发研制耗资巨大,制药公司在获利之前需要收回成本。由于"容易的"病业已被医治或者解决，留给我们去研究的是一些疑难重症。在研究人员获得博士学位或者医学学位之后，仅仅是训练他们，使之理解如何开始药物治疗研究就要花上数年时间。那些取得这类长期教育的人，一旦开始工作，他们就会要求非常高的薪水。除了昂贵的劳动力成本，用于此类工作的设备是专业的、昂贵的。

从药物成功的临床试验到获得政府批准所要求的时间进一步提高了药物研究的资本和劳动力成本。通常，新药首先在小动物身上进行测试。然后在灵长类动物身上进行测试。接着进行小规模人群测试，设计这类测试主要是测量安全性。最后，要求大规模的人群试验来证明该药物有效，同时不会造成不可接受的副作用。这个漫长的过程是昂贵的，并且它极大地延长了公司收入流启动之前的时间。

现金流的概念能够清楚地说明该过程是如何造成制药的高成本的。让人们用一个数值例子来说明这个问题。假设一家制药公司发现100万个患有某种疾病的病人愿意并且能够为一项治疗买单。假设发明一种新药每年要耗费1 000万美元，并且要持续10年。假设还要用另外5年的时间进行试验和通过批准程序，每年的花费是1 000万美元。关于制药公司对某种药物拥有垄断力量的时间有多长的法律有些复杂，但是我们假设该公司拥有这样的权力有10年；在这之后，完全竞争发生，所有的经济利润消失①。除此之外，另一个事实是药物从科学家的实验室达到制药阶段为数甚少。制药公司声称失败的努力次数是非常高的，这是高成本的另外一个原因。

让我们考察一下制药公司可能面对的一个假设情况。假设每当有5种药进入试验阶段时，就有另外5种药未能进入该阶段。进一步假设5种试验阶段的药中只有一种被证明是安全有效的。因而，这11种（疑为10种——译者注）药每个都会产生发明成本，还有5种会产生试验成本。但只有一种药带来收入。假设在这个过程的开始时刻，制造商不知道这11种似乎合理的想法中哪一种将会盈利，但是知道其中有一种会盈利。再假设制造商清楚地知道对每个病人的边际生产成本是每年10美元。给定这一切，假设实际回报率是10%，对于要收回最初投资的制药企业来说，它们从该药品中得到的预期利润必须是每年5.2亿美元。因而，即使你忽略了批发商和零售商向制造商和病人索取的所有费用加成，在我们假设的例子中，每个病人每年将不得不面对530美元的价格（5.2亿美元利润/100万病人数+10美元的生产成本）。

除了刚才的考虑之外，起诉制药公司的社会倾向也造成药价更高。美国人的相互起诉超过了其他任何群体。制药公司都是些阔佬。它们生产的产品不是总有效果，有时候带来的坏处还超过了好处。引用一个不久前的例子，减肥药芬-芬获得了批准，但后来被证明，该药会造成肾衰竭。该药被召回，如果判罚通过的话，引发的对制造商数百万美元的判罚将完全耗尽该药的销售收入。由于担心此类判罚，制药公司会提高它们的药价，以使得它们手中有足够的钱为这样的判罚买单并保留利润。在许多诉讼和判罚有所限制的国家，药价通常会趋于更低的水平。

在分析药价问题中，我们必须考虑的另一个现象是，困扰其他价格指数的各种问题也

---

① 在专利期限之后，因为医生和病人的品牌忠诚度，制造商典型地在药品上获得一定的经济利润。制药公司的代表利用礼物鼓励这种忠诚度。这些礼物有时候是微不足道的制药公司的钢笔，有时候则是昂贵的公司赞助的假期旅游。

会困扰药价指数。尤其是我们在第 6 章简要讨论并在第 13 章深入讨论的消费者价格指数失误会对药价造成问题。对于这方面的一个例子，你只需要看看避孕丸就可以了。20 世纪 60 年代初的避孕丸和那些现在的避孕丸完全不一样。这种早期药丸的副作用比今天的药丸严重多了。避孕丸现在的价格的提高部分归因于质量的改进而非通货膨胀的影响。

考虑上述所有因素，留给我们的事实是药价要么是真的高，要么是看上去高。在艾滋病治疗的费用中，药物治疗的高额费用表现得一清二楚。一种保持艾滋病受到控制的必备药一年的费用超过 10 000 美元。"鸡尾酒药"，一种齐多夫定药和蛋白酶抑制剂的混合物，能够使得艾滋病成为一种在多个方面都可以控制的疾病。20 世纪 80 年代中期，当病人极其痛苦的时候，唯一的治疗方法只能是保持病人镇定，如今，医生能够为许多艾滋病患者提供控制艾滋病的希望，他们采取的方式与医生为高血压患者采用的治疗方式相似。也就是说，尽管这种病最终仍会让患者死去，但他们的生活时间和质量都将会得到显著的提高。这就是救命鸡尾酒，但是该药迫使许多患者陷入债务或者放弃工作以获得公共医疗补助。虽然破产好过死亡，但是我们可以肯定地说，这种药对艾滋病患者来说是一种昂贵的必需品。

鉴于上述的许多负面特点，可以肯定地说，处方药行业也愿意在许多方面降低保健成本，从而在几乎所有领域改善生活。药物可以治疗许多过去常常需要动手术的疾病，甚至过去不能医治的疾病。当然也有许多改善生活质量的药物，而且这些药物在许多重要的领域也确实是这样。许多非急性的心脏病如今能够使用药物疗法进行治疗，而不需要用 30 000~50 000 美元的搭桥手术或者 5 000~10 000 美元的导管插入手术。尽管这些药品是昂贵的，并且当病人动脉几乎完全阻塞的时候，也不能使用这些药品，但是它们能够缓慢地疏通动脉，而且也被证明与许多更强的治疗方法具有不相上下的治愈率。

在其他领域，新药只是改善生活。从像季节性过敏那样令人烦躁的疾病到烧心这样的小病，以及哮喘那样令人虚弱的病，药物改善了各年龄段人们的生活。虽然季节性过敏和烧心不会威胁生命，但当这些疾病被治愈后，人们的生活会随之改变。

在诸如特非那丁①和氯雷他定这样的非镇定性的抗组胺剂发明之前，像我这样的过敏病患者在春季和秋季的时候，完成许多户外活动是困难的。这些药物让过敏病患者能够打高尔夫球，平整草坪，完成许多其他令人享受的和具有生产性的活动。这些活动过去常常会导致我们打喷嚏。氯雷他定也被证明足够的安全，因而在 2003 年美国食品药物管理局（FDA）允许该药在柜台销售（即无需医生开出处方）。

在诸如耐适恩锭②之类的新抗烧心药物出现之前，对许多中年人来说，辛辣、高酸性和油腻的菜肴都是不能吃的。虽然这对年轻人来说也许不算什么，但是不能食用美味佳肴会影响人们的生活质量。让患者可以享用比萨饼、法式鸡翅或者开胃汤，不会出现在重要医学问题列表的前面，但是一时片刻的享受可以让生活增添少许色彩。

后面这些疾病都不会威胁生命，但它们反映了许多重要的生活质量问题。治疗这些疾病的药物对生命而言也许并不重要，但对人们来说，它们代表着巨大进步。有些人把这些药物归于奢侈品。但是与那些得不到的治疗办法相比，其他人认为它们并不昂贵。

---

① 该药已经退出市场，因为它被证明会与治疗心脏病的药物相互作用，造成致命的后果。
② 在一些极端的情况下，该药能够降低食道癌的风险。

那为什么处方药会遭到如此责难呢？事实上，药价的上涨大大超过经济学家认为的通货膨胀并不可靠。我们的感觉告诉自己，处方药的费用超过我们应该支付的医疗费用10%。对于发生在医院或者就诊的每1美元来说，由病人从自己腰包里拿出支付的费用不足25美分。另一方面，患者为每1美元处方药支出的费用超过50美分。这导致病人对药价的上涨比对支付医院和医生的费用更加在意，更加敏感。

价格控制：它们是解决方案吗？

另外一个和药价有关，我们必须面对的事实是，美国的药价高过世界上其他地方的药价，那是因为在其他大部分国家，药价是受管制的。无论是药价本身受到控制，还是药物销售利润受到控制，反正其他国家的人们在购买药品的支出上比我们少。如果你去德克萨斯州的埃尔帕索（El Paso）买某种药，那么你就会发现，穿过墨西哥边境，你可以用一半或者更少的钱就能够买到该药。在与底特律相邻的加拿大的温莎（Windsor），你也会发现同样的事情。埃尔帕索和底特律的药并不是更安全些，只是更贵些罢了。事实上，包装都完全相同。世界其他地方的低价的一个原因肯定在于价格控制。

如果政府控制药价，我们的生活是否会得到改善？可能不会。当药品发明人把数亿美元投到他们的科学家身上和实验室中，全世界的药品发明人都盯着他们从美国得到的利润。如果他们不能在美国获利，那么他们就没有地方再可以赚钱了，他们也就不再把钱投入到创新活动中去。打个比喻，美国就是整个制药行业的摇钱树。通过控制药价，我们可能扼杀了一个会下蛋的金鹅，而它正在生产某些非常重要的、改善生活和拯救生命的金蛋。

和处方药有关的法律一直变动不断。该法律禁止公司在外国购买处方药，然后在美国转售。否则，一家制药公司能够把它的产品以加拿大法律规定的低价出售给一家加拿大公司。然后，这家加拿大公司再把这种药转售给一家美国零售商，因而可以逃避美国的高价。这和允许加拿大控制美国的药价具有相同的效果。该项法律在2003年被讨论。

食品药物管理局的批准：太严还是太松？

处方药的批准和管理是由食品药物管理局（FDA）执行的。20世纪90年代初，为了不让药品投入市场太快，FDA实行了严格的检查。后来，令人苦恼不已的拖沓的艾滋病（AIDS）药物批准过程让这个问题进一步升级。如前所述，食品药物管理局的批准过程是一个多步骤过程，首先是检测药品的安全性，接着检测药物的功效。只有这两方面都达到了严格的科学标准，该药物才能推向市场。

这听起来非常有道理，但问题是许多人因病痛而死去，而对于这种病痛已经有药物可以治疗却因未得到批准而不能使用。比如说，20世纪90年代初期，抗艾滋病蛋白酶抑制剂被证明是安全的，但是科学家还没有时间去证明它的功效。如何检验这种药物的无法预知的药物反应，是垂死的艾滋病患者最不担心的事情，他们只希望立即得到该药。FDA监管过严的问题是，如果FDA采用稍稍宽松一些的过程，那些死去的病人原本是可以被救活的。

在20世纪90年代中期，FDA开始实施一种快速通道批准程序。在该程序中，已经被证明是安全的药品会得到加速的功效检测。这其中的问题是，进行最初的安全评估使用的是相对小的样本人群,而进行功效评估则使用大样本人群。许多不良的药物反应和相对罕见的、无法预知的安全问题在这种功效检测中会被发现。加速功效检测会造成许多安全问题被忽略。因此,FDA 有时候不得不随后从货架上把那些药取下来。这就是芬-芬减肥药的命运。

这是经济学的边际分析如何能够用来帮助决策的一个基本例子。加强 FDA 批准严格性的边际收益是由于那些已被批准、但后来又被召回的药品,减少了假若不召回药品所可能引起的健康问题。加强 FDA 批准严格性的边际成本是那些没有得到医治但本来可以得到治疗的患者失去的健康。FDA 批准严格性的最优程度处于边际成本等于边际收益的地方。

一种特效药是否可以转换成柜台销售药也是 FDA 批准的事情。当一种新药表明它足够安全,消费者能够略微或者无需咨询医生的意见就可以服用它,FDA 将会批准该药可以在柜台上销售。当这种情况发生的时候,该药价会急转直下,因为它能够更容易地大规模销售。这种情况是否会转换成消费者的节约则是另外一回事。具有讽刺性的是,氯雷他定在 2003 年成为柜台销售药的时候,没有处方药健康保险补偿的消费者认为该药价从每个月的 100 多美元降到约 35 美元,而那些有保险的人则认为该药的成本上升了,因为没有保险公司补偿柜台销售药。那些拥有保险的原氯雷他定使用患者则受到了激励去寻找更昂贵的药,比如说阿德莱德。

小结

现在你能够运用垄断、消费者剩余和生产者剩余等概念来分析处方药的成本。你能够运用这些概念知道,为什么大多数健康经济学家认为处方药是相对便宜的,尽管大多数非经济学家认为他们是非常昂贵的。你也会明白为什么大多数健康经济学家不支持处方药的价格管制。最后,你了解经济学家如何看待美国食物药品管理局(FDA)的批准及其严格性的适度问题。

主要术语

无谓损失　　　　罕见病药品　　　　专利

自我测试

1. 在处方药行业,垄断盛行的主要原因是
   a. 为了得到尽可能多的利润进行合谋
   b. 激励创新
   c. 为了维持高价,使得只有需要药物的人才会购买它们
   d. (a) 和 (b)
2. 艾滋病药的需求曲线可能是
   a. 垂直或接近垂直

b. 向上倾斜
   c. 水平或者接近水平
3. 与治疗艾滋病相比，对艾滋病疫苗的需求是
   a. 更富弹性的
   b. 更不富弹性的
   c. 相同弹性的
4. 罕见病药法律
   a. 为了提高利润并激励创新，允许更高的短期价格
   b. 要求政府致力于研究困扰少数人的疾病
   c. 只是延长用于治疗困扰少数人的疾病的药品专利期限
   d. 提供资金，以至于没有父母的儿童能够买得起药品
5. 在美国，经济学家一般反对处方药的价格控制，因为
   a. 拥有一个出售药品、有利可图的地方，能够激励制药公司的创新
   b. 在美国，药价比其他地方低
   c. 制药公司的利润明显低于其他行业的利润
   d. （a）和（c）
6. 在决定 FDA 药品检测的合适严格性方面，经济学家会建议 FDA 应该确保
   a. 有害的药品不会进入市场
   b. 所有可能有效的药物应该尽可能快地进入市场
   c. 一般的药物，弊大于利
   d. 额外检测的边际成本应该等于批准该药的边际收益
7. 用两个图比较一下处方药行业的垄断和完全竞争，比较一下当需求近乎垂直和近乎水平时候的无谓损失。

思考

具有讽刺意味的是，大部分需要处方药的人买不起药。你关注过能让药物得以供给或者激励创新的政策吗？

讨论

除美国之外的大多数国家中，药价都受到管制。如果我们对价格进行管制，这将会严重影响新药的发明。你将最可能看到什么疾病被治愈、哪种疫苗被研制？如果强迫制药公司降低现在药物的价格，会使得制药公司没有动力去寻求治愈的药和疫苗，这样做值得吗？

进一步阅读

Scherer, F. M. "Pricing, Profits, and Technological Progress in the Pharmaceutical Indus-

try." *Journal of Economic Perspectives* 7, no. 3 (Summer 1993), pp. 97-115.

参考数据

Health Expenditure, 2000
    Statistical Abstract of the United States; Health and Nutrition
    http://www.census.gov/prod/2003pubs/02statab/health.pdf

AIDS Drug Treatment Costs
    Newsday; March 15, 2001; AIDS Drugs Worth the Cost
    http://www.aegis.com/news/newsday/2001/ND010302.html

第 22 章　犯罪经济学

学习目的
- 理解经济学如何有助于分析关于犯罪与犯罪控制的争论
- 明白什么样的人通常会犯罪及其原因
- 理解为什么研究犯罪的经济学家往往假设罪犯是理性的
- 分析犯罪对社会造成的成本，我们目前治理犯罪的开支是否合理，关注的罪犯是否恰当，重视的罪行是否合适，是否实施了适度的惩罚
- 了解经济学家如何看待犯罪控制问题

内容概要
- 谁会犯罪及其原因
- 理性罪犯模型
- 犯罪成本
- 犯罪控制的最优费用
- 小结

犯罪不是一个自然出现在我们头脑里的问题，经济学家们原本可以在这个领域有更多贡献。除了诺贝尔经济学奖得主加里·贝克尔关于犯罪的早期工作之外，在该问题上，我们没有花费很多时间和金钱来研究。然而在有些领域中，经济学分析可以说十分适合用来研究犯罪问题。比如说，一个潜在的罪犯会根据合法工作的收入、犯罪的获利以及被抓的可能和后果进行实施犯罪的决策。换个表述，这和一个投资决策没有什么不同。在投资决策中，安全性资产的低收益与风险性资产的高收益相对应。当我们用这样的方式看待犯罪问题时，经济学和犯罪学有许多重要联系。

我们研究犯罪经济学要做的第一件就是看谁会犯罪。然后，我们讨论一个理论上"类似投资"的决策，它告诉我们应该预期到谁会犯罪。接下来，我们用成本—收益分析讨论没犯罪的公众应该如何在犯罪的预防、侦破、拘捕和惩罚方面投入资源。最后，我们用经济学分析终身监禁和死刑是否能够得到防治未来犯罪的期望效果。

谁会犯罪及其原因

大多数的罪行是由那些社会地位低下和经济状况不佳的年轻人犯下的。他们罪行的受害者也非常不成比例地来自相同的人群。例如年轻黑人主要是针对其他年轻黑人实施犯

罪。不仅如此，当我们考察了与种族相关的一些不利因素，并且与工作机会糟糕等经济上的不利因素结合起来时，问题变得更加严重。例如，尽管白人被其他白人所杀的比例大致与总体人口预测的比例相同（84/100），但是每100个被杀黑人中有94个是被其他黑人所杀。在这里，根据总体人口分布预测的数目应该是每100人中12人，而不是94人以上。

我们得到的犯罪统计数据通常有两个来源：警方的报告和受害人调查。那些认为警察具有种族歧视的人也许会认为来自警方的统计数据具有种族偏见，但是，很难相信犯罪受害人会有兴趣编造他们的报告。向警察谎报袭击者可能会降低罪犯被抓的可能性，并且在调查中这样做也没有任何实际效果。无论你在衡量犯罪问题时，参照的是送交联邦调查局（FBI）的逮捕报告还是受害人调查，这些数据最终表明少数种群在人口中占24%，但是所犯的罪行却远远超过该比例。问题不在于是不是黑人、西班牙后裔或者其他少数种群的贫困人口会实施更多的罪行，而是个中原因。

理性罪犯模型

加里·贝克尔在20世纪60年代末提出了一个犯罪行为模型，它根据一个简单的投资决策解释犯罪。按照贝克尔的看法，实施犯罪的决策就是一种风险收益权衡。低风险投资有低回报，比如从事合法的工作，但是这样的工人不会担负任何被逮捕的风险。另一方面，偷窃或者贩卖违法商品这样的高风险投资具有高收益，但这让窃贼或者毒品交易人处于被抓和惩罚的风险之中。在这样的背景下，一个罪犯和投资银行家没有什么不一样，后者决定是投资于可靠的美国政府债券，还是投资于有风险的初次公开发行的互联网股票。就如同投资人拥有一个风险性资产和安全性资产的混合投资组合一样，你可以设想大多数罪犯也有合法的工作。事实上，情况确实如此。

我们应该花一点时间解释一下当经济学家使用"理性"一词的时候，他们表达的是什么意思。对一位经济学家来说，如果人们知道他们要什么，知道他们面对的约束，知道得到他们想要的东西所需的成本，并选择得到它，那么他们就是理性的。这并不意味着这些理性的人会做社会认为最适合他们干的事情。这只是表示他们的行为是符合他们的目的、约束和成本。根据这个标准，除了精神病人，其他人都是理性的。

当合法收入上升时，犯罪行为减少

如果一个人有机会通过合法渠道赚的收入比通过违法手段所赚的收入更多，那么这个人选择一种有风险的、收入更低的犯罪生活就实在太愚蠢了。如果你具有成为一个医生或者律师的才能，并且拥有6位数的薪水，那么销售可卡因拿到50 000美元根本没有吸引力。因而，这个理性罪犯理论正确地预测到，具有高额合法收入的人是不可能在犯罪和囚犯人口中占大多数的。

这个结论也许很一般，似乎很容易就可以得到，但是一个具有中等才能，每小时收入19美元或者年收入约20 000美元的人会如何看待这个问题，却不是一个简单的问题。在今天这样的社会中，要达到这个收入水平，大多数的人需要完成高中学业。因此，囚犯人口中高中毕业的不足一半就很显然了，而且33%的囚犯在被捕之前没有干过一项合法的工作。权衡年收入20 000美元的工作和一种高风险、高收入的犯罪生活是艰难的，决策可能会走向任何一边。

一个年收入接近 10 500 美元的最低工资的全职工人，可能比一个赚更多钱的人把获取高额犯罪收入的机会当作一个明显更大的诱惑。我们可以预计到，在合法的情况下，更多的经济选择机会可能导致更少的犯罪，相反地，更少的机会将会导致更多的犯罪。那么，为什么犯罪现象在 20 世纪 80 年代中、后期的经济持续增长时期逐步上升，而在 20 世纪 90 年代中、后期的经济持续增长时期下降呢？答案在于经济机会的安排。

如果我们的理性罪犯模型是准确的，那么提高中等、中上或者高收入人的经济前景应该对犯罪影响甚少。即使没有收入增长，像这样的人实质上也没有动机走向犯罪。收入的提高只是减少了一点微不足道的诱惑，对犯罪根本没有任何可感觉的影响。相反，如果低收入阶层的经济前景发生变化，那么其对犯罪的影响可能是实质性的。

在 20 世纪 70 年代中期到 20 世纪 90 年代初的 15 年间，收入不平等一直上升。整个平均收入提高是因为收入领域中的高端收入上升得很多，而那些受教育不足和工作技能缺乏的人则看到他们自己的实际购买能力停滞不前或者在下降。① 事实上，根据我们的理性罪犯模型，你能预期到我们所看到的一切。在这个时期，犯罪明显上升，而且低收入人群的犯罪多过高收入人群的犯罪。

但是，在 1990~1991 年的衰退之后，当时犯罪处于一个近期的高位，技能低下工人的经济前景开始提高了。在那段时期，最低工资从 3.35 美元上升到 5.15 美元，并且总失业率以及少数种群和低技能工人的失业率都下降了。同时，要么是因为偶然凑巧，要么是因为该模型正确，犯罪下降了，而且下降得很快。

该理性罪犯模型在解释 20 世纪 60 年代犯罪的整体上升时遇到了困难，当时总收入和贫穷人群的收入都上升了。这提醒我们，在用经济学解释复杂的社会现象的时候，要牢记一件重要的事情。有时候，作为社会现象的核心，社会规范方面的变化是一个更适于留给社会学家的领域，或者道德观的变化是一个更适于留给神职人员的领域。经济学对于这些问题的解释能力略显不足。

当被捕的可能上升和判罚加重时，犯罪行为减少

在理性罪犯模型中，其他可能引起事情变化的因素是被捕概率和被捕结果。我们知道，没有被抓罪犯就有收益。我们也知道，当逃脱犯罪的可能性下降以及潜在的惩罚变得更严厉时，选择成为一个罪犯是更没有吸引力的。如果你知道你会被捕，你就会选择一份合法的工作，这往往是对的。但是，有时候这也不对。比如说，对那些受教育水平低下，缺乏赚钱技能的妇女来说，卖淫的工作经常会被抓，而到监狱呆上几天可看作卖淫的成本。在这里，对这些妇女来说，重要的是即使呆在监狱会失去时间，但卖淫收入还是比合法的工作强。

为了预防潜在的罪犯实施犯罪，我们可以做两件事情。我们可以让罪犯招致惩罚的机会更大，也可以让惩罚更严厉。用最简单的话说，第一件事情意味着通过拥有更多的警察、法官和监狱，我们可以提高罪犯被抓的可能性，更快地判罚并关进监狱。第二件事情

---

① 当然，第 13 章中的材料《消费物价指数引起的生活成本的谎话》表明由于 CPI 高估了通货膨胀的影响，穷人的实际收入并没有下降，反而是略有上升的事实。

意味着我们让刑期更长或者处罚更严厉。

尽管这些措施似乎是一个方法的两面,但是部分地由于我们正在谈论的是针对相同的罪犯人群的不断上涨的费用,因此,它们的目的有本质区别。第一个措施的目的在于,让罪犯更不能确信自己能够逃脱自己的罪行。依靠花费在司法体系上的金钱,这可以为警察巡街、侦破和拘捕提供额外的资助,或者向更多的检察官提供资金,使其能收集到被捕嫌疑人更充分的致其获得有罪判决的证据。这与把钱花在监狱里和让法官判罚更长的刑期是不同的。

理性假设的问题

犯罪学家和社会学家很难相信以下的假设,即成为一个罪犯的决策,是由有能力评估复杂选择的人做出的一个理性经济决策。为了支持他们的观点,你只要看看那些似乎毫无意义的犯罪行为的百分比。校园枪击事件是不能用经济学方法解释的。经济模型受到的主要批评之一是,它们对部分人的智力水平的假设太高了。比如说,如果罪犯能够像经济学家声称的那样理性进行选择的评估,那么他们可能会足够地明智而不采取犯罪。不论怎样,经济学家使用"理性罪犯"的思想看待犯罪行为;并且,如上面看到的那样,该理性罪犯模型通常与我们对犯罪的认识是相符的。

犯罪成本

我们每年花费在警方、司法部门和监狱方面的钱共有1 470亿美元。每年,有1 400万人被捕,其中36万人会度过牢狱时光。目前,超过100万美国人被关在州和联邦的看守所和监狱之中。这刚好对应于每年报道的270万暴力犯罪和700万非暴力犯罪。当我们看到这些数据的时候,我们会想知道我们所花的钱是否值得,我们在警方、法院和监狱身上花费的分布是否合适。

如果你相信我们讨论的模型,就会确信,根据在这些领域花费的金钱,我们能够改变罪犯被惩罚的概率和惩罚力度。当然,我们也能够讨论在提高人们合法收入潜力方面的开支。比如说,有些人主张,我们应该把建设新监狱的专用资金抽出来,投入到教育和诸如儿童发展先导计划以及就业培训之类的可能有助于合法脱贫的社会计划中去。有些人则指出这些数据表明这些计划没有效果,并主张建设监狱是这些下策之中的最佳之选。

我们花费在犯罪控制上的钱是否适度以及我们在犯罪控制体系中的开支比例是否合适的中心问题是,我们需要考察有多少犯罪行为,它们值得我们花费多少去处理。利用各种犯罪学的调查,我们了解到每年报道的犯罪行为达到970万起,而实际实施的犯罪行为超过这个数字的两倍。尽管大多数的谋杀都被报道,但是许多抢夺、强奸和其他罪行一般不会被全部报道。这其中部分原因在于犯罪受害人的理性。如果抓住作案人的机会不大,而心理和金钱方面的成本过高,那么许多受害人很有可能不去报告他们遭受的犯罪行为。

平均犯罪成本是多少?

当实施一项犯罪的时候,有几种不同的成本需要考虑。如果我们能够给出一个平均犯罪的美元价值,那么至少在理论上,我们能够得出一个总的犯罪成本。第一种,也是最明显的犯罪成本是被抢夺或者被偷窃的东西的价值。这实在太容易测算了，但这种成本一般不是很重要，尤其是如果这种犯罪是一种攻击的形式而不是偷窃的形式。受害人实际的或者潜在的收入损失是更难估计的，因为由犯罪造成的失去的工作日数目几乎是难以收集的。而且，没有办法知道犯罪行为是否造成人们比原来更没有干劲和更不能干。伴随受害的心理创伤的货币价值也是难以估计的。尽管许多人试图通过考察民事诉讼中的判罚来估计心理成本，经济学家通常不满意这种推理。迄今为止，犯罪成本的计算方法中最具争议的是对被谋杀和被误杀的生命给出一个美元价值的尝试。

如果我们简单地忽略掉痛苦、磨难以及失去生命的所有估计成本，那么估计的平均犯罪成本略高于 500 美元。加上最低的"痛苦和磨难"成本，许多经济学家估计的平均犯罪成本在 2 000 美元到 3 000 美元之间。

一个普通罪犯所犯的罪行是多少?

我们可以用这些数据估计让罪犯逍遥法外的成本，并将它与把囚犯关押在牢房的成本进行比较。如果我们知道平均犯罪的罪行是多少，那么我们就可以用每年的平均犯罪数乘以每项犯罪的成本，得出释放在押的暴力罪犯对社会施加的成本。从另一方面看，我们可以计算不逮捕、不监禁一个罪犯的平均成本。

即使我们能够自圆其说地解释犯罪学调查，我们还是发现一个平均罪犯犯下的平均罪行数目跨度很大，从 180 到 12 不等。大多数经济学家满意的罪行数目的估计值是在 15 到 20 之间。如果我们暂时假设去除法律执行的所有开支，并保持罪行数目不变，那么防治平均犯罪行为所节约的开支将处于 7 500 美元（每个罪犯犯下的 15 项罪行乘以每项罪行的 500 美元）到 60 000 美元（每个罪犯犯下 20 项罪行乘以每项罪行的 3 000 美元成本）之间。

犯罪控制的最优费用

支出的最优数量是多少?

把一个犯人关押在监狱的平均成本是每年 22 000 美元。假设，当我们取消所有法律执行的开支时，犯罪率会上升——要么是平均罪犯犯下更多的罪行，要么是因为那些原来遵纪守法的公民变成罪犯——那么，我们花在监狱上的钱的价值就一清二楚了。尽管超过 100 万人以每年 330 亿美元的成本呆在看守所和监狱中，这也许仍是一个不错的开支。

但是，我们是否花费最优的开支数目把犯人关押在牢里的问题一直悬而未决。在目前，监牢外的重犯数量远远超过监牢内重犯数量的两倍。那些本应服刑的人被假释或者从来就没有被关进过监狱。假如他们实施犯罪的速度与关押在牢的罪犯以前的情形相似，即每年 15 到 20 起罪行，那么，我们关在监狱的犯人就太少了。

经济学家所关注的，不一定是花费在犯罪控制上的总额是否超过阻止犯罪上节约的总额，而是我们是否花费了一笔合适的数额。实际上，该问题与一家商业公司最大化利润问题完全相同。起码的事实是一家企业的收入超过其成本并不意味着利润达到了最高。这意味着我们对逮捕、侦破、关押"平均"罪犯的成本和收益的关心比不上我们对关押在牢的"边际"罪犯的关心。

不妨这样考虑问题。假设我们抓获一个每年引起 10 万美元社会成本的偷窃惯犯,并把他关在牢房的成本是每年 2 万美元。现在假设抓获一个每年引起只有 10 000 美元社会成本的行窃新手,把他关在牢房的成本仍是 2 万美元。中等或者普通的窃贼每年引起的社会成本是 55 000 美元,我们把他关在牢房的成本是 2 万美元。这意味着我们不应该关押行窃新手。关押新手的社会边际收益小于边际成本。

把以上信息用到最优的犯罪控制问题中意味着,我们需要看看已被捕和关押的是些什么人,当我们增加司法开支时,应该先把他们放在一边不考虑。实际的问题是,我们要作出这些辨别比在企业中难得多。在企业,我们可以看到生产额外 1 个单位产品耗费了多少额外的材料和劳动力成本,但是我们无法轻易地确定有多少额外的被抓罪犯是由于我们在警方的开支提高引起的。在开支提高之前,与平均罪犯相比,这些被抓的罪犯的危害程度是大还是小?由于这个原因,许多犯罪研究假设"边际"罪犯就是"平均"罪犯。

监狱里关对了人吗?

当然,一个相关的问题是,监狱里是否关对了人。在超过 110 万关在州监狱里面的人中只有一半的人是暴力罪犯。剩下的是诸如入室行窃、私藏毒品以及贩卖毒品之类的非暴力罪犯。如果这些监狱用来关押毒犯而不是暴力罪犯或者窃贼,那么也许监狱关错了人。如果我们只有释放暴力罪犯才能给毒犯腾出牢房,那么我们要么修建更多的监狱,要么释放毒犯。

如果接受这样的选择,州和地方政府会决定继续修建监狱的无节制的疯狂行动。比如说,在 20 世纪 80 年代和 20 世纪 90 年代的德克萨斯,监狱的关押能力几乎每 4 年翻一番。这种现象肯定不只局限在某个州,因为各个州相继实施了要求罪犯至少要服刑 85% 的"真实判罚"法律。在佛罗里达和德克萨斯,重犯服刑不到判罚的 1/3,各州之间这种不一致是无法接受的。

我们应该严格执行哪些法律?

按照正式的方法,经济学家会从成本-收益的角度看待犯罪控制措施。在图 22.1 中,纵轴代表追捕、审判和关押额外一个罪犯有关的边际收益和边际成本。我们做了三个假设:

1. 对每个额外的犯人来说,边际收益是递减的。
2. 我们首先对付重犯,最后对付轻犯。
3. 防治犯罪的美元收益是下降的。

进一步,我们将假设对付罪犯的边际成本是递增的,因为我们假设,和那些重犯相比,追捕和审判违犯次要法律的轻犯更为昂贵。这个假设是依赖于这样一种思想,我们不得不要有更多的,并且更最重要的是,不那么得力的警力①去追捕此类犯人。

图 22.1 显示把钱花在追捕、起诉和关押所有的杀人犯、强奸犯和高级毒犯身上是有

---

① 我们假设他们可能是不够得力的,因为所有城市首先会在申请大军中雇用更胜任者,因此,当需要雇用更多的警力时,这些更胜任者都已被挑走了。

意义的。该图也显示对擅自穿越马路者、毒品使用者和低级毒犯实施相同的措施是没有意义的。尽管此图在假设上过于简单，但你能够大概地明白一个经济学家是如何考虑犯罪控制问题的。我们应该把钱花在真正的坏人身上，而不是那些不算太坏的人身上。

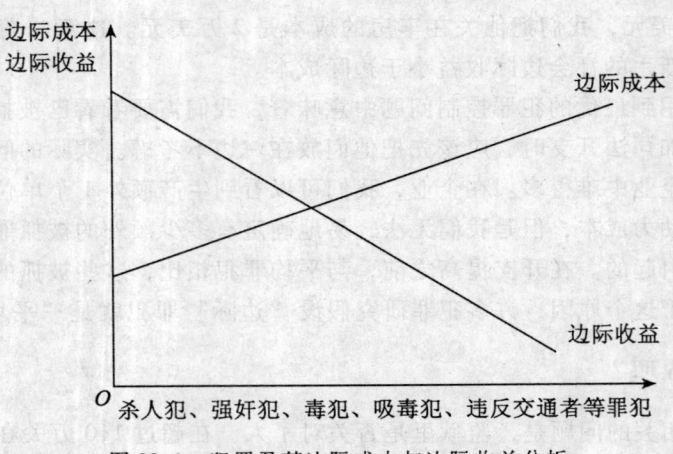

图 22.1　犯罪及其边际成本与边际收益分析

　　剩下的最后一个问题是决定我们如何花费执法开支：我们该如何在各个部门分配财力？比如说，州政府花费在对付犯罪方面的预算不断上涨，而且它们分配给各个部门预算的比例也不断调整。新增的资源主要流向了监狱和警局，而分配给审判机关的比例则更少。有能力的警力在阻止罪犯和逮捕那些未被阻止的罪犯更有效。这也意味着被判入狱的人会在监狱呆更长时间。这方面的负面影响就是达成轻罪协议的案件比以前更多。

　　由于增加的开支不是平均地注入司法系统的所有部门，罪犯更可能被抓获，尽管对他们公诉的罪行其实并没有实际犯下的罪行那么严重，但也还是被关入了监狱。犯人面临的服刑长度可能会增加，因为短期徒刑的 85% 通常比长期徒刑的 33% 时间更长。自 20 世纪 90 年代以来犯罪行为的下降部分也归功于这项把更多的罪犯关进监狱的政策。一小部分的犯人（6%）犯了大部分的罪行（50%），他们现在必须在监狱里呆更长的时间。尽管估计值会有出入，但是经证明，监狱人口 10% 的上升导致了犯罪行为 4% 到 6% 的下降。虽然这其中一部分可能是威慑，但是也可能是把罪犯关押在监狱里，就防止了他们如果没有被关押，原本会犯下的罪行。

什么是最佳判决？

　　现在，被宣判为谋杀犯的犯人和十恶不赦的重犯是否应该被判为死刑或者是不能保释的终身监禁是我们的重要争论之一。虽然许多宗教领袖和普通百姓都把这看作是一个道德问题，但是经济学家再一次从成本和收益的角度去看待这个问题。如果你宣判男女囚犯死刑，那么只有在漫长的、抽丝剥茧般的上诉过程之后才能执行判决。即使这样，许多死囚都死在牢房里的小床上，而没有机会面临药物注射、窒息或电刑。用经济学的话说，我们必须决定在长达 10 年的时间里花费的一大笔钱是否超过在关押费用方面的节省额。通常在谋杀案中宣判的无期徒刑也会面对这样的成本问题。如果一个 75 岁的囚犯被释放，他或者她可能再次威胁社会吗？

为了考察死刑是省钱的还是花钱的，我们需要回忆一下第7章的现值概念。假设现在进行100万美元的投资用以支付修建监狱、审判诉讼和处死被判死刑的囚犯；假设对于一个被判罚终身监禁的囚犯来说，现在投资不到100万美元就可以简单地从他（或她）被宣判之时到死亡的时候一直囚禁他（或她）。在这种情形中，死刑是更花钱的。否则的话，死刑是省钱的。当然，这里假设死刑不是一个威慑。我们花费现值100万美元对某人实施死刑或者花90万美元关押他终身监禁，并知道那些十恶不赦之徒都会罪有应得，从中得到价值10万美元或者更多的满足感，这也是可能的。

在制定服刑时间方面的成本—收益权衡也是重要的。由于几乎没有罪行是由80岁的人犯下的，那么判罚人们终身监禁有意义吗？当人们犯罪的可能已经不存在的时候，为什么不释放他们呢？我们不难指出，随着时间的流逝，一个在18岁残暴得足以杀人的人可能不会在50岁的时候杀人，更不可能在70岁的时候杀人。这一点也许不值得考虑，因为囚犯在监狱的平均寿命使得很少有人活得足够的长，超过了他们具有暴力倾向的年龄。监狱的生活是艰苦的，狱中的食物和医疗护理不适于把囚犯的健康水平维持在他们的"黄金年龄"上。具有讽刺意味的是，这使得死刑甚至是更不经济的，因为"活人"的命不会那么长。

小结

现在你应该理解经济学，尤其是边际收益—边际成本分析的使用，是如何有助于我们讨论犯罪和犯罪控制问题的。除了知道一般是什么人犯罪及其原因之外，你也看到经济学家经常把罪犯看作是受自己决策的风险和收益影响的理性行为人。你还了解到犯罪给社会造成的成本是多少，以及我们控制犯罪花费的数目。经济学家回答了关于我们是否在合适的罪犯、合适的罪行以及执行合适的刑罚方面花费了合适数目等方面的问题，由此我们知道了经济学家是如何看待犯罪控制问题的。

自我测试

1. 一个理性犯罪模型假设
   a. 罪犯实施犯罪是因为他们没有多少合法机会
   b. 如果被捕的可能性上升，罪犯会实施更少的犯罪
   c. 如果惩罚的力度上升，罪犯会实施更少的犯罪
   d. 以上都是
2. 犯罪控制的最优水平落在
   a. 犯罪成本的边际下降量等于犯罪控制开支的边际下降量
   b. 平均犯罪成本的下降量等于平均犯罪控制开支的下降量
   c. 犯罪成本的总下降量等于犯罪控制开支总量的下降量
3. 为了比较死刑和终身监禁的总成本，我们需要比较
   a. 两种惩罚的总成本

b. 两种成本的现值
   c. 犯罪受害人的成本
4. 利用边际收益—边际成本分析，我们在监禁____花费过多是可能的
   a. 青年罪犯
   b. 男性罪犯
   c. 女性罪犯
   d. 老年罪犯
5. 如果所有罪犯的相似性在于，他们实施同类型罪行具有相同的单位罪行成本，那么我们应该
   a. 把他们都关押起来，无论花多少钱
   b. 雇用足够多的警察、法官和狱警，使得关押额外一个罪犯的边际成本等于让该罪犯不犯罪的边际收益
   c. 雇用足够多的警察、法官和狱警，使得关押额外一个罪犯的总成本等于让该罪犯不犯罪的总收益
   d. 雇用足够多的警察、法官和狱警，使得关押额外一个罪犯的平均成本等于让该罪犯不犯罪的平均收益

思考

当预防犯罪时，政策制定者应该尝试让惩罚更严厉呢，还是让犯人更可能被抓获？

讨论

如果你确信死刑不是一种威慑，而且比无假释机会的终身监禁要花费更多的钱，你会支持还是反对死刑？为什么？

死刑杀死了许多无辜的人。我们知道这些不幸的无辜犯人和死囚，不成比例地集中在少数种群上。这是废除死刑的充分理由呢，抑或这只是实施这种惩罚形式必须承担的成本？

进一步阅读

Journal of Economic Perspectives 10, no. 1 (Winter 1996). See articles by John J. DiIulio; and Richard B. Freeman and Isaac Ehrlich, pp. 3-8.

参考数据

Federal Justice System Statistics on Crime
   Federal justice system expenditures
   Number of arrests and inmates

Bureau of Justice Statistics; Sourcebook of Criminal Justice Statistics, 2001

http://www.albany.edu/sourcebook/1995/pdf

Characteristics of victims, criminals and types of crime committed

U. S. Department of Justice; Bureau of Justice Statistics

http://www.ojp.usdoj.gov/bjs/

第23章 教　　育

学习目的
- 理解教育是一项投资，以及该投资不仅对受教育的个人给以回报，而且会对社会造成大范围的正面影响
- 参与有关"对教育的投资越多，是否产生的收益就越多"的争论
- 理解学校改革问题背后的经济学，了解许多经济学家认为当前的教育结构不利于教育投资发挥更好作用的原因
- 明白大学教育比中小学教育更昂贵的原因，以及为什么大学教育对大多数大学生而言是一项明智的投资

内容概要
- 人力资本投资
- 我们应该投入更多的钱吗？
- 学校改革问题
- 大学教育
- 小结

从严格的经济学角度看，我们自己和后代在受教育方面付出的时间和金钱的数量是令人吃惊的。我们被要求在学校一直呆到16岁，我们被强烈鼓励要学到高中毕业。并且，当我们受教育的时候，我们得到大量的补贴去接受某种形式的高等教育。我们中有些人甚至是被迫取得毕业学位的。最后，我们很可能花费我们生命中第一个三分之一的时间去接受教育。我们的父母和政府鼓励我们对自己进行投资，即使是当教育对社会不会产生任何实际贡献的时候。大多数人在他们死去之前就已退休，因而一个普通的取得研究生教育的人能收回他或她在正规教育上付出的投资的赚钱时间不足40年。

一般而言，父母和祖父母都是坚定的教育支持者，起码在经济上会给予支持。那些家中没有孩子在校读书的人也有其他的支持理由。本章我们会探究人们对支持教育给出的理由。我们试图确定社会在中小学教育方面的投入是否物有所值。我们也会考察你和其他大学生是否会从你在高等教育上的投资得到一个合理的回报。

在考虑中小学层次的教育方面，我们考察了在教育上的投资额，并且我们试图确定纳税人的付出是否物有所值。为此，我们给出成本的测算，并考察了学生教师比率。随后，我们考察了诸如学生标准化测试成绩和授予学位的数量之类的教育成果的测算。最后，我们提出了大学成本为何如此之高，以及取得一个大学学位是否物有所值的问题。

人力资本投资

人力资本
一个人制造商品和提供服务的能力

在第4章和第5章我们论及的资本局限于机器的概念。本章，我们转向另外一种资本形式，**人力资本**。它指的是一个人制造商品和提供服务的能力。教育和培训在开发人力资本方面扮演了一个重要角色。

现值分析

净现值
收益的现值和成本的现值之间的差

在第7章的现值和投资讨论中，我们知道我们可能在包括人力资本在内任何事情上投资过少或者过多。一个合适数量的确定取决于**净现值**的价值，即收益的现值和成本的现值之间的差。

我们在自己孩子教育上的投资不仅仅是出于爱他们，而且从经济学的角度看也是有意义的。假使没有"免费"① 的公立学校，我们会首先看看从幼儿园到高中教育一个小孩的成本现值，然后用教育导致的孩子赚钱潜力提高的现值减去它。如果这时候我们发现净现值是正的，那么我们可以下结论，对于父母来说这项投资是明智之举。

而且，从父母的角度看，在该分析中，更准确的方法是应该减去那些可能发生的成本。考虑父母双方都工作或者只有父母一方工作的单亲现代家庭。如果没有公立学校，那么无论孩子是否受教育，他们都会有日常照顾孩子的费用。这意味着教育孩子的边际成本是入学的学费和日常照顾费用之间的差额。这会减少相应的成本，使得教育成为一项更好的投资。

外部收益

当然，中小学教育是公立的，而且长久以来一贯如此，这使得我们也许不曾考虑过探究其中原因。免费的公立教育既有社会原因也有经济原因。社会方面，我们获得的收益来自孩子们变得更有文化，无论他们是不是自己的孩子。经济方面，我们获得的收益是受过

外部收益
商品或者服务的消费者和生产者之外的其他人所获得的收益

教育的人更不可能损害我们的福利或者进行犯罪，并且更可能成为纳税额超过花费政府资源的生产性公民。我们从公立学校教育获得的另外一个收益是让各种族、各民族、各宗教信仰者和各收入阶层的孩子就读于相同的学校也许可以培养社会稳定性。因此，中小学教育的**外部收益**证明了对该教育提供大量的补贴是合理的。

我们可以用供求图来证明：只有无补贴的私人教育是无效率的。看看图23.1和图中给出的受教育孩子父母应该支付的教育价格。价格是一年的学费，数量指一年中受教育孩子的人数。在低学费的时候，有更多的人会进行教育投资，而且当教育是免费的时候，每

---

① 免费打了引号出于两个原因。第一，许多州要求每个学生每年的课本租金超过100美元，至少在印地安那州是这样。有资格获得联邦学校课间餐计划的学生可以免除该项费用。第二，纳税人需为该公立教育买单。因此，"免费"应该理解为"除了可能需要的任何费用之外，对父母是免费的"。

个人都可以享受教育。因此，需求曲线是斜向下的，但是，如果学费低，学校愿意教育的学生数量则会减少。

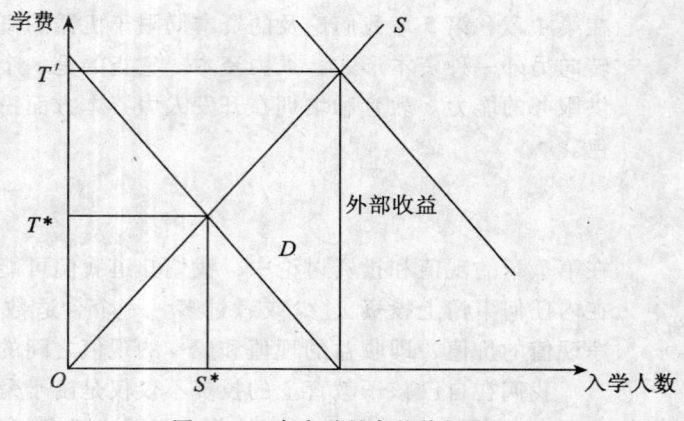

图 23.1　中小学教育的外部收益

无补贴的市场产生均衡学费 T^* 和均衡注册学生数量 S^*。如果存在图中所示大小的外部收益，那么最优的学生数量大于市场的均衡数量。在这个例子中，最优的学生数量是所有人，最优的价格是零。这意味着纳税人必须为每个学生支付 T'。从理论的角度看，这并不一定意味着学校必须是政府所有并经营。在美国，除了在密尔沃基和其他城市进行的某些试点外，事实确实如此。

我们应该投入更多的钱吗？

基本数据

我们在中小学教育上花费了大量的钱。我们这样做是希望我们花费的税收可以让我们得到回报，这回报是由聪明、受教育良好和生产性的未来纳税人带来的。在这部分，我们会考察教育开支的大小及其花费情况，测度教育成果，以及我们的钱显然没有达到物有所值的原因。我们也探究了替代公立中小学校的其他方法，并探讨我们目前近似垄断的公立教育系统是否足以符合我们的利益。

2001 年，美国花费了超过 3 920 亿美元教育 4 800 万中小学学生。为了探究这样一笔数量的钱是否合适，我们来看看经过通货膨胀调整后的每个学生的花费随时间变化的轨迹，并将花费的数额与诸如测试分数和毕业率之类的教育成果进行比较。我们用这种方式看待问题是重要的，因为随着学生人数的上升，必要的教室数量也会上升。这不仅提高了建设和维护成本，它也会提高所需要的教师人数。因此，无论费用是否上升，重要的是花费在每个学生身上的费用。此外，由于通货膨胀造成 1960 年的 1 美元比 2001 年的 1 美元更值钱，我们需要对费用方面的数据根据通货膨胀进行调整。尽管 CPI（消费物价指数）是一个有瑕疵的方法，但是我们一般还是用它来进行这方面的调整。①

---

① 见第 6 章的简单评论和第 13 章的详细评论。

你从图 23.2 中可以看到，即使对每个学生的花费根据通货膨胀进行了调整，该费用在过去的 40 年还是大幅度上涨。尽管该数据在 20 世纪 90 年代比较平稳，但毫无疑问，该费用有一个显著的上升，从 1960 年每个学生 2 600 美元上涨到 2001 年每个学生 8 830 美元。虽然该费用用于很多方面，它也造成平均班级规模急剧下降。如同我们在图 23.3 中看到的那样，1960 年每班的学生超过 26 人，目前则为 16 人。如果对所传授内容的需求保持不变，每班学生人数这样的大幅度下降会被期望对学生的教育成果有同样显著的影响。根据某些检测标准，结果如此；但是根据其他检测标准，则不尽然。

图 23.4 显示，学生的教育测试评估考试的分数在相同时期内并没有与教室规模下降相对应，没有任何明显的证据显示，教室规模的下降导致即将步入大学的学生教育评估测试分数提高。如果有的话，也是相反的影响。虽然 1980 年以后教育测试评估分数的数学平均分数有所反弹，但他们一直保持在低于 1960 年水平 10 分的水平之下。随后，教育评估测试分数的口头测试分数跌入谷底，后来有少许的反弹。这些分数比 40 年前的分数低 30 分以上。

另一方面，高中的毕业率大幅度上升。如同你在图 23.5 中看到的那样，非洲裔和西班牙裔美国高中生毕业率尤其如此。在过去的 40 年中，高中毕业率表现出显著的提高，对白人和西班牙裔美国人来说，该数字翻了 1 倍，而对黑人而言，该数字提高了 3 倍。

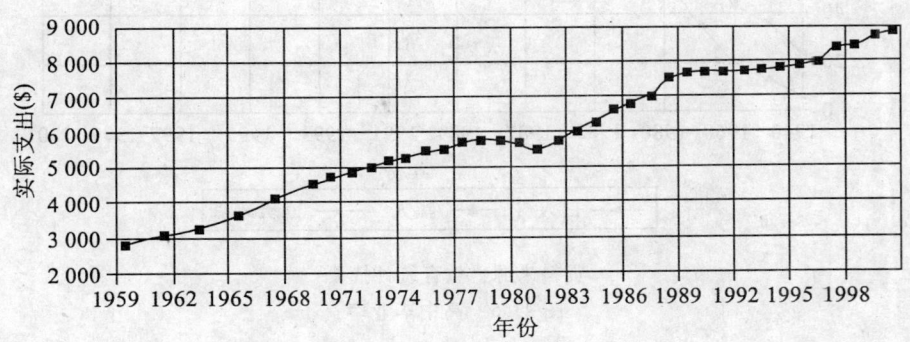

资料来源：教育统计摘要

图 23.2　单位学生的开支，以 2000 年美元价值计

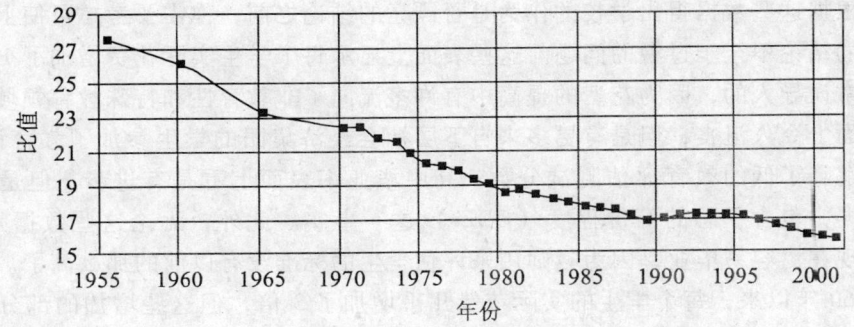

资料来源：教育统计摘要

图 23.3　学生-教师比率

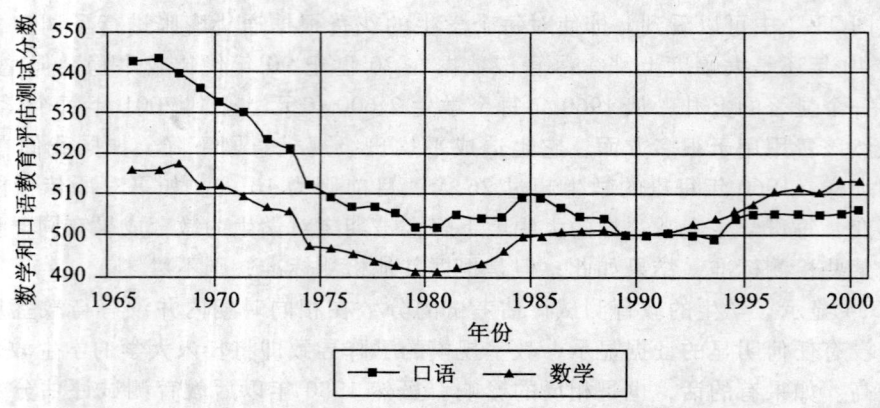

资料来源：教育统计摘要

图 23.4 大学入学学生的教育评估测试分数

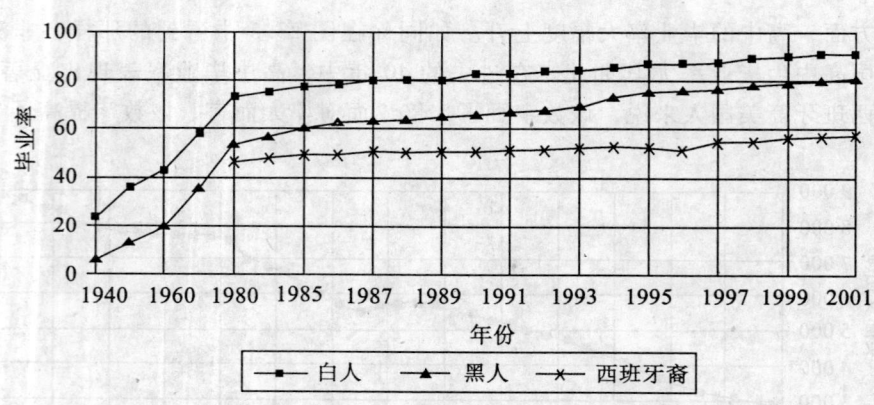

资料来源：教育统计摘要

图 23.5 高中毕业率

三思之后再下结论

在你根据这些数据得出学校的作为是否漂亮的结论之前，你需要考虑可使上述数据平滑或使你的结论不至于过激的问题。这些表面上显示每个学生实际花费增加了1倍有余的数据是非常误导人的，因为花费的提高中有许多流向了非教育性和特殊教育领域。尽管这些数据表面上令人沮丧，但是有更多来自下层社会经济集团的学生参加了教育评估测试，这部分地解释了低的教育评估测试分数。高中毕业率表面上看是有进步，但是应该考虑到，该数据中包含了总的等价程度（GDEs）这一事实。此外，无论这些数据是否精确，我们感觉现在更容易毕业，因为教师用来评估学生的标准没有以前的那么高了。

自1960年以来，每个学生的实际花费几乎增加了3倍，但这些增加的部分中越来越多的比例流向了非教育性需求。比如说，花费在那些对学生学习影响甚微的人身上的比例从1960年的32%上升为1991年的40%。像门卫、巴士司机、秘书和行政人员这些雇员不会教导孩子，因而，我们不应该把花在他们身上的钱计算在内，好像这些钱对学习具有影响似的。如果花在非教育性雇员身上的总费用比例保持不变,那么教育开支总增长率可能会告诉我们一些有关教育投资是否物有所值的信息。如果这个比例不是保持常数,那么我们就无法做出判断。不过,每个学生实际的教育性花费增加了1倍仍然是一个事实。

每个学生实际的教育性花费自1960年以来增加了1倍,部分归因于法律强制的特殊教育规定。2000年,超过13%的学生人数被贴上了残障人士的标签,因而有权通过各州和联邦政府教育计划而得到补贴。大多数被贴上"身体残障"标签的学生不会要求许多额外的资源,但是部分残障学生却需要非常昂贵的服务。尽管美国残疾人法案要求这些儿童在校期间,学校要向他们提供必要的帮助,但是为了确定每个学生每年的花费是否过高,此类花费不应该被当作教育花费的增加。这样的花费对非残障学生不产生直接的利益,因此在分析的时候应被排除在外。这样做,每个学生花费会减少大约600美元。

如果我们把资助特殊教育计划的花费包括到我们的分析之中,那么关于班级规模的数据就会被低估。因为该数据是简单地用学生数量除以教师数量得到的,而且许多新增加的教师只服务于少数特殊教育的孩子。对于我们的分析来说,正确的数据应该是非特殊教育学生数量除以非特殊教育教师数量。当我们这样计算的时候,我们看到班级规模没有我们认为的平均规模那么小。学生—教师比率不会降到16,而是接近19.5。

过去40年间,每个学生的实际总花费上升了,每个学生实际的总教育性花费上升了,不符合残疾人条件学生的实际总教育性花费也上升了。今天的教育评估测试和其他测试的分数比40年前更低。虽然我们不期望在巴士司机或者研究纯粹学术问题的学生身上花费的提高会提高教育评估测试分数,但是我们有许多理由期待对非残疾学生教育实际花费的提高可以提高测试分数。由于花费提高了,而测试分数却下降了,我们得出了没有收回在教育上的支出的结论似乎是合乎逻辑的。但是这个结论也许经不起推敲,因为参加测试的学生数量提高了,上大学的学生数量提高了。而且,如果我们考察所有层次的学生,我们将会看到,和以前的情况相比,考低分的学生数量更多了。比如说,如果有一所高中的10个人的高级班中有5人将进入大学,他们的平均综合分数是1 000,那么它就比一个前5人平均分数为1 000,第六个成绩略差的学生分数为800的10个人的班级强吗?由于现在比1960年有更多的人参加教育评估测试,而且原来不能、现在却能够参加考试的学生质量会低于原来可以参加考试的学生的质量,我们应该预期平均教育评估测试分数会下降。甚至标准的教育评估测试的平均分数也显示今天的教育做得更好。

测试分数下降,而花费上升,我们已经推测了增加的花费没有导致更高的测试分数的原因。现在,让我们来看看毕业率。尽管毕业率在过去的几十年间大幅度上升,一个悬而未决的问题是,这种上升是否一定能够看作是教育成果的提高。首先,今天获得普通教育(GED)文凭的人比历史上任何时候都要多。他们中的许多人因为各种原因而辍学。其他一些人是在服刑期间通过学习已经完成普通教育的犯人。他们这样做是值得尊敬的,无论他们是谁。但是,尽管"E"代表平等,很少有雇主把他们的文凭与高中文凭一视同仁。这种观点的最好例证就是普通教育文凭持有者的收入更接近于高中辍学者的收入,而不是那些没有进入大学的高中毕业生的收入。当我们声称黑人毕业率有显著提高的时候,我们需要对此有所考虑。因为大量黑人持有普通教育文凭,这与他们在总人口中的比例不相称,我们在对毕业率的提高进行解释的时候,必须谨慎小心。

此外,人们普遍认为,许多高中应该参加所谓的"社会升级"计划,即基于学生的生存能力而非学生的成绩来授予文凭，批评人士称这种趋势近年来愈演愈烈。有些州开始实施毕业能力检定测验以对抗人们的这种想法，但这是否会导致毕业率下降，还一直未得到证据。如果毕业率下降的话，那么该证据将显示毕业标准实际是降低了，而且"社会升级"计划并没有什么值得自豪的，它是毕业率上升的原因。

关于更多的钱是否会改善教育成果的文献

经济学家就提高花费能否解释教育成果改善的问题写了大量的文章。"物有所值"和更多的钱可以办更好的事的假设可以追溯到我们在第4章描述的生产函数。回忆一下，生产函数描绘投入和其引致的产出之间的关系。那一章我们用工人作为例子。我们证明了更多的投入会转化成更多的产出，直到有限的资本存量或者商业结构阻碍了新的工人对产出做出正的贡献为止。

我们把这种思想运用到教育中去。让我们假设投入是教师，产出是某种公认的教育成果的测度。这些假设中的每一个都需要进行某些澄清。首先，为了降低班级规模，究竟是雇用更多的教师（更多的数量）是最优的，还是向教师支付更多的工资以获得一个更好的老师（更高的质量）是最优的，或者两者都是最优的，这肯定是一个悬而未决的问题。出于我们图形的要求，我们将简单地假设质量和数量是可以相互转换的。第二，虽然标准化的测试成绩作为公认的产出测度不一定合格，但是为了解释的简洁，我们假设它是合格的。给定这一切，图23.6显示了教师和测试分数之间的关系。

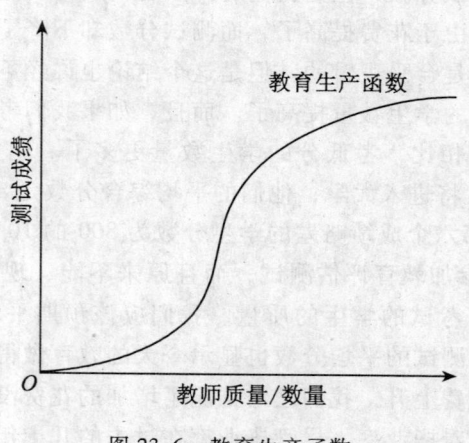

图 23.6　教育生产函数

艾里克·汉纳辛克（Eric Hanushek），一位研究教育问题的重要经济学家，对377项研究进行了总结。在这些研究中，诸如学生教师比（教师的数量）、教师的教育水平和教师的经验（教师的质量）这样的一种或多种投入被用来解释测试分数。他报道说，这些研究的大多数发现在测试分数和这些投入之间没有关系，并且发现在所有研究中，两者之间存在正向关系与负向关系几乎是一样多的。但是，这个令人吃惊的结论——钱并不重要，多花的钱是对纳税人资源的一种浪费——遭到了其他经济学家的质疑。这些经济学家认为测试分数没有毕业生的收入重要。他们说，在过去的一个世纪，那些教育花费更多的州的学校毕业生比教育花费更少的州的学校毕业生有更强的赚钱能力。而且，研究这个问题的所有经济学家都发现，教育成果大部分是由远远超出学校控制的因素（比如家庭收入和家庭结构）决定的。

这些结果不像他们表面上那样自相矛盾。图32.6表明公立学校的结构也许正处于这样一个状况，以至于在20世纪40年代到60年代期间，更多的钱之所以具有明显的影响，是因为我们在教育上的花费太少了，处于教育生产曲线的上斜部分，这是非常恰当的。汉纳辛克和其他经济学家得出的结论是我们现在似乎"处于曲线的水平阶段"，这意味着我们已经做到了与增加教师相关的所能做的一切。现在，我们需要另辟蹊径。

学校改革问题

事实上，如果我们处在教育生产函数的水平阶段，那么更多的教育花费是于事无补的，除非教育结构发生变化，因此合理的做法是，思考一下什么是教育结构以及教育结构的限制性原因何在。有两个不同的问题与我们在本章探究的结构有关。第一个问题是，公立教育体系的运行如同一个垄断者，而这样一种趋势并不符合学生个人及其父母的愿望。第二个问题是，教师的薪水通常不依赖于他们的业绩。有关私立学校和向教师支付的学券制方式是否有助于改善正规教育的讨论，构成本章剩下部分的内容。

公立学校垄断

我们在第5章看到，在垄断者主宰的行业中，与完全竞争的情况相比，价格更高，产量更少①。在大多数社区，公立学校的运行如同一个垄断者。尽管有私立学校和私塾存在，但对大多数父母而言，这不是他们的现实选择。更有趣的是，无论你是否使用学校，这个垄断者都会以州和地方税收的形式向你索取费用。这就好像在你已经决定购买自己的发电机之后，电力公司仍然不断地把账单寄给你一样。

这样做有很多理由。如果你认为中小学教育的外部收益是如此之大，以至于他们获得补贴是应该的，那么选择把自己孩子送到私立学校的父母就应该继续支付与教育相关的税收，因为他们获得了那些外部收益。

最后，这个问题似乎又回到了前面提及过的与垄断者相关的问题，垄断者会对消费者的需求和愿望无动于衷。在公立学校的情况下，学校没有任何紧迫的金钱方面的动力去帮助有特殊要求的孩子，或者培养一个优秀的孩子。考虑下面一个问题，我们国家每一所学校开学之际都会存在这个问题。每一所学校的教师都良莠不齐，许多父母知道哪个教师是更好的。父母希望得到他们认为更好的老师，但校长肯定会让他们中的一些人失望。在有竞争的情况下，失望的父母可以威胁退出，去另外一家学校。在有竞争的情况下，校长起码会有一个促进较差的教师改善教学质量的预算激励。在目前这种教育体系下，在大多数学校里，父母只是简单地被告知"事情就是这样"。

绩效津贴和终身制

教师区别于其他职业的人的不同之处是缺乏经济绩效的激励和终身工作保障。个中原

---

① 这个结论在第35章《反托拉斯》中被进一步强化了。

因在于美国大多数的教师参加了一个工会,这个独立联盟隶属于国家教育协会,或者美国教师联盟。一般而言,工会,特别是教师工会,喜欢的报酬方式是仅仅以教龄和资历为基础的。

这意味着有更多经验的低水平教师比教龄少、高水平教师赚得更多。这是一个问题,因为积极主动的教师会因为自己的努力得不到经济上的承认而变得消极。无论何时,只要回报依赖于你是谁,而不是你所做的贡献,那么就存在让你做得尽可能少的激励。

另外一个奖励优秀教师、剔除差教师的严重障碍是教师终身制。与专科学校以及大学的终身制相似,中小学教育者在他们成功地达到了一定标准和执教了一定年限之后,他们会被给予终身制。这意味着除了某些不良行为外,他们不能被解雇。这进一步加重了对老教师业绩激励的缺失。

许多教师和他们的工会代表为该项制度进行了几点辩护。首先,和其他职业人员一样,出于经济上的考虑,他们一直全力以赴地教授学生。第二,他们认为赋予校长解雇高级教师的权力和实施绩效津贴会助长任人唯亲。只有那些顺从校长的教师才能保住工作或者得到收入的上涨。最后,他们认为总的看来,教师的收入相比其他职业人员来说是低的,应该增加收入,把所有教师的收入提高到一个更高的水平。

私立教育和公立教育

面对失败或者日渐式微的公立学校,许多人已经提出,私立学校是否应该被允许接受公众的资助。一般来说,和公立学校的学生相比,来自私立学校的学生表现得更棒,发生的纪律问题也少很多。即使大部分的私立学校得到的资助远远少于公立学校,但这种情况仍然存在。

私立学校比公立学校干得更好归因于各种各样的因素。由于父母从自己的口袋里掏出学费,交给私立学校,我们由此能够推测这些学生来自重视教育的家庭,平均而言,他们比在公立学校的同伴更富有,而且他们也不可能会有学习上的障碍或者身体上的残疾。

问题是,在把这些因素分离之后,私立学校是否还能干得更好。回答是一个模棱两可的"是"。如果你考察一位符合私立学校学生基本情况的公立学校学生,那么私立学校和公立学校干得差不多。尽管存在差别,这种差别不像在未过滤上述因素的情况下那样相去甚远。主要的原因在于私立学校的家长参与得更多,学校的管理成本更低。

学券制

前面的分析会引起一个问题,如果纳税人的钱仍然流向教育孩子的第一家公立学校,父母是否被允许把他们的孩子带出这所公立学校,转而把他们安排到另一所公立学校或者私立学校。对于一位"有能力"的学生,这笔费用每年约为2 500美元。由于考虑到节约成本,以及人们脑海中对教师工会普遍的不佳印象,这种方案在共和党人中非常流行。坚定信奉公立教育是"公共"的一部分民主党人,则通常反对私有化的尝试。

但是,使用学券制的试点正在进行。比如说,威斯康星州密尔沃基的学校系统自1990年以来就实行择校计划。在该制度中,低收入的父母可以获得优惠券,把他们的孩子送到世俗的(即非教会的)私立学校。在申请优惠券的父母中只有三分之一能够得到这种机会，父母们对公立学校不满意的程度①由此可见一斑。

这项试点以及其他类似尝试的效果是不明朗的。直到最近，只有威斯康星大学的研究小组才能得到这些数据，他们的结论是，和其他密尔沃基公立学校的学生相比，这些孩子并不更优秀。在这些数据向普通的学术机构公布以后，随后的研究表明，那些享受该计划3年以及3年以上的学生比那些申请了优惠券但未能获得转学的学生更优秀（在阅读成绩上高出3～5个百分点，在数学成绩上高出5～12个百分点）。

大学教育

高等教育如此昂贵的原因

在前面部分，我们对中小学教育的成本和效率提出了疑问。这里，我们探究大学的学生付出的钱是否能够物有所值。2000年，教育1 600万大学生的花费略高于2 330亿美元，每个学生出去工作每年可以获得14 840美元。显然，用于高等教育的花费远远超过了花在中小学学生身上的花费。而且，学费、教室和膳食费用在过去20年提高了228%——而同时期的物价水平只上升了87%。为了找出其中原因，我们考察了一些高等教育的经济学问题，包括高等教育为何如此昂贵，以及对大学生消费者来说，这些花费是否值得。

图23.7表明，如果我们用授予的学位作为高等教育成果的测度，那么高等教育是成功的。我们再一次面临的问题是，标准是否被降低了。公布的大学毕业率的提高略低于高中毕业率的提高。成年人口中完成大学教育的人接近25%，作为教育成果的代表，高等教育看上去似乎是成功的。

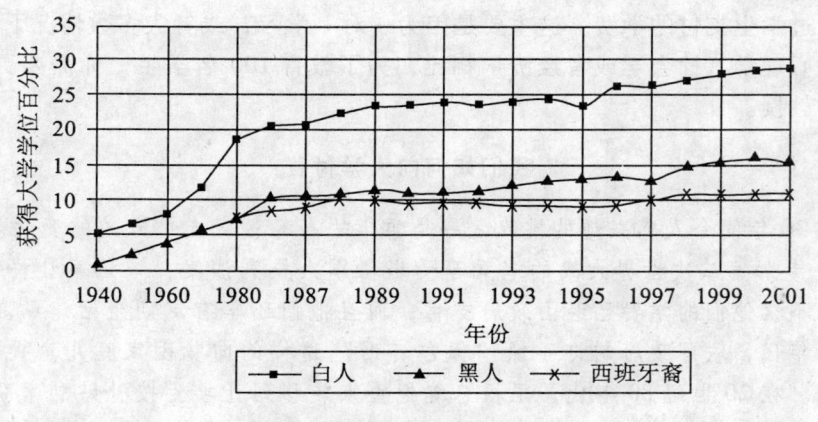

资料来源：教育统计摘要

图23.7 大学毕业率

每个学生的大学费用比高中费用昂贵的原因既是显性的，又是隐性的。首先是显性原

---

① 各州的法律规定在这种情况下，优惠券的授予是随机决定的。

因。平均而言，大学教授的平均薪水几乎是中小学教师的 2 倍。大学还拥有图书馆，我们在高中所能看到的图书馆与之相比是小巫见大巫，并且图书馆馆长没有其他的选择，只能订阅那些非常昂贵的杂志，包括那些 5 位数订购价格的科学方面的杂志。如果你还没有注意到，那么告诉你，大学教授的教学量远远少于高中教师的教学量。一所研究型大学的一位教授每周教学的时间也许只有 3 到 6 小时，而在一所教学型大学的一位教授一周的教学时间平均也许有 12 到 15 小时。高中教师从早上 8、9 点钟到下午 3 点钟都会呆在教室里，只有午饭和准备时间除外。他们也许上 5 到 6 小时的课，一周 5 天。总之，一位高中教师一天在课堂的时间要超过许多教授 1 周在课堂里的时间。

对于中小学教师和大学教师之间差别原因的探究，可以让我们了解一些大学学生单位费用高于高中的不那么明显的原因。各个层次的教育者必须在他们的领域中拥有高水平的专业知识。在大学层次上，教授需要时间进行阅读和研究，这一点被大家所接受。在某学科尖端领域教学的教授尤其需要大量的时间进行学术研究。很多教授的评价依据是他们在自己学科方面掌握的先进知识程度。在大多数大学中，这种研究支配了一个教授的大部分时间，无论他们是否享有声望。现代大学教育生活中的一个悲哀事实是，对于一个教授来说，要在学术机构中发展，或者从一个声誉不够的学校提升到一个声誉响亮的学校，研究和其他学术活动比教学更重要。

研究是花钱的，而且是花大钱的。对于一位英语教授来说，研究需要一个藏书丰富的图书馆和一台尖端的计算机。这和安排一位生物学家进行高级研究的成本相比是廉价的。生物学家不仅需要藏书丰富的图书馆，他们还要求有设备齐全的实验室，要具备能够辨别 DNA 和能够放大样本，以至于单个细胞都能看见的设备。某些设备的成本非常之高，以至于如果你用资助哈佛、麻省理工或者斯坦福大学一个教授的实验室的钱来装备高中的话，你可能装备一座中等城市的所有高中的实验室。

由于教学方法的缘故，其他一些学科也是非常昂贵的。音乐、护理和医学领域耗费的费用远远超过学生支付的学费。这主要是因为一对一学习，或者大多数情况下的小团体学习特性。与心理学、社会学或者经济学相比，为了教育 100 名学生，你需要更多的音乐、护理和医学教授。

我们如何向大学付费

过去 30 年间令人感兴趣的挑战之一是学生的高等教育支付方式的变化。20 世纪 40 年代，参加第二次世界大战的老兵享受退伍军人权利法案，该法案让许多老兵走进大学。不仅他们的学费已经由政府支付，而且他们还享有定期生活津贴。在 20 世纪六七十年代，联邦政府制订了像"佩尔资助"这样的向贫困家庭儿童提供类似补贴的计划。在 20 世纪 80 年代，里根总统把重点转移到让学生按补贴利率获得贷款。到 20 世纪 90 年代，克林顿总统通过提高联邦政府的干预和赞助教育收入税收减免和信贷使贷款过程规范化。把这些措施加在一起，这些转变使得更多的学生可以得到某种形式的帮助，但是，现在这种帮助更可能以一种补贴贷款的形式出现。

从全国范围来看，在 1990 年到 2000 年之间，获得某种资助形式的学生比例从 58% 上升到 73%，借款上大学的学生比例从 32% 上升到 45%，同时获得联邦赞助的教育资助的学生比例一直保持在约 30% 的水平上。

一个大学学位值多少

现在，我们已经看到了大学成本如此之高的一些原因，我们会问这是否物有所值。为了探究这个问题，我们需要再一次理解和运用现值的概念。

如果你花在教育上的利率调整后的钱的数量，即成本的现值，少于源于你受教育所赚的利率调整后的钱的数量，即收益的现值，那么你的大学教育是物有所值的。

暂时假设 4 年的大学每年要花费你口袋中的 10 000 美元，而且放弃了你如果全职工作将会赚取的 12 000 美元。因此，你教育的总成本是每年 22 000 美元，或者总计约 88 000 美元。由于第二、三、四年的费用发生在未来，所以你必须根据相应的利率对其进行贴现。

现在假设，与没有学位 1 年可以赚 12 000 美元不同，你将获得学位，并一年赚取 30 000 美元。那么来自上大学的收益就是你每年多赚的 18 000 美元。我们用 18 000 美元是因为，它是大学学位的人和高中学位的人平均收入的大致差额。我们必须再次对这些收益进行贴现，因为它们发生在未来。如果我们假设所有的数据都是经过通货膨胀调整的，而且实际利率是 3%，那么这些成本的现值大概为 82 000 美元，40 年每年额外 18 000 美元的现值为 415 000 美元。大学学位的净现值为 333 000 美元。放弃大学很可能是你曾经犯下的最昂贵的错误。反之，在大学努力学习则可能是你曾经做过的最赚钱的事情。

很多大学生认识到教育的收益，但看不到自己为之的付出。虽然我们刚才已经证明，即使你不得不借钱读书，完成大学学业也是划算的，但是你也知道只是获得学生贷款并不意味着你会得到学位。这意味着这其中涉及到一些风险。你必须把你离开大学时只有一身债务的风险与你得到的 333 000 美元净现值进行权衡。此外，尽管一个大学学位看上去花费了你一大笔钱，但你要考虑到你在一所公立大学每花费 1 美元就会得到 2 美元的补贴这样一个事实。在私立大学，1 美元的补贴不到 1 美元，但是这些补贴仍然是可观的。根据利息减免贷款的价值和对大学的捐赠可以计算出大学的补贴。无论你是公立大学还是私立大学的学生，你都在付出一大笔钱，而且假如没有来自国家、州政府和私人来源的补贴，这笔钱的数目会更大。

小结

现在你理解了教育是一项人力资本投资，这项投资不仅提高了受教育者本人的收入，而且还具有正的外部性。你也理解了花更多的钱不是必然产生更多的回报。而且，在目前的教育结构下，你对于我们是否处在教育生产函数"水平"阶段的争论也有了更深刻的了解。你现在理解了学校改革问题背后的经济学，并且，最后你了解了大学教育比中小学教育更昂贵的原因，以及大学教育的净现值对大多数大学生来说实际上都是正的。

主要术语

外部收益　　　　　　人力资本　　　　　　净现值

自我测试

1. 每个学生的实际花费
   a. 今天比以前更高
   b. 今天比以前更低
   c. 20年来基本相同
2. 班级规模
   a. 在过去20年间下降了
   b. 在过去20年间扩大了
   c. 20年来保持不变
3. 高中毕业率
   a. 在过去20年间下降了
   b. 在过去20年间上升了
   c. 在过去20年间保持不变
4. 人力资本很像机器的原因在于
   a. 它需要花费一大笔钱才能生产出来
   b. 投资的货币收益发生在成本之后
   c. 决定投资价值需要用现值分析
   d. 以上都是
5. 提高教育开支也许不能提高测试分数的原因是
   a. 测试成绩也许不是一个好的产出测度方法
   b. 我们也许处在生产函数的水平阶段
   c. 像家庭收入和结构之类的因素的作用超过了某些花钱可以买到的因素的作用，比如更小规模班级和更优秀教师
   d. 以上都是
6. 为了评估大学教育，我们需要考虑各种事情，除了
   a. 上大学失去的收入的现值
   b. 和教育有关的收入提高的现值
   c. 学费的现值
   d. 食物和住宿成本的现值
7. 解释净现值的概念，在如何评估接受大学教育是不是一个好主意时，试着运用该概念。

思考

按照现值的概念，大学教育是值成百上千美元的。你认为你付出这笔投资在课堂学习是明智的吗？

讨论

考察一下过去 20 年到 30 年之间花费在每个学生身上的费用、班级规模、毕业率和教育评估测试成绩。我们的花费与所得相称吗？如果不是，我们应该考虑私立教育的优惠券吗？还有其他的解决方法吗？

进一步阅读

Greene, P., Paul E. Peterson, Jiangtao Du, Leesa Boeger, and Curtis L. Frazier. *The Effectiveness of School Choice in Milwaukee: A Secondary Analysis of Data from the Program's Evaluation.* http://hdc-www.harvard.edu/pepg/op/evaluate.htm.

Journal of Economic Perspectives 10, no. 4 (Fall 1996). See articles by Francine D. Blau; Eric Hanushek; David Card and Alan B. Krueger; and Caroline Minter Hoxby, pp. 3-72.

参考数据

Historical Data
    Per student spending 1959-2001
    Pupil/teacher ratio 1959-2001
        National Center for Education Statistics; Digest of Education Statistics
            http://nces.ed.gov/pubs2002/digest2001/list_tables.asp

Graduation Rates and SAT Scores
    National Center for Education Statistics; Digest of Education Statistics
        http://nces.ed.gov/pubs2003/digest02/tables

第 24 章 贫困和福利

学习目的
- 理解贫困是如何测算的，在美国谁是穷人以及过去 40 年间人口中穷人比例是如何变化的
- 了解联邦政府官方贫困率引起的一些重要问题
- 了解现有的各种为穷人服务的计划
- 理解政府偏爱实物补贴而非货币补贴的原因
- 列举福利的激励和反激励（鞭策）
- 了解我们目前面对的福利改革问题

内容概要
- 测度贫困
- 为穷人服务的计划
- 激励，反激励，神话和事实
- 福利改革
- 小结

自 20 世纪 30 年代国会通过首例"减税"议案之日起，福利和福利改革一直都是政治问题。比尔·克林顿总统发誓要"在适当的时候终止福利"，并且他的政府与在国会占大多数的共和党人在 1996 年达成了一项妥协协议。此后不久，福利名目被大幅度削减，福利计划在整体上发生了巨变。即使这样，还是有很多计划向需要的人提供资助，我们在本章会对这些福利计划进行评论。某些福利计划读起来像一堆"字母汤"，比如困难家庭临时协助和妇女、婴儿与儿童计划；另外一些计划则有容易记住的名字，比如儿童发展先导计划和医疗保险计划；还有一些计划有更直接的名字，比如食物券和中小学课间餐计划。这些被设计出来的计划按照各自特殊的方式帮助穷人。有些计划支付现金；其他一些计划以很低的价格或者免费提供商品和服务。

在定义什么标准构成"贫困"状态之后，我们对符合这些标准的人进行了描述。我们介绍并讨论了一些贫困的现代历史，而且我们讨论了为什么我们描述的贫困测度方法在确定谁需要资助、谁不需要资助的任务方面可能是不够得力的。接着，我们描述了穷人可以获得的计划。我们把这些计划分成提供现金的计划和提供商品和服务的计划。我们讨论了这样分类的原因。最后，我们用普通的语言讨论福利计划特有的激励和非激励问题，并且我们说明了解决生活在贫困之中的人们面对的问题为何如此之难的原因。

测度贫困

"贫困"真正意味着什么?只要你处于饥饿的边缘,你就是穷人吗?这种绝对论支持者会认为贫困在美国几乎完全消失了。如同我们在后面的讨论中看到的那样,美国贫困人口最严重的健康问题之一是他们的肥胖而非饥饿。另一方面,有一种观点认为贫困是一种相对概念。我们注意到一个中等收入的索马里人的生活标准在美国是属于贫困的,而在索马里则不然;而且,今天中等收入的美国人具有的生活标准100年之后很可能被认为是令人无法接受的贫困。为了明白这一点,请注意,今天穷人住的房子比1900年除了最富的美国人之外所有人的住房都要大。

贫困线

贫困线
为家庭提供最低保障生活水平所需的收入水平

贫困比率
收入水平低于贫困线以下家庭人口所占的比率

贫困差距
要使贫困中的人们摆脱贫困所需要进行的转移支付总额

已经进行的合理可靠的调查显示,一个低收入4口之家把大概三分之一的收入花在食物上。**贫困线**被定义成为家庭提供最低保障生活水平所需的年收入水平。我们可以用最低保障生活食品费用乘以3(三分之一的倒数)得到第一贫困线。在接下来的年份,这个数字要随着消费者价格指数的提高而上升。对于其他规模的家庭,也用类似的计算过程,用与之对应的低收入家庭规模的收入中花在食物上的比例的倒数乘以最低保障生活食品费用。2002年,对一个人而言,该数字是9 359美元,两个人为12 047美元,三个人为14 480美元,四个人为18 244美元。贫困比率是收入水平低于贫困线以下家庭人口所占的比率。2002年美国的**贫困比率**为12.1。

另外一个重要的测量贫困的方法是**贫困差距**,表示要使贫困中的人们摆脱贫困所需要进行的转移支付总额。2002年美国的贫困差距为520亿美元。

谁是穷人?

表24.1列举了判定穷人的指标,并比较了穷人在总人口中的比例。很多人认为最穷的人是非裔美国人。很多学术机构迅速否认了这样的传言,同时他们经常提出另外一个相反的结论,大部分穷人是白人。如果你把欧裔美国人与西班牙裔美国人区分开来,那么上面两个结论都是不对的。表24.1显示,处于贫困中的黑人和西班牙裔美国人与他们在总人口中的比例是不相称的,他们和美洲印第安人、亚裔美国人、太平洋岛人一起构成了大部分生活在贫困线以下的美国人。显然,在美国的贫困比率中,种族和民族的显著性很高。

表 24.1　　2002 年的贫困人口

	总人口（百万）	总人口百分比	贫困人口比例	贫困率
白人，非西班牙裔	194.1	68.0%	44.8%	8.0%
西班牙裔	39.2	13.7	24.6	21.8
黑人，非西班牙裔	35.7	12.5	24.8	24.1
其他种族	13.5	4.7	3.8	10.2
男性**	139.8	49.1	43.1	9.9
女性*	145	50.9	56.6	12.5
18 岁以下	72.5	25.4	35.0	16.7
18～24 岁	27.4	9.6	13.0	16.5
25～64 岁	150.9	52.9	41.6	9.5
65 岁及以上	34.2	12.0	10.4	10.5
女家长家庭，无丈夫	40.5	14.2	33.8	28.9
高中辍学*	27.7	9.7	33.4	20.4
高中毕业（没有上大学）*	58	20.4	30.6	8.7
大学（无学位）*	30.9	10.9	14.5	5.3
学士学位或更高学位*	44.9	15.8	6.5	2.3

* 2000 年的数据：25 岁及以上成年人人口比例与由 25 岁及以上成年人持家的家庭比例
** 2001 年的数据
资料来源：http://www.census.gov/prod/2003pubs/p60-222.pdf
　　　　　http://www.census.gov/prod/www/statistical-abstract-02.html

　　这些数据显示妇女比男人更容易处于贫困之中；而且，如果"家庭"定义成不包含单个成年人家庭，那么处于贫困之中的家庭有一半是女性家长家庭，而另一半则是已婚夫妇家庭。尽管有孩子的女性家长家庭的人口只构成总人口的 14.2%，但是贫困显然是女性的问题。

　　另外一个事实是，18 岁以下的儿童构成了 35% 的贫困人口，尽管他们只构成总人口的 25.4%。这意味着儿童中的贫困比率是 16.7%。这些数据究竟是表示穷人有更多的子女，还是穷人抚养孩子自身又会导致贫困，这是值得探讨的。显然，一个贫困的景象是：少数种群、妇女和儿童的贫困数量远远大于他们各自在总人口中的比例。

　　另外一个重要的贫困指标是教育，或者更准确地说，教育缺失。拥有学士学位的人中陷于贫困的比例只是高中辍学人口中陷于贫困比例的十二分之一。只需简单地完成高中的学业，就可以把陷入贫困的机会减少近三分之二，而且只需上大学就可以把陷入贫困的机会从接近 8.7% 降低到 5.3% 以下。完成大学可以进一步降低这个比例。户主是大学毕业生的 50 个家庭中只有一个家庭会处于贫困之中。

历史上的贫困

图24.1显示，尽管现在贫困人口数量和1959年大致相同，贫困比率却大幅度下降了。如同我们将要讨论的那样，贫困比率的下降花费了许多政府资源。这意味着自1959年以来的贫困比率的下降归因于对那些收入处于底层的人实施的经济援助。

在考虑贫困总体趋势下降的同时，我们也要意识到下面这些警示。自"战争贫困"实际开始的20世纪60年代中期以来，贫困比率一直保持大致不变。从那时起到现在，贫困比率既没有低于11%也没有超过15%。一个重要的事实，即贫困比率的系统性降低发生在反贫困计划实施以前的1959年到1969年之间。注意，图24.1浅色条表示经济衰退，我们能看到贫困比率在经济衰退的时候上升，在经济发展的时候下降。民主党总统肯尼迪和约翰逊在1969年以前的贫困比率下降方面赢得了不少声誉。但是，这个结果与其说是由于那些政府为穷人所做的努力导致的，还不如说是由于强劲的经济状况提供了许多经济良机而形成的。1969年之前的贫困比率下降大部分发生在1965年以前，那时这些计划才首次成为法律。自1969年以来，民主党和共和党在对于贫困方面的记录基本相同。总体上说，贫困比率是整个经济健康状况的反映。

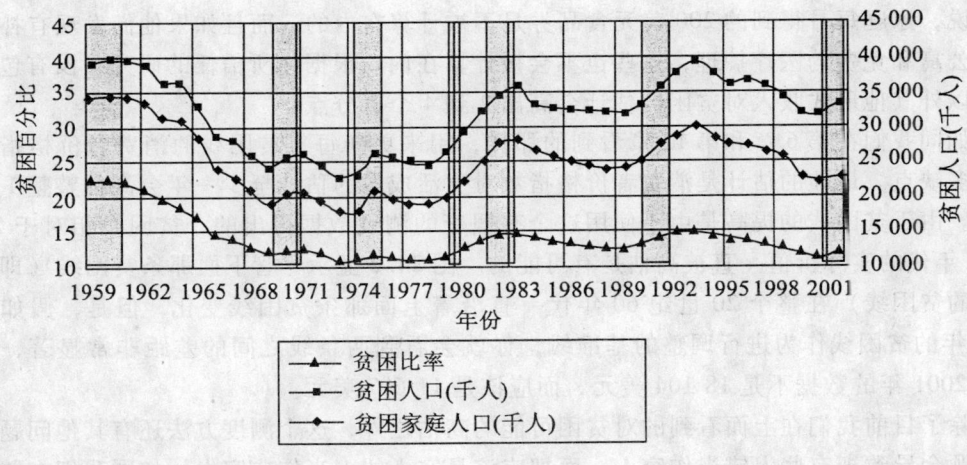

资料来源：http://www.census.gov/hhes/www/poverty.html.
注：原文为百万，疑为有误。

图24.1 自1959年以来的贫困状况

测度贫困方法的问题

有许多理由说明，在判断谁是穷人时，用3乘以最低保障生活食品费用作为贫困测度方法是不够得力的。首先，这个方法无法区分只有一个赚钱人的家庭与那些要么不止有一个赚钱人，要么由于其他原因具有托儿费用的家庭。由于近34%的生活在贫困中的家庭是由一个有18岁以下孩子的单身母亲当家的，这是一个潜在的重要问题。由于在原来贫困测算中使用的1/3这个分数来自已经进行的调查，在这些调查中此类女性家长家庭很少，所以由于全部或者部分的托儿费用的原故，贫困线可能被低估了。由于每个12岁以下孩子每年的托儿费用大约在3 000美元到5 000美元之间，这是测量偏差中一个重要部分。

尽管这表明贫困会被低估，但是测算方法的其他问题显示，贫困也许会被高估。来自保守的遗产基金会的罗伯特·莱克特为了证明美国没有贫困问题而重新更新了统计数据。[①] 他利用政府的调查数据和已发表的统计文件显示，41%被认为贫困的家庭拥有自己的住房，66%的贫困家庭拥有空调，70%的贫困家庭拥有一辆汽车，27%的贫困家庭拥有2辆及2辆以上汽车，74%的贫困家庭拥有一台录像机。他指出按平方英尺计算的美国穷人居住面积大于西欧的平均水平，美国穷人的平均食物等于或超过被推荐的日常重要营养成分的分量。一个重要的事实是，美国穷人独有的特征之一就是他们的肥胖率，这暗示他们很少有人处在实际的饥饿中。

具体到财富这一点上，近100万穷人家庭拥有价值超过150 000美元的住房。在美国，还有成千上万的收入很少但有几十万美元身价的人。他们中的一些甚至是百万富翁。需要承认的是，只有很少一部分被称为穷人的人是这样的富人。但是，注意到贫困线只是测度了人们相对于固定标准的收入，该标准忽视了财富的测算，这是重要的。

这个被用来确定贫困线的公式的另外一个缺点是，它只包括现金形式的收入。因此，那些穷人享受到的非现金形式的计划会被错误地、愚蠢地省去，好像他们毫无价值一样。比如说，家庭每月得到的200美元食品券是不被计算在内的，而且如果他们发现有补贴的出租公寓和免费的医疗护理，这些也不会被计算在内。根据你所信任的研究，没有包括除现金以外其他形式收入对贫困的估计会高出2到4个百分点。

如同我们在第6章和第13章看到的那样，用来更新每年贫困线的消费者价格指数也有许多缺点。最佳的估计是消费者价格指数对生活成本的估计至少一年会高估整整1个百分点。由于贫困线的提高是由于使用这个有瑕疵的测度数据得出的，贫困线相对于20世纪60年代的实际价值一直被高估是有可能的。图24.2显示尽管下面那条贫困线（即经过调整的贫困线）在整个20世纪60年代一直沿着上面那条贫困线变化，但是，假如你把1959年的贫困线作为进行调整的基准线，你就会看到两条线之间的差距非常显著，你会看到2001年的数据不是18 104美元，而应该是11 607美元。

除了目前我们在上面看到的对贫困可能的高估之外，这个测度方法还有其他问题，这些问题会导致把有些人错当作穷人，而把应该是穷人的人当作非穷人。如同我们在前面一段专门提到的那样，用来调整贫困线的是总消费物价指数。由于这个消费者价格指数是许多商品价格的一个指标，它并不一定反映了生活在贫困中的人们购买的商品价格。当穷人购买的商品价格上升超过了总消费者价格指数的时候，"实际"的贫困线可能会落在图24.2中的两条贫困线之间。

地区间生活成本的差异也会成为另外一个关于贫困人口数量测度偏差的来源，而且这种来源导致的偏差方向具有不确定性。比如说，由于在加州的旧金山生活比在威斯康星州的阿普尔顿生活更昂贵，那么旧金山一个收入比贫困线18 104美元超过1美元的4口之家显然会比阿普尔顿一个收入低于此贫困线1美元的4口之家情况更糟糕。按照这种方法看，贫困比率低估了城市和沿海地区的贫困；同时也高估了农村地区、小城市、东部和中

---

① 最新版本可以在 http://www.heritage.org/Research/welfare/BG791.cfm 上面查到。

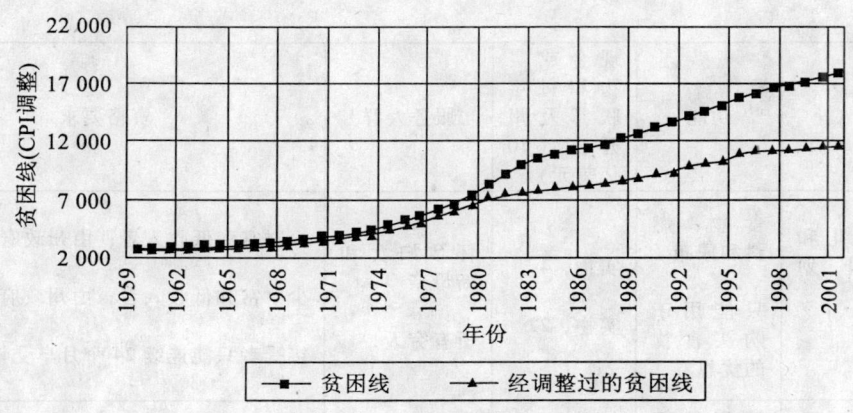

图 24.2 消费者价格指数调整前后的贫困线

西地区的贫困。

最后还有一个怀疑官方贫困数据的理由,这就是遗失的 2 万亿美元。我们在第 6 章讨论国民收入核算的时候,简要地解释了构成国内生产总值数据的来源。我们说明了在计算国内生产总值的时候,使用人口普查局的数据加总会远远少于使用加总个人收入得到的数据,少了 2 万亿美元。虽然这遗失的 2 万亿美元中有一部分就是前面提及的实物转移,但这肯定不是全部。显而易见的是,其中的大部分流向了非穷人手中。当然其中的一部分肯定也会落入穷人手中,但是很明显,有些被贴上穷人标签的穷人并不算是穷人。

为穷人服务的计划

实物补贴与现金补贴

穷人能够得到的补贴计划不仅多样而且复杂。较好的方法是把这些计划理解成在各州之间是不同的,而不是全国一致的。而且,当这些计划被分成现金支付和以商品或者服务的方式(不是以现金的方式)提供补助时,这些计划会得到最好的诠释。经济学家把后面一种形式称为**实物补贴**。表 24.2 描述了各种不同的计划,它们的功能以及它们服务的人群,还有对获得这些计划资格的限制。

实物补贴
以商品或者服务而不是现金的形式提供的补助

表 24.2 2002 年的穷人服务计划及其特点

计划	功能	现金或实物和每年联邦及州开支(10亿美元)	服务人群	资格要求
困难家庭临时协助计划(TANF,前身称为 AFDC)	提供穷人现金收入(福利支票)	现金,19	贫困父母及其 18 周岁以下的孩子	尽管各州之间有所不同,以下的一般条件需要达到:接受者(1)必须有孩子;(2)不能有太多的财富(通常少于 5 000 美元净资产);(3)只能连续 24 个月享受该计划

续表

计划	功能	现金或实物和每年联邦及州开支（10亿美元）	服务人群	资格要求
妇女、婴儿和儿童计划（WIC）	食物、燃料和尿布	实物，4	怀孕妇女和新母亲	少财富和低收入者；由州政府决定终止
食物券	只能用于购买食物的优惠券	实物，22	所有穷人	少财富和低收入者；由州政府决定终止 接受者只能连续24个月享受该计划
公共医疗补助制度	健康护理服务	实物，212	所有穷人	少财富和低收入者；由州政府决定终止
第8部分或官方公寓住房计划	减免住房租金或者提供低价住房	实物，33	所有穷人	少财富和低收入者；由州政府决定终止
儿童先导计划	幼儿托管；学前教育	实物，6	有5周岁以下孩子的穷人	先来先得原则，适用于所有收入低于1.25倍贫困线的人
学校免费餐	午餐和早餐	实物，6	有学龄孩子的穷人	适用于所有收入低于1.25倍贫困线的人
补充安全保障收入（SSI）	对"理应扶贫"对象的现金资助	现金，31	残疾人、鳏寡和孤儿	必须有某个人（例如父母之一，监护人或者配偶）是残疾人或者已死亡
劳动所得税收补贴（EITC）	是负税收；提高了工人的低工资	现金，28	正在工作的穷人	取决于家庭规模：起初针对的是收入低于10 350美元的家庭，后来延伸到收入界于14 350和34 178美元之间的家庭；现在4口之家最高额为4 140美元

为什么在520亿美元的问题上花费了2 970亿美元？

给定前面关于贫困程度和贫困计划开支的情况，下面的数据会让我们大吃一惊：如果贫困差距是520亿美元，为什么各级政府在贫困计划上的开支超过了6倍以上呢？回答有两种可能：(1) 我们选择的需要帮助的人有一些是贫困线以上的人；(2) 如果贫困计划真的要花费2 970亿美元来解决520亿美元的问题，那么这些计划肯定是非常没有效率的。

表24.2显示花在商品和服务上的钱比花在现金补贴上的钱超出了数十亿美元。包括表24.2中没有提及的一些小计划，现金补贴总计约为780亿美元，而实物补贴总计达

2 190亿美元。显然，政府在那些控制接受者行为的计划上花费了太多的钱。比如说，我们认为穷人会没有足够的东西吃，没有足够的医疗服务，没有足够的住房等。不同于向他们提供足够的钱去买这些东西，政府向他们提供政府认为他们需要的东西。

如果现在有一个成员们身体健康的家庭，那么可以想象得到他们会在食物方面花更多的钱，在医疗保健方面花更少的钱，但他们不能进行这种替代。当生活在贫困中的人被提供的是特定的商品和服务而不是现金的时候，他们就不能有进行基本决策的能力。在很多对穷人的研究中，非常清楚的一点就是，他们认为现金的价值超过提供给他们的商品的价值。一些食物券的接受者表示他们对食物券的估价非常低，妇女、婴儿和儿童计划的优惠券持有者在黑市上以50美分的价格出售优惠券。为什么不能把这些计划设计成让这些需要帮助的人们收到现金，并鼓励他们决定如何花费这笔钱呢？

原因很多，但有三个明显的原因。第一个原因，借助于选举出来的官员，选民们明白无误地表示他们不相信接受政府补贴的人会在购买什么样的商品上作出好的判断。许多人认为如果穷人能够作出好的决策，那么他们压根就不会是穷人了。

第二个原因，人们对有需要的儿童的福利的关心超过了对成年人福利的关心。如果你脑子里带着这样的想法去看这些计划的话，那么你会发现几乎所有的计划都要求有资格的成年人要有孩子。如果我们想保证对孩子的服务，让成年人获得这些服务而不是现金则是合理的。这可以把成年人挪用原本用于孩子身上的钱的可能性降至最低。

第三个原因，许多福利补贴的设计似乎是向穷人提供一种政府仁慈的感觉，而不是让穷人实际受益。如果这些计划就是要使我们自己的幸福最大化，并且如果我们知道给穷人提供了足够的东西让他们生存下去，我们就会更幸福的话，那么对我们来说也许更重要的是，确保穷人消费我们认为对他们有好处的商品，而不是消费他们自己想要的商品。

激励、反激励、神话和事实

虽然没有人曾经有意为之，许多被设计用来帮助穷人的计划还是招致了谴责，因为这些计划造成生活在贫困之中的人和收到补贴的人没有得到激励去自力更生。人们谴责福利的存在给了人们一个不去工作的理由。人们指责福利计划既鼓励年轻妇女怀孕，又鼓励她们终止妊娠。人们还指责福利计划鼓励接受者抚养更多的孩子，以便他们获得的妇女、婴儿和儿童计划（WIC）可以续延，并且他们的食物券和困难家庭临时协助（TANF）能够增加。困难家庭临时协助的前身，有子女负担的家庭补助计划（AFDC）曾经因为造成贫困家庭得到了一种激励赶走父亲、导致家庭破裂而受到谴责。总之，这些福利计划引起的问题已经成为了一种生活方式，人们对此也越来越习惯。

从理论的角度看，前面的这些观点都是有价值的，但来自经济学研究的证据不是单方面的。第一，存在一些与之相反的观点。青少年的生育率自20世纪60年代到20世纪90年代初一直稳定地爬升，当州政府、后来是联邦政府制订出意在抑制补贴的福利改革的时候，它已经开始平稳了。事实是，福利计划的接受者今天获得的实际补贴价值低于20世纪60年代后期得到的补贴。因此，假如贫困青少年真正是出于福利考虑而作出生育孩子的决策的话，那么青少年的生育率应该随着补贴实际价值的下降而从20世纪70年代中期开始下降。实际上，对青少年怀孕的影响更大的因素更有可能是文化和青少年的性欲，而不是青少年收到福利支票的预期。

第二，尽管不论是过去还是现在，孩子越多，你得到的福利就越多，但是，没有任何系统性的证据表明，那些享受福利的人们之所以拥有更多的孩子，正是因为他们享受了福利。假使享受福利的母亲只是关心自己和自己获得的福利的话，那么她们之所以要孩子就是为了能够有资格获得更多的福利，这样才能自圆其说。但是，与此有关的一些显然的事实恰恰是，福利收益的提高也仅仅是补偿了再多养育一个孩子所增加的成本而已。因此，除非我们认为穷人更不关心自己的孩子，对于一个理性的妇女而言，为了每月增加的少量美元而怀孕并抚养一个小孩，这种可能性并不大。即使他们打扫路边的房间，他们也能够用更少的努力赚得更多的钱。

第三，享受福利计划的家庭很可能丧失了父亲，这是事实。但是，父亲的离去是为了获得福利资格的需要呢，还是由于父亲的离开而成了福利家庭，这就很难说了。要接受福利计划导致了某些人轻易地放弃父亲这样的观点，你就必须赞同一位善良的父亲会抛弃他的孩子以使得他们能够获得福利这种愤世嫉俗的观念。尽管这种情况在1996年以前可能是事实，但是在福利改革之后的今天，这种放弃家庭必须是彻底的。如今，一位母亲为了获得该福利计划的补贴必须告诉离去父亲的姓名和最后一个知道的住址。显然，申请福利的需要是否导致原本和睦的家庭破裂是有待讨论的。之所以某些福利计划可能导致父母缺失，是因为人们持有一种观念，即假如一个家庭有两个身体健全的成年人，那么其中一个就必须工作。父亲缺失问题要么是一个偶然事件，要么是社会为建立某种福利要求所付出的代价，这种福利要求所依据的观点是，双亲家庭不应该有资格获得资助，除非其中一方是残疾的。

第四，在有子女负担的家庭补助计划（AFDC）的时候，即1996年的福利改革之前，对福利的依赖性一直以令人吃惊的速度上升。26%的接受者接受福利计划长达10年或者更长时间，同时获得短期福利计划的家庭比率则一直在下降。此外，福利计划接受者的女儿自己通常也会成为福利计划的接受者。这种情况以及与之相似的问题导致国会和总统就福利计划的变革达成了一致，这些变革包括对人们获得福利收益的时间进行限制，并要求接受者要成为有收入的受雇用的人。

福利改革

这是一个解决方案吗？

为了取得成功，一个社会安全网络必须实现以下目标：
1. 设计出的计划不能太昂贵，以至于纳税的公众无法维持。
2. 该计划必须具有一种内在的激励机制，使得受益人想要摆脱它。
3. 该计划必须提供一个足以保证基本必需品的水平，使得接受者具有一个社会可接受的生活标准。

在美国，政策制定者面临的问题是这些目标无法同时得以满足。

任何福利计划都必须有一个分段的收入水平。如果这个分段进程太快，即对于你所赚的每1美元，你会失去可观的福利利益，那么这种对工作的反激励影响就太深远了。有子女负担的家庭补助计划对接受者所赚的每1美元减少的补贴接近1美元。这种接近100%的收回率意味着，如果没有至少两倍于最低工资薪水的工作，一个有两个需要托儿护理的孩子的单亲父母依靠福利计划生活将比出去工作好得多。

如果这种分段进程太慢，那么就会有太多的人愿意领取福利利益，而没有足够多的人纳税。尽管这是可能的，但是这违反了第一个目标，即拥有一个花钱不多的福利计划。另一方面，该分段进程原本可以慢一点，而且纳税人的成本可以更低一些。那么问题将会是：可能会没有足够的钱让福利接受者生存下去。

政策制定者在1996年制定福利改革之前所做的隐含的选择是：放弃在福利计划中提供激励机制，使得人们没有动力摆脱该福利计划。人们对福利计划长期依赖性的增强，至少部分地应该归咎于这个决策。有子女负担的家庭补助计划中近100%的收回率导致那些不赚钱的人日子过得比那些一年赚10 000美元的人还好些。结果是，只有那些能够对教育进行投资的福利接受者最终才愿意放弃该福利计划。

我们现在所理解的福利计划

在1996年的福利改革中，政府简单地用命令人们摆脱福利计划的方法处理福利依赖性问题。人们担心对福利的依赖性是失误的，而对放弃福利利益的货币性激励又过于昂贵，接受福利的时间限制制度就是对以上担心的一种认可。与政府向人们提供让他们放弃福利计划的激励不同，现在人们被告知他们能够享受福利的时间有多长。各州被授权终止一些用于资助穷人的货币的发放（TANF，困难家庭临时协助计划）。在有子女负担的家庭补助计划中，各州政府必须把这笔钱以现金的形式发放给穷人，但是现在他们可以把这笔钱用于工作培训、孩子护理或者对愿意雇用福利计划接受者的企业实行税收减免。各州政府必须设定24个月或者更短的时间限制，对某些计划必须设立工作要求。残疾人收入保障补充条例也做出了调整，使得有些曾经有资格获得全额补贴的人如今只能有资格获得部分补贴。

到1999年，与福利有关的待处理案件的数量降至了30年来的最低点。尽管这个结果中有多大部分是由于20世纪90年代稳健的经济造成的还很难说，但是福利改革计划对此产生了作用，则是显然的。经济学家现在关注时间限制、工作要求以及其他方面的变化是否能够在下一波经济衰退中维持下去。只有时间才能告知一切。

小结

你现在知道了贫困是如何测度的，在美国，谁是穷人，总人口中贫困人口的比例在过去40年是如何变化的。你能够指出官方贫困比率中的一些严重问题。你了解了现有的为穷人服务的各种计划，知道这些计划的大部分给予接受者的是商品与服务，而不是金钱，并且理解了政府这样做的原因何在。最后，你了解了福利国家中的激励和反激励作用，并且你对我们目前面临的福利改革问题也有所认识。

主要术语

实物补贴　　　　贫困线　　　　贫困比率　　　　贫困差距

自我测试

1. 为了帮助穷人，我们每年在实物转移上花费____，在现金转移上花费____
   a. 2 190 亿美元，780 亿美元
   b. 900 亿美元，2 500 亿美元
   c. 1 000 亿美元，1 000 亿美元
   d. 400 亿美元，3 100 亿美元
2. 贫困线随着家庭的规模上升而上升。家庭的规模增加一倍
   a. 超过贫困线增加一倍
   b. 恰好等于贫困线增加一倍
   c. 少于贫困线增加一倍
3. 自 1969 年以来，贫困比率一直徘徊在____和____之间
   a. 5%，10%
   b. 11%，15%
   c. 16%，20%
   d. 20%，25%
4. 穷人一大半是
   a. 白人，非西班牙裔美国人
   b. 黑人，非西班牙裔美国人
   c. 西班牙裔美国人
   d. 没有任何一个群体构成穷人中的大半
5. 下面哪个计划是现金补贴形式的？
   a. 有子女负担的家庭补助计划/困难家庭临时协助计划
   b. 工作所得税退税额
   c. 从福利到就业计划
   d. （a）和（b）

思考

如果我们足够地相信穷人，给予他们现金而不是实物转移，那么我们用我们实际花费数额的三分之一就能够让每个家庭脱离贫困。一项只给予每个穷人现金，并且数额能够让穷人摆脱贫困的政策的结果会是怎样？

讨论

经济激励对穷人重要吗？对于诸如工作所得税退税（EITC）这样的政策，穷人会理性地做出反应吗？穷人除了没有钱之外，和其他人一样吗？或者说穷人身上存在某些造成他们成为穷人的非常特别的东西？

进一步阅读

Journal of Economic Perspectives 11, no. 2 (Spring 1997). See articles by Peter Gottschalk; George Johnson; Robert Topel; and Nicole Fortin, and Thomas Lemieux, pp. 21-96.

Journal of Economic Perspectives 12, no. 1 (Winter 1998). See articles by Dale Jorgenson; and Robert Triest, pp. 79-114.

Wolff, Edward. "Recent Trends in the Size Distribution of Household Wealth." *Journal of Economic Perspectives* 12, no. 3 (Summer 1998).

参考数据

Historical Data
    Poverty tables 1959-2003
        Statistical Abstract of the United States; Historical Poverty Tables
           http://www.census.gov/hhes/poverty/histpov/hstpov2.html
    Poverty line 1959-2003
        Statistical Abstract of the United States; Population
           http://www.census.gov/prod/2003pubs/02statab/pop.pdf

Poverty Rate and Income, 2002
    U.S. Census Bureau: Publications, 2003
        http://www.census.gov/prod/www/titles.html

Characteristics of People in Poverty
    Statistical Abstract of the United States; List of Tables
        http://www.census.gov/prod/www/statistical-abstract-02.html

Federal Spending on Programs for the Poor
    Fiscal year 2002 spending on programs for the poor Budget of the United States Government, 2004; Detailed Functional Tables
        http://w3.access.gpo.gov/usbudget/fy2004/sheets/fct_2.xls

    School Lunch Program
        Food and Nutrition Service; National School Lunch Program
           http://www.fns.usda.gov/cnd/Lunch/default.htm

Statistics of Those in Poverty
The Heritage Foundation; Paper by Robert Recto
http://www.heritage.org/Research/Welfare/BG791.cfm

第 25 章 社 会 保 障

学习目的
- 理解什么是社会保障及其基本税收和福利结构
- 了解该计划自启动以来发生的变化
- 理解拥有这样一个系统的经济学基本原理
- 了解该计划对工作和储蓄的影响
- 理解经济学家如何运用现值分析帮助决定该系统为谁服务、不为谁服务
- 了解什么是社会保障信托基金
- 认识目前关于该系统将在2042年崩溃的估计以及稳定该系统的措施

内容概要
- 基本情况
- 为什么我们需要社会保障?
- 社会保障对经济的影响
- 社会保障计划对谁有好处?
- 该系统将来还会为我服务吗?
- 小结

当大多数人考虑社会保障计划的时候,他们设想的是为老年人准备的退休支票。社会保障计划涉及的范围比这要广泛得多,除了医疗和残疾保险之外,还包括寡妇和孤儿的受益。本章中,我们集中讨论退休福利。

我们首先回顾作为一项政府养老金计划的社会保障计划的历史,我们会触及该计划的税收、退休金以及退休年龄结构。然后,我们转向为什么需要该计划。我们会讨论社会保障对经济的总的影响。我们还显示了社会保障计划作为一项退休计划,带给贫困退休人口的好处超过了带给富裕的退休人士的好处,并且带给1960年以前退休的人的好处超过带给1980年以后退休的人的好处。最后,我们讨论了不进行改革,该系统为什么可能会崩溃,以及哪些改革措施看上去是可能的。

基本情况

计划的启动

社会保障法案在1935年通过,并由富兰克林·罗斯福总统签署成为法律。1929年的

股灾和20世纪30年代的大萧条让国民的财产状况发生了剧变。失业人口高达25%。对那些股灾前富有的投资人来说，如果他们有一份至少能够让他们在股灾后靠一张又一张的工资支票过活的工作，那他们就是幸运的。作为股市崩盘的结果，许多银行的投资不够偿付它们的储户，它们只能倒闭。在这种情况下，即使是那些勤俭储蓄、谨慎投资自己退休金的人也发现他们的储蓄付诸东流。社会保障向20世纪30年代后期退休的几代人提供了一个安全网，无论是好的年景，还是差的年景。当时，政府并不打算让社会保障成为人们维持生活的唯一收入。但是今天，接近三分之一的接受者只能依靠社会保障维持生存。

目前，社会保障向320万62岁以上的美国人每个月提供平均约为900美元的退休金。

社会保障计划是一种**现收现付制养老金制度**（pay-as-you-go pension），在这种制度中现在工人的税收用于支付现在的退休人员的退休金。这和传统的**完全预筹养老金制度**（full-funded pension）不同。在完全预筹养老金制度中，现在缴纳多少将来就支付多少，现在就投入一个足以用来支付未来费用的补偿数量。现收现付制养老金方式可以让钱马上流到老年人手中（1936年开出了第一张支票），但是如同我们将会看到的那样，这种方式目前正在把社会保障系统推向极度危险之中。

现收现付制养老金制度
一个当前工人的税款用于向当前退休人员支付退休金的制度

完全预筹养老金制度
一个当前就投资一个足以用来支付未来退休金的金额的制度

税收

薪资税
基于工人劳动所得的税款

最高应税收入
征收薪资税的最大的应税收入

社会保障税（技术上称为FICA，或者联邦保险缴款法税款）是**薪资税**（payroll taxes）。换句话说，工人缴纳的税款依赖于其工作所得。这种税与所得税的区别在于利息、分红和其他形式的非劳动收入无需缴纳此税。另外，不是所有的薪水会被征税；应缴的税款只会上升到一个被称为**最高应税收入**的收入限额。2003年，该限额是87 000美元，这意味着工人没有必要为超出该数额的收入支付社会保障税中的老年退休金部分。雇员和雇主一起平均分担该税款，所以如果你缴纳1 000美元税款，那么你雇主也缴纳1 000美元税款。自我雇用的业主则缴纳这两部分税款。

退休金

月收入平均指数
通货膨胀调整后35个最高收入年度的月度平均

基本保险金
个人在达到退休年龄后得到的月度退休金

退休年龄
领取全额退休金的年龄

在退休金方面，有资格的退休人员依据他们在工作期间所缴纳的税款数额得到退休金。**月收入平均指数**（AIME）是针对通货膨胀调整后35个最高收入年度的月度平均。我们可以把月收入的平均指数代入计算**基本保险金**（PIA）① 的公式。单身的人可以获得基本保险金。已婚夫妇可以得到他俩中最高的基本保险金的1.5倍，或者他俩的基本保险金总和，哪个较高就算哪个。在达到**退休年龄**之前，工人是不能享受全额退休金的，尽管他们在62岁的时候可以领取部分退休金。

---

① 2003年的公式是头606美元的90% + 接下来的3 047美元的32% + 剩下金额的15%，不超过最大退休金额。该公式会根据通货膨胀进行年度调整。详情参见http://www.socialsecurity.gov。

尽管薪资税的结构使得每一个收入在最高应税收入以下的人按相同的税率缴税，但是从总的效果看，退休金结构会把钱重新分配给低收入阶层。为了明白这一点，考虑下面这个例子。假设经过通货膨胀调整，一个人35年来每个月赚5 000美元，所以此人的月收入平均指数为5 000美元。经通货膨胀调整之后，该雇员与其雇主每个月分别缴纳382.50美元（7.65%×5 000美元）的税款。此人每月将会得到1 722美元的社会保障支票。如果另外一个收入只有他五分之一的人与他的情况类似，那么这个人和他或者她的雇主共同缴纳五分之一的税款，但是他每个月的退休金将是691美元。因此，这个雇员缴纳了五分之一的税款却获得了三分之一的退休金。这意味着处于低收入阶层的人具有的退休金-税款比例是高收入者的两倍。通过这样的制度设计，目的就是把钱再分配给低收入者。

变化

自社会保障计划启动之日，它就增加了各种退休金。支付给寡妇和孤儿的退休金，被称为丧偶退休金，从一开始就是社会保障计划的一部分。为长期无法工作的工人服务的伤残退休金也在1956年实施，1966年则添加了非常普遍的高额健康费用补贴（医疗保险）。

表25.1显示了自社会保障计划启动以来，税率、最高应税收入以及退休年龄是如何变化的。该表显示了社会保障各组成部分是如何变化以确保该计划的生存能力的。如你所见，税率提高了，这部分地是为了支付前面提及的其他退休金，但这也是为了确保每一代人的退休金。税率从1%上升到7.65%，同时征税的最大收入已从3 000美元上升到87 000美元。退休年龄也已提高了。1938年以前出生的人可以在65岁退休的时候获得全额退休金；而那些1960年以后出生的人必须等到67岁的时候才能领取全额退休金。对于在1939年和1959年之间出生的人来说，他们的退休年龄由一个有些复杂的转换公式决定。简而言之，与社会保障计划是一个单一、僵化的计划的看法不同，社会保障计划做出了很多变化，拓宽了计划的服务范围和确保了其生存能力。

表25.1　　　　　　　　　　若干年份中社会保障构成的历史情况

年份	最大应税收入（美元）	老年人和伤残人士的税率（薪资税%）	老年医疗保险税率（%）	雇主与雇员承担的总税率（%）	退休年龄		退休金
					出生年份	年龄	
1937	$ 3 000	1.000%	0%	1.000%	1937	65	OA, S
1950	3 600	1.500	0	1.500	1950	66	OA, S
1955	4 200	2.000	0	2.000	1955	66 + 2个月	OA, S
1960	4 800	2.250	0	2.250	1960	67	OA, S, DI
1965	4 800	3.625	0	3.625	1965	67	OA, S, DI
1970	7 800	4.200	0.600	4.800	1970	67	OA, S, DI, HI
1975	14 100	4.950	0.900	5.850	1975	67	OA, S, DI, HI

续表

年份	最大应税收入（美元）	老年人和伤残人士的税率（薪资税%）	老年医疗保险税率（%）	雇主与雇员承担的总税率（%）	退休年龄 出生年份	退休年龄 年龄	退休金
1980	25 900	5.080	1.050	6.130	1980	67	OA, S, DI, HI
1985	39 600	5.700	1.300	7.000	1985	67	OA, S, DI, HI
1990	51 300	6.200	1.450	7.650	1990	67	OA, S, DI, HI
1995	61 200	6.200	1.450	7.650	1995	67	OA, S, DI, HI
2000	76 200	6.200	1.450	7.650	2000	67	OA, S, DI, HI
2003	87 000	6.200	1.450	7.650	2003	67	OA, S, DI, HI

* 1983 年以前，退休年龄一直是 65 岁。1983 年，退休年龄的法则根据出生年份进行提高。1938 年出生的退休年龄为 65 岁 + 2 个月；1939 年出生的为不小于 65 岁 + 4 个月；1940 年出生的为不小于 65 岁 + 6 个月；1941 年出生的为不小于 65 岁 + 8 个月；1942 年出生的为不小于 65 岁 + 10 个月；1943～1954 年出生的为不小于 66 岁；1955 年出生的为不小于 66 岁 + 2 个月；1956 年出生的为不小于 66 岁 + 4 个月；1957 年出生的为不小于 66 岁 + 6 个月；1958 年出生的为不小于 66 岁 + 8 个月；1959 年出生的为不小于 66 岁 + 10 个月；1960 年以后出生的为不小于 67 岁。

* OA 表示老年人；S 表示丧偶者；DI 表示伤残人士；HI 表示健康保险（老年医疗保险）。

为什么我们需要社会保障？

迄今为止，如果你看完了本书其他章节的问题，那么你会知道前面提到过，经济学家认为政府干预私人企业被认为是合理的至少依赖于以下三个理由之一：

外部性
一个受规制的市场对买卖双方以外的其他人造成的影响

1. 控制**外部性**的需要，即一个不相关市场对买卖双方以外的其他人造成的影响，比如污染、二手烟和醉酒驾驶。

2. 关注与被出售商品有关的重要道德或者品德问题，比如毒品、卖淫和黄色小说。

3. 买方或者卖方无法做出理性的决策，因为人们要么是无法考虑如此复杂的事情，要么是没有掌握足够的决策所依赖的信息。

在经济学家眼中，第一条和第三条理由合并成一个需要某种形式的强制性储蓄/退休金计划的理由。

理想地看，理性而且明智的人能够根据自己对当期消费和未来消费的偏好为自己的退休金进行储蓄。他们也会认识到现在花费的钱有一个机会成本，即这些钱以后不能用了。投资市场允许人们依自己的意愿进行储蓄或者贷款。如果有关功能健全市场的所有假设对投资市场都是有效的，那么就没有理由让政府强制人们进行储蓄。他们会为自己储蓄一个合适的数量。

与经济学家提出的理性人相反的观点是，人们不能为自己储蓄一个合适的数量。这是一个对经济学家无甚吸引力的观点。许多经济学家一直认为，如果政府不对工人进行征税，那么工人可以进行自我储蓄，因此，储蓄还是不储蓄都是他们自己的选择。

另一方面，有两个反对完全自由市场的思路在经济学家中有一些吸引力。第一个是，我们的人性让我们无法漠视让他人挨饿。如果人们不为自己储蓄，其他人有义务帮助他们。他们不储蓄的决策会影响其他人。这些"其他人"可能是孩子、亲戚、朋友或者政府。社会保障可以避免人们没有储蓄合适的数量，并且也使得人们不必去帮助那些不储蓄的人。

第二个思路是，我们的理性源自我们从自己失误之中学习的能力。在大多数情况下，尤其是在大部分的市场中，我们能够从自己的失误中学习。比如，如果你第一次去杂货店为自己买东西，你只打算买棉花糖和红牛饮料，那么你马上就知道，你的食谱中需要蔬菜和水果。如果你没有为退休储蓄足够的钱，那么你不可能决定把你生命中的第一个65年重新来过。政府经常阻止我们犯这种错误。很少有保证措施，使得我们总是做正确的事情。这方面的其他例子有：（1）假如没有他人的连署保证，你在18岁之前不能借钱；（2）16岁之前，你不能辍学；（3）21岁前，你不能喝酒。全社会担心你可能会招致无法挽回的破产、贫困和酒精中毒，而且社会也希望政府确保你不会犯这些容易犯的错误。由于这些原因，经济学家面对的问题不是是否需要某种政府管理的退休金计划，而是我们采取什么形式的退休金计划以及如何为其筹资，以保证该系统财务的稳定。

社会保障对经济的影响

对工作的影响

在社会保障计划执行之前，有51%的65岁以上的男性在工作。今天，这个数字是15%。关于社会保障计划本身对发生的这种情况的影响程度还存在一些争议，但是社会保障计划显然使得人们退休更加容易。这个结果有好坏两个方面。尽管退休人士可能由于退休而更幸福，但是整个经济则会因此失去他们这部分劳动力及其产出。另一方面，由于更多的人退休，当每个人去应征空缺职位的时候，这些职位会向各个劳动阶层开放。这样一种情况让人感到矛盾的是，尽管所有的人都更幸福了，但是经济却受到拖累。（如果你觉得这有些奇怪，可以重新看看第6章的"实际国内生产总值以及为什么它与社会福利不是同义语"一节。）

对储蓄的影响

资产替代效应
政府为你储蓄，导致你为自己少储蓄

大多数经济学家相信如果人们必须为自己的退休进行储蓄，他们就会储蓄更多的钱。尽管经济学家对这种行为造成的效果大小没有达成一致，但是他们得出的结论是社会保障计划的存在减少了经济中用来储蓄的钱的数量。这主要是因为**资产替代效应**。如果政府对你今天的收入进行征税，并承诺以后的退休金，那么政府实际上是正在帮你储蓄。如果政府正在为你储蓄，那么你就会为自己储蓄的少一些。

诱致性退休效应
如果人们打算比没有社会保障计划的情形更早些退休,他们就需要更多储蓄一些效应提高了国民储蓄。

遗赠效应
人们为给后代留更多遗产而增加储蓄,进而使国民储蓄增加

与此相反的两个效应是**诱致性退休效应**和**馈赠效应**。如同前面提及的那样,现在人们显然比以前更早退休。如果社会保障计划不存在,而且人们永远没有退休的希望,那么他们可能会一点都不储蓄。相反,由于社会保障使得退休成为一种可能,所以人们也许为了退休而进行储蓄。如果人们打算比没有社会保障计划的情况下更早地退休,那么他们就需要储蓄更多的钱,因此,这种诱致性退休效应提高了国民储蓄。

社会保障的另一个影响是,如果老年人留出更多的钱用于遗赠,换句话说,这些钱会在这些老年人死后流到家庭的年轻成员手中,那么这会提高国民储蓄。这也许是因为社会保障向老年人提供了足够稳定的收入,这使得和没有该计划的情况相比,他们会选择遗留下一笔更大遗产的储蓄。因此,**遗赠效应**会提高国民储蓄,因为储蓄更多,与没有社会保障计划的情况相比,他们能够赠与他们后代更多的礼物。

经济学家对社会保障计划对储蓄的净效应一直存有争论。特别指出的是,马丁·菲尔德斯坦(Martin Feldstein)是第一位对社会保障对储蓄的影响进行估计的经济学家。他在1974年得到的结论是:储蓄有大幅度的下降。这招致了其他经济学家的反对,其中阿里西亚·穆内尔(Alicia Munnell)在1977年,迪恩·雷莫(Dean Leimer)与塞里格·莱斯诺伊(Selig Lesnoy)在1982年估计的净效应是零。争论一直未停,菲尔德斯坦1996年刊登的对1992年更正过的估计值显示,在没有社会保障计划情况下,个人储蓄将会是6 460亿美元,而当时实际的个人储蓄是2 480亿美元。结果是,除了在适中程度上似乎可以表明社会保障计划对储蓄有小小的负影响之外,其他的理论观点就很少有一致性了。

社会保障计划对谁有好处?

利用一个电子制表软件、一些假设,再加上几个专业术语,你可以计算一下社会保障计划是否对你有好处。要这样做的话,你需要运用第7章的现值分析。然后,我们就能够把我们今天缴纳的税款同40年或者50年之后预计拿到的退休金进行比较。

有关社会保障计划的现值问题有众多文献。尤金·斯图尔勒(C. Eugene Steuerle)和焦恩·巴吉佳(Jon Bakija)提供了根据不同年代和不同类别的人进行的详细估计。尽管根据婚姻状况、收入者、年龄得出的实际估计变化很大,但是结果清楚地显示,该计划对那些1980年以前退休的所有收入阶层的人是一个净赚的计划。但是,由于联邦保险缴款法税款(FICA)的快速上升,净赚的状况逐步恶化了,只剩下只有一人工作,并且是低收入的已婚夫妇才能得益了。

为了了解这种分析方法特有的风格,考虑下面这个例子。首先,我们需要做一些基本假设。为了估计你的社会保障税款和退休金,我们需要知道你的年龄、婚姻状况、你能够预计的刚毕业的启动薪水、收入的增长率、年度的通货膨胀假设值、退休年龄、最后是死亡年龄。对于表25.2,我们假设如下:你现在19岁,在23岁毕业,未婚,工作到67岁,死于88岁,每年的通货膨胀率为3%,收入的年增长率为4%,相应的利率为8%。尽管既是老年人又是残疾人的税率是6.2%,但是老年人的税率只有5.3%。税款由雇员和雇

主共同承担,所以我们假设你的老年社会保障缴款总计为你总收入的 10.6%(当然,达到了最高应税收入)。①

表 25.2　　　　　　　　　　社会保障计划的净现值分析

收入(美元)	社会保障税款现值,按 8% 的收益率计(美元)	社会保障退休金现值,按 8% 的收益率计(美元)	社会保障的净现值,按 8% 的收益率计(美元)	实际收益率
$ 10 712	$ 18 411	$ 9 373	- $ 9 038	3.0%
15 000	25 780	11 434	- 14 346	2.6
20 000	34 374	13 836	- 20 538	2.3
25 000	42 968	16 239	- 26 729	2.1
30 000	51 561	18 446	- 33 115	1.9
35 000	60 154	19 572	- 40 582	1.7
40 000	68 748	20 698	- 48 050	1.5

表 25.2 显示,对于今天 19 岁的人来说,如果他们按 8% 的收益率(通货膨胀率加上 5% 的实际利率)投资他们的社会保障税款,则会比他们接受社会保障计划要更好。第一栏表示用于计算的假设收入,第二栏表示所有缴纳的税款按 8% 的收益率计算的现值。第三栏表示他们从 67 岁退休到 88 岁死亡获得的所有退休金按 8% 的收益率计算的现值。最后一栏表示税款和退休金现值相等的实际利率。

如同我们在前面两栏看到的那样,当人们赚得越多,他们缴纳的税款也越多。从赚最低工资(5.15 美元/小时×2 080 小时(每年))的人开始到以年薪 40 000 美元启动自己工作生涯的人结束,他们税款的现值从 18 411 美元提高到 68 478 美元。②该表很明显地显示,高收入者退休金的现值大于低收入者退休金的现值。这是因为你赚得越多,对社会保障系统的贡献越大,那么你退休时候的退休金也越多。请注意,尽管高收入者的收入超过低收入者的收入 3 倍有余,但是高收入者得到的退休金只比低收入者高出两倍多一点。

净现值为负的事实意味着社会保障计划不及收益率为 8% 的私人投资。如同我们在第四栏看到的那样,如果你的钱用于私人投资,那么你们这一代会更划算。对于那些可能成为高收入者的人,这种损失是显著的。最后一栏显示,根据实际收益率,和高收入者相比,作为一项投资的社会保障对低收入者是一笔更好的交易。

我们从表 25.2 可以得出两个结论:(1) 对于目前这一代大学生来说,社会保障可能不及他们的私人投资;(2) 在生命期间收入越多的人,私人投资和社会保障之间的差距可能越大。

---

① 我们假设雇员承担社会保障税的所有负担,因为劳动力供给弹性的经验估计接近于零。

② 缴纳税款的提高少于相应的收入的提高的原因是起薪为 40 000 美元,每年工资增长率为 4% 的人会在他们退休之前达到最高应税收入。所以,虽然贫穷工人缴纳的税款每年会上升 4%,而一个更富有的人的收入一旦达到最大应税收入这条线,他缴纳的税款只会增长 3%。

至此，有两个逻辑性的问题可能会被问到。我会问你：（1）你假设了一个5%的实际利率。如果你假设像3%这样的利率，情况会变得怎样？在这个例子中，低收入者的净现值将接近零，而高收入者的净现值则为 −41 693 美元。（2）如果你活到100岁，那么情况会怎样？你能从该系统中获益吗？复利的力量使你不论活多长都有能力让该系统为你服务。即使一个高收入者每年获得的退休金超过100 000 美元，在他90岁那年，这些钱的现值大约为2 000 美元。

如果假设你的父母、祖父母和曾祖父母在你这样的年纪的时候使用相同的数据，那结果就大不一样。那些1960年退休的人有15%的平均实际收益率，而那些1980年退休的人只能看到7%的平均收益率。你和长辈之间实际收益率的差距的基本原因是：他们缴纳的社会保障税率比你预计要缴纳的税率低得多。那些20世纪60年代退休的人士在他们工作期间面对的税率不到3%。那些20世纪80年代的退休人士在他们工作期间，看到税率从1%上升到5%。你在工作期间将面对的税率（年老的时候）至少会是5.3%。

社会保障计划被认为是一项部分成功的计划，因为直到最近，该计划对每个人来说都是一笔不错的交易。对那些社会保障计划开始实施的时候就已经在世的人来说，这是政府能干的大事之一。对那些生于1935年到20世纪50年代中期的人来说，社会保障提供的有保险的退休收入大概等于中等收入者在股票市场上的收入。① 对于那些生于20世纪50年代中期以后的人，社会保障的实际收益率可能不及私人投资。对那些单身的人、已婚的双职工，或者高收入者，如果他们要想收支相抵，那么他们的出生时间要提早35年。对这些人，社会保障给予他们的回报少于私人投资带来的回报。

谁从社会保障计划中获益，往往是一个沉重的话题。如果简单地这样提问，容易让人认为你赞成取消这一计划。所以，如果本节使你有一种为取消社会保障而鼓吹的感觉，那么请记住社会保障计划是经济学家称为"社会保险"的一个部分。该计划不是要成为一项好投资。该计划的意图是为退休的人提供一个收入的保障来源。当我们讨论改革问题的时候，你会发现该问题是讨论的焦点。那些支持某种形式私有化的人会用其他项目收益率这样的东西作为标尺来衡量该计划。

该系统将来还会为我服务吗？

社会保障计划为什么会陷入困境？

社会保障计划是否能够维持下去一直处于大家的关注之中。税率的增长一直快过退休金的增长，因为退休人口的增长快过工作人口的增长。现收现付制养老金制度无法解决第二次世界大战后婴儿潮导致的人口膨胀问题，这在1982年引起了人们的极大关注。在第二次世界大战的随后几年，一直到1960年左右，每年生育的妇女比例为2.5%。避孕药的发明、堕胎渠道的增加以及20世纪六七十年代社会的动荡极大地影响了美国的出生率。到1976年，妇女每年的生育率只有1.5%。

---

① 由于该系统具有一个把财富从高收入者转移到低收入者的内在转移，尽管平均收入者的所得可以持平，但低收入者将会得到超过税款现值的钱。高收入者则会得到更少的钱。

结果，婴儿潮一代，在 2003 年为 39 岁到 57 岁的人，目前占人口的 26%。比他们年纪大一些的一个类似群体，55 岁到 69 岁的人群，仅占人口的 12%。由于这种原因，为每个享受退休金的退休人士而纳税的工作人数将会继续急剧下降。1950 年，超过 16 个工人为每个领取退休金的退休人士纳税。今天，这个数字是 3.3，目前的推测认为，这个数字到 2030 年降到 2.2。图 25.1 显示了这种情况的概貌。

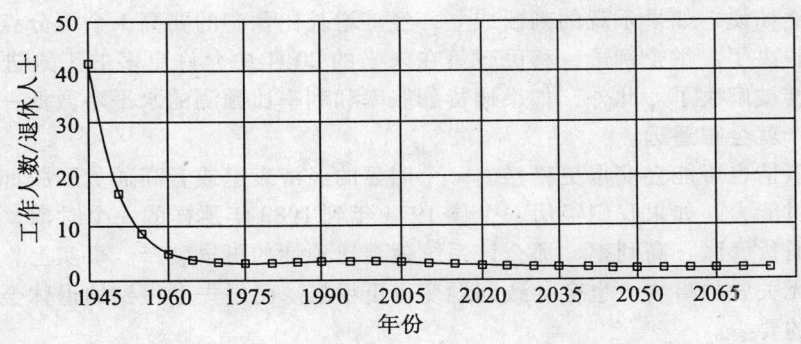

资料来源：2003 Old-Age, Survivor and Disability Insurance Trustees Report.
图 25.1 为每个退休人员纳税的工人人数的历史情况及前景

社会保障信托基金

社会保障信托基金
建立于 1982 年的基金，持有政府债券，当税款不及退休金之时，它会销售持有的政府债券进行补充

为了对付人口问题，1982 年成立了**社会保障信托基金**，意在筹措更多的税款，使之超过目前需支付的退休金。因此，在随后的几年，社会保障计划有足够的钱支付婴儿潮一代退休人士的退休金。2002 年，该基金中接近有 1.4 万亿美元的美国政府债券。你可以回忆一下第 12 章的"货币政策"或者第 10 章的"联邦赤字，盈余和国债"，就会知道联邦政府自己拥有的债务超过了 2 万亿美元。

该基金是否构成真正意义上的基金有待讨论。当社会保障计划的税收收入少于支付的退休金的时候，该基金通过首次或者再次公开发行举债。关于这个问题的一种看法是，信托基金是通过社会保障税，而不是所得税筹集的钱。这种方法出现在 20 世纪 80 年代和 20 世纪 90 年代初，以便减少否则会更高的赤字。如果你按这种方式看待这个问题，到 2002 年增加到 6.2 万亿美元的国家债务实际上只增加到不足 4.8 万亿美元。因此，如果有盈余，我们会减少实际的国债，使得我们以后的举债能力提高。这两种方法本质上是相同的。重新发行债券和借钱，功能完全一样。

社会保障托管局会定期发布该信托基金将维持多久的报告。它根据三组不同的假设发布三组不同的预测。"乐观"报告是根据经济增长会超过最近一段时期的增长速度，生命期限比目前健康趋势可能产生的期限更短，而且利率也会比可能的水平更低这些假设做出的。"悲观"报告则是根据低经济增长、长寿命和高利率的假设做出的。

"中间"报告是引用最广泛的，该报告显示社会保障系统征收的税额超过支付的退休

金将会持续到2018年。在2018年到2042年期间，征收的税款会少于支付的退休金，并且这部分差额会超过社会保障基金。到2042年，该基金会被耗尽，每年的赤字达到退休金的27%。此时，社会保障系统会**破产**，换句话说，没有足够的资产用以支付其肩负的义务。

破产
没有足够资产偿还债务的状态

关于社会保障计划能否维系下去的"中间"判断必须结合一个事实来进行评价，即它的维系在很大程度上取决于它的前提条件能否成立。比如说，如果乐观的判断成立，经济增长比预测的要高1个百分点，那么大部分问题就会解决了。举个例子，移民政策在未来的20年中允许更多的工人进入，那么余下的问题就会被解决了。此外，如果通货膨胀率和利率比预测的水平略微低一些，社会保障计划的破产就会很遥远。

当然，事情也可能会变得更糟糕。一个明显的经济衰退或者高通货膨胀都会严重危及该系统的支付能力。如果我们经历一个像1974年到1983年那样的一个时期，出现3次经济衰退、高通货膨胀、高利率，那么该系统就会比预计的更早破产。事实上，诸如离婚率上升这种毫无关联的事物，也会导致问题变得更糟糕。已婚夫妻得到的退休金一般比他们离婚后得到的要少。

综上所述，经济学家无法确定社会保障计划是否会破产。值得提醒的是，这个国家最大的社会保障计划居然建立在可能发生也可能不发生的经济前提之下，这使得许多人感到十分莽撞。另一方面，下面描述的可能的解决措施也需要若干年才能产生效果。

稳固社会保障计划的措施

拯救社会保障计划的方法多种多样，从激进的到温和的，各种都有。它们全都是包括下面这些因素的一个组合：提高薪资税，进一步提高退休年龄，削减高收入者的退休金，把信托基金投资于公司股票和债券，或者开发私有个人账户的薪资税。

那些喜欢社会保障计划按现在的方式延续下去的人最喜爱的选择就是提高税收。提高税率，提高或者取消对个人纳税附加的最大应税收入都可以实现这个目的。但是，估计结果不尽相同，不过取消这项条款，使得高收入者必须为收入中超过第一个87 000美元的部分缴税，可以解决三分之一的问题。把对老年人部分征收的整个薪资税率从5.3%提高到6.3%将足以解决剩下的问题。

另外一项解决措施是提高退休年龄。一般地，那些支持这些措施的人认为社会保障计划原来的退休年龄是钉住平均寿命的，1935年的时候是65岁。如果退休年龄恰好是预期寿命的话，那么在这个年龄时或者之前死亡的人，在活着的时候缴纳了税款却得不到退休金。这可以确保有足够的钱用于支付那些在预期年龄之后死去的人。目前的预期寿命是77岁。对于那些活到了65岁的人来说，男性预计还能活16年，女性预计还能活19年。尽管人们会活得更久，但是问题在于能够运转的社会保障退休金却会更少。把退休年龄提高到70岁也能解决大约三分之一的问题，这取决于我们可以多快地采取该项措施。

经济状况调查
基于收入或财富，确定某人获得政府资助的数量

社会保障计划最大的成功之一在于它让老年人的贫困比率急剧下降。另一方面，许多退休人士依靠自己的能力就能享受经济上的成功。有些人在某个领域干得非常漂亮，以至于他们得到社会保障退休金，但又不需要它。一位社会保障计划接受者获得的平均净利益目前大约是非接受者的两倍。一项被提议的解决社会保障问题的方案就是对受益人进行

经济状况调查。那些高收入者或者很富有的人得到的基本保险金会少于那些依靠退休金生活的人。该措施能够延迟多长时间避免该计划破产，取决于富人退休金减少的程度。拒绝向任何收入超过 50 000 美元的人提供社会保障计划也会解决该计划的偿付能力。另一方面，这也会引起其他问题。如果给富人的退休金减少得太多，这可能会严重打击高收入者或者中高收入者的储蓄。而且，该计划的政治支持也可能会严重恶化，因为它看上去更像一个福利计划，而不是一个普遍的退休计划。

另外一个拯救社会保障计划的方法是把社会保障基金投资于产生高收益的公司。如同前面提及的那样，该信托基金购买政府债券，该债券"产生"的收益在 5% 到 6% 之间。在这个意义上，政府（财政部）拥有政府（该信托基金）资金，政府不得不为自己支付利息。这项解决措施的支持者认为，如果政府把这些钱投资于股票或者债券，那么高收益率将产生足够多的钱用于支付退休人士的退休金。

但是，这项措施会产生其他问题。第一，政府将会面对挑选股票的任务，而且它可能会干得不好。第二，政府投资的挑选过程可能会过度政治化。如果政治家的倾向屈服于某些特殊利益，那么这些投资不代表多数人的利益并不是不可能的。第三，尽管公司证券在长期比政府债券收益高，但是它们的风险也更大。

最后一种方法是允许个人对自己的部分税款进行投资。在 2000 年总统选举中，候选人乔治 W. 布什把这个作为解决社会保障计划危机的方案的基石。始于 2000 年的全球股市重创，到 2003 年形势仍未好转，这严重地挫伤了该计划刚刚开始建立的政治支持。

小结

你现在理解了什么是社会保障计划。你知道了它的基本税收和退休金结构以及该计划自实施以来的变化。你理解了社会需要这样一套系统的经济原理，而且你也了解了该计划对工作和储蓄的影响。你理解了经济学家如何运用现值分析来协助确定该计划为谁服务，不为谁服务。你现在理解了在现值估计下，该系统会在 2042 年破产。你也知道了什么是社会保障基金，以及如何稳固社会保障系统，使得它不仅为你而存在，而且为你服务。

主要术语

资产替代效应	完全预筹养老金制度	薪资税
月收入平均指数（AIME）	诱致性退休效应	基本保险金（PIA）
破产	经济状况调查	退休年龄
遗赠效应	现收现付制养老金制度	
社会保障信托基金	外部性	

自我测试

1. 现收现付制养老金制度
   a. 是目前工作的工人交纳的税款用来支付目前退休工人的养老金

b. 目前手中有足够的钱用于支付所有未来肩负的义务
  c. （a）和（b）都是
  d. （a）和（b）都不是
2. 社会保障计划是一项
  a. 严格的完全预筹养老金制度
  b. 严格的现收现付制养老金制度
  c. 大部分是现收现付制养老金制度，并伴有信托基金的混合物
3. 社会保障信托基金
  a. 持有美国政府债券
  b. 持有公司债券
  c. 持有大公司股票
  d. 持有州政府债券
4. 社会保障计划在下述的意义上对收入进行再分配：
  a. 收入非常少的人得到比高收入者更多的社会保障退休金
  b. 收入非常少的人得到比高储蓄者更多的社会保障退休金
  c. 收入非常少的人得到的社会保障退休金所占其退休前收入的比例高过高收入者
  d. 富人得到更少的社会保障退休金
5. 由于社会保障计划，现在退休的人
  a. 比以前早
  b. 比以前晚
  c. 一直都是在同样的65岁退休
6. 资产替代效应一般会
  a. 造成储蓄下降
  b. 造成储蓄上升
  c. 造成人们更早退休
  d. 造成人们更晚退休
7. 馈赠效应一般会
  a. 造成储蓄下降
  b. 造成储蓄上升
  c. 造成人们更早退休
  d. 造成人们更晚退休
8. 诱致性退休效应
  a. 造成储蓄上升，因为人们更晚退休
  b. 造成储蓄上升，因为人们更早退休
  c. 造成储蓄下降，因为人们更晚退休
  d. 造成储蓄下降，因为人们更早退休
9. 目前的计算表明，对于大多数年轻的工作者来说
  a. 社会保障计划的税款和退休金的收益率低于私人股票市场投资产生的收益率
  b. 社会保障计划的税款和退休金的收益率大致等于私人股票市场投资产生的收益

率

c. 社会保障计划的税款和退休金的收益率大于私人股票市场投资产生的收益率

思考

老年人中的贫困人数是儿童中贫困人数的一半。这对你考虑社会保障计划有何影响？社会保障计划的经济状况调查会降低高收入老年人的退休金。经济状况调查作为一项确保你退休之后得到退休金的措施，你支持吗？

讨论

对于本章描述的这些拯救社会保障计划的方法，你会采取什么样的组合去拯救社会保障计划？

进一步阅读

Aaron, Henry. "The Myths of Social Security Crisis: Behind the Privatization Push." *NTA Forum* 26 (Summer 1996).

Feldstein, Martin. "Social Security and Saving: New Time Series Evidence." *National Tax Journal* 49, no. 2 (June 1996). pp. 151-163.

Hyman, David. *Public Finance: A Contemporary Application of Theory to Policy*. 7th ed. Fort Worth TX: Harcourt College Publishers, 2001.

Journal of Economic Perspectives 10, no. 3 (Summer 1996). See articles by Edward M. Gramlich; and Peter A. Diamond, pp. 85-88.

Leimer, Dean, and Selig Lesnoy. "Social Security and Private Saving: New Time Series Evidence." *Journal of Political Economy* 90, no. 3 (June 1982), pp. 606-642.

Rosen, Harvey. *Public Finance*. 5th ed. Boston, MA: Irwin/McGraw-Hill, 1999.

Steuerle, C. Eugene, and Jon M. Bakija. *Retooling Social Security for the 21st Century: Right and Wrong Approaches to Reform*. Washington, DC: Urban Institute, 1994.

参考数据

Social Security Information
    Components, taxes and bankruptcy
        Social Security Administration; Fast Facts and Figures
            http://www.ssa.gov/policy/docs/chartbooks/fast_facts/2003/ff2003.pdf
    History and projections
        Social Security Administration; 2003 Trustees Report
            http://www.ssa.gov/OACT/TR/TR03/tr03.pdf

Trust fund debt, 2002
    Social Security Administration; Actuarial Resources
    http://www.ssa.gov/OACT/ProgData/funds.html
Recipient age requirements and benefits
    Social Security Administration; Monthly
    Statistical Snapshot, Aug. 2003
    http://www.ssa.gov/policy/docs/quickfacts/stat_snapshot/index.html
Labor Force Characteristics, 2002
    Percentage of those over 65 in the labor force
        Statistical Abstract of the United States; Labor
        http://www.census.gov/prod/2003pubs/02statab/labor.pdf

第 26 章 儿童先导计划

学习目的
- 理解儿童先导计划是向约 100 万儿童提供的一项儿童早期教育项目
- 明白这项计划与其他任何投资前提条件相似,即现在花的钱会在未来产生回报
- 运用现值概念分析儿童先导计划
- 了解一些证据,说明该计划的作用非常有限,关注的是儿童处于该计划的时间,并且无法肯定儿童先导计划的作用会持续到成年阶段
- 理解这项耗资达 60 亿美元的计划的机会成本

内容概要
- 作为一项投资的儿童先导计划
- 儿童先导计划
- 目前的证据
- 全额资助儿童先导计划的机会成本
- 小结

实施于 1965 年的儿童先导计划为超过 90 万名五岁以下的儿童提供服务,每年的开支超过了 60 亿美元。早期对儿童生活的介入会带来个人日后某种形式的教育成果改善、降低犯罪率以及其他令社会满意的结果,这听起来似乎是个合理的假设。因此,儿童先导计划受到了广泛的政治支持,尽管对于该计划是否造成长期的正面影响一直存在激烈的争论。

我们对支持早期介入儿童生活是一项有价值的投资这样一种观点的前提假设进行了探究。我们对这种儿童早期教育的短期投资的效率提出了一个谨慎的评论。我们对这个计划进行了全面描述,并显示了儿童先导计划的注册人数和注资的上升情况。此外,我们对该计划的任务、全体教员和接受该计划的孩子进行了描述。我们考察了儿童先导计划成功及其不足的证据。我们最后考虑了全额补贴该计划的机会成本。

作为一项投资的儿童先导计划

早期介入的前提

当社会科学家考虑 20 世纪 60 年代的贫困问题的时候,他们中的许多人希望如果有足

够的钱，贫困就会显著减少，也许会永远消除。早期的证据给了他们很大的希望。贫困比率从1960年的20%多降低到10年后的11%，但再也不降了。尽管每年在贫困计划上面花费超过3 000亿美元，官方贫困比率一直徘徊在11%到15%之间。

更加烦人的事情是那些年收入低于贫困线以下的人习惯于那些几乎让他们永远处于贫困之中的陋习的严重程度。比如说，与非穷人相比，穷人更可能辍学，成为少年父亲或者少年孕妇，滥用非法毒品或者被捕。在儿童先导计划启动之初，人们认为在孩子早期生活的介入能够减少，甚至消除某些贫困的源头。理论上，孩子获得了学术能力、生活技能和保健，在生命中产生一个"先导"，他们就更可能获得成功。

这种早期介入的假设暗含了与早期高质量教育相关的费用的两件事情。通过打断贫困循环，我们可以节省未来纳税人的钱。这个可以用第7章的现值概念进行分析。这个假设也意味着当小孩获得高质量的照顾时，除小孩及其父母之外的其他人都能从中受益。我们也会对这方面进行考察。

现值分析

那些建立儿童先导计划的人希望投资于儿童早期教育的钱从长期来看能够物有所值：那些原本被判定不可能成功的学生能够从学校毕业，可以在良好的卫生标准下生活，赚一笔可观的收入并纳税。理想地看，利用现值的经济概念，我们能够证明此类早期儿童教育会是物有所值的，像任何好投资一样。如你所知，根据目标利率对未来支付进行贴现就得到现值。通过这样的方法，我们可以让未来和现在的美元数据具有相同标准。因为人的天性喜欢现在得到东西而不是以后，今天拿到的美元比未来拿到的美元更有价值。因此，如果花费在早期教育上的美元现值少于收益流的现值，那么任何一项此类早期投资计划就是一项好投资。

假设能证明让一个孩子享受儿童先导计划可以降低孩子辍学、怀孕、犯罪蹲大牢的可能性。假设也能证明儿童先导计划能够提高孩子成为一个体智全面的纳税人①的可能性。如果这一切都是真的话，那么根本没有必要去论证该投资是合理的。从严格的经济学角度看，与儿童先导计划相关的增加的成本的现值将会被收益的现值超过。这项收益可以通过增加的税款和节省的福利和关押成本来进行测算。

外部性

正外部性
商品的消费者和生产者以外的第三者从该商品中获益的情形

当一种商品的消费者和生产者之外的其他人从该商品中获益时，经济学家就把这种现象称为**正外部性**。这里的观点是，当父母为其孩子选择幼儿保育，那么除了他们自己之外，他们的孩子和他们的幼儿护理工人都会受到影响。通过挑选高质量的幼儿保育方法，社会的其他人士能够从中得益，因为假设孩子更可能在未来成为一个有生产力的公民。无论何时，如果存在这样的外部收益，经济学家一般承认需要提供某种形式的补贴。

---

① 在本章的后面，你会看到对于儿童先导计划是否具有这些影响存在未有定论的讨论。

早期的证据

来自 20 世纪 60 年代到 20 世纪 80 年代的研究强化了这样一种观点，即早期介入的可取性的背后假设是有效的。这些研究显示了儿童早期教育是多么的有效。这些研究之中最突出的一项研究跟踪了数百位年幼的贫困儿童，他们中的一半人获得一项为期两年的免费优秀学前教育试验，而另一半人则没有。受教育的那一半儿童不仅在入学时的智商测试中成绩更出色，而且他们在学校也表现得更好，也更不可能进行青少年犯罪，他们的毕业率也远远高于那些没有获得早期教育的孩子。受过儿童"先导计划"教育的儿童在每一项测试中都处于领先。

儿童先导计划的支持者一贯坚持花费在儿童早期教育上面的每 1 美元，可以得到 5 美元的回报，它们来自增加的税收收入和节省的福利开支。虽然这些结果不是按照现值给出的，但即使利用合理的利率重新计算，结果也表明此类投资是一项好投资。利用这些早期的证据，儿童先导计划启动之时满怀的希望是：在一两代儿童身上的儿童早期教育能够为摆脱美国的贫困问题开辟道路。

尚存的置疑

即使在很早以前，一些人就对能够获得很好回报的儿童早期教育投资进行规划这一假设表示置疑。这些置疑主要是基于这些难以置信的事情：寥寥数年的学前教育能够让孩子克服贫困的影响和其他社会问题。尽管大部分儿童先导计划向学生在校期间提供半天的教育，甚至一些学生获得全天教育，在一个良好的环境中，儿童先导计划全年花费的时间也仅有 4 600 小时。这些孩子童年剩下的 153 000 小时，会在为贫困所累的家里、充斥犯罪的邻居和教育匮乏的学校中度过。无论这 4 600 小时有多么好，很难想象它的影响能足够强，以致孩子能够免受生活中的其他影响。

批评人士也指出，那些证明早期介入具有很大潜力的原始研究存在缺点。在该原始研究中的孩子被安排在一间近似理想的教室里，他们的教师在物质、教育上的配备也好过任何国家计划曾经期待的水平，批评人士对该计划是否能够复制并用于其他地方表示怀疑。

儿童先导计划

自儿童先导计划 1965 年启动以来，该计划获得的拨款增长显著，但该计划却从来没有获得称得上"全额资助"的预算。一个全额资助计划会有足够的钱，工作人员和设施使得所有的孩子能够有资格享受该计划。实际上，在某些城市儿童先导计划服务的申请待定名单一直很长。

儿童先导计划不单单是日常护理，而且它也不仅仅是一个学前学校。历经了 20 世纪 90 年代初进行的改革，它成为一个家庭学习中心。教师不仅要负责为孩子营造一个健康环境，而且要确保父母了解社会对经济困难家庭提供的社会资源。教师要保证免疫和健康记录的更新，而且他们也要向孩子父母提供有关孩子抚养方面的其他一大堆事情的建议。

证据显示儿童先导计划出色地完成了这些任务。专业的鉴定代理机构发现，这些中心完全符合儿童早期教育的标准，对中心的大部分鉴定是"好"或者"良好"。

到 2002 年，在儿童先导计划注册的孩子超过了 900 000，每个孩子的平均成本接近 7 000 美元。如图 26.1 所示，经通货膨胀调整的开支和注册人数在 1965 年到 1990 年间一直相对平稳。尽管注册人数在开始时接近 750 000，在 20 世纪 70 年代该数字一直下降到 333 000，而在 20 世纪 80 年代则反弹到 500 000，并一直保持到 1990 年。相似地，在该计划花费的经通货膨胀调整的开支从计划启动之日起到 1990 年，一直保持在 7.5 亿美元到 10 亿美元之间。

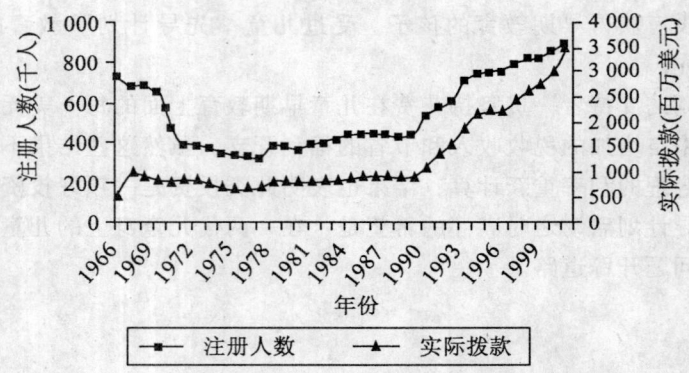

资料来源：http：www.census.gov/prod/2003pubs/02statab/socinsur.pdf and http：//www.acf.dhhs.gov/programs/hsb/research/2003 html.

图 26.1　儿童先导计划的开支与注册人数

20 世纪 90 年代初布什总统和国会试图改变儿童先导计划。他们寻求对该计划进行全额资助或者向更多的学生开放。到 1997 年，注册人数达到了 800 000，公布的 2000 年目标是 100 万名孩子。虽然注册人数离目标还有些差距，但是该数字一直在上升。同年，一些要求教师需要获得更高水平资格的新标准也陆续出台。这进而成为教师薪水上升的推动力。这些改革大幅度提高了该计划的成本。尽管注册大幅度提升了 67%，但是开支的增幅则更大。通货膨胀调整后的开支从 1990 年到 2001 年的上升超过 204%。

参加儿童先导计划的孩子既不能反映总人口情况，也不能反映生活在贫困水平以下的人口情况。虽然白人、非西班牙裔占总人口的四分之三，占贫困中人口的一半稍少，但是参加儿童先导计划的白人不足人数的三分之一。虽然非西班牙裔黑人仅占总人口的 12%，占贫困人口的 22%，但是超过三分之一的儿童先导计划人口是黑人。与之相似，西班牙裔儿童超出了比例，因为西班牙裔只构成 9% 的总人口和 21% 的贫困人口，但他们却构成了儿童先导计划人口的 30%。

有身体和智力缺陷的群体也明显超出了比例。尽管有缺陷的孩子不足 5%，但是此类有缺陷的孩子占儿童先导计划人口的 13%。

儿童先导计划的家人基本上是穷人，他们获得的教育水平有限。平均来看，他们拥有的孩子超过一个，除了儿童先导计划之外，他们还接受许多政府救济。44% 的儿童先导计划家庭年收入低于 9 000 美元，60% 的家庭收入低于 12 000 美元。其中 35% 的家庭是由未婚母亲当家的，另外排在前五位的家庭是由分居、离异和寡居的女性当家的。仅有 1% 的儿童先导计划家庭是由单身男性当家的。孩子参加了儿童先导计划的家庭中仅有 22%

的家庭只有一个孩子；五分之一家庭的孩子超过 4 个。只有 16% 的家庭除了儿童先导计划之外没有其他政府资助。三分之二的家庭有资格或者接受公共医疗补助或者参加儿童先导计划。有一半的家庭接受食品券或者有资格享受妇女、婴儿和儿童计划（WIC），四分之一的家庭获得临时困难家庭协助计划的福利支票。把这些总合起来，儿童先导计划的孩子显然需要某种形式的帮助。

三分之一的儿童先导计划家庭中没有人有工作。在这些例子中，儿童先导计划只充当了扩展的学前教育功能。五分之一家庭拥有双亲，并且他们都有工作。在这种情况下，儿童先导计划也提供一个重要的、免费的幼儿护理服务。在剩下的一半家庭中，父母中只有一人工作，他也许是孩子唯一的监护人。还有，如果父母认为幼儿护理作用比学前教育作用更重要，那么孩子毫无疑问会同时获得良好的护理和教育。而且，父母也会得到协助而成为更好的父母。

在那些大多数儿童先导计划家庭附近的贫困社区中，更令人烦心的事情之一是这里的犯罪率比那些更富裕的社区高。近三分之一的儿童先导计划家庭每年至少会见证或者听说一起暴力犯罪。四分之一的人认识最新的暴力犯罪受害人，6% 的暴力犯罪受害人通常在家庭附近受害。

该计划 198 000 位领取薪水的工作人员几乎反映了参加该计划的孩子的种族构成。40 岁的中年教师几乎肯定是女性，她有超过 10 年的教学经验，在儿童先导计划中工作了 5 年以上。尽管只有三分之一的教师拥有大学学位，但另外三分之一的教师也有某种形式的大学资格。95% 的教师有专业认证的（CDA）学位，类似于一个两年的技术学位。通常，该计划的工作人员比普通的幼儿护理员获得更高的报酬，也有更好的收入，尽管报酬和收入会比那些具有相似教育水平的幼儿园教师少。

目前的证据

儿童先导计划有效的证据

儿童先导计划有效的证据大部分来自对处于或接近退出计划年龄孩子进行测试的混合研究。儿童先导计划的孩子在进入幼儿园的智商测试中比同等状况[1]的非儿童先导计划的孩子要出色得多。实际上，所有考察该计划的研究发现，这些孩子在接受计划期间或者在他们退出计划之后具有巨大的优势。

更少的一年级留级人数和更高的阅读和语言测试成绩能够体现这种提高。此外，儿童先导计划的孩子比同等状况的非儿童先导计划的孩子更健康，很大程度上是由于儿童先导计划部分是家庭式教育，也是由于参加计划的孩子能够吃到营养膳食。在教师—家长联系方面，双方会就免疫记录进行交流，必要的时候，也会推荐医生和牙医介入。儿童先导计

---

[1] 不是所有的关于儿童先导计划的研究会对儿童的能力进行充分的比较。比如说，把一个受过教育、经济状况良好父母的孩子安排到一栋荒废的大楼，并配备差老师，比把一个单身、没有受过教育的少年母亲的贫穷孩子安排到一栋新楼，并配备好老师，你可能会得到一个更好的结果。这意味着你的研究结果不能显示该计划的有效性。正确的研究方法是必须比较境况相同的孩子。

划孩子的父母更熟悉他们和自己孩子可以得到的多项服务，这种熟悉部分解释了为什么他们中有59%参加了公共医疗补助计划。

个体研究一直显示，在某些特定的状况下该计划是成功的，尤其是在中、短期教育领域的成果，或者在使用特定的儿童先导计划课程方面。最近，一项由奥登（Oden）、斯维恩哈特（Schweinhart）和威卡特（Weikart）进行的研究表明，20世纪70年代科罗拉多和佛罗里达参加儿童先导计划的孩子17年后辍学和犯罪的可能性更小。其他人的研究也发现了确凿证据，幼儿园、一年级和特殊教育的早期教育的留级现象下降。这两方面的成果对学校来说都是重要的。

儿童先导计划无效的证据

儿童先导计划的批评者也有证据支持他们的立场。虽然有限的研究表明儿童先导计划的教育效果可以波及二年级以上，但与之相似的研究也表明这种情况不可能。如同国会的调查协助部门审计总署（GAO）1997年所报道的，没有令人信服的全国性的研究显示，儿童先导计划取得了任何持久性的成果。珍尼特·库瑞（Janet Currie）和顿肯·托马斯（Duncan Thomas）的研究对此的解释非常到位："总而言之，尽管这方面的研究汗牛充栋，但对于参加儿童先导计划是否具有持久效果这一问题，裁决人一直置身事外。"

尽管某些研究利用某种教育成果的测度，的确显示了某种类型学生会干得更好，但是这些关于儿童先导计划的文献并不统一。有的文献显示该计划对黑人儿童有持久作用，但对其他小孩则没有；另一些文献却显示该计划对白人儿童有持久作用，而对其他小孩没有影响。

儿童先导计划的基本假设逐字逐句地说是：该计划是一项教育性的"先导"，从该计划毕业的学生比相似状况的没有参加该计划的学生在以后的道路上干得更漂亮。但是，很少有证据证明，那些具有儿童先导计划背景的孩子未来的测试成绩、辍学率、毕业率或者其他教育成果的测度指标会得到提高。大多数的研究显示了一种影响逐渐减弱的结果，儿童先导计划的大多数效果到三年级就已消退，没有证据显示到六年级的时候还存在。

但是，请注意审计总署（GAO）的报告以及库瑞和托马斯的研究发现：在超过200多份有关儿童先导计划的学术研究中没有一份使用全国性的代表样本。因此，做出正面或者负面结论还为时尚早。

即将得到的更多证据

创建儿童先导计划的法律在1994年和1998年重新授权，国会授权进行一项关于该计划长期收益的全国性研究。到1999年，一个高知名度的学者委员会设计了收集相关数据的一套方法和一组目标。这项工作现在仍在进行，预计在2006年呈递给国会最终报告。同时，缺乏长期证据支持儿童先导计划作用的研究作者之一的库瑞进行的另外一项研究，库瑞表明儿童先导计划即使不存在长期收益，但是该计划的中、短期收益仍是可观的。尤其是，甚至许多该计划的批评者也承认，统计证据足够证明参加该计划的孩子在幼儿园和一年级留级的可能性更小，也更不可能在这个时期被安排进行特殊教育。如果，你进一步承认库瑞的观点，即该计划的一半费用应该以某种形式花在受补贴的幼儿护理上，那么她坚持认为减少留级和进行特殊教育引起的成本节省几乎足够补偿剩下的一半费用。

全额资助儿童先导计划的机会成本

如果税款没有机会成本，儿童先导计划不会有争议。在医疗职业希波克拉底誓言的传统下，儿童先导计划显然不会有任何的不妥。该计划是否有好处，如果有的话，这些好处是否物有所值都是其他问题。儿童先导计划每年在每个学生身上花费 6 934 美元，超过了大多数幼儿护理中心一年的服务收费，甚至是大多数每天 9 小时幼儿护理一年的费用，而参加儿童先导计划期间，学生每周只有 4 天的在校时间。根据人口普查局的数据，幼儿护理每年的费用在 4 000 美元到 6 000 美元之间，尽管该费用各地差异颇大。

如果联邦政府想为贫困孩子提供免费的幼儿护理，那么政府用比儿童先导计划更少的钱就可以实现。如果儿童先导计划能够真正提供一个可以测度的"先导"作用，那么它就应该体现在国会委托的研究中。

即使我们没有犯任何错误，无论儿童先导计划是否有效，机会成本都是存在的。一项最糟的每年 10 亿美元的政府计划和一项最好的每年 10 亿美元的政府计划具有相同的机会成本：其他计划的 10 亿美元开支或者 10 亿美元的税收减免。

一项有效计划与一项无效计划的区别在于：当我们为一项计划提供资金的时候，我们并不考虑另外一项满足相同目标，可能更有效的计划。政治家的传统至理名言认为儿童先导计划是物有所值的。他们认为这是一项好的净现值投资。这项 2006 年的研究也许可以证明确实是这样，但是至今，这种想法妨碍了他人提出利用该笔资金的更有效的长期方法。失去了试验一个更好方案的机会也是不能忽视的。

小结

你现在理解了儿童先导计划是一项联邦政府资助的计划，它每年花费 60 亿美元向近 100 万儿童提供早期教育。你能够利用投资和净现值的方法理解该计划的假设前提。你知道尽管经济学家和其他人努力证实该计划的价值，但是该计划有效的证据实在是有限的，而且这方面的证据也是现在研究的课题。你能看出，像其他任何开支一样，该计划也有机会成本。

主要术语

正外部性

自我测试

1. 儿童先导计划的假设是
   a. 儿童早期教育对孩子未来生活会造成巨大的差异
   b. 对穷人小孩的幼儿护理会让穷人获得更好的生活
   c. 贫穷的父母不是很好的父母

d. （b）和（c）
2. 大多数学术研究表明儿童先导计划的效果
    a. 被证明能够持续到高中
    b. 根本不存在，甚至是对那些正在参加该计划的孩子
    c. 会在两三年内慢慢地消退，在高中年龄的孩子测试中得不到体现
3. 儿童先导计划一直未被全额资助，这意味着
    a. 没有足够的钱用以支付与教师技能相当的薪水
    b. 有些有资格坐在教室里参加该计划的儿童无法获得这样的机会
    c. 它主要是由自愿者管理的
    d. 每年的开支越来越少
4. 最近几年，儿童先导计划开支的增长
    a. 超过注册人数的增长
    b. 低于注册人数的增长
    c. 等于注册人数的增长
5. 运用现值概念，儿童先导计划要是被判断是成功的话，如同其假设所示，那么你会发现
    a. 福利和关押费用的节省会大致等于该计划的开支
    b. 福利和关押费用的节省会超过该计划的开支
    c. 福利和关押费用的节省会小于该计划的开支
6. 花费在儿童先导计划上开支的机会成本包括
    a. 这笔钱可以花费到为穷人服务的其他人身上的事实
    b. 这笔钱可以用于税收减免的事实
    c. 这笔钱可以用于其他计划试验的事实，这些计划显示它们过了青年时期仍然有持久收益
    d. 以上全部

思考

那些支持儿童先导计划的人认为该计划的成果会随时间而减弱的证据，只是意味着花在儿童身上的钱是有风险的。这正确吗？这种说法对儿童先导计划的假设意味着什么？

讨论

如果我们放弃儿童先导计划，你会如何利用这笔钱去帮助该计划针对的人群？你会提高现金资助、提供低费用或者免费的幼儿护理吗？还有其他在孩子身上花费40亿美元的更有效方法吗？

进一步阅读

Congressional Budget Office. *Research Provides Little Information on Impact of Current Program*. April 1997.

Currie, Janet, and Duncan Thomas. "Does Head Start Make a Difference?" *American Economic Review* 85, no. 3 (June 1995), pp. 341-364.

Currie, Janet. *Early Childhood Intervention Programs: What Do We Know?* April 2000. http://www.brook.edu/dybdocroot/es/research/projects/cr/doc/currie20000401.pdf.

National Head Start Impact Research, U.S. Department of Health and Human Services. http://www.acf.dhhs.gov/programs/core/ongoing_research/hs/nhs_impact/nhs_impt.html.

Oden, Sherri, Lawrence Schweinhart, and David Weikart. *Into Adulthood*. Ypsilanti, MI: High/Scope Press, 2000.

参考数据

Historical Data
    Head Start data, 1980-2001
        Statistical Abstract of the United States; Social
        Insurance and Human Services
           http://www.census.gov/prod/2003pubs/02statab/socinsur.pdf
Head Start Enrollment and Families, 2003
        Administration for Children and Families; Head Start Bureau
           http://www.acf.hhs.gov/programs/hsb/research/2004.html
Head Start Program Information, 2003
        Center for Law and Social Policy; Head Start Series, March 2003
           http://www.clasp.org/Pubs/DMS/Documents/1047650783.83/PIR_1997-2001_Table.pdf

第27章 种族与机会均等行动计划

学习目的
- 理解经济学家是如何看待种族问题和机会均等行动计划的
- 陈述经济学家如何测量种族间的收入不平等,他们如何定义歧视并如何检测歧视
- 明白经济学家如何把劳动力市场的歧视问题进行模型化分析以及他们对汽车、房地产和借贷市场中歧视现象的解释
- 理解什么是机会均等行动计划,它是怎样被提出的,提出的时间和原因;机会均等行动计划如今在美国存在的形式

内容概要
- 不平等的测度,歧视的定义与检测
- 劳动力、消费和借贷市场的歧视
- 机会均等行动计划
- 小结

非裔美国人在美国有悠久的历史;直到最近,这段历史都被经济学家认为是最悲惨的贫困史之一。现在,非裔美国人比世界其他地方的非洲后裔有更高的收入,更富有。此外,非裔美国人现在比美国历史上其他时刻都有更高的收入。一直以来,他们的贫困比率是白人的两倍,牢房关押率也数倍于白人,而教育成果比率也远低于白人。因此,尽管取得了很大的成功,非裔美国人作为一个团体要达到经济平等还有很长的路要走。

本章的讨论认为对种族和民族分类应给予高度关注。本章采用的数据是由美国人口普查局收集的。因此,这里所使用的种族和民族分类是该机构所使用的分类。尽管美国有众多种族和民族,但是人口普查局把所有的人分为白人、非西班牙裔黑人、西班牙裔美国人和亚太岛民。而且,"非裔美国人"抑或"黑人"等分类是否合适更多地依赖于具体的个人。民意测验数据表明了与非裔美国人对他们的种族称呼偏好有关的两件事情:向"非裔美国人"的转变是没错的,但这种转变还未完成。出于这个原因,本章和本书使用的非裔美国人和黑人这两个词可以互换。

本章首先研究存在于各种族之间的某些经济和生活状况的测度数据。我们突出了这些测度数据所反映的增长状况以及白人与黑人之间一直存在的差距。接着,我们转向歧视问题,论述了我们应该如何对其进行定义,我们是否能够区分实施歧视的动机,以及我们手中拥有的关于存在歧视的证据。为此,我们把注意力集中于劳动力市场、住房市场、汽车销售市场和抵押贷款市场这几个领域,这些领域中已有大量详实的经济文献,描述了在这

些市场内的歧视程度。

在讨论机会均等行动计划问题的时候，我们考察了它为什么是一个经济问题、以及该问题在传统上是如何从经济学意义上得以证明的。我们接着回顾了机会均等行动计划的历史，并以一种规范的方式对其进行了定义。我们最后讨论了机会均等行动计划的分级政策，十分清楚的是，配额并不等同于机会均等行动计划。

不平等的测度，歧视的定义与检测

经济和生活状况的测度

有关影响种族经济和社会条件的数据有两个明显的趋势。种族不平等一清二楚地被记录了下来，而不平等程度则一直在下降。这种状况最明显的表现是：从白人与黑人中等收入家庭方面的数据上可以看出的、正在缩小但还未到零的不平等现象。图 27.1 向我们显示了自 1967 年以来中等白人家庭的收入已经从 8 234 美元上升到 54 067 美元，而中等黑人家庭的收入则从 4 875 美元上升到 33 598 美元。

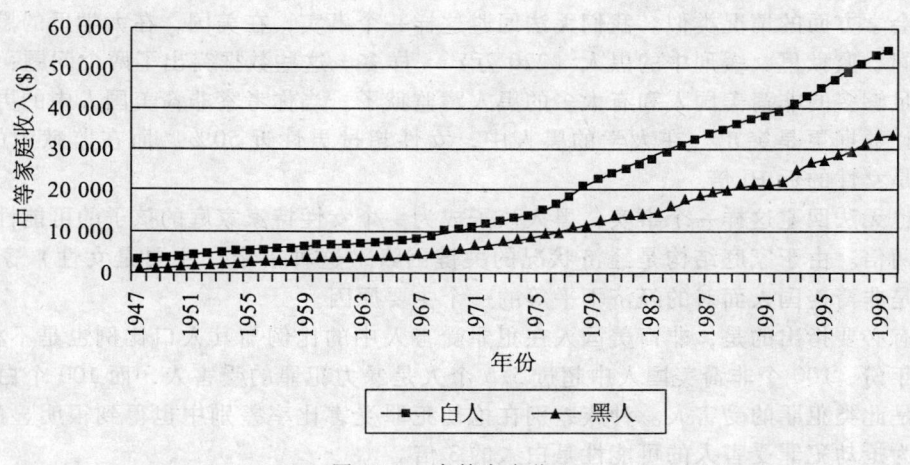

图 27.1 中等家庭收入

图 27.2 显示，虽然黑人与白人之间的收入差距在绝对值上正在扩大，但是中等白人家庭收入与中等黑人家庭收入的比值则正在缩小。这意味着虽然白人家庭一直享有更多收入带来的收益，但是黑人家庭收入的提高快过白人家庭收入的提高。虽然白人家庭收入与黑人家庭收入比值一直明显小于 1.0（两者完全相同时候的数值），但是已经从 1950 年的 0.52 上升到 2001 年的 0.62。

其他的经济测度数据为我们提供了其他的有关非裔美国人与白人之间不平等的数据。比如说，在 2001 年，对于带薪的全职工人，白人工人的中等周收入是 612 美元，而黑人工人则是 487 美元。在这方面，0.80 的比值显示我们正在走向平等，但是由于该数值保持不变快 20 年了，我们并没有看到显著的改善。

尽管存在许多令人吃惊的经济不平等的信号，但是也存在显著进步的信号。毫无疑

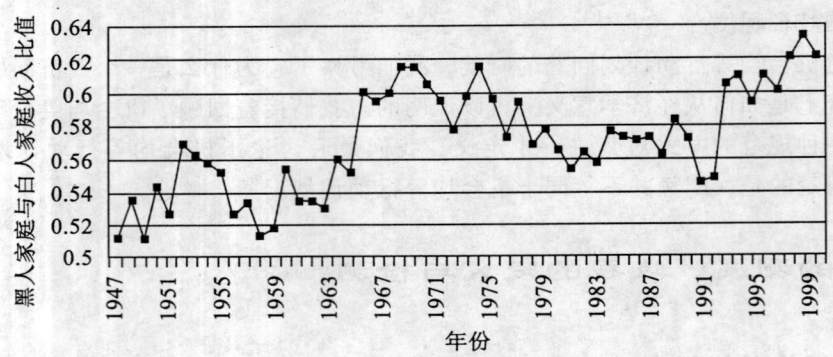

资料来源：http://www.census.gov/hhes/income/histinc/fos.html.
图 27.2 黑人家庭与白人家庭收入比值

间，在 40% 的最高收入者中仅有 24% 的非裔美国人，相反，在 40% 的最低收入者中则有 57% 的黑人；而且各年龄层的黑人失业率高出白人的失业率在 2.5 百分点到 4.5 百分点之间。鼓舞人心的是，少数族群中拥有自己企业的人数的增长令人吃惊。在 1987 年到 1996 年间，此类企业数量增长了 46%，他们的收入增加了 63%。

社会学方面的情况类似。我们无法回避这样一个事实，在美国，在大学里的黑人与在假释期间、监狱里、缓刑中的黑人（220 万）一样多。这些数据突出了两个问题：大学里面没有足够多的非裔美国人和有太多的黑人蹲监狱了。当你考察非裔美国人中的男性，这两个统计数据更是突出。在大学的黑人中，女性超过男性近 50%，而在监狱中的黑人，男性则是女性的近 10 倍。

你也无法回避这样一个事实：黑人孩子成为一个女性持家家庭的孩子的可能性是白人孩子的两倍。由于家庭结构是经济状况的关键因素，这种单亲（主要是女性）家庭的社会问题是非裔美国人面对的经济不平等的一个主要原因。

还有必要指出的是，非裔美国人在犯罪受害人中的比例与其人口比例也是不相称的。在任何年份，100 个非裔美国人中超过 5.5 个人是暴力犯罪的受害人，而 100 个白人中仅有 4 人是此类犯罪的受害人。种族差别在抢劫犯罪受害比率差别中也得到很明显的体现。黑人成为抢劫犯罪受害人的可能性是白人的 3 倍。

在教育成就方面，黑人现在的高中毕业速度快过 1960 年。不幸的是，非裔美国人从大学毕业的比率没有经历相同快速增长。这部分可能是因为具有普通教育水平学位（GDE）的非裔美国人拿到高中文凭的比例高过白人，而许多大学对普通教育水平学位的重视不如正规的高中文凭。而且，无论是白人还是黑人，普通教育水平学位持有者的收入都更接近高中的辍学者，而不是高中毕业生。

歧视、定义和法律

区别对待歧视
基于人种区别对待两个本应该平等的人

表面上看，定义歧视似乎不难。如果你以一种特定的方式对待某些人，而原由是因为他们是非裔美国人或者西班牙裔美国人，那你就是在歧视他人。存在两种歧视而不是仅有一种，这让事情变得更复杂。如果你区别对待两个平等的人，仅仅基于他们的肤色，那么这就是所谓的**区别对待歧视**。另一方面，如果你所做的事情不是必然基于肤色的歧视，但是给某个群体带来的影响相对其他群体是更加负面的,那么你就是在进行**负面影响歧视**。

负面影响歧视
实施的行为表面上不一定是歧视性的,但是给某些群体带来了相对其他群体更加负面的影响

虽然两种歧视都是非法的,但是只要进行此类歧视的个人或者公司证明其做法对于其需要是合理的,那么负面影响歧视就会被认可。比如说,如果白人向国家橄榄球联盟(NFL)起诉,认为防守后卫中黑人的比例过多,这就会存在两个法律上的障碍。第一个障碍是对白人而言的,为了显示"负面影响",这项歧视被假设是针对白人的。通过显示美国有70%的白人,而白人后卫不足1%,他们可以轻而易举地办到这一点。事实上,在1997~1998年赛季,整个联盟只有一个白人后卫。在这种已被证明的负面影响下,求证的麻烦就转移到被起诉方,在这个例子中就是国家橄榄球联盟。国家橄榄球联盟必需证明是"商业必要性"导致球队做出它们所做的选择。如果球队能够指出他们的速度、力量和训练测试结果并显示:(1)这些测试结果可以预测被测者的能力,和(2)他们选择后卫是基于这些测试结果,那么国家橄榄球联盟可能就会在官司中胜出。因此,虽然区别对待歧视总是非法的,但是负面影响歧视只有在实施该歧视的商业必要性理由无法得到辩护的时候才是非法的。

更普遍的区别对待歧视例子会发生在雇主利用经验法则进行招聘的时候。经验法则有用的原因在于,对那些进行复杂决策的人来说,经验法则可以成为一项简单的指导方针。许多研究这种歧视的经济学家声称,用于招聘的经验法则一般会长久保持不变,如果它们是相关的话。而且,他们表明许多经验法则实际上不是一个很好的工作能力预测方法。再次回到国家橄榄球联盟这个例子上来,非裔美国人担当后卫更胜一筹、白人则更适合担当四分卫的经验法则经常被运用,而这种看法绝对没有任何实际基础。

即使存在具体的准确的经验法则,歧视还是非法的。这种形式的歧视就是种族经济等价物,我们都对此有所耳闻,它和政治策略有关。在经济学上,此类歧视被归类为**理性或统计歧视**,因为这种歧视是基于合理的统计证据。它被称为"理性"只是由于它符合人们认可的企业利润最大化目标。比如说,在美国人的生活中有这样一个事实:当一家银行咨询最好的统计学家和经济学家的时候,它会发现非裔美国人无法偿还住房贷款的可能性超过2%。当这项研究把收入、职业以及其他一大堆重要变量

理性或统计歧视
基于合理的统计证据和利润最大化原则而区别对待不同类群的人

保持不变时,结果仍是如此。如果借款人利用此信息向黑人索取更高的抵押利息,或者他们向黑人设置一个更高标准的贷款资格,那么他们就是犯了统计性歧视。[①] 无论这样做在经济上是否有意义,在贷款决策中考虑种族因素都是非法的。

检测和测量歧视

用权威的方式检测和测量歧视的程度并非总是轻而易举的。如果一个高中辍学的西班牙裔美国女性和一位富裕的大学白人男教授分别走进一家银行申请一笔贷款,并且这位高中辍学者没能申请到贷款,而这位教授则得到一笔贷款,我们不能想当然地假定我们看到了一个性别或者种族歧视的案例。我们必须把一个得到贷款、另一个没有得到贷款的原因

---

① 这种结果的另外一种解释是:当其他一切相同,实际上是白人被歧视,个中原因是他们比黑人更少地不履行合约。这意味着他们被拒绝的太频繁了。

剥离出来。

经济学家有两种方法可以做到这一点。第一种，他们使用被称为"回归"的统计技术，寻求数据中的系统性模式。一旦他们利用统计计算机程序得到相应的数值，回归分析就可以告诉他们，在其他变量的影响保持不变的条件下，一个变量对另一个变量的影响。这种方法能够允许他们以一定的肯定程度指出，当他们保持其他诸如收入这样的变量不变时，一个像种族这样的变量对另外一个变量（比如贷款是否得到批准）有某种影响。当背景不同、收入不同、债务历史状况不同的人向多家银行寻求贷款的时候，如果回归技术被正确地运用，那么它能够确定申请贷款的黑人是否更不可能得到贷款。

第二个技术涉及为人们虚设一个身份，除了种族之外，他们完全相似。这些"检测员"陆续地进入相同的场景，看看他们是否被区别对待。由于除了种族以外，其他一切保持不变，对待检测员方式上的差别肯定是与种族有关的。

这两种技术都有自己的批评者。这也许，至少部分地，是由于这些技术导致经济学家做出了一定程度的不同结论。一般而言，回归技术在总体上犯的种族偏误会比检测员技术犯的偏误更小。通常，那些支持回归测量方法而非检测员方法的人认为，虚拟的检测员自身也许会由于他们的行为方式而造成部分的不平等。他们还指出，这种方法的准确性也更不可靠。另一方面，检测员方法的支持者认为回归中包括的变量，比如智力成绩，本身就存在偏误，因而，这种方法在对付实际问题上效果总是有所折扣。

劳动力、消费和借贷市场的歧视

有了这些基本的知识在你的头脑中，我们现在转向三个经济领域，专业经济学家在这些领域对歧视的研究具有一定的深度。这些领域是人们向企业出售自己劳动力的劳动力市场，购买东西的商品市场和借钱的借贷市场。

劳动力市场歧视

如果你想看看20世纪60年代劳动力市场歧视程度的例子，你可以去你的图书馆，翻阅一下那个年代的地方报纸的分类广告。这里的两个例子是经济学家从那个年代的著名的非南方报纸上发现的：

门卫——白人，30~45岁之间，已婚……仪表端庄，至少5尺11英寸高。

——芝加哥论坛报，1960年1月3日

厨师，管家：黑人优先，有必要经验——就职于名门旺族，永久职位，高薪。

——纽约时报，1960年1月3日

假设在一个像20世纪60年代那样，劳动力市场上歧视是合法和公开的，我们现在开始探究歧视在劳动力市场上的影响。在图27.3中，假设存在两种工作：一种是只有白人才被允许干的工作；一种是白人被允许干，而且如果黑人想找工作的话，他们必须干的工作。在一个没有歧视的世界里，非歧视供给曲线S_{ND}与需求曲线相交于白人和黑人相同的工资W_{ND}处。在一个歧视是合法并且有约束的世界里，仅限于能够完成工作的白人工人的供给（图左边）会更少，即S_D，因此，支付给白人的工资是更高的。由于黑人必须完成其他任务，在这个劳动力市场（图右边）工人的供给会更大，因此工资会更低。

因此，在歧视是合法的情况下，白人比黑人赚的多。问题是：如果歧视被认为是非法的，这足以消除工资差别吗？自经济学家加里·贝克尔的研究工作开始，这些研究表明，在理论上，如果没有法律基础，歧视和工资差别会消失。20世纪60年代的经济学家相信利润导向、思想开放的商家会希望赚尽可能多的钱，因而不会在意肤色。如果雇主雇用人去做那些过去常常是"白人的工作"，并假设黑人以前被禁止干这项工作的唯一理由就是种族主义，那么非裔美国人能够和白人干同样的工作。但就其本身而言，它并不激励利润导向型业主雇用黑人。激励他们这样做的原因是他们能够提供黑人稍稍高于黑人其他工作的所得，但又比他们目前支付给白人的更少的工资。在图27.3中，工资会落在W_{black}和W_{white}之间。

如果利润导向型经理打算以刚好是图27.3中右图描述的工资W_{black}雇用黑人，他们就能够以比他们必须支付给白人的工资W_{white}更低的成本雇用他们想要的所有劳动力。因此，经理的赚钱欲望能够缩小工资差距，起码是一点点。

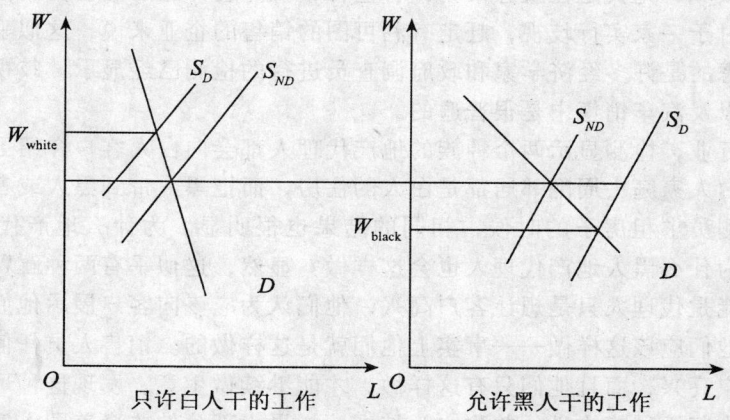

图27.3　种族对白人和黑人工资的影响

当其他经理看到雇用更低工资、同样熟练的非裔美国劳动力的优势时，那么非裔美国人的工资将会上升，因为那些试图需求更廉价劳动力的企业会向其他人出更高的价钱。因此，一位传统的经济学家主张，要想获得平等，唯一要做的事情就是及时消除法律上的障碍。在许多经济学家脑海中根深蒂固的想法是，贪欲一定会战胜偏执。

但是，考虑到民权运动盛行了30年后，工资仍然不平等，所以在平等工资的过程中，肯定存在简单的经济激励无法克服的障碍。关于经济利润激励是否能克服种族主义，首先要考虑的是，当人们需要的时候，他们会为满足自己的固执本性而额外付出。经理们会愿意多付出一点点而使得自己无需被迫和"他们"一起工作，无论"他们"是女性、黑人、小孩、白人，或是其他任何人。我们可以假定固执者愿意为坚持自己的固执而有所付出。

另一个问题是有些人只会光顾那些没有这些"他们"工作的企业。即使你是一个思想开放、利润导向型的经理，如果你看到，只要你雇用更多的非裔美国人，你的生意就会下滑，那么你也许会决定只雇用白人，并且你为了吸引他们而付出得更多。即使你知道这是非法的，有违道德的，你也许还是会这样做。生活中一个事实是，如果你是一位经理，你的生计依赖于满足你的客户，你也许不得不这样做。

正是由于这些原因，尽管白人与黑人之间的工资差距已经减少了，但是并没有消失。

回归分析显示这种差距保持在12%到15%之间。① 请记住，回归结果是假设其他诸如教育和职业之类决定报酬的变量保持不变的。由于非裔美国人取得的平均教育水平更低，由于他们在高收入的职位上不多，你可以预计到他们得到的会更少。这一切也意味着报酬中的实际差距会超过这些回归研究显示的12%到15%。与之截然相反的是，一份仅限于受过良好教育的专业人员的研究显示，黑人妇女实际上会获得额外的报酬。这个结果是令人感兴趣的，但是它缺乏实际意义，因为大多数非裔美国妇女并非受教育良好的专业人员。

消费市场和借贷市场歧视

虽然很容易就可以想象一下劳动力市场中的歧视，人们要么被拒绝，要么以更低的报酬而被雇用，但是要想象商品市场中的歧视则是更困难的。你不曾看过沃尔玛为了一个轿车电池向一个男性白人索价65美元，而向一位西班牙裔妇女索价75美元。但是，在商品市场上有众多领域，尤其是在服务市场，有些种族可能会并且的确会受到差别对待。

猛一看，对于一家实行歧视，赶走有利可图的销售的企业来说，这似乎是愚蠢的。但是，你必须考虑的是许多经济学家和政府调查员进行的检测已经显示，歧视实际上在房地产销售、出租以及汽车销售中是很普遍的。

在房地产行业，检测显示两个种族的地产代理人都会向白人客户介绍更多的住房。而且，他们会带白人家庭去周围邻居都是白人的住房，而把黑人带到黑人或者混合肤色邻居的住房。当检测员求租房子的时候，相同的结果也很明显。为什么地产代理人会这样做呢？尤其是，为什么黑人地产代理人也会这样做？显然，这似乎有两种解释。

第一种可能是代理人只是想让客户高兴，他们认为应该向客户展示他们认为客户想要的居住地段，他们应该这样做——事实上他们就是这样做的。销售人员任何时候做出的判断都是要让客户高兴，而且他们只有这样做，才能继续做生意。发现这种形式歧视的经济学家把这种行为归于种族主义，并称之为歧视。如果大部分的非裔美国人实际上愿意居住在业已形成的混同地段，而不是去另外一个地段而成为其中唯一的少数人家庭的话，那么经济学家把这种行为贴上歧视的标签就是不对的。

第二种可能是黑人和白人地产代理人中有一些老主顾，他们在这些老主顾的附近有可出租的公寓或者住房，他们不想打破邻居中的种族"平衡"而惹恼他们的老主顾。这些检测并没有考虑地产代理人的看法，所以当地产经纪人向客户展示住房时，这些数据不能证明这些情况能够解释存在的歧视行为。

如果你住在一个1975年以前建立起来的地段附近，你可能会吃惊地发现你的地产契约可能包括一项条款，我最近就在我自己的契约上发现类似的条款：

> 除了白人之外，任何种族的任何人不得在此地段拥有、使用或者占有任何土地或者建筑，该契约没有禁止的定居于自己所有的房屋中的其他种族的本地服务人员或者雇员除外。

---

① 一些经济学家已经发现当他们把标准化的智力测试包括到研究中，这种一直存在的差距会消失。这些测试以及他们在本文中的使用受到了经济学家热烈的争论。使用这些结果的经济学家相信该测试是真正的智力测试，虽然其他人认为这些测试具有种族偏误，因而是毫无价值的。

另外一个经济学家发现存在种族歧视的商品市场是汽车销售市场。检测员发现，即使他们使用相同的讨价还价策略，清楚地告知会用现金支付，并且针对同样的轿车，商家也会对黑人和妇女索取更高的价格。这种检测的通常方法就是让黑人和白人在一个较短的期间内去同一家经销处，并要求销售人员告知他们某款型号轿车的价格。在不同的情况下，检测员会分别提供一个他们事先决定的报价，然后他们会采用"中间价格"的讨价还价技巧，直到他们与销售人员达成最后的价格。白人和黑人汽车销售人员最初对白人给出的报价会低于给黑人提出的报价。销售商也会同意以比卖给黑人的价格更低的价格把车卖给白人。那些进行这些测试的经济学家得出的结论是：平均而言，和男性白人相比，买车的时候，黑人妇女会多付 1 000 美元，男性黑人会多付 800 美元，白人妇女会多付 400 美元。

为什么汽车销售商会这样做呢？尽管当销售商自己是女性或者是少数民族的时候，这种歧视是更不明显的，但他们仍然对黑人和妇女持有歧视。看上去，要么是销售商不想做这笔生意，要么是销售商事先设想到了销售阻力和讨价还价策略。也许，他们相信他们对非裔美国人和女性客户占有制胜之道。

最后一个经济学家已经考察并发现有严重歧视的领域是抵押贷款市场。由于银行提供单一利率的情况是很罕见的，所以问题就是黑人在申请贷款的时候是否比白人更可能遭到拒绝。检测员再次发现在给定的相似经济状况的条件下，申请贷款的黑人在一定程度上比白人更可能被拒绝。银行看上去似乎不会那么固执，他们会使用客观标准和主观标准进行决策，但是他们在主观标准上还是有歧视偏见。如前所述，我们已经证明了相同经济状况的黑人和白人在抵押贷款上有不同的毁约率。也许，拒绝向一对黑人夫妇提供抵押贷款的贷款部的职员会批准一对白人夫妇的贷款申请，这是基于一种"理性"判断而做的。毫无疑问，这种歧视是一种违法行为，目前银行因此而受到监督，并且也会因为这样的行为而受到惩罚。

机会均等行动计划

机会均等行动计划的经济学

如同你在前面的讨论中看到的那样，这种歧视行为在被宣布是非法之后，仍然长久存在的背后是有条件的。要么是因为雇主固执，要么是雇主有些固定的客户，即使在完全竞争的市场里，就业中的歧视也是存在的。这意味着完全竞争市场也许无法达到社会最优的少数民族就业水平。少数民族就业不足，报酬更低，而白人和男性会因他们所干的事情而得到更高的报酬，并且得到那些他们并不胜任的工作。

任何时刻，一旦市场无法达到消费者和生产者剩余总和最大化的状态，经济学家就会对那些能够纠正市场失败的行为感兴趣。尽管对市场失败的纠正政策是有成本的，但是他们被经济学家看作最终能有所回报的必要投资。在本文中，这种纠正政策就是被称为**机会均等行动计划**的政策。机会均等行动计划是任何一项用来加快达到平等的过程的政策。

机会均等行动计划
任何一项用来加快达到平等的过程的政策

机会均等行动计划的政策成本的范围包括从对雇员进行更全面的调查的成本，到监督全体人力资源部门职员公平招聘行为的成本。在相同的背景下，这些成本可以看作与纠正市场失败有关的成本。比如说，尽管我们要花费企业的钱用于清除污染，但是这笔政府强制企业拿出的钱让我们比没有这笔钱的时候，总体上受益更多。当机会均等行动计划被用来纠正看上去是永远的不平等的时候，机会均等行动计划的支持者们把它看作燃煤厂的清洗物：这是弥补市场失败的费用。如果机会均等行动计划的存在加速了不平等向平等的转型，无论以何种方式发生，那么这项费用可以看作通过缩短市场失败存在时间而减少市场失败的成本。

另一方面，如果少数民族和白人之间、男人和女人之间的市场差别仅仅反映了群体的技能水平，那么就不存在市场失败。如果是这种情况，那么任何机会均等行动计划的尝试就会给经济带来成本，而不是收益。在这种情况下，机会均等行动计划的成本应该被看作购买"平等"而不是治理市场失败的费用。

机会均等行动计划的历史

林顿·约翰逊总统在霍华大学（历史上曾是黑人大学）1965年的演讲中列举了政府一项新政策的意识形态方面的基础：

> 但是，自由还不够。你说：现在，你可以去你想去的地方，做你想做的事情，选择你喜爱的领导人。这样做你并不能够消除数个世纪以来的创伤。你不能领着一个被镣铐束缚多年的举步维艰的犯人走出来，然后释放他，把他带到新的起点上对他说："你自由地和其他人竞争吧。"而且理直气壮地坚信，你已经完全公平了。因此，只是打开机会的大门还不够。所有的公民必须有能力穿过这些大门。

20世纪60年代后期通过了许多要求公平对待少数民族的法律，包括民权法案、公平住房法、投票权法案以及其他法律的多项条款。但没有多久，我们就认识到一个社会通过了这些法律，并不能保证每个公民能够被平等地对待。

在理查德·尼克松执政期间，劳工部开始严格执行联邦公路合约的公平就业条款，要求承包人和贸易工会就少数民族的招聘问题达成一个具体的时间表。这个首例政府执行的机会均等行动计划是在相关法律没有通过的情况下完成的。尼克松总统签署了11246号执行法令，赋予劳工部在所有联邦政府合同中执行现有的就业法律的权力。

正是这项执行法令开始了"优惠对待"。优惠对待在福特和卡特政府进一步推广了机会均等行动计划，他们要求联邦公路合约的子合同中至少有10%应该预留给妇女和少数民族所有的企业。罗纳德·里根总统并不支持这项开启机会均等行动计划的执行法令，尽管他大笔一挥就可以取消尼克松时代的执行法令，从而废除多项联邦机会均等行动计划条款，但是他还是选择在法庭上与机会均等行动计划作斗争。总之，他的基本目标是削弱政府控制少数民族团体被雇用的力量。自20世纪80年代中期以来，最高法院一直支持这个目标。尽管由最高法院判决的每一项机会均等行动计划案件都宣称机会均等行动计划是宪法赋予的，但是最高法院所做的决定减少了这方面的案件，并且提高了机会均等行动计划政策能够被合法实施的条件。

最高法院决定，反对联邦政府提出优惠对待的要求，除非它们是针对一个确凿的歧视案例所作出的反应，由此加强了对机会均等行动计划的限制。今天，机会均等行动计划政策要在法院的挑战下生存下去，就必须通过被称为"严格审查"的法院标准。这些出台的政策必须直接与特定的非歧视运动交锋。

对机会均等行动计划的争论现在已经从法院转移到了投票箱。1995 年通过的加利福尼亚民权动议（CCRI）是一项公民投票，它的发起人主张结束多项机会均等行动计划政策。CCRI 禁止加州政府和州大学在招聘和大学招生的决策中考虑种族因素。关于这项主张，人们对其发起者存有争议，最具讽刺意味的是 CCRI 中包含了许多 1964 年民权法案的句子，该法案中说：

> 在公共部门就业、公共教育或公共契约活动中，州政府不能基于种族、性别、肤色、种族划分或者国籍，歧视任何个人或团体。

CCRI 只是稍稍改动了该句子就构成了自己的初稿：

> 在公共部门就业、公共教育或公共契约活动中，州政府不能基于种族、性别、肤色、种族划分或者国籍，歧视或者给予优惠对待任何个人或团体。

尽管这几个给以强调的单词也许并没有改变这条法律的基本含义，他们还是招致激烈的讨论。包括加州在内，几乎所有的州和地方的机会均等行动计划都明显停下来了。

什么是机会均等行动计划？

尽管传统经济模型能够正确预测男女之间、白人和少数民族之间的工资差别，而这些差别即使无需诸如机会均等行动计划之类的影响最终都会消除，但也还有时间问题。机会均等行动计划的产生是因为它的支持者希望更快地实现平等。比如说，女性与男性每周工资的比率多年来一直在稳定地增长，从 50% 以下增长到超过 70%。对于非裔美国人来说，家庭收入也从只有白人家庭的 50% 上升到 60% 以上。从某种意义上看，这是非歧视影响逐渐减弱的充分证据。对其他人来说，这也是给经济激励更多的时间以发挥其作用，并且需要更多的强制性干预的证据。尽管这种进步发生在机会均等行动计划时代，但是大多数人并不把成果完全归功于机会均等行动计划，因为只有不足 50% 的雇主采取了机会均等行动计划政策。从某种程度看，通过经济激励不足以快速实现平等，机会均等行动计划的支持者断言，采取进一步的机会均等行动计划可以加速这个过程。

机会均等行动计划的层次

从不合逻辑到高度合乎逻辑，机会均等行动计划的形式多种多样。比如说，许多公民持有的传统观点是，机会均等行动计划是由那些对必须被雇用、晋升和接纳的工人数量进行管理的配额组成的。事实上，显性的配额是很罕见的，除非他们通过法院的决定而被强制执行，否则他们就是非法的。另一方面，许多其他政策也能够弥补配额的不足。

机会均等行动计划的一种形式就是简单地确保所有潜在的合格雇员了解某个具体的职位空缺。因此，比如说，你正在一个西北城市招聘生产工人，那么你在英语和西班牙语报纸上刊登广告就包含了机会均等行动计划。如果你在一个有广播电台的城市招聘工人，它的听众主要是非裔美国人，这种机会均等行动计划的形式可以是你在主要听众是白人的电台附近播送广告。这种机会均等行动计划形式要求雇主在寻求新雇员的时候,把网撒太一些。这对雇主造成的负担非常小,也不会让任何人得到不公平的优势。唯一认为这是缺点的人就是那些原先就占有不公平优势的人。由于少数民族原来不知道某些特定工作的信息,这些人可能并不胜任,但却得到了工作。

机会均等行动计划的另一种形式是,如果两个申请人被认为对同一个职位具有相同的资格,那么作为少数民族成员的那个人应该自动被雇用。如同棒球比赛中的"平局中,攻方获胜",这种机会均等行动计划形式意味着"平局中,少数民族获胜"。这里,少数民族团体的成员具有的优势就是,一旦他们表现出他们是同样合格的,那么他们被雇用的机会将从 50—50 变为 100%,而多数团体成员的劣势就是他们被雇用的机会从 50—50 变为 0。

第三种更高层次的机会均等行动计划形式是,雇主为某项工作设定一个相应的资格水平,雇用少数民族群体中所有合格的人之后,再聘请非少数民族成员填充剩下的空缺。当大学进行录取决定时,他们会使用标准条件深化机会均等行动计划,他们经常按下面的方式操作:学校决定教育评估测试 1 000 分就足以毕业,并录取所有达到这个标准的少数民族学生。剩下的学生名额来自余下的学生中最优秀者,这些学生的教育评估测试成绩也许非常优秀,会超过 1 000 分。

密西根大学案例

2003 年,美国最高法院颁布了一对法规,清晰地界定了机会均等行动计划的宪法概貌,但是非常谨慎。密西根大学在法学院和本科招生中实施了机会均等行动计划措施。在后面的例子中,一种特制的积分制度清楚地表明种族和种族分类对学术成果有多么的重要,而法学院的制度则是寻求实现一个非特定的"临界大多数"。

法院裁定反对该大学在本科施行的制度,因为它用一种法院不喜欢的方式对种族进行分类。但是,在我们看到的更重要的例子中,法院裁定支持该大学法学院的制度,因为该制度是为了实现临界大多数。这个案例是否提供了我们一直在寻求的明确性还需拭目以待。

第四种机会均等行动计划,只是没有提出一种配额,是要建立起一个雇主应该努力满足的指导原则其背后的思想就是确保雇主能够有一定的灵活性,同时也能够确保少数民族就业比率不会被降得太低。比如说,在军队的晋升中,如果部队中晋升军人的种族、民族和性别比例没有大致等于那些有资格晋升候选人的种族、民族和性别比例,那么晋升委员会必须写一份报告以证明这种差异是合理的。这意味着尽管没有任何特定的、必须达到的晋升者数量,但是任何与指导原则的偏差都会受到质疑。

与机会均等行动计划相关的最后一种严格的形式是配额。令人吃惊的是,当人们想到机会均等行动计划的时候,他们最可能想到的就是配额,而配额实际上是有违法律的,因为法律一般是一种通用性的行为规范。只有当由法院强制执行,或者通过法院的裁决或者一纸法令,配额才是合法的。必须要有充足的证据显示某个雇员或者大学曾经犯有歧视罪行,配额才会合法化。困扰经济学家的是,企业在招聘中实施了一些类似配额的意在保护自己、绕过法律麻烦的行为。

机会均等行动计划政治学

经济学家对机会均等行动计划进行了全面的考察。有些人相信所有符合利润最大化的歧视行为应该是合法的。有些人谴责机会均等行动计划是一项解决长期社会问题的无效率的短期解决方案。许多人只是相信，在理论上，机会均等行动计划是一种歧视。另一方面，有些人主张它是一项纠正市场失败的必要而且恰当的政府工具，它是一种与政府管理污染行业行为相似的方式。还有人一直坚信，市场不会有这种形式的失败，但是他们无法实现种族平等的结果。像经济学家讨论的许多问题一样，大家对该问题的看法不太一致。

小结

现在你理解了区别对待、负面影响和统计性或者理性歧视的定义。你了解了经济学家用来检测歧视的方法。你看到了经济学家在劳动力、消费和借贷市场中发现的结果。最后，你理解了机会均等行动计划以及它的理由、历史、层次和政策。

主要术语

负面影响歧视   区别对待歧视   理性或统计歧视   机会均等行动计划

自我测试

1. 经济学家没有发现市场中任何种族歧视证据。该论述是
   a. 对的
   b. 错的
2. 根据经济学家对劳动力市场的分析，收入差距缩小主要是基于
   a. 教育：企业所有者将会知道歧视是不对的
   b. 利润激励：企业所有者将会知道他们雇用少数民族可以取得更多利润
   c. 如意算盘：只要我们等待的时间足够长，差距就会缩小
   d. 统计：如果我们做了正确的统计，差距就会消失
3. 如果你差别对待两个情况相同的人，这
   a. 被称为负面影响歧视
   b. 被称为区别对待歧视
   c. 总是非法的
   d. （b）和（c）
4. 如果，作为你的雇工结果，你雇用的白人比非裔美国人多，并且超过了你所在城市人口中被预计的数量，这
   a. 被称为负面影响歧视
   b. 被称为区别对待歧视
   c. 是合法的，如果你能够证明这是一个必需的商业行为结果
   d. （a）和（c）
5. 大部分大学利用配额来决定新生班级的构成比例。该论述是
   a. 对的
   b. 错的

6. 加州民权动议
   a. 是 1964 年的一个里程碑，它立法通过了让机会均等行动计划在加州取得优先权
   b. 是一项 1996 年投票通过的法律，它本质上禁止加州政府和州政府机构实施机会均等行动计划
   c. 使用了和 1964 年民权法案非常相似的（一定程度上，相似得有点让人迷惑的）语言
   d. （b）和（c）

思考

花些时间到市郊购物中心观察一下。首先注意一下那些便衣保安，即这些看上去像是在购物的人。如果他们从不把他们的货物拿到柜台，你就会知道他们是保安人员。当非裔美国人来到他们管辖的区域，你再留意一下他们的行为。看看他们对非裔美国人的关注是否会比对白人的更密切。这种种族性留意的形式是错的吗？如果这是理性的，它仍然是错的吗？

在你的脑海中，加州民权动议与 1964 年的民权法案言辞上的相似性会迷惑投票人为其投票吗？或者它只是打算提醒大家机会均等行动计划偏离了 1964 年的民权方案本意有多远？

讨论

杰西·杰克逊曾经发现，当他被黑人跟随的时候比被白人跟随的时候更担心，他对这个事实感到悲哀。他这种不同的担心是合理的还是非理性的？为什么？

在多大程度上，时间能够减少或者消除劳动力和其他市场中的歧视？

在本章列举的机会均等行动计划形式中，你支持哪种形式，反对哪种形式？为什么？

进一步阅读

Curry, George E., ed., *The Affirmative Action Debate*, Reading, MA: Addison-Wesley, 1996.

Feiner, Susan F. *Race and Gender in the American Economy*. Englewood Cliffs, NJ: Prentice Hall, 1994.

Journal of Economic Perspectives 12, no. 2 (Spring 1988). See articles by John Yinger; William Darity and Patrick Mason; Helen Ladd; Kenneth Arrow; James Heckman; and Glenn Loury, pp. 23-126.

Sowell, Thomas. *Race and Economics*. New York: David McKay, 1975.

参考数据

Historical Data

Median family income, 1947-2002
　　U. S. Census Bureau; Historical Income Tables
　　　　http://www.census.gov/hhes/income/histinc/f05.html
Population and Earnings, 2002
　　Median earnings for salaried and full-time workers by race
　　　　Statistical Abstract of the United States; Labor
　　　　　　http://www.census.gov/prod/2003pubs/02statab/labor.pdf
　　Population by race
　　　　Statistical Abstract of the United States; Population
　　　　　　http://www.census.gov/prod/2003pubs/02statab/pop.pdf
Corrections Data
　　Parole, probation, and prison statistics
　　　　Bureau of Justice Statistics; Sourcebook of Criminal Justice Statistics, 2001
　　　　　　http://www.albany.edu/sourcebook/1995/tost_6.html#6_a

第28章 性 别

学习目的
- 理解什么是歧视，以及如何测量歧视
- 了解女性比男性收入更少的证据，以及这些证据所表明的平等缺失的经济与社会原因
- 知道如何运用供求模型来分析歧视问题以及竞争会减少性别歧视的观点——我们会看到这个观点是有局限的
- 理解女性在其他市场中面对的区别对待

内容概要
- 女性的经济状况
- 什么是歧视？
- 为什么女性比男性赚得少？
- 性别歧视模型分析
- 性别不平等的其他经济问题
- 理论进阶
- 小结

历史上，女性一直遭到歧视。有些影响是社会性的：女性被社会强加的角色所束缚，这些社会角色要求她们承担大部分抚养孩子和家务杂事的劳动。这种区别对待造成的另外一些影响是经济性的：妇女赚的工资更低，为某些商品支付比男人更多的费用，她们的老年退休金成本比男性高，获得的退休金比男性更少。

历史上，男女干同样的活，但不会收到相同的报酬。我们首先考察男女的收入，并给出这种收入差别的原因。作为这个讨论的一部分，我们会考察经济激励是否足以保证没有政府的干预也能够确保平等对待。我们会转向其他经济领域的女性问题的讨论，包括买车和退休金市场。

女性的经济状况

劳动力参与率
某个群体中工作和正在找工作的人口比例

女性正在成为美国经济中一个持续增长的组成部分。经济学家把某个特定群体中超过16周岁并进行工作的人口比例称为**劳动力参与率**。对于女性而言，这个比率数十年来稳定上升，从20世纪60年代早期的38%上升到如今的60%。虽然男性的这个比率高过

女性，达到75%，但该数值一直在稳定下降。那些研究人口发展趋势的人类学家对劳动力参与率进行了调整，使得它能够反映如下事实：随着美国人口年龄的增长，在各年龄层的人群中，会有更多的人可能退休。对于这个原因，人类学家认为女性在生产车间的实际重要性甚至超过原始的参与率数据所表现出的重要性。

从经济学的角度看，同样重要的事实是，尽管男女在收入和财富方面正走向平等，但男性的收入仍然比女性高出75%，全职工作的工资高出28%，获得退休金的可能性高8%（3.5个百分点），而且也更不太可能陷入贫困。与单身女性或者单身男性相比，夫妇申请破产的更多，但是单身女性申请破产的发生率大幅度上升了，而夫妇或者单身男性申请破产的发生率则保持稳定。最后，单身男性拥有的财富比单身女性高出31%。在本章剩下的部分中，将解释其中部分的经济差异（见表28.1）。

表 28.1　　　　　　　　　　　　男女之间的经济差别

	男性	女性
所有来源的收入	$ 28 269	$ 16 188
全职工作的每周平均工资	$ 680	$ 530
净财富均值（单身）	$ 111 951	$ 85 319
享受退休金的人口比例	46.2%	42.7%
贫困比率	9.9%	12.5%
单身申请破产比率	46%	54%

资料来源：http://www.census.gov/hhes/www/wealth/1998_2000/with00-5/html
　　　　　http://www.census.gov/prod/2003pubs/02statab/socinsur.pdf
　　　　　http://222.census.gov/prod/2003pubs/02statab/income.pdf

这一切并不意味着女性的经济状况没有得到改善。图28.1显示全职工作的女性与男性每周工资比率和与之相似的所有来源收入比率一直在提高。而且，如同表28.2暗示的那样，即使当你考察相同职业的时候，女性现在还是比男性赚的少。

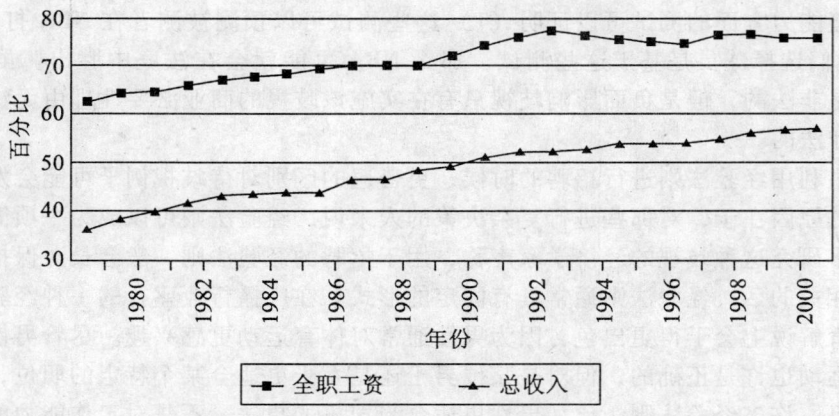

资料来源：美国劳工部劳动统计局2001年妇女收入数据2002年5月。

图 28.1　女性收入与男性收入的比值

表 28.2　　　　**2001 年中等的全职工作的工资所得：部分职业**

职业	女性收入占男性收入的百分比
医生	68.0
律师	69.4
经理/主管	66.6
教师（小学）	94.9

资料来源：劳工统计局劳工部，2002 年 5 月，960 号报告。

什么是歧视？[①]

定义和法律

表面上看，定义性别歧视似乎不难。如果你对待女性不同于对待男性，你就是在歧视。但是，歧视比这更复杂。如果你区别对待两个相同状况的人，并且这样做是基于性别，那么这被称为**区别对待歧视**。另外一种，如果你的所作所为不一定是基于肤色的歧视，但是给一部分人带来了相对而言更大的负面影响，那么你实施的就是所谓的**负面影响歧视**。

这两种歧视通常都是非法的，但是负面影响歧视是可以接受的，只要实施这种歧视的个人或者公司能够证明他们所做的事情对他们的需要是有意义的。比如说，如果女子篮球职业联盟（WNBA）起诉国家篮球职业联盟（NBA），因为所有的 NBA 运动员都是男性而没有一位女性，这会有两个法律障碍。第一个障碍是对女性而言的，作为这种歧视假设所针对的对象，女性，她们需要证明这种歧视存在"负面影响"。她们通过指出美国人口中有 51% 的女性，而 NBA 中没有一位女性球员，就可以轻而易举地做到这一点。面对被证实的负面影响，证明的麻烦就转移到被起诉方，在这个例子中就是 NBA。NBA 将必须证明是"商业需要"导致他们做出他们所做的决策。因此，如果球队能够指出身高、力量、训练和投篮能力方面的测试可以证明（1）这些测试可以预测被测者在 NBA 打球的能力，和（2）他们选择球员是基于这些测试，那么 NBA 可能就会在法庭中胜出。虽然区别对待歧视总是非法的，但是负面影响歧视只有在实施该歧视的商业必要性理由无法被辩护的时候才是非法的。

当雇主利用经验法则进行招聘的时候，更普遍的区别对待歧视例子可能会发生。经验法则有用的原因在于，对那些进行复杂决策的人来说，经验法则可以成为一项简单的指导方针。许多研究这种歧视的经济学家声称，用于招聘的经验法则一般会长久保持不变，如果它们是相关的话。经验法则通常具有固定的形式。在广播行业盛行的一种经验法则就是男性在体育解说上会干得更出色，因为男性通常对体育运动更感兴趣。尽管男性会观看更多的体育运动也许是正确的，但对是某位男士还是女士更适合某个特定的职位，这并没有意义。而且，许多经验法则，比如男性更适合当司机的想法，不是对工作能力的良好预测

[①] 性别歧视的定义和概念与种族歧视的定义和概念并无二致。因此，如果你已经读完了第 27 章"种族和机会均等行动计划"，你就能够直接进入题为"为什么女性比男性赚得少"的那一小节。

方法。

即使存在经过统计证实的经验法则，歧视也是非法的。这种被某些人称为**理性**的歧视被称为**统计歧视**，因为它是基于合理的统计证据。它被认为是"理性"仅仅是因为它符合被大家认可的企业利润最大化目标。

检测和测量歧视

用权威的方式检测和测量歧视的程度并非总是轻而易举的。如果一个高中辍学的西班牙裔美国女性和一位富裕的大学白人男性教授分别走进一家银行申请一笔贷款，并且这位高中辍学者没能申请到贷款，而这位教授则得到一笔贷款，我们不能想当然地假设我们看到了一件性别或者种族歧视的案例。我们必须把一人得到贷款，另一人没有得到贷款的原因剥离出来。

经济学家用两种方法去尝试做到这一点。第一种，他们使用被称为"回归"的统计技术，寻求数据中的系统性模式。一旦他们进行统计计算，回归方程就可以告诉他们，在其他变量的影响保持不变的条件下，一个变量对另一个变量的影响。这种方法能够允许他们以一定的确定程度指出，一个诸如性别这样的变量对另外一个变量的影响。比如说，一个回归分析能够告诉我们，当其他像收入这样的重要变量保持不变的时候，向男性是否比向女性批准贷款更容易。当背景不同、收入不同、债务历史状况不同的人向多家银行寻求贷款的时候，如果回归技术被正确地运用，那么它能够确定作为申请贷款的女性是否更不可能得到贷款。

第二个技术涉及到为人们虚设一个身份，除了他们的性别之外，其他完全相同。这些"检测员"陆续进入相同的场景，看看他们是否被区别对待。由于除了性别以外，其他一切保持不变，这些检测员被对待的方式上的任何差别肯定是与他们是男性还是女性有关。

这两种技术都有自己的批评者。这种情况也许是因为这些技术导致经济学家做出某种程度的不同结论。一般而言，回归技术在总体上犯的性别偏误会比检测员技术犯的偏误更小。那些回归测量方法的支持者通常认为虚拟的检测员自身也许会由于他们的行为方式而造成部分的不平等，并且这种方法的准确性也更不可靠。另一方面，检测员方法的支持者认为回归中包括的变量，像智力成绩，本身就存在偏误，因而，这种方法总是倾向于低估问题的严重性。

为什么女性比男性赚得少？

证据

大量的经济学研究对男女收入进行了比较。有些研究只是简单地证明了男女收入差别；另一些研究则只侧重于全职工人的收入差别。还有些人尝试先对教育、经验、职位要求以及一大堆其他因素予以控制，然后再确定男女是否同工同酬。

和一般情况一样，问题的不同揭示出了回答的不同。如表28.1所示，2000年男性收入的平均数为 28 269 美元，而女性则只有 16 188 美元。如果你关注相对收入这个宽泛的问题，则女性收入只有男性的 57.2%。但是，利用这个数据来衡量收入的不平等存在两个严重的缺点。第一，它不能体现女性比男性更可能参加兼职工作；第二，男性比女性收到更多的利息、分红和资本收益形式的收入。如果你把注意力集中在全职工作的男女收入差别上,这个比值会更接近:女性的收入是男性的78%。但是,这个数字还是不能告诉我们同工并不意味着同酬,而且在对其他影响因素集进行控制之前,我们无法获得计算的最后结果。

我们知道,女性供职于同一位雇主的时间不如男性长。男性供职于同一位雇主的平均时间是4.9年;而对女性来说,与之对应的数字是4.4年。而且,女性在赚大钱行业的人数少于男性。只有29%的律师、29%的医生、8.5%的工程师是女性。另一方面,99%的秘书和98%的幼儿护理员是女性。

那些控制了所有潜在因素的研究发现,对于具有相同教育程度、相同经验、在同一家企业干同样工作的男女而言,女性的收入在男性收入的90%到100%之间。你能想象的到,这个结果是有争议的。经济学家之间以及经济学家与社会学家之间的争论是:这些因素是否应该予以控制。我们会深度考察解释男女收入差别的各个因素。然后,我们会看看这些因素是男性至上主义的体现呢,还是男性与女性决策的后果。

怀孕

毫无疑问,只有女性才能生育。从经济的角度看,任何一位为一家员工超过50人的企业工作的妇女现在有权利得到不带薪的生育休假。许多职业女性能够获得带薪产假。①无论如何,当女性怀孕的时候,她的工作状况会发生一些重要的事情,其中有些事情是非法的。一些超出她控制的状况使得怀孕后期的妇女更换工作几乎是不可能的。尽管对于雇主来说招聘中考虑女性怀孕因素是非法的,但是老板们显然有激励寻找他们认为将会与他一起长时间工作的员工。出于这个原因,许多怀孕的妇女在怀孕期间对于更换工作感到犹豫或者无法做到。

职业女性,即教师、律师、医生或者商业女性也会面临这个问题,老板们有时候会不愿意分派一个长期任务给怀孕妇女,这种长期任务也许会由于产假而被中断。不幸的是,通常正是这些任务蕴含着晋升机会。任何女性失去而男性得到的机会可能导致年轻的职业父亲会比年轻的职业母亲晋升得更快。简而言之,有些男女收入之间的差别可能归因于男性得到但女性没有得到的机会,此中原因与雇主对怀孕的女职员反应的合法和非法方式有关。

住家母亲

当夫妻俩只有一人工作,另一人抚养孩子的时候,98%的时候是母亲呆在家里。根据妇女离开劳动力市场的时间的不同,她的技能会落伍,她的工作经验会比同年龄段的其他人更少。此外,如果你按照收入画出年龄图,那么你会得到图28.2所示的一个年龄-收入概况图。这个概况图显示,收入在青年时期增长最快。如果女性把她们收入上升的时期往后推迟5到10年,那么她们就会减少处在收入高峰的时间。在幼儿抚养的早期,女性呆在家里的理由有很多。但是,无论是什么理由,如果女性延迟加入劳动力大军而与孩子在一起,那么她们就会比同年龄段的男性赚得少。

---

① 根据人口普查局的数据,20世纪90年代初43%的工作并生育的女性会得到某种形式(或是病假、长假期或是直接的产假)的有偿休假;与之对应的60年代初的数据是16%。

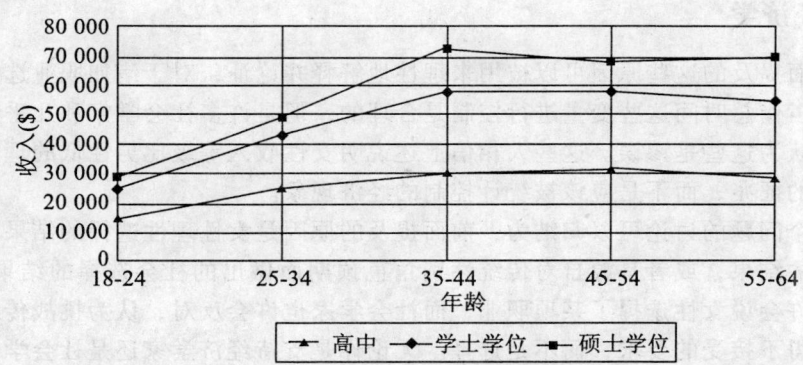

资料来源：http：//ferret.bls.gov/macro/032002/perinc/new 04_001.htm.

图28.2 年龄-收入概况

职业区别

如同我们前面间接提到的那样，女性比男性赚得少有时候是因为他们选择的职业领域大不一样。一些比例数据令人吃惊，女性构成了"服务性"职业的主力军：护士（91%），小学老师（82%），幼儿护理员（97%）和社会工作（70%）。当我们考察这些行业的技能和教育水平要求时，我们发现这些要求与对男性的要求是相似的，但这些工作支付给女性的工资则少。

那些要求相对低的教育水平的工作也显示了男女择业中的巨大差异。如前所述，女性组成了99%的秘书，而且她们也组成了80%的女仆和89%的美容师。另一方面，男性组成了95%的机械修理人员，98%的建筑工人和96%的卡车司机。男性为主的这些行业的差别就在于它们支付更多的工资，而且一般都被工会化了。当这些职位被工会化后，它们一般会比没有工会化的职位支付更多的工资。

灵活就业

由于一些基本的社会原因，女性会挑选灵活的就业方式以便她们能够应付家庭的需要，而男性则不会。女性会跟随她们的配偶从一份工作转到另外一份工作，从一个地方转到另外一个地方，而男性则不会。对于双职工来说，经常的情况是女性选择一个责任性要求更低的职业，使得她们能够误工，但招致老板的抱怨却更少。当孩子生病或者参加校外活动的时候，母亲就是那个更可能误工的家长。那些希望，或者感到有必要承担家庭任务的女性必须选择那些能够满足她们灵活需要的工作。灵活工作除了工资低之外，持有这些工作的女性也无法工作很长时间，如果她们不需要照顾孩子，她们原本可以工作更长的时间。

除此之外，当男性获得晋升，并被要求调动到另外一个城市，他们正在工作的妻子就必须辞职，随家庭一起迁移，并去寻找新工作。由于为了加薪、获得晋升，雇员需要花费时间取得雇主的信任，而女性却由于她们的丈夫会频繁迁移家庭，所以她们通常丧失了这样的机会。在随丈夫迁移后，收入、工作责任以及晋升机会都不减少的女性是幸运的。

社会学与经济学

尽管前面提及的这些原因可以被用来理性地解释并论证，对于诸如职业选择、劳动力总时间以及工作总时间这些变量进行控制是合理的，但是许多社会学家和几乎所有的女权扩张论者都认为这些是谬误。这些人相信上述说明女性收入等级比男性低的理由是继续错误对待女性的征兆，而不是应该被统计控制的经济现象。

关于这个问题的讨论可以归纳为：前面提及的原因是女性理性选择的结果，还是夫妻间平等协商的结果，或者是源自对传统性别角色预期而做出的社会选择的结果。比如说，经济学家也许会说女性选择了某项职业，而社会学家也许会反对，认为挑战传统与接受现状是一项不得不接受的要求，而不是选择。无论你是支持经济学家还是社会学家，现在你可能都得决定在下面这个问题上站在哪一边。

秘书的收入不及收破烂的，教师的收入不及警察，幼儿护理员的收入不及他人是因为这些工作是女性干的吗？或者女性只是碰巧选择了这些低收入的工作？这个问题是重要的，因为如果你在收入不平等的研究中对职业进行控制，那么职业本身似乎就解释了收入的差别。如果你控制了职业，那么实际的工人自由择业就不是一个影响因素了，那你就会导致一个循环论证：女性赚的少是因为她们是秘书，她们是秘书是因为她们是女性。从经济学的角度看，很难确定女性从事的工作收入更少，究竟是因为这些工作主要是由女性从事呢，或者女性从事的工作碰巧收入非常少。经济学家认为一个工人的生产为一家公司带来的额外收入，被称为*劳动边际产品*，这样的经济因素决定了劳动力的价值。

从工会因素考虑，有工会组织的工作收入高于无工会组织的工作。比如开卡车和操作起重设备这样的男性从事而女性很少从事的工作，远远比像秘书和向幼儿提供护理服务这样的女性从事而男性很少从事的工作更可能被工会化。无论是工会组织只选择男性，还是女性一直没有被工会组织起来，这样的讨论是有价值的。但是，经济分析并不能轻易解决这个问题。如果把职业和工会化因素予以控制，会再次把我们带入到一个循环之中：女性赚得少是因为她们没有从事工会化的职业，她们没有被工会组织起来是因为她们是女性。

尽管对个人参加劳动力的时间和为某个特定的雇主工作的时间进行控制在经济学意义上是非常合理的，但是这也会导致一定程度的循环论证。经济学家希望把每一个问题构造成一个双方的理性协商问题，但是其他领域的专家也许会给出关于夫妻协商的其他问题。比如说，他们会问，相对于住家母亲的数量而言，住家父亲数量却很少，这样的事实是不是永远性的或演化中的性别角色的证据。另一方面，传统的经济学家可能会认为，由于结果是协商达成的——即使谈判的筹码完全偏向一方——这种性别角色的差别只是一种理性的结果，而不是歧视的证据。他们也许会认为，正是收入而不是性别，在决定社会角色，因此，随着女性收入超过丈夫的收入，男性会承担起曾经是留给女性承担的角色。其他人则认为除非社会本身重新定义性别角色，否则这样的改变不会发生。

性别歧视模型分析

为什么性别歧视导致收入差距

当然，过时的男性至上主义仍会在工作场所中发生。据说20世纪50年代那些想成为自由职业者的女性要么是当老师，要么是当护士，虽然这是一种夸张的说法，但这确实足以充当那个时代公然存在的性别歧视问题的例子。如果受过教育的女性只能选择当教师和护士，而男性却能够选择从事教师和护士职业，那么在这样一个有歧视的世界中的教师和护士的供给会超过没有歧视世界的情形。而且，在一个有歧视的世界中会计和商人也会少于没有歧视世界的情形。

为什么竞争会减少收入差距

在考察不同工作之间、男女之间工资的总体情况中，经济学家会问，我们能够预测这种似乎与性别有关的差距是否会缩小吗？愿意雇用女性去干那些曾经只属于男性从事的工作的老板会凭借"善良"而赚钱。他们支付的钱只要稍稍高于女性原来所赚的工资，而低于他们原来支付给男性的工资，就能够很轻松地赚到钱。如果他们想成为好人，其实没有必要一定要这样做；更可能的情况是，他们这样做仅仅是为了最大化自己的利润。因此一位利润最大化的老板会雇用女性。当其他老板看到他如果这样做，并赚到钱的时候，那么他们也会雇用更多的女性。这种对女性员工需求的上升会提高他们支付给女性的工资，相应的对男性需求的减少会导致他们更低的工资。最终，经济竞争和对利润的渴求会消除同一工作中的收入差距。由于这导致女性移动她们的劳动力供给，所以这也会缩小秘书和收破烂工人之间的工资差距。

为什么仅有竞争也许还会失败

当经济如同刚才描述的那样运行时，政府的干预是没有必要的。不幸的是，不需要政府来强制平等的经济原理不是毫无破绽的。本章开头提及的收入数据似乎表明，当女性从事和男性一样的工作的时候，双方的工资比率正走向平等。双方的工资确实不相等，尽管它们正走向平等。事实上，女性收入与男性收入的比值远远超过了黑人收入与白人收入的比值。当我们没有对职业和其他重要因素予以控制的时候，男女收入的差距是60%，而当我们考虑这些因素的时候，这个差距只有10%到15%。

但是，由于我们社会中男性至上主义的持久力，我们无法依赖该过程实现完全平等的工资。当老板雇用他们感到最满意的人的时候，男性就容易得到一种不公平的优势。部分雇主的男性至上主义肯定是女性比男性收入更少的一个原因。

另外一个原因是消费者的男性至上主义。假如，比方说，与男会计师相比，人们更不可能信任女会计师，那么接受这种观点的会计公司雇用男性求职者的要求会低于女性求职者。因为误导性的顾客需要它们这样做。

反馈环的困难

对于为什么经济平等无法实现的另外一个解释就是：这些"社会性"的影响能够通过一个反馈环形成一种自我永续的经济影响。年轻女性也许看到了她们面对的歧视和这些社会性约束，并且，从经济学角度看，她们理性地断定她们从高回报的教育和对工作的奉献中得到的回报较少。如果女性选择不违背潮流，那么她们就会得到相应的回报。因此，她们被压低的收入是她们所面对的歧视和她们对歧视所做出的反应的共同结果。

性别不平等的其他经济问题

劳动力市场不是区别对待男女的唯一市场。买车、理发、干洗，女性都比男性支付更多的钱，而且在退休保险中，女性比男性支付更多的年金，收到更少的退休金。尽管这些差别中的一些具有相同的市场背景，但是对于其他一些差别的经济解释则是非常微妙的。

女性买车为什么比男性付出更多的钱？如同我们在第 27 章《种族与机会均等行动计划》中的讨论那样，检测员——受过训练的人走进汽车经销商的店里，而后用相同的讨价还价策略协商价格——发现女性买一辆车要比男性多付出 300 美元。当检测员发现这样的差别的时候，我们想知道经销商是否男权至上主义者，或者他们是否在协商价格中利用了以前的经验。如果他们认为自己知道男性会提供一笔稍好一点的生意，那么这就好似一种自我实现的预言，即使在设计好的检测过程中讨价还价的施行很小心地保持一致，这种自我实现的预言仍会自我强化。

为什么男性比女性有更好的退休金选择？这可归纳于生活中的一个事实：女性比男性平均多活 5 年。提供退休金的保险公司不得不向女性索取比男性更高的价格，向女性提供更少的退休金，或者用其他方法把这种差别区分开来，使得女性最终支付更多一些保费，领取更少一些的退休金。将向女性索取比男性更高的年金这样的行为认定为非法可能会无济于事。这只会强迫公司进行财富再分配，将财富从男性手中转移到女性手中。

理论进阶

我们能够用一对供求图更严格地证明歧视的影响。图 28.3 显示，在一个有歧视的世界里，存在一份只允许男性从事的工作的职业市场（图左边），以及一个如果女性工作就只能做的工作的职业市场（图右边）。如果不存在歧视，每个劳动力市场的需求 D 将会穿过非歧视供给曲线 S_{ND}，处于非歧视工资 W_{ND} 的地方。在有歧视的情况下，"男性工作"（图左边）的工人供给会减少，减少的数量是那些本应留在市场上的女性工人的数量，而当那些被替代的女性寻找她们被允许从事的工作的时候，"女性工作"（图右边）的工人供给会增加，最后，男性比女性赚的更多，即 W_{men} 大于 W_{women}。

如果一个老板的动机更多地来自利润最大化，而不是男权至上主义，那么他之所以会雇用女性，是因为他能够支付一个落在 W_{men} 和 W_{women} 之间的工资，同时吸引合格的工人并赚取利润。假设是一个男权至上主义的老板，因此会更偏爱雇用男性而不是女性；或者是一个其顾客是男权至上主义者的老板，因而会雇用超过必要水平的男性工人，对于这两种情况，我们可以通过不同的雇用男性工人和雇用女性工人的需求曲线对其建立模型。由于对女性工人的需求（同样是合格的）会更低，因而会再次产生一个女性比男性更低的工资。

小结

你现在理解了什么是性别歧视以及如何对其进行测度。你已经看到了女性收入少于男性的证据，而且你能够解释经济学和社会学对该问题在认识上的差别。你能够利用供求图将性别歧视模型化，而且能够清楚地陈述竞争会减少性别歧视的观点，并发现其中的漏洞。最后，你能够解释在其他市场上女性面对的区别对待。

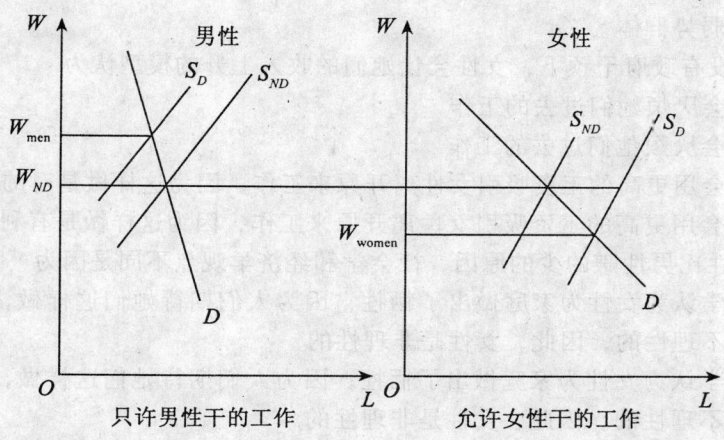

图 28.3 性别歧视

主要术语

劳动力参与率

自我测试

1. 女性比男性收入少的主要原因是
   a. 经济原因：她们能力更低，因此收入更少
   b. 社会学原因：社会对女性强加的许多束缚限制了她们的收入
   c. 心理原因：只因女性认为她们收入更少
   d. 政治原因：男性控制着政治体制，政府控制着收入
2. 如果你考察一下所有来源的收入，女性的收入
   a. 是男性收入的 10%
   b. 是男性收入的 57%
   c. 是男性收入的 75%
   d. 近似等于男性收入
3. 如果你考察一下全职工人的收入，女性的收入
   a. 是男性收入的 10%
   b. 是男性收入的 54%
   c. 是男性收入的 78%
   d. 近似等于男性收入
4. 认为在没有政府干预的情况下，支付给女性的工资会上升的人坚信老板主要是被____激励的
   a. 利润
   b. 宗教

c. 做好事
d. 救助弱势群体
5. 主张在没有政府干预下，女性会让她们的收入上升的模型认为
   a. 女性会厌烦她们过去的工作
   b. 男性会厌烦他们过去的工作
   c. 老板会用更高的工资吸引女性离开原来工作，因为这样做是对的
   d. 老板会用更高的工资吸引女性离开原来工作，因为这样做是有利可图的
6. 对于女性比男性赚的少的原因，社会学和经济学观点不同是因为
   a. 社会学认为女性为家庭做出了牺牲，因为人们期待她们这样做，而经济学认为这是不理性的，因此，女性是非理性的
   b. 经济学认为女性为家庭做出了牺牲，因为人们期待她们这样做，而社会学认为这是不理性的，因此，女性是非理性的
   c. 社会学认为女性为家庭做出了牺牲，因为人们期待她们这样做，而经济学认为这是由男女共同做出的一个理性结果
   d. 经济学认为女性为家庭做出了牺牲，因为人们期待她们这样做，而社会学认为这是由男女共同做出的一个理性结果
7. 画出解释工作场所中性别歧视的供求图，并对减弱这种影响的经济机制进行讨论。用经济激励的方法消除收入平等问题中的性别歧视会牵涉到什么问题？

思考

我们在本章列举了女性收入少于男性收入的多种原因，大部分是社会性的。这些原因可能对你祖母的限制比对你母亲的限制更多，对你母亲的限制比对现在的女性的限制更多。你认为这些原因会限制你的女儿吗？或者到那时候，这一切都消失了？

讨论

你给出的女性收入少于男性的原因清单有哪些？这些原因是女性自由选择的结果还是施加于女性身上的那些不健康和令人不快的社会压力的结果？

进一步阅读

Blau, Francine, Marianne Ferber and Anne Winkler. *The Economics of Women, Men and Work.* 3rd ed. Upper Saddle River, NJ: Prentice Hall, 1998.

Feiner, Susan. *Race and Gender in the American Economy.* Englewood Cliffs, NJ: Prentice Hall, 1994.

Journal of Economic Perspectives 12. no. 2 (Spring 1998). See articles by John Yinger; Willian A. Darity Jr. and Patrick L. Mason; Helen F. Ladd; and Kenneth J. Arrow, James J. Heckman, and Glenn C. Loury, pp. 23-126.

Waldfogel, Jane. "Understanding the 'Family Gap' in Pay for Women with Children." *Journal of Economic Perspectives* 12, no. 1 (Winter 1998), pp. 137-156.

参考数据

Historical Data
  Income by gender, 1980-2002.
    U. S. Census Bureau; Historical Income Tables
      http: //www. census. gov/hhes/income/histinc/p02. html
Gender Data on Income, Wealth and Pensions
  Income and pension coverage, 2002
    Statistical Abstract of the United States
      http: //www. census. gov/prod/www/statistical-abstract-02. html
  Wealth, 1998
    U. S. Census Bureau; Asset Ownership of Households, 2000
      http: //www. census. gov/hhes/www/wealth/1998_ 2000/wlth00-5. html
Earnings and Education
  Bureau of Labor Statistics; Annual Demographic Survey, 2002
    http: //ferret. bls. census. gov/macro/032002/perinc/new04_ 001. htm
Median Earnings and Ratio of Men's to Women's Income, 2001
  Bureau of Labor Statistics; Highlights of Women's Earnings in 2001, May 2002

第29章 农业政策

学习目的

- 理解经济学家通常不赞成农业中的价格支持
- 明白为什么价格变动是此类价格支持的主要经济理由,尽管只有很少的经济学家支持价格变动的看法
- 运用供求图、消费者与生产者剩余分析法来分析经济学家的推理
- 理解通常用来执行价格支持的机制,并了解其历史

内容概要

- 自1950年以来的农产品价格
- 作为政府干预理由的价格波动
- 最低限价的消费者剩余和生产者剩余分析
- 价格支持机制及其历史
- 理论进阶
- 小结

美国的农业政策一直患有精神分裂症。有时候,农民被描述成强壮、自立的男人和女人,他们只是需要政府不要挡了他们的路。另外一些时候,他们则被描述成需要帮助的绝望的难民。在政治演讲中,家庭农庄被说成与母爱和苹果派一样令人尊敬,听了政治家的演说后,你会认为农民真是值得尊敬。

然而,令人感到讽刺的是,没有几乎是连续不断的政府拨款和低息贷款,许多农民可能早就宣布破产了。对农民的资助来自政府,形式多种多样。政府购买和储藏多余的产品,购买和发放多余的产品,购买家畜以防过量供给,并且资助农民不去进行生产。

我们回顾一下自1950年以来农产品价格的历史,并利用这些历史讨论政府为什么已经并将可能继续有动力去干预农业。我们运用基本的供求模型与消费者和生产者剩余知识讨论农产品支持价格的影响。在讨论中,如同我们刚才说的那样,我们会回顾农产品支持价格的历史和农民收到资助的各种形式。

自1950年以来的农产品价格

迅速看一眼图29.1,就能告诉你农产品价格是稳定的。虽然牛肉、猪肉、牛奶、玉米和大豆是按不同的单位销售的,但是通过列举它们相对于各自1982年的价格,我们能够在一张图里显示所有的价格。高于100的数字表示某商品当年的价格超过了其1982年

的价格水平，而一个低于 100 的数字表示相反的含义。

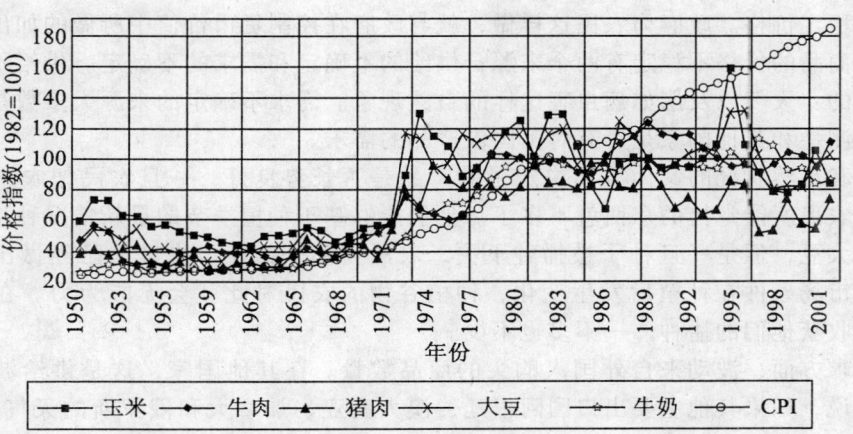

资料来源：http://www.bls.gov/ppihome.html

图 29.1 相对于 1982 年价格水平的农产品价格

虽然，图 29.1 显示所有产品 2000 年的价格都高过 1950 年的水平，但是这 5 种产品中有 3 种产品 2002 年的价格低于 1982 年的水平。根据消费者价格指数（CPI）来看，由于从 1982 年到 2002 年整个通货膨胀率为 82%，以相同成本生产等量的司种农产品的农民的实际收入会遭致 45%（100/182）的损失。特别是猪肉的价格在 1998 年到 2000 年之间大幅度下挫，比 1982 年的水平下降了 40%。当时，任何没有增加产量的农民将见证一个只达到 1982 年 26% 的生活水平。从实证的角度来看，我们发现整体价格水平比这些基础商品的价格上涨得更快。

如果你仔细观察图 29.1，你会发现所有商品的价格在 20 世纪 70 年代初期经历了一个暴涨。玉米、大豆和猪肉的价格在从 1972 年到 1975 年的 4 年中翻了 1 倍。在 1975 年以前，玉米、大豆和牛奶价格是最稳定的，但是自 1976 年起，玉米和牛肉的价格变得不稳定了。我们在这里把稳定性定义为实际价格标准差对其均值的比率。

作为政府干预理由的价格波动

经济学家能取得一致观点的事情很少，但是有一个领域除外，经济学家对不建议政府干预农业取得了广泛的认同。因此，大家呼吁政府干预是基于感情而非理性分析。尽管这样的情感呼吁一直未能说服众多的经济学家，但是他们左右了政治家。家庭农庄在美国受到如此尊重，即使是那些未曾在里面居住过或者甚至从未接近过的人也不例外。但是，经济学家很少预测农业会陷入困境。这也就是说，很少有纯学术的经济学家，尤其是农业经济学家接受政府干预农业的理由。

价格支持的例子

在农业市场上政府进行干预的最引人注目的理由就是：价格的波动性使得农业必然是一个风险行业。支持者认为那些农业生产规模小的农民需要一些政府行为才能度过前面提及的波动性。这种情况下的政府资助可能采取的形式是，当价格太低的时候，购买和储藏多余农产品；当价格反弹的时候，把存货销售出去。这样做不会改变农产品的长期价格，相反却会稳定价格。政府为农民这样做，就与政府在控制货币价值中所做的如出一辙。

任何商品的价格不稳定有两个来源：供给的不确定和需求的不确定。供给不确定的来源是明显的：天气以及诸如病虫害这样的自然现象。需求不确定的来源大多数是国际市场的不可预测性和其他国家是否有对美国农产品的需求。

天气和自然状况的其他方面决定了农产品是否长势良好，一旦农民把农产品种植下去，那么农民所能掌控的东西就不多了。他们能够基于种植季节的最新情况种植各种各样的玉米和大豆，但是一旦种子被播种下去，农民大部分的经济决策就已经做出了。比如说，如果市场条件在种植后发生变化，种植谷物的农民对此就会无能为力。在丰收的时刻，他们收获他们的播种——不多也不少。

在需求方面，波动来自外国人购买的商品数量。在其他国家，这是供给波动的一部分。比如说，如果其他主要出口国阿根廷、澳大利亚、加拿大和俄罗斯的天气状况不佳，那么进口国对美国农产品的需求将会是高的。美国是农产品的最大出口国，但是在美国，这些产品的价格通常会比其他国家更高一些。由于这个原因，食品进口国会从其他国家购买它们所能购买的数量，然后它们再从美国购买它们所需的剩下数量。如果这些出口国的天气状况糟糕的话，那么进口国会需要大量的美国农产品。如果它们的天气状况良好的话，进口国就不需要很多美国农产品了。由于天气和其他自然因素的变动，很少有商品的价格会像主要农产品的价格那样波动。

反对价格支持的例子

尽管价格波动是政府干预农业的最引人注目的原因，但对经济学家来说，这不是一个能够说服人的理由。我们有农产品期货市场，并提供了很多确保预先了解收获时刻农产品价格的机会。这样的市场为农民充当了农产品价格的保险。

为了明白如何运用期货市场才能有效，假设你在5月份种植农作物，并预计它能生产出10 000蒲式耳。在5月份你种植的时刻，你可以购买一个在收获时刻按某特定的价格销售10 000蒲式耳的期权。如果收获时刻的价格低于期权中设定的价格，你就能够执行这个期权，以这个更高的合同价格出售你的收成。如果，市场价格更高，那么你就不需要行使这个期权。这就好似购买汽车保险一样。你只会在出了事故的时候才会使用它；而如果你避免了这个意外，那么你就不会使用它。

如果你担心农产品价格下降，你可以购买农产品保险保护自己。如果农产品价格下降，那么农产品保险就会予以补偿。由于有这两种形式的保险（期权和农产品保险），农民可以在没有政府帮助下应付耕种中那些他们无法控制的因素。如果农民不购买期权或者农产品保险，那是因为它们太贵了。即使风调雨顺，农业利润也低得足以让许多农民相信他们承担不起保费。

最低限价的消费者剩余和生产者剩余分析

单个市场的单一最低限价

我们的供求模型可以将所有的政府能够向农民提供的各种支持形式模型化，并且我们能够用第 3 章引入的消费者剩余和生产者剩余概念来讨论它们的含义。我们在这里先快速回顾一下这些术语，然后利用图 29.2 考察一下农产品支持价格对经济的影响。

第 3 章告诉我们，消费者剩余是消费者对一种商品评价的价值与他们必须为该商品支付的价格的差值。它也告诉我们生产者剩余是生产者从消费者那里得到的价格与生产的变动成本之间的差值。需求曲线表示消费者愿意为一种商品所支付的价格，并且我们把它解释为消费者对该商品的估价。在第 5 章，我们看到完全竞争市场的供给曲线是由多个构成市场经济主体的个人边际成本曲线加总而得到的。因此，供给曲线的下面区域表示生产的可变成本。

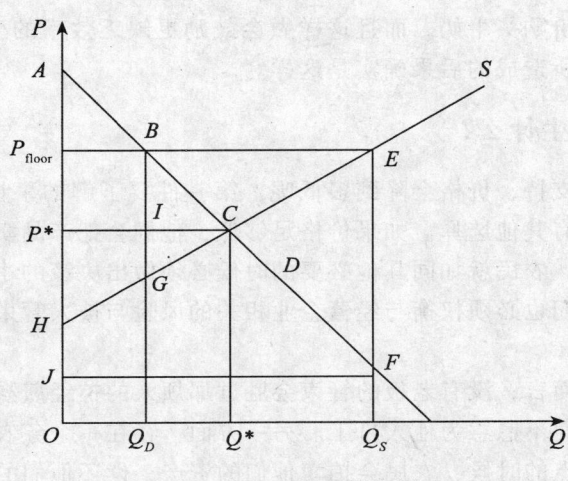

图 29.2 最低限价的供求模型

在均衡点 P^*-Q^*，消费者拥有的消费者剩余是 P^*AC。相似地，生产者也卖出所有的产品。企业得到的生产者剩余是 HP^*C。总剩余构成了该交易的社会价值，HAC 代表这个价值。

最低限价
商品出售的最低价格

如果政府设置一个**最低限价** P_{floor}，该价格无论如何必须执行。虽然在下面一节之前，我们不讨论政府是如何实施这个最低限价的，但我们暂时假设这是可能的。由于消费者只需要 Q_D，这将是所有卖给消费者的数量。消费者剩余将会缩小（到 $P_{floor}AB$），而生产者剩余则上升（到 $HP_{floor}BG$），但是总剩余却比没有最低限价的情况少了 GBC。经济学家把这称为"无谓损失"。为了明白为什么是这样，请转到本章末尾的"理论进阶"专栏。

多个市场的多种最低限价

对农民的支持和农产品价格支持数据可以回溯到大萧条时期，当时生产奶制品的农民无法出售他们的产品，并且他们说服政府要设定一个最低价格。所谓的"奥克莱尔法则"就是在这个时候产生的。该法则的实施是为了让威斯康星州以外的农民能够生存并继续经营下去，奥克莱尔法则将牛奶的最低价格制定为农场与威斯康星小城距离的函数。时至今日，住在威斯康星中部的农户得到的补贴远远少于住在中部纽约和北部加州的其他奶制品中心的类似农户所获得的补贴。

为了明白这种影响,考虑一个存在三个不同地理位置区域的例子。假设其中有两个生产并销售奶制品的农村地区,第三个地区是销售但不生产产品的城市。假设一个被称为奥克莱尔的农村地区对另外一个被称为佛蒙特的农村地区具有生产优势,这种优势超过了佛蒙特比奥克莱尔更靠近消费城市(比如说纽约)这个事实所带来的影响。在这种情况下,佛蒙特农民只能把产品销售给住在佛蒙特的人,而奥克莱尔的农民则可以把产品卖给住在纽约和奥克莱尔的人。这是一个经济上有效率的状况。

另一方面,如果存在一个规则,在纽约能够索取比市场均衡价格更高的最低价格,而且这个价格可能足够的高,使得只有佛蒙特而不是奥克莱尔为纽约生产奶制品,那么,不仅纽约人不得不以高价购买牛奶,而且这样做会鼓励更缺乏效率的生产方式。不幸的是,奥克莱尔法则在美国所造成的后果确实是这样。

没有价格支持会发生什么?

如果不存在价格支持,价格会降到多低呢?第一件要了解的事情是:与其他人一样,农民除了务农之外还有其他选择。如果价格足够低,他们会把产品卖完,然后去其他地方工作。在这个意义上,农民就如同其他必要的时候必须做出决策的小商人一样。自己当老板有明显的好处,他们也必须权衡与经营企业相关的风险与被人管束带来的烦人的神经煎熬。

对于大多数农民而言,没有老板的管束会胜过那烦人的神经煎熬。即使收入很低,他们也宁愿继续务农,而不愿意为他人打工。另一方面,存在一个务农收益率刚好太低的价格。当价格达到这一点的时候,农民会拍卖他们的资产,偿还他们的债务,然后搬走。因此,价格不会低于这个农民不务农、状况反而会更好的水平。如果他们这样做的话,那么离开市场的农民会减少销售者的数量,并会对价格造成上升的压力。

价格支持机制及其历史

价格支持机制

如同我们在前面部分指出的那样,执行价格支持的方法多种多样。在农业中,而不是在其他最低限价的情况下要求强制执行机制的特殊理由是,当生产已经发生时,而且在销售完成或者被安排好之前大部分的成本已经发生了。比如,最低价格就是一种最低限价的形式。老板,劳动力的购买者,不可能向劳动力的卖者,工人,支付任何低于最低工资的工资,这就好像农产品的购买者不能够向农民支付任何低于最低限价的价格。最低工资的供求分析表明想工作的人会超过能够提供的职位数量。但是在农业中发生的问题与一般工作条件下发生的这种问题不一样,因为与务农不一样,现在没有工作的工人会继续找工作,看看是否有老板愿意雇他们。如果他们被雇用,就进行工作。与之不同的是,农民在知道买者之前就种植并收割他们的农作物。如果许多农民最后拉着一货车的产品去销售,却没有人愿意购买这些产品,那么提高农民得到的价格 P_{floor} 不会带给农民任何好处。这样,他们会付出所有的劳动成本,但他们不会从他们的劳动中得到任何收入。

由于这个原因,政府不得不以这样一种方式执行最低限价:要么确保只有 Q_D 的产量被生产,要么是 Q_S 的产量被需要。有几种方法可以做到这一点。政府可以通过在农民之间分配销售权而限制农民生产的数量。具有销售权的农民只能销售他们手中权利所允许的数量。政府可以通过允许任何人以 P^* 销售产品,而同时允许那些同意限制生产的人以 P_{floor} 出售产品的方式对参与政府计划的农民予以回报。因此,政府能够买入所有农民想要生产的产量。这种选择要么是给予那些国内或者国外的付不起 P_{floor} 的买方一些好处,要么是政府购买和储藏农民在 P_{floor} 价格水平时想要生产的所有产量。

但是,政府最便宜的选择是保持高价,以限制一个农民所能生产的产量。只要通过发放生产特定数量的许可证就能办到这一点。花生和嚼烟是两种需要许可证才能生产的农作物。你不能种植和销售这些产品,除非你有许可证。如果你再观察一下图 29.2,你就会明白通过限制农民数量和用于耕种的田地面积,P_{floor} 能够被维持,农民也会只生产 Q_D。

政府第二便宜的选择是向农民付费,使他们不生产出否则他们会生产的产出。过去,政府向某些特定区域不干活的农民进行补贴,有时甚至为了让他们集体不生产而进行补贴。而且,为了影响牛奶的价格,政府还购买奶牛并进行屠杀。当然,当政府补贴农民不进行生产的时候会导致产量下降。但是,这种方法的效果会由于生产率的提高和成为农民的新来者而削弱。在牛奶的例子中,那些奶牛已被收购的农民被禁止几年之内重操奶制品生产业,即使他们想要这样也不行,但是这并不能阻止其他人成为农民。这并不能阻止剩下的农民提高他们的奶牛数量,这也不能阻止其他人利用人造激素提高他们奶牛的生产率。生产谷物的农民也经历了相同形式的价格支持。许多农民会由于拥有空地而受到补贴,这些空地可以用来种植干草,但是不能用来种植诸如小麦、大豆或者玉米之类能够赚钱的谷物。总之,政府补贴的作用是说服大量农民要么去干其他事情,要么限制产量。

对政府来说,一个昂贵的选择就是让农民种植所有他们想种植的数量,要么向农民支付市场价格与最低限价之间的差额,要么干脆买下消费者没有购买的所有数量。图 29.2 显示,政府选择任何一种方式都是非常昂贵的。如果选择了前者,政府就不得不向农民支付 P_{floor} 与在公开市场上出售 Q_S 对应的价格,即与如图 29.2 所示的对于所有的 Q_S 价格为 J 之间的差额。总量为 $JP_{\text{floor}}EF$。如果政府选择后者,那它不得不以 P_{floor} 购买 Q_S 与 Q_D 之间的差额。总量为 $Q_D P_{\text{floor}} E Q_S$。

如果政府买下消费者剩下的所有产量,政府还必须解决那些过剩产品。有三种选择:让它腐烂、派送,或者储藏。第一种方法的成本就是用卡车把这些过剩产品拉到一个可以倾倒的地方。派送听起来更吸引人,但是如果你给人们一些他们本应该购买的产品,那么你还是无法解决农业的价格问题。你会进一步减少需求,减少的量刚好等于你派送的数量。你只能把这些商品送给那些穷的、没有这些商品就会无法生存的人,而你最有可能在发展中国家发现这种人。这听起来有点讽刺的味道,但是美国政府是发展中国家饥荒和自然灾害受害者食物的主要贡献者,部分原因确实是因为美国要处理那些多余的农产品。

对政府来说,尽管最昂贵的选择是储藏这些多余的产品,政府还是在各个时期会储藏牛奶和谷物。牛奶要么以奶粉的形式,要么以块状的美式干酪形式加以储藏。虽然这两种储藏方式都可以在接近室温的状况下储藏,但是一个凉爽、干燥的环境能够更有效地进行长期储藏。遗弃的盐矿可以很好地实现这个目的。

储藏谷物稍微容易一些。它不需要任何像牛奶一样的加工过程,但是如果受潮,它就

价格支持的历史

在美国的各个时期，运用了各种能够想象到的支持农业价格的方法。美国曾经把所有种植谷物的农田闲置了一年，但仍然有足够的储备用于加工成食品和饲养家畜。在1982年经济衰退期间，储备中仍然有足够的过剩奶制品，政府给每个提出申请的穷人提供数磅干酪和好几箱奶粉。在20世纪80年代中期，在政府出高价收购了生产奶制品农民的牲口后，全国数以千计的奶制品农民早早地退休了。

如前所述，对农业价格支持的拥护源于20世纪30年代的大萧条。农产品价格下跌的如此之多，如此之快，使得农场破产数量扶摇直上。政治家为此做出反应，为一组农产品，大部分是大家熟知的奶制品，推出了最低限价。

20世纪80年代中期，里根政府试图通过限制供给，而不是充当最后买家来减轻农业补贴费用。它首先廉价卖光和免费派发政府手中多余的谷物和奶制品存货。然后，政府补贴农民让他们无需务农。该过程的最后一个动作就是20世纪80年代中期的奶牛瘦身政策。这导致了自1988年以来有效耕田近10%的减少。虽然我们接下来走上了限制产量而不是购买多余产量的道路，但是我们还是向数千万农民支付数十亿美元让他们荒废数百万英亩农田。

1996年农场自由法开启了另外一个漫长的阶段，从此摆脱对农业价格支持的盲从。到2002年，美国被认为不存在对牛奶或者谷物的价格支持，但是支持者卷土重来也是可能的。农业一直被认为与母亲和苹果派一样神圣，所以如果母亲或者苹果派陷入了困境，政治家还是会有强烈的愿望把他们救出困境。

理论进阶

回到图29.2，在均衡处，P^*-Q^*，消费者向生产者支付 OP^*CQ^*，但是他们对所得到的产品的评价达到 $OACQ^*$。相似地，生产者也把产品全部卖出。生产者得到的收入为 OP^*CQ^*，而可变成本仅为 $OHCQ^*$，得到的生产者剩余为 HP^*C。总剩余组成了该交易的社会价值，该值用 HAC 表示。

如果政府设置一个最低限价 P_{floor}，消费者将只需要 Q_D。他们将会向生产者支付 $OP_{floor}BQ_D$。消费者对此的评价为 $OABQ_D$，并获得消费者剩余 $P_{floor}AB$。这会减少生产者 $OHGQ_D$，所以生产者剩余将会是 $HP_{floor}BG$。总剩余是 $HABG$。无谓损失是总剩余与没有该最低限价的总剩余，GBC，之间的差额。

小结

现在你可以梳理一下自己的思路了。通过本章，你理解了经济学家一般不赞同农业价格支持的原因。你理解了尽管价格波动是实际存在的，但是农民还是能够采用很多机制来对付各种政府干预。你现在能够运用消费者和生产者剩余分析去证明最低限价造成的无效率。最后，你理解了最低限价在现实中是如何运作的，而且你对其历史也有了一个评价。

主要术语

最低限价

自我测试

1. 经济学家通常支持对农产品的价格支持。这句话是
   a. 对的
   b. 错的
2. 许多农业价格支持要求政府买下剩余的产品。这句话是
   a. 对的
   b. 错的
3. 无谓损失的存在表明农业价格支持
   a. 对农民收入的提高超过了对消费者福利减少的好处
   b. 对农民收入的提高少于对消费者福利减少的好处
   c. 对农民收入的提高等于对消费者福利减少的好处
4. 一般的农业政策会确保价格是
   a. 高过没有实施该政策下的价格
   b. 低于没有实施该政策下的价格
   c. 和没有该政策的时候一样
5. 奥克莱尔法则的出台是为了
   a. 保护位于威斯康星的奶制品农民
   b. 确保向消费者提供低价
   c. 保护威斯康星以外的奶制品农民
6. 查阅给出的图,消费者最终在最低限价之后在牛奶上花费的钱比限价之前要低,这可能吗?
   a. 是的
   b. 不是
7. 画出牛奶的供求图,并标明各种确保农业价格措施中的消费者剩余和生产者剩余以及净损失。
8. 查阅下图,哪个区域代表了伴随产量限制的最低限价带来的农民利润的上升。
   a. $P^* P_{floor} BI - IGC$
   b. $HP^* IG$
   c. BCG
   d. $P^* P_{floor} BI - IBC$

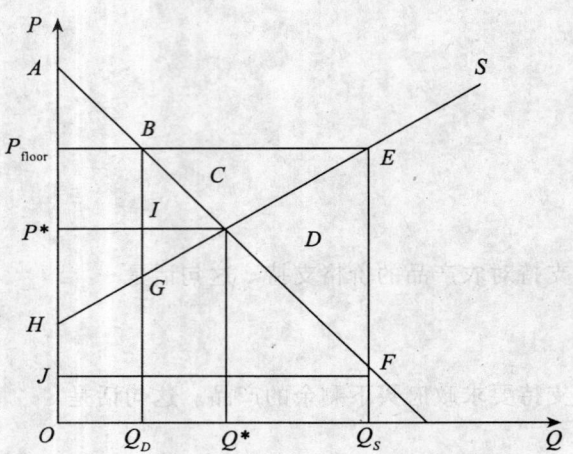

思考

在农场自由法的执行中,通过取消向农民支付补助使之不去耕种某块土地,多项农产品的价格担保都被取消了。仅仅两年之后,农产品价格就崩溃了,农民重新回来求助。这是偶然事件吗?你能用像图 29.2 那样的图去帮助你解决这个问题吗?

讨论

农业是一个非常高贵的职业,以致消费者和纳税人都应该来确保农民有一个特定的社会水准吗?为什么是?或者为什么不是?

进一步阅读

Gardner, Bruce L. "Changing Economic Perspectives on the Farm Problem." *Journal of Economic Literature* 30, no. 1 (March 1992), pp. 62-101.

参考数据

Farm Product Prices
    Bureau of Labor Statistics; Archived News Releases
        http://www.bls.gov/schedule/archives/ppi_nr.htm

第30章 最低工资

学习目的

- 理解什么是劳动力市场,什么是最低工资及其产生的原因,它如何改变劳动力市场的结果,以及为什么最低工资必须高过均衡工资才有意义
- 明白大多数经济学家如何运用消费者剩余与生产者剩余的观点论证他们关于最低工资会提高失业的观点
- 利用这种论述来识别现实世界中最低工资提高的获益者和受害者
- 了解许多经济学家对该问题持有的新看法,他们不认同最低工资提高会导致更低就业的结论
- 了解最低工资的替代方法,该方法关注的是给予工作的穷人更多钱
- 明白经济学家关于最低工资问题的意见最近再度引起了关注

内容概要

- 最低工资的传统经济分析
- 对传统分析的反诘
- 经济学家现在的看法怎样?
- 理论进阶
- 小结

最低工资
依法为一个小时工作支付的最少工资

最低生活工资
足以让一个家庭摆脱贫困的工资

最低工资是依法为一个小时工作支付的最少工资,它受政府约束。1938年,第一个最低工资被设在每小时25美分,该数值多年来定期提高。最低工资在2003年9月时为每小时5.15美元。

最低工资传统上被证明是一种确保**最低生活工资**的机制。如同你在图30.1中看到的那样,最低工资过去总是足以保证个人生活在贫困线以上。① 现在,它对许多家庭来说已经失效了。自1985年以来,最低工资一直不足以维持一个领取最低工资的单收入者家庭(由1人以上组成的家庭)处于贫困线的上方。比如说,要实现让一个4口之家处于贫困线上方的壮举,对于只有一个全职收入者的家庭来说,最低工资必须超过每小时9.50美元。

图30.2指出尽管最低工资本身在过去60年间多次上涨,但是其实际值,即根据1999

---

① 这里所有的贫困线都是官方的贫困线,它存在很多问题。想了解这个问题,请回顾24章《贫困和福利》。

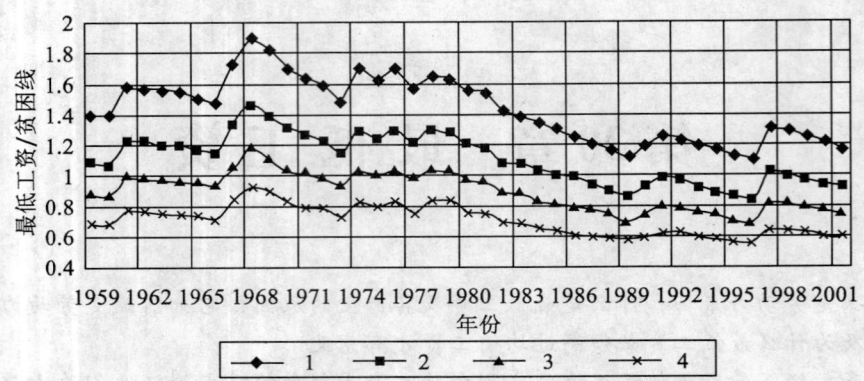

资料来源：http://www.census.gov/hhes/poverty/histpov/hstpovl.html; http://www.dol.gov/esa/public/minwage/main.htm.

图 30.1 一个全职工人的最低工资收入与不同家庭规模的贫困线之比

年美元进行的通货膨胀调整的价值，一直没有很大波动。自 1950 年以来，经通货膨胀调整的最少的最低工资是 1989 年每小时 4.47 美元，最多的最低工资是 1968 年的每小时 7.58 美元。① 2003 年的最低工资是每小时 5.15 美元，这个经通货膨胀调整的最低工资仅高于 1989 年的最低工资。如果不提高该最低工资，以现在的通货膨胀率计，那么它很快就会超过 1989 年的最低工资，成为 50 年来最少的最低工资。

资料来源：http://www.dol.gov/esa/public/minwage/main.htm

图 30.2 名义的与实际的最低工资，1938～2003 年，以 1999 年美元计

一直以来，经济学家都倾向于反对最低工资。本章中，我们会对这些主张以及一直到最近，大多数经济学家都认为提高最低工资是错误的原因进行解释。我们也会考察那些证明经济学家或许是错误的观点。

---

① 如同第 6 章和 13 章所述，这种通货膨胀的测度方法过度矫正了通货膨胀。

最低工资的传统经济分析

劳动力市场与消费者剩余和生产者剩余

大多数经济学家对设定一个最低工资的想法没说上几句好话，他们持有这样的观点是基于对该问题的传统供求分析。图 30.3 表示一个低技能并拥有最低工资劳动力的市场。在该市场上出售的商品是劳动力，劳动力出售的价格就是工资。那些愿意在更高工资提供更多劳动的工人构成供给，这暗含着向上倾斜的供给曲线；那些寻求雇用劳动力的老板构成了需求。假设这些雇主在更高的工资下，会需要更少的劳动力，这暗含着向下倾斜的需求曲线。如果没有对工资设定一个具体数量的法规，那么在这个市场上，工资会被安排在供求曲线相交之处。在这个点上，将不会有短缺，也不会有剩余。工资将是 W^*，有 L^* 数量的劳动力工作。作为一个市场出清均衡，任何一个想在该工资下工作的工人都可以得到该工资，任何一个想在该工资下雇用工人的老板都可以雇用到他想要的工人。

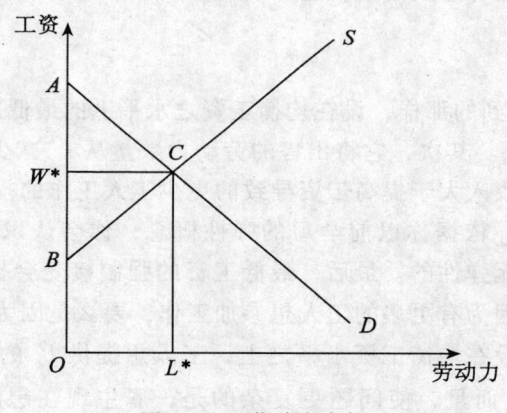

图 30.3　劳动力市场

在这种情况下，所有工人收到总共 OW^*CL^* 数量的美元。我们在第 3 章强调消费者剩余和生产者剩余概念的时候，我们说消费者剩余是需求曲线以下、价格线以上的区域，而生产者剩余是价格线以下、供给曲线以上的区域。当然，在这个例子中，价格就是工资。

这里，一个主要不同之处是，企业得到消费者剩余 W^*AC，因为是它们购买商品，即雇用劳动力。我们把这里的消费者剩余解释为企业从雇员工作成果中得到的钱超过它们必须支付给工人的部分。

生产者剩余 BW^*C 也是不一样的，原因在于它是由工人获得的，因为是工人出售劳动力。这里对生产者剩余的解释是，工人收到的工资超过他们愿意为之付出的劳动。所以，与其他市场一样，消费者得到一部分，生产者得到一部分。

相关的与无关的最低工资

如果最低工资设在低于 W^* 的水平，企业会支付该最低工资，而不是更高的 W^* 吗？令人吃惊的是，回答是不，他们不会：为了得到对企业最有利可图的工人数量，雇主必须支付更高的 W^*。他们愿意支付超过最低工资的工资，因为尽管他们的劳动力成本会上升到一个更高的水平，但新增工人的产出将会带来足够的额外收入用以支付工人并提高利润。此外，支付 W^* 是符合它们最佳利益的，因为它们的竞争对手为劳动力的出价不会比它们高。因此，任何设在 W^* 以下的最低工资是无关（无意义）的，因为企业提供 W^*，而不是一个更低的工资水平，可以获得更多的利润。

如果你还无法相信设定一个最低工资也许是无关的，那么思考一下以下事情的后果，假如你的教授告诉你，一旦你裸体出现在教室里，那么这门课你就会不及格。除非你打算无论如何都要这样做（这是不可能的事情，因为你不愿意被赶出学校），这项规定压根儿就不会影响你的行为。任何一项规则告诉你不能做某件事情，而这件事情是你无论如何都不打算去做的，那么这项规则就不是规则了。这个规则不会影响你的行为，因而它是无关的。一个最低工资如果是有意义的话，它必须被设在一个高于均衡工资的数量上。

最低工资错在哪？

如你在图 30.4 中看到的那样，设在均衡工资之水平上的最低工资有多种影响。首先，它将工资从 W^* 提到 W_{min}。其次，它将出售的劳动力数量从 L^* 减少到 L_{min}。再次，只要工人从提高工资上获得的收入大于提高工资导致的更少工人工作的损失，那么整体上，工人比以前得到更多的工资。依据你以前学习的弹性概念，你会认识到产生这样结果的条件是：劳动力需求必须是无弹性的。最后，最低工资的强制接受会提高该市场上的失业率。发生这样的情况要么是因为有更多的工人想参加工作，要么是因为现有的工人想工作更长的时间。由于最低工资设在均衡工资水平之上，工人想提供 L_s 的劳动力，而他们过去想提供的劳动力仅有 L^*。而且，使问题更复杂的是，雇主现在想雇用的劳动力只会达到 L_{min}，而不是他们原来想要的 L^*。

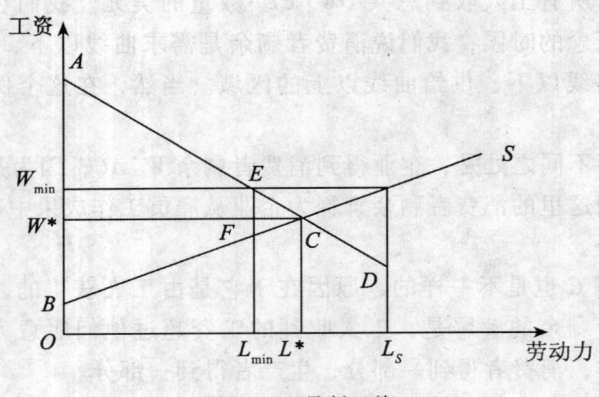

图 30.4　最低工资

最后，消费者剩余缩小至 $W_{min}AE$，而生产者剩余增加。消费者剩余与生产者剩余的总和会少于三角形 FEC，它表示没有最低工资情况下的总剩余量。

所有这一切导致的结果就是，在最低工资的经济学分析中，既有获益者，也有受害者。获益者是那些得到加薪和那些还想工作并能够继续工作的工人。受害者是那些原来有工作，但现在被解雇的 $(L^* - L_{min})$ 个工人。该分析的重要之处在于，工人所得少于雇主所失。因此，我们遇到了经济学家定义的净损失，社会的净损失是 FEC 区域。为了更准确地了解，请看本章的理论进阶。

最低工资的现实含义

尽管作为分析最低工资影响的一个方法，消费者剩余和生产者剩余分析确实很优美，但是要让普通人明白这种分析并不容易。那些获得最低工资的获益者超过了 400 万，他们获得加薪是因为他们保住了自己的工作。

受害者则是那些失去工作的人。对该问题的研究促使经济学家运用经验法则进行估计，他们认为最低工资提高 10%，拥有工作的青少年数量会下降 1% 到 3%。这意味着最低工资从每小时 4.25 美元升到 5.15 美元会导致青少年失去 90 000 份到 268 000 份工作。研究这些不幸青少年问题的经济学家发现他们大都是黑人、西班牙裔和未受教育的美国人，而他们恰恰是提高工资试图帮助的对象。这一点不容忽视。也许，最低工资的提高对穷人的伤害超过了对他们的帮助。

其他受害者包括那些小业主们，他们不得不支付更高的工资，而这样做也许只能带来非常少的利润。尤其是那些小的、无所依靠的餐馆会受到强烈的冲击，因为该行业中许多新加入的老板通常都是处于破产边缘的举步维艰的业主，他们只支付得起最低工资。这意味着最低工资的提高也许不仅会减少这些老板提供的工作机会，还会损害这些老板本身。

最后，受损者还包括购买由最低工资工人提供的商品和服务的人，因为最低工资增加的一部分会以更高价格的形式转嫁到购买者身上。

最低工资的替代方法

直到最近，出于以上的以及其他更多的原因，经济学家都不认可提高最低工资。那些赞同最低工资不是解决低收入工人问题的合适方法的人强调了一个事实，即大部分领取最低工资的工人年龄在 24 岁以下。他们中近三分之一的人年龄在 19 岁以下，因而很可能无需养活家庭。把这个情况与下列事实相结合：那些领取最低工资、年龄在 24 岁以上的通常是配偶中的一方，他们的收入只是作为对家庭主要收入来源的补充。因此，这些人决不属于贫困人口。

在许多经济学家看来，劳动收入所得税宽减额（EITC）是一个更好的解决方法。有孩子的低收入工人家庭有资格申请最高为 4 140 美元的劳动收入所得税宽减额，这笔钱是以税收返还的形式获得的。劳动收入所得税宽减额的受益人集中在那些真正需要钱以养家的人。这笔钱超过 70% 流入到了那些贫困的或者将要陷入贫困的家庭。这和最低工资形成了巨大的反差，最低工资 70% 以上的好处落到了非贫困家庭。

虽然劳动收入所得税宽减额诞生于 20 世纪 70 年代，但它在里根政府期间才开始迅速发展。正是在里根政府时期，最低工资经历了一个实际价值长期的下滑。最低工资不是帮助穷人的好机制，而劳动收入所得税宽减额能够帮助劳动的贫困家庭且不会拖累经济，这正是里根政府的观点。虽然克林顿总统的第一次政府预算就提高了税收，但是它也极大地增加了劳动收入所得税宽减额。而且，尽管他也通过提高最低工资而推动该政策，但是劳动收入所得税宽减额的提高对工作的穷人有更大的作用。

对传统分析的反诘

和前面的部分不同，近年来，反对传统分析的一些重要观点在经济学家之间受到了尊重。他们集中在三种主要的观点上。第一，宏观经济学家认为，降低业主收入的影响在一定程度上会被低收入者收入上升的影响而抵消。低收入者会消费更多，而高收入者会储蓄更多。第二种观点是，该问题中的商品，即劳动力，不像其他大多数商品那样是可以定义的，如果劳动力得到更高的报酬，那么工人可能会被引诱更努力地工作。如果他们这样做，那么工资的提高会转变为雇主负担的减少。剩下的一种观点是，劳动力需求的弹性也许是如此之低，以至于传统分析需要反映这个事实。如果这样做，那么最低工资的负面影响将会是小的。

宏观经济学观点

第一个反对传统分析的观点基于宏观经济学方面的主张，如果你全程跟踪某一数额开支的使用，你就能了解这笔新开支的总影响。或者，对应于这个例子，你能够考察不同人们开支的净效应。比如说，如果业主把他们大部分的利润用于储蓄，而不是花费或投资，那么这样产生的好处会少于企业把所有利润以增加的支出形式投入经济，并按其原来的运作方式产生的好处。另一方面，如果业主由于一个被迫接受的更高的最低工资而不得不把更多的利润让渡给工人，那么这笔钱将几乎会被全部消费。那些领取最低工资的工人会储蓄很少，而花费掉几乎所有的新增收入。由于这些钱是用于消费而不是储蓄，经济中总消费提高了。从宏观经济学的角度看，最低工资提高的副作用可以被抵消，或是不存在，或是正的效果。

比如说，假设最低工资提高的结果是把工人的收入提高了75美元，同时给企业的利润带来了100美元的损失。请记住，这并不是一个直接转移；工人的获益被企业更大的损失所抵消。净损失25美元的差额是国内生产总值损失的数量，而它是对经济活动的总体测算。如果低技能工人花费这笔钱的效应大于老板花费这笔钱的效应，那么这个差额会被缩小。如果低技能工人花费他全部的新增收入，而老板只花费或投资收入的80%，那么提高最低工资的净效应是GDP下降5美元，而不是25美元。这是因为100美元的80%只比100%的75美元多出5美元而已。当然，根据该假设，我们可以预测到制定更高的最低工资对领取最低工资工人收入提高的净作用。

工作努力观点

假设人们会根据他们与雇主相处的融洽程度来调整他们在工作中付出的努力，在这方面的第二个观点可能是正确的。这意味着图30.3和图30.4中的曲线也许不如我们原来认为的那样稳定。商品"劳动力"在其含义上并不像我们在供求模型中使用的大多数其他商品一样是固定的。人们会努力工作，也会偷懒，雇主也没有太多的办法强迫一个偷懒的工人努力工作。如果高报酬能转换成更快乐、每小时干更多活的员工，那么强迫工资上升的影响即使不是全部，也会是部分被削弱。在这种情况下，最低工资的上升也许是物有所值的。另一方面，如果这样做是物有所值的话，我们就必须假设雇主要么是没有认识到这个事实，要么是没有最大化利润。这两个假设都不会得到大多数经济学家的赞成。也许更合理的是，工作努力的提高会减轻负面影响。

弹性观点

最后一个用来反驳传统分析的观点只是稍稍修改传统分析，以此表明最低工资上升的负面影响是很小的。因此，最低工资的任何提高可以被解释为，仅仅是从业主到工人的一种钱的转移。比较图30.5和图30.4，你会发现唯一的实际区别是图30.5中的需求曲线更陡峭，也就是说更缺乏弹性。工人获益的净额会非常大，而导致原先有工作现在失去工作的人数，$L^* - L_{min}$，是很低的。如同我们在第3章讨论弹性的时候所说的那样，有两样东西影响弹性：相近替代品的数量和发明替代品的时间。

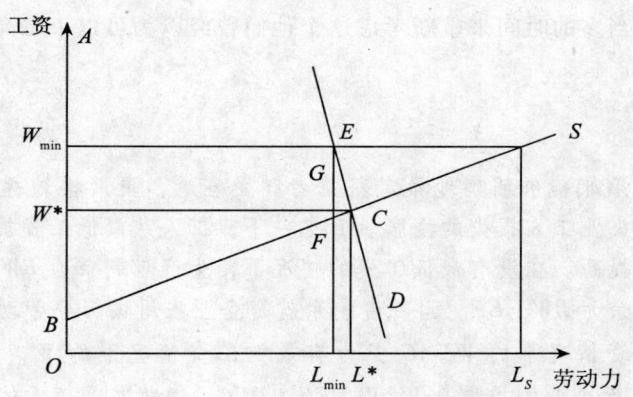

图30.5 短期中的最低工资

在短期，如果对在职工人的替代品很少，那么在上述三个反诘中，这种对最低工资的反诘似乎是对经济学家最具有说服力的。大多数经济学家一直坚信，在长期中，最低工资的存在会减少就业。他们坚持工人的得益是大的，社会净损失是少的唯一理由是这种分析仅仅在短期中才有效。

他们认为，长期中，老板会一直寻找替代劳动力的、更方便使用的机器和自动设备，直至找到为止。如果你看看快餐行业及其所用设备的话，你就会发现其中的公司总是在不断寻找减少雇员的新方法，并且他们的努力取得了巨大的成功。把自动饮料机放在大厅里和使用无人照看、运行时间完全准确的烹饪食物的连锁烤炉或者烘箱仅仅是雇用最低工资工人的雇主用资本替代劳动力的两个例子。

经济学家现在的看法怎样?

如果最近这些非传统分析是正确的话,那么这可能是由于最低工资在短期中并不会导致很大的净损失。宏观经济效应和工人的努力效应的联合影响足够消除该问题。有关近期最低工资的提高是否对1990年和1996年失业的上升产生净负面影响的数据是模棱两可的。两位有影响力的经济学家大卫·卡特(David Card)和安德鲁·克鲁格(Andrew Kruger)发表了一项利用快餐行业就业数据所做的关于最低工资的研究。他们考察在两个相邻的州,同一时期建立的快餐店,其中一个州提高了最低工资,另一个州则没有。他们发现在提高最低工资的州,并没有对就业产生负面影响,或许反而是正面影响。

由于该研究与劳动经济学家的传统观点相左,许多人立即试图复制他们的结果。但是这些复制卡特和克鲁格工作的尝试暴露了他们论文中严重的数据和方法论问题。一些新研究向卡特和克鲁格的研究结论挪出了怀疑之声,由此带来的后果是大多数劳动经济学家对他们早期的评价并没有动摇多少。尤其是,许多人仍然使用前面提及的青少年就业经验法则,但是他们承认最低工资提高10%会造成青少年就业1%到2%的下降。无论如何,经济学家已经花了相当多的时间来重新考虑这个他们曾经以为可以束之高阁的问题。

理论进阶

回到图30.4,我们能够明确地界定获益者和受害者,更严格地捍卫工人从最低工资的得益少于公司和失业工人损失的主张。回忆一下,工人从最低工资提高得到的收益就是他们生产者剩余的提高。在没有最低工资的情况下,生产者剩余为 BW^*C,而在有最低工资的情况下,该剩余为 $BW_{min}EF$。消费者剩余就是企业雇用该部分劳动力的收益。消费者剩余从没有最低工资情况下的 W^*AC 变为有最低工资情况下的 $W_{min}AE$。工人的得益是 $W^*W_{min}EG-GFC$,而企业的损失是 $W^*W_{min}EG+DEC$。净收益是工人的得益减去企业的损失,这就是 $-FEC$。由于净收益是负的,这就是损失,经济学家把它称为净损失。

小结

在对最低工资的探究之后,你首先理解了最低工资存在的理由,及其对我们的劳动力供求模型的含义。你现在知道如何运用消费者剩余和生产者剩余分析的技巧,以及现实生活的观察去识别最低工资提高的获益者和受害者。你了解了经济学家对该问题看法的多样性,并且你知道了劳动收入所得税宽减额是最低工资的一种替代方法。

主要术语

最低生活工资　　　　最低工资

自我测试

1. 领取最低工资的工人大部分是
   a. 努力养家的人
   b. 无需养家的年轻人
   c. 退休的老工人
   d. 以上都不是
2. 最低工资名义值保持不变的最长时期是在
   a. 里根政府期间
   b. 布什（乔治·赫伯特·沃克）政府期间
   c. 克林顿政府期间
   d. 艾森豪威尔政府期间
3. 如果最低工资被设在均衡工资水平之下，那么该法规的效果将会是
   a. 更多的钱流向工人
   b. 企业赚更少的利润
   c. 有一个净损失
   d. 没有任何影响
4. 如果最低工资被设定在均衡工资水平之上，那么该法规的效果将会是
   a. 有一个更高的工资
   b. 减少商家利润
   c. 有净损失
   d. （a）到（c）都是
5. 劳动力需求弹性越大
   a. 最低工资将导致越多的失业
   b. 产生越多的净损失
   c. 最低工资提高工人的工资也越多
   d. （a）到（c）都是
6. 如果你看到消费者剩余（流入老板手中）的美元价值等于生产者剩余（流入到工人手中）的美元价值，那么最低工资
   a. 一般会提高消费者剩余并减少生产者剩余，净损失为正
   b. 一般会提高消费者剩余并减少生产者剩余，净损失为负
   c. 一般会减少消费者剩余并提高生产者剩余，净损失为正
   d. 一般会减少消费者剩余并提高生产者剩余，净损失为负
7. 画出劳动力供给无弹性、需求有弹性的供求图。如果在这种情况下确定最低工资，会有什么作用？标出最低工资的消费者剩余和生产者剩余，以及净损失。

思考

由于在纽约生活的成本大于在威斯康星州的梅德福德生活的成本,那么最低工资在全国各地就应该不同吗?会有什么样的后果?

讨论

最低工资应该对 CPI 进行指数化,以便由于通货膨胀的原因而逐年提高吗?

进一步阅读

Brown, Charles. "Minimum Wages Laws: Are They Overrated?" *Journal of Economic Perspectives* 2, no. 3 (Summer 1988), pp. 133-146.

Brown, Charles, Curtis Gilroy and Andrew Kohen. "The Effect of the Minimum Wage on Employment and Unemployment." *Journal of Economic Literature* 20, no. 2 (June 1982), pp. 487-528.

Card, David and Alan Krueger. *Myth and Measurement: The New Economics of the Minimum Wage*. Princeton, NJ: Princeton University Press, 1995.

参考数据

Historical Data
  Minimum wage, 1959-2003
    U. S. Department of Labor; Employment Standards Administration
      http://www.dol.gov/esa/public/minwage/main.htm
Poverty line, 1959-2003
    U. S. Census Bureau; Historical Poverty Tables
      http://www.census.gov/hhes/poverty/hispov/hstpovl.html
EITC Eligibility and Amount
    Internal Revenue Service; The Newsroom, February 3, 2003
      http://www.irs.gov/newsroom/article/0,,id=106429,00.html

第31章 租金控制

学习目的
- 使用供给需求原理建模分析租金控制的影响
- 理解控制租金的原因往往在本质上是短期的
- 明白为何经济学家一般都反对租金控制
- 理解随着考察时期长短的变化,控制租金造成的结果也会发生改变:短期租户的收益通常会被房东和其他承租人的长期损失所抵消
- 使用供给需求模型解释为何消除租金控制有可能符合城市的整体利益,却不符合该城市投票人的利益

内容概要
- 自由市场上的租金
- 控制租金的原因
- 租金控制的后果
- 为何租金控制会延续下来?
- 小结

美国的很多城市已经通过立法手段来控制房东收取租金的大小。一些城市,比如纽约,自从第二次世界大战以来就有类似的法律,那时价格控制源于战争。当价格控制的法令到期以后,纽约市不断延长了价格控制法令的适用期限。其他有控制租金立法的城市,如新泽西州的100多个城市,只是不断将1971年尼克松总统实施的租金控制延长而导致了租金控制的事实。20世纪70年代末、80年代初的几年间,加利福尼亚州土地价格上升导致了房租上涨,旧金山、洛杉矶、圣何塞等城市也采取了租金控制措施。

典型的租金控制法令规定了租金增加的频率和幅度。一些租金控制法令还规定:只要承租人续租同一间公寓,就禁止房东增加房租。我们分析租金控制问题的时候,第一个需要考察的问题就是自由市场上租金是如何决定的。接下来,我们要研究哪些因素会促使政府控制租金,最后我们要考察阻止租金上升导致的长期和短期后果。

自由市场上的租金

在自由市场上,租金的形成机制和其他任何商品和服务的价格决定机制是相同的。公寓的供应量取决于两个因素:其一,房东建造公寓花费的成本;其二,和其他投资相比出

租公寓盈利能力的高低。对公寓的需求量则受到以下因素的影响：求租者的数目，与自己买房或者在相邻地区租房相比租赁的成本大小，潜在求租者的收入情况等。

当房东们选择将其资金投资于公寓建造的时候，他们的动机和投资于其他项目的投资者没有什么两样。他们在承担有限风险的情况下，希望能够获取尽可能高的投资回报率。但是，和其他投资相比，投资于公寓的房东面临着更加易变的成本。其中，最重要的成本是建造公寓本身所花费的成本。如果投资者借钱修建公寓或者借钱购买公寓，那么建造成本是每个月需要支付的房屋抵押贷款利息。如果投资者用自有资金投资于公寓，那么建造成本就是该投资者在其次优投资机会上能够获得的投资回报率。从这个意义上说，租赁房地产方面的投资和其他项目投资在本质上是一样的。

然而，拥有租赁房地产的其他成本却比别的投资更加具有可变性。房东必须解决公寓中的所有问题。他们必须和那些没有按时支付房租的房客打交道。他们必须处理那些提前退房的房客。他们还必须对付那些损坏房子的程度超过安全保证金的房客。正是因此，那些头脑灵活的人发现投资于公寓的盈利很高。房东们使出浑身解数节约维护公寓的成本。

另一方面，寻找地方居住的人也面临着相似的问题。他们必须在买房还是租房之间做出选择。如果决定买房，他们就必须支付房款的首付资金，而且还得自己维修。如果选择租房，他们就必须决定在什么地方租赁。在一个大城市里，离工作地点越近的公寓索要的租金越高，但是可以节约交通的时间和费用。如果市区内的租金较低，人们更愿意住在市区。如果市区的房子较贵，人们就更乐意选择稍偏一点的住房。

图31.1向我们展示了租赁公寓市场决定了租赁公寓的均衡数量Q^*和均衡租金R^*。该市场受到许多因素的影响。举例来说，如果利息率上升，房东负担的成本会上升，而且更多人希望成为承租者。原因在于，显示成本高低的住房抵押贷款支付会增加。房东的成本上升，潜在的租赁者增多，这两个因素都会导致更高的租金。

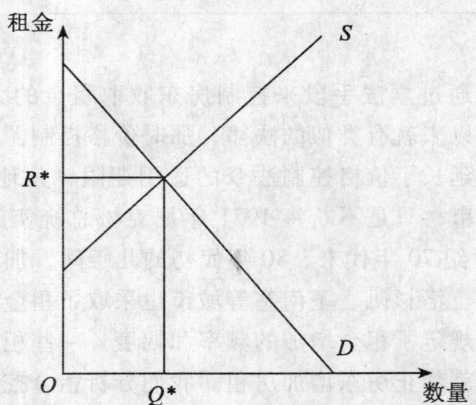

图31.1　没有租金控制情形下租赁公寓的市场

在这里值得指出的是，公寓租赁市场可以细分为几个不同类型的市场。例如，与将房屋租给年长承租人的房东相比，将房屋租给年轻大学生的房东对公寓的修缮成本的预期是不同的。出租低质量公寓的房东必须应付一些承租人总是拖欠租金的问题，而对索要高价房租的房东而言就不存在这个问题。

这样对租金和公寓质量进行二分法划分以后，承租人经常是自动分离开的。接近大专院校的公寓索要的租金要高于其他地方的租金，原因是大学生对交通成本比较看重，因而他们愿意支付较高房租以节省交通成本。对于非大学生承租者而言，并不看重靠近校园。因为房东们面临着相似的客源，所以房东可以索要与同类公寓相比更高的保证金。例如，房东们知道，如果承租者为男性大学生，他要支付的修缮成本要远远高于房客为女大学生情形下的成本。但是，无论种族、性别、信仰或者年龄等因素是否对修缮成本有所预见，他们都不能根据上述因素征收不同的租金。

控制租金的原因

当房东承担的成本上升，他们就需要提高租金以确保投资于租赁公寓的资金获得一定的回报率，该回报率要和其他相当的投资机会带来的回报率大致相同。几乎没有人会对这类租金上涨产生怨言。但是，另一方面，和其他经商者一样，房东希望提升价格以增加利润。防止房东提高租金的因素与防止其他商品价格上涨的因素并无差异。房东们之间的竞争将抢走擅自提价房东的客源。但是，与其他商业领域的经营者相比，房屋租赁领域的房东有更大的优势。

当你更换牙膏或者其他商品的时候，不会涉及到什么成本。但是，当你更换公寓时，所涉及到的成本却比较大。首先，你必须找到一个新地方居住。这或许不会花费你的金钱，但是因为这是火烧眉毛的事情，因此机会成本非常高昂。接着，你必须解除所有的公共服务，到新的地方又得重新寻找公共服务。你必须告知每一位朋友你的新住址，还得将全部家当打包搬到新家。即使你知道有人顺路能够带一程，而且有伙伴帮忙，这仍然要花费大量的金钱和时间。虽然更换公寓的威胁是承租人反抗房东的唯一手段，但是更换住处的成本降低了该反抗手段的效力。

房东们知晓更换住处涉及的成本将减弱威胁的可信度，而且房东们深悉：如果他们每年都提高租金，只要房租的增加部分小于更换住处的成本，他们就能既不失去客源，又提高租金。如果他们提高租金使得增加部分超过更换住处的成本，他们知道承租人会另选住处。但是，如果他们确信其租金的增加小于变换住处的成本，那么关注自身经济利益的承租人会选择继续租住，并且支付额外的租金。当然，这个过程不可能永远维持下云，因为这意味着租金总是比其他商品和服务的价格上涨得快一些。如果情况确实如此，投资者就会建造新公寓以期获得高于其他投资机会的投资回报率。当新公寓建成之后，就会导致租金大战，最后受益者将是承租人。但是，也可能数年之内都不会爆发租金战。政客们将此短期情形理解为永久的现象，并成为他们实施租金控制的全部理由。正如我们将要看到的那样，一旦一个城市实行了租金控制，它就很难摆脱了。

租金控制的后果

价格上限
价格达到的不能够再上升的水平

租金控制是**价格上限**的一种形式，其中价格上限是指不允许价格超过某一特定水平。一旦实施了租金控制，公寓租赁市场就不再仅仅由供给和需求单独决定了，它还受到政客们写进立法的晦涩规则控制。无论是一般的价格上限还是租金控制法律，它们造成的后果取决于供给曲线和需求曲线的弹性,而弹性则依赖于相似替代物的数目和考察问题时间的长短。因为考察的时期越长,相似替代物就会涌现得越多,所以以上两个因素是紧密联系的。我们将它们都归结于时间长短这一因素之下,然后讨论短期后果和长期后果有什么差异。

需要指出的是,价格上限要发挥作用就必须使其低于均衡价格。想象一下价格上限高于均衡价格的情形会发生什么事情。此时,如果某个房东索要的租金高于均衡价格,那么承租人会搬到其他房东的公寓居住。故而,房东发现索要高于均衡价格的租金不符合追求利益最大化的原则。换言之,法律将租金设定在高于均衡价格的水平上,相当于告诉房东不能做一些有损其利益最大化的事情。这就好比某个教授告诉你不能裸体听她的课一样。你无论如何不会打算光着身子走进课堂,所以教授告诫你不能裸体听课其实就等于没说一样。

我们可以通过考察图 31.2 来系统地分析租金控制造成的后果。首先必须指出图 31.2 有两个图形。左边的图展示的是租金控制导致的短期后果,而右边的图表示的是租金控制引发的长期后果。如果你还记得本书第 3 章告诉我们:需求弹性和供给弹性的一个重要决定因素是时间,那么你就会明白为何长期后果和短期后果存在差异。

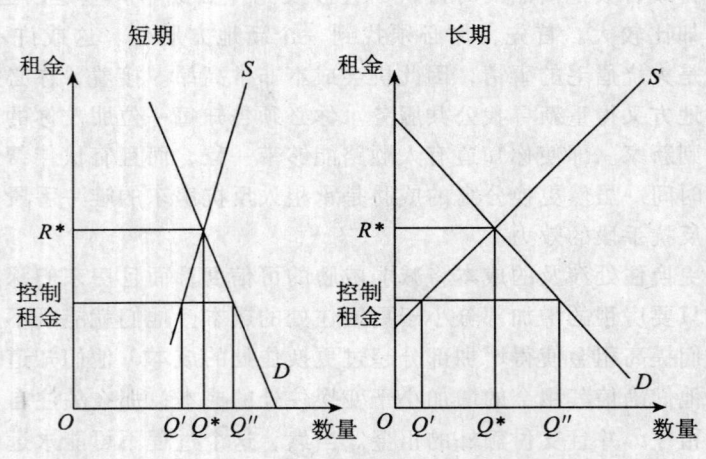

图 31.2　租金控制的短期后果和长期后果

在短期,因为房东和承租人都没有时间或能力改变其行为,所以供给曲线和需求曲线都缺乏弹性。公寓所有者会将其所有房间都租出去,而不管租金的多寡。只有那些需要房东特别关注的公寓,房东会根据其所得是否能够弥补其付出的原则决定是否出租。但是,在短期,房东能够控制的公寓数目非常少。

现在我们来看此时房东们有什么共性。我们发现均衡租金 R^* 被法律限价 R_{control} 取代。第一个后果是立法者希望看到的:租金会下降,同时,与没有租金控制的情形相比,房东得到的收入会减少,同时承租人支付的租金会较少。

降低租金的同时也使得需求数量 Q^* 超过了供给数量 Q'。出租的公寓数量减少了,原因是,实施租金控制之前用于租赁的公寓在实行租金控制之后退出了租赁市场,其数量为 $(Q''-Q')$。为什么会出现这种情形呢?设想你就是一位房东,你拥有的公寓维护成本不一样。对于那些维护最困难的公寓（比如潮湿的环境使得油漆容易老化，此公寓需要不断粉刷），除非能够获得 R^* 的租金，否则将不会出租。这样一来租金控制的第二个后果是供租赁的公寓数目将会下降。

租金控制最后一个明显的后果是：那些实施租金控制之前不会租房的房客会在实行租金控制之后决定租房。此后果无论是在短期还是在长期都会存在。特别地，和均衡价格 R^* 下的需求数量相比，$R_{control}$ 价格之下的需求将增加 $Q''-Q^*$。

这些后果的大小以及人们对此后果的反应决定了它们是短期的还是长期的。例如，在短期，租金下降导致的成本比较小。因为在短期供给曲线和需求曲线都可能是缺乏弹性的，所以只有一小部分人会失去租房的能力。

同样地，在实行租金控制之后，居住在实行租金控制社区的承租人可能不会马上搬到条件更好的公寓。另一方面，该社区以外的居住者也不会马上迁入，直到其目前租金和实施租金控制社区的租金之间的差异足够大为止。

因为大部分租金控制法律并不是降低租金，而是阻止其上升，所以实际上短期变化可能会持续一段时间。如果通货膨胀率为每年2%，而且租金不允许上升，那么要花费几年时间才能使均衡租金和被控制租金之间的差异变得显著。只有当差异变得足够大，房东才会放弃一些公寓的修缮，承租人也开始改变居住地，至此，租金控制的全部后果才开始显现。

一旦上述的长期后果开始显现，租金控制的严重缺陷就开始超过其得益。当实行租金控制社区里的房东放弃原本打算新建、修缮公寓决策的时候，图 31.2 中 Q'' 和 Q' 的差距就开始变大。Q'' 和 Q^* 之间的差距也会拉大，原因是居住在该社区之外的房客被低廉房租吸引，会不断迁入该社区。

受到租金控制的公寓市场走向何处将取决于法律具体的规定。举例来说，如果不管租住人是谁，租金每年只能上调一个固定比率，这会导致一些问题的产生。如果一个承租人续租房东就不能增加房租，这又会产生另一类问题。针对转租、收回公寓的相关条款会倾向于使问题更加恶化。

一些租金控制法律允许租金每年适度的增加。但是，租金的增加赶不上通货膨胀或者均衡租金所要求增加的程度。在纽约市，因为均衡租金和现行租金之间的差距是60余年累积起来的，所以受到租金控制的公寓是非常低廉的居住地。它们的租金只有市场租金的三分之一，甚至更少。这使得纽约市出现了极为反常的现象，那些寻找公寓的人不是到报纸的房地产板块搜寻信息，而是到讣告公布栏获得信息。

当市场受到控制时，市场有时候会转入地下。一些经济学家称它们为影子市场。之所以会出现影子市场，原因在于一部分人对一些有价值事物（比如说租金低于均衡租金的公寓）拥有权力，同时有一部分人想得到该有价值的东西。在纽约市租金受控的住房租赁市场上，与公开交易次数相比，影子市场上的交易次数要高得多，这就是明证。上述现象的一个证据是租金受控的公寓极少在报纸上登广告。尽管纽约市超过60%的出租公寓是受到租金控制的，但是纽约市主要报纸上公寓出租信息中只有3%是关于租金受控公寓的。

为了解释影子市场如何运作，假设你知道某人的至亲去世，并且当地没有亲属期望得到租金廉价的公寓。那么你可以参加葬礼，假装非常悲伤，然后看自己能否得到死者的公寓。当然，每个人都知道这个信息，所以控制死者公寓的人就会努力将使用该公寓的权力出售给出价最高的人。在实行类似法律的城市，人们为了租赁到租金受到控制的公寓实际上要支付一种贿赂，这是一种普遍现象。

其他城市的法律甚至更加严厉：在租约到期之前，不能提高租金；同时因为承租人能够永久续约，所以只有当承租人死亡以后，租金才能上升。如果已故承租人的后代能够隐瞒事实，他们可以以承租人的名义将公寓转租出去数十年。不仅如此，转租的权力将出售给出价最高的人，有时候可以延续几代人。

一个有代表性的现象是，公寓所有者拥有的唯一手段是让该公寓变成一个不适合居住的地方。这是一个自我实现的路径。因为租金如此之低，房东没有钱修缮。而且，如果房东能够让每一位承租人离开，他就能毁掉公寓内部装置，重头开始。因为重新装修的房子被视为新公寓，房东就能够按照市场上的价格收取租金。房东的另外一条选择就是将房子重新装修之后以私产将其出售。承租人当然知道房东的如意算盘，所以只要能够住得下去他们就拒绝搬迁。他们这样做不是故意和房东为难，而是他们知道找寻租金如此便宜的公寓实在是勉为其难。如果失去了租金受到控制的公寓，他们将成为 Q'' 中的一员，并努力在为数不多的 Q' 中租到公寓。这就是为什么在租金受控制的城市里承租人自己修缮房子，或者自己为房子维修买单的原因所在。为了反抗那些不支付必要修缮费用的房东，承租人的唯一方法是向城市卫生处报告。有时候卫生处为了让房东修缮公寓会发出法院传票，但是有时候它们不会这样做。这种类型的压力几乎不发挥什么作用。公寓所有者只需简单地将公寓抛弃不管就可以了，这样一来承租人的境况就更加恶化了。

房东对租金控制的一个反应是降低其出租公寓的质量。出租质量低劣的房子而收取等同于原来水平的租金，这和提高租金没有什么两样。因而，经济学家认为：在长期，租金控制是没有效率的，因为房东将提高房租，当然不是显性地提高房租，而是通过降低公寓质量的手段提高房租。

最后，租金控制使得种族歧视、性别歧视、年龄歧视以及其他和住房有关的歧视形式更加可能发生。如果对公寓的需求大于公寓的供给，房东就可以按照自己的偏见选择下一个承租人，尽管这是非法的行为。在自由市场定价的情形下，房东的偏见和他的钱包相互冲突。但是在租金控制的情形下，偏见付出的代价不会像自由市场定价情形下付出的成本那么大。

为何租金控制会延续下来？

既然租金控制产生了上述这么多奇怪的长期后果，人们禁不住会问：为什么一些城市会持续控制租金呢？答案非常简单，该问题可以追溯到投票箱。让我们从以下显而易见的事实出发：你不会到某个社区去投票，除非你生活在那里。生活在郊区的人不能在城市的选举中投票，即便是投票结果将对他们产生直接影响。同时，许多生活在租金受控制城市的居民几乎都能从租金控制中得到好处。

图 31.2 有助于我们理解这一点。租金控制既伤害了房东，又伤害了那些原本能够租赁公寓现在却找不到房子的承租人（$Q^* - Q'$）。前者数量极少，其利益不会受到候选人

的关注①，后者已经不得不迁离该城市。剩下的主体是城市中的 Q'，而他们能够从不断延续租金控制中得益。

但是在波士顿，废除租金控制并没有导致租金控制支持者所担心的问题。先前受到控制的租金确实上升了，但是新建筑物仍然受到租金控制。这种安排有降低租金上涨幅度的效果。

小结

现在你能够运用第 2 章介绍的供给需求模型分析租金控制的后果。你现在明白了，尽管存在租金控制的一些理由，但是这些理由本质上都是从短期出发考虑问题，而且一般而言经济学家反对租金控制。你还明白了，在长期和短期两种情形下，租金控制引起的后果不同。承租人得到的短期利益经常被房东和租不到公寓的承租人的长期损失所抵消。最后，你能够运用供给需求模型来解释：为什么消除租金控制符合城市的整体利益，却不符合该城市选民的利益。

主要术语

价格上限

自我测试

1. 如果受到租金控制的房租高于均衡租金，结果将是
   a. 房东将索要高于均衡租金的房租
   b. 待租公寓出现短缺
   c. 待租公寓出现过剩
   d. 和没有租金控制情形的结果相同
2. 如果受到租金控制的房租低于均衡租金，结果将是
   a. 待租公寓出现短缺
   b. 待租公寓出现过剩
   c. 和没有租金控制情形的结果相同
3. 租金控制导致的短缺在以下哪种情形下更大？
   a. 短期
   b. 长期
   c. 当需求富有弹性时
   d.（b）和（c）
4. 经验告诉我们，如果废除租金控制法律

---

① 这不是说房东没有什么影响力，通过斗争房东在一系列发展问题上能够得到充分的重视。尽管如此，其影响力也没有促成纽约市租金控制的废止。

a. 租金会显著上升
   b. 租金会上升，但是新建造公寓会减缓租金上升
   c. 租金将不会变化
   d. 租金将会下降
5. 租金控制法律有以下未曾想到的负面效应：
   a. 使房东有能力实施歧视
   b. 降低房东维护公寓的激励
   c. （a）和（b）
   d. 既不是（a）也不是（b）
6. 画一个供给需求图形以反映租金控制之下租赁公寓市场。标明租金控制前后的消费者剩余和生产者剩余，并指出租金控制导致的无谓损失。

思考

如果租金控制如此有害，那么为什么它还能存在？

讨论

如果你将就你所在城镇的租金控制投票，你是投赞成票呢还是投反对票？为什么？

进一步阅读

Keating, W. Dennis, Michael Teitz, and Andrejs Skaburskis. *Rent Control: Regulation and the Rental Housing Market*. New Brunswick, NJ: Center for Urban Policy Research, 1998.

第 32 章 票证经纪人和票证倒卖

学习目的
- 理解什么是票证倒卖以及为什么会存在票证倒卖
- 将票证市场置于垄断模型之下进行分析
- 理解为什么第四章提出的边际成本曲线不适用于票证销售
- 明白为什么销售商会理性地索取低于其能够索取的价格,而由此导致的结果是票证短缺
- 理解为什么短缺的环境经常会导致倒卖市场的产生,在倒卖市场上从事工作的人以低于、等于或者高于票证面值的价格买入、然后出售赚取一定利润
- 理解经济学家一般认为倒卖市场的存在能够创造价值,没有什么理由制定法律进行管制,而且在美国各地存在的合法和非法倒卖市场之间,不存在功能上的差异

内容概要
- 定义经纪和倒卖
- 票证销售的经济模型
- 为什么销售商索取的价格低于其能够索取的价格
- 倒卖的经济模型
- 合法的倒卖者
- 小结

 如果你想参加一个音乐会、观看一场比赛,或者想欣赏任何一场正在出售门票的赛事,你可能知道只要你愿意支付相应价格,你总能得到一张入场券。有些比赛是"人一生中仅有一次的机会",而其他的则只是许多人都想观看的赛事而已。最近几年,诸如芝加哥公牛队麦克尔·乔丹最后一场篮球赛这样的赛事,球票的价格高于其面值很多倍。还有其他一些事件,虽然不是一生只能碰到一次的事情,但是门票要价仍然高得超乎寻常。超级碗(super bowl)橄榄球赛事、世界职业棒球锦标赛、美国全国赛车联合会布里斯托尔赛车都是一些重要赛事,很多人都愿意支付高于面值很多的价格获得门票。
 尽管在很多城市按照高于面值的价格出售门票是非法的;但是,在任何一个大城市,如果只能通过高价获得门票,那么就总能得到这样的高价票。经济学家们几乎总是反对阻碍人们交易其财产的法律。原因在于,如果某人在 500 美元和一场比赛门票之间更加偏好前者,而另一个人则认为一场比赛门票比 500 美元更有价值,那么与没有交易相比,交易之后两人的状况都将变得更好。
 本章定义了票证倒卖,并且为其提供了经济解释。我们运用第 5 章的垄断定价模型来

理解销售商的票证定价方案。我们证明了，如果存在倒卖行为，那么销售商出售门票时不得不偏低定价。然后我们考察了销售商这样行事的原因。我们运用供给需求模型并用消费者剩余、生产者剩余术语来研究倒卖如何有利于消费者和倒卖者。我们还谈到使倒卖者合法化的各种机制。基本上有两种方式能够使其合法化，其一是成为其为"经纪人"，其二是将门票和其他服务捆绑起来销售。

定义经纪和倒卖

经纪
购买票证并且合法地以高于面值的价格再出售的行为

倒卖
购买票证并且非法地以高于面值的价格再出售的行为

市场上有一些人买入票证、然后以高于面值的价格将其出售，如果这种行为是合法的，那么就称之为票证**经纪**，如果这种行为是不合法的，我们就称其为票证**倒卖**。这样一来，只有当上述行为不合法时，我们才将其视为倒卖。尽管票证经纪和票证倒卖在语义上有差异，但是对很多爱好者和表演者而言，他们是最残酷的吸血鬼。他们在其他人得到票证之前就囤积大量票证，然后高价出售赚取利润。他们并没有生产什么。那些从事此行业的人认为自己提供某种服务并且赖以为生。但是对于其他人而言，他们只是在榨取别人的血汗而已。

对经济学家而言，当销售商错误定价时，倒卖者将执行重新定价功能。正如我们将要看到的那样，只有当有足够多的爱好者愿意以高于面值的价格购买门票，而且在票证面值价格水平上人们愿意购买的座位多于能够供应的数量，此时倒卖者才能够获利。

这并不意味着表演门票一定会脱销。如果一些座位确实比较好，而另一些座位确实比较差，那么好座位（比如说场边的座位）可能会被倒卖，而那些差座位就会卖不出去。实际情况是，对于紧挨着倒卖者索取高价的好座位旁边位置而言，不可能卖不出去。由于传统的门票出售点按照面值出售门票，那么在倒卖者能够以高价出售票证之前，这些门票出售点的票必定已经告罄。

票证销售的经济模型

此时我们能够提出的问题是"为何票证销售商索要的价格低于其真实价值呢？"为了回答这个问题，我们需要考察决定销售商定价的因素。为了就此问题建立模型，我们需要回到第 5 章去看一看哪一个市场模型最适用于票证销售，是完全竞争还是完全垄断？因为票证销售只有一个销售商，与存在很多销售者的完全竞争模型相比，垄断模型更加适合目前有待分析的问题。

边际成本

大家一定还记得第 4 章的边际成本曲线，如图 32.1 中左图所示。但是，对于一场体育赛事或者音乐会的门票出售而言，边际成本有点差异。图 32.1 中右图展示了门票出售的边际成本曲线。在达到运动场的容纳能力之前，边际成本几乎是一个常数。打印票证、出售票证以及清扫运动场馆的成本相对保持不变。增加第 1 000 位顾客导致的额外成本和增加第 10 万个顾客导致的额外成本几乎相同。但是，如果达到场馆容纳能力之后，要想多出售门票就必须扩建以增大容纳能力，此时再增加 1 位顾客导致的额外成本就会急剧上升。

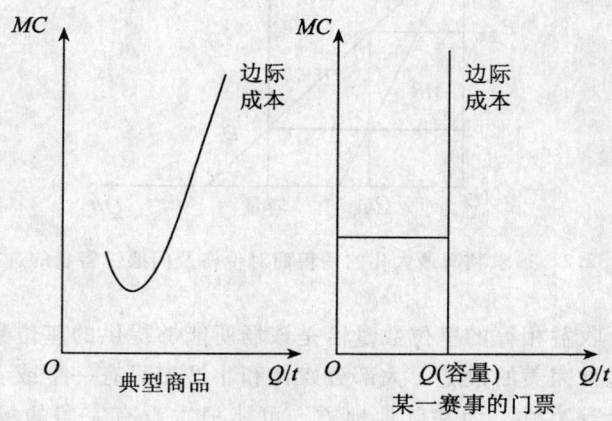

图 32.1　边际成本

作为垄断者的票证销售商

当试图最大化利润的销售商为某一事件制定价格的时候，他们必须估计市场对这一事件的需求。一旦他们掌握了市场需求信息，他们就能够像其他任何垄断者一样行事了。我们还记得我们一直假设企业追求利润最大化。虽然当边际收益和水平轴相交时企业能获得收益最大化，但是追求利润最大化的销售商并不这样行事。正如图 32.2 所示的那样，销售商安排销售量使得边际收益等于边际成本。这意味着他们将以价格 P_{monop} 出售数量为 Q_{monop} 的门票。

一个有趣的现象是，销售商可能乐意看到竞技场并不坐满。如果为了将竞技场座位全部售出而导致的价格下降程度太大，销售商就会保留一部分座位不向外出售。你不应该对这一结论表示惊讶。如果你在一个大学就读，你就更加熟知其中奥秘了。考虑下面的情形。学校男子篮球比赛能够吸引大约 4 000 到 6 000 个球迷，而女子篮球赛大约能够吸引 1 000 个球迷。如果竞技部门希望将体育馆的所有座位都售出的话，那么男子篮球赛可能变成免费的，而对于女子篮球赛而言可能要倒贴钱才能使得体育馆满座。这并不是在抨击女性；在没有举办全国性赛事声誉的学校中，这只是生活的事实。显然，大学里男性赛事的门票价格一般高于女性赛事的门票价格。大学通过这种方法来尽可能地多获利，它们不会追求满座，即使 10 年间难得有一次出现门票脱销的现象。

完美的竞技场

对于销售商而言，场所的规模至关重要。在销售商眼里，完美的场所如图 32.3 所示，其容纳能力和销售商希望出售的门票数量恰好相等。也就是说，拥有完美容纳能力的场所

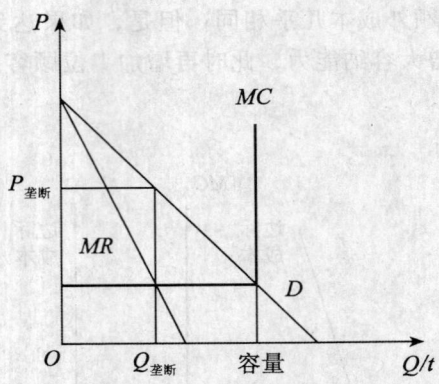

图 32.2　追求利润最大化的销售商对价格及门票销售量的选择

是指边际成本和边际收益相等的座位数量恰是该场所能够提供的座位数量。当然，销售商并不总是能够找到这种完美的设施。大部分媒体和小城市只有一个或者两个可供选择的场所来举行诸如音乐会等事件，而在其他地方，可能根本没有完美的场所或者音乐厅什么的。

在那些拥有很多规模大小不一的场所的大城市，销售商会选择容纳能力恰好使得边际成本等于边际收益的场所。假设大而不当的场所会让销售商多花费租金，那么预订这种"完美"场所就能够最大化利润。

在以上提到的每一种情形，都没有倒卖者的市场，原因是门票的面值等于其交易的价格。只有当票证的市场价格高于其面值时，倒卖才有意义。出现此种情形的唯一可能是，销售商索要的价格低于使其达到利润最大化的价格水平。这种情形可以参见图 32.4，此时，门票价格不是定在使销售商达到利润最大化的水平，门票价格要么等于将门票全部出售的价格水平，要么更低。

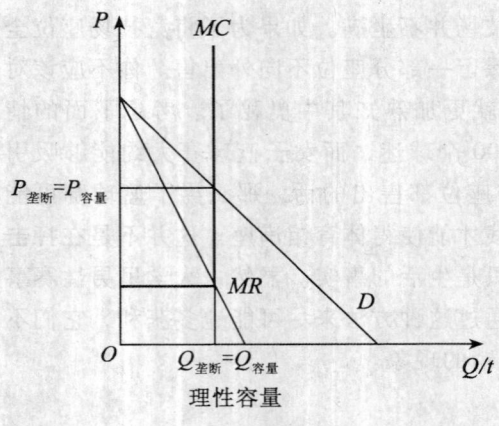

图 32.3　完美的竞技场

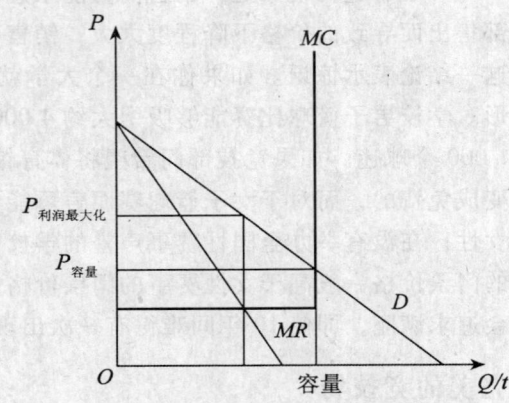

图 32.4　容纳能力价格和利润最大化价格

为什么销售商索取的价格低于其能够索取的价格

为何销售商将其全部座位出售,而不是最大化利润呢?首先,销售商可能并不拥有关于如何定价的合适信息。不确定性使得销售商为了保险起见定价偏低。第二,竞技场爆满可能给表演者带来某种激动人心的因素,这值得损失一部分利润。第三,表演者可能希望得到索要"公平价格"的声誉,为了培育此声誉他们情愿损失一部分利润。第四,表演者可能需要一些价格以外的机制,将真正追随者和那些仅仅因为有钱而去随便看看的观众区分开来。第五,衬衫和其他纪念品也是销售商和表演者获得收入的重要来源。这方面的收入可能会超过降低票价导致的损失。因为降低票价可以吸引更多的观众,这样达到整体利润最大化的目标。最后,索要低价可能对表演者的长期利益有利,因为索要低价可以最大可能地吸引观众,这些观众能够为他们做口头广告,进而提高他们的才艺的名气。

有时候销售商并不清楚应该为某一事件索要什么价格。而且,对于新表演而言,销售商一定要猜测市场能够承受的门票价格是多少。如果他们估计的价格偏低,那么倒卖者就会出现。而且,销售者可能希望回避定价过高的风险,有意使定价甚至低于他们的最好估计水平。这也会导致倒卖现象。

如果某一赛事门票告罄、现场爆满的话,现场的声音和感觉与只有50%的上座率情形相比会迥然不同。无论是表演者还是观众都会更加喜欢前者。尽管这对销售商并不是很重要,但是,试想受雇于体育明星或者其他表演者的销售商被要求尽可能地推广这一事件。销售商不论是否实现利润最大化,也去迎合表演者,这可能也符合销售商自己的利益。

有些表演者尝试与其追随者建立亲密关系。一些表演者希望低价门票能够让普通观众负担得起,以向公众展示其富有同情心。这意味着表演者和销售商为了获得索要"公平价格"给他们带来的美好感觉,他们愿意接受低价带来的损失。

与那些只是愿意掏很多钱买票的观众相比,表演者可能更加欣赏那些为了获得平价票而露宿在门票销售点的追随者。与简单的购买门票相比,你会觉得露营购票更加激动人心。那些为了得到前排座位而不惜露营的观众对表演者传递的热情,无疑要比那些钱包鼓鼓的观众大得多。

当你去听音乐会的时候,你在衬衫和其他方面花费的金钱经常和门票价格差不多。如果销售商定价太高将你拒于门外,他们也就放弃了其他来源的收入。这样一来,定低价可能最终能够达到利润最大化。

承办新人表演的销售商可能会认为,定低价对其长期利益有利,因为低价可以让尽可能多的观众进场观看。在表演者职业生涯的早期,定低价使得他们更有可能由一曲成名变为真正的明星。

因为存在以上所罗列的各种原因,销售商可能会选择按照低于其垄断市场价值的价格出售门票,甚至以低于保证门票售完的市场价格的价格出售门票。只要价格低于自由市场价值,就会导致倒卖者以较低价格买进,然后高价卖出以获利。

倒卖的经济模型

票证倒卖市场上的需求曲线比较典型。需求曲线将反映无法通过正当渠道获得门票的人们对门票的需求。对于许多事件，诸如印第安纳波利斯赛车，门票分配给那些预订门票的顾客。因为此类特殊事件是在宣布此赛事的 10 日内预订门票，此后预订者每年都最先有机会购买门票。其他观众要想观看以后的赛事，他们就必须从那些已经拥有门票观众的手中购得。

和其他任何商品一样，对这些门票的需求曲线也是下斜的。如果这个赛事是必看的，那么你会预期到需求曲线更靠右边，也更加没有弹性，或者说更加陡峭。原因是对于那些一生只有一次的事件而言，它比那些能够复制的事件拥有更加稀少的替代物。可以预期到它的需求弹性将很小。

该市场的供给曲线上斜，这不是因为供应的门票是不受限制的，而是因为为了从那些门票所有者手中获得更多的票证，你必须支付的代价也越来越大。图 32.5 展示了倒卖市场的供求曲线。

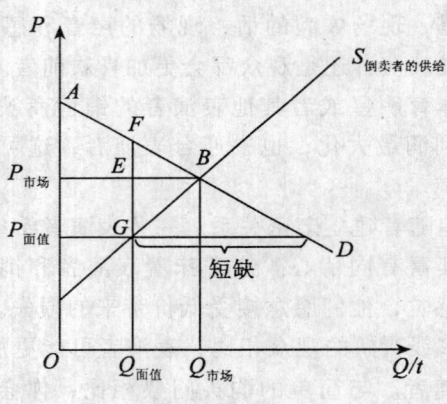

图 32.5　倒卖市场

如果价格停留在门票的面值上，那么与潜在的买者相比，门票的卖者将很少。对于经济学家而言这是典型的短缺。供给曲线的起点可能低于 $P_{面值}$，也可能高于 $P_{面值}$。图 32.5 中的供给曲线的起点低于 $P_{面值}$。为什么人们愿意按照低于面值的价格出售门票呢？因为有些拥有门票的观众可能由于某些原因不准备到现场观看。假设你拥有湖人队篮球比赛的季票，同时你也有一张加利福尼亚赛车比赛的门票，而且你打算去看赛车，那么你就愿意按照面值将篮球赛的门票出售出去。

如果倒卖是非法的，则只有数量为 $Q_{面值}$ 的门票供给出来。这时那些愿意出更高价格买票的观众就找不到卖家。一些情愿以价格 $P_{市场}$ 出售门票而呆在家里的观众只好去观看比赛，同时，那些愿意出高价购票观看比赛的观众却只能坐在家中。

假如没有倒卖将会出现短缺，而且会导致社会损失。用生产者剩余和消费者剩余度量的社会损失参见图 32.5。那些希望购高价票去看比赛的观众的福利损失为 EFB，那些希望以高价出售门票的观众福利损失为 GEB。整个社会的福利损失为 GFB。

此种情形下，允许倒卖是解决了问题还是引发了新问题呢？经济学家指出倒卖者将门票从那些对门票评价较低者手中转移到那些评价更高却没有票的人手中，这就解决了短缺问题。但是，表演者却对此持悲观看法。他们认为倒卖者实际上是从他们没有作出丝毫贡献的蛋糕中分了一杯羹。

合法的倒卖者

在美国一些州，所有形式的倒卖都是合法的；而在其他一些州，则所有的倒卖都是非法的。现在，越来越多的州宣传倒卖非法，同时允许"经纪人"以高于面值的价格出售票证。倒卖者和经纪人的唯一区别是：前者在大街上寻找门票的买主，而后者通过柜台和电话完成交易。倒卖者要求现金，经纪人用信用卡结账。

使倒卖者合法化的另一种方法是将其服务和旅游代理商结合起来。旅游代理商将饭店住宿等类似服务和门票打包出售给顾客，这在每个州都是合法的。假设你需要一张最近举行的"世纪之战"门票，在一个禁止倒卖的州，你无法通过正常渠道获得门票。但是，你还是可以得到门票，因为旅游代理商可以将价值100美元的门票、价值100美元的房间捆绑到一起索要500美元。这在任何地方都是合法的行为，即使是在倒卖非法的州。实际上，经济学家认为这和倒卖并没有实质性差异。

所以我们必须强调，经济学家一般不赞成反对倒卖的管制。无论是合法的经纪人，还是非法的倒卖者，他们都在提供某种服务。他们不仅解决了销售商引发的短缺问题，而且还为公众提供了便利。许多售票点售票服务所花费的时间并不能让公众满意。赛事当天售票点门口都会排起长队。因为倒卖者和经纪人为我们提供了便利，但是在这一过程中没有伤害其他任何人，所以没有经济上的理由来禁止这类行为。

小结

现在你明白票证倒卖的含义，并且知道为什么会存在票证倒卖。同时，你还理解门票市场适合运用第4章的垄断模型来解释，而第4章给出的边际成本曲线并不适合票证销售。你还明白了为何销售商会理性地偏低定价，也理解了这将导致门票短缺。然后，你知道在短缺情形下会存在倒卖市场，即有人以低于票面价值或者高于票面价值的价格买进门票然后出售以获利。最后，你明白经济学家通常认为此种服务能够创造价值，几乎没有理由制定法律进行管制，而且对于全国各地普遍存在的合法形式经纪和非法形式倒卖而言，它们的功能并没有什么不同。

主要术语

经纪   倒卖

自我测试

1. 倒卖者的所作所为和经纪人的所作所为之间唯一的实际差别是
   a. 经纪人的行为合法而倒卖者的行为不合法
   b. 倒卖者的行为合法而经纪人的行为不合法
   c. 倒卖者只是出售门票，而经纪人既买又卖
   d. 经纪人只是出售门票，而倒卖者既买又卖
2. 经济学家认为倒卖者怎样提供服务？
   a. 向所有的消费者降低价格
   b. 提高价格以使销售商赚更多的钱
   c. 当销售商定价偏低时调整价格
   d. 当销售商定价偏高时调整价格
3. 如果将倒卖者定义为以高于面值的价格出售门票，那么宣布倒卖行为非法（执行得力）会导致
   a. 短缺
   b. 剩余
   c. 脱销
   d. 不会出现脱销
4. 在达到场馆容纳能力的时候，再多提供一张门票的边际成本是
   a. 和未达到容纳能力之前的边际成本相同
   b. 和未达到容纳能力之前的边际成本相比稍微高一些
   c. 和未达到容纳能力之前的边际成本相比要高出很多
   d. 和未达到容纳能力之前的边际成本相比要低一些
5. 你所在大学女子篮球赛之所以没有倒卖球票现象的原因是
   a. 倒卖要发挥作用必须出现门票脱销，但大学里的女子篮球赛从来不会出现门票告罄
   b. 经纪人或者倒卖者还有没有到达你所在的城市
   c. 没有人愿意支付高于门票面值的价格以获得门票
6. 对于最大化利润的销售商而言，他们必须将竞技场所的座位全部出售，该表述是
   a. 正确的
   b. 错误的
7. 在任何界定之下，倒卖者都不提供什么服务，该表述是
   a. 正确的
   b. 错误的
8. 追求利润最大化的销售商将
   a. 不管价格水平高低，将竞技场所所有门票都出售出去
   b. 不管价格水平高低，只出售一部分门票
   c. 不管价格水平高低，出售的门票超出场所的容纳能力

d. 出售的门票数量使得边际成本等于边际收益
9. 说明运动场的建造商怎样来决定该场所的容纳能力
10. 说明为什么销售商可能并不总是希望将座位全部售出

思考

为什么分析销售商制定价格时运用垄断模型，而分析票证倒卖时使用完全竞争假设？

讨论

在你的脑海中，"票证倒卖者"和"票证经纪人"之间是否存在差异？如果有区别，差异是什么？如果没有，为什么？

你所在城市允许倒卖行为吗？如果允许，为什么？如果不允许，也请解释原因。

进一步阅读

Happel, Stephen, and Marianne Jennings. "The Folly of Anti-Scalping Laws." *The Cato Journal* 15, no. 1. (Spring/Summer 1995), pp. 65-76.

第33章 个人所得税

学习目的
- 理解税收运作的初步知识
- 能够描述横向公平和纵向公平的概念,明白如何将其运用于税收问题
- 理解人们在制定税收政策时,存在简便性与横向公平之间的权衡
- 领会税收如何改变人们去工作和储蓄的激励
- 知道税收怎样被用于促进对社会最适意的结果
- 在更大的背景中了解,自20世纪90年代到现在,关于税收的争论正在越演越烈

内容概要
- 所得税如何运作
- 所得税的有关问题
- 激励与税法
- 谁支付所得税?
- 过去十年关于税收的争论
- 小结

  2002年美国所得税达到8 580亿美元,而当年联邦总收入为18 530亿美元。如图33.1所示,所得税以外的联邦收入来源于薪酬税、公司税、关税、消费税、不动产税以及其他各种各样的税收。个人所得税是政府税收的主体。这些税收也引发了共和党与民主党之间的很多不同意见。两个政党都提出了它们认为对美国最佳、也有助于他们的支持者的税收政策。

  经常地,围绕个人所得税税法的政治斗争最后浓缩为富人们是否缴纳了"公平的税收"。在我们对哪个政党的税收政策更好下结论之前,我们需要理解税收的运作并搞清楚谁在为税收买单,以便对争论开展深入的分析。

  本章首先讨论美国的所得税如何运作,接着我们探讨了所得税能否改变以及如何改变人们工作、储蓄的意愿,并且考察了如何将资本利得融入该图景中。然后,我们介绍了关于谁支付税收的新闻,这些新闻让人感到惊讶不已。最后,我们罗列了20世纪90年代以来关于税收的一些争论。

所得税如何运作

  美国的联邦所得税是按照税收年度后一年的4月15日对各种估计值的修正来进行征

第33章 个人所得税

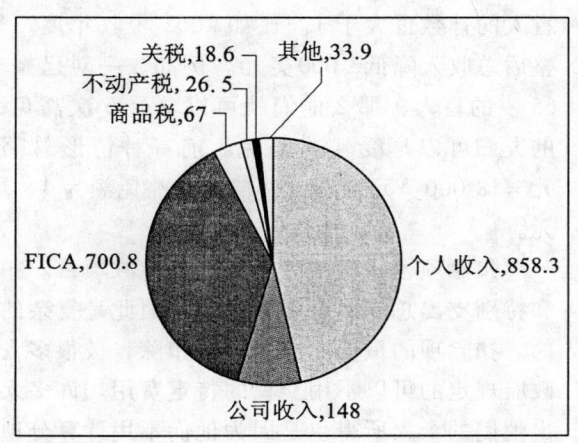

资料来源：http://w3.access.gpo.gov/usbudget/fy2004/pdf/hist.pdf.

图33.1 联邦税收及其来源（单位：10亿美元）

收的。当你找到一份新工作，你就必须填一份 W-4 表格，其中详细说明了自己缴税时享受的各种减免。你指定的减免项目不仅包括自身的，而且还包括你所在家庭应该享受的减免项目。但是，你可以尽可能地调整你的数字，以增进税收当局对应缴纳税收的推测。雇主根据你提供的数据计算你应该交纳的税收，并在每次发放薪金的时候截留这部分税收。

预扣税是指从你的薪酬中直接扣除政府预计你应该缴纳的税收，使得你能够分批次缴税，每次只需交纳一部分，从而避免一次性缴纳全部税收。4月15日这一天按照实际收入水平计算你应该缴纳的税收。那些预扣过多税收的人得到税收返还，那些预扣不足的人就必须在4月15日补缴税款。

预扣税
从个人薪酬中直接扣除的预计本年度应缴纳的税项

如同图33.2中所示，你应该缴纳的税收看起来非常复杂。但是，实际上对大多数人而言税收计算非常简单，这要归功于1986年的法案。大部分人能够跳过最复杂的一个步骤：减除，只需计算其税收单上10栏税收即可；而对于其他人，税收形式、规则和过程十分复杂，而且充满了专业术语。为了理解税收如何影响人们，我们必须理解这些形式、规则、过程和专业术语。

调整后总收入
各种来源收入的总净额

当然，你所应该缴纳的税赋受到你收入的影响。**调整后总收入（AGI）**是各种来源净收入的总和。为了获得该数据，你必须将你所有形式的收入（工资、薪水、小费、利息、红利）都加总起来。接着，再加上你所经营商业赚的钱、出租得到的租金、出售资产得到的利润（通常称为**资本利得**）都加总起来。最后，根据净赡养费支出进行调整（如果你向别人支付赡养费，此项为负）。

资本利得
以高于买价出售资产所获得的收益

为了计算调整后总收入当中有多少应税收入，你首先必须就以下两个项目进行调整。第一个项目是**豁免项**，它降低调整后总收入，其大小取决于家庭规模和家庭构成。这里的豁免和前文 W-4 表格中的减免相似，但不相同。为了使预扣税正确，你可以编造，

豁免项
由家庭规模决定的抵减调整后总收入的数额

扣除项
抵减调整后总收入的数额，具体数额取标准扣除和分项扣除两者中较大的一个

标准扣除
扣除项目的最低水平

分项扣除
政府规定的可以不用交税的特定费用

可扣除的
为了税收目的而批准的特定类型支出

但是此处的豁免必须是真实的。家庭中的每个人基数为1，大于65岁的老人的计数大于1，盲人的计数也大于1。比如2002税收年度，每个豁免项可以将调整后总收入降低3 000美元。例如，一对已婚夫妇，他们都是大于65岁的盲人，那么他们就可以享受6次豁免，而一个有两个小孩的夫妇可以享受4次豁免。前一种情形总豁免额为6×3 000美元＝18 000美元，后一种情形总豁免额为4×3 000美元＝12 000美元。

扣除项也是调整后总收入的递减项目。扣除项是最低标准扣除和特别支出总和两者中较高者，因此是复杂的。扣除项是不用交税的。扣除项的最低标准叫**标准扣除**，被很多人采用。**分项扣除**项是政府规定的可以不用交税的特定费用。许多人能够相对简单地计算出他们的个人所得税是因为他们不用计算分项扣除项这一复杂的步骤。通常，人们愿意接受标准扣除，而不是分项扣除。

当人们采用分项扣除时，他们把那些**可扣除的**支出（经批准的费用类型）累加起来，累加的总和用来抵减他们的应纳税收入，而不是用固定的金额来抵减。例如，当人们使用抵押贷款的方式购买房子时，在还款的早期，利息是全额支付的，而这些全额支付的利息就是可以扣除的。其他的可扣除的项目包括州和地方政府的所

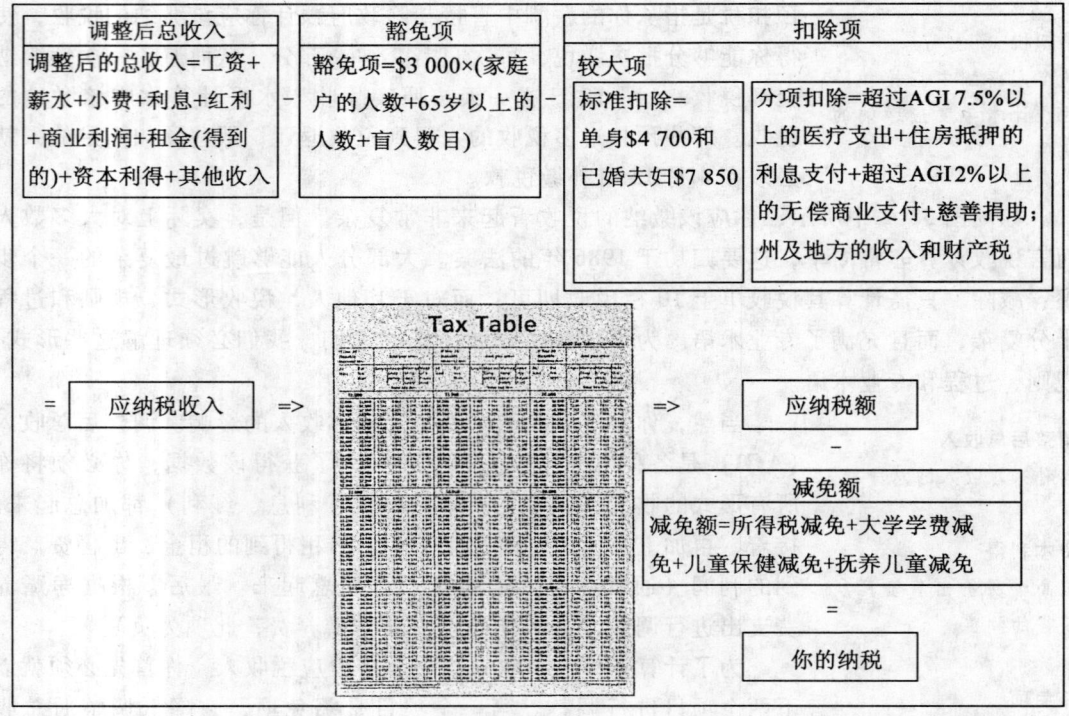

图33.2 联邦所得税，2002年

得税和财产税、慈善捐赠、一定的雇用费用和一定的医疗费用。

许多人不选用分项扣除项作为收入的抵减是因为分项扣除各项目的合计数与标准扣除数不相等。特别是对于那些租房子住的人更是如此,原因在于承租人不能扣减抵押借款利息和财产税。只有财产持有人才被允许扣减这些项目。

标准扣除不仅简化了许多人的税款计算,而且也降低了其应纳的税款。和采用标准扣除方法交税的个人相比,运用分项扣除方法交税的个人能够采取更多的税收形式。此外,由于标准扣除加大了人们收入的扣除金额,因此降低了人们的税负。所以**应纳税收入**等于调整后总收入减去个人豁免额,再减去扣除项。

应纳税收入
被调整后总收入减去个人豁免额,再减去扣除项(即标准扣除和分项扣除两者中较高者)

申报纳税身份
根据家庭情况对纳税人所做的分类,分为单身、已婚合并归档、已婚分别归档和户主

为了计算出应纳税额,人们还必须知道他们的**申报纳税身份**。人们的申报纳税身份分为四种情况:单身、已婚合并归档、已婚分别归档、户主。单身无孩子的人被归档为单身,而那些有孩子的单身则被归档为户主。几乎所有的已婚夫妇都合并归档,而经历了分离和离婚的人则分别归档。如果采用的是合并归档,许多已婚夫妇将支付较少的税款,尽管如此,一些夫妇还是选择分别归档,那是因为他们在分享对方的财务信息方面有障碍。

税法 2002 年标准扣除额分别为:已婚夫妇的为 7 850 美元;单身的为 4 700 美元。结果,对于那些有两个孩子的并且采用标准扣除的已婚夫妇来说,他们所挣的第一个 19 850($3 000 × 4 + $7 850)美元是免税的;而对于单身纳税人来说,他们的第一个 7 700 美元是免税的。

税表显示了人们的应纳税额。读税表,在纵向栏中找出申报纳税身份。然后,从横向栏中找出应纳税收入。举个例子,一个单身的人没有房子并且其收入来源仅仅是薪水,这种情况的应纳税额计算起来非常简单。假设这个人一年挣了 40 750 美元,并且采用标准扣除法,则他的应纳税收入是 40 750 – 4 700(标准扣除额)– 3 000(个人豁免额),等于 33 050。图 33.3 就是 2002 年的税表,查表得知,上例中的应纳税额是 5 375 美元。

累进制税收
收入越高的个人适用的税率越高

边际税率
各个税级中每 1 美元所要支付税额的百分比

美国的税率是**累进**的,这意味着你的收入越高你所适用的税率也就越高。表 33.1 中列出了 2002 年美国的税率等级。**边际税率**是最后 1 美元收入所要支付税额的百分比。这意味着,一个收入是 40 750 美元的单身者,他的应税收入是 33 050 美元,在他 40 750 美元的收入中,最初的 7 700 美元是免税的,接下来的 7 000 美元的税率是 10%,再接下来的 21 400 美元的税率是 15%,而最后的 4 650 美元的税率则是 25%(33 050 – 28 400)。

即使计算出了应纳税款,也并不意味着你实际上一定得交那么多,原因在于还有 4 类重要的税收抵免需要计算。第 1 类税收抵免是专门为穷人设计的收入税收抵免。如果你有孩子而收入不高,这项抵免变相增加了你拿回家的钱。对于那些至少有两个小孩的人来说,抵免额可达 4 140 美元。第 2 类重要的税收抵免是儿童抵免。对于那些收入低于 110 000 美元的已婚夫妇而言,这类抵免的金额是每个儿童 1 000 美元。第 3 类主要的税收抵免是儿童(老人)保育减免。大多数家庭都需要支付保育儿童的费用,而儿童保育减免是这些费用的 20% 到 30%(当然还要依据被调整后总收入情况而定)。最后一类税收减免是学费减税,和大学相关的学费最高可以抵免 1 500 美元。

表 33.1　　　　　　　　　　　　　　**2002 年美国税率等级表**

申报纳税身份	边际税率					
	10%	15%	25%	28%	33%	35%
单身	0~7 000	7 000~28 400	28 400~68 800	68 800~143 500	143 500~311 950	311 950~
户主	0~10 000	10 000~38 050	38 050~98 250	98 250~159 100	159 100~311 950	311 950~
已婚合报	0~14 000	14 000~56 800	56 800~114 650	114 650~174 700	174 700~311 950	311 950~
已婚分报	0~7 000	7 000~28 400	28 400~57 325	57 325~87 350	87 350~155 975	155 975~

资料来源：http：//www.irs.gov/，见税收表链接。

税收抵免与税收扣除之间存在重要差异。税收扣除是用来抵减应纳税收入的，所以纳税人因之而节省的税收支出等于边际税率和税收扣除的乘积。例如一个税级为 15% 的人，他的税收扣除中的 1 000 美元只能抵免掉 150 美元的所得税，而税收抵免中的 1 000 美元却能真正抵免掉 1 000 美元的所得税。因此在两者数额相等的情况下，税收抵免要优于税收扣除。

税收抵免与税收扣除还有一个重要的区别。那就是在税收争论中，人们经常讨论究竟应该采用两者中哪一个才更好。由于对于政府而言，抵免比扣除的成本要高，所以我们可以想像决策制定者们在制定减税政策时，面对 2 500 美元的税收扣除和 500 美元的税收抵免到底应该何去何从。对于税级为 15% 的人来说，一项 2 500 美元的税收扣除的价值位于 0（因为所有分项扣除加起来可能小于标准扣除）和 375 美元（2 500 美元和 15% 的乘积）之间；而对于税级为 28% 的人来说，一项 2 500 美元税收扣除的价值则达 700 美元。在两者数额相等的情况下，税收抵免要优于税收扣除。并且，如果两者给政府带来的税收损失相同的情况下，税收抵免给穷人带来的益处要高于税收扣除。但是，对于富人而言，情况则恰恰相反：他们更喜欢税收扣除而不是税收抵免。

如果第41行（应纳税收入）为		而且你是				如果第41行（应纳税收入）为		而且你是				如果第41行（应纳税收入）为		而且你是			
至少	但少于	单身	已婚合报*	已婚分报	户主	至少	但少于	单身	已婚合报*	已婚分报	户主	至少	但少于	单身	已婚合报*	已婚分报	户主
		你的税收是						你的税收是						你的税收是			
32 000						35 000						38 000					
32 000	32 050	4 993	4 204	5 545	4 304	35 000	35 050	5 803	4 654	6 355	4 754	38 000	38 050	6 613	5 104	7 165	5 273

续表

如果第41行(应纳税收入)为		而且你是				如果第41行(应纳税收入)为		而且你是				如果第41行(应纳税收入)为		而且你是			
至少	但少于	单身	已婚合报*	已婚分报	户主	至少	但少于	单身	已婚合报*	已婚分报	户主	至少	但少于	单身	已婚合报*	已婚分报	户主
		你的税收是						你的税收是						你的税收是			
32 050	32 100	5 006	4 211	5 558	4 311	35 050	35 100	5 816	4 661	6 368	4 761	38 050	38 100	6 626	5 111	7 178	5 286
32 100	32 150	5 020	4 219	5 572	4 319	35 100	35 150	5 830	4 669	6 382	4 769	38 100	38 150	6 640	5 119	7 192	5 300
32 150	32 200	5 033	4 226	5 585	4 326	35 150	35 200	5 843	4 676	6 395	4 776	38 150	38 200	6 653	5 126	7 205	5 313
32 200	32 250	5 047	4 234	5 599	4 334	35 200	35 250	5 857	4 684	6 409	4 784	38 200	38 250	6 667	5 134	7 219	5 327
32 250	32 300	5 060	4 241	5 612	4 341	35 250	35 300	5 870	4 691	6 422	4 791	38 250	38 300	6 680	5 141	7 232	5 340
32 300	32 350	5 074	4 249	5 626	4 349	35 300	35 350	5 884	4 699	6 436	4 799	38 300	38 350	6 694	5 149	7 246	5 354
32 350	32 400	5 087	4 256	5 639	4 356	35 350	35 400	5 897	4 706	6 449	4 806	38 350	38 400	6 707	5 156	7 259	5 367
32 400	32 450	5 101	4 264	5 653	4 364	35 400	35 450	5 911	4 714	6 463	4 814	38 400	38 450	6 721	5 164	7 273	5 381
32 450	32 500	5 114	4 271	5 666	4 371	35 450	35 500	5 924	4 721	6 476	4 821	38 450	38 500	6 734	5 171	7 286	5 394
32 500	32 550	5 128	4 279	5 680	4 379	35 500	35 550	5 938	4 729	6 490	4 829	38 500	38 550	6 748	5 179	7 300	5 408
32 550	32 600	5 141	4 286	5 693	4 386	35 550	35 600	5 951	4 736	6 503	4 836	38 550	38 600	6 761	5 186	7 313	5 421
32 600	32 650	5 155	4 294	5 707	4 394	35 600	35 650	5 965	4 744	6 517	4 844	38 600	38 650	6 775	5 194	7 327	5 435
32 650	32 700	5 168	4 301	5 720	4 401	35 650	35 700	5 978	4 751	6 530	4 851	38 650	38 700	6 788	5 201	7 340	5 448
32 700	32 750	5 182	4 309	5 734	4 409	35 700	35 750	5 992	4 759	6 544	4 859	38 700	38 750	6 802	5 209	7 354	5 462
32 750	32 800	5 195	4 316	5 747	4 416	35 750	35 800	6 005	4 766	6 557	4 866	38 750	38 800	6 815	5 216	7 367	5 475
32 800	32 850	5 209	4 324	5 761	4 424	35 800	35 850	6 019	4 774	6 571	4 874	38 800	38 850	6 829	5 224	7 381	5 489
32 850	32 900	5 222	4 331	5 774	4 431	35 850	35 900	6 032	4 781	6 584	4 881	38 850	38 900	6 842	5 231	7 394	5 502
32 900	32 950	5 236	4 339	5 788	4 439	35 900	35 950	6 046	4 789	6 598	4 889	38 900	38 950	6 856	5 239	7 408	5 516
32 950	33 000	5 249	4 346	5 801	4 446	35 950	36 000	6 059	4 796	6 611	4 896	38 950	39 000	6 869	5 246	7 421	5 529
33 000						36 000						39 000					
33 000	33 050	5 263	4 354	5 815	4 454	36 000	36 050	6 073	4 804	6 625	4 904	39 000	39 050	6 883	5 254	7 435	5 543
33 050	33 100	5 276	4 361	5 828	4 461	36 050	36 100	6 086	4 811	6 638	4 911	39 050	39 100	6 896	5 261	7 448	5 556
33 100	33 150	5 290	4 369	5 842	4 469	36 100	36 150	6 100	4 819	6 652	4 919	39 100	39 150	6 910	5 269	7 462	5 570
33 150	33 200	5 303	4 376	5 855	4 476	36 150	36 200	6 113	4 826	6 665	4 926	39 150	39 200	6 923	5 276	7 475	5 583
33 200	33 250	5 317	4 384	5 869	4 484	36 200	36 250	6 127	4 834	6 679	4 934	39 200	39 250	6 937	5 284	7 489	5 597
33 250	33 300	5 330	4 391	5 882	4 491	36 250	36 300	6 140	4 841	6 692	4 941	39 250	39 300	6 950	5 291	7 502	5 610
33 300	33 350	5 344	4 399	5 896	4 499	36 300	36 350	6 154	4 849	6 706	4 949	39 300	39 350	6 964	5 299	7 516	5 624

续表

如果第41行(应纳税收入)为		而且你是				如果第41行(应纳税收入)为		而且你是				如果第41行(应纳税收入)为		而且你是			
至少	但少于	单身	已婚合报*	已婚分报	户主	至少	但少于	单身	已婚合报*	已婚分报	户主	至少	但少于	单身	已婚合报*	已婚分报	户主
		你的税收是						你的税收是						你的税收是			
33 350	33 400	5 357	4 406	5 909	4 506	36 350	36 400	6 167	4 856	6 719	4 956	39 350	39 400	6 977	5 306	7 529	5 637
33 400	33 450	5 371	4 414	5 923	4 514	36 400	36 450	6 181	4 864	6 733	4 964	39 400	39 450	6 991	5 314	7 543	5 651
33 450	33 500	5 384	4 421	5 936	4 521	36 450	36 500	6 194	4 871	6 746	4 971	39 450	39 500	7 004	5 321	7 556	5 664
33 500	33 550	5 398	4 429	5 950	4 429	36 500	36 550	6 208	4 879	6 760	4 979	39 500	39 550	7 018	5 329	7 570	5 678
33 550	33 600	5 411	4 436	5 963	4 536	36 550	36 600	6 221	4 886	6 773	4 986	39 550	39 600	7 031	5 336	7 583	5 691
33 600	33 650	5 425	4 444	5 977	4 544	36 600	36 650	6 235	4 894	6 787	4 994	39 600	39 650	7 045	5 344	7 597	5 705
33 650	33 700	5 438	4 451	5 990	4 551	36 650	36 700	6 248	4 901	6 800	5 001	39 650	39 700	7 058	5 351	7 610	5 718
33 700	33 750	5 452	4 459	6 004	4 559	36 700	36 750	6 262	4 909	6 814	5 009	39 700	39 750	7 072	5 359	7 624	5 732
33 750	33 800	5 465	4 466	6 017	4 566	36 750	36 800	6 275	4 916	6 827	5 016	39 750	39 800	7 085	5 366	7 637	5 745
33 800	33 850	5 479	4 474	6 031	4 574	36 800	36 850	6 289	4 924	6 841	5 024	39 800	39 850	7 099	5 374	7 651	5 759
33 850	33 900	5 492	4 481	6 044	4 581	36 850	36 900	6 302	4 931	6 854	5 031	39 850	39 900	7 112	5 381	7 664	5 772
33 900	33 950	5 506	4 489	6 058	4 589	36 900	36 950	6 316	4 939	6 868	5 039	39 900	39 950	7 126	5 389	7 678	5 786
33 950	34 000	5 519	4 496	6 071	4 596	36 950	37 000	6 329	4 946	6 881	5 046	39 950	40 000	7 139	5 396	7 691	5 799
34 000						37 000						40 000					
34 000	34 050	5 533	4 504	6 085	4 604	37 000	37 050	6 343	4 954	6 895	5 054	40 000	40 050	7 153	5 404	7 705	5 813
34 050	34 100	5 546	4 511	6 098	4 611	37 050	37 100	6 356	4 961	6 908	5 061	40 050	40 100	7 166	5 411	7 718	5 826
34 100	34 150	5 560	4 519	6 112	4 619	37 100	37 150	6 370	4 969	6 922	5 069	40 100	40 150	7 180	5 419	7 732	5 840
34 150	34 200	5 573	4 526	6 125	4 626	37 150	37 200	6 383	4 976	6 935	5 076	40 150	40 200	7 193	5 426	7 745	5 853
34 200	34 250	5 587	4 534	6 139	4 634	37 200	37 250	6 397	4 984	6 949	5 084	40 200	40 250	7 207	5 434	7 759	5 867
34 250	34 300	5 600	4 541	6 152	4 641	37 250	37 300	6 410	4 991	6 962	5 091	40 250	40 300	7 220	5 441	7 772	5 880
34 300	34 350	5 614	4 549	6 166	4 649	37 300	37 350	6 424	4 999	6 976	5 099	40 300	40 350	7 234	5 449	7 786	5 894
34 350	34 400	5 627	4 556	6 179	4 656	37 350	37 400	6 437	5 006	6 989	5 106	40 350	40 400	7 247	5 456	7 799	5 907
34 400	34 450	5 641	4 564	6 193	4 664	37 400	37 450	6 451	5 014	7 003	5 114	40 400	40 450	7 261	5 464	7 813	5 921
34 450	34 500	5 654	4 571	6 206	4 671	37 450	37 500	6 464	5 021	7 016	5 124	40 450	40 500	7 274	5 471	7 826	5 934
34 500	34 550	5 668	4 579	6 220	4 679	37 500	37 550	6 478	5 029	7 030	5 138	40 500	40 550	7 288	5 479	7 840	5 948
34 550	34 600	5 681	4 586	6 233	4 686	37 550	37 600	6 491	5 036	7 043	5 151	40 550	40 600	7 301	5 486	7 853	5 961
34 600	34 650	5 695	4 594	6 247	4 694	37 600	37 650	6 505	5 044	7 057	5 165	40 600	40 650	7 315	5 494	7 867	5 975

续表

如果第41行（应纳税收入）为		而且你是				如果第41行（应纳税收入）为		而且你是				如果第41行（应纳税收入）为		而且你是			
至少	但少于	单身	已婚合报*	已婚分报	户主	至少	但少于	单身	已婚合报*	已婚分报	户主	至少	但少于	单身	已婚合报*	已婚分报	户主
		你的税收是						你的税收是						你的税收是			
34 650	34 700	5 708	4 601	6 260	4 701	37 650	37 700	6 518	5 051	7 070	5 178	40 650	40 700	7 328	5 501	7 880	5 988
34 700	34 750	5 722	4 609	6 274	4 709	37 700	37 750	6 532	5 059	7 084	5 192	40 700	40 750	7 342	5 509	7 894	6 002
34 750	34 800	5 735	4 616	6 287	4 716	37 750	37 800	6 545	5 066	7 097	5 205	40 750	40 800	7 355	5 516	7 907	6 015
34 800	34 850	5 749	4 624	6 301	4 724	37 800	37 850	6 559	5 074	7 111	5 219	40 800	40 850	7 369	5 524	7 921	6 029
34 850	34 900	5 762	4 631	6 314	4 731	37 850	37 900	6 572	5 081	7 124	5 232	40 850	40 900	7 382	5 531	7 934	6 042
34 900	34 950	5 776	4 639	6 328	4 739	37 900	37 950	6 586	5 089	7 138	5 246	40 900	40 950	7 396	5 539	7 948	6 056
34 950	35 000	5 789	4 646	6 341	4 746	37 950	38 000	6 599	5 096	7 151	5 259	40 950	41 000	7 409	5 546	7 961	6 069

*该栏也适用于鳏寡人士。

考虑应纳税收入 $33 050（疑为33 350美元，译者），找到与单身报税身份相应地那一栏，则相应地应纳税 $5 357。

图33.3 2002年的税收表

如果人们的收入来源较多并且扣除项也多的话，情况就会很复杂。但是，对于大部分人来说，这种困扰是不存在的。你得拥有一个农场或一家企业，持有高效率且变化着的投资组合，支付昂贵的医疗费用，你得在工作收入颇高、但费用也不低的环境下工作（如卡车司机），或者有其他稀奇古怪的收入渠道，这样你才可能面对所得税过度复杂的烦恼。

所得税的有关问题

横向公平和纵向公平

横向公平
同样的人要同等地对待

纵向公平
根据人们的收入规模和支付能力来公平地对待

有关所得税的一个普遍性问题是这些税收是否公平。首先，如何恰当地定义"公平"就需要我们审慎地思考。为了显示公平，似乎对同样的人就要同等地对待。这种观念叫**横向公平**，对此人们争议不多。横向公平意味着对具有同样境况的人征收同样的税。

对许多人来说，存在争议的是纵向公平。纵向公平指的是根据人们的收入高低和支付能力来公平地对待吗？正如你在表33.1中所看到的那样，和收入较低的人相比，收入处于高层次的人要支付数量更多、边际税率更高的所得税。

公平与简便

中性的
当用于税收领域时,其含义是既不鼓励某项支出,也不鼓励某项收入

在横向公平和简便之间需要做出平衡,这是明显的,因为有关横向公平的核心概念"相同"一词的定义很难界定。研究税收的许多经济学家都希望税法是**中性的**。例如,为了确保中性,工作收入和投资收入得一致对待。但是,这里面存在一个问题:为了达到中性,税法必将很复杂。下面我们来看一看资本利得收入。

当低价买入资产又以更高价格出售时,就会产生资本利得。在中性原则下,资本利得是要缴税的——但问题是缴纳多少税?之所以会出现上述问题,关键是资本利得并不影响工资收入。首先,资产价值增加的大部分仅仅是对通货膨胀的补偿。我们对所有的收益征税,但因通货膨胀而产生的收益除外。其次,一些资产的价值较难估计,所以仅仅只对实现了的资本收益(当你实际获利时)征税,而不对自然增长的资本收益(当资产的价格上升时)征税。资本收益征税政策使得资产的持有者延期纳税,因此这种征税政策课税太低。

对实现的资本收益征税而不对自然增长的资本收益征税,这种做法看起来简单,却又会引发其他的问题。由于资产不被出售时是不需纳税的,所以当一个人死亡了又同时拥有一项资产时,这就出现了资本收益。有时或许已找不到这项资产购买时的文书记录,也就无法准确计算出这项资产的真正收益。为了解决这个难题,我们对所有此类资本收益及其税收都在死亡时全部免除。但免税又产生了另一个问题,那就是这种免税政策鼓励了老年人大量地持有资本收益,而不是将它们出售,因为这样做可以逃避资本收益税。

因此,问题就是要在简便和公平之间做出权衡。为了简便,我们将违反公平;而为了公平,我们又要牺牲简便。

激励与税法

替代效应
当一种商品的价格上升时,这种商品的购买量较之以往会有所下降,因为购买者可以转向购买另一种价格较低的商品

收入效应
商品价格上涨导致购买力下降;如果是正常品,这就会进一步减少对该商品的消费;如果是劣质品,这会使其消费恢复、甚至超过原水平。该效应可能出现两种方向的作用

政治家和经济学家之间就所得税对人们行为产生的影响这个问题展开了激烈的争论。其中两个最有趣的话题是:这些税收如何影响人们工作的意愿和储蓄的意愿。共和党的政治家们以及保守派经济学家都认为,所得税促使人们去工作并且减少储蓄;而民主党的政治家们和激进派经济学家则认为,所得税使得人们不愿意去工作并且会增加储蓄。

这是由于经济学家们对以下问题的基本观点存在不一致,即被他们称为**替代效应**和**收入效应**的相对重要性。改变商品的价格而引起的工资率的变化或者税后利率的变化,就是收入效应和替代效应。替代效应使得人们去消费那些现在较为便宜的商品,而远离那些目前价格较高的商品。例如,假设只有两种商品:苹果和桔子,并且苹果的价格在上升,那么你肯定会购买桔子。但是这并非故事的结尾,还有收入效应。理解收入效应需要参照第2章里有关普通商品和劣质商品的概念。如果一件商品是劣质的,那么这种商品价格的上升就会降低你的实际购买力,并且你将会继续消费这种

商品。

税收会改变工作决定吗？

税后收入对工作时间的影响是经济学中已被充分研究过的问题之一。对于未经培训的观察者来说，这个问题看起来似乎不是个太难的问题，但事实上这个问题较为复杂。替代效应相对而言比较容易观察到。由于税收减少了每个工时的净收入，那么选择去工作的激励就会下降，同时选择呆在家里享受闲暇的动机会加强。这样一来你就会降低工作努力程度。但是，另一方面，税收会使收入更低。如果你现有的工作是维持一定生活标准所必需的，那么税收会使你为了维持以前生活标准而必须增加工作时间。实证研究表明，即使税收确实改变了工作决定，这种影响也是轻微的。许多评估表明替代效应与收入效应正好完全相反。尽管有人发现税后工资率降低8%就会使得工作时间减少1%，但是一般而言，税收的增加对工作努力没有影响。也就是说，税收没有显著地改变人们的工作激励。

税收会改变储蓄决定吗？

关于税后利率如何影响人们储蓄决策的问题，人们发现了和上述结果相似的结论。尽管人们对应该采用的研究方法存在不一致认识，而且研究方法不同有时会导致结果的差异，但是许多经济学家普遍都认为，税率的增加对人们的储蓄行为没有影响或者影响甚微。这也意味着替代效应与收入效应正好完全相反。但是估算表明，税收对储蓄的净效应并非为零。特别地，保斯金（Michael Boskin，布什的经济顾问委员会主席）估算出，税后利率降低2.5%就会导致储蓄降低1%。

社会工程意义上的税收

如果税收并不能实质性地改变人们工作或储蓄的激励，你也许会想，政策制定者们将会放弃运用税收来调节人们的行为。如果你这样想的话，你就错了。克林顿总统曾经提议的一项议案（后来国会通过）就是利用税收抵免来刺激人们念大学。在很多时候政府都尝试运用税收扣除和税收减免来得到适意的结果。虽然一般情况下并没有达到预想的结果，但是这些税收政策却实实在在地补贴了一些人，这部分人正在从事于政府承诺给与补贴的事务。如果接下来几年关于念大学税收减免的研究表明，税收激励人们读大学的影响与上述工作、储蓄激励相关研究结果一样，那么税收政策并没有增加上大学的人数，而只是对那些无论怎样都要上大学的人们提供了特殊的免税期。①

谁支付所得税？

关于所得税的一个被广泛曲解的概念就是：到底是谁在支付所得税。数年来，共和党和民主党都同样地宣扬着一种荒诞说法，那就是处于中等收入水平的美国人在支付所得税而富人并没有支付他们应该支付的份额。观察表33.2，这种荒诞说法就会被揭穿。第一列反映的是纳税申报的百分点，第二列反映的是劳动收入的百分比，第三列反映的是位于

---

① 此种税收补贴的另一个效应是它使得大专院校能够提高其学费。

此百分比以内人们缴纳的所得税比例。例如,底部 40% 的收入者们的收入占整个收入的 7%,而他们支付的所得税只占整个所得税上缴额的 2%。

表 33.2　　　　　　　　　　　　　**2000 年税收的分布**

收入从低到高纳税人申报税额的百分比	调整后总收入的累进百分比	纳税额的累进百分比
10	1	0
20	1	0
30	4	1
40	7	2
50	14	5
60	21	9
70	29	14
80	43	21
90	57	36
100	100	100

例　　如:底部 40% 的纳税人挣得的收入占整个调整后总收入的 7%,而支付的税额占联邦全部所得税收入的 2%。

资料来源:收入统计:2000 年个人所得税纳税申报.华盛顿国内税收署。

从此表中你能够得出上述荒诞说法不真实的结论。首先,占比为二分之一的中下层收入纳税人缴纳的所得税只占整个所得税上缴额的 5%,而处于收入上层的另一半纳税人缴纳的所得税却占整个所得税上缴额的 95%。第二,顶部 10% 的纳税人支付了联邦所得税收入的 64%,而其他人则仅仅支付了 36%。第三,如果富人缴纳的所得税少于中层收入者缴纳的所得税,第二列的数字就不会大于第三列,但事实上第二列的数字超过了第三列;实际上富人缴纳的税收远高于其他人缴纳的税收。

图 33.4 描述了与上述情况相同的信息。如果所有税款都是按照收入水平公平征收,图形将成为一条直线。收入曲线弯曲程度表征的是收入分配的不平等程度。如果税款绝大部分是由中层阶级所支付的话,所得税曲线就会处于收入曲线的上方。但是所得税曲线位于收入曲线的下方,所以,显而易见的,税法中累进效果非常显著。

过去十年关于税收的争论

20 世纪 90 年代政治争议的中心主题之一就是全面减税计划和相对应的有针对性减税计划之间的争论。共和党总统候选人提供的是全面减税计划,而民主党总统候选人提供的是针对特定人群的减税计划。哲学观念的不同导致了两种存在根本差异的观点:大部分减税计划是应该给予那些支付税款较多的人呢,还是应该用来鼓励特定行为和帮助收入较少的人。

第33章 个人所得税

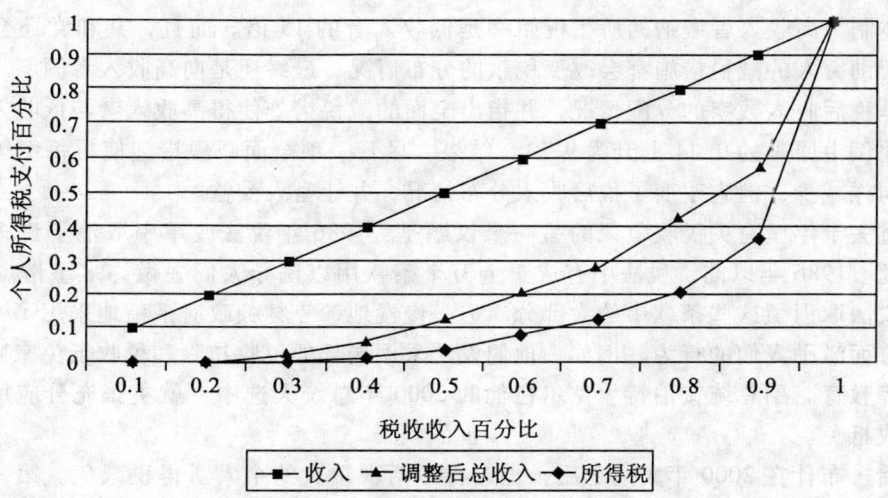

资料来源：收入统计：1998年个人所得税申报表，华盛顿联邦税务局。

图33.4 收入和税收分布

观点不同的第一个表现是：很明显地，任何全面减税措施针对的绝大部分都是富人，因为富人缴纳了最多的所得税。所以一项全面减税措施从定义上来讲受惠的是富人。全面减税的公平性是相对的。如果你看着大部分美元是这样被减掉的话，毫无疑问地，富人得到了减税带来的绝大多数好处。但从另一方面来看，也恰恰由于富人支付的最多，所以给穷人减税就等于是给那些本来就没有支付多少联邦所得税的人减税。

由于税法是累进的，所以简单下调税率的一个固定百分数不仅减掉了上层收入纳税人的税赋，而且改变了收入的分配方式，给上层收入美国人带来了好处。要弄明白怎么回事，看看表33.3就清楚了。表33.3第二列反映的是税前收入，可以看出高收入者的收入是低收入者的10倍。第三列反映的是应纳税额等于第一个50 000美元乘以10%加上剩余收入乘以20%。所得税实行的累进制意味着，虽然高收入家庭的收入是低收入家庭的10倍，但他们缴纳的所得税却是低收入家庭的15倍。第四列反映的是税后收入。税后收入再一次表明了累进制所得税的效果，与低收入者相比，高收入者的购买能力从税前的10比1变为税后的9.44比1。第五列和第六列反映的是税率下降10%后的效果。税率分别从10%变为9%，由20%变为18%。

表33.3　　　　　　　假定税率下降10%对收入分配的影响

	税前	应纳税额 = 第一个 50 000 × 10% + 剩余收入 × 20%		税率削减10%后应纳税额 = 第一个 50 000 × 9% + 剩余收入 × 18%	
		税款	税后	税款	税后
低收入者	$ 10 000	$ 1 000	$ 9 000	$ 900	$ 9 100
高收入者	$ 100 000	$ 15 000	$ 85 000	$ 13 500	$ 86 500
比率	10	15	9.44	15	9.51

共和党和民主党将会用两种截然不同的方式解释表 33.3 中的现象。共和党会说在两种税法体制下高收入者缴纳的所得税始终是低收入者的 15 倍。而且,共和党还会宣称任何旨在帮助穷人的减税措施都会改变税款的分布情况,最终还是向高收入者倾斜。民主党关注的是税后收入数字的分配情况,并指出全面的减税措施使得高收入者与低收入者的税后收入比例由原来的 9.44 上升为 9.51。结果,尽管一项全面减税措施使得每组等级适用的税率同样减少,但它改变了税后收入分布情况,并让富人受益。

在过去十年里有关税收争议的另一个议题是:1986 年税法改革中取消了许多社会工程的问题。1986 年以前,税法中有成千上万个条款用以诱导人们去做许多事情。1986 年通过的税法取消了这些条款中的大部分。但是慢慢地,克林顿政府平稳地采用了一些条款在特定方面激励人们的行为。例如,他们设法采用局部的税收扣除和税收抵免来刺激人们接受高等教育。副总统艾伯特·戈尔在他的 2000 年总统大选中,就主张充分应用税收扣除和税收抵免。

乔治·布什在 2000 年大选之后,也进行了两次重大的个人所得税减免。第一次是在 2001 年削减边际税率,并逐步增加儿童减免额和逐步取消遗产税。第二次是在 2003 年,加快了 2001 年的减税步伐,并降低了公司股息税率。

综合来看,这些减税措施的受益人是那些养育孩子的中等收入家庭、高收入家庭以及富人。拥有儿童的中等收入家庭看到的是他们有效税率的急剧下降,每个儿童的税收抵免额由原来的 200 美元上升到 1 000 美元;而富人看到的是他们应纳税额的大幅度下降,边际收入税率减少了 3 到 5 个百分点(要依税率等级而定),此外还有股息税率的下降和遗产税的逐步取消。

无论处在哪个政治时期,税收一直是争论的焦点。因为联邦政府税收和支出占整个经济的五分之一,谁为这五分之一买单以及谁从中受益将始终是人们争论的主题。

小结

现在你了解了税收是如何运作的,也能够理解美国税法中横向公平和纵向公平的概念。你懂得了在横向公平和简便性之间存在一种权衡,并知道:虽然理论上税收能改变人们的工作和储蓄激励,但实际上效果甚微。此外,你还明白了这并不能阻止政策制定者们利用税收来引导人们的行为。最后,你应该在很大程度上了解了,肇始于 20 世纪 90 年代并一直持续至今的税收争议。

主要术语

调整后总收入	横向公平	标准扣除
资本利得	收入效应	替代效应
可扣除的	分项扣除	应纳税收入
扣除项	边际税率	纵向公平
豁免项	中性的	预扣税
申报纳税身份	累进制税收	

自我测试

1. 下列哪项直接减少税款?
   a. 标准扣除
   b. 分类扣除
   c. 收入抵免
   d. 个人豁免项
2. 下列哪项减少应税收入?
   a. 标准扣除
   b. 分类扣除
   c. 个人豁免项
   d. 以上都是
3. 如果一个人有以下两种选择,即 500 美元的税收抵免和 500 美元的税收扣除
   a. 每次他都会选择税收扣除
   b. 每次他都会选择税收抵免
   c. 如果富有,他就会选择税收扣除;如果贫穷,他就会选择税收抵免
   d. 如果贫穷,他就会选择税收扣除;如果富有,他就会选择税收抵免
4. 如果一个人有以下两种选择:即 500 美元的税收抵免和 2 500 美元的税收扣除
   a. 每次他都会选择税收扣除
   b. 每次他都会选择税收抵免
   c. 如果富有,他就会选择税收扣除(税级 28%);如果贫穷,他就会选择税收抵免(税级 15%)
   d. 如果贫穷,他就会选择税收扣除(税级 15%);如果富有,他就会选择税收抵免(税级 28%)
5. 减税会增加储蓄的想法
   a. 是不合逻辑的
   b. 是显而易见和无可争论的
   c. 取决于替代效应是否超过收入效应
   d. 取决于收入效应是否超过替代效应
6. 收入较低的二分之一居民缴纳了
   a. 比另一半人更多的个人所得税
   b. 比另一半人稍微少量的个人所得税
   c. 大约全部个人所得税的四分之一
   d. 大约全部个人所得税的 5%
7. 一项全面减税措施将会
   a. 保持收入较高二分之一居民所缴纳税款的比例
   b. 增加高收入者税后收入的比例
   c. 对高收入者来说,会有较大比例的减税

d. 以上全部都是

8. 假如一个单身的人挣得 50 000 美元的收入，根据表 33.1，计算此人的应交所得税。

9. 假如一个已婚的人挣得 75 000 美元的收入，根据表 33.1，计算出此人的应交所得税。

10. 解释一项 500 美元的税收抵免和一项 500 美元的税收扣除之间的差别，并指出对于一个中下层收入者来说，一项 500 美元的税收抵免要优于一项 2 500 美元的税收扣除，但对于富人而言，情况则恰好相反。

思考

下一步减税计划应该是"有针对性的"呢，还是全面的？

如果在我们已经通过一项有针对性的减税措施之后，我们又决定提高税收，这样的话，究竟是应该废除掉已经通过的那项有针对性的减税措施，还是应该继续实施原有减税措施并对富人征收更高的税？

讨论

征收所得税仅仅是为了增加收入，还是为了运用其中的条款来调节人们的行为，比如鼓励人们进一步接受教育或者购买电动车？

进一步阅读

Citizens for Tax Justice. *The Hidden Entitlements*. Washington, DC: Robert S. McIntyre, 1996.

Hyman, David. *Public Finance: A Contemporary Application of Theory to Policy*. 6th ed. Fort Worth: Dryden Press, 1999, esp. chapters 13 and 14.

Slemrod, Joel. "Do We Know How Progressive the Income Tax Should Be?" *National Tax Journal* 36, no. 3 (September 1983), pp. 361-369.

Slemrod, Joel. *Do Taxes Matter? The Impact of the Tax Reform Act of* 1986. Cambridge, MA: MIT Press, 1991.

All tax forms can be found at http://www.irs.gov.

参考数据

Fiscal Year 2002
    Federal revenue and income taxes
        Budget of the United States Government, 2004; Historical Tables
            http://w3.access.gpo.gov/usbudget/fy2004/pdf/hist.pdf

Federal Tax Data

Income and tax distribution, 2000

Tax tables, rates, exemptions and deductions, 2002

   Internal Revenue Service; Publications

      http://www.irs.gov/pub/irs-pdf

第 34 章 对资本收益征税

学习目的
- 能够区分资本收益和劳动相关收入
- 知道高收入者的资本收益在总收入中占的比例高于其他人,知道应该如何对资本收益征税,并了解对资本收益的实际征税状况
- 领会正确征收资本税与以相对简单的方式征收资本税之间的比较
- 理解为什么大部分经济学家认为,基于理论上和政治上的原因,正确地对资本征税都非常困难
- 领会许多经济学家的如下观点:经济增长速度放慢是对征收资本税的机会成本

内容概要
- 资本收益和劳动收入:谁拥有它们?
- 现行制度
- 资本税收对增长的影响
- 理论进阶:应该如何对资本收益征税
- 小结

  回忆第 4 章我们可知:资本和劳动一样是生产的一种投入,它有厂房和机器设备等形式。经营者想要获得厂房和机器设备,他们就必须筹集资金,要么借钱,要么出售股票。这样一来,投资者就为经营者的经营活动提供了资本。这会产生一个问题:如何对资本产生的收入征税?不仅不同政党对该问题有分歧,而且经济学家对此问题也各持己见。因为该问题是共和党和民主党所持信念以及其各自支持者信念的核心所在,所以该问题能够将共和党和民主党区分开来。经济学家非常关注有效税收问题,他们对此问题也是众说纷纭。

  许多经济学家担心税赋在纳税人之间如何分摊,而其他一些经济学家则关注如何使国内生产总值尽可能大。但是,对于剩下的大部分经济学家而言,他们的目标是希望税收制度不会改变人们的经济激励。换言之,这些经济学家希望政府征收税收的方式不是为了进一步推进有选择的社会活动日程。因此,他们希望税收制度不会对人们工作、储蓄、投资、短期投资、长期投资、退休等事情的激励施加影响。对于这些经济学家而言,税收制度应该只是满足政府收入的需要,同时不对其他任何事情产生影响。但是,在实际生活中,税收政策的制订者必须在取悦经济学家、使得其他群体满意、使税收制度尽可能简单实用之间进行权衡。

  本章我们分析一系列与征收资本收益税有关的问题。我们向大家展示收入水平和资本

收益占总收入比例之间的关系。这有助于我们明白民主党和共和党为何在以下观点上有不同意见：资本收益高度集中在高收入阶层。我们首先评论了最优税收的标准，接着我们运用该原则来评价资本收入税的现行系统。然后，我们考察以下问题：如果我们仅按照给出的有效税收原则对资本收益征税，那么税收会如何在纳税人之间分担？最后，我们考察了对资本收益征税会对经济增长施加什么影响。

资本收益和劳动收入：谁拥有它们？

本节简要描述资本收益如何产生，并解释资本收益如何集中于高收入阶层。图34.1和图34.2展示了人们挣钱渠道的差异，也展示了收入在社会成员中的分布状况。

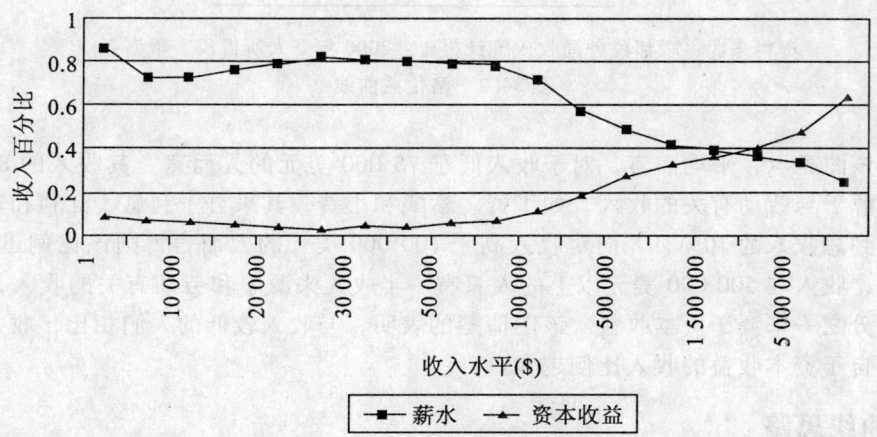

资料来源：联邦税务局收入统计报告：2000年个人所得税，华盛顿。

图34.1 收入来源

资本收益的类型

资本收益可以通过数种方式获得。获得资本收益的最简单方式是将钱存入银行、购买债券或直接将钱借给他人。接下来较为简单的方式是通过红利获得资本收益。人们购买公司发行的股票，当公司盈利时公司会以红利的方式向股东分配一部分利润。获得资本收益的最复杂方式是**资本利得**。当你购买公司股票、不动产以及其他资产时，你期望资产能够升值。如果资产价格上升，而且你将其出售，你就会赚取一个差价，此差价就是资本利得。当然还有其他方式可以获得资本利得，但是我们集中于此三种方式。

资本利得
以高于买价出售资产所获得的收益

收入比例思路

图34.1展示了低收入阶层、中等收入阶层、高收入阶层的差异，并显示了其收入来源方面的不同。美国国内税局提供的税收数据表明，人们的收入越多，其以利息、红利、资本利得等方式挣得的收入所占比例也越高。低收入阶层更多的通过工资、薪水和小费获

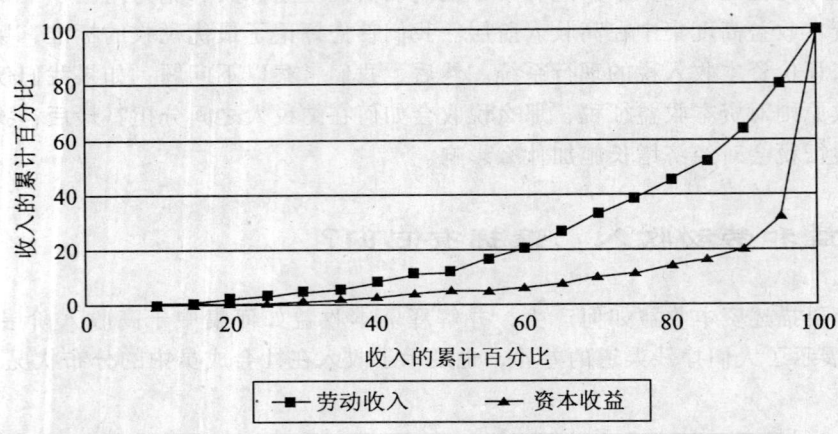

资料来源：联邦税务局收入统计报告：2000年个人所得税，华盛顿。

图 34.2 洛伦兹曲线

得收入。该图显示，平均而言，对于收入低于 75 000 美元的人而言，其收入的 80% 或者更多是来源于与劳动有关的收入，如工资、薪酬和小费，其来自于利息、红利和资本利得的收入不到总收入的 10%。① 而对收入高于 100 000 美元的人而言，则该比例迅速变化。举例来说，收入在 500 000 美元以上的人只有一半收入来源于和劳动有关的收入，其收入中超过四分之一来源于资本收益。该图清楚的表明，与收入较低的人们相比，收入越高的人，其来自于资本收益的收入比例越大。

洛伦兹曲线思路

洛伦兹曲线
描述人口的累积比率和其他变量（如收入）的累计比率之间关系的图形

考察富人和穷人赚钱方式差异的另一种方法是研究**洛伦兹曲线**。洛伦兹曲线是描述人口的累积比率和其他变量（如收入）的累计比率之间关系的图形。该过程没有听起来那么复杂。你可能曾经听到人们曾经说过，人口中最富有的 10% 的人占有国民财富的 41%，占人口 50% 的穷人只拥有 15% 的国民财富。如果你将所有这种组合描绘在同一张图上，你就能够得到洛伦兹曲线。

洛伦兹曲线显示的是收入分配不平等的程度。收入不平等程度由曲线弯曲程度度量。弯曲程度越大，收入分配的不平等程度越严重。如果平等分配收入，总人口中最穷的 5% 的人就拥有 5% 的国民财富，总人口中最穷的 50% 的人占有 50% 的国民财富，总人口中最穷的 90% 的人占有 90% 的国民财富。在这种极端平等情形下，洛伦兹曲线是一条直线。当收入分配不平等时，洛伦兹曲线向右下方弯曲。弯曲程度越大，收入分配越不平等。

图 34.2 通过改变收入来源对洛伦兹曲线进行了修改。你能够非常清楚地看到，劳动收入（工资、薪金和小费）的分配是不平等的，而资本收益（利息、红利）的分配则更加不平等。

---

① 这些数值加总起来并不等于 100%，原因在于还有诸如商业利润等其他收入来源。

基尼系数

对经济平等程度的测度，其数值在0和1之间

考察收入分配不平等的另外一种方式是研究洛伦兹曲线弯曲程度的数字测度。我们将数字测度称为**基尼系数**，它是洛伦兹曲线和水平轴之间面积与 0.5 的比值，其中 0.5 是分配完全平等的情形下该部分的面积。这样一来，如果分配完全平等，基尼系数将为 1；如果是完全不平等的情形，即一个人拥有一切，其他人什么都没有，基尼系数为 0。从已有统计数据计算可得，所有收入的基尼系数为 0.45，劳动收入的基尼系数为 0.49，资本收益的基尼系数为 0.26。

如果我们使用基尼系数描绘税收，我们会发现税收分布更加不平等。联邦所得税的基尼系数为 0.25，这表明个人所得税税收几乎全部由占总人口四分之一的高收入阶层承担。

这样一来，我们就可以非常清楚地认识到，税收制度的改变，无论是好是坏，都对富人的影响最大。即使政客们能够就过度征税或者错误征税达成一致意见，但是由于税收对富人和穷人的影响不同，而且政客们所代表的利益不同，他们仍然会对税收问题争执不休。

现行制度

在现行税收制度中，一些资本被过度征税，另一些资本则征税太轻。这并不是有意设计的。原因是对资本征税是一个非常复杂的过程。一种征税方法必须考虑的第一个问题是：如何对待通货膨胀效应。如果你对利息或者对资本利得征税，而该资本收益来自投资者免受通货膨胀损失的一种尝试，那么就出现了过度征税。如果由于原始簿记问题而对一些资本收益免税，则会出现征税过轻。当你因为原始簿记问题而延迟缴税时，也会出现征税过轻。现有税收制度的缺陷得到了人们的普遍关注。但是，大部分缺陷都是官僚政治相互妥协产生的后果。

通货膨胀问题

在我们试图分析所有因素之前，我们必须指出所有的利息和资本利得都被征税了，包括那些仅仅是为了弥补通货膨胀导致损失的部分资本收益。我们知道所有投资都有一个期望回报率，它必须完成以下两个任务：

1. 在通货膨胀的情形下，投资回报率必须给予足够的补偿，原因是贷款的钱比归还本息的钱价值更大。
2. 投资回报率必须足够高，使其能够补偿投资者延迟消费的损失。

如果通货膨胀率为 2%，那么为了保持购买力不变，投资在支付本金的基础上必须能够支付 2% 的利息。如果你对此 2% 的利息收入征税，那么你不是在对投资产生的收入征税，而是在对初始投资本身征税。尽管一些经济学家倡导对实际资本进行征税，但是现在的税收制度对资本收益、而不是本金征税。这样一来，如果通货膨胀率是 2%，总体利息率为 6%，则只应该对 4% 的收益征税，而不是对全部的 6% 征税。

如果你有一项资产，1980 年以价格 100 000 美元买进，1998 年以 300 000 美元价格出售，那么对 200 000 美元的收益如何征税呢？使用消费者物价指数，我们知道，仅仅由于通货膨胀，1980 年的 100 000 美元就会增大到 1998 年的 188 400 美元。这意味着 200 000

美元的收入中有 88 400 美元只是补偿了投资期间通货膨胀导致的损失。剩下的 121 600 美元才是投资的收益，这部分应该被征税。

因为现行税收制度对所有利息、红利和资本利得征税，而不是对根据通货膨胀因素进行调整之后的收益征税，所以经济学家认为现有税收制度对资本收益过度征税。但是，为了只对实际收益征税，美国国内税局将不得不增加纳税人报税时所填的表格，以得到利息、红利、资本利得等收入的更多信息。除此之外，解决此问题还涉及到两个相关问题。第一个问题是使用何种通货膨胀测度。消费者物价指数测度的通货膨胀率偏高，使用该数据会低估实际收益。而且，只有在年终以后才能得到消费者物价指数的相关数据。GDP 平减指数对通货膨胀率高估得小一些，但是要等到 4 月 15 日才能得到此数据。第二个问题是表格和说明书，它们必须包括价格指数信息，而且年前就必须打印出来，在圣诞节来临前一周邮寄给纳税人。纳税人可能不具备必要的信息来及时、正确地把通货膨胀考虑进去。

原始簿记问题

另一方面，因为正确征税所必需的原始簿记是一个很大的负担，所以资本收益也可能会征税过轻。由于这个原因，有些类型的资本收益被免税，而在其他一些情形，纳税人有权延迟缴税，直到他们确实收到资本收益。

两种类型的资本收益得到免税待遇：出售住宅的资本收益和投资者死亡之后实现的资本利得。由于一系列政治原因，人们出售住宅获得的资本利得如果低于 25 万美元，就会免税。法律还对死亡者资产的资本利得免征税收，一方面是为了减轻继承者的负担，另一方面是因为所涉及的文案工作的复杂性。

当某人死亡时，活着的人要处理很多事情和细节。在安葬死者之后最重要的事情是找到遗嘱。处理善后事宜是一件非常困难的事情。有时找到死者的所有财产非常不易，特别是其财产分散在各个城市的情形尤其如此。有时候几乎不可能找到死者购置资产时支付的价格，而这是计算资本利得所必需的信息。由于这个原因，到死者死亡时获得的资本利得被减免税收。当死者所有财产被分割继承以后，财产执行者会就死亡之日至今（通常是一年后）实现的资本利得缴纳税收。

类似地，我们不会就名义上的资本利得缴税，一直到资本利得实现以后为止。例如，许多经济学家认为，我们应该就投资组合的增值部分交纳税收，而不管我们是否将股票出售出去。由于允许投资者实现资本收益以后才缴税，故而税收被延迟了。税收的延迟也就是税收的减轻。这种现象，再加之死亡时所有税收被免的事实，就可以解释为什么很多人惊奇地发现，那些原本看起来很穷的亲戚实际上非常富有。这些亲戚们或许会意识到，如果这些人在其死亡之前几年出售股票的话，他们可能至少要拿三分之一的收入去缴税。所以，他们决定不出售其股票，因而不会被征税，最终可以分给其后代。因为正确对资本征税的一个原则是不影响人们的各种决策，这里我们可以看到税法失败得很惨。它对资本收益征税太轻，并且阻碍人们出售股票。

尽管一部分税法对资本收益征税太重，一部分税法对资本收入征税太轻，总体上看，过度征税重于征税太轻。比如，和持有资产不到一年的情形相比，持有资产达 1 年以上所承担的税率要低一些。但是，对持有期为 1 至 5 年的资产而言，征税过重，对持有期达到

5年以上的资产而言，征税太轻。

修正现行制度及其机会成本

布什政府2003年减税建议能够阐释降低资本税的机会成本。毫无疑问，修正对资本收益的过度征税状况能够降低富人们的税赋，同时对其他人也不造成直接影响。用机会成本的语言表述，修正资本税将导致其他税收的增加，或者那些帮助穷人、中产阶层的方案会终止。例如，如果我们政府有500亿美元的财政盈余，那么我们可以运用它来增进社会平等。我们可以减少资本税以降低现行制度的低效率，也可以增加帮助穷人的预算，还可以提高标准减免额以便所有纳税人都受益。如果我们选择修正现行税收制度，那么我们就不能做其他任何一件事情，这就是修正现行税收制度的机会成本。当然，资本收益税的低效率问题可以通过其他方式解决。如果将资本收益指数化以避免通货膨胀因素影响，并且如果就高收入阶层的所得税率进行调整，使得富人整体的税收基本不变，那么税收制度改革就不会只是让富人受益了。

2003年布什总统提出的建议是加速儿童税收减免的实施，永久废除征收房地产遗产税，不对公司红利征税。对于后者，对红利免税是为了解决对公司盈利的双重征税问题。实际上，国会通过并签署的不是完全消除对红利的征税，而是降低了对红利适用的最高税率。为了通过税收减免议案，总统必须同意税收减免不得超过3 500亿美元的约束。因为此因素以及其他因素，对红利减税的机会成本是使得儿童税收减免不能够得到充分的资金支持。

资本税收对增长的影响

对资本收益征税如果阻碍了资本积累，那么就会降低经济增长率。许多经济学家认为，对资本收益征税还存在此类机会成本：资本税税率越高，导致的经济增长下降越大。为了看清楚它们之间的联系，可以假设税收会增大利息率，并将此因素运用于第8章的总供给总需求模型。

均衡时储蓄者供给的资金总量将减少。在短期，这将减少商业投资，进而导致总需求的下降。在长期，总供给也将下降，原因是经济中会出现生产能力的闲置。该论点意味着对资本收益征税也是对经济增长征税。

以上论点的反面观点认为，要使上述联系有效，可贷资金的供给曲线一定要是上斜的。经济学家就储蓄的利率弹性大小、可贷资金数量对利率变化的反应等问题争论不休。那些认为储蓄利率弹性为0、进而税后利率不影响资本供给量的经济学家的观点是，资本收益税不会减少储蓄，也不会降低经济增长率。然而，其他经济学家并不同意上述观点，而相信资本收益税具有降低经济增长率的机会成本。

理论进阶：应该如何对资本收益征税

没有税收的资本市场

现在我们来考虑应该如何对资本收益征税。这里我们非常小心地使用"应该"一词。

我们并不是基于公平的标准，尽管我们也很关注公平。我们将使用效率原则，该原则要求税收几乎不改变人们行为的激励。在此原则之下，如果税收使得人们比没有税收情形下更多或者更少地储蓄，那么该税收就被界定为没有效率。如果税收使得人们工作得更多或者更少，我们也将其界定为没有效率。如果税收使人们改变其长期投资和短期投资组合，我们也将其定义为没有效率。

为了测度税收的效率或非效率，我们运用供给需求模型中的生产者剩余和消费者剩余进行分析。如图34.3所示，我们有第7章建立的可投资资金供求模型。可投资资金的供给者是那些储蓄并希望将其投资于某领域的人。可投资资金的需求者是那些希望借钱或者出售股票以获得资金扩大经营的人。

可投资资金市场上的价格是利息率r，可投资资金数量为I。如果没有任何税收，市场可用图34.3表示。均衡利率为r^*，可投资资金数量为I^*。借钱者将向债权人归还数量为Or^*BI^*的利息和I^*的本金。投资收益和Or^*BI^*之差r^*AB是借贷者获得的收益，我们称之为消费者剩余。类似地，投资者愿意放弃其本金的使用权来获得Or^*BI^*的利息和I^*的本金。最终他们得到生产者剩余Cr^*B。

只有资本收益税收的资本市场

当然人们必须得交税，而且税收是对各种要素产生的收入征收的。如果只对资本收税，而不对固定收入征税，那么结果就是图34.4。为了解释的方便，我们假设对收入征收一个统一税率。这将使供给曲线向左旋转，进而使消费者剩余减少到$r'AE$、生产者剩余降低到$Cr''G$。对整个社会而言会产生无谓损失GEB。如果只对资本收益征税，或者对资本收益的课税比对劳动收入的课税要重，那么就会降低人们储蓄和投资的激励。这种失衡会导致人们比以前消费更多。长期来看，将来投资减少会导致长期增长率下降，无疑将降低经济的增长速度。

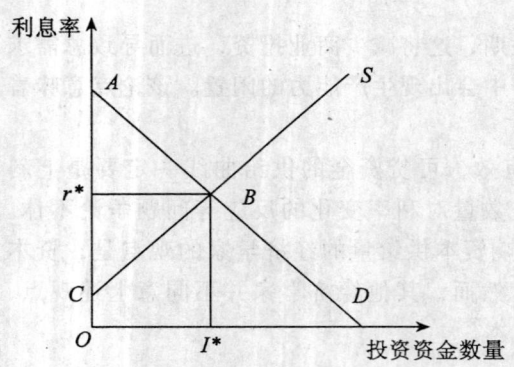

图34.3 没有税收情形下可投资资金市场

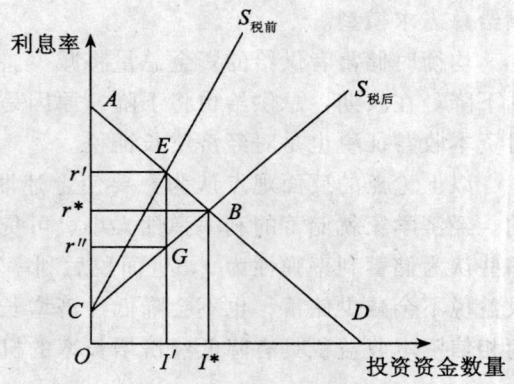

图34.4 只征收资本收入税情形下的可投资资金市场

只对劳动收入征税的资本市场

另一方面，如果只对劳动所得征税，这将导致相反的问题。你能够从图34.5看出，如果人们不需要为资本收益交税会出现什么情况。此时，人们会努力增大自己收入中资本收益所占的比例，这样可投资资金的供给将增大。这将导致储蓄和投资都过高。人们将其原本会用于消费的收入储蓄起来，以避免将来的税收。尽管此时消费者和生产者剩余分析更加困难，但是无谓损失仍然是三角形 GEB 所代表的面积。一些经济学家比较喜欢这个结果，因为该结果提高了 GDP 增长率，而其他经济学家认为这并不是一个好主意。限制促进经济增长，同时限制人们享受经济增长的果实，或者降低人们享受经济增长成果的动力，这并不符合人们的最佳利益。

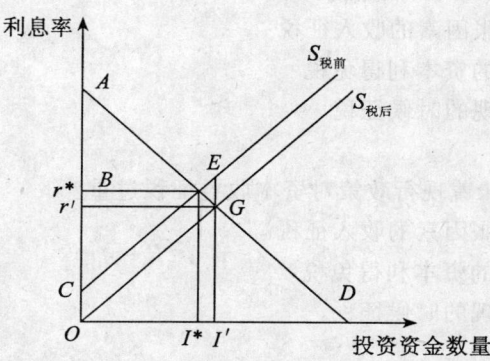

图 34.5　只对劳动收入征税的可投资资金市场

最后，最好的税收是对所有收入一视同仁。对所有收入平等征税促使人们的储蓄和投资恰好等于其意愿的水平，问题是如何精确地对资本征税以实现上述结果。

小结

现在你知道什么是资本收益，并且明白高收入阶层更多的收入来自资本收益。你已经领会从效率视角来看，应该如何对资本收益征税，并且你已经知道实际上是如何对资本收益征税的。同时，你还明白了，在正确对资本收益征税与使用相对简便方式对资本征税两者之间要进行权衡。你也领会了为什么经济学家一般认为应该对资本征税，但是无论从理论上、实践中还是从政治的视角来看，正确征税都是一个难度非常大的问题。最后，你还看到许多经济学家认为征收资本税会导致经济增长速度下降的机会成本。

主要术语

资本利得　　　　基尼系数　　　　洛伦兹曲线

自我测试

1. 减免资本收益税收的政策将
   a. 有利于储蓄

b. 有利于消费
   c. 有利于穷人
   d. 以上都不是
2. 赞成税法中性的经济学家
   a. 赞成对资本收益免税
   b. 赞成对所有收入一视同仁
   c. 赞成对资本收益征收比其他收入更重的税
3. 下面哪种情形意味着现行政策对资本收益征税太轻?
   a. 对补偿通货膨胀因素的收入征税
   b. 对死亡时实现的资本利得免税
   c. 在资本收益实现的时候征税
   d. (b) 和 (c)
4. 下面哪种情形意味着现行政策对资本收益征税过重?
   a. 对补偿通货膨胀因素的收入征税
   b. 对死亡时实现的资本利得免税
   c. 在资本收益实现的时候征税
   d. (b) 和 (c)
5. 在制定针对资本收益的税收政策时,最大的问题是对以下哪两个因素的权衡?
   a. 穷人和富人
   b. 简单和有效
   c. 短期得益和长期得益
6. 为可投资资金画出一个供给需求市场曲线,并运用生产者剩余和消费者剩余来分析征收过重资本税情形下的无谓损失。

思考

在对资本所得征税时,是让事情足够简单更重要,还是保证税收政策的正确性更重要?如果你需要集中你的思路,可以特定地考察一下资本收益。

讨论

假设别人说服了你,要矫正针对资本收益的税收政策,就必须降低资本收益承担的税赋。比如,正确的税收不应该对补偿通货膨胀的收入征税,但是实际上税收体系一直在征收此类税收。你会投票赞成修正该税收政策吗?如果投赞成票,为什么?如果投反对票,为什么?

进一步阅读

Gravelle, Jane. *Economic Effects of Taxing Capital*. Cambridge, MA: MIT Press, 1994.

Any textbook on public finance. Two examples are

Hyman, David. *Public Finance*. 7th ed. Fort Worth: Dryden Press, 2001.

Rosen, Harvey. *Public Finance*. 5th ed. New York: McGraw-Hill, 1999.

参考数据

Earned and Capital Income, Sources and Statistics

Statistics of Income: Individual Income Tax Returns, 2000

www.irs.gov

第35章 反托拉斯

学习目的
- 明白为什么经济学家担忧垄断，理解为什么一些垄断是不可避免的，甚至有些垄断是有利于社会的
- 了解相关法律规制了垄断的存在和垄断定价行为
- 领会在美国反托拉斯法是如何运用于特定产业的

内容概要
- 垄断存在哪些问题？
- 自然垄断和必要垄断
- 垄断与法律
- 反托拉斯行动的例子
- 小结

　　当某个企业服务很差劲，大部分人会宣称再也不和该企业做生意，此时我们会有一种高度的满足感。但是，如果该企业是电话公司、油气公司、电力公司或者自来水公司，那么我们就会感到非常灰心丧气，因为此时我们多半不可能到其他地方购买电话服务、天然气、电力和自来水。实际上我们每个人都从作为垄断者的企业那里购买商品或者服务。经常地，我们只能从一个企业那里购买有线电视、当地电话服务、电力和自来水。当一个垄断企业的代表激怒你的时候，你和垄断企业代表都清楚你没有其他选择，你被困住了。你可以尖叫和抱怨，但是最后你还是不得不回到同一家公司接受服务。要想使资本主义发挥作用，只有一种情形下运作得最好，那就是企业受到高利润的"胡萝卜"和破产的"大棒"的双重约束，此时企业会追求消费者的利益。没有上述激励，公司追求利润的动机会走向消费者的反面，而不是按照消费者的利益行事。

　　正是因为这个原因，我们制定了相关法律，限制企业通过购并成为垄断者，我们也有相关法律防止已有垄断者利用其市场力量危害消费者。本章将考察让经济学家担忧的垄断到底是什么，同时我们会讨论在什么情形下垄断可能是必要的恶魔。接下来我们将转向讨论保护消费者免受垄断者侵害的法律。我们试图解决，为了促进竞争需要多少竞争者的问题。而且，我们提供了一些企业利用其市场力量危害消费者的例子。

垄断存在哪些问题？

高价格，低产量和无谓损失

1992 年发表的一篇对经济学家的调查表明，72% 的经济学家同意以下观点："应该严格执行相关法律以降低垄断力量"[①]，政府应该承担的一个责任是防止垄断者出售次品并索要高价。图 35.1 阐释了垄断市场存在问题的核心所在。

第 5 章告诉我们一个垄断者能够控制整个市场。换言之，当我们为垄断情形画供给需求分析图形时，市场需求曲线就是市场对垄断企业产出的需求曲线。为了增加销售商品的数量，企业会降低其索取的价格。当企业降价时，边际收益曲线并不像完全竞争市场情形下是水平的，而是向下倾斜的。特别地，边际收益曲线和需求曲线在纵轴上的截距相同，而前者在横轴上的截距恰好是后者横轴截距的一半（可参看第 4 章关于边际收益的探讨）。

假设企业的目标是最大化利润，一个垄断企业愿意出售的商品数量由边际收益曲线和边际成本曲线的交点决定。图 35.1 中该产出水平为 $Q_{垄断}$，与该产量相联系的价格可由下面的方式得以确定：将产量水平向上延伸和需求曲线相交，交点对应的纵轴数值即为相应的价格，记为 $P_{垄断}$。

为了将垄断情形下的结果和完全竞争情形下的结果进行比较，我们需要回顾一下，完全竞争市场上竞争厂商的供给曲线是其边际成本曲线。为了得到行业供给曲线，我们必须将单个厂商供给曲线水平相加。水平相加以后我们就得到该行业的边际成本曲线。这就是图 35.1 中完全竞争情形下行业供给曲线同时也是垄断厂商边际成本曲线的原因。只不过是对同一信息的不同理解而已。但是，该边际成本曲线并不是垄断厂商的供给曲线。因为垄断厂商不是价格接受者，因而没有完全竞争市场情形下的供给曲线，实际上，垄断厂商在寻找能够最大化其利润的价格。

给定以上论述，我们知道如果是完全竞争情形，供给等于需求时的均衡价格和产量组合应该是 P_{PC} 和 Q_{PC}。

在完全竞争市场中，我们知道消费者剩余由需求曲线以下价格线以上的面积表示，记为 $P_{PC}AC$。生产者剩余由价格线以下供给曲线（或者边际成本曲线）以上的面积表示，记为 $FP_{PC}C$。社会总剩余为 FAC。（消费者剩余、生产者剩余等概念参见第 3 章）在一个只有唯一企业的垄断行业，消费者剩余将减少很多，生产者剩余稍微有所增大。确切地说，消费者剩余缩小为 $P_{垄断}AB$，生产者剩余扩大为 $FP_{垄断}BE$。消费者剩余和生产者剩余之和为 $FABE$。与完全竞争市场情形下的社会总剩余相比，社会剩余变小了。降低的数量用三角形 BEC 表示。经济学家称该三角形面积为无谓损失，因为该三角形面积代表的是垄断者的存在导致的社会利益损失。

正是因为热切地希望消除无谓损失，因而那些通常不赞成政府干预市场的经济学家们也认为在垄断情形下需要政府来干预市场。

[①] 阿尔斯通，科尔和维恩．美国经济评论，82．第 2 期（1992 年 5 月），pp. 203~209

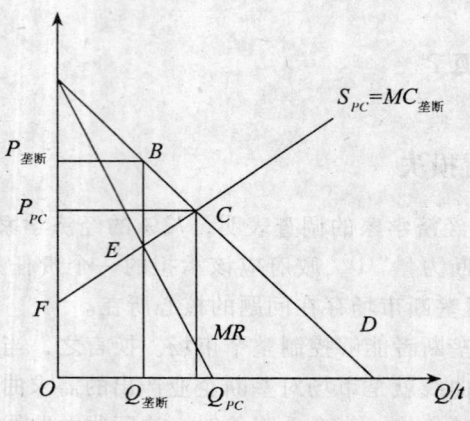

图 35.1 完全竞争与垄断的比较

创新的减少

垄断导致的另外一个问题是实施创新的激励下降，无论是受到政府价格控制保护的垄断者，还是国有垄断者，都存在创新减少的问题。当没有竞争者与之争夺市场时，企业很容易松懈。像地区电话公司这样的垄断企业，因为不会受到竞争的威胁，它们从事节约成本、提高服务质量等方面创新的可能性非常小。更糟糕的是，因为它们可以运用其成本来向规制者证明其价格的合理性，它们有激励提高成本以使其工作变得更加容易。

此类问题不限于私人所有的垄断企业。美国邮政服务是美国政府拥有所有权的垄断者，在联邦快运和联合包裹服务公司发展快运业务之前，美国邮政并不看重快运业务。节约成本和提高服务质量的技术被美国邮政开发出来的可能性很小，这些技术更多地是由私有的包裹服务公司发明的。

自然垄断和必要垄断

自然垄断

在我们日常生活中与之打交道的垄断企业中，很多是不可避免的。像电力、天然气、地方电话服务、有线电视、下水道这样的公用事业，都是固定成本很高、边际成本递减的垄断者。一个简单的直觉是，你不喜欢数以百计的电缆和管道进出你的家。如果存在很多不同的电力公司相互竞争，这将十分别扭，而且非常昂贵。技术变革和规制结构改革都促使公用事业的经营发生快速变化，但是每个行业还是只有一个服务提供商。

进入障碍
阻止某一行业内企业竞争的法律机制或者经济机制

如果你研究图 35.2，你就能够观察到此图和第 4 章的成本曲线存在区别。在第 4 章，边际成本曲线上斜，平均成本曲线和边际成本曲线都是 U 形的。在一个典型的垄断企业中，布线或者埋管的固定成本如此高昂，使得产出水平不可能达到边际成本上升的区域。

正是非常大的固定成本成为经济上不可超越的**进入障碍**。回忆

第 5 章我们知道完全竞争的四个前提条件之一就是进入和退出的自由。当固定成本非常高昂时，其他企业几乎不可能在市场上有立足之地。

如果固定成本非常显著，那么几个企业都承担如此巨大的固定成本，从成本上看这并不是有效的安排。此时，只让一个垄断企业经营，并且小心的规制垄断者，这样可以为消费者省钱。因为垄断者只愿意按照价格 $P_{垄断}$ 提供 $Q_{垄断}$ 的产出水平，所以规制质量是问题的关键。垄断者希望利用其拥有的市场力量，同时，政府工作的一部分就是提供规制以防止此种情况发生。

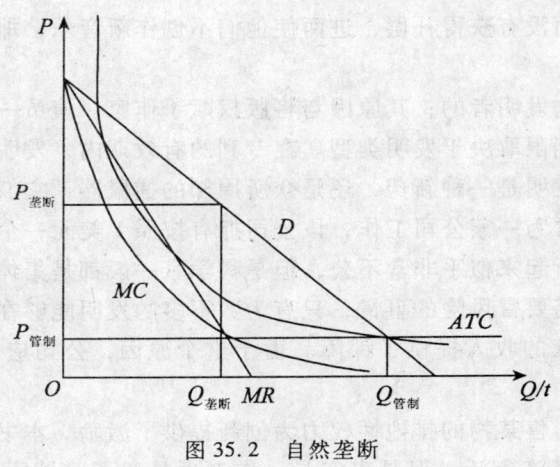

图 35.2　自然垄断

政府规制者将允许垄断者获得正常利润，该利润与其他行业类似投资机会的盈利一致。图 35.2 中平均总成本曲线 ATC 和需求曲线的交点对应的价格是规制者制定的价格 $P_{管制}$，图中显示未受规制的垄断者索取的价格为 $P_{垄断}$，而规制者规定的价格为 $P_{管制}$，两者差距非常显著。由于这个原因，我们认为：与其他情况相比，让一个垄断企业经营公用事业，同时防止其滥用市场力量，这样消费者的境况会更好。也是因为这个原因，我们看到大部分地方电话公司、电力公司和天然气公司都受到美国政府的规制。

这并不是故事的全部。技术和法律结构在不断改变许多公用事业公司的竞争环境。在促使有线电视收费不断下降方面，卫星天线做出了很大的贡献。现在电报公司也销售电话，同时还向消费者提供因特网准入服务，后者以前只有电信公司提供。目前出现的对地方电话公司的一个挑战来自无线电话产业。现在许多年轻人不再需要家庭电话，他们有手机就可以了。

尽管思考欠周的加利福尼亚电力产业解除规制导致了一场灾难，但是其他城市已经成功地放松了对电力产业的规制。这种解除规制是让现有电力提供商收取入网费。该费用类似于下面的情形：当你使用地方电话公司的网络和另外一个长途电话服务商连接时，地方电话公司会收取相关费用。这样一来，电力生产商之间就存在竞争。也许就在不远的将来，一些曾经不可避免的自然垄断行业也会面临竞争。

专利，版权和其他必要垄断

对经济良好运行有帮助的垄断，除了上述提到的自然垄断之外，还有版权和专利这些合法的垄断。歌手、作家或者电影制造商只有通过占有排他性出售其产品的权力，才能够赚钱。如果你使用电子仪器复制CD、书籍或者电影，你知道与到零售店购买相比的价格，这个成本非常低。将垄断权利赋予唱片公司、电影制造商、出版商是为了让它们赚足够多的钱，进而鼓励它们的创作。

看一下因特网上音乐提供商napster和Kazaa。许多人发现能够从网上下载音乐，并在MP3或者计算机上欣赏。这意味着你能够不付费就欣赏到最新的音乐。音乐行业的许多人都认为你实际上已经违反了版权法。它们的观点是正确的，联邦法院关闭了napster。此种情形下的经济问题关键在于：此种服务对音乐创作者的创作激励产生了何种影响。如果音乐人创造了音乐而没有获得补偿，进而使他们不创作新音乐，那么就会给整个社会带来净损失。

专利是赋予新事物发明者的，其原因与将版权赋予作家、演员一样。经过一定期限以后专利会到期，具体期限取决于发明类型。在专利的有效期内，发明者是唯一有权利出售其发明的人。无论新发明是一种新药，还是众所周知的捕鼠器，它们都属于发明者。在现代社会，科学家们经常为一家公司工作，该公司拥有按照1美元一个想法的价格购买科学家创造物的权力。这听起来似乎非常不公，但是科学家一般都是集体创作团队的一员。而且，因为发明是一项需要冒风险的事情，只有为数不多的发明能够在市场上有所作为，所以实际上公司为科学家的收入提供了保障。由于这个原因，公司应该获得科学研究的成果。

在任何情形下，出售某物的排他性权利为创新提供了激励。本书的作者当然希望此书能够有助于学生理解经济生活，但是事实是，作者也是为了赚钱而著此书的。作家、歌手、电影制作者、发明人需要拥有垄断权利，使得他们能够赚钱补偿其付出的努力。

其他垄断存在的原理则是它们能够提供社会品。美国邮政服务能够以公平价格为每一个居住在美国的人提供平等的邮寄服务。尽管其批评者认为私有化体系能够更有效率，而且能够节约成本，但是支持者相信此"社会品"足以证明任何垄断非效率的合理性。

垄断与法律

谢尔曼反托拉斯法

在谢尔曼反托拉斯法之下，成为垄断者并不是非法的，甚至当一个企业将自身打造成一个垄断者时，该企业也没有违反谢尔曼反托拉斯法。但是，1890年通过的谢尔曼反托拉斯法认定，如果某公司运用其在某个市场上的垄断力量加强其在另一个市场上的地位，那么该公司的行为就违反了谢尔曼反托拉斯法。① 根据该法，公司试图控制生产各个阶段的行为也是非法的。

正如我们上文看到的那样，有些情况下垄断力量是一种好事情。事实上，这是商业中最根本的"胡萝卜"。如果某个制造商制造的商品比其竞争者好得多，那么该制造商就理

---

① 尽管后来有很多重要的法律条文补充、阐明谢尔曼反托拉斯法，为了简明起见，我们将这一类法律都称为反托拉斯法。

所当然地从免受竞争中受益。只要该公司一直这么优秀，而且对产品定价足够低，使得其他企业不敢进入，那么此时的垄断就不会给社会带来坏处。因而，该公司也就没有违背反托拉斯法。下文中我们将看到，微软公司就主张自己是一个运作良好并成为了操作系统领域垄断者的公司。

正如我们前面所说的那样，公司运用某领域的垄断力量为公司带来其他领域的业务，就违反了反托拉斯法。例如，如果在某个地区垄断市场的电话公司销售手机的时候，它就不能要求地方电话用户预订其销售的手机。

反托拉斯法也禁止公司控制特定产品从生产到销售整个加工链的行为。这正是20世纪初期标准石油公司面临的麻烦所在。那时，标准石油公司通过拥有和控制钻井设备、油井、提炼设备、输油管、分销网络、气田获得了油气产业的主导地位。那时这种行为是非法的，现在仍然违背反托拉斯法。

反托拉斯法的其他部分主要用于防止公司通过合并成为垄断者。在某个只有为数不多企业的行业，两个独立公司共享信息或者在制定价格时合谋，这恰恰违背了反托拉斯法。这种行为被称为"价格限定"，汽油站经常被指控实施价格限定行为。当有人意识到公司合并之后可能会采取价格限定措施时，国会赋予联邦交易委员会允许或者挑战公司合并行为的权力。当两家航空公司合并时，这可能会导致在某个重要机场出现垄断，这时联邦交易委员会就会介入。它可以简单地不同意公司合并，或者它可以要求航空公司将进入机场地权力售卖给其他航空公司。

什么构成垄断？

经济学研究的一个新领域是这样一个经济问题：多少企业才能够确保竞争？我们已经假设需要很多企业，但是我们并不知道确切的数字。一些经济学家开始论证一个企业就足够了。他们认为，如果构成垄断的某个公司害怕潜在的竞争，而将其产品价格定得足够低，以使其他企业选择不进入该市场，我们就得到了通常只有在完全竞争条件下才会出现的结果。只不过，在这个假想的例子中，这个结果是通过单个企业而得到的。

为了领会其含义，假想一个飞机场，它只为一个主要航空公司服务。现在我们来推测作为垄断者的航空公司如何制定票价。在一定条件下，由于非常担心其他航空公司进入该机场，面临潜在竞争者的垄断者会将价格定得非常接近竞争价格水平，并且显著地低于可能的垄断价格。

举例来说，西南航空公司建立起了一个声誉：当其他航空公司面临西南航空公司的竞争时，它会促使其他航空公司降低票价。西南航空公司是一家由愉快并且工作刻苦的团队运作的航空公司。其创始人自身的薪水和其他航空公司老总的薪金相比要低得多，而且他对员工非常友善。这样该公司就不必受到行业制定工作规则导致的低效率的影响。

你可能亲自体验过西南航空公司的有效运作。下次乘机如果在机场停留比较长时间的话，你可以观察一下西南航空公司的舱门。你可以记录飞机从停靠到舱门到再次起飞的时间。同时，你还可以为美国航空公司、联合航空公司、美洲航空公司或者西北航空公司做相同的事情，最后你会发现西南航空公司所需的转机时间最短。这意味着，与其他航空公司相比，西南航空公司每天能够多飞一趟或者两趟。这样西南航空公司就能够在机票价格上打败任何一个竞争者。

可竞争市场假设
因为该市场上的企业受到"打了就跑"的潜在进入者的威胁,因而要在该市场上生存它就必须以竞争性价格提供商品或服务

假设你负责为另外一家航空公司制定机票价格,该航空公司在某个城市占有垄断地位。你知道西南航空公司选择下一个目标城市的标准是:它所能够负担的机票价格大大低于现行价格。那么你将怎么做呢?你会将机票价格定得很低,以使西南航空公司不进入你所在的市场。

可竞争市场假设意味着,对于多少个企业可以产生竞争价格的问题,答案是一个,只要该唯一的企业害怕潜在竞争者的竞争。

反托拉斯行动的例子

标准石油公司

当约翰·洛克菲勒建立标准石油公司的时候,没有人知道石油将如何改变世界。当垄断石油产业的标准石油公司被解体时,洛克菲勒已经成为世界上最富有的人。如果你用个人财富在美国财富中占有的比例来度量个人财富,那么你会发现,比尔·盖茨的收入翻一番才能够接近洛克菲勒的水平。在洛克菲勒不断加深对整个石油生产过程进行控制的过程中,他也在不断变得富有。他拥有油田、所有钻井设备、管道以及分销石油的卡车,他还给所有出售其汽油、天然气的经销店发放许可证。

托拉斯
控制了某个特定行业整个生产过程的单个公司

这种形式的垄断被称为**托拉斯**,它的典型特征是公司对生产各个阶段都有控制权。只有在很少的情形下,公司才能达到如此强的垄断力量。如果比尔·盖茨不仅拥有微软,而且拥有英特尔、戴尔、网关和其他计算机硬件生产商,同时比尔·盖茨还向所有出售计算机的经销商发放许可证,那么我们就可以断定比尔·盖茨组织了一个托拉斯。

在洛克菲勒的例子中,他利用其对石油生产业务的控制权进一步获取对运输管道和零售网点的控制。他只需拒绝使用不向他出售的管道,就可以将所有管道控制起来。同时,他拒绝将产品出售给没有获得其发放许可证的经销商,这样又进一步控制了零售网点。然后,洛克菲勒利用其市场力量以低价购买输油管道,并以高价向经销商出售产品,最终获得更高的利润。实际上,反托拉斯法的规定不过是将洛克菲勒玩得如此好的各种伎俩宣布为非法而已。

标准石油公司解体为数个独立的公司。每个公司在使用石油管道、气田等方面展开激烈竞争。现在我们还知道埃克森公司、阿摩卡公司和标准石油公司,它们都是当年标准石油公司解体的产物。现在我们已经熟知洛克菲勒给世界的教训,而且大部分发达国家都有相关法律来约束垄断者运用垄断力量限制竞争。

IBM

国际商用机器公司又被人们称为IBM,创建之初是一个打印机和加法器制造商。你的祖父辈可能还记得,在当年办公室里,秘书的IBM电子设备是最复杂的机器,它能够取代打字员。但是,到20世纪60年代,IBM已经进入计算机行业。在此之前,大型机要占用数间房子。而且,如果你需要此种机器,你只有一个选择:IBM。

作为大型计算机市场上的垄断者，IBM 能够运用其垄断力量介入生产大型机所需软件以及其他硬件的公司。1969 年，司法部提出诉讼，指控 IBM 利用其在大型机主计算器制造领域的垄断力量谋求在相关的其他领域建立垄断。

该案件在法院拖延了数年。到 1977 年，一家新成立公司——苹果公司开发了第一台个人电脑，随后，IBM 公司决定进入个人电脑市场，开始为家庭和办公室制造计算机。个人电脑是一种新颖产品，它比运用于航天事业的大型机拥有更强的市场前景。到 20 世纪 80 年代早期，大型机市场走向衰落、个人电脑市场走向繁荣的趋势已经非常明朗。1982 年，该案件被放弃，因为即使 IBM 在大型机领域拥有垄断力量，该领域也不再是一个重要的领域了。

IBM 公司之所以失去成为个人电脑领域垄断者的机会，其中一个原因是它曾经将个人电脑操作系统 DOS 的使用权特许给当时知名度不高的小公司微软。同时，IBM 公司从当时名气也不大的英特尔公司购买微处理器，该处理器与其前辈相比要小得多。当其他公司发现它们也能够将各部件组装起来制造计算机，并且运用微软的 DOS 操作系统运行计算机时，IBM 成为垄断者的机会就一去不复返了。

微软

20 世纪 80 年代中期，苹果公司推出了一种新个人电脑，被称为麦金托什机。它使用显示器上被称为图标的图形和被称为鼠标的瞄准工具，取代了原来通过键盘输入命令给计算机下指令的老方式。微软马上跟随其后对其操作系统做了革新，使其依赖于鼠标。这个新操作系统被人们称为视窗操作系统。尽管前两个版本的视窗操作系统很糟糕，使微软公司失去了其在操作系统方面的优势。但是，视窗 3.1 操作系统很快占领了计算机产业领域。

从那时开始，视窗操作系统（3.1 版、95、98、2000、XP 或者 NT）已经在计算机领域占主导地位。在这一段时间，唯一给微软带来严重威胁的是 IBM 推出的 OS/2 和其继承者 Warp。这两版操作系统都支持多任务，这是视窗 3.1 操作系统没有的功能。多任务允许计算机分配资源并能在同一时间实施多个任务。因为该功能是大型机所擅长的，所以 IBM 公司首先推出，苹果公司努力将该操作系统应用于计算机，同时，微软公司在一年之后也推出了支持多任务的视窗 95 操作系统。

如果人们相信司法部和许多微软公司批评者，那么微软公司会很紧张。批评观点声称正是从那时开始，微软开始运用其在操作系统领域的卓越力量来压迫软件制造商，迫使软件公司只为即将推出的视窗 95 操作系统编制软件。司法部也指控微软向调制解调器、声卡、硬盘驱动器和网卡等硬件制造商施加压力。如果微软确实做了以上事情，那么微软就公然违反了反托拉斯法。

微软另一个存在争议的举措是，它在提供各种版本视窗操作系统时，虽然向制造商索要的价格较低，但是有榨取制造商的嫌疑。制造商每出售一台电脑必须向微软支付一个固定费用，而不管消费者是否使用视窗操作系统。这样一来，即使购买个人电脑的消费者想安装其他操作系统，他也必须为视窗操作系统付费。由于大部分消费者没有很好的理由选择其他操作系统，结果没有其他操作系统获得视窗操作系统前期取得的成功。如果微软实施此行为以消除竞争，那么微软就违反了反托拉斯法。不管出于以上哪个原因，OS/2 给微软施加的威胁都消失了。

后来，微软公司又遇上其他问题。微软严重低估了因特网的发展，而网景在因特网浏览器市场上占有了四分之三的份额。紧接着，太阳微系统公司创造了编程语言JAVA，该语言能够和视窗操作系统、苹果计算机和其他计算机兼容。这不仅威胁到会束缚视窗操作系统，而且会对微软办公软件的独占地位产生不利影响。为了应对以上事件，微软创造了因特网浏览器来取代网景浏览器，而且，视窗操作系统98就支持因特网浏览器功能。

更让司法部伤神的是，微软坚持个人电脑制造商不能将与之竞争的产品安装到计算机上。特别地，微软受到指控：如果个人电脑制造商将其计算机和网景或者Corel的办公室套装软件（WordPerfect Suite）捆绑起来销售，那么微软将不出售视窗操作系统给电脑制造商。

最后，很多人相信视窗操作系统98版中存在秘密部分，使得系统运行非微软产品时非常容易崩溃。如果这是真实的，那么使用非微软产品的用户将会谴责微软公司，并希望使用"更加可靠的"微软软件。

在1998年、1999年对微软公司进行审判的过程中，司法部指控微软使用洛克菲勒的伎俩驱逐其竞争者。2000年4月3日，负责该案件的法官，托马斯·平费德·杰克逊首次做出以下裁决：已有证据表明微软试图在一系列软件领域建立垄断，它运用其在操作系统方面的垄断力量来加强其在办公软件方面的市场地位，并且在因特网浏览器市场上建立起了垄断地位，而且还阻止来自太阳微系统公司的JAVA的竞争。法官杰克逊进一步裁决在上述过程中微软已经侵害了消费者的利益。2000年6月7日，法官裁决将微软公司分解为两个部分，一个经营操作系统业务，一个经营应用业务。当日，法官还表示他相信微软在视窗操作系统中藏有秘密部分以不利于非微软软件运行。故而法官做出裁决：微软公司"不得采取它知道将干扰或妨碍非微软软件的顺利运行"的任何行为，而且微软应该开放其"界面"，以使其他软件能够和操作系统对话。法官非常清楚地表示，到某一时间以后，微软公司应该做到以上两点。在向上一级法院上诉的过程中，人们赞同许多关于微软公司存在以上违法行为的重要事实，但是分拆方案没有获得通过。在2001年9月11日之前，司法部决定集中精力结束该案件，同时放弃了分拆方案。

2001年11月，因为有其他案件需要审理，司法部以非常友善的条款结束了和软件巨头微软公司的斗争。尽管与联邦政府一起诉讼的有些州还不肯熄火，但是到2003年，当向加利福尼亚州居民支付了11亿美元代金券，以及美国在线、时代-华纳公司（网景的母公司）以7.5亿美元完成合并以后，这场战斗实际上已经结束了。

小结

现在你明白：为什么经济学家担忧垄断，为什么一些垄断被视为不可避免的，甚至是有利于社会的。你知道政府制定法律来规制垄断的形成及其定价行为。最后，你也看到反托拉斯法如何应用于标准石油公司、IBM公司和微软公司。

主要术语

进入障碍　　　　可竞争市场假设　　　　托拉斯

自我测试

1. 努力成为垄断者是
   a. 违反法律的
   b. 合法的
2. 版权是好的垄断的一个例子，原因是
   a. 存在无谓损失
   b. 写书没有固定成本
   c. 它为创作者提供写书或者写歌的激励
   d. 以上都不是
3. 以下哪一个结果适用于一个受到规制的自然垄断者？
   a. 边际成本等于边际收益
   b. 供给等于需求
   c. 获得正常利润
   d. 获得经济利润
4. 什么情形下会出现自然垄断？
   a. 固定成本高昂
   b. 边际成本持续递减
   c. 边际成本持续递增
   d. （a）和（b）
5. 可竞争市场假设和完全竞争假设所需要求之间的差异是
   a. 前者要求许多竞争者，或者只需一个害怕竞争的企业
   b. 后者要求很多竞争者，前者要求一个害怕竞争的企业
   c. 前者不需要进入自由，而后者需要进入自由
   d. 后者不要求进入自由，而前者需要
6. 未受规制的垄断者将索取的价格
   a. 高于其边际成本
   b. 低于边际成本
   c. 等于其边际成本
   d. 非常高以至于没有人负担得起
7. 作图阐释未受规制的垄断者的生产决策和定价决策。标出消费者剩余和生产者剩余以及无谓损失。对垄断者进行规制能否使其不赚取经济利润，并且消除无谓损失？

思考

在你所在的地区，哪些产业现在是垄断行业？请预测 20 年之内这些垄断行业还会保持现在垄断状态的可能性。技术变化会使它们面临竞争吗？

讨论

所有企业（也许将农民除外）都希望其竞争者陷入经营困境，以使自身获得好的发展环境。希望此种情形出现并不违法，但是运用垄断力量促使该情形出现则是非法的。你认为微软如此行动打击其竞争者了吗？如果微软确实这样做了，将微软解体为操作系统部门和应用软件部门是一个足够充分的惩罚吗？

进一步阅读

Journal of Economic Perspectives 1, no. 2 (Fall 1987). See articles by Steven C. Salop, Lawrence J. White, Franklin M. Fisher, and Richard Schmalensee, pp. 3-54.
Online Newshour, "The Microsoft Antitrust Case."
http://www.pbs.org/newshour/bb/cyberspace/july-dec99/microsoft_index.html.

第36章 能源价格

学习目的
- 明白什么是卡特尔，为什么卡特尔能够给其成员带来巨额收入，为什么卡特尔不稳定以及为什么有时候又会从沉寂中苏醒
- 将欧佩克（OPEC）视为一个主要石油生产卡特尔
- 知道就通货膨胀因素进行调整的原油价格和汽油价格在历史上是不稳定的，并领会这是地缘政治和卡特尔本身不稳定导致的结果
- 明白尽管石油从油井到储油罐要花费数月时间，但是这和供给需求模型并不矛盾，该模型适用于分析中东开采中的石油价格在数天之内发生变化的事件
- 明白居民用电市场被认为是受规制的垄断市场

内容概要
- 历史考察
- 欧佩克
- 为何价格变化如此之快？
- 电力公用事业
- 将来会怎样？
- 理论进阶
- 小结

　　世界运行依赖石油产品。不管是用于汽车的汽油，还是用于火车和卡车的柴油，抑或是家用取暖用油，现代社会离开了石油就不能生存。已探明的石油储量有 10 000 亿桶，据信还有 5 000 亿桶石油没有探明，同时石油消耗是每天 7 700 万桶多一点，由此计算，到 21 世纪下半叶很可能就将石油储藏量消费完。

　　本章回顾了石油和汽油价格的历史，讨论了价格显著变化的原因和影响。我们考察了石油输出国组织（欧佩克），研究了其发展历程，并分析了其为何不能成为一个有效的石油卡特尔。我们还谈到了为什么石油价格的变化看起来比石油供给的变化要剧烈得多。同时，我们还展望未来，尝试描绘 50 年、100 年之后石油产业面貌的图景。最后，我们考察了电力价格以及电力产业为何成为垄断行业，为什么会导致政府价格管制以及加利福尼亚放松管制事件为何困难重重等问题。

历史考察

石油价格和汽油价格的历史

经常处于波动状态的汽油价格在20世纪70年代飞速上涨。尽管当时几个巧合的事件加速了石油价格的飞升，但是许多政治家宣称20世纪70年代是一个全面长期"能源危机"的开端。图36.1的简要回顾表明实际上危机是短期的。实际上，到1998年，石油和汽油价格已经下降到30年的最低水平。尽管原油价格在1999年到2000年几乎翻了一番，未经通货膨胀调整的汽油价格在2000年夏季达到了最高点，但这只是通货膨胀调整价格长期平均的回归。

图36.1中最顶端的图形展示了1978年以来汽油价格（运用GDP平减指数进行了通货膨胀调整）的变化。中间的曲线展示了美国国产原油的价格变化。底部曲线展示的是进口原油的价格走势。尽管石油价格经常以桶来标示，此处的价格已经转换为以加仑表示，而且价格已经经过了通货膨胀因素的调整。

地缘政治历史

这里我们将给出一些地缘政治的历史，它们将有助于我们理解石油价格的波动。从表36.1可以看出，石油在世界上并不是均匀分布的。你能够从中猜测出中东特别是波斯湾的政治对石油价格的决定非常重要。

表36.1　　　　　　　　　　　　全球石油储藏量的分布

区域	储藏量（10亿桶）	占总储量的比例
欧佩克中的波斯湾地区	683	66%
欧佩克的非波斯湾地区	136	14%
世界其他地区	213	21%

资料来源：美国能源部 http://www.eia.doe.gov

从1967年持续到1973年的阿拉伯和以色列的战争激起了西方世界与阿拉伯国家之间的仇恨。因为美国支持以色列，阿拉伯国家对美国采取了严厉的惩罚措施。美国不仅帮助出谋划策，还从物质上给予强大的支持：帮助以色列从约旦手中攻取并占领约旦河西岸，从叙利亚手中夺取戈兰高地，攻占加沙，从埃及手中获取西奈半岛。

此后，阿拉伯国家对美国帮助以色列非常恼怒，拒绝向美国和很多西方国家提供石油。尽管这并没有使美国陷入石油配给的状况，但是英国出现了石油配给。石油禁运也导致市场价格上升。图36.1表明石油价格的第一次上升发生在1973年和1974年。

20世纪70年代后期石油价格的显著上扬是由于欧佩克发挥了石油卡特尔的作用。卡特尔如何产生以及它们如何显著地提高价格将在本章后面部分详细阐释。经过通货膨胀调整以后的石油价格在那时达到最高记录。汽油价格达到每加仑1.4美元，相当于1992年

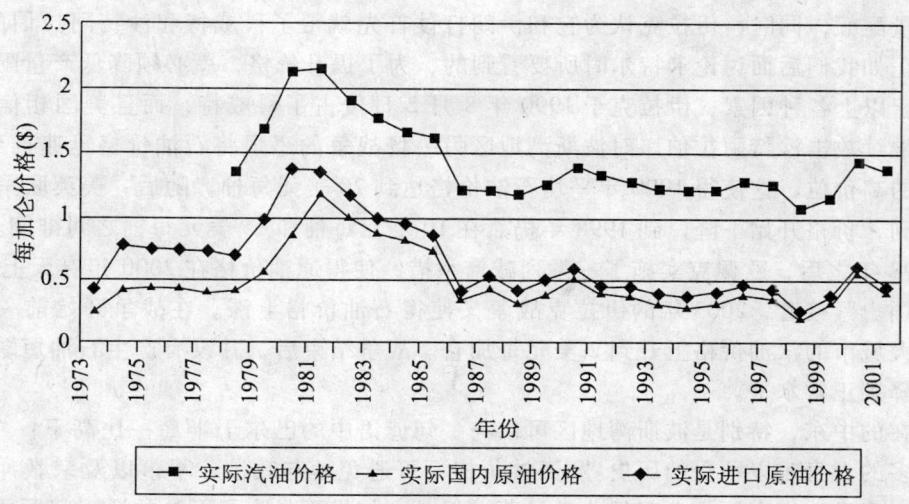

资料来源：U. S. Department of Energy, http://www.eia.doe.gov.

图 36.1 通货膨胀调整后的国内原油和进口原油的价格走势：1973～2002 年（以 1996 年的美元计）

的 2.10 美元，每桶原油的价格达到 40 美元，相当于 1992 年的 60 美元。

在 20 世纪 70 年代后期的伊朗，阿亚图拉·霍梅尼从被废的国王萨阿手中取得了政权，这使得诸如伊拉克、科威特、沙特阿拉伯等邻国非常紧张。但是，邻国的担心被证明不是无中生有，到 1980 年，伊拉克和伊朗之间爆发了战争，尽管在谁是侵略者的问题上存在争论。尽管该战争产生的道德上的影响超过了对石油价格的影响①，但是其对石油价格的作用却永远改变了石油贸易。

因为现代武器非常昂贵，同时伊拉克和伊朗都受到现金的约束，而且这两个国家只有唯一一条挣外汇的现实途径，所以伊拉克和伊朗都尽可能多地出口石油。尽管它们提供的官方数字没有显示出来，很可能是它们向欧佩克其他成员国说了谎话，但是实际上它们提高了石油产量以购买更多更好的武器。

当石油价格在 20 世纪 70 年代上涨的时候，伊朗和伊拉克开始开采更多的石油。而且，其他国家也花费大量人力、物力勘探新的石油来源。在北海、墨西哥和许多其他国家都发现了新的石油，并且开始开采这些石油。在 1982 年和 1983 年，一场大衰退袭击了美国和欧洲，这又进一步减少了对石油的需求。在以上各种因素的综合作用下，石油价格崩溃了。到 1986 年，每桶石油的价格下降到 10 美元，该年每桶石油的平均价格下降到 12.51 美元。

1988 年，两伊战争结束，石油价格开始回升，达到 15 美元每桶，相当于每加仑 30 美分多一点。战争结束之后，由于战争期间伊拉克疯狂借钱购买武器，伊拉克分别欠科威特和沙特阿拉伯 400 亿美元的债务。在 15 美元每桶的价格上，伊拉克很难支付偿还债务

---

① 伊拉克首次使用毒气攻击伊朗士兵，伊朗则招募儿童做士兵，里根政府向伊拉克出售武器，并将收入用于资助尼加拉瓜叛军。同时，美国中央情报局也给伊拉克提供了情报方面的帮助。

和战后重建的费用。更让伊拉克感到气愤的是，它认为科威特和沙特阿拉伯没有遵守欧佩克的产量配额，同时，伊拉克认为它和伊朗打仗首先就帮了科威特和沙特阿拉伯的大忙。但是，正如我们后面讨论卡特尔时所要看到的，为了提升价格，就必须降低产量配额。

由于以上各种因素，伊拉克于1990年8月2日侵占了科威特，而且美国相信伊拉克还策划继续攻击沙特阿拉伯。对波斯湾地区另一场战争的恐惧将石油价格迅速推到30美元每桶的高价位，这使得1990年平均石油价格达到20美元每桶。随后，美英联军在海湾取得胜利，价格开始下降，到1998年仍然在10美元每桶和15美元每桶之间徘徊。

1998年之后，欧佩克实施了一系列减产举措，使得原油价格在2000年春天上升到30美元每桶。紧接着，2003年的伊拉克战争又使得石油价格上涨。在战争开始前一周，美国主要大城市的汽油价格上升到2美元每加仑。战争结束后，并没有产生石油短缺，汽油价格又降到正常水平。

现在的中东，特别是波斯湾地区可以与一句谚语中的巴尔干半岛一比高下："它们制造了太多的自身难以承受的历史。"石油价格不可避免地与政治、军事以及宗教冲突联系在一起，宗教冲突在历史上曾经非常显著，但是，如果不是为了石油的话，问题要好解决得多。

欧佩克

欧佩克做些什么

卡特尔
竞争者联合起来形成的唯一垄断者组织

在前面对石油价格进行历史回顾的过程中，我们间接提到欧佩克在其中发挥了重要作用。欧佩克是一个**卡特尔**，其成员有阿尔及利亚、印度尼西亚、伊朗、伊拉克、科威特、利比亚、尼日尼亚、卡塔尔、沙特阿拉伯、阿拉伯联合酋长国、委内瑞拉等出口石油的国家。上述国家的石油储藏量加在一起占到世界总藏量的80%。曾经有一段时间上述国家依靠石油取得了很大的政治势力。但是，在整个20世纪90年代，石油价格的表现似乎表明，欧佩克并没有发挥其应有的能力，然而到1999年和2000年，卡特尔似乎又复活了。以上这一切如何发生的呢？

当一群人、一些企业或者一些国家感觉到自身的力量太单薄而联合起来以后会更加强大的时候，他们假设自己能够团结起来形成一种联合的力量。如果存在或者出现一些因素能够使之组织起来，那么就有机会形成卡特尔组织。在20世纪60年代末期到20世纪70年代，各种因素都已具备，中东石油出口国家看到，联合起来能够惩罚支持以色列的国家，并能够从中获利。

这样就使得一个原本松散的组织欧佩克变成一个强大的石油卡特尔。实际上，如果某个行业中为数不多的厂商控制了市场供给的绝大部分，卡特尔就能够在多个行业存在。卡特尔的问题是它有自我破坏的倾向，当然，欧佩克也不例外。

卡特尔如何运作

卡特尔之所以能够发挥作用，原因是个体竞争者联合起来像垄断者一样行事。为了做到这一点，他们必须同意建立一种机制抑制市场上的供给。以欧佩克为例，这意味着它们必须一致同意石油减产计划。该计划意味着每个成员国必须把产量限制到结成卡特尔之前的某个比例。如果它们能够成功地减产，那么石油价格就会上升。第5章告诉我们，在完全竞争环境下，从长期看，商品的价格等于商品的平均成本和边际成本。如果商品价格上升，利润将提高，卡特尔所有的成员国都会从中受益。

为什么卡特尔不稳定

但是，这并不是故事的结局。先让我们从直觉上来看看原因何在。假设你所在课堂的老师在学期之初宣布，考试成绩将按照你所在班级的排名决定。这意味着不管学生在考试中取得多好的成绩，都有事先决定的固定比例的学生获得 A、B、C、D、E 各个层次的成绩。聪明的学生将联合起来许诺不好好学习。他们明白，他们都努力学习所获得的排名（基于他们学习经济学的才智禀赋）与他们都不努力学习所获得的排名将是一样的。

现在我们附加一个怪异的假设：学生没有快快乐乐学习经济学的心愿，他们希望能够花费尽可能少的努力获得好的成绩。那么会出现什么情况呢？会不会出现没有学生愿意学习的情形呢？这是一个小测验，经过分析你会发现总会有学生努力学习。这些学生会发现，努力学习对其有利，因为这样他们就能够获得一个好成绩。其他学生将会注意到有一部分学生在欺骗他们。他们可以从其相对成绩的下降作出判断。这时被骗者也开始欺骗，他们会努力学习。如果与我们推测的一样，每个人都不遵守事前签订的协议而去努力学习，那么协议就没有任何意义了。

以上介绍的例子与欧佩克的情形非常相似。欧佩克成员国发现如果实施欺骗行为，哪怕只是一点点，也会挣到很多钱。一个实施欺骗行为的国家会看到，在协议规定的产量水平上，边际收益（新的卡特尔价格）大于边际成本，如果偷偷增产，就能获利。该利润将大大超过以前按照卡特尔规定的配额所能得到的利润。与前面的例子一样，通过对于每个人一起行动的曲线的刻画，个体的贪婪会导致集体的欺骗，最终会使所有的收益都会蒸发。欧佩克成员国的欺骗行为不仅使得大量超额利润不见踪影，而且还使得经济利润也消失了。

如果再引入其他的非欧佩克产油国，那么这就是对于欧佩克的致命一击了。英国原来是一个石油进口国，受到石油高价的激励开始自己找油，最终在北海找到了石油。继而英国发现它不仅能够自给，而且一跃成为石油出口国。墨西哥和其他国家也加大石油勘探力度，找到了石油并且大量出口。尽管欧佩克尝试说服这些国家加入，并组成一个更大更有力的卡特尔，但是没有一个国家同意。这些国家认为，它们可以按照或者略低于卡特尔的价格销售石油，而这根本不需要任何的生产配额就能够做到。图36.2 清楚地显示，就占世界石油总产量的份额而言，欧佩克已经不再是最大的石油生产者。许多其他国家在生产石油并获取了欧佩克的市场份额。

从沉寂中苏醒

20 世纪 90 年代石油价格显著下降，在 1999 年价格突然上扬之前一直低于历史平均水平。看起来似乎已经走向末路的欧佩克是如何再获新生的呢？实际上，欧佩克的潜在盈利能力一直没有消失。只不过是一些个别国家的行为在侵蚀潜在的利润。1998 年到 1999

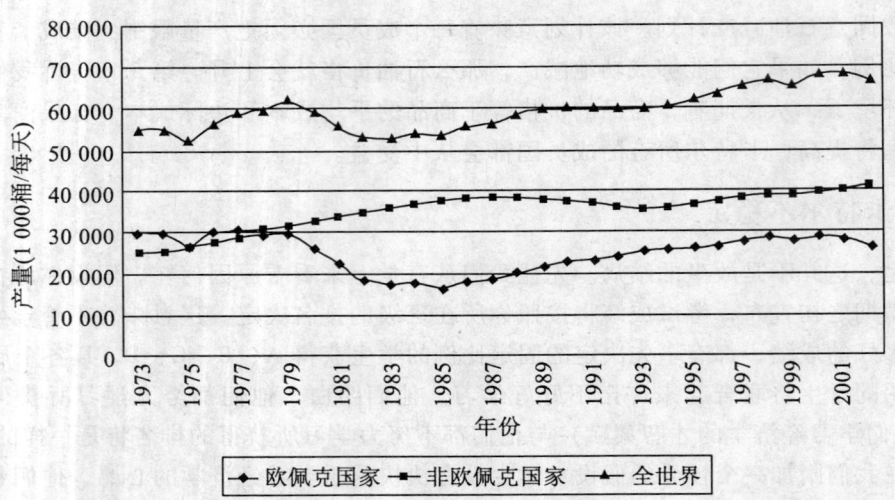

资料来源：U.S. Department of Energy. http://www.eia.doe.gov.
图 36.2 世界的石油生产：1970～2002 年

年期间，欧佩克开始了一系列减产计划，最终达到一天 430 万桶的水平。这样它们就抬高了石油价格。与以前的石油价格上涨不同，它们选择在美国碰上通货膨胀之前提高油价。这样欧佩克似乎重新回到了顶峰，控制了世界石油价格。这种情况会延续下去吗？有可能，但是前提是欧佩克必须汲取以前的教训。它们控制的价格水平必须使得其他非欧佩克国家没有动力去额外开采石油。即使这样，欧佩克组织成员国也仍然有自利倾向，使之超过石油生产配额。

为何价格变化如此之快？

从空储油罐离开美国到抵达波斯湾装满石油再返回美国，然后将原油冶炼成为汽油几乎要花费几个月时间。如果事实如此，那么我们附近加油站的汽油价格怎么可能在 1 周之内变化 20% 呢？要得到该问题的答案，我们必须回到第 2 章的供给和需求决定等有关内容。我们知道，某一商品将来价格的预期会影响现在的供给曲线和需求曲线。

同时我们还知道，如果预期到价格会上升，那么需求曲线会向右移动，供给曲线会向左移动。原因在于，在价格上升之前，消费者希望尽可能多地储备石油，而供应商则希望尽可能少地出售石油以便将来以更高价格出售。这样一来，当预期到价格将要上升以后，商品的现行价格会变高。

为了分析上述因素如何发挥作用，我们来看一看石油行业对伊拉克入侵科威特的反应。数天之内，每加仑汽油价格上升了 25 美分。这是如何实现的呢？从石油进口商开始到加油站结束的供应链，每个组织都想在价格上升之前尽可能多地购买并储藏石油。在正常情况下，没有加油站愿意保留较大数量的石油存货，因为储存石油和其他汽油产品要占用大量资金。

这样一来，石油公司就会抢在价格上涨之前匆忙地加满它们的储油罐。石油提炼商也希望在价格上涨之前尽可能多地储备原油，石油分销商和加油站也无一例外地加大石油储备。在上述的每一个阶段，由于相应的组织都希望尽可能地加大储备，所以对商品的需求都会上升。到价格上升时，它们手中就会有较多产品。

在以上环境下的每个阶段，企业都不愿意出售其石油储备，而使得下游企业建立储备，除非交易对方愿意出更高的价钱。石油价格上涨的同时，储油罐中也装满了石油。如果确实出现了石油短缺，那么这对上述企业而言并不是一件坏事：因为它们手中有额外的石油储备，它们可以小赚一笔。

当预期价格会下降时，相反的情况会出现：企业都努力想处理掉商品。因为企业希望尽可能地从加油站索取高价，故而只有当石油价格确实下降时，石油公司才会将自己储油罐中的石油全部出售出去。这样一来，石油价格下降的速度比上升的速度要慢得多。海湾战争之后，石油价格下降了，下降的幅度超过了每加仑25美分，但是价格下降所花费的时间却比价格上升花费的时间要长得多。

基于预期价格的价格波动经常发生，最近的一个例子发生在2001年9月11日的下午到晚上这一段时间。出于对石油的可获得性的担忧（实际的和假想的），一些加油站的石油价格上升了3倍。例如，一些加油站，特别是中西部的加油站，上午索要的价格是每加仑1.40美元，在恐怖袭击事件发生之后，索要的价格已经高于每加仑4美元。尽管可以将一部分价格上涨解释为批发价格的上升（当天石油批发价格的上涨幅度在每加仑5美分到10美分之间）。但是，价格上涨的主要原因是当时盛传这样的谣言：如果炼油厂关闭或者石油进口中断，那么石油价格将会显著上升。消费者以讹传讹，司法部长极度沮丧，但是消费者并不是无可指责的。在当天的下午和晚上，加油站排两个小时的长队并不奇怪，他们担心如果不加满油箱的话，第二天的油价将上升得更高。但是到第二天早上，显然炼油厂并没有遇到危险，价格又恢复到原来的水平。

整个就是个共谋吗？

公众广泛持有以下观点：石油价格是共谋行为的结果，相关组织和个人在密室里削减石油交易量，最终制定一个价格水平。如果真是这样的话，这种共谋行为就既违背了联邦法律，又违反了州法律。如果不存在这种明显的共谋，那么我们应该如何解释以下事实：价格不仅上升迅速，而且几乎在每一个加油站都同时提价。

当加油站向石油公司购买汽油的时候，其支付的价格反映了批发价格的变化。假如这就是故事的结局，那么只有当加油站获得一份新的石油供给的时候，价格才会变化。同时，在地下储藏汽油的成本名义上是"沉淀成本"，因此是被忽略的。从第5章我们知道，在制定利润最大化的定价时，固定/沉淀成本是可以忽略的。追求利润最大化的加油站关心的只是汽油的重置成本，或者机会成本。因为石油价格每天都在变化，即使加油站地下储备的汽油已有一个星期之久，加油站仍然要调整价格，以反映汽油目前的重置成本。

为什么邻近加油站价格变化的时间非常接近？为什么汽油价格在各个城市之间的传导只需几个小时？要回答以上问题，我们必须认识到石油行业是一个被寡头垄断的行业。加油站必须使其价格低于或者接近其邻近加油站的价格，因此当石油批发价格变化的时候，就存在一种自然的趋势，使得接下来的零售价格相互接近。在大部分城市，虽然有数量众多的加油站，但是批发商的数目却寥寥无几。批发供应商面对快速变化的全国石油现货市场，它们为了保持其市场份额，在制定价格时必须使其价格和竞争者的价格保持一致。总而言之，因为只有为数不多的批发供应商按照几乎相同的批发价格向汽油零售商提供石油，同时零售商根据汽油的重置成本制定汽油价格，所以各个城市的汽油价格几乎同时发生变化的现象并不奇怪。

电力公用事业

电力生产

尽管爱迪生用灯泡实现本杰明·富兰克林使用电力的梦想花费了将近一个世纪的岁月，但是从爱迪生发明电灯到美国依赖电力却没有经历那么长时间。同样地，尽管建造胡佛大坝有很多动机，比如刺激经济、控制洪水、灌溉，但是廉价的电力这一副产品却使得数以万计的人在南加利福尼亚得以谋生。

多数情况下，电力生产是由受到规制的公共事业公司生产的。这些公司承担了数额巨大的固定成本，它们构成了几乎不可逾越的进入障碍。固定成本包括发电厂本身以及将电力送到千家万户的输电线路和传输设备等。

有时候它们的可变投入几乎是免费的，比如水利发电、风力发电、太阳能发电。但是，在其他更加典型的情形下，比如原油、煤炭和原子能都需要购买。一般而言，你居住的所在地就决定了电力的生产方式。就全国而言，运用煤炭火力发电占到全国电力生产的一半。原子能发电占到21%，同时，天然气发电占16.5%，水力发电占6%。

全国各地对不同发电方式的依赖各不相同。太平洋地区和西部山区使用大坝的涡轮发电是新英格兰地区的15~20倍之多。康涅狄格州使用电力的70%来自原子能，但是在华盛顿州却没有丝毫原子能发电，在缅因州原子能电力只占10%。毫不奇怪，在那些煤炭资源丰富的地区，煤炭是主要的电力来源。

为什么电力公用事业是一个受规制的垄断行业？

因为生产电力的固定成本非常高昂，足以阻碍其他企业进入，所以电力市场是一个垄断市场。适合描述该市场的垄断模型到底是自然垄断模型，还是一个简单的垄断模型，这取决于电力生产的方式和电力传输的距离。

自然垄断
当不变成本很高而边际成本递减时存在的一种垄断

当固定成本巨大而且边际成本递减时，就会存在**自然垄断**。原子能发电和水利发电情形下，可变成本很低。运用原子能发电所使用的原子棒，比火力发电所需要购买的煤炭更便宜。另一方面，原子能发电站的工作人员需要更多的培训和更高的工资。如果利用水利发电，因为只需水在万有引力作用下推动涡轮即可发电，所以可变投入是免费的。在原子能发电和水力发电两种情形下，与发电的可变投入相比，建造发电设施的成本巨大。即使是采用煤炭、石油或者天然气发电，因为安装传输网络需要支付高额固定成本，电力市场也倾向于成为垄断市场。

一个区分电力市场是简单垄断市场还是自然垄断市场的因素是电力生产部门和用户之间的距离。在美国有一半的电力在传输过程中被消耗。电力传输的距离越远，损耗的电力越多。由于这个原因，如果将电力传送到距离电力生产地非常远的地方（而不是由既有消费者来消费），则边际成本将会上升。

图36.3展示了简单垄断模型下未受规制市场的价格和产量组合，而图36.4展示了自然垄断模型下未受规制市场的价格和产量组合。无论哪种情形，价格都显著高于边际成本。同时，人们为了过上现代生活又不能够离开电力，所以政府对电力的价格进行广泛的规制。

图36.5和图36.6展示了如果管制者允许电力公司获取正常利润的话，可能出现的管制价格。

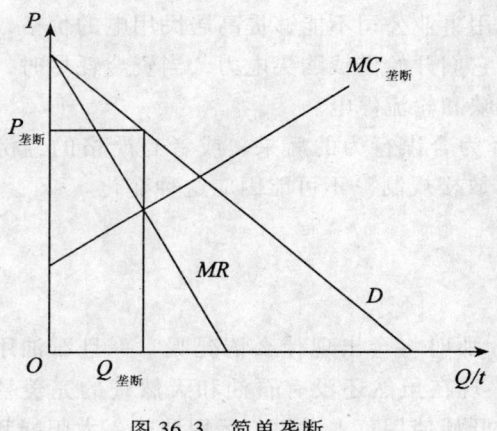

图36.3　简单垄断

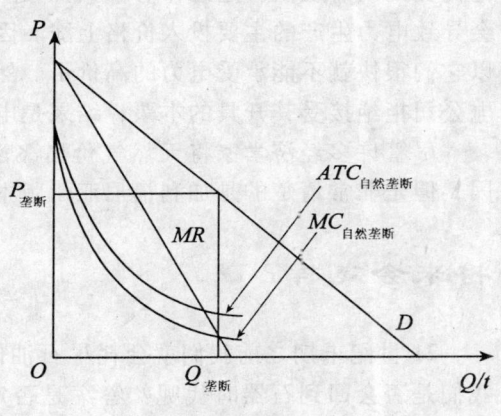

图36.4　自然垄断

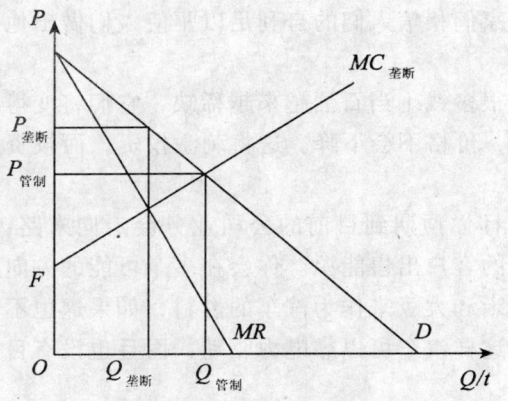

图36.5　受到规制的简单垄断模型

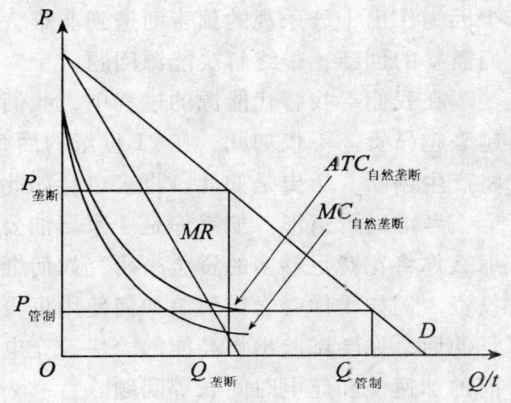

图36.6　受到规制的自然垄断

加利福尼亚州的经历

在2000年到2001年期间，加利福尼亚州的电力价格显著上升。平均批发价格从2000

年 4 月的每兆瓦时 26.56 美元上升到一年之后的 575 美元每兆瓦时。尽管后来价格有所回落（5 月 18 日价格为每兆瓦时 385 美元，7 月份价格为每兆瓦时 100 美元），但是对价格猛涨根源的研究持续升温。尽管有些经济学家注意到天然气供应商和电力生产企业之间的勾结行为，其他一些经济学家则关注规制方案的改变。

2000 年之前，加利福尼亚州制定的规制方案与美国其他地方的规制方案类似。公用事业公司涨价必须得到相关政府部门的同意。规制方案修改之前，公用事业公司拥有发电厂和电力传输设备。在 2000 年，新规制方案开始实施，它要求公用事业公司将其发电厂分离出去。该方案的逻辑是，大量新成立的发电公司将以竞争价格向公用事业公司出售电力，然后，公用事业公司以规制价格向消费者出售电力。

该方案存在以下问题：尽管对批发市场价格和工业用电价格放松了管制，但是居民用电仍受到政府规制。这意味着，天然气（加利福尼亚州主要依靠天然气发电）价格上升会导致电力生产的主要投入价格上涨。因为公用事业公司不能够提高居民用电的价格，所以它们很快就不能承受电力的高价了。然后，它们开始借钱购买电力，当资金耗尽时，发电公司拒绝接受其开具的本票，结果是电力短缺和轮流停电。

尽管许多经济学家将天然气价格飞涨解释为合谋行为的后果，或者有严格的经济原因，但是非常清楚的是加利福尼亚州版本的"放松规制"不可能因应这种变化。

将来会怎样？

21 世纪末期之前我们就会耗尽石油储备。那时将会出现什么情况呢？一旦石油用完我们是否会回到石器时代呢？答案是否定的。现在虽然还没有石油和天然气的完美替代物，但是我们已经有一些其他能源。我们已经开始使用草木燃料，运用地热、太阳能和风能来发电。当石油供给减少时，我们会发现更加有效的方法来使用石油资源。为什么和其他领域的人们相比，经济学家对化石类燃料的终结的担忧更少呢？一般而言，经济学家很少因为作出十分乐观的预言而遭到非难，经济学家们相信人们的自利足以驱使人们做出他们需要的创新，最终解决能源问题。

在我们寻找替代能源的过程中，我们会花费很多钱。当石油越来越稀缺，它们将变得越来越昂贵。不仅如此，在 21 世纪的后 50 年里，价格不会下降。这将刺激投资，而投资将产生创新。历史是如此，将来也会如此。

考虑以下情形。如果你是一家石油公司，而且你预期到目前的公司业务会走向末路，那么你将花费足够多的资金来研究如何继续向你的客户出售能源。你会在多个可能的方向投资。例如，你会尝试解决如何使用可再生的玉米和大豆来作为汽车的燃料，如果这也不行的话，你会试验出售高能的、快速充电电池，这样汽车可以靠电力驱动，而且也没有目前的加速慢和充电时间长等问题。

经济学家相信，几乎所有的问题都可以在恰当的激励下得以解决，而在所有的激励方式中，利润是最古老、最有效的方式之一。

理论进阶

现在我们回到卡特尔如何运作的问题。参看图36.7。图36.7中左图是石油市场的供给需求图。如果市场是完全竞争的,那么价格和产量组合将是P_{comp}和Q_{comp}。由左图价格P_{comp}延伸到右图,可得到代表性石油企业的生产成本函数。从第5章我们可知,市场上长期均衡意味着价格线将与总平均成本曲线的底部相切,该切点同时也在边际成本曲线上。这样一来,企业将出售Q_{comp}数量的石油,因为此时边际成本等于边际收益。在这个产量水平上,企业获得正常利润。换言之,石油企业获得的利润和其他行业的利润相同。

如果石油企业联合起来形成卡特尔组织,那么石油市场的模型将不是完全竞争,而是垄断模型。在这种情形下,卡特尔将只生产Q_{cartel}的石油,此时价格为P_{cartel}。其中价格可由左图边际成本曲线和边际收益曲线焦点向上延伸和需求曲线的交点决定,然后将价格曲线向右延伸,其和边际成本曲线相交得到交点对应的产量水平就是Q_{cartel}。如果代表性企业以价格P_{cartel}提供Q_{cartel}数量的石油,那么企业将会获得经济利润,换言之将获得超额利润,如图中 abcd 所示。

因为欺骗可以带来更多利润,所以卡特尔是不稳定的。图36.7中右图显示了这一点。在产量Q_{cartel}处,边际收益MR'大于边际成本MC。实施欺骗行为的国家希望不引起其他卡特尔组织成员国的注意。图36.7中,在卡特尔价格和产量之下,此时$MR'=MC$,如果实施欺骗,那么可以获得利润 gaef,显然比配额产量水平下的利润要大一些。和我们前面的讨论一样,如果每个国家都实施欺骗行为,那么会导致整个产量上升,进而导致价格下降,最终使所有超额得益消失。欧佩克成员国的欺骗行为不仅使得超额利润(gaef)消失,而且还会使所有经济利润耗散。

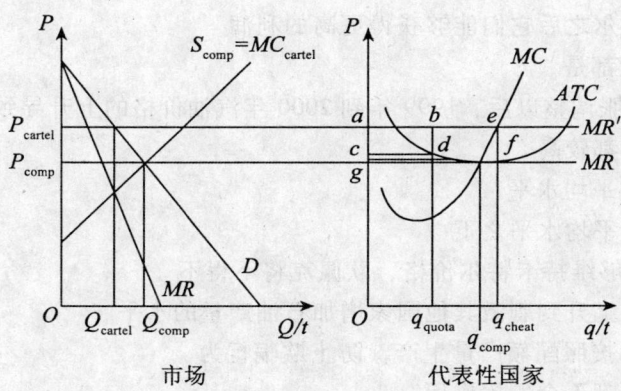

图 36.7　卡特尔模型

小结

现在你已经学完本章,你知道什么是卡特尔,你知道欧佩克是一个生产石油的卡特尔组织，你知道为什么卡特尔可以使其成员赚更多的钱、为什么卡特尔不稳定、卡特尔还能死灰复燃。通过阅读本章，你了解到经过通货膨胀调整以后的石油价格和汽油价格在历史上是不稳定的，这有地缘政治和卡特尔本身不稳定两方面的原因。你还明白了为何中东的事件能够在几天之内改变石油的价格。

主要术语

卡特尔　　　　自然垄断

自我测试

1. 卡特尔内在不稳定的原因是在配额生产水平上
   a. 有利润
   b. 增加产量会取得更多利润
   c. 有亏损
   d. 减产会得到更大的利润
2. 卡特尔价格
   a. 高于完全竞争价格，因为卡特尔是一个垄断组织
   b. 低于完全竞争价格，因为卡特尔是一个垄断组织
   c. 和完全竞争价格一样
3. 建立卡特尔有利于卡特尔成员，原因是
   a. 建立卡特尔之后它们不必生产那么高的产量
   b. 建立卡特尔之后它们能够索取更高的价格
   c. 建立卡特尔之后它们能够获得更高的利润
   d. 以上三者都是
4. 经过通货膨胀调整以后，1999年到2000年汽油价格的上升导致真实价格
   a. 整个时期都较高
   b. 处于长期平均水平
   c. 仍在长期平均水平之下
5. 为了将来能够维持卡特尔价格，欧佩克将不得不
   a. 限制价格上升到刺激其他国家增加石油产量的水平
   b. 使成员国按照配额产量生产，防止欺骗行为
   c. 以上两者都不会发挥作用
   d. （a）和（b）
6. 电力公用事业公司是一个典型的
   a. 完全竞争者
   b. 垄断者
   c. 自然垄断者
   d. 寡头垄断者

7. 作一个供给需求图来阐释石油价格预期的自我实现本质

思考

如果 1977 年石油价格和 1999 年石油价格都是每加仑 1 美元,那么为什么经济学家会坚持认为这表明 1977 年价格高于 1999 年价格?

为什么在任何卡特尔中产量配额都是必需的?

20 世纪 70 年代末,一个著名生物学家和一个著名经济学家打了一个赌。经济学家认为,经过通货膨胀因素调整之后,1990 年石油价格将低于 1980 年石油价格。生物学家打赌石油价格将会更高。为什么这是一个经济学家注定会赢的赌局呢?

讨论

经济学家对将来能源问题过于乐观吗?

进一步阅读

Adelman, Morris. *Genie Out of the Bottle*: *World Oil Since* 1970. Cambridge, MA: MIT Press, 1995.

参考数据

Global Energy Resource Data, 2001
  Oil consumption per day
  Global oil reserves by region
  World crude oil production
    Energy Information Administration; Monthly Energy Review, Sept. 2003
      http://www.eia.doe.gov/emeu/mer/pdf/mer.pdf
Energy Prices
  Oil and gasoline prices
    Energy Information Administration; Petroleum
      http://www.eia.doe.gov/aer/pdf/pages/sec5.pdf
  Domestic and imported crude oil and gasoline prices
    Energy Information Administration; International Energy Annual 2001, March 2003
      http://www.eia.doe.gov/pub/pdf/international/021901.pdf

第37章 如果我们建造体育设施，会有观众吗？兼论其他体育问题

学习目的
- 明白为什么经济学原理可以运用于体育问题
- 领会尽管许多城市尝试通过扩大职业联赛联盟或者其他手段获得体育特许权，但是没有经济方面的证据表明，拥有一个体育特许权能够提高某个城市的经济状况
- 理解在与城市进行讨价还价过程中，球队所有者是谈判中与城市对立的另一方
- 分析球队所有者在与球员讨价还价的时候，他如何在挣得更多金钱与获得冠军之间作抉择，因为一个小市场上的球队很难兼顾两者
- 理解体育劳动经济学历史的基本知识，并熟悉其中的核心词汇
- 理解在体育领域垄断者如何发挥作用

内容概要
- 城市面临的问题
- 球队老板面临的问题
- 体育劳动力市场
- 体育经济学词汇
- 小结

　　体育运动为研究经济学问题提供了一个有趣的场所。举例来说，如果你是一个城市的市长，该市居民希望拥有一项运动的特许权，那么你是从其他城市手中买一个特许权好呢，还是开展一系列运动促使特许权扩张好呢？如果建造一个花费数百万美元的体育馆能够增加获得特许权的机会，那么你会建造这样一个体育馆以期望将来组建的球队使用它吗？现在假设你是一个拥有一项特许权城市的市长，但是球队所有者正在威胁将离开你所在的城市。尽管该球队现使用的球馆仅仅使用了25年，你会为它再修建一个体育馆吗？以上所有决策面临一个共同的基本问题：对某一城市而言，某项体育运动特许权是不是一个重要的有经济价值的事情？市长们千方百计地去吸引各种其他类型的大主顾，为什么不去争取一项体育特许权呢？

　　改变一个视角，我们假设你是一项特许权的所有者。在你决定是更换主场还是要求目前主场所在城市为球队建造一座新体育场馆的时候，有哪些因素在发挥作用？你如何决定是否争取花更高价格得到更有天赋的运动员？如果你这样做了，你是否在财务方面有竞争性？如果你不这样做，你是否在田径、冰上运动或篮球场上有竞争性？

上述所有问题都和体育运动有关，而且它们本质上都是经济问题。我们从城市和球队所有者两个视角考察以上问题。同时，由于假如不讨论劳动问题，对体育相关经济问题的考察都是不全面的，所以我们也会涉及劳动的探讨。我们尝试把作为比赛的运动刻画为作为商业的运动。

城市面临的问题

是扩张还是吸引一支球队

与 20 世纪 50 年代的情形相似，20 世纪 90 年代产生的一个新趋势是运动特许权所有者更换主场所在城市的举措突然增加。和其他运动相比，棒球运动相对比较稳定。虽然棒球球队数量有所增加，但是现有球队并不倾向于改变所在城市。但是，其他体育运动却频繁发生球队更换所在城市的事情。其中有些球队改变主场城市的做法有利于运动当时的发展。比如，20 世纪 50 年代棒球球队多哥和巨人队从纽约搬到加利福尼亚就有一定的经济意义。但是，拉姆橄榄球队和雷达橄榄球队离开洛杉矶对于美国橄榄球联盟而言就没有什么经济意义。① 在几乎所有最近发生的特许权变更中，都是城市引诱特许权所有者造成的。在每次特许所有权变更中，所有者都赚取了数以百万计的美元。

当一个城市打算吸引一个球队的时候，它必须制定其战略。尽管几乎每项运动都在最近几年增加了新的球队，但是这种扩张并不是城市获得某项运动特许权的最确定的途径。其中一部分原因是某项运动并不一定会扩张，同时即使扩张了也不一定会选择你所在的城市。从 1970 年到 1990 年，橄榄球和棒球都仅只增加了两个球队而已。尽管 20 世纪 90 年代这两项运动都加快了扩张，但是有许多城市在排队等待扩张的特许权，而且被残酷地拒绝了。当这些城市失去耐心时，它们开始努力寻找那些陷入财务困境的球队，或者向特许权所有者提供巨额金钱并许诺利润保障以获得球队。

那些没有从特许权扩张中得到球队的城市，如果通过寻找陷入财务困境的球队的方法获得球队，那么其付出的代价将是高昂的。在圣路易斯的红雀橄榄球队迁到亚利桑那州以后，该市开始申请获得新扩张的特许权，但是橄榄球联盟将名额分配给了杰克逊维尔市和夏洛特市。此后，圣路易斯市转向引诱已有的球队。洛杉矶的雷达橄榄球队希望在洛杉矶建造一个含有获利丰厚的高档包厢的体育馆，球队老板威胁说，如果其要求得不到满足，就会迁往其他地方。当时，圣路易斯正在修建这样一个体育场馆，当洛杉矶拒绝了球队的要求之后，雷达橄榄球队就搬到了圣路易斯。在"超级碗"那年以前，与在洛杉矶的日子相比，球队的球迷减少了。尽管如此，由于一些公司为豪华包厢支付了大量美金，球队老板还是大赚了一笔。纳什维尔市也提供了同样的故事，油人队从休斯敦转移到了那里。

---

① 美国第二大城市没有橄榄球队这一决策唯一在经济上有意义的地方是：拉姆橄榄球队和雷达橄榄球队很难卖完洛杉矶体育馆的球票。这不仅意味着不仅它们的比赛在那段时期会黯然失色，而且搭建起来以弥补比赛开支的网络也很难支付那段时期的其他任何比赛。由于没有球队在洛杉矶，这就没有所谓球场间歇（灯光暗淡）期，这也意味着新闻网会有更多广告收益，而后者只是潜在地意味着会有更高的价格来竞标转播权。

在每个这样的例子中,都有一个城市等着候补,但被拒绝了,它们竭尽全力希望把球队买到手。

在追逐一个球队的时候,一个城市必须决定它是否应该建造一个体育馆,期望得到某个球队和特许权。这种"栽好梧桐树,不愁凤凰来"的战略面临着不确定的收益。圣路易斯建造了体育馆,雷达橄榄球队来了。圣彼得堡也建造了体育馆,但是没有球队去。满心希望芝加哥的白袜棒球队会迁去,坦帕-圣彼得堡地区建造了新体育馆;但是在最后时刻,伊利诺伊州同意为白袜棒球队建立一个新的 Comisky 园。白袜棒球队最后决定留在芝加哥。虽然最后坦帕湾区域获得了一个扩张的棒球球队特许权,但是这已经是十年之后的事情了。此时,原来修建的体育馆已经成为棒球联盟最差的棒球竞技场所,因而该市恐怕不得不重新修建一个体育馆。为了获得特许权而修建体育设施有时候会奏效,有时会失灵。因为一个没有良好体育设施,或者正在建造体育馆的城市几乎不可能获得某项运动的特许权,所以即使修建体育馆不是一个好赌局,修建体育馆仍然是城市唯一的机会所在。

球队能够使当地经济增色吗?

从理性的角度看,一个城市希望拥有一个特许权,除了想要球队之外,还需要更多的理由。到目前为止,大部分支持城市获得一个球队的人们提供的理由是,这样做是为城市的未来进行投资。如果这种理由是成立的,那么就会产生新的工作机会,城市的税收收入会增加,城市的威望也会提高,所有这些将足够弥补建造体育馆所花费的成本。因为大部分市长将经济发展视为其在任期间重要的职责,所以,引入一个球队与引入其他任何大公司没有什么两样。一个试图引入大公司的市长努力去引进一项能够带来许多就业的体育特许权,难道没有道理吗?

尽管上述推理听起来似乎很有理,但是运动特许权并没有产生很多好的就业岗位,当然运动员除外。尽管在体育馆以及周边饭店等方面能够提供一些就业岗位,但是这都是些低工资的职业,它们带来的收入没多少。不仅如此,对于棒球而言球队在主场有 81 天,对于篮球球队而言在主场有 40 天,橄榄球则只有 8 天在主场,每年这么少的工作日是不能够支撑起当地经济的。

已有研究表明,运动特许权能否成为经济发展的基石是一个已经得到充分研究的问题。你可能会有点惊奇地发现,几乎在每个研究中,经济学家得出的结论是引入某个运动球队对某个城市的经济发展没有什么作用。此类研究主要集中考察假如一个城市失去了运动特许权,其经济状况与拥有该特许权时相比是否恶化。还有的研究考察了:一个城市得到特许权后比没有得到时有什么好转。研究的结果一致表明,一个城市的经济表现与它是否得到某项运动的特许权几乎没有联系。

引入球队之所以不能对当地经济有较大的贡献,其原因是消费者花费在门票、停车和纪念品上的钱基本上是当地的。这被人们称为**局部替代效应**。其含义是消费者将原本用来看电影、吃饭等这些在本地支出的钱转而用于观看比赛。从较宽泛的角度看,体育运动只是娱乐业下属的一个分支。拥有一个球队只会改变人们娱乐支出的结构,但是对娱乐支出的总量没有多大影响。在这个意义上,就一个城市是否应该引入一个球队的问题展开争论和争论是否应该吸引沃尔玛超市非常相似。它们两者产生相同的

局部替代效应
一类经济行为被同一地区内其他经济行为所替换,故而净效应为零

收入并且雇用大量工资报酬较低的员工。它们之间的差异是：沃尔玛超市使人们将大量金钱花费在超市货物上，而球队使人们将大量金钱花在极少数明星身上。

尽管一些城市认为如果不拥有一个棒球队或者篮球队，抑或拥有一个曲棍球队或者橄榄球队，那么它们就不能"亮相"或者不像个重要城市，但是实际上城市为了获得这个荣誉付出的代价非常高。一些城市的人口规模上升很快，按理说应该拥有一个球队，但是实际上它们没有。弗吉尼亚州诺福克市海岸地区是一个没有任何联盟赛球队特许权的典型的大都市区。当该地区人们看到人口不足 100 000 的小城能够每年在绿湾观看到 Packers 队的现场比赛的时候，他们可能会觉得如果不拥有一个球队的话，他们生活的地方就不是一个重要的地区。如果形象重于一切，那么花费数以百万计的税收获得一项球队特许权或许是值得的，否则这类支出实际上是应该受到高度质疑的。

为何体育馆采取向公共融资的方式？

将体育馆方面的投资作为鼓励经济增长的方式是值得商榷的，但是这并不能阻止修建体育馆之类事情的发生。如果要解释为什么修建体育馆需要向公众融资，那么我们就要借助于**正外部性**和谈判能力了。

正外部性
买方和卖方以外的第三者从交易中获得收益的情形

这里的正外部性是指该城市的球迷从拥有球队之中得到的收益，这是不包含在球赛本身获得的收益。一个城市可能有数百万球迷，他们能够从该城市拥有球队中得到享受，而且这种享受与他们是到现场观看比赛还是在家里看电视直播没有关系。他们能够从当地报纸上关注球队而且能够和朋友谈论比赛，因为球迷们对这些活动的评价较高，所以人们决定应该拥有一个球队特许权，而且他们也愿意为之支付税收。这和人们愿意支付税收以支持艺术类似，虽然纳税人可能既不去听音乐会，也不去博物馆。

我们已经明白为何纳税人愿意交税以拥有一个球队，那么接下来我们就需要考察为了保留住球队，城市最终需要支付多少的问题。由于球队声称希望能够离开，而同时城市又表明希望引诱其他城市的球队，那么所有的谈判能力都偏向球队老板一边。在第 5 章我们曾经指出，当有很多买者和卖者的时候，市场上就不存在市场力量。但是，在此时的环境下，市场力量集中在球队老板一方，因为如果城市不为体育馆买单的话，他们就会迁到其他城市。

球队老板面临的问题

是离开还是留下

在这个抢座位游戏中，球队老板是一个大赢家。球队老板们明白一个球队的价值的基础在于他们出售纪念品以及提供豪华包厢所获得的收入，对于篮球而言，还有当地电视收入。他们也知道有众多的追求者对他们有利，他们基本上不反对谈论迁走的话题。

不幸的是，由于球队的稳定对于球队联盟有很大裨益，球队老板们经常感到矛盾。每个球队老板都懂得如果变迁主场会对比赛带来不利影响，而且，改变主场还会损失很多金钱。因而，球队不过于频繁地更改主场所在城市对该项运动是最有利的。但是，对于球队老板个人而言，考虑迁往他地、威胁改变主场甚至于真的采取行动是符合其个人利益的。这就是棒球联盟和橄榄球联盟要求只有在2/3至3/4的其他球队老板同意的条件下，球队才能迁址或者出售的原因。尽管明尼苏达双城队、匹兹堡海盗队和芝加哥白袜队都威胁要迁往他地，但是没有一个球队得逞。在橄榄球方面，一些球队老板看到其他球队老板从变迁主场中大获其利。为了让自己也能够实施此类行为，他们一般都同意其他老板变迁主场所在地。①

球队老板想要赚更多金钱的动机会促使球队改变主场所在地。有时更换主场会产生更换球队吉祥物的需要；新吉祥物意味着衬衫、鞋帽以及其他纪念品的销售将急剧增加。当布朗橄榄球队迁到巴尔的摩改名为乌鸦队，他们从新吉祥物的销售中赚了一大笔钱。油人队迁到纳什维尔改名为泰坦队也大赚了一笔。但是，也有些原本应该改变吉祥物的球队并没有从吉祥物的销售中获利。比如，爵士队从新奥尔良迁到盐湖城、湖人队从明尼阿波利斯迁到洛杉矶都没有从吉祥物销售中获利。球队每一次更换主场所在地都意味着向新城市的所有新球迷销售纪念品。

橄榄球队经常为了拥有带豪华包厢的球场而迁址。这种豪华包厢为球队提供了重要的额外收入来源。尽管对橄榄球球队而言，电视转播契约可以带来大笔收入，但是电视转播收入会通过全美橄榄球联盟在所有球队中平分。所以，无论球队是在纽约还是在绿湾，球队获得的电视转播收入都是一样的。同时，联盟和球员之间的合约决定了球队雇用球员的工资成本，球队老板的盈利空间非常有限，于是他们就有动力寻找其他收入来源。豪华包厢存在一定的特殊性。与门票收入在各队之间分配不同，豪华包厢收入不需要在各队之间分配。所以，豪华包厢能够带来的潜在收入成为引诱球队老板更换主场的主要因素，比如拉姆队从洛杉矶迁到圣路易斯、油人队从休斯敦迁到纳什维尔、新英格兰爱国者队几乎从波士顿区迁到康州的哈特福德等。非常奇怪的是，在以上每个例子中，豪华包厢对球队财政状况的改善程度非常大，以至于确保了球队从大都市迁往规模较小的城市。

赢得比赛还是争取利润

有一些球队在改变主场之前值不了多少钱，但变迁主场之后却是价值不菲。堪萨斯城皇家队和明尼苏达双城队这两个棒球队，不能同时实现赢得比赛和获得利润的目标。在棒球领域中，球队收入受到当地电视业务的影响。例如，纽约杨基队从电视转播中获得的收入比皇家队、双城队、水手队和其他一些"规模较小市场"上棒球队收入的总和还要多。皇家队于1996年以9 600万美元的价格被人收购，但前提条件是至少在10年内皇家队不能够离开堪萨斯城。假如球队所有者能够迁往其他城市，那么该球队的售价将高出很多倍。如果将球队搬迁到诸如夏洛特、奥兰多的正在成长的大城市，就会给球队带来数额不菲的电视转播收入。然而，可能只有皇家队的前任老板埃卫英·卡富曼非常在意球队所在的城市和球迷的感受，卡富曼要求购买球队的人必须在堪萨斯城呆上10年。对潜在的球队老板而言，再没有比以低于1亿美元的价格收购球队，10年之后再以大约5亿美元的

---

① 一个例外是国家橄榄球联盟否决了海鹰橄榄球队从西雅图迁往洛杉矶。洛杉矶这个地方太容易赚钱，以至于大家认为让某一个球队老板独占不够公平。这就好像是扩张了橄榄球球队特许经营权，以致所有球队老板的特许权使用费都下降了。

价格将其出售更好的事情了。这大概是任何一个老板都不愿意放过的机会。所以,如果事情不发生什么转机的话,堪萨斯城皇家队将在历史上消失,就像华盛顿参议员队迁到德州成为德州游侠、西雅图飞行员队变为密尔沃基酿酒人队一样。

这并不是说市场较小的球队不能够赢球。如果小球队组建了一个优秀的棒球分会,而且其球员也足够幸运地在恰当的时间都成熟起来,它们就会赢得比赛。20世纪70年代末期的皇家队、20世纪80年代中期的双城队、20世纪90年代中期的水手队都是如此。不幸的是,如果小球队如此幸运,那么自由球员将会限制球队既能赢球、又能赢利所能持续的时间。勇士队、杨基队、道奇队马上会购买小球队中的天才自由球员。由棒球联盟任命的一个特别委员会提供了进一步的证据,该委员会指出:从1994年到1999年,任何一支球员报酬列在整个联盟靠后的球队,从未赢得过季后赛。

不要因为不能盈利就为他们感到难过

虽然人们容易对那些每年都亏损的球队老板表示同情,但是你大可不必为他们唏嘘流泪。如表37.1和表37.2所示的那样,即使棒球队和橄榄球队声明自己每年都亏损,但是球队老板的投资回报率仍然非常高。为什么呢?因为历史表明球队老板能够按照远高于买入价的价格将球队出售出去。经济学家罗德利·福特专门从事体育经济学的研究,他还出版了一本关于体育经济学的教科书。福特收集了北美橄榄球联盟和美国职业棒球联盟的财务数据,经过分析他得出以下结论:资本利得使购买球队成为一项有价值的投资。

表 37.1　美国职业棒球大联盟棒球队的购买价格、现在价值和回报率

球队	购买价格(所在年份)	福布斯杂志2003年对其价值的估计	年回报率(%)
纽约杨基队	1 000万美元(1973)	8.49亿美元	16
圣路易红雀队	375万美元(1953)	3.08亿美元	9
洛杉矶道奇队	347 000美元(1944)	4.49亿美元	13
堪萨斯市皇家队	9 600万美元(1996)	1.53亿美元	8
蒙特利尔博览会队	5 000万美元(1999)	1.13亿美元	23

资料来源:2003年,美国职业棒球大联盟以1.2亿美元的价格购买了蒙特利尔博览会队,以便能签约或转会该球队的成员。这还只是他们之间所签署的协议的一部分。该协议还允许后者的前任老板购买佛罗里达马林鱼队。
http://users.pullman.com/rodfort/PHSportEcon/Common/OtherData/DataDirectory.html

你可能料想到势力强大的球队,比如美国职业棒球大联盟中的杨基队、红雀队、道奇队、橄榄球联盟的钢人队、牛仔队、雷达队,能够得到很高的投资回报率。但是,即使是联盟中排名靠后的球队,如棒球联盟中的皇家队、博览会队,橄榄球联盟差劲的红雀队、圣徒队,它们的老板也大赚了一笔。

表 37.2　美国橄榄球联盟部分球队的购买价格、现在价值和回报率

球队	购买价格（所在年份）	福布斯杂志 2003 年对其价值的估计	年回报率（%）
匹兹堡钢人	2 500 美元（1933）	5.55 亿美元	19
达拉斯牛仔队	1.5 亿美元（1989）	7.84 亿美元	13
奥克兰雷达队	18 万美元（1972）	4.21 亿美元	28
凤凰城红雀队	5 万美元（1932）	3.74 亿美元	13
新奥尔良圣徒队	7 100 万美元（1985）	4.81 亿美元	11

资料来源：http://users.pullman.com/rodfort/PHSportEcon/Common/OtherData/DataDirectory.html

体育劳动力市场

球队老板应该支付的工资

当我们考虑到任何体育领域的运动员市场时，我们应该意识到它们与其他劳动力市场没有什么差异。当企业增加一名雇员给其带来的收益增加量大于支付给该雇员工资的时候，企业就会雇用这名边际雇员。这里，**劳动力边际收益产品**的概念对于任何一个企业而言都是非常重要的。在体育运动领域中，劳动力边际收益产品是指一名特定球员对该球队所挣收入做出的贡献。它应该既包括球队表现优异带来的收入直接增加，也包括间接的收入增加，比如纪念品销售收入的上升。因此，球星的存在不仅能够让球队赢球，从而吸引更多球迷，球星还能够增加球队纪念衫的销售量。所以，当球队老板和一名球员在签订合同的时候，老板必须考虑该球员是否值这个价钱。如果球员给球队带来的收入大于或者等于其索要的薪水，那么引进该球员是划算的买卖。

劳动力边际收益产品
新雇用一名员工带来的收益增加量

球员应该接受的工资水平

球员面临的问题是他所接受的薪水待遇是否比其他球队提出的条件更好。其他球队提供的次优薪水待遇是该球员的**保留工资**。这是球员所能接受的最低待遇水平。在得到对其有利的劳资合同之前，球员可以不参加比赛以等待能够使其满意的合同。一个运动员的保留工资可能非常高，否则他①将接受其他球队的劳资合同，如果该球员只能为一个球队效力的话，其保留工资就可能非常低。当然，球员的保留工资水平还取决于该项运动的组织结构。在后者这种情形下，保留工资也是次优工作的待遇，但是此时的次优工作不在该项运动领域之中。

保留工资
员工愿意接受的最低报酬水平，因为该报酬水平是此员工次优选择能够获得的薪酬

球员最终接受的工资水平位于边际收益产品（所能够得到的最高水平）与保留工资

---

① 只要一项专业运动只有男子才能挣大钱，代词"他"在这里就是恰当的表述。

（所能够得到的最低水平）之间。两者之间差距可能会非常大。

体育经济学词汇

当然，经营特许权拥有者一方面要努力增加收入，同时还要和费用、支出增加作斗争。前面我们已经讨论了收入方面的有关问题。但是，支出方面的问题更加难以处理。经营特许权拥有者的问题是他们面对的是**自由球员**。如果一个球队没有能力购买高能力球员，那么它将很难在比赛中与其他球队竞技。棒球大联盟中市场较狭小球队的平均收入处于 3 000 万美元到 4 000 万美元之间。但是，1998 年，所有进入季后赛的球队没有一个支付给球员的工资收入小于 4 800 万美元。1997 年，佛罗里达马林鱼队虽然赢得了一系列世界级的赛事，但是该年该球队亏损了数百万美元。在接下来的赛季里，球队老板只好将球队所有高工资球员都卖掉。虽然这种现象在棒球运动中最常见，但是在其他运动中这也是司空见惯的现象。举例来说，在篮球运动中，一旦迈克尔·乔丹离开了公牛队，这支没有了乔丹的球队的老板立刻通过出售、交易球员或者不再续约的方式解除了和皮蓬、罗德曼以及其他球员的合约。结果，公牛队成为 NBA 历史上第一支头一年夺取总冠军、接下来一年却拥有参与**选秀**抽签资格的球队。

自由球员
能够为出价最高雇主服务的运动员

选秀
一种分配新秀球员的过程

选秀是设计出来保持球队竞争性平衡的机制。由于赋予上个赛季表现较差球队首先选择年轻球员的权利，拥有选秀机制的运动联盟可以让实力较差球队首先挑选最优秀的年轻球员。选秀机制也存在以下问题：那些希望得到第一选秀权的球队有激励不卖力打球。当年，火箭队为了得到 1983 年的头号选秀权以便选中拉尔夫·山普森（Ralph Sampson），该年成绩非常差，NBA 就曾经接到火箭队消极比赛的指控。尽管最后没有得到证实，但是人们担心火箭队是有意取得较差战绩的。1985 年 NBA 规定没有进入季后赛的球队都有权参加选秀。1990 年 NBA 更改了规定，那些成绩较差的球队拥有了更大的获胜概率。①

对于一个没有高能力球员的球队而言，要在比赛中获胜非常困难，或者是不可能的。除非它们能够通过选秀过程选中天才球员，否则，它们只有出高价钱争取自由球员。NBA 历史上球员们唯一一次取得胜利的罢工发生在 1998 年。在那次罢工中，球员工会在劳资谈判中成功地开放了球员市场。自由代理使得球员工会的工资收入增长率高于电视转播收入和门票出售收入的增长率。单个球员一年能够获得的收入（尽管是名义收入）比 1923 年建造扬基体育馆的支出还要多。

现在球队老板要更加频繁地在获利和赢得比赛这两个目标之间权衡。而且，这种现象并不少见，在很多运动、很多球队中都存在。许多运动领域的球队老板都抱怨他们没有能力获利，甚至没有能力保持收支相抵。因为每年自由球员市场上只有为数不多的自由球

---

① 特别地，在 NBA 的 29 支球队中，有 13 支不能打季后赛，这 13 支球队有资格参加选秀。和落托数码卡牌戏类似，每支球队都有一个对应的标示印在乒乓球上。按照常规赛的战绩排名，排名落后的球队总是比其排名靠前一位的球队多一个球。这样，联盟中最差的球队将拥有 91 个乒乓球中的 13 个。最后，该球队获得第一位选秀权的概率为 14.3%。

员，而且许多球队认为自己赢的比赛太少以及没有能力进入季后赛的原因是没有高能力球员，他们都急于引进球员，这样一来，自由球员能够索取非常高的工资。

薪酬上限
球队能够给其所有球员支付的薪酬总和的最高限额

运动特许权所有者尝试着实施**薪酬上限**制度以保护自己。也就是说，球队老板通过避免互相竞争着出高价的方式保护自己。除了棒球以外，其他一些职业球队都有某种形式的薪酬上限存在。球队老板希望通过限制在相互竞争购买球员过程中所出的价格来降低在球员工资支付上的费用。有些时候，实施严格薪酬上限措施并不一定符合球队老板的利益。20世纪80年代NBA允许球队里有一名球员不受薪酬上限的限制。这条规则被称为大鸟伯德（Larry Bird）豁免条款，球队可以运用这条条款来保留一位招牌球员。

收入共享
一些收入不是简单的划归产生该收入的球队，而是在所有球队之间分配的过程

球市较小球队获得成功的另一种途径是实施**收入共享**，或者至少共享电视转播收入。因为橄榄球联盟的收入共享方案运作得较好，而棒球联盟没有实施收入共享措施，所以你能够预期到，与棒球相比，橄榄球联盟中赢家和输家的分布更加均匀。事实也确实如此。在整个20世纪90年代，两支球队在棒球联盟中占有绝对优势。它们分别是亚特兰大勇士队和纽约杨基队。这两只棒球队各有一家地方有线电视台，实际上它们能够覆盖全国。所以这两支球队拥有足够的财力来购买高价球员。

在以前比较单纯的时代，参加比赛的运动员乐于接受任何报酬。球队老板几乎可以不支付报酬也能够命令他们打好球。那时还没有女子专业比赛，也没有相关法律要求高中和大学资助女子运动员。在那个年代，没有运动员抱怨他们的收入，但是到1977年商业考虑开始进入运动领域。那一年棒球联盟有一位仲裁人宣布两名运动员成为自由球员，此后此项运动发生了永久性的变化。在接下来的几年里，其他运动也陆续吸取了自由代理和自由球员机制，那些原本不能够从自由竞争市场上获得经济利益的球员开始变得富有起来。

保留条款
一项要求球员必须同其上个赛季所效力的球队续约的合约条款

1977年以前，所有球员都被限制在前一年效力的球队打球。这就是所谓的**保留条款**。该条款意味着球员要么选择继续在原球队效力，要么选择退役。虽然明星球员有时可以得到公共舆论的支持，但是稍微逊色一点的运动员就没有这种待遇了。举例来说，被许多人认为是棒球领域最佳右手投手的乔·迪马吉奥（Joe DiMaggio），曾经获得一个更好的工作合约：回到家乡洛杉矶的棒球队打球，可以顺便开一家餐厅赚钱。但是，最后迪马吉奥还是回到杨基队效力，他所获得的报酬远远低于其真实价值。由于保留条款的存在，运动员的保留工资一般被限制得很低。

1977年以后，每项运动都经历了劳资谈判签署了相应的集体谈判协议。这些协议赋予运动员更大的转会自由。这样一来，工作合约中工资和各种激励手段显得越来越奢侈，而且这些协议一般还要求球队老板给球员支付最低工资。在超级赚钱大亨游戏中，曲棍球球员每赛季最低工资水平为每人10万美元，篮球运动员每赛季最高工资可以超过25万美元。在每项运动中，球员要求在其原来球队效力一段时间，一般介于4年到6年之间，具体时间长短取决于具体的运动。由于这些集体谈判协议赋予了球员一定的转会自由，所以它极大地提高了运动员的保留工资。对于自由球员而言，保留工资水平一般是其他球队愿

意支付的次高工资水平，这一般非常接近该球员的边际收入产品。

综上所述，自由球员和集体谈判协议的其他内容将所有运动领域中的运动员的工资水平提高了很多，而且远远高于通货膨胀的速度。尽管经济学家在多大程度上可以将工资上涨归功于自由球员安排还有争议，但是 20 年内一些运动的运动员工资上涨了十几倍却是一个事实。工资上涨可能归功于球员边际收入产品的增加，而这部分地是由于运动变得更加普及从而能够获得更多的电视转播收入、门票收入和纪念品销售收入。不管什么原因导致了运动员工资猛涨，我们来看一看以下事实：在 20 世纪 20 年代，鲍勃·鲁斯（Bob Ruth）成为第一位收入超过球队总裁的球员。在 2001 年政府雇员工资大涨之前，棒球大联盟规定的球员最低工资都已经超过了球队总裁的薪水。

罢工
雇员拒绝向雇主提供服务的行为

停工
雇主拒绝接受雇员所提供服务的行为

当然，当你改变一个制度的时候，好的结果和坏的结果总是同时出现。虽然集体谈判协议使运动员得到了更高的薪水，但是这也让职业运动受到**罢工**和**停工**的影响。几乎每项运动都会由于这种劳动供给的中断而损失一部分比赛。罢工是运动员们拒绝工作，这往往在运动员希望新契约赋予他们更多利益而没有得到满足的情形下发生。停工是雇主拒绝让运动员们工作，这往往在雇主们希望较大程度地修改劳工和约的时候发生。

棒球球队老板也曾经尝试其他一些方法来避开争夺自由球员时的竞争本质。1986 年以后，棒球运动员发现球队老板们不再愿意竞相出价购买他们的服务。这种变化来得非常突然，以致许多人都措手不及。接下来，球员开始怀疑这种变化只可能是球队老板们勾结起来不向对方球员出高价的结果。1987 年，这一个案子被提交仲裁。球队老板们争辩说："我们怎么可能做到串谋？"他们强调，他们之间的串谋协议将是不可维持的。但是，成千上万的棒球球迷和一些仲裁员还清晰地记得，在 20 世纪，直到 1946 年，棒球球队老板曾经串通一气不让黑人和西班牙裔球员参加这项运动。许多仲裁员发现，棒球队的老板们实际上是串谋了，并且命令他们支付了 2 800 万美元的赔偿费。

诸如棒球、橄榄球、曲棍球和篮球的团队运动和诸如高尔夫、网球等个体运动之间存在差异，即个体运动没有什么"老板"需要与之谈判。运动员可以尽其所能来赚钱。他们所需做的只是赢得比赛。

对于团队运动而言，它们面临的一个问题是球队被为数不多的几个自私自利的所有者控制。他们向天才球员支付薪水。不幸的是，任何时候都只有数量不多的球队老板会竞相出价购买天才球员，球队老板通常都感到满意，而天才球员却总是在抱怨。在高尔夫和网球等运动中，球员没有老板，所以高尔夫球员和网球球员从不抱怨。他们接受赢得比赛和收入之间存在的直接关系。虽然我是许多运动的爱好者，但是，作为经济学家，我对赛车、尤其是美国全国赛车联合会①（NASCAR）组织的赛车非常关注。赛车有点类似于高尔夫和网球运动：车手个人成绩对赛车成绩是至关重要的。但是，赛车又有点类似于团队运动，即车手必须依赖团队其他人出色地完成其工作。在赛车领域，风格各异的球队老板数量很多，而且车手也很多，这使得赛车运动有点儿像完全竞争市场。不仅如此，进入、

---

① 美国全国赛车联合会是一般市售汽车赛车赛事中最具影响力的一个组织。之所以被称为一般市售汽车（Stock Car），是因为它们看起来最接近平常载客用的小汽车。

退出赛车运动比较容易，原因在于任何拥有充足资本的人都能够组建新车队参加比赛，而且能够参加诸如戴通纳国际赛道、印地500等重要赛事。而且，对于天才车手而言；有众多的买者和卖者，这使得所有关注他们工资的人觉得车手的价格比较公平。唯一让人感到心烦的问题是，美国全国赛车联合会、卡特赛车（Championship Auto Racing Teams，CART）、因迪赛车联盟（Indy Racing League）或者一级方程式赛车①对安全问题如此松懈，以至于车手们需要联合起来解决过于忽视车手安全的问题。这样一来，车手和车队老板以及资助者之间不再是伙伴关系，相反地可能是相互对立的关系。② 除非上述这种事情发生，否则赛车将是体育领域符合完全竞争条件的一个很好的范例。此时，各方得到了应有的价值，并且也物有所值。

垄断将给你带来什么

赛车比赛能够为我们提供一个垄断力量发挥作用的例子。主要赛事中有三个（美国全国赛车联合会、因迪赛车联盟和一级方程式赛车）被个人或者家族所控制。一个法国家族、休曼-乔治家族和伯利·埃克尔斯通（Bernie Ecclestone）分别用铁腕手段控制了以上三个联盟。不仅如此，他们还拥有许多赛道。因而，相对于那些试图在其他地方举办比赛的场地拥有者的永无休止的挫折而言，这些系列赛的老板们对该体育运动的命运的主宰程度是棒球队或橄榄球球队老板所不敢想象的。

几乎将其主要竞争对手卡特赛车联盟逼到破产境地的因迪赛车联盟属于一个家族。该家族同时还控制着印第安纳波利斯竞速比赛。2002年，除了在丹佛的比赛，参加卡特赛车联盟组织比赛的车队都少于参加因迪500赛事的车队。自从1996年卡特赛车联盟和因迪赛车联盟分道扬镳以来，因迪赛车联盟就一直利用家族所有的因迪500赛道欺凌卡特赛车联盟和电视转播网络。

上面提到的法国家族也拥有几个赛道（包括迈阿密州佛罗里达以外的赛道）。该家族迫使得克萨斯汽车赛道的老板同意了它要求第二场赛事的申述。11月举行的迈阿密赛事从未吸引到超过75 000辆参赛车，而3月份举行的得克萨斯赛事却总是能吸引超过200 000辆参赛车。2003年该家族发表声明，批准南加州举办第二场赛事。无独有偶，该家族在那里也有经济利益。

一级方程式赛车很难在连续两年保持相同的赛事安排。这里存在的问题是，其所有者伯利·埃克尔斯通要求只有交纳了高昂费用之后才能在特定地点举行一级方程式赛车。这个费用非常之高，使得举办者一般没有能力为这样的全球车赛建立车迷基础。

与经济在其他所有领域的运作一样，体育市场中市场力量、尤其是垄断力量决定了谁是赢家、谁是输家。

---

① 卡特赛车和因迪赛车联盟是两个互相竞争的赛车联盟，它们都在因迪赛道上比赛。一级方程式则是一个国际巡回赛，其比赛用车在外形上和卡特赛车、因迪赛车联盟比赛用车相似，但是跑得更快一些。

② 当塔拉德加（Talladega）和阿拉巴马（Alabama）的高速赛道开通以后，美国全国赛车联合会出现了上述问题。在上述高速赛道上，车速如此之快以至于许多轮胎出现打滑现象，这是车手生命的一个致命威胁。在美国全国赛车联合会2000年赛季中，有两位车手在新罕布什尔州高速赛道上因此丧命。此后，美国全国赛车联合会勉强同意采取措施降低车速。

小结

现在你懂得如何运用经济学原理分析与体育相关的问题。特别地,你明白:尽管许多城市试图通过扩张经营特许权或者争夺其他城市经营特许权的方式来获得某项运动的经营特许权,但是没有经济证据表明,拥有一个经营特许权能够改善该城市的经济状况。你还明白了,球队老板不仅仅是劳资谈判关系中的一方,他们还有自己需要解决的问题。一方面,他们要和球员就劳资合约展开谈判;另一方面,如果球队所在地的球市不是很发达,那么他们就必须在赚钱和赢球之间进行取舍。最后,你应该了解了体育劳动经济学的发展简史,并掌握了体育劳动经济学的核心词汇。

主要术语

选秀　　　　　劳动力边际收益产品　　　保留条款
自由球员　　　收入共享　　　　　　　　局部替代效应
正外部性　　　薪酬上限　　　　　　　　停工
保留工资　　　罢工

自我测试

1. 棒球运动员的边际收入产品包括
   a. 该球员加入球队以后球队门票收入的增加
   b. 该球员加入球队以后球队纪念品销售收入的增加
   c. 该球员加入球队以后球队成本的增加
   d. (a) 和 (b)
2. 运动员的薪水一般
   a. 高于该运动员的劳动力边际收益产品
   b. 等于该运动员的劳动力边际收益产品
   c. 位于该运动员的劳动力边际收益产品和保留工资之间
   d. 等于该球员的保留工资
3. 自由球员时代使得运动员工资接近于
   a. 运动员的边际收益产品
   b. 运动员的保留工资
   c. 他们工资的长期平均水平
   d. 他们普遍在道义上比较公正的工资水平
4. 对棒球球队收入水平影响最大的因素是
   a. 门票收入
   b. 当地电视转播收入
   c. 该城市的生活成本

    d. 纪念品销售收入
5. 一般而言，一个城市
    a. 如果拿纳税人的钱建造体育馆，它将会取得很大的投资回报
    b. 如果拿纳税人的钱建造体育馆，它将会取得很小的投资回报
    c. 如果拿纳税人的钱建造体育馆，它将不会取得投资回报
6. 运动员的保留工资并不依赖于是否存在自由代理的制度安排。这种表述是
    a. 正确的
    b. 错误的
7. 运动员的劳动力边际收益产品并不依赖于是否存在自由代理制度。这种表述是
    a. 正确的
    b. 错误的
8. 与没有获得棒球大联盟球队特许经营权的城市相比，拥有棒球大联盟球队的城市能够获得哪些经济利益？注意不要将仅仅是从一种商品到另一种商品的局部替代效应列示出来。

思考

棒球是一个经过国会授权能够免受反托拉斯法规制的领域。这使得棒球联盟可以阻止某支球队更换主场所在城市。这对棒球运动有利吗？这是一个明智的政策吗？其他运动需要向其学习吗？

作为自由球员，高尔夫球员和网球球员的境况是较好还是较差？与普通高尔夫球员相比，普通棒球运动员能够得到什么前者所没有的利益？

讨论

挑选一支具有地方特色的球队。假如该球队威胁：如果主场所在地不用纳税人的钱修建新体育场馆，那么就更换主场，这时你会投票赞成修建体育馆吗？你的选择是基于经济原因还是基于其他原因？

进一步阅读

Kahn, Lawrence M. "The Sports Business as a Labor Market Laboratory." *Journal of Economic Perspectives* 14, no. 3 (Summer 2000).

Sheehan, Richard. *Keeping Score: The Economics of Big-Time Sports*. South Bend, IN: Diamond Communications, 1996.

Siegfried, John, and Andrew Zimbalist. "The Economics of Sports Facilities and Their Communities." *Journal of Economic Perspectives* 14, no. 3 (Summer 2000).

第38章 股票市场及其崩溃

学习目的
- 理解股票价格如何确定，并明白股票市场的功能是什么
- 知道决定股票价格的基本要素，并理解股票价格如何偏离其基础价值
- 结合20世纪90年代末亚洲金融危机和2000年纳斯达克科技板块下挫来考虑这些问题
- 理解破产是公司业务中的一个重要特点，并认识到2001年、2002年发生的多起公司破产与公司会计人员的欺诈行为有关，这种欺诈行为的潜在破坏力相当大

内容概要
- 股票价格
- 有效市场
- 股票市场崩溃
- 2001年和2002年的会计丑闻
- 小结

　　即使对于很多在股票市场投资的人士来说，股票市场也是一个神秘的事物。投资者购买股票，换言之投资者购买的是公司价值的一部分。作为股东，他们有权利在股东大会上投票，并且有权利按照比例获得红利。什么因素导致股票价格上升或者下降，以及现实中股价为什么会飚升、下挫等问题困扰了经济学家和股东们很多年。

　　图38.1、图38.2和图38.3显示了股票市场的三个重要测度。你从中能够发现每个指数都随着时间而增长，虽然在2000年和2001年都经历了一个显著下滑，但是和前20年的长期增长相比，此次下滑幅度较小。观察指数的时间走势，你会发现1982年8月道琼斯平均工业指数还不到800点，到1982年12月，道琼斯指数已经达到1 300点，这表明那时股票价格有一个显著的上升。那么是什么因素导致股票价格在仅仅4个月的时间里上升50%呢？更加让人感到困惑的是1987年股票市场大崩盘。在一天时间里，股票市场的市值蒸发了20%。假设每支股票价格代表的是相应公司股份的价值，那么公司价值能够如此迅速地变化吗？

　　什么因素决定股票市场价格是本章关注的核心问题之一。我们将讨论传统经济理论对此问题如何阐释。我们还将探讨股票市场在将金融资本配置给资金使用效率最高者的同时，如何促进经济增长的问题。我们将证明，如果股票市场是"有效率"的，小投资者（那些投资资金较少的投资者）就不必花费大量时间思考其投资，因为对投资想得太多不会带来什么好处。然后，我们将转而讨论历史上一些股票市场崩盘的原因和后果，并考察

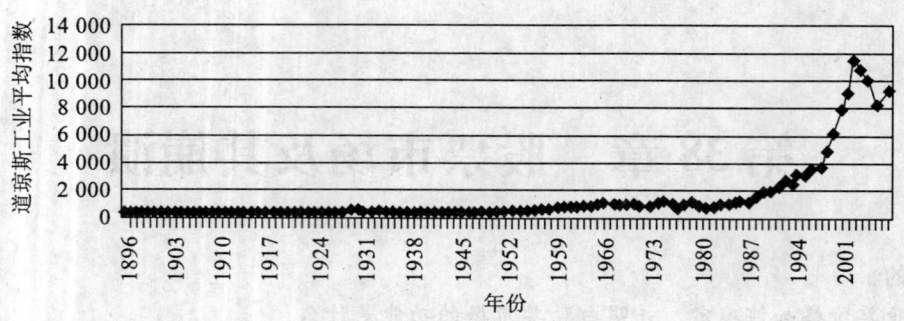

资料来源：http://www.globalfindata.com/.

图38.1 道琼斯工业平均指数，1896~2003年

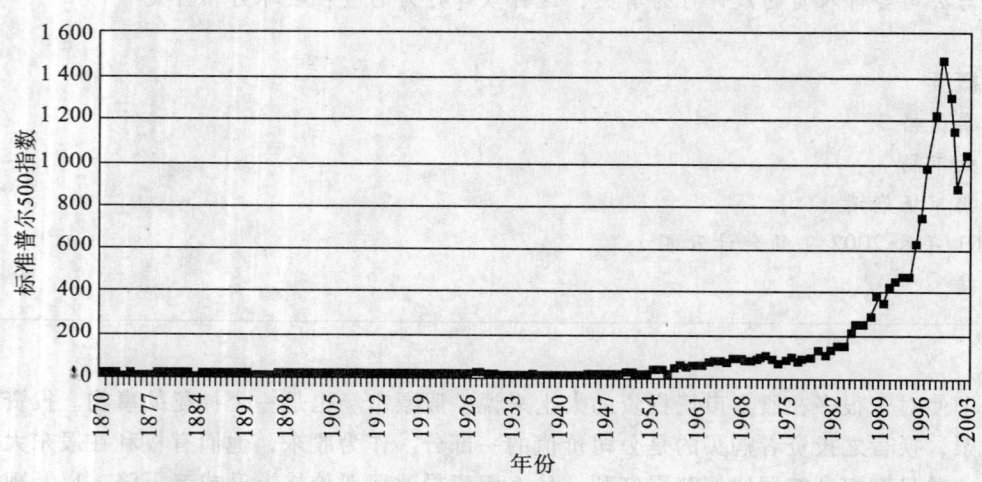

资料来源：http://www.globalfindata.com/.

图38.2 标准普尔500指数，1870~2003年

为了防止出现类似情况我们应该采取何种措施。最后，我们将讨论2001年、2002年的公司破产和会计丑闻问题。

股票价格

如何决定股票价格

传统经济分析认为，任何资产的价值基于三个因素：该资产产生的回报流、出售资产时能够得到的预期价格、将来回报的贴现率。为了计算股票的价值，我们将不同时间点获得的回报加总起来，为了能够比较各个时点的回报，我们将运用第7章引入的现值概念。

尽管计算现值时使用的数学有点复杂，但是现值概念是不难理解的。如果某公司有

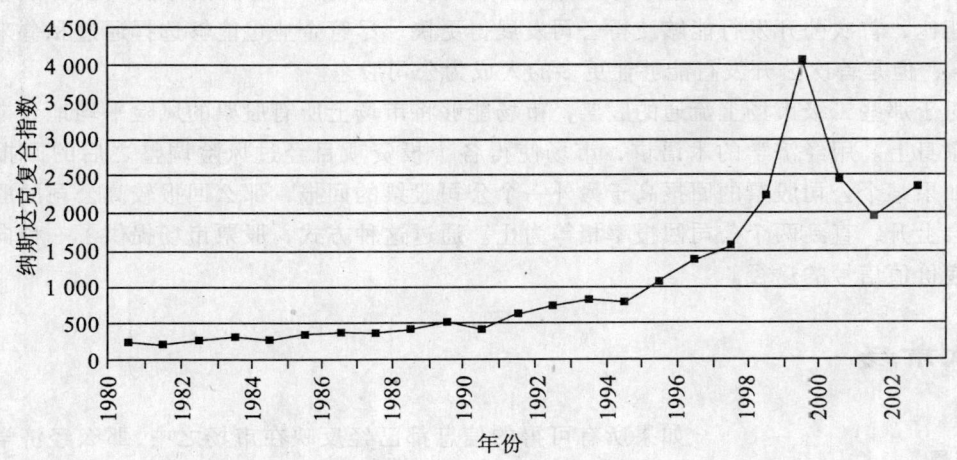

资料来源：http://bigcharts.marketwatch.com.
图 38.3 纳斯达克复合指数，1980~2003 年

100 万份股票，该公司收益也为 100 万美元，那么每股收益恰是 1 美元。如果该公司的股票永远有每股 1 美元的收益，那么该股票值多少钱呢？回顾一下第 7 章，我们介绍过计算现值时要用到利率。这里我们就把利率当作贴现率。在前面的例子里，如果你确信你能够永远获得每股 1 美元的收益，那么其现值是利率的倒数。如果利率为 5%，那么现值将是 20 美元。如果利率为 10%，那么现值将是 10 美元。

因为实际上很少有公司能够永远存在，所以我们做出以下调整：股票价值等于预期红利支付的现值加上期末预期资产出售收入的现值。这两个部分都和贴现率有密切关系，其中贴现率是将未来现金流换算成现值过程中使用的利率。当贴现率上升时，一定现金流的现值将下降。

基本因素
具有长期经济意义、决定股票价格的因素，例如利润预期和利率

你能够很容易地认识到以上三个因素的变化都会导致股票价格发生变化。如果人们预期到公司盈利能力发生变化，那么红利预期和期末资产出售价格预期都会随之发生变化，这又会进一步改变股票价格。利率变动也会促使股票价格变化。总而言之，股票的长期价值取决于利润预期和利率。这些因素被人们称为**基本因素**，这些因素具有长期经济意义。

股票市场的功能是什么

股票市场的存在使得那些能够最有效率运用金融资本的人能够得到金融资本。股票市场为公司股票定出价格，这会给投资者提供公司运作是否良好的信息。股票市场允许需要资金的企业到市场上融资，同时又给投资者提供了能够带来良好回报的投资机会。

首次公开发行
公司首次向公众出售股票，以筹集公司扩张所需资金

尽管市场上交易的股票的绝大部分是许多年前发行的，但是股票市场的一个重要功能就是运用投资者的资金支持新公司的发展。当某个公司第一次发行股票以满足公司扩张需要的时候，我们称之为**首次公开发行**。一般情况下，首次公开发行将一个规模较小的私

人公司转变为一个有股东、董事并且分发红利的公众公司。① 与向银行借钱或者依靠自身积累相比，首次公开发行能够使得公司发展得更快。尽管企业也能够选择通过私募来发行股票②，但是首次公开发行能让更多的人成为公司股东。

对于那些二级市场上流通的股票，市场能够将市场上所有股票的风险平均地分摊到所有股东身上。用经济学的术语讲，市场使得各个投资项目经过风险调整之后的回报率相等。如果某个公司股票的回报高于另外一个公司股票的回报，那么回报较高公司的股票价格就会上升，直到两个公司回报率相等为止。通过这种方式，股票市场提供了一种向投资者传递价值信号的途径。

有效市场

有效市场
所有信息都被市场参与者考虑到的市场

如果所有可得的信息都已经反映在市场之中，那么经济学家就将该市场称为**有效市场**。例如，如果市场是有效的，股票价格将投资者知道的所有信息都反映出来。例如，如果投资者担心某公司可能会卷入繁琐的诉讼，市场就会意识到该公司陷入诉讼的可能性，并会对诉讼费用做出预期，进而该公司股票市场价格会下跌。

对于普通投资者而言，"有效市场假设"意味着他们不必绞尽脑汁地想要战胜市场。华尔街的权威们每天无时无刻不在寻找新信息，一旦有公司利润、风险、利率等方面的新信息出现，他们会马上使得价格随之发生变化。因为在大部分投资者依据新信息做出反应之前，市场就已经将新信息反映出来，所以大部分投资者不能够利用这些新信息。与人们的常识不同，新投资者们可以只是简单地投资于他们喜爱的公司，并且会发现他们所选择投资项目的回报和华尔街专业人士投资选择的回报不会差多少。

尽管和选择某只特定公司股票相比，构造一个分散投资组合的风险要低一些，投资者仍然不需要花费大量金钱购买各种各样的股票。小投资者可以购买指数基金。所谓指数基

股票指数
特定股票篮子中股票价格的加权平均

金是指按照**股票指数**（比如道琼斯指数、标准普尔500指数、纳斯达克指数等）的构成比例购买股票。因为股票指数是一个特定股票集合的加权平均，所以购买指数基金能够分散化投资，并且得到与具有相似风险投资机会一样的回报。

股票市场有效假设的最佳证据是你听说过的一个关于猴子选择股票的故事。报纸经常把猴子随机选择股票的货币回报和专业投资者选择投资组合带来的回报进行比较。让专业投资人士非常不快的是，猴子选定投资组合的回报并不比他们的差。

股票市场崩溃

20世纪美国股票市场发生了两次崩盘。第一次发生在1929年10月，第二次发生在

---

① 有时候首次公开发行规模并不小。当AT&T公司通过首次公开发行将硬件分部分离出去的时候，首次公开发行的规模很大。

② 这种实体被称为S公司。

1987年10月。这两次股灾中数天之内股票市场总市值都至少损失了25%。那些相信股票市场理性的经济学家必须回答的问题是：人们对股市基本面的预期同时发生改变，而且变化的幅度足够使股票价格改变如此剧烈，这是否可能？

如果此问题的答案是否定的，也就是说基本面不可能那么迅速地发生大幅度变化，那么对社会而言，股票市场不会比赌场更有用。另一方面，如果你能够运用基本经济变量的变化解释股票市场上发生的各种现象，那么如前所述，股票市场对社会而言就是有用的。

泡沫

对我们而言，明白股票市场或者其他任何市场如何发生崩溃是非常重要的。人们的投资大多用于将来养老、教育等方面的支出，如果其投资受到剧烈波动的影响，那么对于投资者而言，理解股价上涨的原因就至关重要了。股价上升可能是由于公司价值增加，也可能是因为**泡沫**的出现。任何类型的泡沫都是缓慢形成的，泡沫一旦存在，总是让人们觉得非常美好。但是，当泡沫破灭的时候，它消失得很快，并且让人感到它面目狰狞。泡沫是一个形象的比喻，用来描绘不能够用经济原因解释的资产市场的增长。

泡沫
市场上现行价格远远高于由其基本因素决定的价格水平的状态。

决定资产价值的两个基本因素是该资产产生的支付流和利率。如果这两个因素发生较大变化的话，股票价格也会剧烈变动。经济学家并不过分关注支付流和利率。虽然有些时候，特别是对于那些短期会亏损、长期会盈利的公司而言，利率的变化会导致股价发生较大的变化。但是，即使在短期内股票价格有很大变化，经济学家并不担心这种变化。而且，预期支付流或者公司利润的变化也不足以导致股价迅速地大幅度变动。

股市崩溃和泡沫破裂的主要原因，更有可能是预期的资产未来销售价格发生突然变化。如果我们对资产将来售价的预期至少在一定程度上取决于资产现行价格，那么上述判断就更加合理了。例如，因为现行价格是90美元，你可能认为将来价格是100美元。如果今天的价格是80美元，你预期将来的价格可能是90美元，依此类推。

当股票价格下降，而且你认为明年股价会更低的时候，泡沫就会破灭。这种思维让你觉得今天的股票价值在下跌，而且你会这样推理：由于明年股票价值将会更低，那么在你头脑里股票今天的价值变得更少了。这种恶性循环使得股票价格盘旋下降，而且下降的速度可能会很快。正如我们前面曾经提到的那样，在1987年10月发生的股市崩溃过程中，世界上几乎所有的股票都在开盘后几个小时内损失了大约25%的市值。

如果股市崩溃只是对一部分投资者产生伤害，那么股市崩溃就不会得到人们的普遍关注了。问题是股市崩溃对一般家庭都产生了实质性影响。当股票价格走势良好时，人们会觉得自己更加富有，实际上他们也确实变得更加富有。此时，因为人们以前的储蓄运作得相当好，所以人们现在就没有必要储蓄很多。结果导致人们会购买新房子、小汽车、家具等商品。实际上，假如股票市场的情况不是这么好的话，人们本来不会添置这么多新商品的。

房子、小汽车、家具等商品都是各个企业生产出来的，同时企业的运作依赖于工人。当市场对劳动力的需求高涨时，工人们能够工作更长的时间，而且能够得到更好的工资待遇。工人们获得的工资越多，他们就越有钱，进而会购买更多的商品。这就是经济学意上的良性循环：好日子会带来更好的日子。景气的股票市场导致经济的繁荣，经济的繁荣又能够推动股市更加景气。不幸的是，现实生活中我们不能回避相反的情形发生。当股市不景气的时候，人们的财富减少，他们会减少对商品的购买，这会导致股票价值进一步下跌，最终消费下滑得更加厉害。

日本股票市场的不景气状况贯穿整个20世纪90年代。日经指数是日本股票市场的测度指数，相当于美国股市的道琼斯工业平均指数。在20世纪90年代，美国股市市值翻了3倍，但是同期日本股市却一直低靡不振。20世纪90年代，美国经济进入了良性循环发展，而日本经济则陷入了恶性循环，这为以下两个重要结论提供了证据：（1）股票市场健康与否影响了经济的其余部门；（2）股票价格能够快速地上升或者下降。

崩溃的例子：亚洲金融危机

经济运行过程中可能会出现上述的糟糕情况，一个很好的例证就是始于1997年席卷日本、韩国、南亚的亚洲经济危机。20世纪80年代该地区的资产价格大幅度攀升，股票和土地价格都上升得很快。在鼎盛时期，这些国家的高储蓄率使得其许多家庭开始向西方国家的生活水平看齐。该地区居民开始频繁地到夏威夷以及美国西海岸旅行，同时，该地区在美国的投资也开始增加。

但是，所有这一切在1987年世界范围的股票市场崩溃中开始逆转。虽然日本在接下来的10年期间没有从经济衰退的阴影中走出来，但是韩国以及亚洲四小龙的经济很快就复苏了。不过好景不长，1997年亚洲人又经历了一场程度更大、时间更长的金融危机。到底是什么原因导致这次金融危机人们还不清楚，但是有一些可以确认的因素有很大嫌疑。

人们广泛接受的一个观点是：经济政治腐败、在亚洲风险较大的投资以及外国投资者抽逃资金的能力是1997年亚洲金融危机的最主要起因。[1] 在亚洲，一些国家被独裁者控制，独裁者只关心自身及其亲信的财富积累。这些国家的经济之所以能够增长，原因是独裁者能够实施有利于经济发展的经济政策。其中一项政策就是资本的自由流动。当资本流入时，每个人都受益；但是当外来资本撤走时，撤走速度非常快，这些国家的经济机会也随之而去。

亚洲国家在经济发展过程中还存在其他一些问题。韩国是一个主要的例证。在韩国，诸如起亚、现代等大企业集团同时生产各种各样的产品。比如，当其中一个企业决定生产中档小轿车出口时，其他企业都跟着做。这样的决策看起来主要基于自尊而不是基于经济原因。当这些决策不明智的本质越来越明显时，与这些企业巨头密切相关的韩国经济就开始踌躇不前了。

在银行以外币向外国金融机构借款而且没有套期保值的情况下，不良投资问题更加复杂。套期保值要求银行以外币借款的同时购买一个期权，该期权使得银行能够按照特定汇率将本币换成外币。套期保值是一种保险，其实施需要花费一定的成本，而亚洲银行不愿意支付此项费用。金融危机开始以后，汇率下滑，银行没有能力归还外币借款。当银行丧失了偿债能力之后，投资者开始尽可能快地抽逃资金。

在亚洲一些国家的经济中，投资者可以自由地投资和撤销投资。当我们把投资看作一

---

[1] 参见有关国际货币基金的第15章。

个游戏时，变化政策以允许撤销投资（投资的反义词，不是投入资金而是撤走资金）并不是一个大问题。尽管这些亚洲国家并没有为允许资本流动而猝然担心，但是这看起来并没有什么大代价。毕竟，人们是在不断往这些国家注入资金，而不是抽回资金。当资本开始撤走时，这些国家才发现资本的自由流动带来了高昂的经济成本。

一个使问题更加复杂的因素是，历史上还没有投资者会为经济衰退进行再保险。人们对经济的悲观看法是自我实现的。当亚洲奇迹看起来已不复存在时，一些投资者开始抽资撤离。当他们将其投资的资金撤回并转换为美元或者其他非亚洲货币时，亚洲一些国家的货币开始贬值。

在一个完善的经济实体中，如果货币不断贬值，那么投资者会发现购买价格偏低的资产是有利可图的。但是，如果经济实体的经济体系不成熟，同时该国货币不断贬值，那么恐惧就会使得坏消息不断滋生出更多的坏消息。在亚洲金融危机的例子中，投资者看到其他一些投资者在撤资，他们决定自己也应该抽逃资金。这种恶性循环最终导致众多美国和欧洲投资者从亚洲国家撤资，并使这些国家的货币急剧贬值。

例如，泰国和马来西亚等国家的货币在数天之内贬值50%。再加上泰国和马来西亚等国的股票市场市值缩水了一半，你会发现这些国家的投资者在几天时间里损失了其储蓄的75%。在美国的大学里，有很多亚裔学生1998年回国度假之后发现，他们的父母再没有能力送他们返校完成学业。还有的亚洲学生则进行密集的苦行式学习，一个学期修18~21个学分，以便尽快完成学业。

经济学家仍然在寻找市场在这么短时间内损失如此大价值的原因。一些经济学家认为应该受到指责的是关于经济基本面的错误信息，他们争论说，发生亚洲金融危机这样的事件并不是资本主义的过错。另外一些经济学家则认为这是资本主义的内在问题。投资者对股票价格的乐观预测促使资产价格没有根据地上升，接着不可避免地发生股市崩盘。

崩溃的例子：纳斯达克2000年崩盘

1999年在看起来会无限增长下去的技术部门的支持下，纳斯达克（国家证券交易商自动报价协会）市场指数从原来的2 208点上升到4 069点。到2000年3月10日，纳斯达克复合指数已经超过5 000点。然而，到2000年12月21日，该指数只有2 340点，和其顶峰时期的数值相比已经下降了53%（参见图38.4）。① 那么究竟发生了什么事情呢？

针对此问题有很多解释。一些人将其与泡沫概念联系起来，而另一些人则将其与基本面因素结合起来分析。一般而言，技术部门和那些热门公司虽然被吹捧为"新经济"的领导者，但是它们大多处于亏损状态。作为一个事实，对于网络企业而言，赚钱是一种"落后的思维"。新经济思维引导企业将主要精力放在扩大市场份额和增进公司知名度方面。1999年、2000年超级碗广播上充斥着花费数百万美元的网络企业广告。

人们预期这些公司现在的损失能够被将来巨大的利润补偿。如果你做一下数学计算，你就会发现，当你碰到投资早期亏损、后期盈利的项目时，只要利润预期或者利率稍微变化一点，此投资项目的净现值就会快速地发生巨大变化。

---

① 由于2001年9·11恐怖袭击事件的影响，纳斯达克复合指数下跌到不足1 500点。直到2003年该指数也没有恢复到1999年早期的水平。

资料来源：http://moneycentral.msn.com.
图 38.4　纳斯达克复合指数，1999～2003 年

为了理解这一点，我们来看一个假想的网络企业，该公司在 10 年之内每股每年亏损 1 美元，10 年之后每股每年带来 5 美元的收益。如果和该公司风险状况相匹配的利率为 10%，我们知道该公司股票的价值为 14.44 美元。如果你将贴现率增加到 11%，那么公司股票价值就会变为 11.23 美元。利率 10% 的增加（1 个百分点）会促使股票价值下降 22%。如果公司预期利润在公司整个生命期间平均分布，那么利率增加 1 个百分点只会使公司股票价值下降为 13.13 美元。这样，我们可以将纳斯达克复合指数的下降归因为在此期间利率的上升。

纳斯达克指数下跌的另一个解释是利润预期下降。同样地，因为预期很久之后才能够盈利，故而预期利润的一个小变化就会导致股票价值的大幅度变动。继续我们前面假想的例子，如果利润预期下降为 4 美元每股，即使利率保持在 10% 的水平不变，股票价值也会下降为 10.22 美元。这样，利润预期 20% 的下降会导致股票价格 29% 的下跌。

关于纳斯达克指数 1999 年飚升、2000～2001 年崩盘的最后一种解释是泡沫。我们知道泡沫是比喻资产价值远远超过其基本价值，资产价格依赖于预期价格会继续上升的自我实现机制。2000 年纳斯达克市场是否处于泡沫状态的问题还处于争论之中，原因在于那时经济的基本因素发生了变化。另一方面，人们普遍认为 1999 年、2000 年早期投资者的购买狂潮很大程度上是由于人们担心错过"下一个微软"或"下一个英特尔"机会的心理造成的。如果人们不考虑其基本经济因素而买入股票，那么就会出现泡沫，而且当人们重新审视基本经济因素的时候，泡沫就会破灭。

2001 年和 2002 年的会计丑闻

破产
当某公司或者个人没有能力偿还负债时的一种法律地位

在 2001 年 9 月 11 日针对纽约市世界贸易中心大楼的恐怖袭击及 2001 年经济衰退之后，安然公司宣布破产。安然公司按照收入在全美企业中排名第七，它宣布**破产**，有 50 亿美元的负债，并且

没有能力支付利息。如果公司或者个人没有足够资金向其**债权人**支付债务,该公司或者个人才会宣布破产。尽管同期凯玛特公司和环球电讯公司也宣布破产,但是安然公司破产产生的新闻轰动效应更大。为什么呢?与安然公司相比,凯玛特公司的消费者更多,环球电讯公司的负债更大(达到120亿美元),但是安然公司破产造成的潜在破坏力要大得多。

债权人
拥有其他个人或者公司债权的个人或者组织

破产

当一个公司不能向其债权人支付债务的时候,该公司要么与债权人就债务问题进行谈判,要么宣布破产。当某公司宣布破产之后,它还有两个选择:试图重组并艰难前行或者干脆放弃。前者被称为破产法第11条款,其目的是保护公司不被债权人侵害,并给公司一定时间来使公司走上正轨。后者被称为破产法第13条款,允许公司按照一定次序出售公司资产并为公司股东保留尽可能大的价值。我们平常听到的"公司破产"一般指的是破产法第11条款。

当公司宣布破产之后,法院会指定一名法官监管公司财务事务。主要财务决策,如出售资产,必须得到此法官的同意。

为什么资本主义需要破产法

尽管从表面上看将公司避免债务的能力视为"好"事情比较奇怪,但是在资本主义制度中,破产法实际上是帮助提高经济效率的。如果公司没有能力保护自己免受债权人的侵害,那么即使是一个短暂的资金周转不灵也会导致企业清偿。这会降低甚至会消除企业促使事情好转的可能性。这种情况确实会出现,原因在于:公司脱离困境走上正轨符合债权人整体的利益,但是债权人的个人利益在于使自己率先获得清偿。

例如,假设公司分别负有三家银行的债务。再假设公司今年没有能力一下子将所有债务全部还清,但是,如果给其一个机会的话,该公司可能在今后几年内还清所有债务。进一步假设如果公司出售资产,其获得的收入只能支付两家银行的债务。如果没有破产法第11条款的保护,那么对每家银行而言,它们最优的策略将是抢先取消公司抵押品的赎回权,因为它们都不愿意成为最后那个什么都得不到的银行。当然也存在另一种情形,那就是所有银行都不取消抵押品赎回权,给公司一个机会,最后可能三家银行都得到贷款的本金和利息。破产法就是用来帮助企业在法官的监管下继续经营,以期将来能归还所有公司债务。

凯玛特公司和环球电讯公司的案例

当凯玛特公司和环球电讯公司于2002年寻求破产法第11条款保护的时候,经济学家发现它们的原因类似,而且并不都是那么难以应付。凯玛特公司是一家零售领域的折扣店。它之所以会破产,原因是它既不能提供像沃尔玛公司那样大幅度的折扣,同时又不能像塔吉特公司那样有效地为高消费阶层的消费者服务。环球电讯公司借了数十亿美元在海底铺设光缆,以便用因特网宽带将亚洲、欧洲和美洲连接起来,这简直是一场豪赌。

诸如此类的破产虽然会让公众和媒体感到困惑,但是对于经济学家而言,解释起来并不困难。经济学家认为,当公司丧失竞争力时,亏损是符合逻辑的。如果公司亏损的时间足够长，那么它们就会被淘汰出局。经济学家认为要想资本主义发挥作用，赚钱的前景必须与破产的威胁相伴。竞争力不强的企业和大风险的商业决策一旦出现问题，就一定要承担相应的后果，在凯玛特公司和环球电讯公司的例子中，正是这样的情形。凯玛特公司受到管理和市场营销战略的拖累，使得其竞争力下降。环球电讯公司的运营寄托在洲际宽带将是抢手商品的假设之上，而且环球电讯公司用负债来融通资金。和环球电讯公司处于同一市场的 AT&T 公司用股权融资和留存收益来投资，虽然它也没有赚多少钱，但是它却能够生存下来，主要原因是其损失主要由股东承担了；而对于环球电讯公司而言，它没有获得足够多的利润来支付高达 120 亿美元的债务。

凯玛特公司和环球电讯公司宣布破产时，它们拥有的资产都比其负债要多。凯玛特公司有 160 亿美元的资产和 20 亿美元的负债，环球电讯公司的资产和负债分别为 220 亿美元、120 亿美元。但是，它们存在以下两个问题：第一，资产价值是账面价值而不是市场价值；第二，这些资产的盈利能力并不强。

以下两个例子能够解释以上的问题。当凯玛特公司修建折扣店，并且用其标识语和颜色装饰时，其建造成本可能花费了 1 000 万美元，但是建成以后没有人愿意为此支付 1 000 万美元。类似地，环球电讯公司可能花费了 200 亿美元在海底铺设光缆，但是这并不意味着有人愿意支付同样的价格从环球电讯公司手中购买这些光缆。

为了进一步解释虽然有很多资产、却不能够赚取足够多收入归还债权人债务的问题，我们假设某人自己有 50 亿美元的财富，他从银行借得 100 亿美元购买金币。这时此人有价值 100 亿美元的资产，但是没有收入流来支付借款的利息和本金。现在假设此人将购买的金币一个接一个地抛入纽约和伦敦之间的大海中。那么此人在账面上有价值 150 亿美元的资产，但是价值 100 亿美元的金币现在可能什么都不值。这样价值 100 亿美元的债务就得不到任何收益来支付相应的利息。

安然事件中发生了什么

一般而言，知道一个企业从事什么领域不是一件困难的事情。比如，沃尔玛公司是折扣零售商，通用汽车公司制造汽车，州立农业保险公司出售保险。为了分析安然事件中发生了什么事情，我们首先必须知道安然公司从事的实际业务。安然提供什么商品或者服务来赚钱呢？安然公司是一个能源贸易公司。它从生产商手中购买电力、石油、天然气、汽油以及其他能源，然后再将这些能源产品转售给工业企业和公用事业公司，通过"贱买贵卖"赚钱。20 世纪 90 年代的开始几年里，安然公司运营得很好。后来，安然公司开展了一些副业，如买卖因特网上的带宽。

"贱买贵卖"总是一个好的经营之道，但是，因为经济利润总是刺激其他企业进入，在没有进入壁垒的时候尤其如此，所以"贱买贵卖"获得的利润很难持久。在 20 世纪 90 年代早期安然公司几乎没有竞争者，但是当其他公司觉察到此领域存在经济利润时，很多公司进入这一领域。同时由于没有进入壁垒，德能公司（Dynegy Inc.）、可信能源公司（Reliant Energy）、恩帕萨能源公司（EL Paso Energy）、杜克能源公司（Duke Energy）等纷纷加入竞争，它们从安然公司挖走了许多精通能源交易的雇员。如果这是安然事件的结尾，那么就不会有那么多关于安然的故事了。讲到这里，安然公司经历的是典型的企业发展历程："公司发现一个创意，然后尽可能长时间地赚取利润，最后只能获得正常经济利润。"

安然公司出现了以下情况：公司管理层希望公司的良好经营状况保持下去，同时公司管理层几乎全部以股票和股票期权的方式获得报酬。公司制资本主义的一个经典问题是**委托代理问题**。当公司所有者（股东）追求公司长期盈利能力，而公司管理者追求其自身的货币报酬的时候，就会出现委托代理问题。当公司首席执行官获得高额薪水，他们可能会避免选择存在一定风险的投资项目，实际上此项目可能会给公司带来巨大利润。这里的问题是代理人（首席执行官）制定决策的时候与委托人（股东）的利益不一致。此例中，委托代理问题主要体现在获取薪金收入的首席执行官们不会拿他们的工作去冒险，因此各种决策会显得过分谨慎。

委托代理问题
当资产的所有者和资产的管理者不是同一个人，而且两者有不同偏好的时候，会出现此类问题

几年以来人们一直认为股东激励首席执行官的最佳方式是将首席执行官的报酬同股票表现联系起来。这种激励方式的一种形式是仅仅依据股票价格给管理者支付薪水。当股票价格较低时，首席执行官报酬较低，当股票价格较高时，首席执行官报酬也就较高。

此种激励方案的一个极端形式是运用股票期权向管理者支付报酬。所谓股票期权是指其持有者能够按照期权中指定的价格购买指定数量股票的权利。当股票价格超过股票期权指定的交割价格时，股票期权蕴含巨大的价值，但是当股票价格低于期权指定的交割价格时，股票期权就一文不值。安然公司管理者的报酬就是股票和股票期权的混合。

这样一来安然公司管理者的报酬就与股票表现紧密联系起来了。而且，在安然公司股东看来，这是一个较好的安排。股东们认为这种激励方案能够奖励对公司有利的管理者决策，惩罚对公司不利的管理者决策。但是遗憾的是，这种激励方案把管理者置于以下境地：如果公司管理者能够让市场相信他们公司的运作比其实际状况要好，那么管理者就能够变得更加富有。这并不是一个新事物。这也是会计企业存在的重要原因。人们认为会计事务所的主要工作就是通过审计公司发布的财务报表来判断其真伪并防止欺诈行为，当某个公司声称其获得了10亿美元的收入时，会计事务所通过审计就能够保证公司没有说谎。

安然公司的欺骗行为采取的方式是高负债、账外业务。安然公司开设了几个子公司，不论出于什么原因，公司的命名采取的是"星球大战"的字符，其中每个子公司都负担有几百万美元的负债。子公司都在高风险、高回报的细分市场上运营。假如这些子公司的负债不是由安然公司担保的话，那么它们并没有什么令我们感兴趣的地方。不仅如此，假如这些债务欺骗性地出现在安然公司的财务报告中的话，那么也没有什么令人感兴趣的。

安然公司会向公众报告说，这些债务不是其他公司欠它们公司的债；安然公司将这些负债当作公司资产来报告，而对它的负债性质只字不提。更加让人感到不安的是，安然公司的子公司可以从银行借款然后向安然公司支付利息，从而提高安然公司的账面利润。在最后的审计结果中，安然公司虚报利润12亿美元，而且其资产的虚报数据更大一些。

当所有事情在2001年秋天暴露以后，有两个公司受到致命伤害：安然公司和其雇用的会计事务所：安达信。安达信出具了安然公司账务准确的证明，但是实际上安然公司的账务存在欺诈行为。同时，安达信还参与了其子公司的建立，并且在事情即将暴露的时候在一个备忘录中命令在安然账户上工作的安达信职员销毁那些"不必要的"文件。虽然该"备忘录"只是公司政策的一个重新表述，但是在安然账户上工作的每位安达信职员

都知道这意味着销毁证据。为什么一个会计事务所会参与这样的欺诈行为呢？这又回到委托代理问题上面。任何会计事务所的主会计师都希望能够取悦其客户。客户每年向会计事务所支付数以百万计的费用，主会计师会因此得到丰厚回报。这里，委托人会计事务所必须得相信代理人主会计师的行为。他们之间的利益有时候会发生冲突，因为如果会计事务所丧失了历来积累的诚信声誉，它就一钱不值了。但是，在安达信不知情也不同意的情况下，主会计师将会计事务所的声誉出卖了。所有这一切的结局是，在安然事件中主会计师的行为毁掉了安达信。

为何安然事件比其他案例更加重要

凯玛特公司和环球电讯公司对整个经济没有产生多大影响。但是，安然公司的崩溃是一个系统问题的预兆。从经济意义上讲，凯玛特公司的损失是沃尔玛公司和塔吉特公司的收益。环球电讯公司在丢骰子打赌，只不过不走运而以。购买环球电讯公司股票的风险很容易理解。如果国际间宽带市场火爆起来，环球电讯公司的股东原本会大赚一笔。因为国际宽带市场没有兴起，同时由于公司负债太多，所以公司股东手中的股票才变得不值钱了。安然公司的股东则是被欺骗了。毕竟投资者必须得相信公司财务报告的真实性。

投资者承担他们预料之中的风险。在投资过程中，投资者将各种信息集中起来，并依据这些信息来制定决策。很显然地，在经济实践中，有的企业赚钱，有的企业赔钱，但是投资者预期到的风险能够得到相关回报的补偿。他们通过财务报告的真实性来判断投资的风险，其中财务报告真实与否又依赖于独立审计。如果会计事务所帮助公司实施欺诈伎俩，而不是去揭发它们的欺骗行为，那么投资者就得面临以下两类不确定性：（1）公司将来能否盈利？（2）公司的财务报告是真实的吗？审计精确性方面的不确定性会导致人们要求股票提供更高的回报，这样会最终阻碍对一些有利可图项目的投资。

安然公司和安达信事件的直接影响是，其他公司开始自己主动披露自身的利润"高估"问题。施乐公司、世界电信公司以及其他大公司一个接一个地"修正"自己的收入。结果，投资者在2002年对股市失去了信心，在股市总市值已经比2000年3月下降20%～60%的基础上，又下跌了20%。直到2003年初春，股票市场才摆脱上述欺诈丑闻的影响，慢慢稳定下来。

小结

现在你明白股票价格是如何决定的，并清楚了股票市场的功能。你应该明白影响股票价格的基本因素，并领会股票价格如何偏离其基本价值。当你阅读到20世纪90年代末期亚洲金融危机以及纳斯达克2000年崩溃的内容时，你会发现以上概念在发挥作用。最后，你应该能够理解经济运作对破产法的迫切需要，也看到了2001年、2002年会计丑闻及公司破产带来的严重后果。

主要术语

    破产   泡沫   有效市场

第 38 章 股票市场及其崩溃

基本面　　　　首次公开发行　　委托代理问题
股票指数

自我测试

1. 如果利率上升，其他条件不变，股票价格将会
    a. 下降
    b. 上升
    c. 保持不变
2. 如果明年公司收入预期会增加，其他条件不变，现在的股票价格将会
    a. 下降
    b. 上升
    c. 保持不变
3. 如果明年的股票价格预期会上升20%，其他条件不变，今天股票价格会
    a. 下降
    b. 上升
    c. 保持不变
4. 在有效市场假设下，你每天至少应该花费一个小时来调整你的投资组合，以增加投资回报。该表述是
    a. 正确的
    b. 错误的
5. 泡沫意味着股票价格的上升是基于
    a. 利率的下降
    b. 预期收入的上升
    c. 股价的上升使人们相信股价会进一步上涨
    d. 以上都不是
6. 利率一个百分点的上升对以下哪个公司股票的价格影响较大？
    a. 目前亏损，将来赚钱的公司
    b. 收入平稳的公司
    c. 收益递减的公司
7. 经济学家将破产视为
    a. 法律一个不必要组成部分，在政治影响下出现
    b. 法律一个不必要组成部分，在1929年股票市场危机影响下出现
    c. 法律的一个必要组成部分，它允许公司债权人容易分割公司资产
    d. 法律的一个必要组成部分，它允许公司重组以便于公司归还债务
8. 对经济学家而言，安然公司破产以及2001年、2002年相关企业的破产最重要的结果是
    a. 它们给投资者带来了额外的投资风险
    b. 它们导致了10年间从未见过的大规模失业

c. 它们破坏了其所在行业的发展
d. 这是历史上以美元计价最大的破产案例

思考

关于股票市场有一句谚语:"当理发师告诉你关于股票的小道消息的时候,你知道该是你离市的时候了。"你能够将此谚语和有效市场假设联系起来吗?

讨论

股票市场是整体经济的晴雨表吗?

进一步阅读

Journal of Economic Perspectives 4, no. 2 (Spring 1990). See articles by Joseph E. Stiglitz; Andrei Schliefer and Lawrence H. Summers; Peter M. Garber; Robert J. Schiller; Eugene N. White; and Robert P. Flood and Robert J. Hodrick.

参考数据

Historical Data
    Dow Jones Industrial Average, 1896-2002
        Global Financial Data
            http://www.globalfindata.com
    Standard and Poor's 500, 1870-2002
        Standard and Poor's
            http://www2.standardandpoors.com
    NASDAQ Composite Index, 1980-2002
        Big Charts; NASDAQ Composite Index
            http://bigcharts.marketwatch.com/javachart/javachart.asp?symb=nasdaq&time=8
NASDAQ Composite Index, 2003
    Money Central; Investor
        http://moneycentral.msn.com/investor/charts

第39章 工 会

学习目的

- 理解为什么存在工会,并领会工会如何改变雇主和雇员之间的谈判关系
- 能够区分完全竞争劳动力市场、雇主雇员一方有市场力量的劳动力市场、雇主雇员双方都有市场力量的劳动力市场
- 理解以下两种工会组织的差异:通过降低供给来寻求工资上升的工会和运用垄断者集体谈判力量来提高工资的工会
- 能够运用工会发展历史方面的知识来预测美国工会组织的未来

内容概要

- 为什么存在工会
- 作为垄断者的工会
- 工会的历史
- 工会将向何处去
- 理论进阶
- 小结

在美国关于工会作用的争论已经持续了100多年。当美国经济从农业经济发展到工业制造经济以后,劳资问题逐渐显现出来。尽管人们企图将工人组织起来、以谋求更好待遇的斗争很早就已经存在,但是直到20世纪30年代法律才赋予工人们有联合起来谈判和加入工会的权利。之后,工会的影响力和会员数量都不断加大,在其高峰期1975年,加入工会的工人已经占到工人总数的30%。1975年之后工会力量经历了一个长期快速的下降过程,现在工会成员只占到工人总数的15%,在私人部门参加工会的比例只有10%。

在理论层面上,本章我们将讨论为什么工会通常在制造业经济中容易出现,我们将证明工会如何有利于增加工人的福利并同时促进整个经济的发展。接着我们将回顾历史上早期的劳资斗争、相关法律以及工会的成功和失败。我们运用工会力量的两个测度来解释美国劳工的状态,最后我们将探讨21世纪工会的演变趋势。

为什么存在工会

完全竞争的劳动力市场

当美国经济还处于农业经济为主的发展时期,除了一部分人身归属于其主人的奴隶以

外,人们主要为自己工作。显然地,如果你为你自己工作,而且没有外部影响的干扰,那么你获得的报酬和工作条件都不可能是不公正的,因为你自己的生产率决定你自己的财富。但是,随着美国19世纪的发展,美国经济体系中越来越少的人为他自己工作。随后发生的工业革命使得越来越多的人为公司打工。经济学中的供给需求模型告诉我们,当一个人从另外一个人手中购买东西的时候,交易双方都能够从中获益。这种思维也适用于劳工。

图39.1展示了完全竞争的劳动力市场,该市场出售的商品是劳动力,价格是工资。市场存在一个均衡工资和均衡劳动力数量,市场上的交易能够同时增进买卖双方的福利。在图39.1中,均衡工资和均衡劳动力数量分别为W^*和L^*。雇用劳动的企业支付的工资总量为OW^*CL^*,劳动力为企业创造的收入是$OACL^*$,因而消费者剩余(也就是企业利润)是W^*AC。工人获得的报酬为OW^*CL^*,而其提供劳动力的机会成本为$OBCL^*$。所以工人们获得的生产者剩余是BW^*C。和市场均衡组合相比,没有其他工资和劳动力数量组合能够为买卖双方提供更大的剩余。

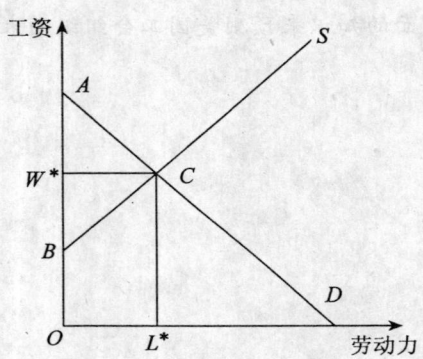

图39.1 完全竞争条件下的劳动力市场

但是,相当微妙的是,我们上面的分析是建立在劳动力市场完全竞争的假设条件之上的。这意味着市场上有许多独立的企业和独立的(非工会的)工人,使得卖者和买者都不能控制工资。而且,完全竞争市场还要求交易各方掌握有各种选择的完全信息。

对卖方垄断的反应

如果我们面对的是一个大城市的非特殊劳动力市场,我们的完全竞争市场假设是没有问题的。比如,大城市都有很多木匠,同时也有很多雇主愿意雇用他们。但是,由于以下提到的两个原因使得购买劳动力的企业数目有限,市场上的竞争可能不是那么激烈。最典型的例子是所谓的"公司镇",在这种城镇只有一个企业在特定区域内购买劳动力。尽管现在这种公司镇已不多见,但是还存在很多接近的情形,比如拥有微软公司的华盛顿州雷德蒙市,以及宾夕法尼亚州立大学所在的镇。另一方面,历史上充斥着公司拥有整个城镇的现象。采掘企业所在城镇基本上是公司镇,在那里,从父爱主义控制到对工人的压制等所有问题都存在。

另外一种情形是专业化分工比较窄,以致最多只有很少量的潜在雇用者需要购买某种技能,这时虽然和前面提到的情形原因不同,但是效果是类似的。在某些高技能区域,一个大的地区中只有一个雇主,也是很常见的。你恐怕就是处于这样一个情形。尽管学院里的助理教授、副教授和正教授的工资待遇较高,但是兼职教授的收入非常低。中等水平的综合大学里的专任教职人员的年收入大约在6万美元左右,每年大约要完成4~6门课程的教学任务。尽管他们同时还要完成研究任务和其他一些义务,我们可以大致估算出其每门课程教学任务的报酬在1万美元至1万2千美元之间。但是,兼职教授教一学期课程只能获得3 000美元的报酬。许多大学的所在城镇没有其他大学,这使得它们成为一些硕士和博士(尤其是人文科学类)的唯一雇主。因此,对于那些由于其配偶的工作关系而处在大学城的人们来说,该大学只需支付较低的工资就能雇用到相对高质量的教师。

不管什么原因,如果出现了一个地区只有一个雇主的情形,那么雇主就拥有了一定的垄断者市场力量,这与公用事业领域中的垄断力量类似。通过前面的学习我们知道垄断是指市场上某种商品只有一个卖者,该卖者可以索取高价。当市场上只有一个买者时,我们称存在**买方垄断**。在一个买方垄断市场上,不是买者而是卖者容易受到剥削。

买方垄断
只有一个买方的市场

劳动力边际收入产品
额外雇用一名员工带来的收益增加量

边际资源成本
企业雇用额外员工支出的增加量

图39.2展示了买方垄断如何改变完全竞争市场上的结果。在具体分析之前,我们需要介绍一下劳动经济学经常使用的词汇。正如我们解释图39.1的时候提到的那样,劳动力需求曲线代表的是一个额外工人能够为企业创造的收入增加量。我们将其称为**劳动力边际收入产品**。它之所以代表需求曲线,原因为它是企业愿意向工人支付的最高工资,在这个工资水平下,雇用劳动力的企业实现了利润最大化。

不仅如此,因为此时只有一个买主,企业并不会支付完全竞争市场情形下的均衡工资。企业首先决定其希望雇用多少工人,然后企业向工人支付最少的工资。为了雇用更多工人,企业不仅需要向新雇用工人支付更高工资,而且还必须向所有工人支付这个更高水平的工资。这样一来,如果企业希望雇用更多工人,其成本并不是沿着供给曲线上升,与供给曲线相比,成本曲线上升得更快。所以增加雇用量的成本曲线就不是供给曲线,而是图39.2中所示的**边际资源成本**曲线。该曲线度量的是企业雇用更多工人时总劳动成本的增加。

为了加强你的理解,我们来看表39.1。第一列列出的是企业支付的工资。第二列是劳动力供给数量。第三列是雇主的总成本,它等于第一列和第二列数字之积。最后一列是增加雇用1名工人导致的成本增加量。注意到第四列数字的上升速度要比第一列数字的增加速度快得多。

表39.1　　　　　　　　　供给和边际资源成本之间的关系

工资	供给数量	雇主承担的总成本	边际资源成本
5	1	5	
6	2	12	7
7	3	21	9
8	4	32	11
9	5	45	13

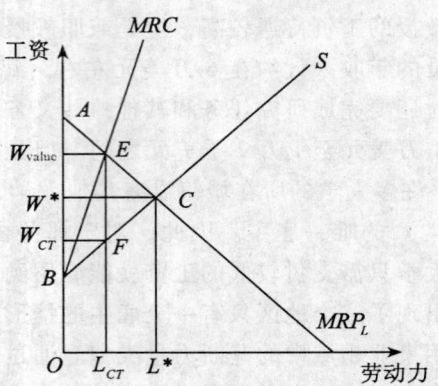

图 39.2 买方垄断劳动力市场

当企业的劳动力边际收入产品等于边际资源成本的时候，买方垄断厂商达到了利润最大化。图 39.2 中显示的买方垄断企业雇用的工人人数为 L_{CT}，不再是完全竞争市场情形下的 L^*。为了得到工人的工资水平，我们沿着 L_{CT} 向上延伸可以得到和供给曲线的交点，该交点对应的 W_{CT} 就是此时的工资水平。如果我们想知道工人的真实价值，那么可以继续沿着 L_{CT} 向上延伸到和需求曲线相交，得到的工资水平为 W_{value}。非常清楚地我们可以知道，在买方垄断情形下，工人获得的工资水平低于其应该得到的实际价值。与之不同的是，在完全竞争市场情形下，工人获得的竞争工资 L^* 等于其边际收入产品，与工人的真实价值恰好相等。

限制竞争、提高数量的一种方法

一些工会和专业组织通过限制工人供给、提高成员价值来增加其成员的工资。此种情形如图 39.3 所示。与图 39.1 相比，图 39.3 改变了供给曲线的形状。首先，因为雇员学习积累所需技能要花费成本，所以供给曲线会向左移动。获得从业许可证的成本大小通过供给曲线向左移动的幅度反映出来。同时，因为该领域供学员培训的数量受到限制，我们将其记为 L'。所以在这一点上，供给曲线是完全没有弹性的。而且，由于该领域雇员的技能和工作质量有所提高，所以需求曲线会向右移动。这两方面的因素最终会提高该领域从业人员的工资。美国医生协会、美国律师协会、电子业工会组织、管道工组织[①]等都是此类组织。

通过限制某领域从业人员的能力，上述组织使得劳工的供给下降。如果没有从业许可证，你就不能当医生或者律师，此时从业资格证充当限制竞争的工具。尽管你能够为自己的房子布线或者为自己做管道活，但是在许多城市，如果没有许可证，你就不能为他人提供此类服务。

图 39.3 显示，除了供给发生变化之外，需求也增加了。因为参加工会的管道工和电

---

① 美国和加拿大管道和管道安装行业熟练工人和学徒工联合会（The United Association of Journeymen and Apprentices of the Plumbing and Pipe Fitting Industry of the United States and Canada）。

子业从业人员接受了培训，因而他们的生产率和服务质量都将所有提高，这最终会提高市场对此类服务的需求。这样，由于市场对相关服务的需求增加的缘故，劳动力市场上的认证过程可以进一步增加工人的工资。正如你所看到的那样，上述限制竞争的做法导致的净效应是服务价格的上升，但是对服务需求数量的影响则是不明确的。

另一方面，如果此种形式的工会化组织导致劳动力供给的减少，那么此种类型工会化组织就降低了经济效率。否则，工会对于效率就是中性的或者有利的。尽管针对这个问题劳动经济学家存在比较大的争论，但是他们倾向于认为，设立许可证的净效应一般地是对社会有害的。

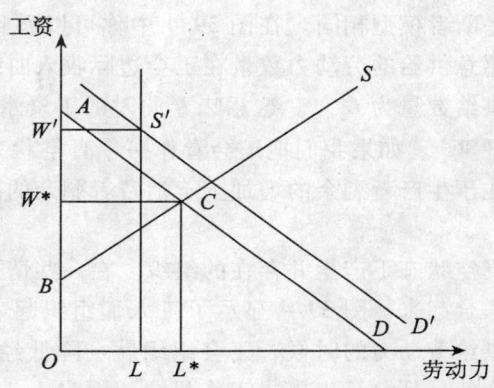

图 39.3　颁发许可证的影响

对信息问题的反应

实际劳动力市场不是完全竞争市场的另一个原因是，工人可能没有掌握其他能够胜任的岗位的信息。人们有以下认识倾向：那些尝试寻找其他可能工作的员工被视为对其雇主和同事不忠。为了避免他人形成此种印象，工人们可能对自己在其他岗位上的价值知之甚少。尽管上文中没有明确指出，但是完全竞争市场的一个前提条件是工人所得就是他们所值，因此假如工人的工资待遇水平低于其边际劳动力产品，他们会认识到这一点，并且会跳槽到工资水平更高的工作岗位上去。如果工人不知道其他工作的有关情况，即使他们报酬很低，待遇很差，他们也不可能离开原有岗位到待遇更好的地方工作。

实际上，信息问题可以通过多种机制对工人造成伤害。第一，如上文指出的那样，雇主和同事倾向于不信任那些寻找更好工作机会的员工，当更好工作机会的提供者和原有企业存在竞争关系的时候，这种不信任倾向会更加严重。因而，在工人寻找更好工作机会的过程中，他们会承担社会学意义上的"同伴压力"。第二，雇主在雇用员工问题上相互勾结，这会使工人不敢轻易另攀高枝。当企业数目不多的时候，企业就能够达成不用高价相互挖人的协议。如果能够达成此种协议，那么每个企业就能够宣称"如果你不忠诚，你就甭想再在这个城镇呆下去"，进而威胁所谓"不忠诚"的员工。

作为垄断者的工会

工会的存在确保了工人们能够获得完全竞争市场情形下他们应该获得的报酬，有时候甚至可以得到更多。用经济学的语言可以这样表达，劳动者们联合起来组成工会，以使他们能够要求雇主为他们提供等于其劳动力边际收入产品的工资。他们通过获得与企业拥有的相匹敌的市场力量做到这一点。当工会是企业所需劳动力的唯一卖方的时候，工会最有效。有时候，诸如汽车工人联合工会、采掘工人联合工会、国际卡车司机工会①等工会为许多不同企业提供工人。在这种情形下，是工会而不是企业拥有唯一的市场力量。

工会的正式模型和垄断者模型相同。在图 39.4 中你可以看到一个工会控制所有劳动力所产生的影响。工会愿意供给的劳动力数量在工会边际收入曲线等于供给曲线的时候得到。此时，劳动力劳动供给数量为 L_{union}。这意味着此时的工资水平 W_{union} 高于前面完全竞争市场情形下的工资水平 W^*。如果我们把工会看作一个真空状态下存在的组织，那么工会将对经济有害，原因在于生产者剩余的增加少于消费者剩余的减少，因而总效应是损害经济的。

但是工会不是一个真空状态下产生并存在的组织。在一些情形下，差待遇、低工资或者以上两者促使工人们联合起来。图 39.4 显示了工人们组织起来的结果。当工会运用其垄断力量向竞争性厂商供给劳动力的时候，工会组织就会降低经济效率。我们可以看到，尽管工人组织起来之后会使一部分工人失去工作机会，因为 L_{union} 小于 L^*，但是，那些仍然工作的工人获得收入的增加量大于失去工作工人们的损失。显然，由于消费者剩余减少，因而企业的状况恶化了。对经济的净效应是整个社会剩余下降了。

为了比较那些作为针对企业买方垄断而出现工会的情形与没有工会的情形，我们必须把图 39.2 和图 39.4 结合起来分析。图 39.5 向我们展示了比较分析。在只有工会一方拥有垄断力量的时候，工会希望而且能够将工资水平定在 $W_{highest}$，而公司镇上的那个"公司"愿意按照它与许多独立的工人谈判的情形来支付工资，即 W_{lowest}。还有许多更加复杂的经济模型来预测工会与企业之间的谈判的最后结果，但是此时我们要想预测最终工资水平会落在哪个区间，还有一定困难。

一旦工资水平最终由双方讨价还价确定下来，雇用的工人数目就取决于供给曲线和需求曲线。为了找到到底有多少工人被雇用，我们只需记住，由于我们不会实现完全竞争市场情形下的均衡，它将会是在此工资水平下，需求和供给数量的较低者。为了确定该工资水平下企业需要的工人数量，我们可以将此工资水平延伸到需求曲线上。为了确定该工资水平下工人的供给数量，我们可以将此工资水平延伸到供给曲线。只要工会和企业之间的讨价还价过程能够发挥作用，那么得到的经济结果会比没有工会组织的公司镇的情形好得多，原因在于讨价还价使得消费者剩余和生产者剩余的损失之和减少了。

---

① 美国汽车、航空和农业器械工人联盟联合会（The International Union, United Automobile, Aerospace and Agricultural Implement Workers of America），美国电力、无线电和机械工人联合会（The United Electrical, Radio, and Machine Workers of America）等。

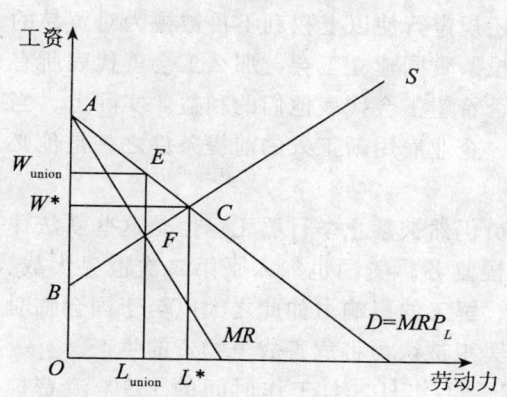
图39.4 完全竞争市场上工会对工资水平的影响

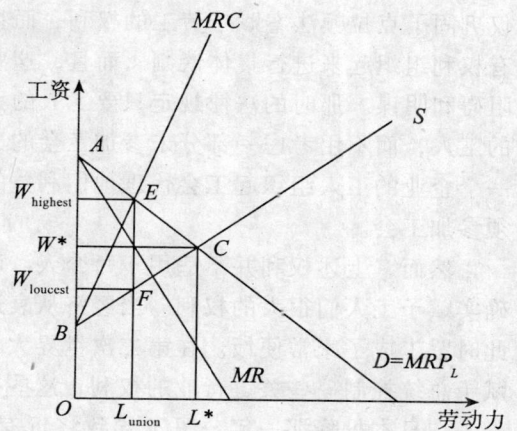
图39.5 工会和唯一雇主之间的斗争或者称为买方垄断和卖方垄断之间的斗争

工会的历史

自从美国独立战争末期鞋匠联合起来以后,美国就存在许多劳动组织。20世纪初期以前的劳工斗争都是不大成功的,原因在于法院要么将劳工斗争视为对贸易的阻碍,要么将其视为工人们之间的阴谋。这样一来,工人们组织起来争取更好待遇或者更高工资的行为都被法院所禁止。①

在法律支持工人们组织工会之前,法院的法律规则是严格反对工会组织的。那时发生了一场争论,该争论发生在工人和制造火车车厢的公司之间。富有同情心的铁路工人拒绝使用该公司生产的火车车厢。该公司马上实施了针对铁路工人的报复措施,他们把邮车与它生产的火车车厢连在一起。当同情该公司工人的铁路工人将邮车和令人生厌的火车车厢分开以后,该公司马上状告铁路工人试图串谋危害美国邮政。从美国内战结束到1914年,法院、国会和大部分总统都被视为是大公司的利益代言人,因而工会成员要么被解雇,要么被投入监狱,甚至被杀头。工会几乎没有成功地提高过工资水平。

所有的一切在1914年发生了改变,那一年,民主党人伍德罗·威尔逊担任总统,他能够与控制国会的共和党和谐共事。就在1914年,美国立法赋予劳动者一定的权利。尽管法律中的一部分克拉顿条款没有在国会通过,但是该法案的通过在民主党和共和党之间划清了界限,共和党站在管理者一边,而民主党则站在工人一边。

整个20世纪20年代共和党人控制着总统职位和国会,这一段时期工会没有任何进展。开始于1929年的经济大衰退改变了经济和政治前景。当数以百万计的工人失去工作,民主党上台了,弗兰克林·罗斯福担任总统。国会通过了一系列法案,其中包括诺里斯-

---

① 参见 Campbell R. McConnel, Stanley L. Brue, and David A. MacPherson, *Contemporary Labor Economics*, 6th ed. (New York: Irwin/McGraw-Hill, 2003), chapter 10.

拉加蒂条例（Norris-La Guardia Act）、国家工业复兴条款以及瓦格纳条款等。这些法律不仅巩固了克拉顿法案赋予劳工的权利，而且还赋予了一些新权利。这些法案规定，工人们有权利组织起来进行集体谈判。而且，这些法案还规定行使以上权利不再被视为对贸易的阻碍和阴谋。那时的法律规定只要工人的大多数投票赞同建立工会，那么工会就代表所有的工人，而不用考虑一部分未参加工会的工人是否希望工会代表他们的利益。实际上，当一个企业的工人组织起工会代理他们利益的时候，企业雇用新工人的前提条件之一是他必须参加工会。

然而，上述权利并不适用于每个人。政府雇员仍然被禁止举行罢工，但是这些新法律确实赋予工人们很大的权利。当经济从衰退中慢慢复苏，美国也加入了第二次世界大战，此时罢工成了家常便饭。在第二次世界大战期间，罢工的影响力如此之大以至于国会临时赋予总统控制一些关键行业的权利，这些行业的罢工被认为将危害战争物资的生产。

在日本投降那一年，罢工导致将近有1.2亿个工作日、总工作时间的1.9%浪费掉了。罢工如此之多、规模如此之大的部分原因是工资水平的不公平。战前工资水平由市场决定，但是战争爆发之后，所有工资被冻结。因为工人希望自己至少能够获得高于工资冻结之前的工资水平。同时，管理层对当时较低工资水平比较满意，他们争论说，人们的生命安全能够成为支持战争进而支持工资冻结的充分理由。

作为经济萧条时代的法律，劳动法掌握了充分的手段，并且在达到其目的方面做得非常出色。被组织起来的劳工的工作非常成功，他们非常强大，共和党人控制的国会不顾杜鲁门总统的反对通过了塔福特-哈特里法案。

塔福特-哈特里法案是瓦格拉法案的补充条款，该条款减弱了企业管理层的一些权利。它允许州政府决定是否同意那些不参加工会组织的工人能否被公司雇用。同时它也允许总统启动所谓的冷却时期，临时结束任何有损于国民经济健康的罢工。

1962年约翰·肯尼迪总统发布了一个行政命令，赋予联邦雇员联合起来进行集体谈判的权利，这在以前的瓦格纳法案中是没有的。尽管还是不能罢工，但是他们拥有表达不平和愤懑的程序。接着，其他一些相关保护措施的实施使得更多公共部门的雇员组织起来加入工会组织。

图39.6和图39.7显示，从肯尼迪总统执政以来，工会所代表的工人数目经历了普遍的下降。尽管工会的力量在20世纪70年代中期达到顶峰，但是加入工会的工人数目下降却是一个长期的过程。唯一例外的是公共部门雇员组织的工会在蓬勃发展。图39.6显示，在私人经济部门，工会代表的工人比例自从20世纪80年代以来下降非常厉害。该图也表明，公共部门的雇员参加工会的比例比较稳定，在35%到40%之间。

私人经济部门和公共部门工会发展的差异可以通过考察几个具体工会观察出来。从1978年到1995年，汽车工人联合工会的成员数由150万下降了几乎一半。美国钢铁工人联合工会成员数曾经有130万，但是现在只有40万。另一方面，从1968年到现在，美国州、郡与市雇员联盟的成员几乎翻了3番。

类似地，如果你调查一下工会组织的信心测度（即当工会和雇主对立，要么罢工要么被雇主成功化解的时候，谁会取得最后的胜利），你会发现自20世纪80年代以来工会的运作一直处于惊恐慌乱之中。由于1981年里根总统强行解雇了参与罢工的航空交通控制人员，自此之后工会领导罢工次数显著下降。

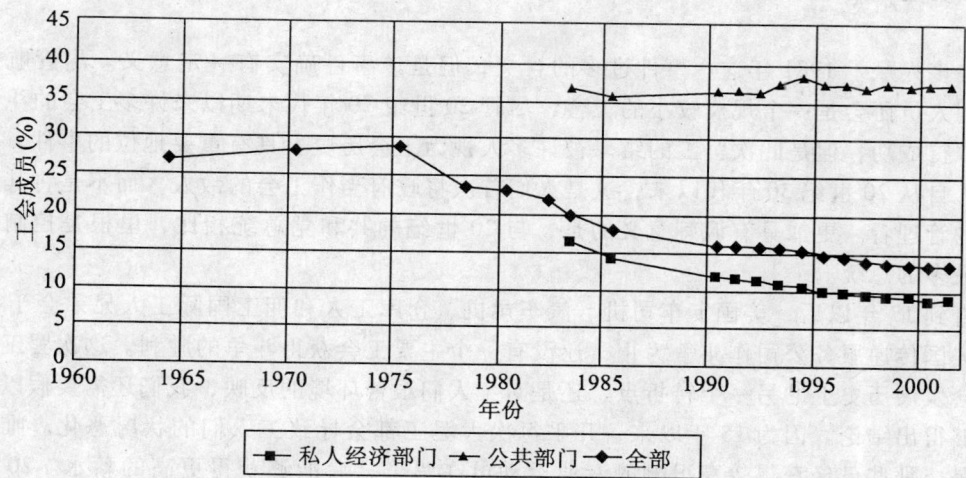

资料来源：http://www.census.gov/prod/2003pubs/02statab/labor.pdf．

图39.6 工会成员占工人总数的比例

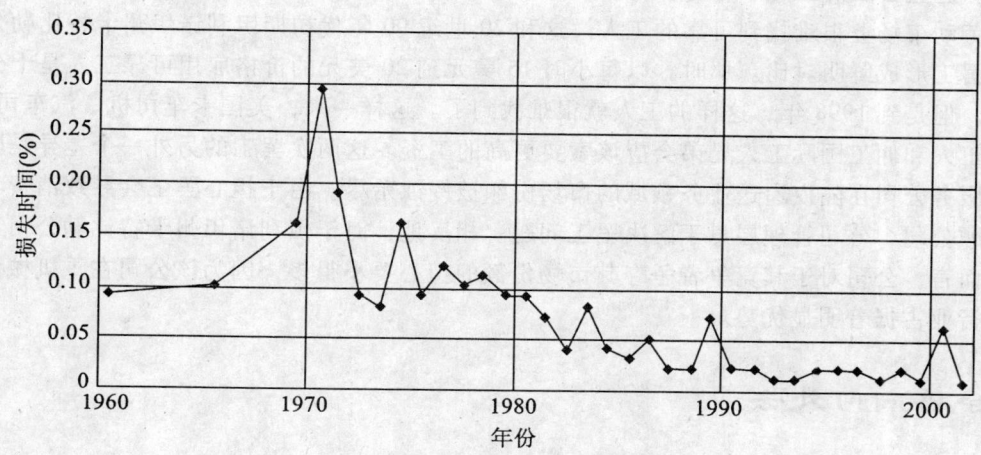

资料来源：http://www.census.gov/prod/2003pubs/02statab/labor.pdf．

图39.7 因为罢工和陷入僵局而损失的时间

在工会历史上更加具有讽刺意义的事情是：一个曾经属于某个工会，并且担任过该工会组织者的人出任美国总统之后，居然使得工会不断没落。里根总统曾经是银幕演员协会的一员，后来成为该协会的负责人。当航空交通控制人员组织于1981年夏天组织罢工的时候，里根总统根据法律解雇了罢工的参与者，当时的法律表明，如果公共部门雇员参加罢工，那么就得中止他们的劳动合同。那时，几乎没有人想到他会真正遵循法律将那些航空交通控制人员解雇，同时几乎每个人都认为在罢工问题解决之后，他会重新雇用这些工人。当航空交通控制人员举行罢工以后，里根总统解雇了他们。接着，里根总统命令负责交通的秘书不和罢工工人谈判，原因是他们已经被解雇，从而不再拥有雇员应有的法律地位。相反地，他命令在招聘培训出新的航空交通控制人员之前，由军队派人到相应岗位工作。

许多人赋予1981年这一事件过多的含义，但是该事件确实有一定意义。尽管航空交通控制人员协会是一个规模较小的工会，尽管20世纪70年代末期以来许多工会的斗争都没有取得成功，但是此次罢工的结果被许多人视为工会历史上具有重要地位的事件。原因在于，自从20世纪30年代以来，这是人们首次将政府当作工会的敌人，而不是将其视为工会的管理者。更加具有讽刺意义的是，与20世纪的共和党总统相比，里根是控制工会选票最多的总统。

直到17年以后，美国卡车司机、汽车司机、仓库工人和佣工国际工人兄弟会于1998年和美国传递服务公司作斗争为止，还没有一个主要工会获得斗争的胜利。这次罢工是成为工会发展历史上的另一个转折点，还是对工人们艰苦环境的反映，我们还需要假以时日才能够得出结论。因为15年以来，几乎每次大罢工都会导致工人们的状况恶化。唯一例外的是，那些已经获得较高报酬的专业运动员在罢工之后能够获得更高的薪水。20世纪90年代末期，罢工导致的总工作时间的损失不到总工作时间的千分之一，这样雇主们根本就不在意，也懒得和工会谈判。

美国联合包裹服务公司（UPS）工人罢工取得胜利的原因与任何其他获得成功的罢工一样。这些罢工的工人不容易被替换，而且雇主面临激烈的市场竞争。在20世纪90年代末期劳动市场上很难找到可靠的工人。这和20世纪90年代初期伊利诺伊州卡特比勒公司工人罢工形成鲜明对比。那时，以每小时15美元到20美元的价格雇用可靠工人是十分容易的，但是到1998年，这样的工人就很难找到了。这样一来，美国卡车司机、汽车司机、仓库工人和佣工国际工人兄弟会应该索要更高的工资。这两次罢工的另外一个差异是联合包裹服务公司在隔夜递送业务领域的市场份额被侵蚀殆尽。由于担心罢工会导致消费者不再光顾公司，公司管理层急于解决罢工问题。相反地，对于伊利诺伊州卡特比勒公司工人罢工而言，公司对于其竞争者争夺其市场份额的担心要小得多，因为该公司在重机械设备制造行业占据着明显优势。

工会将向何处去

在将来很长一段时间里，公共部门雇员组成的工会会一直存在下去，因为和私人经济部门的工会相比，它们面临各方面的压力要小得多。举例来说，如果一个小轿车制造商觉得支付不起工会要求的工资，那么该公司可以迁往那些工资水平较低的地方。但是，如果某个城市觉得自己承受不起消防员的工资要求，那么它就必须和消防员谈判。它不能够迁往他地，去雇用工资要求较低的消防员。

私人经济部门的工会很有可能会继续面临许多困难。因为零售业和服务业的就业增长非常明显，在这些经济部门，有很多雇主，每个雇主只雇用为数不多的雇员。这样，工会就难以将他们都组织起来。由于这个原因，私人经济部门工会的前景是非常暗淡的。不仅如此，因为诸如汽车、钢铁等制造业受到国际贸易的压力而不得不尽量降低成本，所以即使在工会传统势力很强的领域，工会要想恢复历史上的辉煌也是非常困难的。

总体来看，私人经济部门工会组织的发展状况在很大程度上依赖于我们是否能够回到只有几个主要雇主雇用很多工人的时代。信息时代促使很多新创小规模企业诞生,它们从大公司那里将人才挖走。计算机工程师、程序设计师以及制造计算机的工人获得的工资和其真实价值非常接近。另一方面,如果计算机行业开始集中,变成几个为数不多的企业,小企业变得很稀少,那么工会才可能在信息时代大力发展。除非以上设想的情况实际发生了,否则公共经济部门的工会将主导21世纪的工会运动。

理论进阶

回顾一下图39.2,运用第3章引入的消费者剩余和生产者剩余进行分析,我们会发现买方垄断比完全竞争的情况还要糟糕。因为企业支付的工资更少,所以企业的境况会更好,但是工人们的情况会恶化。虽然消费者剩余增加了,变为 $W_{cr}AEF$,但是生产者剩余却减少得更多,变为 $BW_{cr}F$,这样对整个社会而言的净效应是社会剩余减少 EFG。同时,从前文的分析我们知道,如果在买方垄断的背景下产生工会,那么工会能够让事情好转,使市场向完全竞争市场下的均衡靠近。

在图39.4中,我们可以看到,消费者剩余下降 $W_{union}AE$,而生产者剩余增加 $BW_{union}EF$。这样总的结果是社会净剩余会下降,看起来工会的存在损害了社会。但是我们必须记住的是,工会并不是在真空中存在的,它们是对一些损害工人利益的行为的反应。

小结

现在你理解为何会存在工会组织,而且还明白工会如何改变雇主和雇员之间的谈判关系。现在,你也应该清楚完全竞争劳动力市场、雇主雇员一方有市场力量的劳动力市场、雇主雇员双方都有市场力量的劳动力市场之间的差异。同时你还应该明白工会可以通过多种不同的方式提高其工资待遇,比如通过降低供给来增加工资,通过联合起来运用集体谈判力量来提高工资。最后,你应该明白工会在美国如何出现,同时你还掌握了许多关于工会最近历史的知识,这些信息足够你对工会在美国的走势进行预测。

主要术语

边际资源成本　　　　劳动力边际收入产品　　　　买方垄断

自我测试

1. 工会代表的工人数量
   a. 下降了
   b. 上升了
   c. 大约保持不变
2. 工会代表的工人在所有工人中所占比例
   a. 下降了

b. 上升了
c. 保持不变
3. 一个培训并且为特定领域工人发放从业许可证的工会
   a. 培训这一新部门的出现会使供给曲线形状发生改变
   b. 因为培训花费费用导致供给曲线发生移动
   c. 因为获得从业许可证的工人的生产率更高，所以导致需求曲线向右移动
   d. 以上都是
4. 工会组织起来的政府员工所占比例（　　　）私人经济部门被工会组织起来的员工所占比例。
   a. 大于
   b. 小于
   c. 几乎相等
5. 当有许多企业需要劳动者，而只有唯一劳动供应者的情形下，我们使用什么模型进行分析？
   a. 买方垄断模型
   b. 卖方垄断模型
   c. 简单的供给需求模型
   d. 兼有买方垄断和卖方垄断特点的模型
6. 我们使用什么模型来分析几乎所有19岁至22岁的劳动者都在该乡镇工作的小乡镇情形：
   a. 买方垄断模型
   b. 卖方垄断模型
   c. 简单的供给需求模型
   d. 兼有买方垄断和卖方垄断特点的模型
7. 一个工会和一个雇主通过谈判制定的工资水平
   a. 总是高于完全竞争情形下的工资水平
   b. 总是低于完全竞争情形下的工资水平
   c. 总是等于完全竞争情形下的工资水平
   d. 取决于谈判的结果
8. 作出完全竞争情形下的劳动力供给曲线和劳动力需求曲线，而且在图中画出存在工会组织时候的劳动力供给曲线和劳动力需求曲线。即使由工会组织起来的工人能够得到更大的生产者剩余（与没有工会的情形相比），你能够从图形中看出，人们就成立工会组织进行投票的话，不会是意见一致的吗？从图形中的哪一点可以看出人们有反对工会的情绪？

思考

工会是保护工人免受企业伤害的必要措施吗？如果你所在的行业没有工会组织，你的工作生活会受到显著的影响吗？

讨论

工会运用其一部分会费来资助那些支持工会的政客。虽然将近有三分之一的工会成员投票给共和党,但是几乎所有的工会资助都被民主党拿走了。我们应该禁止工会进行政治捐款吗?还是应该将这些政治捐款在各个政党之间分配得更加均匀一些,或者政府应该不过问工会如何参与政治事务的问题?

进一步阅读

McConnell, Campbell R., Stanley L. Brue, and David A. MacPherson. *Contemporary Labor Economics*. 6th ed. New York: Irwin/McGraw-Hill, 2003, esp. chapters 10, 11, and 13.

参考数据

Union and Private Workforce Information
    Statistical Abstract of the United States; Labor
    http://www.census.gov/prod/2003pubs/02statab/labor.pdf

第 40 章 战争的成本

学习目的
- 将机会成本的概念运用到进行战争的决策中去
- 理解经济学家是利用现值概念对生命的价值进行估价的
- 理解进行战争的经济成本和会计成本显著不同
- 明白 GDP 会受到战争时期开支的正面影响，但会受到战争时期不确定性的负面影响
- 注意到，除了严格意义上的经济问题之外，战争还会造成一些必须要考虑的环境和文化后果

内容概要
- 机会成本
- 生命的现值和价值
- 经济成本和会计成本
- GDP 是如何受影响的
- 环境和文化成本
- 小结

一场战争，无论它是多么正义或是多么不正义，都要耗费一大笔钱。你是否把某场特定的战争看作是"值得的"，这在很大程度上依赖于你的道德观和政治观点，但它也应该依赖于这场战争的目的是否足够重要，证明其在生命和钱财方面的代价是合理的。把伊拉克战争是否正义放在一边，本章考察一位经济学家如何利用这场特殊的战争作为基本例子去估计一场战争的成本。

通过这样做，该主题充当了第 1 章的机会成本概念、第 5 章的经济成本和会计成本之间的区别、第 6 章的 GDP 核算的讨论、第 7 章的计算失去生命的美元价值的现值概念以及最后这样一场战争的环境和文化成本的一个有用的例子。

在战争开始之前，布什政府、媒体以及政策分析人士把这场战争的成本设置在一个短期内结束的短期战争所需的 750 亿美元到一场具有 10 年战后时期的长期战争所需的超过 10 000 亿美元之间。虽然这场战争一点也不长，从通过轰炸其中一处萨达姆宫邸对其进行首次追杀到巴格达沦陷持续了约 20 天，这场战争的时间只能按此估计。根据五角大楼每月 40 亿美元的成本估算，生命和财产方面的战争成本肯定会超过这场战争本身的成本。

机会成本

第 1 章把机会成本的经济概念称为"被放弃的其他选择"。如果不进行直接的袭击，战争总是一个选择。尽管我们在第二次世界大战中强迫自己卷入战争，但是我们在第一次世界大战中选择进入欧洲进行参战，并且我们也选择在朝鲜、越南、格林纳达、巴拿马、科威特、博茨瓦纳以及伊拉克进行战争。无论进军伊拉克是一个好选择还是一个坏选择，它显然是一个选择。法国、德国、俄罗斯和中国，以及战前民意测验中人数可观的少数美国民众认为继续武器核查是一个比战争更好的选择。布什总统认为这样一个选择可以让美国免受恐怖组织实施的生化或者核武器袭击。在那个时刻，无论你同意谁的观点，并且我们回过头再看看，无论谁似乎都是正确的，毕竟做出了一项选择，并且这项选择是有成本的。

来自陆军、海军和空军超过 250 000 名男女士兵以及多只舰队在数月内被调遣到波斯湾以准备这场 2003 年 3 月份的攻击，在这场敌对战争开始之后，还调遣了另外 15 000 名士兵。尽管这场战争出奇地短暂，但是战后还是有超过 150 000 名士兵驻扎在该地区达数月之久。

这些军队不再驻扎在他们基地的事实意味着，他们无法完成那些本应该由他们在当地完成的任务，因为他们身在科威特、伊拉克、卡塔尔或者在海上。在损坏的设备和疲倦的军人两方面，他们的战斗力被削弱了，因为他们连续作战，以至于如果别的地方需要他们的话，他们不能以过去的战斗力来作出反应。在这场冲突之初，朝鲜以这样一种方式来摆正自己的位置，作为应对措施，至少一部分美国部队原本应该会被派驻在东亚及其周边地区。在海湾战争中使用的军队至少部分来自在非洲之角行动中追捕基地组织疑犯的军队。最后，在巴格达沦陷之后，所有人被拯救之前，在利比里亚爆发了一场危机。与在伊拉克的情况不同，联合国的许多成员，特别是法国和德国，大声要求美国军队进驻当地去维持和平。尽管一小部分军力被派往当地，但是限制美国军队行动范围的主要原因是在全球派驻的美国军队到了如此之少的地步。这大部分是由于有如此之多的军队在伊拉克。

与之相似，超过 150 000 名预备役军人被称为是现役军人。因此，他们提供军事服务，而不是生产商品和提供劳务用以在私人市场上销售。比如说，我们可以假设一个社区当地的国民警卫队或者储备单位专门处理战犯事务。进一步假设该单位是不适合由社区的警务人员组成的。如果这个单位被称为是现役军人的，并且这些人员是不可替换的，那么社区中源自警力不足的犯罪行为的上升就是这场战争的一个成本。如果被称为现役军人的预备役军人本来可以生产汽车的话，那么这些产品的丧失也是这场战争的一个成本。

最后一个应该考虑的机会成本是军队调遣对家庭成员的影响。父亲、母亲、丈夫、妻子、儿子以及女儿在牵挂调遣队伍中他们所爱的人的极度压力中度过了 3、4 月份。在整个 2003 年，单单是袭击萨达姆共和国卫队的日常消息就会让这种压力更为强烈。尽管估计这种成本的货币价值不容易，但是它们毫无疑问是成本。

这并不是说这场战争不是（至少潜在的）物有所值的，只不过我们要指出这场战争所有的成本是战争核算的一个重要部分。

生命的现值和价值

有人会在战争中死去。士兵会死去,飞行员会死去,平民会死去。虽然战争的许多成本是难以估计的,但是经济学家为了能够对这种损失给出一个让人满意的估计已经花费了大量的时间。这是因为我们在这方面做了很多尝试。当一个人死于醉酒的司机,或者由于某人或某家公司的疏忽而致死,经济学家被要求去估计他们的亲人需要得到多少钱作为补偿。

一个法院的经济学家会计算一个人如果还可能活着的每年净损失。这个净损失就是这个人如果没有死所赚的收入,减去他们花费在自己消费上的收入再加上他们为自己家庭所做的非市场行为的价值。一旦这些数据得当,那么这个净损失的现值就可以根据一个低风险的市场利率计算而得。

陪审团对不幸的死亡案件中经济损失的补偿,对于一个年轻人来说通常在50万美元到200万美元之间变动。陪审团经常会为痛苦和苦难增加惩罚性的赔偿金数额或者数量。这些赔偿金变动很大。你也许可以选择对这些估算中任何一种技术方面或者道德的有效性表示怀疑,但是对于每100个因这场战争和占领而死亡的美国士兵而言,都得把5 000万美元到2亿美元添加到这场战争的成本中去。

当伊拉克战争的死者被包括在内,这场战争的总成本可能会大幅度增长。总成本高出多少不仅依赖于有多少伊拉克人死亡,也依赖于对普通伊拉克人现值的估算。早期4 000到5 000名之间的伊拉克公民死亡人数的估算完全是基于当地医院的记录。通过比较可知,那些死去了却没有去过医院,因而也没有被计算在内的人数肯定使得这个死亡人数相对太小了。

经济成本和会计成本

第5章在一个人辞去一份工作并启动一项新生意的背景下强调了经济成本和会计成本之间的区别。在那个例子中,会计成本是那些"必须显性支付的成本。"也就是,一些用于人事、供应以及设备方面的成本要计算到做生意的成本中去。经济成本则指"一项生意的所有成本:那些必须支付的成本以及那些以放弃机会这种形式而发生的成本。"在那一章,用以说明放弃机会的成本的例子是与放弃薪水和收益以及投资于生意上的储蓄的利息损失相关的成本。因此,会计成本仅仅是总成本的一部分。一场战争就是这样一个例子,某些会计成本没有被经济学家计算在内,而某些经济成本没有被会计师计算在内。

人员、食物和供给

这场战争最明显的成本也许根本不是经济意义上的战争成本。向正规士兵支付的正常军饷并不必然是战争的经济成本,因为这些军饷本来就要在这些军队自己的基地里进行支付。当更多的士兵必须被招募以填补空缺或者预备役军人必须被招募的时候,这些成本就是经济成本。如果由于军队在其他地方而导致执行某项任务是不可能的,那么至少部分派遣的人事费用也是经济成本。

一个士兵薪水的某些部分显然在任何情况下都应该被计算。在战区的士兵每个月可以得到 150 美元的"紧急危险/敌火加给"和每个月 100 美元的"家庭分离津贴"。因此，对于那些被派遣到战争地区的士兵而言，他们每个月可以得到比通常薪水多出的 250 美元。为了全面了解，我们可以看到一个新兵（E-1）的基本薪水是每个月 1 064 美元，一个服役 6 年的军士（E-5）每个月可以得到 2 037 美元，一个新军官（O-1）收到 2 183 美元，而一个服役 20 年的师长/海军上校每个月可以得到近 10 000 美元。因此，尽管支付 400 000 名士兵的成本每个月接近 10 亿美元，但是就显性的人事成本而言，只有 1 亿美元也许是战争成本。当然，如果这些士兵被安置在其他地方使用，而不是按这种方式派遣，那么经济成本也许会再次上升到每月 10 亿美元。

当士兵在距离国内半个地球之遥的时候，饮食、住宿以及供应士兵的成本会大幅度提高。虽然士兵在国内也必需饮食，但是他们能够以一个相对低的个人成本在有效率的自助餐厅进食，或者他们能够在自己的家里进食。在前线，一个士兵吃的是事先包装好的 MREs（军方快餐）。MREs 的生产成本在每包 1 美元到 2 美元之间。如果你假设按这种方式生产并运输这些食物会把成本从每个士兵每天 5 美元提高到每天 10 美元的话，那么食物成本就是每月 6 000 万美元。一旦战争结束，正常军旅生活开始，那么食物成本就会下降，因为可以使用更便宜的食物准备方法。但是，由于士兵在被占领的伊拉克进行巡逻，还是有大量的士兵继续以 MREs 作为食物。

当然，士兵也需要诸如水、剃须刀、换用制服以及其他各种各样的其他非军事供给物品。当这些物品需要进行数千里的运输的时候，让士兵们得到他们需要的东西是更昂贵的，尤其是在这场战争最初的一两个星期，当时大约 300 多英里的供给线处于受伏击的威胁之中。尽管这些物品在国内也是需要的，但是在战争地区让士兵得到它们至少每个月要额外耗费 6 000 万美元。

由于从警卫队和后备单位应征了 150 000 名服役的男女军人，让他们成为现役军人以填补那些被派遣正规单位本应填补的职位，这也是一种战争成本，因为如果战争不发生，他们就不会应征。非常奇怪的是，如同我们在讨论 GDP 核算中学到的那样，作为一种社会损失，这种数额巨大的成本也许并不显示出像它被测量的那样大。假设这些单位的等级和正规军队的等级是相似的，那么这种招募每个月会耗费 3 亿 4 千万美元。

军需品的成本

要指出军需品成本最好扩大到什么地步是困难的。从每个耗费超过 100 万的"智能"炸弹到耗费不超过 10 美分的子弹，我们必须计算各种军需品的成本。显然，一颗子弹不只是一颗子弹。比如说，你的祖父或者曾祖父曾经在第二次世界大战期间的装甲部队服役，他发射的坦克炮弹可能就是一个大子弹，这种子弹命中它瞄准的目标是幸运的。今天，一个坦克炮弹具有一个导向系统。而且，这种坦克炮弹穿过敌人的装甲时并不会爆炸——穿过装甲的时候融化它。所以，虽然摧毁敌方坦克所需要的炮弹更少，但是这些炮弹自身是非常昂贵的。

口径 30mm 的机关枪发射的子弹不再只是简单的子弹了。从"疣猪"的 A-10 雷霆二式攻击机射出的用贫铀制造的每发子弹可能要耗费 50 美元。飞行员用鼻罩式加特林机枪进行射击 1 秒钟，它就会在军火上发射 1 000 美元。这是昂贵的，但却是有效的。一发从

A-10雷霆二式攻击机射出的子弹可以干掉一辆几百万美元的坦克。

现在的炮弹也远远比以前战争中的炮弹更昂贵。如果你看一下第一次海湾战争，当时投下了价值为27亿美元的炸弹。在所使用的227 000枚炮弹和导弹中，只有7.5%是"智能"型的，即它们能够被导向目标。这次更多的军需品是较昂贵的"智能"型，摧毁某个特定目标所需要的武器理所当然会更少。

估计数据显示，我们在近21天的激战中花费了大约70亿到100亿美元。在第一次海湾战争中，所使用的无制导炸弹来自存货，很大一部分并没有进行替代。这是因为我们做出了一个战略决策，把新军需品的采购重点放在"智能"型军需品上。今天，所使用的每个智能炸弹最终都可能会被某种更新的炸弹所取代。

人员调遣和设备安置成本

尽管这场战争调遣军力成本的精确估计未能给出，但是我们能够再次假设这次战争的成本与上一次海湾战争的成本是相称的。如此数量的人员和设备的一张"双程"票可能要耗费50亿到100亿美元。

燃料

这场战争中一个重要的成本项目就是燃料成本。M1A1型艾布拉姆斯坦克携带500加仑燃料，每加仑燃料可供坦克行进不足半英里。这场战争的第一个星期中最危险的事情就是在持续遭受伏击的长达300英里的供给线上运输燃料。第一次海湾战争中的燃料成本总计超过300亿美元。在那场战争中，燃料是由沙特阿拉伯政府负责免费提供的。这一次，情况就不一样了。估计数据暗示战争阶段的燃料成本在100亿到150亿美元之间，占领阶段每个月的燃料成本为10亿美元或者更多。

GDP是如何受影响的

由于GDP的核算并不对向士兵的支付和向消费者所购买商品的生产者的支付进行区分，我们核算GDP的方式会忽略一场战争对经济的影响程度。GDP只是消费者、企业、政府和外国人（减去进口）在购买商品和劳务上所花费的钱的总和。这种商品或者劳务是什么，对它们的需求是否明智，都与GDP的核算无关。

为了明白这项任务是如何进展的，我们假设一位民间预备役军人在她的私人岗位上具有生产价值5万美元原料的能力。假设她应征到一个军事基地去充当一个年收入28 000美元的军士职位，该职位原来是由一位现在被调遣到战争中去的士兵担当的。如果她在她的私人岗位没有被替代，那么这就会损失5万美元的消费，因为那些原本是由她为她老板的客户所生产的商品没有实现。消费减少了5万美元，政府支出提高了28 000美元，所以GDP的损失最终为22 000美元。毫无疑问，这里损失了价值50 000美元的消费品。

如果她被人替代，那么经济所受到的影响依赖于那个被雇用以顶替应征的预备役军人原来岗位的人所做的事情。如果这个人原来没有工作，并且具备和应征的预备役军人相同的能力，那么在商品方面的50 000美元就不是损失，而且我们还会得到28 000美元的收入。如果她原来有另外一份工作，那么这些其他产品就是损失，或者必须被替代。取决于失业或者战前失业的程度，公民应征入伍对 GDP 的影响实际上可能是正的、负的或者为零。这并不是说我们的情况必然会得到改善或者恶化。如果替代预备役军人的人的能力逊色于预备役军人，那么所生产的商品的质量也许会更差。

在那些突出的重要经济问题方面，由于战争成本的难以估算，战争对它们具有一些影响。第一，在战争的预备阶段，美国消费者的信心在战争之前的数周之内急速下挫，有个衡量指标指出消费者的信心降至 10 年来的最低点。第二，原油价格从每桶 30 美元升至 40 多美元，给美国经济中那些能源敏感行业造成了巨大的负担。第三，在战争开始的前几个月里，企业在新工厂和设备方面的投资出现了波动。第四，布什总统要求了 750 亿美元与战争相关的费用，以及 870 亿美元占领和重建费用。这加重了业已暗淡的预算赤字前景，从长期来看，这可能意味着长期以来的低利率走到了尽头。

尽管从战争开始到巴格达沦陷只过去了 3 周，但是我们在炸弹开始落下的 2003 年 3 月 19 日的时候，对此还一无所知。这场战争 1 万亿美元的成本是由威廉·诺德豪斯（William Nordhaus）做出的，这位受人尊敬的经济学家根据他对这场战争可能持续的时间即这场战争潜在的时间跨度、油价的波动、以及美国原本必须派驻 100 000 名士兵对伊拉克进行长达 10 年之久的占领做出了估计。虽然从美英军方的角度看，这场战争进行得很顺利，没有拖时间，而且油价也回落到合理的水平，但是，在写这本书的时候，美军在伊拉克的占领即使不是几年的话，似乎也很可能要持续数月之久。

了解我们进行战争所承担的风险是值得的。考虑一下，在目标增长率上减少 1 个百分点就意味着美国经济每年 1 000 亿美元的损失。如果石油价格上升至每桶 60 美元，那么一些大城市中的汽油价格会接近每加仑 4 美元。如果战争继续持续几个月，那么财政赤字可能会 1 年暴涨数亿美元，利率也会随之提高，这会增加抵押成本，削弱消费者的借钱意愿和企业的投资意愿。进行战争的选择会把经济推向风险之中。由于这场战争相对短暂，宏观经济成本可能会被忽略掉。

环境和文化成本

从军事的角度看，这场战争进行得非常顺利，但是对这场战争的环境成本进行考虑也是重要的。这些成本有多个来源。第一，虽然此次战争燃烧掉的石油在数量和程度上远远低于第一次海湾战争，但是，它们污染了巴士拉和巴格达周围的空气是毋庸置疑的。第二，用完的铀燃料弹药会渗透到其使用地区的土壤中去。第三，重型运输设备的使用会压碎坚硬地表那薄薄的干土层，这会形成沙漠地。这种坚硬地表的干土层可以降低沙尘暴的强度。

对这些因素造成的损害进行估计是非常困难的，尤其是当这些影响是非常令人怀疑的时候。燃烧的石油数量和程度远远低于战前人们的担心，而这种担心很大程度上是基于第一次海湾战争中石油燃烧的情况。在第一次海湾战争中，整个中东都存在严重的呼吸性疾病。巴士拉及其周边地区的肺癌发生率在 20 世纪 90 年代到达了顶峰，最合理的原因就是这些石油的燃烧。这场战争的石油燃烧在数月之内就熄灭了，而第一次海湾战争中有些石油的燃烧持续了一年多。

虽然数百吨的贫铀武器在这场战争中被发射，但是它所造成的健康影响却是不确定的。伊拉克巴士拉地区癌症发生率的上升可能是由于在该地区发射的贫铀武器的数量、伊拉克军队点燃的石油的燃烧或者伊拉克军队在20世纪80年代两伊战争中化学武器的使用。在美国20世纪90年代中期在该地区确立角色之后，波斯尼亚委托的一项世界卫生组织的研究证实，很少有因使用贫铀弹造成的可证实的健康影响。令人关注的是，随着时间的推移，贫铀弹会渗透到地下水中去。

虽然沙漠看上去毫无生机，但它却是建立在沉积多年的沙石顶层上的一个生态系统。当它被重型的装甲车辆破坏时，结果就可能是加剧沙尘暴的活动。将所有这些影响进行量化，得出一个美元数值是一项无法精确实现的艺术。

最后，虽然为环境确定一个成本是困难的，但是它相对于为文化艺术品的损失确定成本而言是简单的。使用相对少量的士兵进入巴格达进行轻装快速突袭的军事策略，以及在这个首都遭遇相对少量的抵抗的总的结果是，在这座城市沦陷之后的数天中，抢劫、掠夺非常猖獗。人们可以令人信服地确定伊拉克的商店主人和民间机构被掠夺的成本。但另一方面，当巴格达的博物馆内那些数千年前的艺术品被掠夺的时候，全世界失去了许多最古老的闻名世界的艺术品和历史珍品。

小结

无论你从政治、道德或者环境的角度去考虑与伊拉克的这场战争是否明智，这场战争的经济成本是显然的。它花费了50亿美元进行士兵的调度；每月用于为士兵发工资、给养和维护方面的耗费要高出原本在国内基地所需的费用近10亿美元；战争中每月耗费价值在100亿美元到150亿美元的燃料。它将耗费尚未公布的数十亿美元用于重建、每个月40亿美元用于占领这个国家，另外，还要耗费50亿美元把士兵和他们的装备运回家。由于经济增长比不发生这件事情的情况更慢，对于消费者信心的打击可能会增加额外的500亿到1 000亿美元的成本。这场战争的成本最终是高还是低，依赖于占领的时间和把伊拉克交还其国民控制是否平稳。我们买到了什么东西也一直处于讨论之中。我们也许得到的远不止于此。你必须决定，我们所支付的一切加上我们所冒的风险是否值得这项交易。

自我测试

1. 在伊拉克这场战争的机会成本是
   a. 士兵仍然需要被供养
   b. 士兵仍然要被支付工资
   c. 士兵会享受到战争经验
   d. 被派遣的士兵无法被用于其他危机的程度
2. 在战争中
   a. 经济成本与会计成本是一致的
   b. 所有的经济成本被忽略
   c. 所有的会计成本被忽略
   d. 经济成本和会计成本的计算依赖于这场战争不发生的时候，它们是否会发生

3. 士兵们在战争期间收到的工资是这场战争的会计成本
    a. 但永远不会是经济成本
    b. 但只有"战争支付"才能计作经济成本
    c. 而且也许可以是一项经济成本,如果这些士兵可以被派遣去应付其他任务
    d. 但只能是在这次战争的交战阶段
4. 如果士兵被派遣去进行某一场战争,他们的饮食成本是一项会计成本
    a. 但永远不会是经济成本
    b. 只有野外得到食物的成本中超出基地得到食物的成本的部分才是经济成本
    c. 也是一项经济成本
    d. 但只能是在这次战争的交战阶段
5. 本章所描述的计算战争中失去的生命的成本的方法(略)
6. GDP
    a. 正确地计算了战争的所有成本
    b. 将一些战争成本计为正值,而实际上它们不是正的
    c. 忽略了所有的战争成本
7. 当贫铀武器发射的时候,经济学家们关注的是
    a. 这些武器自身的成本,其他的都不关心
    b. 这些武器的成本如此之高
    c. 这些武器太没有效率了
    d. 潜在的环境成本,它们是不是成本节约型的武器

思考

人们通常会就那些主要是出于政治目的(像赢得一场战争)的行为的成本咨询经济学家们,并就这些成本给出一个美元价值估计。你如何为实现这些政治目标而得到的收益给出一个美元价值估计值?假设一个国家由于敌人被打败并不再成为一个威胁,而变成了一个更安全的国家,是否存在一个为之付出的美元价值?

讨论

在巴格达沦陷后的几个月内,并没有发现大规模杀伤性武器(WMD)的证据,也没有发现多少伊拉克与基地组织有关系的证据。假如没有 WMD 这种论断,我们原本不可能卷入这场战争。假设这样,这对这场战争的机会成本是如何影响的?

进一步阅读

House Budget Committee Democratic Staff. "Assessing the Cost of Military Action Against Iraq: Using Desert Shield/Desert Storm as a Basis for Estimates."
Nordhaus, William. "The Economic Consequences of a War with Iraq" NBER Working Paper

No. 9631.
President Bush's Request for $74.7 billion for warrelated expenses: http://www.whitehouse.gov/news/releases/2003/03/20030325.html.
World Health Organization Report on the Health Impact of Depleted Uranium: http://www.who.int/ionizing_ radiation/pub_ meet/ir_ pub/en/.

第 41 章 恐怖主义经济学

学习目的
- 理解 2001 年 9 月 11 日恐怖袭击的经济后果
- 利用总供给—总需求图对袭击的影响进行模型分析
- 理解保险是如何运作的，以及在这次袭击影响保险市场后，不确定性提高的原因
- 理解"理性"恐怖分子的概念

内容概要
- 9·11 事件以及一般恐怖主义的经济影响
- 对 9·11 袭击的经济影响进行模型分析
- 从恐怖分子角度看恐怖主义
- 小结

本章探究了恐怖主义的影响和它对美国和世界经济的持续威胁，以及就像我们看待任何"理性"经济主体一样，经济学家们是怎样看待恐怖分子的。通过这样做，我们将对 9·11 的经济影响进行评论。随着我们展开讨论，你会理解经济学家们在探究恐怖主义的经济影响，以及反恐怖主义的自我保护对那些没有进行自我保护的人造成负面影响的原因时，如何运用不确定性、风险和保险的概念。而且，你会明白为什么经济学家们会用我们看待毒贩或者黑手党职业杀手的方式来看待恐怖分子：他们作为一个理性经济主体，用最低成本寻求最大化的收益。

9·11 事件以及一般恐怖主义的经济影响

据声称 2001 年 9 月 11 日对美国的袭击造成的损害超过了 1 万亿美元。虽然这个数字难以证实，但是毫无疑问，实际的损害估计是难以得到的。为了计算这次损失，你必须首先从与毁坏相关的成本入手，而且把对世贸中心和五角大楼残骸的清理费包括在内。然后，你必须加上重建五角大楼被损坏部分和替换世贸中心商业和运输设施的成本。你也必须包括失去的超过 3 000 名的受害者的潜在收入。你不能就此止步。针对恐怖主义的战争，以及因这场战争而批准的防御支出中辅助费用的提高，给每年的联邦预算增添了 1 亿美元。把这场战争和占领伊拉克①的成本加到原来那些复合成本中，就会把总成本推得

---

① 把在伊拉克的战争是不是真正与恐怖主义相关放在一边，没有恐怖主义观点作背景，伊拉克可能不会被人侵。

更高。

你还必须包括其他一些成本:所有其他的因这次袭击造成的你必须花费的钱;假如不发生袭击,这些钱原本是不需要花费的。当这完成之后,你必须加上那些本应该赚到的,但现在可能没有赚到的钱。因此,当幸存者因为创伤而寻求咨询,当我们在机场、大型运动会以及其他潜在的目的地要求更严格的安检,或者在任何时候,由于我们感到危险而放弃的旅行机会,所有这些涉及的费用都必须包含在这次袭击的所有其他经济影响之中。

我们从头开始,世贸中心及其相邻的建筑物投保了 40 亿美元。五角大楼的损坏要耗费另外 10 亿美元用于修复。那 4 架飞机每一架都价值 5 000 万到 1 亿美元。这些都是与这次袭击造成的直接损失相关的成本,但是它们绝不是唯一的成本,也不是唯一的损失。

收入损失也是这些建筑物被袭击的一个后果。那些在世贸中心及其周围大楼中工作并没有死去的人,在他们的雇主寻求用于经营所须的新场所的日子里,无法生产商品或提供劳务。许多在世贸双塔办公的人和公司从事金融服务,并且他们购买了保险以防收入损失。这些损失的估计表明,为了弥补他们的收入损失,需要向这些公司偿付 100 多亿美元。这次纽约袭击成本的总保险费用的估计量在 250 亿到 300 亿美元之间。因此,许多这次袭击的受害人收到了某种形式的货币补偿,要么是从雇主那里,要么是从像"红十字会"这样的组织那里。

从经济学的角度看,计算死去的人的损失略微困难些,因为这取决于估计一个受害人在他或她整个预计寿命中本来可以值的货币价值。经济学家们在给出一个我们能够证实的美元数字上没有多少困难,但是说一个名叫玛丽的秘书的生命价值是 75 万美元,而一个名叫萨利的投资银行家的生命价值是 360 万美元显然会引起争论。

对死去的 3 000 人造成的经济损失进行估计的第一步就是确定他们未来收入的现值。这些死去的人都是受过高级训练并拿高薪的人。如果你假设平均每个被杀死的人在工资和收益上可以赚得 75 000 美元,并且年龄都为 40 岁,预计的寿命还有 35 年,那么这样一种计算会得出每个人的价值接近 170 万美元。对于死去的 3 000 人来说,这个数字要略高于 50 亿美元。

除了我们目前为止所罗列的成本之外,还有 10 万多在袭击之后的数周内本来应该生产商品或者提供劳务的纽约居民无法进行生产所造成的生产损失,原因是他们的雇主一直在努力寻求新的办公场所、重建电话和电脑的连接系统,以及重新获得电力。这包括在世贸中心本身的办公人员以及在周边建筑物中工作,但由于建筑物的损害而必须撤离的人。

现在,我们考虑一下与这次袭击必然相关的纽约和华盛顿以外地区的损失。尤其是航空业受到了严重的打击。袭击造成的乘客数量下降导致航空公司解雇了 10 万多名员工。全国范围,从 9 月中旬到 2001 年末,在经济中的所有行业,新的失业保险申请从每周略过 30 万人上升到每周近 65 万人。尽管这些数字在 2002 年和 2003 年的大部分时间内降低到 40 万到 45 万人之间,但是在这段时期,就业前景一直都不佳。

前面所有的例子显然都是社会成本,但其中的一些成本看上去似乎是自相矛盾的,因为 GDP 核算会把这些损失中的一部分算成经济产出。花费在拆卸被损坏的建筑物以及开始重建纽约世贸双塔和华盛顿五角大楼上的钱主要有两个来源。联邦政府为这些努力提供了 400 亿美元,保险公司则负责提供另外的 250 亿美元。这导致的政府开支的提高可能在未来对 GDP 具有正面的影响,而且买单的保险公司大部分是外国公司而非国内公司——

虽然拆卸和重建的努力发生在美国——这也具有刺激 GDP 的作用。

在军事开支、国内安全方面的政府开支以及机场安全方面的开支上的提高已经并将继续导致 GDP 的提高。当然，这些开支没有一项使得我们可能比 9 月 10 号以前更好。我们只是希望通过花费这些额外的钱，我们今天将会像我们在 9 月 10 号时想象的那样安全。花更多的钱去完成相同的事情会增加被报告出来的 GDP，但不会使我们的生活变得更美好。

对 9·11 袭击的经济影响进行模型分析

如果你学习了第 11 章财政政策，你就会熟悉经济学家们所说的总需求冲击。我们现在提醒一下你，总需求冲击就是那些改变总需求的未被预测到的事情。显然，9·11 袭击就符合任何定义下的"冲击"。在 9 月 11 号那个星期的零售额远远低于它们本来应该有的水平。零售额和其他各种各样的消费者信心指数，在 2001 年秋遭受了严重的打击。更复杂的是，一般通过商业的雇用、解雇和投资计划来衡量的商业信心，也会招致 9·11 袭击后果的负面影响。这些影响结合在一起就造成了数十年来最显著的一个总需求冲击。图 41.1 显示了这些冲击对总需求—总供给模型的影响。更低的总需求降低了均衡水平、实际的国内生产总值和总价格水平。

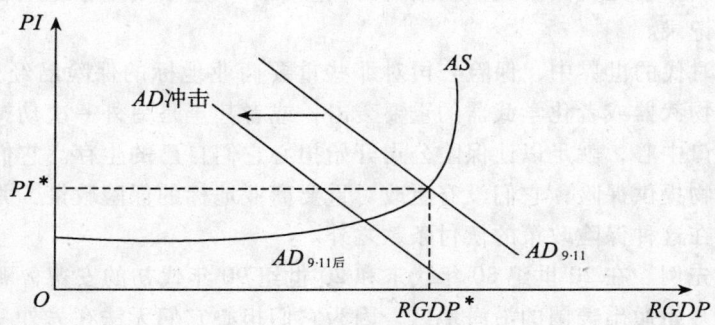

图 41.1　9·11 事件后的总需求冲击

如同我们在本章后面关于保险的讨论中看到的那样，在高风险地区做生意所获得的额外收益也大幅度上升。这将导致一个总供给冲击。尽管这种影响可能不如总需求冲击那样相对重要，但是注意到它也是重要的，图 41.2 对这方面进行了描述。

恐怖主义对保险方面的影响

当人们对付世界的不确定性的时候，理性的人们会选择保险，因为他们认为如果他们能够事先付出一些东西以最小化那些可以预见的、但不一定可以被预测到的麻烦所导致的经济后果，那么他们的状况就会得到改善。我们会为自己的车子、房子投保，因为尽管一件经济损失的偶然事故发生的可能性是低的，但是这种麻烦事情的后果可能是如此之严重，以至于我们能够通过向保险公司支付保费，而让它们为我们承担风险而使得我们可以避免这些损失，从而让自己得到改善。保险公司简直是太乐于向我们销售保险了，因为它

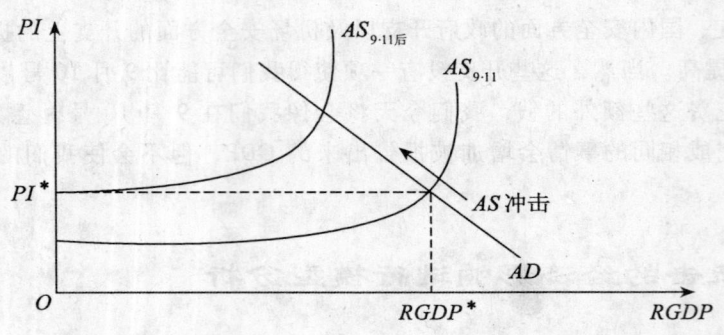

图41.2 9·11事件后的总供给冲击

们得到的钱比它们预测的必须支付的钱要多，而且由于保险公司的业务涉及的客户数量非常之多，它们支出的不确定性是相对低的。保险公司还有保险精算师，能够告诉它们有多少家庭可能在火灾中遭受损失，或者有多少辆车可能必须要被修理或者替换。

在那些恐怖活动略微更可以预测的地方（比如以色列），恐怖主义保险可能是非常昂贵的，但也是可能有的，因为保险公司能够预测到受损害的公交车和餐馆的数量。这些小规模的袭击是可投保的，因为这些保险中没有一项会危及保险公司的长期生存。9·11事件改变了这种想法。它是美国历史上最糟糕的保险结果，这个结果轻易地超过了此前由安德鲁飓风创造的记录。

在后9·11时代的世界中，保险公司对那些重要商业地标的保险已经变得精明起来。一次核武器、生物武器或者化学武器的重要袭击，或者甚至是另外一次劫持的航班直接撞向一个主要的人口中心，就足以让保险公司开始担心它们自己的生存。它们暂时拒绝对一些重要的新建筑物提供保险，它们没有更改对重要商业地标的保险政策，并且坚持恐怖主义活动应该排除在这种保险政策的偿付条款之外。

这不是没有先例。在20世纪80年代末和20世纪90年代初的安德鲁飓风和雨果飓风之后，保险公司开始撤出美国的沿海地区，因为它们担心它们无法在另外一次飓风中生存下去。保险公司现在仍然在经营是因为它们能够购买**再保险**，并且把这种成本转嫁给它们的客户。再保险就像保险自身一样，只不过购买再保险的是来自其他更大的保险公司（或者是保险公司联盟的形式）的保险公司。这些再保险政策的条款规定，如果对于任何一项重大事件（例如飓风或恐怖袭击）造成的损失超过了一个特定的水平（通常是数百万美元），那么再保险公司对该保险公司进行赔偿，继而，保险公司向事故受害人的要求进行赔偿。

再保险
当一家保险公司因某个事件而出现巨大损失（通常为数百万美元）时，保险公司承诺相互保险的形式。

9·11事件是如此重大，以至于再保险公司都关注它们自己的财务生存问题。当然，当时它们并不知道9·11之后是否还有其他更多的袭击。2001年末和2002年初的炭疽病菌恐慌只是增加了这种不确定性。当投保人面对的不确定性水平较低的时候，保险工作就能顺利进行。当保险公司面对的不确定性很大，但却能够被再保险公司所应付的时候，再保险的工作也能顺利进行。当没有人对有关的风险有任何水平的置信度的时候，一切都会无法工作。

解决办法就是"再—再保险",这时候美国联邦政府成为最终的保险公司。没有人从美国政府那里购买恐怖主义保险;也不存在任何向户主或者商业主销售保险的再—再保险的代理机构。政府会把再保险卖给保险公司,把再—再保险卖给再保险公司。由乔治 W. 布什政府起草的法律条例,很少有像授权政府干预再保险市场的议案那样受支持而得以通过。这部分是由于金融行业和劳动者工会中的许多人在这个问题上立场一致。

购买保险、自我保护或者双管齐下

当人们面对任何不确定性的时候,一个理性的经济人会做下面的一件或者两件事情:自我保护或者购买保险以避免损失。我们已经详细地讨论了后者,所以现在让我们谈谈自我保护。假设你住在一个偷车猖獗的社区。你可能就会购买一辆车,它具有一个电子预警系统、一个只有用特殊车锁(比如这种车无法"热线起动")才能起动的点火装置或者像"Lo-Jack"那样使得被偷汽车能够从某个卫星上被定位的跟踪系统。你也能够购买像"The Club"这样的产品,当它被安装在方向盘上的时候能够防止汽车被驾驶。

如果你保护你自己避免这样的损失,你同时也是在让你的车对小偷减少吸引力,而让你邻居的车变得更具吸引力。与污染或者吸二手烟问题一样,这是一个负的外部性。你的行为伤害了其他人,他们不属于你根据你的决策所采取的行为的一部分。拿恐怖主义来说,如果一家企业打算安装某些设备或者雇用他人来防止针对你的恐怖分子行动,那么相邻的企业就会变成一个相对更具吸引力的目标。如果你自9·11以来坐过飞机,尤其是在"橙色"紧急状态期间乘坐过飞机,你就会知道美国机场的安全远远高过在这之前的时候。机场安全提高和允许对美国境内的外国人进行更密切的监督的美国爱国行动的后果就是,恐怖分子可能不会尝试攻击美国境内的目标,更不要提一个美国机场了,但更可能瞄准在其他安全性较弱地区的美国人或者美国利益。这就会把在那些地区的美国人推到一个比在美国没有采取这些安全情况下更危险的境地。

从恐怖分子角度看恐怖主义

研究恐怖主义的经济学家看待这些恐怖分子的方式如同那些研究犯罪的经济学家看待杀手的方式:他们是按自利行事的理性人。如果你愿意的话,你可以对这种解释进行讨论,而且许多人对于在这种意义上把"自杀性人弹"称为是"理性的"感到难以理解,但是由于某些因素,恐怖分子确实符合这样的理解。这种"某些因素"通常是政治因素。爱尔兰共和军(IRA)恐怖分子想要让北爱尔兰由爱尔兰控制,或者至少想把英国人赶出去。菲律宾人以及反堕胎恐怖分子也有政治目的。你是一个恐怖分子还是一个自由斗士往往依赖于你在权力结构中所持有的立场。

像"理性犯罪假说"一样,这种"理性恐怖分子假说"认为恐怖分子是有目标的,他们为了实现这个目标而付出资源,他们会对收益和成本进行权衡,而且实现这个目标的最佳方法就是采取各种边际收益等于或者超过边际成本的行动。由于这些目标是政治性的,这些行动必然具有政治影响,这意味着他们必然会引起媒体的注意。当袭击是可怕的,影响到无辜的人们,并且发生在有媒体存在的地方,那么他们就会吸引大部分媒体的注意力。当目标相对是没有防备的和容易袭击的时候,这些目标对恐怖分子来说是最不重要的。这意味着从恐怖袭击的角度看，9·11 袭击几乎是完美的。美国机场松懈的安全性，处于媒体关注中心的纽约和华盛顿的世贸中心、五角大楼、国会大厦或者白宫（93次航班预计攻击的建筑）那令人注目的外形，以及乘坐那几架飞机和处在那些建筑物中的无辜人民使他们成为恐怖主义的完美目标。

全世界范围的反应、阿富汗和伊拉克战争以及公众放弃某种程度的自由和隐私的意愿，所有这些综合到一起，使得对恐怖分子而言，恐怖主义成本大大地提高了。CIA 和 FBI 的反恐预算的大幅度提高以及赋予这些组织新的权力使得恐怖分子要在美国实现行动变得更加昂贵。从 9·11 事件到本书新版本的写作期间没有发生任何袭击表明，恐怖分子也许已经权衡了成本和收益，并认为采取攻击美国境内的美国利益是不划算的。另一方面，恐怖分子显然也没有放弃。全球范围内的袭击、大使馆爆炸、刺杀美国外交官以及袭击美国人在海外的聚集地表明，恐怖分子正在把目标定在那些更容易得手的地方，尽管那些地方媒体更不发达。经济学家把这称之为替代效应，意指当某种选择变得更贵时，导致人们选择了别的选项的情形。在安全方面的开支前所未有的提高不仅总体上提高了安全性，而且也促使恐怖分子去寻找最薄弱的、最突出的目标。

小结

在这一章，你已经看到经济学家对 9·11 事件造成的损害进行的估计涵盖了各种各样的问题，从建筑物的损失，到经济产出的损失和失去生命的经济后果。你也已经看到当不确定性提高后，保险问题变得更复杂，但是再保险有助于解决这个问题。最后，你现在明白了，经济学家把恐怖分子看作是与其他目标导向的人采取相同方式，并试图用最小的成本去获取最大结果的理性经济人。因此，我们能够预言，当我们在一个地区应对袭击而强化安全时，恐怖分子将会寻求其他目标。

主要术语

再保险

自我测试

1. 本章表明，许多经济学家一般
   a. 接受生命的价值就是从这个人身上提取的化学物质的价值的主张
   b. 主张生命的价值是这个人未来收入的总和
   c. 主张"不幸死亡"导致的社会损失是这个人收入的现值
   d. 反对任何美元价值能够被用来估计一条人命的价值的主张
2. 世贸中心的毁坏和五角大楼的损坏以及相应的重建和修葺会导致保险公司____和 GDP 上的____
   a. 获益，获益
   b. 损失，损失

c. 损失，获益

d. 获益，损失

3. 经济学家把 9·11 事件导致的消费者信心下降称为一个____冲击，它会导致____

   a. 总需求，总需求曲线左移

   b. 总需求，总需求曲线右移

   c. 总供给，总供给曲线左移

   d. 总供给，总供给曲线右移

4. 经济学家把 9·11 事件导致的保险成本的上升称为一个____冲击，它会导致____

   a. 总需求，总需求曲线左移

   b. 总需求，总需求曲线右移

   c. 总供给，总供给曲线左移

   d. 总供给，总供给曲线右移

5. 再保险的主要作用是

   a. 保险费用会更高

   b. 避免保险公司进行欺诈

   c. 保险公司能够提供保险，而无需担心造成它们破产的重大事故

   d. 消费者受到保护，免受那些容易预计发生的事情的影响

6. 政府在恐怖主义保险中的作用是

   a. 一个主要提供者

   b. 一个最终再保险提供者/再—再保险提供者

   c. 无害的旁观者

   d. 无私的观察者

7. 与反恐怖主义的自我保护相关的负外部性表明

   a. 恐怖分子造成的损害比他们认为会造成的损害更大

   b. 人们进行的自我保护活动比他们应该采取的自我保护活动要少

   c. 人们采取了一个正确数量的自我保护活动

   d. 一个采取了自我保护的人会使其他人相对更容易受到攻击

8. 在众多的恐怖主义经济模型中，恐怖分子被假设——进行行动

   a. 不考虑激励、成本或者收益

   b. 以一种可以预测的方式，因为他们在最小化收益的约束下最大化成本

   c. 以一种可以预测的方式，因为他们在最小化成本的约束下最大化收益

   d. 不具有可预测的性质

9. 在"理性恐怖分子模型"上下文中的替代作用表明机场管制会

   a. 终结恐怖主义

   b. 造成恐怖分子更多地把机场作为目标，因为他们试图展现他们的力量

   c. 造成恐怖分子寻找其他目标

   d. 煽动全球范围内更多的恐怖主义，因为这向恐怖分子表明他们取得了成功

思考

反恐智囊必须做的事情之一是把他们自己摆到恐怖分子的位置上。呆上 10 分钟，然后考虑一下自己的家乡。恐怖分子会采取什么样的行动使得该行动对他们而言成本最少、而且能够造成最大的影响？这种行动注定就是自杀性的吗？

讨论

你同意恐怖分子的行动可以被看作是"冷酷理性的"的观点吗？你能把那些在执行任务时自杀的恐怖分子的行为刻画成具有理性特征的行为吗？

进一步阅读

Brauer, Jurgen. "On the Economics of Terrorism." *Phi Kappa Phi Forum* 82, no. 2（Spring 2002）.

词 汇 表

绝对优势（absolute advantage）　与竞争者相比能更多、更快或更高质量地生产某种商品的能力。

会计成本（accounting costs）　从事某项商业活动的人所作的显性支付的成本总和。

调整后总收入（adjusted gross income，AGI）　各种来源收入的总净额。

行政时滞（administrative lag）　国会和总统同意一项行动所花费的时间。

负面影响歧视（adverse impact discrimination）　实施的行为表面上不一定是歧视性的，但是给某些群体带来了相对其他群体更加负面的影响。

逆向选择（adverse selection）　保险中存在的一个问题，即最需要保险的人是那些愿意花钱购买保险的人，这些人会抬高保险的价格，并将需要程度稍低的顾客驱逐出市场。

机会均等行动计划（affirmative action）　任何一项用来加速达到平等的过程的政策。

总需求（aggregate demand，AD）　在每一个可能的价格下，国内消费者、企业、政府和外国购买者愿意购买的实际国内产出的总和。

总需求冲击（aggregate demand shock）　导致总需求增加或减少的意外事件。

总供给（aggregate supply，AS）　在每个可能的价格水平下，一国经济体能够提供的实际国内产出水平。

总供给冲击（aggregate supply shock）　导致总供给增加或减少的意外事件。

资产替代效应（asset substitution effect）　政府为你储蓄，导致你会为自己少储蓄。

可达到的（attainable）　在给定的资源条件下，可能实现的生产水平。

平均不变成本（average fixed cost，AFC）　总不变成本除以产量，即每单位产出的平均不变成本。

月收入平均指数（average index of monthly earnings，AIME）　通货膨胀调整后35个最高收入年度的月度平均。

平均总成本（average total cost，ATC）　总成本除以产出量，即每单位产出的成本。

平均可变成本（average variable cost，AVC）　总可变成本除以产出量，即每单位产出的平均可变成本。

破产（bankrupt）　没有足够资产偿还债务的状态。

破产（bankruptcy）　当某公司或者个人没有能力偿还负债时的一种法律地位。

进入障碍（barrier to entry）　阻止某一行业内企业竞争的法律机制或者经济机制。

易货贸易（barter）　不用货币而直接用货物与货物交换。

基年（base year）　构建市场篮子的年份，所有其他价格都和该年价格水平相比较。

基准预算（baseline budgeting） 利用去年的预算数据来制定今年的预算的方法。
遗赠效应（bequest effect） 人们为给后代留更多遗产而增加储蓄，进而使国民储蓄增加。
经纪（brokering） 购买票证并且合法地以高于面值的价格再出售的行为。
泡沫（bubble） 市场上现行价格远远高于由其基本因素决定价格水平的状态。
预算赤字（budget deficit） 支出大于收入的差额。
预算盈余（budget surplus） 收入大于支出的差额。
经济周期（business cycle） 经济有规律地高涨、衰退的变动模式。

资本预算（capital budget） 联邦预算中用于耐用商品的支出。
资本利得（capital gains） 以高于买价出售资产所获得的收益。
资本主义（capitalism） 市场（特别是金融资源市场）自由的经济体系。
卡特尔（cartel） 竞争者联合起来形成的唯一垄断者组织。
因果关系（causation） 一个变量的变化引起另一个变量的变化。
Ceteris Paribus 其他条件不变的拉丁语表示方法。
公共财产（common property） 不为任何个人所有，而由政府或其他集体所有的财产。
共产主义（communism） 政府决定金融资源配置、使用以及分配的经济体系。
比较优势（comparative advantage） 能够用所用资源的更低的机会成本生产某种商品的能力。
集中度（concentration ratio） 某个行业中排名靠前的公司所拥有市场力量的测度。给定企业的数目，排名前 n 名企业销售收入之和占行业销售收入总额的比率就是集中度。
消费者价格指数（consumer price index，CPI） 以一般消费者购买的商品为基础计算的价格指数。
消费者（consumers） 市场中那些想用货币交换商品或者服务的人。
消费者剩余（consumer surplus） 消费者获得的价值超过为获得该价值所支付的部分。
可竞争市场假设（contestable markets hypothesis） 因为该市场上的企业受到打了就跑的潜在进入者的威胁，因而要在该市场上生存它就必须以竞争性价格提供商品或服务。
临时拨款联合决议案（continuing resolution） 国会通过并且经过总统签署的法案，允许政府临时按照前一年的方案进行支出。
自我偿付额（copayment） 在扣除免赔额之后投保人必须支付的费用金额或百分比。
成本（cost） 生产商品和提供服务的过程中必须发生的费用。
成本函数（cost function） 描述生产成本的多少的图形。
生活费用调整（cost of living adjustment） 基于通货膨胀的变化会对人们收入的购买力产生影响的事实，补偿人们的一种手段。
成本推动型通货膨胀（cost-push inflation） 总供给下降引发的通货膨胀。
创造性破坏（creative destruction） 人们为了抓住更好机会而不情愿地放弃现有工作。
债权人（creditors） 拥有其他个人或者公司债权的个人或者组织。
需求交叉价格弹性（cross-price elasticity of demand） 一种商品的需求数量对另一种商品价格变化的反应敏感程度。

挤出（crowding out） 政府赤字支出的机会成本是私人投资将会减少。
现行服务预算（current-services budgeting） 利用提供相同水平服务所花费成本的估计进行预算。
周期性赤字（cyclical deficit） 经济没有充分就业导致的赤字。
周期性失业（cyclical unemployment） 经济暂时下滑导致一些人失去工作的情形。

无谓损失（deadweight loss） 由于生产过多或者过少带来的社会福利损失。
免赔额（deductible） 在保险公司赔付之前投保人在一年中必须先付的部分医疗费用（第19章）
可扣除的（deductible） 为了税收目的而批准的特定类型支出。（第33章）
扣除项（deductions） 抵减调整后总收入的数额，具体数额取标准扣除和分项扣除中较大的一个。
通货紧缩（deflation） 一般物价水平的下降。
需求（demand） 其他条件不变的情况下，价格和需求数量之间的关系。
需求拉动型通货膨胀（demand-pull inflation） 总需求上升导致的通货膨胀。
需求表（demand schedule） 用表格形式表示商品价格和其需求量之间的关系。
萧条（depression） 严重的衰退，通常会产生以下结果：金融恐慌，银行倒闭，失业率超过20%，实际国内生产总值下降10%或者更多，显著的通货紧缩等。
规模报酬递减（diminishing returns） 在生产过程中存在这样一点，如果继续增加资源投入，产出会增加，但是增加幅度会下降。
直接相关（direct correlation） 当一个变量的取值变大时，另一个变量的取值也变大。
贴现率（discount rate） 联储贷款给银行的利率。
丧志效应（discouraged-worker effect） 坏消息导致人们停止寻找工作，进而使失业率下降。
相机抉择的财政政策（discretionary fiscal policy） 根据经济的不同问题改变政府支出或税收来调节经济运行。
相机抉择支出（discretionary spending） 年度拨款议案必须得到通过才能得到经费的预算项目。
区别对待歧视（disparate treatment discrimination） 基于人种区别对待两个本应该平等的人。
劳动分工（division of labor） 工人们分解任务，这样能够激发动力，并且不需要转换工作。
选秀（draft） 一种分配新球员的过程。
倾销（dumping） 以低于成本的价格出口商品以将竞争者驱除出市场。
经济成本（economic cost） 经营某项活动的所有成本：不仅包括那些必须用货币支付的成本，而且包括因放弃其他机会产生的成本。
经济利润（economic profit） 超过正常利润的任何利润。
经济学（economics） 考察配置和使用稀缺资源来满足人们无限欲望的学问。
规模经济（economies of scale） 随着产量的增加，单位成本下降的情形。

有效市场（efficient market）　所有信息都被市场中参与者考虑到的市场。
富有弹性（elastic）　数量变化百分比大于价格变化百分比的情形。
弹性（elasticity）　一个变量变化相对于另一变量变化的敏感程度。
鼓励工人效应（encouraged-worker effect）　好消息引导人们开始寻找新工作，从而使得失业率上升（直到他们找到工作为止）。
权利支出（entitlement）　只要人们满足特定的收入和人口标准，他们就有权自动得到救助的方案。
均衡（equilibrium）　消费者想要购买的数量和企业想要出售的数量恰好相等的那一点。当供给曲线和需求曲线相交时出现。
均衡价格（equilibrium price）　一种价格水平，在此价格下，消费者不可能期望自己购买到更多商品，同时生产者不可能期望自己销售更多的商品。
均衡数量（equilibrium quantity）　均衡价格下交易的产品数量。
超额需求（excess demand）　短缺的另一种表示方法。
超额供给（excess supply）　过剩的另一种表示方法。
豁免项（exemptions）　由家庭规模决定的抵减调整后总收入的数额。
扩张（expansion）　经济周期过程中从前一个顶峰向下一个顶峰演变所经历的增长阶段。
外部收益（external benefits）　商品或者服务的消费者和生产者之外的其他人所获得的收益。
外部性（externalities）　一项交易对交易以外的其他人所产生的正面或负面影响（第18章）。
外部性（externalities）　不受规制的市场对买卖双方以外的其他人产生的影响（第25章）。

合成谬误（fallacy of composition）　一种逻辑错误，指的是总的经济影响总是简单地等于各个部分经济影响的加总。
联邦基金利率（federal funds rate）　为了满足准备金要求银行间拆借的利率。
申报纳税身份（filing status）　根据家庭情况对纳税人所做的分类，分为单身、已婚合并归档、已婚分别归档和户主。
财政政策（fiscal policy）　政府有意识的改变支出或税收政策，以调节经济的行为。
不变成本（fixed costs）　不随产量的变化而变化的生产成本。
固定投入（fixed inputs）　不改变的资源。
外汇（foreign exchange）　一国货币和另一国货币的兑换。
国外购买效应（foreign purchase effect）　当商品的国内价格相对于同类进口商品的价格较高时，我们的出口将减少，进口将增加。这样一来，国内价格越高，国内产出水平越低。
自由球员（free agent）　能够为出价最高雇主服务的运动员。
摩擦性失业（frictional unemployment）　更换工作过程中的短期失业。
完全预筹养老金制度（fully funded pension）　一个当前就投资足以用来支付未来退休金的金额的制度。

功能财政（functional finance） 预算中用于引导经济走出衰退的部分。
基本因素（fundamentals） 具有长期经济意义、决定股票价格的因素，例如利润预期和利率。

门诊医师（gatekeeper） 治疗一般疾病并向病人推荐专家的医师。
关贸总协定（GATT） 一个世界贸易协定。
GDP 平减指数（GDP deflator） 用来调整通货膨胀对国内生产总值影响的价格指数，该指数包括所有的商品，而不局限于一个市场篮子的商品。
基尼系数（Gini coefficient） 对经济平等程度的测度，其数值在 0 和 1 之间。
国内生产总值（gross domestic product） 一年时间里全美国生产的最终产品和服务的美元价值。

硬通货（hard currencies） 容易兑换成美元或黄金的货币。
套期保值（hedging） 采取某种投资头寸，使得价格变化或者汇率波动不影响一项商业决策的合理性。
横向公平（horizontal equity） 同样的人要同等地对待。
人力资本（human capital） 一个人制造商品和提供服务的能力。

激励（incentives） 影响我们决策的因素。
收入效应（income effect） 价格上涨导致购买力下降；如果是正常品，这就会进一步减少对该商品的消费；如果是劣质品，这会使其消费恢复、甚至超过原水平。该效应可能出现两种方向作用。
需求收入弹性（income elasticity of demand） 需求数量对收入变化的反应敏感程度。
诱致退休效应（induced retirement effect） 如果人们打算比没有社会保障计划的情形早些退休，他们就需要更多储蓄一些。
缺乏弹性（inelastic） 数量变化的百分比小于价格变化百分比的情形。
通货膨胀率（inflation rate） 消费者价格指数的增长比率。
首次公开发行（initial public offering, IPO） 公司首次向公众出售股票，以筹集公司扩张所需资金。
实物补贴（in-kind subsidies） 以商品或者服务而不是现金的形式提供的补助。
利率（interest rate） 借款人除了向债权人归还本金外，还需按照一定比率向债权人支付利息，该比率即称为利率，一般以年为时间单位。
利率效应（interest rate effect） 高价格引发通货膨胀，这将导致贷款额减少，并使得实际国内生产总值下降。
反相关（inverse correlation） 当一个变量取值较高时，另一个变量取值较低。
分项扣除（itemized deductions） 政府规定的可以不用交税的特定费用。

劳动力参与率（labor-force participation rate） 某个群体中工作和正在找工作的人口的比例。

需求定律（law of demand）　商品的价格和需求数量之间呈现的负相关或者反相关关系的一种表述。

边际效用递减定律（law of diminishing marginal utility）　增加某种商品的消费会使得消费者获得的愉快程度上升，但随着消费量的增加，每单位额外消费量带来的愉快程度的增加会减少。

供给定律（law of supply）　商品价格和供给数量之间呈现正相关关系的一种表述。

终身最高赔付额（lifetime maximum）　保险公司对投保人一生的医疗费用所需赔付的最高金额。

最低生活工资（living wage）　足以让家庭摆脱贫困的工资。

局部替代效应（local substitution）　一类经济行为被同一地区内其他经济行为所替换，故而净效应为零。

停工（lockout）　雇主拒绝接受雇员所提供服务的行为。

利益交换（logrolling）　互相投赞成票以通过对彼此有利的提案，这些提案并非合乎整个国家的利益。

长期（long run）　企业能够改变工厂和设备的期间。

洛伦兹曲线（Lorenz curve）　描述人口的累积比率和其他变量（如收入）的累计比率之间关系的图形。

亏损（loss）　企业挣的钱小于其花费的成本（成本减去收入）。

M1　现金＋铸币＋支票账户。

M2　M1＋储蓄账户＋小额存单。

M3　M2＋大额存单。

宏观经济学（macroeconomics）　经济学领域中将经济当作一个整体进行研究的部分。

强制支出（mandatory spending）　以前通过的法律中要求支出的预算项目。

边际收益（marginal benefit）　某项行为带来的收益的增加。

边际成本（marginal cost）　某项行为带来的成本的增加。

边际资源成本（marginal resource cost）　企业雇用额外员工支出的增加量。

边际收益（marginal revenue，MR）　多销售1单位产品所带来的收益的增加。

劳动边际收益产品（marginal revenue product of labor）　额外雇用一名员工带来的收益增加量。

边际税率（marginal tax rate）　各个税收中每1美元所要支付税额的百分比。

边际效用（marginal utility）　消费者增加额外1单位消费带来的愉悦增加量。

市场（market）　买者和卖者协商交易的任何机制。

市场篮子（market basket）　一般人购买的商品种类以及他们购买的数量。

最高自付额（maximum out of pocket）　个人或家庭一年中为其医疗费用所需支付的最高金额。

最高应税收入（maximum taxable earnings）　征收薪资税的最大应税收入。

经济状况调查（means test）　基于收入或者财富，确定某人获得政府资助的数量。

医疗补助制度（medicaid）　美国为穷人建立的公共医疗保险制度。

老年医疗保险制度（medicare） 美国为65岁以上老人建立的公共医疗保险制度。
联邦医疗保健制度A部分（medicare part A） 联邦医疗照顾的强制部分，用于支付住院费用。
联邦医疗保健制度B部分（medicare part B） 联邦医疗照顾的自愿部分，用于支付医生的治疗费用。
微观经济学（microeconomics） 经济学领域中研究单个市场和企业的部分。
最低工资（minimum wage） 依法为一个小时工作支付的最少工资。
模型（model） 对真实世界的一种简化，人们能够驾驭它并能够用它来解释真实世界。
总货币（monetary aggregate） 经济中货币数量的测度。
垄断竞争（monopolistic competition） 一种市场状况，其中有很多企业生产类似但不相同的产品。
完全垄断（monopoly） 市场上只有一个企业生产某种商品的情形。
买方垄断（monopsony） 只有一个买方的市场。
道德风险（moral hazard） 指持有保险提高被保险商品的需求。

NAFTA 北美自由贸易协定，包括美国、墨西哥和加拿大。
国债（national debt） 联邦政府的负债总额。
自然垄断（natural monopoly） 当不变成本很高而边际成本递减时存在的一种垄断。
净收益（net benefit） 收益的现值和成本的现值之间的差。
净现值（net present value） 所有收益的现值和所有成本的现值之间的差。
中性的（neutral） 当用于税收领域时，其含义是既不鼓励某项支出，也不鼓励某项收入。
名义利率（nominal interest rate） 公开宣布的利率。
自动调节的财政政策（nondiscretionary fiscal policy） 一系列政策的集合，是经济制度的组成部分，用以稳定经济。
非关税壁垒（nontariff barriers） 管制行为导致的贸易障碍。
正常利润（normal profit） 企业所有者能够从其次优投资机会中获得的利润水平。
规范分析（normative analysis） 意在理解事情应该怎样的分析。

预算外项目（off-budget） 由国会确定的有别于正常预算的部分。该项目有各自的收入来源，并且有信托基金；例如社会保障、老年医疗保险和邮政服务等。
寡头垄断市场（oligopolistic market） 只有为数不多几个竞争者的市场情形。
预算内项目（on-budget） 全部或大部分取决于总收入的预算项目。
公开市场业务（open-market operations） 中央银行买卖债券，进而增加或者减少货币供给，从而对利率施加影响的行为。
经常预算（operating budget） 联邦预算中用于当年使用的商品和服务的支出。
操作时滞（operational lag） 政府方案或者税收变动对经济的影响全部发挥出来所花费的时间。
机会成本（opportunity cost） 因所做的选择而放弃的替代物的价值。

最优化假设（optimization assumption） 假设我们考虑的个体努力实现某个目标的最大化。

原点（origin） 图形中两个变量都为零的点：(0, 0)

罕见病药品（orphan drug） 一种治疗折磨少数人的疾病的药物。

产出（output） 生产出来供出售的商品或者服务。

专利（patent） 政府授予发明者的，在一定时期内成为发明的唯一销售者的权利。

现收现付制养老金制度（pay-as-you-go pension） 一个当前工人的税款用于向当前退休人员支付退休金的制度。

薪资税（payroll taxes） 基于工人劳动所得的税收。

和平红利（peace dividend） 冷战结束后，节余出来支付给其他优先项目的资金。

顶峰（peak） 经济周期中经济繁荣的最高点。

完全竞争（perfect competition） 有许多企业生产相同产品的市场情形。

完全富有弹性（perfectly elastic） 价格不能够变化的需求情形。

完全缺乏弹性（perfectly inelastic） 价格变化对需求数量没有影响的需求情形。

政治商业周期（political business cycle） 在竞选前为了获得短期利益而采取的具有政治动机的财政政策。

实证分析（positive analysis） 力图理解事物是怎样以及为何是这样等问题的分析方法。

正外部性（positive externalities） 买方和卖方以外的第三者从交易中获得收益的情形。

正外部性（positive externality） 商品的消费者和生产者以外的第三者从该商品中获益的情形。

贫困差距（poverty gap） 要使贫困中的人们摆脱贫困所需要进行的转移支付总额。

贫困线（poverty line） 为家庭提供最低保障生活水平所需的收入水平。

贫困比率（poverty rate） 收入水平低于贫困线以下家庭人口所占的比率。

现值（present value） 未来支付流的利率调整价值。

价格（price） 为获得1单位产出所支付的货币数量。

最高限价（price ceiling） 价格达到的不能够再上升的水平。

需求价格弹性（price elasticity of demand） 需求数量对价格变化的反应敏感程度。

供给价格弹性（price elasticity of supply） 供给数量对价格变化的反应敏感程度。

最低限价（price floor） 商品出售的最低价格。

价格欺骗（price gouging） 该贬义词适用于以下情形：当遇到意料之外的需求增加时，企业显著地提高商品售价。

价格指数（price index） 表征市场商品篮子价格的指标，以100为基数。

基年市场篮子的价格（price of the market basket in the base year） 市场篮子的全国平均总成本，简写作 P_{MB}^{BY}。

初级诊断医师（primary care physician） 负责作初步诊断、医生转介的医师。参见"门诊医师"。

基本保险金（primary insurance amount，PIA） 个人达到退休年龄后得到的月度退休金。

委托代理问题（principle-agent problem） 当资产的所有者和资产的管理者不是同一个

人，而且两者有不同偏好的时候，会出现此类问题。

同周期变动（procyclical）　好时锦上添花、差时雪上加霜的情形。

生产者（producers）　市场中那些想要将商品或者服务交换成货币的人。

生产者剩余（producer surplus）　企业得到的超过其边际成本的货币量。

生产函数（production function）　表示生产各种产量产出所必需资源数量的图形。

生产可能性边界（production possibilities frontier）　表示在一个资源充分利用的社会中，所能够生产出来的各种商品的数量间关系的图示。

利润（profit）　企业所赚到的货币：收入—成本。

累进税制税收（progressive taxation）　收入越高的个人适用的税率越高。

需求数量（quantity demanded）　在一定时期内，给定价格水平下消费者想要并且有能力购买的数量。

供给数量（quantity supplied）　在一定时期内，给定价格水平下供给者想要并且有能力出售的数量。

限额（quota）　对进口商品数量的法律限制。

理性或统计歧视（rational or statistical discrimination）　基于合理的统计证据和利润最大化原则而区别对待不同类群的人。

实际货币余额效应（real-balances effect）　一种商品价格的上升会降低你的购买力，从而导致你能购买的商品数量减少（第2章）。

实际货币余额效应（real-balances effect）　因为高价格水平降低了实际支出的购买力，所以价格和产出是负相关的（第8章）。

实际国内生产总值（real gross domestic product，RGDP）　针对通货膨胀进行调整后的国内生产总值测度。

实际利率（real interest rate）　考虑通货膨胀预期之后的利率，它是消费者延迟消费获得的补偿。

衰退（recession）　经济周期中至少连续两个季度经济持续下滑的阶段。

认识时滞（recognition lag）　测度经济状况所花费的时间。

复苏（recovery）　经济周期中从低谷走向前一个经济顶峰的增长阶段。

再保险（reinsurance）　当一家保险公司因某个事件而出现巨大损失（通常为数百万美元）时，保险公司承诺相互保险的形式。

保留工资（reservation wage）　员工愿意接受的最低报酬水平，因为该报酬水平是此员工次优选择能够获得的薪酬。

保留条款（reserve clause）　一项要求球员必须同其上个赛季所效力的球队续约的合约条款。

准备金率（reserve ratio）　对于每1美元存款，商业银行必须存放在联邦储备银行的百分比。

资源（resource）　可直接消费或者用来制造其他供人们消费的物品物质。

退休年龄（retirement age）　领取全额退休金的年龄。

收入（revenue）　企业出售商品和服务获得的货币。
收入共享（revenue sharing）　一些收入不是简单的划归产生该收入的球队，而是在所有球队之间分配的过程。
风险厌恶（risk averse）　人们宁愿支出额外费用，也要确保自己得到预期收入的特性。
风险中性（risk neutral）　人们不愿意额外支出费用以确保预期收入的特性。
挤兑（runs）　担心银行出现信用危机存款人争相提款的行为。

薪酬上限（salary cap）　球队能够给其所有球员支付的薪酬总和的最高限额。
倒票（scalping）　购买票证并且非法地以高于面值的价格再出售的行为。
稀缺（scarce）　不能够免费得到且数量有限。
季节性失业（seasonal unemployment）　人们在每年的同一时期失去工作的状况。
冲击（shock）　任何未预期到的经济事件。
短缺（shortage）　企业想出售的商品数量少于消费者想购买商品数量的情形。
短期（short run）　企业不能够改变工厂和机器设备的期间。
简化假设（simplifying assumption）　可以使问题得到简洁清晰解释的假设。
单一付费者制度（single-payer system）　政府征税（通常非常高）以承担每个公民的医疗费用。
斜率（slope）　X 轴变量的值增加 1 个单位时，Y 轴变量的值增加的量。
社会成本（social cost）　包括对无辜的局外人的影响在内的生产和消费商品的真实成本。
社会保障信托基金（social security trust fund）　建立于 1982 年的基金，持有政府债券，当税款不及退休金之时，它会销售持有的政府债券进行补充。
社会主义（socialism）　一种经济体系，在此经济体系中，配置金融资源的大部分（不是全部）重要决策都由政府制定。
特别提款权（special drawing rights，SDRs）　国际货币基金组织根据世界上 4 种主要货币加权而合成的一种货币。
标准扣除（standard deduction）　扣除项的最低水平。
股票指数（stock index）　特定股票篮子中股票价格的加权平均。
战略性贸易政策（strategic trade policies）　为了获得比自由贸易更多的利益而设计的政策。
罢工（strike）　雇员拒绝向雇主提供服务的行为。
结构性赤字（structural deficit）　充分就业状态下的赤字部分。
结构性失业（structural unemployment）　经济变化导致某些人的特殊技能过时，进而使其失业的情形。
替代效应（substitution effect）　当一种商品的价格上升时，这种商品的购买量较之以往会有所下降，因为购买者可以转向购买另一种价格较低的商品。
沉淀成本（sunk costs）　和生产产品的数量多少无关的费用。
供给（supply）　在其他条件不变的情况下，价格和供给数量之间的关系。
供给和需求（supply and demand）　经济学中最重要的模型的名称。
供给表（supply schedule）　用表格的形式表示某种商品的价格和供给数量之间的关系。

供给学派经济学（supply-side economics）　试图通过降低投入成本、放松管制等手段影响总供给，进而对经济施加影响的政府政策。
过剩（surplus）　企业想要出售的商品数量多于消费者想要购买的数量的情形。

关税（tariff）　对进口商品所征税收。
应纳税收入（taxable income）　被调整后总收入减去个人豁免额，再减去扣除项（即标准扣除和分项扣除两者中较高者）和扣除额。
贸易条件（terms of trade）　一国为了从别国获得另一种商品所必须支付的某种商品的数量，通常用比率表示。
第三方付款人（third-party payer）　除消费者之外，为之支付部分费用的实体。
总支出原则（total expenditure rule）　如果价格和支出量同方向变动，那么需求是缺乏弹性的；而如果价格和支出量是反方向变动的，那么需求是富有弹性的。
谷底（trough）　经济周期中的最低点。
托拉斯（trust）　控制了某个行业整个生产过程的单个公司。

不达到的（unattainable）　在给定的资源条件下，不能达到的生产水平。
就业不足（underemployment）　指那些实际工作的时间少于他们能够并愿意工作的时间的劳动者。
失业（unemployment）　资源没有被充分利用的情形。
失业率（unemployment rate）　劳动大军中那些没有工作并且在积极找寻工作的人所占的比例。
单位弹性（unitary elastic）　价格变化百分比和数量变化百分比相等的情形。

可变成本（variable costs）　生产成本中能够变化的部分。
可变投入（variable input）　容易改变使用的资源。
纵向公平（vertical equity）　根据人们的收入规模和支付能力来公平地对待。

预扣税（withholding）　从个人薪酬中直接扣除的预计本年度应缴纳的税项。
劳动人口（work force）　所有年满16岁的非军事人员，既包括被雇用的人员，也包括那些正在积极寻找工作的人。
WTO　世界贸易组织，一个贸易争端仲裁机构。

X 轴（x-axis）　横轴。
X 截距（x-intercept）　当 Y 轴变量取 0 时，X 轴变量的取值。

Y 轴（y-axis）　纵轴。
Y 截距（y-intercept）　当 X 轴变量取 0 时，Y 轴变量的取值。